Collection of Laws,Regulations & Other Regulatory Documents on the Administration of Lawyers

律师管理工作规范性文件汇编

司法部律师公证工作指导司 编

北京大学出版社
PEKING UNIVERSITY PRESS

图书在版编目(CIP)数据

律师管理工作规范性文件汇编/司法部律师公证工作指导司编. —北京:北京大学出版社,2013.12

ISBN 978-7-301-23503-4

Ⅰ. ①律… Ⅱ. ①司… Ⅲ. ①律师-工作-文件-汇编-中国 Ⅳ. ①D926.5

中国版本图书馆 CIP 数据核字(2013)第 280327 号

书　　名:律师管理工作规范性文件汇编

著作责任者:司法部律师公证工作指导司　编

责 任 编 辑:陈蔼婧

标 准 书 号:ISBN 978-7-301-23503-4/D·3464

出 版 发 行:北京大学出版社

地　　址:北京市海淀区成府路 205 号　100871

网　　址:http://www.yandayuanzhao.com

新 浪 微 博:@北京大学出版社　@北大出版社燕大元照法律图书

电 子 信 箱:yandayuanzhao@163.com

电　　话:邮购部 62752015　发行部 62750672　编辑部 62117788
出版部 62754962

印 刷 者:北京中科印刷有限公司

经 销 者:新华书店

720 毫米×1020 毫米　16 开本　46.5 印张　855 千字

2013 年 12 月第 1 版　2014 年 4 月第 2 次印刷

定　　价:98.00 元

编辑说明

为进一步规范和加强律师管理工作,方便各级司法行政机关律师管理部门、各地律师协会和广大律师学习、运用律师管理制度,同时也便于有关单位和人员更好地了解我国的律师管理制度,我司编辑了《律师管理工作规范性文件汇编》。该《汇编》收录了新中国成立以来,特别是1996年《律师法》颁布以来有关律师管理工作的法律、法规、部门规章、规范性文件和行业规范。希望各级司法行政机关律师管理部门、各地律师协会认真学习运用这本《汇编》,增强依法行政、依法管理的意识和能力;同时也希望广大律师认真学习掌握该《汇编》,进一步规范执业行为,依法、诚信、尽责执业,更好地服务人民群众。

司法部律师公证工作指导司

二〇一三年十二月

要　目

目　录

一、法律法规

二、部颁规章

（一）综合

（二）机构和人员管理

（三）业务指导

三、规范性文件

(一) 综合

（二）党的建设和队伍建设

（三）机构管理

（四）人员管理

（五）业务指导与服务收费

(六) 监督查处

四、中华全国律师协会行业规范

附录一
中华全国律师协会律师业务操作指引存目

附录二
律师业税收管理制度

（一）所得税

一、 法律法规

中华人民共和国律师法

（1996年5月15日第八届全国人民代表大会常务委员会第十九次会议通过，主席令第六十七号公布，根据2001年12月29日第九届全国人民代表大会常务委员会第二十五次会议《关于修改〈中华人民共和国律师法〉的决定》修正，2007年10月28日第十届全国人民代表大会常务委员会第三十次会议修订，2012年10月26日第十一届全国人民代表大会常务委员会第二十九次会议《关于修改〈中华人民共和国律师法〉的决定》第二次修正，主席令第六十四号公布并于2013年1月1日起施行）

第一章 总 则

第一条 为了完善律师制度，规范律师执业行为，保障律师依法执业，发挥律师在社会主义法制建设中的作用，制定本法。

第二条 本法所称律师，是指依法取得律师执业证书，接受委托或者指定，为当事人提供法律服务的执业人员。

律师应当维护当事人合法权益，维护法律正确实施，维护社会公平和正义。

第三条 律师执业必须遵守宪法和法律，恪守律师职业道德和执业纪律。

律师执业必须以事实为根据，以法律为准绳。

律师执业应当接受国家、社会和当事人的监督。

律师依法执业受法律保护，任何组织和个人不得侵害律师的合法权益。

第四条 司法行政部门依照本法对律师、律师事务所和律师协会进行监督、指导。

第二章 律师执业许可

第五条 申请律师执业，应当具备下列条件：

（一）拥护中华人民共和国宪法；

（二）通过国家统一司法考试；

（三）在律师事务所实习满一年；

（四）品行良好。

实行国家统一司法考试前取得的律师资格凭证，在申请律师执业时，与国家统一司法考试合格证书具有同等效力。

第六条 申请律师执业，应当向设区的市级或者直辖市的区人民政府司法行政部门提出申请，并提交下列材料：

（一）国家统一司法考试合格证书；

（二）律师协会出具的申请人实习考核合格的材料；

（三）申请人的身份证明；

（四）律师事务所出具的同意接收申请人的证明。

申请兼职律师执业的，还应当提交所在单位同意申请人兼职从事律师职业的证明。

受理申请的部门应当自受理之日起二十日内予以审查，并将审查意见和全部申请材料报送省、自治区、直辖市人民政府司法行政部门。省、自治区、直辖市人民政府司法行政部门应当自收到报送材料之日起十日内予以审核，作出是否准予执业的决定。准予执业的，向申请人颁发律师执业证书；不准予执业的，向申请人书面说明理由。

第七条 申请人有下列情形之一的，不予颁发律师执业证书：

（一）无民事行为能力或者限制民事行为能力的；

（二）受过刑事处罚的，但过失犯罪的除外；

（三）被开除公职或者被吊销律师执业证书的。

第八条 具有高等院校本科以上学历，在法律服务人员紧缺领域从事专业工作满十五年，具有高级职称或者同等专业水平并具有相应的专业法律知识的人员，申请专职律师执业的，经国务院司法行政部门考核合格，准予执业。具体办法由国务院规定。

第九条 有下列情形之一的，由省、自治区、直辖市人民政府司法行政部门撤销准予执业的决定，并注销被准予执业人员的律师执业证书：

（一）申请人以欺诈、贿赂等不正当手段取得律师执业证书的；

（二）对不符合本法规定条件的申请人准予执业的。

第十条 律师只能在一个律师事务所执业。律师变更执业机构的，应当申请换发律师执业证书。

律师执业不受地域限制。

第十一条 公务员不得兼任执业律师。

律师担任各级人民代表大会常务委员会组成人员的，任职期间不得从事诉讼代理或者辩护业务。

第十二条 高等院校、科研机构中从事法学教育、研究工作的人员，符合本法第五条规定条件的，经所在单位同意，依照本法第六条规定的程序，可以申请兼职律师执业。

第十三条 没有取得律师执业证书的人员，不得以律师名义从事法律服务业务；除法律另有规定外，不得从事诉讼代理或者辩护业务。

第三章 律师事务所

第十四条 律师事务所是律师的执业机构。设立律师事务所应当具备下列条件：

（一）有自己的名称、住所和章程；

（二）有符合本法规定的律师；

（三）设立人应当是具有一定的执业经历，且三年内未受过停止执业处罚的律师；

（四）有符合国务院司法行政部门规定数额的资产。

第十五条 设立合伙律师事务所，除应当符合本法第十四条规定的条件外，还应当有三名以上合伙人，设立人应当是具有三年以上执业经历的律师。

合伙律师事务所可以采用普通合伙或者特殊的普通合伙形式设立。合伙律师事务所的合伙人按照合伙形式对该律师事务所的债务依法承担责任。

第十六条 设立个人律师事务所，除应当符合本法第十四条规定的条件外，设立人还应当是具有五年以上执业经历的律师。设立人对律师事务所的债务承担无限责任。

第十七条 申请设立律师事务所，应当提交下列材料：

（一）申请书；

（二）律师事务所的名称、章程；

（三）律师的名单、简历、身份证明、律师执业证书；

（四）住所证明；

（五）资产证明。

设立合伙律师事务所，还应当提交合伙协议。

第十八条 设立律师事务所，应当向设区的市级或者直辖市的区人民政府司法行政部门提出申请，受理申请的部门应当自受理之日起二十日内予以审查，并将审查意见和全部申请材料报送省、自治区、直辖市人民政府司法行政部门。省、自治区、直辖市人民政府司法行政部门应当自收到报送材料之日起十日内予以审核，作出是否准予设立的决定。准予设立的，向申请人颁发律师事务所执业证书；不准予设立的，向申请人书面说明理由。

第十九条 成立三年以上并具有二十名以上执业律师的合伙律师事务所，可以设立分所。设立分所，须经拟设立分所所在地的省、自治区、直辖市人民政府司法行政部门审核。申请设立分所的，依照本法第十八条规定的程序办理。

合伙律师事务所对其分所的债务承担责任。

第二十条 国家出资设立的律师事务所，依法自主开展律师业务，以该律师事务所的全部资产对其债务承担责任。

第二十一条 律师事务所变更名称、负责人、章程、合伙协议的，应当报原审核部门批准。

律师事务所变更住所、合伙人的，应当自变更之日起十五日内报原审核部门备案。

第二十二条 律师事务所有下列情形之一的，应当终止：

（一）不能保持法定设立条件，经限期整改仍不符合条件的；

（二）律师事务所执业证书被依法吊销的；

（三）自行决定解散的；

（四）法律、行政法规规定应当终止的其他情形。

律师事务所终止的，由颁发执业证书的部门注销该律师事务所的执业证书。

第二十三条 律师事务所应当建立健全执业管理、利益冲突审查、收费与财务管理、投诉查处、年度考核、档案管理等制度，对律师在执业活动中遵守职业道德、执业纪律的情况进行监督。

第二十四条 律师事务所应当于每年的年度考核后，向设区的市级或者直辖市的区人民政府司法行政部门提交本所的年度执业情况报告和律师执业考核结果。

第二十五条 律师承办业务，由律师事务所统一接受委托，与委托人签订书面委托合同，按照国家规定统一收取费用并如实入账。

律师事务所和律师应当依法纳税。

第二十六条 律师事务所和律师不得以诋毁其他律师事务所、律师或者支付介绍费等不正当手段承揽业务。

第二十七条 律师事务所不得从事法律服务以外的经营活动。

第四章 律师的业务和权利、义务

第二十八条 律师可以从事下列业务：

（一）接受自然人、法人或者其他组织的委托，担任法律顾问；

（二）接受民事案件、行政案件当事人的委托，担任代理人，参加诉讼；

（三）接受刑事案件犯罪嫌疑人、被告人的委托或者依法接受法律援助机构的指派，担任辩护人，接受自诉案件自诉人、公诉案件被害人或者其近亲属的委托，担任代理人，参加诉讼；

（四）接受委托，代理各类诉讼案件的申诉；

（五）接受委托，参加调解、仲裁活动；

（六）接受委托，提供非诉讼法律服务；

（七）解答有关法律的询问、代写诉讼文书和有关法律事务的其他文书。

第二十九条 律师担任法律顾问的，应当按照约定为委托人就有关法律问题提供意见，草拟、审查法律文书，代理参加诉讼、调解或者仲裁活动，办理委托的其他法律事务，维护委托人的合法权益。

第三十条 律师担任诉讼法律事务代理人或者非诉讼法律事务代理人的，应当在受委托的权限内，维护委托人的合法权益。

第三十一条 律师担任辩护人的，应当根据事实和法律，提出犯罪嫌疑人、被告人无罪、罪轻或者减轻、免除其刑事责任的材料和意见，维护犯罪嫌疑人、被告人的诉讼权利和其他合法权益。

第三十二条 委托人可以拒绝已委托的律师为其继续辩护或者代理，同时可以另行委托律师担任辩护人或者代理人。

律师接受委托后，无正当理由的，不得拒绝辩护或者代理。但是，委托事项违法、委托人利用律师提供的服务从事违法活动或者委托人故意隐瞒与案件有关的重要事实的，律师有权拒绝辩护或者代理。

第三十三条 律师担任辩护人的，有权持律师执业证书、律师事务所证明和委托书或者法律援助公函，依照刑事诉讼法的规定会见在押或者被监视居住的犯罪嫌疑人、被告人。辩护律师会见犯罪嫌疑人、被告人时不被监听。

第三十四条 律师担任辩护人的，自人民检察院对案件审查起诉之日起，有权查阅、摘抄、复制本案的案卷材料。

第三十五条 受委托的律师根据案情的需要，可以申请人民检察院、人民法院收集、调取证据或者申请人民法院通知证人出庭作证。

律师自行调查取证的，凭律师执业证书和律师事务所证明，可以向有关单位或者个人调查与承办法律事务有关的情况。

第三十六条　律师担任诉讼代理人或者辩护人的，其辩论或者辩护的权利依法受到保障。

第三十七条　律师在执业活动中的人身权利不受侵犯。

律师在法庭上发表的代理、辩护意见不受法律追究。但是，发表危害国家安全、恶意诽谤他人、严重扰乱法庭秩序的言论除外。

律师在参与诉讼活动中涉嫌犯罪的，侦查机关应当及时通知其所在的律师事务所或者所属的律师协会；被依法拘留、逮捕的，侦查机关应当依照刑事诉讼法的规定通知该律师的家属。

第三十八条　律师应当保守在执业活动中知悉的国家秘密、商业秘密，不得泄露当事人的隐私。

律师对在执业活动中知悉的委托人和其他人不愿泄露的有关情况和信息，应当予以保密。但是，委托人或者其他人准备或者正在实施危害国家安全、公共安全以及严重危害他人人身安全的犯罪事实和信息除外。

第三十九条　律师不得在同一案件中为双方当事人担任代理人，不得代理与本人或者其近亲属有利益冲突的法律事务。

第四十条　律师在执业活动中不得有下列行为：

（一）私自接受委托、收取费用，接受委托人的财物或者其他利益；

（二）利用提供法律服务的便利牟取当事人争议的权益；

（三）接受对方当事人的财物或者其他利益，与对方当事人或者第三人恶意串通，侵害委托人的权益；

（四）违反规定会见法官、检察官、仲裁员以及其他有关工作人员；

（五）向法官、检察官、仲裁员以及其他有关工作人员行贿，介绍贿赂或者指使、诱导当事人行贿，或者以其他不正当方式影响法官、检察官、仲裁员以及其他有关工作人员依法办理案件；

（六）故意提供虚假证据或者威胁、利诱他人提供虚假证据，妨碍对方当事人合法取得证据；

（七）煽动、教唆当事人采取扰乱公共秩序、危害公共安全等非法手段解决争议；

（八）扰乱法庭、仲裁庭秩序，干扰诉讼、仲裁活动的正常进行。

第四十一条　曾经担任法官、检察官的律师，从人民法院、人民检察院离任后二年内，不得担任诉讼代理人或者辩护人。

第四十二条　律师、律师事务所应当按照国家规定履行法律援助义务，为受援人提供符合标准的法律服务，维护受援人的合法权益。

第五章 律师协会

第四十三条 律师协会是社会团体法人,是律师的自律性组织。

全国设立中华全国律师协会,省、自治区、直辖市设立地方律师协会,设区的市根据需要可以设立地方律师协会。

第四十四条 全国律师协会章程由全国会员代表大会制定,报国务院司法行政部门备案。

地方律师协会章程由地方会员代表大会制定,报同级司法行政部门备案。地方律师协会章程不得与全国律师协会章程相抵触。

第四十五条 律师、律师事务所应当加入所在地的地方律师协会。加入地方律师协会的律师、律师事务所,同时是全国律师协会的会员。

律师协会会员享有律师协会章程规定的权利,履行律师协会章程规定的义务。

第四十六条 律师协会应当履行下列职责:

(一) 保障律师依法执业,维护律师的合法权益;

(二) 总结、交流律师工作经验;

(三) 制定行业规范和惩戒规则;

(四) 组织律师业务培训和职业道德、执业纪律教育,对律师的执业活动进行考核;

(五) 组织管理申请律师执业人员的实习活动,对实习人员进行考核;

(六) 对律师、律师事务所实施奖励和惩戒;

(七) 受理对律师的投诉或者举报,调解律师执业活动中发生的纠纷,受理律师的申诉;

(八) 法律、行政法规、规章以及律师协会章程规定的其他职责。

律师协会制定的行业规范和惩戒规则,不得与有关法律、行政法规、规章相抵触。

第六章 法律责任

第四十七条 律师有下列行为之一的,由设区的市级或者直辖市的区人民政府司法行政部门给予警告,可以处五千元以下的罚款;有违法所得的,没收违法所得;情节严重的,给予停止执业三个月以下的处罚:

(一)同时在两个以上律师事务所执业的;

(二)以不正当手段承揽业务的;

(三)在同一案件中为双方当事人担任代理人,或者代理与本人及其近亲属有利益冲突的法律事务的;

(四)从人民法院、人民检察院离任后二年内担任诉讼代理人或者辩护人的;

(五)拒绝履行法律援助义务的。

第四十八条 律师有下列行为之一的,由设区的市级或者直辖市的区人民政府司法行政部门给予警告,可以处一万元以下的罚款;有违法所得的,没收违法所得;情节严重的,给予停止执业三个月以上六个月以下的处罚:

(一)私自接受委托、收取费用,接受委托人财物或者其他利益的;

(二)接受委托后,无正当理由,拒绝辩护或者代理,不按时出庭参加诉讼或者仲裁的;

(三)利用提供法律服务的便利牟取当事人争议的权益的;

(四)泄露商业秘密或者个人隐私的。

第四十九条 律师有下列行为之一的,由设区的市级或者直辖市的区人民政府司法行政部门给予停止执业六个月以上一年以下的处罚,可以处五万元以下的罚款;有违法所得的,没收违法所得;情节严重的,由省、自治区、直辖市人民政府司法行政部门吊销其律师执业证书;构成犯罪的,依法追究刑事责任:

(一)违反规定会见法官、检察官、仲裁员以及其他有关工作人员,或者以其他不正当方式影响依法办理案件的;

(二)向法官、检察官、仲裁员以及其他有关工作人员行贿,介绍贿赂或者指使、诱导当事人行贿的;

(三)向司法行政部门提供虚假材料或者有其他弄虚作假行为的;

(四)故意提供虚假证据或者威胁、利诱他人提供虚假证据,妨碍对方当事人合法取得证据的;

(五)接受对方当事人财物或者其他利益,与对方当事人或者第三人恶意串通,侵害委托人权益的;

(六)扰乱法庭、仲裁庭秩序,干扰诉讼、仲裁活动的正常进行的;

(七)煽动、教唆当事人采取扰乱公共秩序、危害公共安全等非法手段解决争议的;

(八)发表危害国家安全、恶意诽谤他人、严重扰乱法庭秩序的言论的;

（九）泄露国家秘密的。

律师因故意犯罪受到刑事处罚的，由省、自治区、直辖市人民政府司法行政部门吊销其律师执业证书。

第五十条 律师事务所有下列行为之一的，由设区的市级或者直辖市的区人民政府司法行政部门视其情节给予警告、停业整顿一个月以上六个月以下的处罚，可以处十万元以下的罚款；有违法所得的，没收违法所得；情节特别严重的，由省、自治区、直辖市人民政府司法行政部门吊销律师事务所执业证书：

（一）违反规定接受委托、收取费用的；

（二）违反法定程序办理变更名称、负责人、章程、合伙协议、住所、合伙人等重大事项的；

（三）从事法律服务以外的经营活动的；

（四）以诋毁其他律师事务所、律师或者支付介绍费等不正当手段承揽业务的；

（五）违反规定接受有利益冲突的案件的；

（六）拒绝履行法律援助义务的；

（七）向司法行政部门提供虚假材料或者有其他弄虚作假行为的；

（八）对本所律师疏于管理，造成严重后果的。

律师事务所因前款违法行为受到处罚的，对其负责人视情节轻重，给予警告或者处二万元以下的罚款。

第五十一条 律师因违反本法规定，在受到警告处罚后一年内又发生应当给予警告处罚情形的，由设区的市级或者直辖市的区人民政府司法行政部门给予停止执业三个月以上一年以下的处罚；在受到停止执业处罚期满后二年内又发生应当给予停止执业处罚情形的，由省、自治区、直辖市人民政府司法行政部门吊销其律师执业证书。

律师事务所因违反本法规定，在受到停业整顿处罚期满后二年内又发生应当给予停业整顿处罚情形的，由省、自治区、直辖市人民政府司法行政部门吊销律师事务所执业证书。

第五十二条 县级人民政府司法行政部门对律师和律师事务所的执业活动实施日常监督管理，对检查发现的问题，责令改正；对当事人的投诉，应当及时进行调查。县级人民政府司法行政部门认为律师和律师事务所的违法行为应当给予行政处罚的，应当向上级司法行政部门提出处罚建议。

第五十三条 受到六个月以上停止执业处罚的律师，处罚期满未逾三年的，不得担任合伙人。

第五十四条 律师违法执业或者因过错给当事人造成损失的，由其所在的律师事务所承担赔偿责任。律师事务所赔偿后,可以向有故意或者重大过失行为的律师追偿。

第五十五条 没有取得律师执业证书的人员以律师名义从事法律服务业务的,由所在地的县级以上地方人民政府司法行政部门责令停止非法执业,没收违法所得,处违法所得一倍以上五倍以下的罚款。

第五十六条 司法行政部门工作人员违反本法规定,滥用职权、玩忽职守,构成犯罪的,依法追究刑事责任;尚不构成犯罪的,依法给予处分。

第七章 附 则

第五十七条 为军队提供法律服务的军队律师,其律师资格的取得和权利、义务及行为准则,适用本法规定。军队律师的具体管理办法,由国务院和中央军事委员会制定。

第五十八条 外国律师事务所在中华人民共和国境内设立机构从事法律服务活动的管理办法,由国务院制定。

第五十九条 律师收费办法,由国务院价格主管部门会同国务院司法行政部门制定。

第六十条 本法自 2008 年 6 月 1 日起施行。

附件 1:

《律师法》修订前后对照表

(1) 2007 年修订后版本与 2001 年修正后版本对照

中华人民共和国律师法 【发布日期】2007. 10. 28 【实施日期】2008. 06. 01	中华人民共和国律师法 【发布日期】2001. 12. 29 【实施日期】1997. 01. 01
第一章 总则	第一章 总则
第一条 为了完善律师制度,规范律师执业行为,保障律师依法执业,发挥律师在社会主义法制建设中的作用,制定本法。	第一条 为了完善律师制度,保障律师依法执行业务,规范律师的行为,维护当事人的合法权益,维护法律的正确实施,发挥律师在社会主义法制建设中的积极作用,制定本法。

（续表）

第一章　总则	第一章　总则
第二条　本法所称律师，是指依法取得律师执业证书，接受委托或者指定，为当事人提供法律服务的执业人员。 律师应当维护当事人合法权益，维护法律正确实施，维护社会公平和正义。	第二条　本法所称的律师，是指依法取得律师执业证书，为社会提供法律服务的执业人员。
第三条　律师执业必须遵守宪法和法律，恪守律师职业道德和执业纪律。 律师执业必须以事实为根据，以法律为准绳。 律师执业应当接受国家、社会和当事人的监督。 律师依法执业受法律保护，任何组织和个人不得侵害律师的合法权益。	第三条　律师执业必须遵守宪法和法律，恪守律师职业道德和执业纪律。 律师执业必须以事实为根据，以法律为准绳。 律师执业应当接受国家、社会和当事人的监督。 律师依法执业受法律保护。
第四条　司法行政部门依照本法对律师、律师事务所和律师协会进行监督、指导。	第四条　国务院司法行政部门依照本法对律师、律师事务所和律师协会进行监督、指导。
第二章　律师执业许可	第二章　律师执业条件
第五条　申请律师执业，应当具备下列条件： （一）拥护中华人民共和国宪法； （二）通过国家统一司法考试； （三）在律师事务所实习满一年； （四）品行良好。 实行国家统一司法考试前取得的律师资格凭证，在申请律师执业时，与国家统一司法考试合格证书具有同等效力。	第六条　取得律师资格应当经过国家统一的司法考试。具有高等院校法律专业本科以上学历，或者高等院校其他专业本科以上学历具有法律专业知识的人员，经国家司法考试合格的，取得资格。 适用前款规定的学历条件确有困难的地方，经国务院司法行政部门审核确定，在一定期限内，可以将学历条件放宽为高等院校法律专业专科学历。 第八条　拥护中华人民共和国宪法并符合下列条件的，可以申请领取律师执业证书： （一）具有律师资格； （二）在律师事务所实习满一年； （三）品行良好。

（续表）

第二章　律师执业许可	第二章　律师执业条件
第六条　申请律师执业，应当向设区的市级或者直辖市的区人民政府司法行政部门提出申请，并提交下列材料： （一）国家统一司法考试合格证书； （二）律师协会出具的申请人实习考核合格的材料； （三）申请人的身份证明； （四）律师事务所出具的同意接收申请人的证明。 申请兼职律师执业的，还应当提交所在单位同意申请人兼职从事律师职业的证明。 受理申请的部门应当自受理之日起二十日内予以审查，并将审查意见和全部申请材料报送省、自治区、直辖市人民政府司法行政部门。省、自治区、直辖市人民政府司法行政部门应当自收到报送材料之日起十日内予以审核，作出是否准予执业的决定。准予执业的，向申请人颁发律师执业证书；不准予执业的，向申请人书面说明理由。	第十条　申请领取律师执业证书的，应当提交下列文件： （一）申请书； （二）律师资格证明； （三）申请人所在律师事务所出具的实习鉴定材料； （四）申请人身份证明的复印件。 第十一条　申请领取律师执业证书的，经省、自治区、直辖市以上人民政府司法行政部门审核，符合本法规定条件的，应当自收到申请之日起三十日内颁发律师执业证书；不符合本法规定条件的，不予颁发律师执业证书，并应当自收到申请之日起三十日内书面通知申请人。
第七条　申请人有下列情形之一的，不予颁发律师执业证书： （一）无民事行为能力或者限制民事行为能力的； （二）受过刑事处罚的，但过失犯罪的除外； （三）被开除公职或者被吊销律师执业证书的。	第九条　有下列情形之一的，不予颁发律师执业证书： （一）无民事行为能力或者限制民事行为能力的； （二）受过刑事处罚的，但过失犯罪的除外； （三）被开除公职或者被吊销律师执业证书的。
第八条　具有高等院校本科以上学历，在法律服务人员紧缺领域从事专业工作满十五年，具有高级职称或者同等专业水平并具有相应的专业法律知识的人员，申请专职律师执业的，经国务院司法行政部门考核合格，准予执业。具体办法由国务院规定。	第七条　具有高等院校法学本科以上学历，从事法律研究、教学等专业工作并具有高级职称或者具有同等专业水平的人员，申请律师执业的，经国务院司法行政部门按照规定的条件考核批准，授予律师资格。
第九条　有下列情形之一的，由省、自治区、直辖市人民政府司法行政部门撤销准予执业的决定，并注销被准予执业人员的律师执业证书： （一）申请人以欺诈、贿赂等不正当手段取得律师执业证书的； （二）对不符合本法规定条件的申请人准予执业的。	

（续表）

第二章　律师执业许可	第二章　律师执业条件
第十条　律师只能在一个律师事务所执业。律师变更执业机构的，应当申请换发律师执业证书。 律师执业不受地域限制。	第十二条　律师应当在一个律师事务所执业，不得同时在两个以上律师事务所执业。 律师执业不受地域限制。
第十一条　公务员不得兼任执业律师。 律师担任各级人民代表大会常务委员会组成人员的，任职期间不得从事诉讼代理或者辩护业务。	第十三条　国家机关的现职工作人员不得兼任执业律师。 律师担任各级人民代表大会常务委员会组成人员期间，不得执业。
第十二条　高等院校、科研机构中从事法学教育、研究工作的人员，符合本法第五条规定条件的，经所在单位同意，依照本法第六条规定的程序，可以申请兼职律师执业。	
第十三条　没有取得律师执业证书的人员，不得以律师名义从事法律服务业务；除法律另有规定外，不得从事诉讼代理或者辩护业务。	第十四条　没有取得律师执业证书的人员，不得以律师名义执业，不得为牟取经济利益从事诉讼代理或者辩护业务。
第三章　律师事务所	第三章　律师事务所
第十四条　律师事务所是律师的执业机构。设立律师事务所应当具备下列条件： （一）有自己的名称、住所和章程； （二）有符合本法规定的律师； （三）设立人应当是具有一定的执业经历，且三年内未受过停止执业处罚的律师； （四）有符合国务院司法行政部门规定数额的资产。	第十五条　律师事务所是律师的执业机构。 律师事务所应当具备下列条件： （一）有自己的名称、住所和章程； （二）有十万元以上人民币的资产； （三）有符合本法规定的律师。
第十五条　设立合伙律师事务所，除应当符合本法第十四条规定的条件外，还应当有三名以上合伙人，设立人应当是具有三年以上执业经历的律师。 合伙律师事务所可以采用普通合伙或者特殊的普通合伙形式设立。合伙律师事务所的合伙人按照合伙形式对该律师事务所的债务依法承担责任。	第十八条　律师可以设立合伙律师事务所，合伙人对该律师事务所的债务承担无限责任和连带责任。
第十六条　设立个人律师事务所，除应当符合本法第十四条规定的条件外，设立人还应当是具有五年以上执业经历的律师。设立人对律师事务所的债务承担无限责任。	

（续表）

第三章　律师事务所	第三章　律师事务所
第十七条　申请设立律师事务所，应当提交下列材料： （一）申请书； （二）律师事务所的名称、章程； （三）律师的名单、简历、身份证明、律师执业证书； （四）住所证明； （五）资产证明。 设立合伙律师事务所，还应当提交合伙协议。	
第十八条　设立律师事务所，应当向设区的市级或者直辖市的区人民政府司法行政部门提出申请，受理申请的部门应当自受理之日起二十日内予以审查，并将审查意见和全部申请材料报送省、自治区、直辖市人民政府司法行政部门。省、自治区、直辖市人民政府司法行政部门应当自收到报送材料之日起十日内予以审核，作出是否准予设立的决定。准予设立的，向申请人颁发律师事务所执业证书；不准予设立的，向申请人书面说明理由。	第十九条　申请设立律师事务所的，经省、自治区、直辖市以上人民政府司法行政部门审核，符合本法规定条件的，应当自收到申请之日起三十日内颁发律师事务所执业证书；不符合本法规定条件的，不予颁发律师事务所执业证书，并应当自收到申请之日起三十日内书面通知申请人。
第十九条　成立三年以上并具有二十名以上执业律师的合伙律师事务所，可以设立分所。设立分所，须经拟设立分所所在地的省、自治区、直辖市人民政府司法行政部门审核。申请设立分所的，依照本法第十八条规定的程序办理。 合伙律师事务所对其分所的债务承担责任。	第二十条　律师事务所可以设立分所。设立分所，须经拟设立分所所在地的省、自治区、直辖市人民政府司法行政部门按照规定的条件审核。 律师事务所对其设立的分所的债务承担责任。
第二十条　国家出资设立的律师事务所，依法自主开展律师业务，以该律师事务所的全部资产对其债务承担责任。	第十六条　国家出资设立的律师事务所，依法自主开展律师业务，以该律师事务所的全部资产对其债务承担责任。
第二十一条　律师事务所变更名称、负责人、章程、合伙协议的，应当报原审核部门批准。 律师事务所变更住所、合伙人的，应当自变更之日起十五日内报原审核部门备案。	第二十一条　律师事务所变更名称、住所、章程、合伙人等重大事项或者解散的，应当报原审核部门。

（续表）

第三章　律师事务所	第三章　律师事务所
第二十二条　律师事务所有下列情形之一的，应当终止： （一）不能保持法定设立条件，经限期整改仍不符合条件的； （二）律师事务所执业证书被依法吊销的； （三）自行决定解散的； （四）法律、行政法规规定应当终止的其他情形。 律师事务所终止的，由颁发执业证书的部门注销该律师事务所的执业证书。	
第二十三条　律师事务所应当建立健全执业管理、利益冲突审查、收费与财务管理、投诉查处、年度考核、档案管理等制度，对律师在执业活动中遵守职业道德、执业纪律的情况进行监督。	
第二十四条　律师事务所应当于每年的年度考核后，向设区的市级或者直辖市的区人民政府司法行政部门提交本所的年度执业情况报告和律师执业考核结果。	
第二十五条　律师承办业务，由律师事务所统一接受委托，与委托人签订书面委托合同，按照国家规定统一收取费用并如实入账。 律师事务所和律师应当依法纳税。	第二十三条　律师承办业务，由律师事务所统一接受委托，与委托人签订书面委托合同，按照国家规定向当事人统一收取费用并如实入账。 律师事务所和律师应当依法纳税。
第二十六条　律师事务所和律师不得以诋毁其他律师事务所、律师或者支付介绍费等不正当手段承揽业务。	第二十四条　律师事务所和律师不得以诋毁其他律师或者支付介绍费等不正当手段争揽业务。
第二十七条　律师事务所不得从事法律服务以外的经营活动。	

（续表）

第四章　律师的业务和权利、义务	第四章　执业律师的业务和权利、义务
第二十八条　律师可以从事下列业务： （一）接受自然人、法人或者其他组织的委托，担任法律顾问； （二）接受民事案件、行政案件当事人的委托，担任代理人，参加诉讼； （三）接受刑事案件犯罪嫌疑人的委托，为其提供法律咨询，代理申诉、控告，为被逮捕的犯罪嫌疑人申请取保候审，接受犯罪嫌疑人、被告人的委托或者人民法院的指定，担任辩护人，接受自诉案件自诉人、公诉案件被害人或者其近亲属的委托，担任代理人，参加诉讼； （四）接受委托，代理各类诉讼案件的申诉； （五）接受委托，参加调解、仲裁活动； （六）接受委托，提供非诉讼法律服务； （七）解答有关法律的询问、代写诉讼文书和有关法律事务的其他文书。	第二十五条　律师可以从事下列业务： （一）接受公民、法人和其他组织的聘请，担任法律顾问； （二）接受民事案件、行政案件当事人的委托，担任代理人，参加诉讼； （三）接受刑事案件犯罪嫌疑人的聘请，为其提供法律咨询，代理申诉、控告，申请取保候审，接受犯罪嫌疑人、被告人的委托或者人民法院的指定，担任辩护人，接受自诉案件自诉人、公诉案件被害人或者其近亲属的委托，担任代理人，参加诉讼； （四）代理各类诉讼案件的申诉； （五）接受当事人的委托，参加调解、仲裁活动； （六）接受非诉讼法律事务当事人的委托，提供法律服务； （七）解答有关法律的询问、代写诉讼文书和有关法律事务的其他文书。
第二十九条　律师担任法律顾问的，应当按照约定为委托人就有关法律问题提供意见，草拟、审查法律文书，代理参加诉讼、调解或者仲裁活动，办理委托的其他法律事务，维护委托人的合法权益。	第二十六条　律师担任法律顾问的，应当为聘请人就有关法律问题提供意见，草拟、审查法律文书，代理参加诉讼、调解或者仲裁活动，办理聘请人委托的其他法律事务，维护聘请人的合法权益。
第三十条　律师担任诉讼法律事务代理人或者非诉讼法律事务代理人的，应当在受委托的权限内，维护委托人的合法权益。	第二十七条　律师担任诉讼法律事务代理人或者非诉讼法律事务代理人的，应当在受委托的权限内，维护委托人的合法权益。
第三十一条　律师担任辩护人的，应当根据事实和法律，提出犯罪嫌疑人、被告人无罪、罪轻或者减轻、免除其刑事责任的材料和意见，维护犯罪嫌疑人、被告人的合法权益。	第二十八条　律师担任刑事辩护人的，应当根据事实和法律，提出证明犯罪嫌疑人、被告人无罪、罪轻或者减轻、免除其刑事责任的材料和意见，维护犯罪嫌疑人、被告人的合法权益。
第三十二条　委托人可以拒绝已委托的律师为其继续辩护或者代理，同时可以另行委托律师担任辩护人或者代理人。 律师接受委托后，无正当理由的，不得拒绝辩护或者代理。但是，委托事项违法、委托人利用律师提供的服务从事违法活动或者委托人故意隐瞒与案件有关的重要事实的，律师有权拒绝辩护或者代理。	第二十九条　委托人可以拒绝律师为其继续辩护或者代理，也可以另行委托律师担任辩护人或者代理人。 律师接受委托后，无正当理由的，不得拒绝辩护或者代理，但委托事项违法，委托人利用律师提供的服务从事违法活动或者委托人隐瞒事实的，律师有权拒绝辩护或者代理。

（续表）

第四章　律师的业务和权利、义务	第四章　执业律师的业务和权利、义务
第三十三条　犯罪嫌疑人被侦查机关第一次讯问或者采取强制措施之日起，受委托的律师凭律师执业证书、律师事务所证明和委托书或者法律援助公函，有权会见犯罪嫌疑人、被告人并了解有关案件情况。律师会见犯罪嫌疑人、被告人，不被监听。	第三十条　律师参加诉讼活动，依照诉讼法律的规定，可以收集、查阅与本案有关的材料，同被限制人身自由的人会见和通信，出席法庭，参与诉讼，以及享有诉讼法律规定的其他权利。 律师担任诉讼代理人或者辩护人的，其辩论或者辩护的权利应当依法保障。
第三十四条　受委托的律师自案件审查起诉之日起，有权查阅、摘抄和复制与案件有关的诉讼文书及案卷材料。受委托的律师自案件被人民法院受理之日起，有权查阅、摘抄和复制与案件有关的所有材料。	第三十条　律师参加诉讼活动，依照诉讼法律的规定，可以收集、查阅与本案有关的材料，同被限制人身自由的人会见和通信，出席法庭，参与诉讼，以及享有诉讼法律规定的其他权利。 律师担任诉讼代理人或者辩护人的，其辩论或者辩护的权利应当依法保障。
第三十五条　受委托的律师根据案情的需要，可以申请人民检察院、人民法院收集、调取证据或者申请人民法院通知证人出庭作证。 律师自行调查取证的，凭律师执业证书和律师事务所证明，可以向有关单位或者个人调查与承办法律事务有关的情况。	第三十一条　律师承办法律事务，经有关单位或者个人同意，可以向他们调查情况。
第三十六条　律师担任诉讼代理人或者辩护人的，其辩论或者辩护的权利依法受到保障。	第三十条　律师参加诉讼活动，依照诉讼法律的规定，可以收集、查阅与本案有关的材料，同被限制人身自由的人会见和通信，出席法庭，参与诉讼，以及享有诉讼法律规定的其他权利。 律师担任诉讼代理人或者辩护人的，其辩论或者辩护的权利应当依法保障。
第三十七条　律师在执业活动中的人身权利不受侵犯。 律师在法庭上发表的代理、辩护意见不受法律追究。但是，发表危害国家安全、恶意诽谤他人、严重扰乱法庭秩序的言论除外。 律师在参与诉讼活动中因涉嫌犯罪被依法拘留、逮捕的，拘留、逮捕机关应当在拘留、逮捕实施后的二十四小时内通知该律师的家属、所在的律师事务所以及所属的律师协会。	第三十二条　律师在执业活动中的人身权利不受侵犯。

（续表）

第四章　律师的业务和权利、义务	第四章　执业律师的业务和权利、义务
第三十八条　律师应当保守在执业活动中知悉的国家秘密、商业秘密，不得泄露当事人的隐私。 律师对在执业活动中知悉的委托人和其他人不愿泄露的情况和信息，应当予以保密。但是，委托人或者其他人准备或者正在实施的危害国家安全、公共安全以及其他严重危害他人人身、财产安全的犯罪事实和信息除外。	第三十三条　律师应当保守在执业活动中知悉的国家秘密和当事人的商业秘密，不得泄露当事人的隐私。
第三十九条　律师不得在同一案件中为双方当事人担任代理人，不得代理与本人或者其近亲属有利益冲突的法律事务。	第三十四条　律师不得在同一案件中，为双方当事人担任代理人。
第四十条　律师在执业活动中不得有下列行为： （一）私自接受委托、收取费用，接受委托人的财物或者其他利益； （二）利用提供法律服务的便利牟取当事人争议的权益； （三）接受对方当事人的财物或者其他利益，与对方当事人或者第三人恶意串通，侵害委托人的权益； （四）违反规定会见法官、检察官、仲裁员以及其他有关工作人员； （五）向法官、检察官、仲裁员以及其他有关工作人员行贿，介绍贿赂或者指使、诱导当事人行贿，或者以其他不正当方式影响法官、检察官、仲裁员以及其他有关工作人员依法办理案件； （六）故意提供虚假证据或者威胁、利诱他人提供虚假证据，妨碍对方当事人合法取得证据； （七）煽动、教唆当事人采取扰乱公共秩序、危害公共安全等非法手段解决争议； （八）扰乱法庭、仲裁庭秩序，干扰诉讼、仲裁活动的正常进行。	第三十五条　律师在执业活动中不得有下列行为： （一）私自接受委托，私自向委托人收取费用，收受委托人的财物； （二）利用提供法律服务的便利牟取当事人争议的权益，或者接受对方当事人的财物； （三）违反规定会见法官、检察官、仲裁员； （四）向法官、检察官、仲裁员以及其他有关工作人员请客送礼或者行贿，或者指使、诱导当事人行贿； （五）提供虚假证据，隐瞒事实或者威胁、利诱他人提供虚假证据，隐瞒事实以及妨碍对方当事人合法取得证据； （六）扰乱法庭、仲裁庭秩序，干扰诉讼、仲裁活动的正常进行。
第四十一条　曾经担任法官、检察官的律师，从人民法院、人民检察院离任后二年内，不得担任诉讼代理人或者辩护人。	第三十六条　曾担任法官、检察官的律师，从人民法院、人民检察院离任后两年内，不得担任诉讼代理人或者辩护人。
第四十二条　律师、律师事务所应当按照国家规定履行法律援助义务，为受援人提供符合标准的法律服务，维护受援人的合法权益。	第四十二条　律师必须按照国家规定承担法律援助义务，尽职尽责，为受援人提供法律服务。

（续表）

第五章　律师协会	第五章　律师协会
第四十三条　律师协会是社会团体法人，是律师的自律性组织。 全国设立中华全国律师协会，省、自治区、直辖市设立地方律师协会，设区的市根据需要可以设立地方律师协会。	第三十七条　律师协会是社会团体法人，是律师的自律性组织。 全国设立中华全国律师协会，省、自治区、直辖市设立地方律师协会，设区的市根据需要可以设立地方律师协会。
第四十四条　全国律师协会章程由全国会员代表大会制定，报国务院司法行政部门备案。 地方律师协会章程由地方会员代表大会制定，报同级司法行政部门备案。地方律师协会章程不得与全国律师协会章程相抵触。	第三十八条　律师协会章程由全国会员代表大会统一制定，报国务院司法行政部门备案。
第四十五条　律师、律师事务所应当加入所在地的地方律师协会。加入地方律师协会的律师、律师事务所，同时是全国律师协会的会员。 律师协会会员享有律师协会章程规定的权利，履行律师协会章程规定的义务。	第三十九条　律师必须加入所在地的地方律师协会。加入地方律师协会的律师，同时是中华全国律师协会的会员。 律师协会会员按照律师协会章程，享有章程赋予的权利，履行章程规定的义务。
第四十六条　律师协会应当履行下列职责： （一）保障律师依法执业，维护律师的合法权益； （二）总结、交流律师工作经验； （三）制定行业规范和惩戒规则； （四）组织律师业务培训和职业道德、执业纪律教育，对律师的执业活动进行考核； （五）组织管理申请律师执业人员的实习活动，对实习人员进行考核； （六）对律师、律师事务所实施奖励和惩戒； （七）受理对律师的投诉或者举报，调解律师执业活动中发生的纠纷，受理律师的申诉； （八）法律、行政法规、规章以及律师协会章程规定的其他职责。 律师协会制定的行业规范和惩戒规则，不得与有关法律、行政法规、规章相抵触。	第四十条　律师协会履行下列职责： （一）保障律师依法执业，维护律师的合法权益； （二）总结、交流律师工作经验； （三）组织律师业务培训； （四）进行律师职业道德和执业纪律的教育、检查和监督； （五）组织律师开展对外交流； （六）调解律师执业活动中发生的纠纷； （七）法律规定的其他职责。 律师协会按照章程对律师给予奖励或者给予处分。

（续表）

第六章　法律责任	第七章　法律责任
第四十七条　律师有下列行为之一的，由设区的市级或者直辖市的区人民政府司法行政部门给予警告，可以处五千元以下的罚款；有违法所得的，没收违法所得；情节严重的，给予停止执业三个月以下的处罚： （一）同时在两个以上律师事务所执业的； （二）以不正当手段承揽业务的； （三）在同一案件中为双方当事人担任代理人，或者代理与本人及其近亲属有利益冲突的法律事务的； （四）从人民法院、人民检察院离任后二年内担任诉讼代理人或者辩护人的； （五）拒绝履行法律援助义务的。	第四十四条　律师有下列行为之一的，由省、自治区、直辖市以及设区的市的人民政府司法行政部门给予警告，情节严重的，给予停止执业三个月以上一年以下的处罚；有违法所得的，没收违法所得： （一）同时在两个以上律师事务所执业的； （二）在同一案件中为双方当事人代理的； （三）以诋毁其他律师或者支付介绍费等不正当手段争揽业务的； （四）接受委托后，无正当理由，拒绝辩护或者代理的； （五）无正当理由，不按时出庭参加诉讼或者仲裁的； （六）泄露当事人的商业秘密或者个人隐私的； （七）私自接受委托，私自向委托人收取费用，收受委托人财物，利用提供法律服务的便利牟取当事人争议的权益，或者接受对方当事人的财物的； （八）违反规定会见法官、检察官、仲裁员或者向法官、检察官、仲裁员以及其他有关工作人员请客送礼的； （九）妨碍对方当事人合法取得证据的； （十）扰乱法庭、仲裁庭秩序，干扰诉讼、仲裁活动的正常进行的； （十一）应当给予处罚的其他行为。
第四十八条　律师有下列行为之一的，由设区的市级或者直辖市的区人民政府司法行政部门给予警告，可以处一万元以下的罚款；有违法所得的，没收违法所得；情节严重的，给予停止执业三个月以上六个月以下的处罚： （一）私自接受委托、收取费用，接受委托人财物或者其他利益的； （二）接受委托后，无正当理由，拒绝辩护或者代理，不按时出庭参加诉讼或者仲裁的； （三）利用提供法律服务的便利牟取当事人争议的权益的； （四）泄露商业秘密或者个人隐私的。	第四十四条　律师有下列行为之一的，由省、自治区、直辖市以及设区的市的人民政府司法行政部门给予警告，情节严重的，给予停止执业三个月以上一年以下的处罚；有违法所得的，没收违法所得： （一）同时在两个以上律师事务所执业的； （二）在同一案件中为双方当事人代理的； （三）以诋毁其他律师或者支付介绍费等不正当手段争揽业务的； （四）接受委托后，无正当理由，拒绝辩护或者代理的； （五）无正当理由，不按时出庭参加诉讼或者仲裁的； （六）泄露当事人的商业秘密或者个人隐私的； （七）私自接受委托，私自向委托人收取费用，收受委托人财物，利用提供法律服务的便利牟取当事人争议的权益，或者接受对方当事人的财物的； （八）违反规定会见法官、检察官、仲裁员或者向法官、检察官、仲裁员以及其他有关工作人员请客送礼的； （九）妨碍对方当事人合法取得证据的； （十）扰乱法庭、仲裁庭秩序，干扰诉讼、仲裁活动的正常进行的； （十一）应当给予处罚的其他行为。

（续表）

第六章　法律责任	第七章　法律责任
第四十九条　律师有下列行为之一的，由设区的市级或者直辖市的区人民政府司法行政部门给予停止执业六个月以上一年以下的处罚，可以处五万元以下的罚款；有违法所得的，没收违法所得；情节严重的，由省、自治区、直辖市人民政府司法行政部门吊销其律师执业证书；构成犯罪的，依法追究刑事责任： （一）违反规定会见法官、检察官、仲裁员以及其他有关工作人员，或者以其他不正当方式影响依法办理案件的； （二）向法官、检察官、仲裁员以及其他有关工作人员行贿，介绍贿赂或者指使、诱导当事人行贿的； （三）向司法行政部门提供虚假材料或者有其他弄虚作假行为的； （四）故意提供虚假证据或者威胁、利诱他人提供虚假证据，妨碍对方当事人合法取得证据的； （五）接受对方当事人财物或者其他利益，与对方当事人或者第三人恶意串通，侵害委托人权益的； （六）扰乱法庭、仲裁庭秩序，干扰诉讼、仲裁活动的正常进行的； （七）煽动、教唆当事人采取扰乱公共秩序、危害公共安全等非法手段解决争议的； （八）发表危害国家安全、恶意诽谤他人、严重扰乱法庭秩序的言论的； （九）泄露国家秘密的。 律师因故意犯罪受到刑事处罚的，由省、自治区、直辖市人民政府司法行政部门吊销其律师执业证书。	第四十四条　律师有下列行为之一的，由省、自治区、直辖市以及设区的市的人民政府司法行政部门给予警告，情节严重的，给予停止执业三个月以上一年以下的处罚；有违法所得的，没收违法所得： （一）同时在两个以上律师事务所执业的； （二）在同一案件中为双方当事人代理的； （三）以诋毁其他律师或者支付介绍费等不正当手段争揽业务的； （四）接受委托后，无正当理由，拒绝辩护或者代理的； （五）无正当理由，不按时出庭参加诉讼或者仲裁的； （六）泄露当事人的商业秘密或者个人隐私的； （七）私自接受委托，私自向委托人收取费用，收受委托人财物，利用提供法律服务的便利牟取当事人争议的权益，或者接受对方当事人的财物的； （八）违反规定会见法官、检察官、仲裁员或者向法官、检察官、仲裁员以及其他有关工作人员请客送礼的； （九）妨碍对方当事人合法取得证据的； （十）扰乱法庭、仲裁庭秩序，干扰诉讼、仲裁活动的正常进行的； （十一）应当给予处罚的其他行为。 第四十五条　律师有下列行为之一的，由省、自治区、直辖市人民政府司法行政部门吊销律师执业证书；构成犯罪的，依法追究刑事责任： （一）泄露国家秘密的； （二）向法官、检察官、仲裁员以及其他有关工作人员行贿或者指使、诱导当事人行贿的； （三）提供虚假证据，隐瞒重要事实或者威胁、利诱他人提供虚假证据，隐瞒重要事实的。 律师因故意犯罪受刑事处罚的，应当吊销其律师执业证书。

（续表）

第六章　法律责任	第七章　法律责任
第五十条　律师事务所有下列行为之一的，由设区的市级或者直辖市的区人民政府司法行政部门视其情节给予警告、停业整顿一个月以上六个月以下的处罚，可以处十万元以下的罚款；有违法所得的，没收违法所得；情节特别严重的，由省、自治区、直辖市人民政府司法行政部门吊销律师事务所执业证书： （一）违反规定接受委托、收取费用的； （二）违反法定程序办理变更名称、负责人、章程、合伙协议、住所、合伙人等重大事项的； （三）从事法律服务以外的经营活动的； （四）以诋毁其他律师事务所、律师或者支付介绍费等不正当手段承揽业务的； （五）违反规定接受有利益冲突的案件的； （六）拒绝履行法律援助义务的； （七）向司法行政部门提供虚假材料或者有其他弄虚作假行为的； （八）对本所律师疏于管理，造成严重后果的。 律师事务所因前款违法行为受到处罚的，对其负责人视情节轻重，给予警告或者处二万元以下的罚款。	第四十七条　律师事务所有违反本法规定的行为的，由省、自治区、直辖市人民政府司法行政部门责令改正，没收违法所得，可以并处违法所得一倍以上五倍以下罚款；情节严重的，责令停业整顿或者吊销执业证书。
第五十一条　律师因违反本法规定，在受到警告处罚后一年内又发生应当给予警告处罚情形的，由设区的市级或者直辖市的区人民政府司法行政部门给予停止执业三个月以上一年以下的处罚；在受到停止执业处罚期满后二年内又发生应当给予停止执业处罚情形的，由省、自治区、直辖市人民政府司法行政部门吊销其律师执业证书。 律师事务所因违反本法规定，在受到停业整顿处罚期满后二年内又发生应当给予停业整顿处罚情形的，由省、自治区、直辖市人民政府司法行政部门吊销律师事务所执业证书。	

（续表）

第六章　法律责任	第七章　法律责任
第五十二条　县级人民政府司法行政部门对律师和律师事务所的执业活动实施日常监督管理，对检查发现的问题，责令改正；对当事人的投诉，应当及时进行调查。县级人民政府司法行政部门认为律师和律师事务所的违法行为应当给予行政处罚的，应当向上级司法行政部门提出处罚建议。	
第五十三条　受到六个月以上停止执业处罚的律师，处罚期满未逾三年的，不得担任合伙人。	
第五十四条　律师违法执业或者因过错给当事人造成损失的，由其所在的律师事务所承担赔偿责任。律师事务所赔偿后，可以向有故意或者重大过失行为的律师追偿。	第四十九条　律师违法执业或者因过错给当事人造成损失的，由其所在的律师事务所承担赔偿责任。律师事务所赔偿后，可以向有故意或者重大过失行为的律师追偿。 律师和律师事务所不得免除或者限制因违法执业或者因过错给当事人造成损失所应当承担的民事责任。
第五十五条　没有取得律师执业证书的人员以律师名义从事法律服务业务的，由所在地的县级以上地方人民政府司法行政部门责令停止非法执业，没收违法所得，处违法所得一倍以上五倍以下的罚款。	第四十六条　冒充律师从事法律服务的，由公安机关责令停止非法执业，没收违法所得，可以并处五千元以下罚款、十五日以下拘留。 没有取得律师执业证书，为牟取经济利益从事诉讼代理或者辩护业务的，由所在地的县级以上地方人民政府司法行政部门责令停止非法执业，没收违法所得，可以并处违法所得一倍以上五倍以下罚款。
第五十六条　司法行政部门工作人员违反本法规定，滥用职权、玩忽职守，构成犯罪的，依法追究刑事责任；尚不构成犯罪的，依法给予处分。	
第七章　附则	第八章　附则
第五十七条　为军队提供法律服务的军队律师，其律师资格的取得和权利、义务及行为准则，适用本法规定。军队律师的具体管理办法，由国务院和中央军事委员会制定。	第五十条　为军队提供法律服务的军队律师，其律师资格的取得和权利、义务及行为准则，适用本法规定。对军队律师的具体管理办法，由国务院和中央军事委员会另行制定。
第五十八条　外国律师事务所在中华人民共和国境内设立机构从事法律服务活动的管理办法，由国务院制定。	第五十一条　外国律师事务所在中华人民共和国境内设立机构从事规定的法律服务活动的管理办法，由国务院制定。

（续表）

第七章　附则	第八章　附则
第五十九条　律师收费办法，由国务院价格主管部门会同国务院司法行政部门制定。	第五十二条　律师收费的具体办法，由国务院司法行政部门制定，报国务院批准。
第六十条　本法自 2008 年 6 月 1 日起施行。	第五十三条　本法自 1997 年 1 月 1 日起施行。1980 年 8 月 26 日第五届全国人民代表大会常务委员会第十五次会议通过的《中华人民共和国律师暂行条例》同时废止。
	第五条　律师执业，应当取得律师资格和执业证书。
	第十七条　律师可以设立合作律师事务所，以该律师事务所的全部资产对其债务承担责任。
	第二十二条　律师事务所按照章程组织律师开展业务工作，学习法律和国家政策，总结、交流工作经验。
	第六章　法律援助
	第四十一条　公民在赡养、工伤、刑事诉讼、请求国家赔偿和请求依法发给抚恤金等方面需要获得律师帮助，但是无力支付律师费用的，可以按照国家规定获得法律援助。
	第四十三条　法律援助的具体办法，由国务院司法行政部门制定，报国务院批准。
	第四十八条　被处罚人对司法行政部门作出的行政处罚决定不服的，可以自收到决定之日起十五日内向上一级司法行政部门申请复议，对复议决定不服的，可以自收到复议决定之日起十五日内向人民法院提起诉讼；也可以直接向人民法院提起诉讼。 受到罚款处罚，不申请行政复议或者提起行政诉讼，又不履行处罚决定的，作出处罚决定的司法行政部门可以申请人民法院强制执行。 依照本法第十一条申请领取律师执业证书，或者依照本法第十九条申请设立律师事务所，申请人对不予颁发律师执业证书或者律师事务所执业证书不服的，可以依照第一款规定的程序申请复议或者提起诉讼。

（2）1996 年《律师法》与 1980 年《律师暂行条例》版本对照

中华人民共和国律师法 【发布日期】1996.05.15 【实施日期】1997.01.01	中华人民共和国律师暂行条例 【发布日期】1980.08.26 【实施日期】1982.01.01
第一章　总则	
第一条　为了完善律师制度，保障律师依法执行业务，规范律师的行为，维护当事人的合法权益，维护法律的正确实施，发挥律师在社会主义法制建设中的积极作用，制定本法。	
第二条　本法所称的律师，是指依法取得律师执业证书，为社会提供法律服务的执业人员。	第一条　律师是国家的法律工作者，其任务是对国家机关、企业事业单位、社会团体、人民公社和公民提供法律帮助，以维护法律的正确实施，维护国家、集体的利益和公民的合法权益。
第三条　律师执业必须遵守宪法和法律，恪守律师职业道德和执业纪律。 律师执业必须以事实为根据，以法律为准绳。 律师执业应当接受国家、社会和当事人的监督。 律师依法执业受法律保护。	第三条　律师进行业务活动，必须以事实为根据，以法律为准绳，忠实于社会主义事业和人民的利益。 律师依法执行职务，受国家法律保护，任何单位、个人不得干涉。
第四条　国务院司法行政部门依照本法对律师、律师事务所和律师协会进行监督、指导。	
第二章　律师执业条件	第二章　律师资格
第五条　律师执业，应当取得律师资格和执业证书。	
第六条　国家实行律师资格全国统一考试制度。具有高等院校法学专科以上学历或者同等专业水平，以及高等院校其他专业本科以上学历的人员，经律师资格考试合格的，由国务院司法行政部门授予律师资格。 律师资格全国统一考试办法，由国务院司法行政部门制定。	第八条　热爱中华人民共和国，拥护社会主义制度，有选举权和被选举权的下列公民，经考核合格，可以取得律师资格，担任律师： （一）在高等院校法律专业毕业，并且做过两年以上司法工作、法律教学工作或者法学研究工作的； （二）受过法律专业训练，并且担任过人民法院审判员、人民检察院检察员的； （三）受过高等教育，做过三年以上经济、科技等工作，熟悉本专业以及与本专业有关的法律、法令，并且经过法律专业训练，适合从事律师工作的； （四）其他具有本条第（一）项或第（二）项所列人员的法律业务水平，并具有高等学校文化水平，适合从事律师工作的。

（续表）

第二章　律师执业条件	第二章　律师资格
第七条　具有高等院校法学本科以上学历,从事法律研究、教学等专业工作并具有高级职称或者具有同等专业水平的人员,申请律师执业的,经国务院司法行政部门按照规定的条件考核批准,授予律师资格。	
第八条　拥护中华人民共和国宪法并符合下列条件的,可以申请领取律师执业证书: （一）具有律师资格; （二）在律师事务所实习满一年; （三）品行良好。	第十一条　高等院校法律专业毕业生或者经过法律专业训练的人员,经省、自治区、直辖市司法厅(局)考核批准,可以担任实习律师。 实习律师的实习期为两年。实习期满,依照本条例第九条规定的程序,授予律师资格;考核不合格的,可以延长其实习期。
第九条　有下列情形之一的,不予颁发律师执业证书: （一）无民事行为能力或者限制民事行为能力的; （二）受过刑事处罚的,但过失犯罪的除外; （三）被开除公职或者被吊销律师执业证书的。	
第十条　申请领取律师执业证书的,应当提交下列文件: （一）申请书; （二）律师资格证明; （三）申请人所在律师事务所出具的实习鉴定材料; （四）申请人身份证明的复印件。	
第十一条　申请领取律师执业证书的,经省、自治区、直辖市以上人民政府司法行政部门审核,符合本法规定条件的,应当自收到申请之日起三十日内颁发律师执业证书;不符合本法规定条件的,不予颁发律师执业证书,并应当自收到申请之日起三十日内书面通知申请人。	第九条　取得律师资格,须经省、自治区、直辖市司法厅(局)考核批准,发给律师证书,并报中华人民共和国司法部备案。司法部发现审批不当的,应当通知司法厅(局)重新审查。
第十二条　律师应当在一个律师事务所执业,不得同时在两个以上律师事务所执业。 律师执业不受地域限制。	

（续表）

第二章　律师执业条件	第二章　律师资格
第十三条　国家机关的现职工作人员不得兼任执业律师。 律师担任各级人民代表大会常务委员会组成人员期间，不得执业。	第十条　取得律师资格的人员不能脱离本职的，可以担任兼职律师。兼职律师所在单位应当给予支持。 人民法院、人民检察院、人民公安机关的现职人员不得兼做律师工作。
第十四条　没有取得律师执业证书的人员，不得以律师名义执业，不得为牟取经济利益从事诉讼代理或者辩护业务。	
第三章　律师事务所	第三章　律师的工作机构
第十五条　律师事务所是律师的执业机构。 律师事务所应当具备下列条件： （一）有自己的名称、住所和章程； （二）有十万元以上人民币的资产； （三）有符合本法规定的律师。	第十三条　律师执行职务的工作机构是法律顾问处。 法律顾问处是事业单位，受国家司法行政机关的组织领导和业务监督。
第十六条　国家出资设立的律师事务所，依法自主开展律师业务，以该律师事务所的全部资产对其债务承担责任。	
第十七条　律师可以设立合作律师事务所，以该律师事务所的全部资产对其债务承担责任。	
第十八条　律师可以设立合伙律师事务所，合伙人对该律师事务所的债务承担无限责任和连带责任。	
第十九条　申请设立律师事务所的，经省、自治区、直辖市以上人民政府司法行政部门审核，符合本法规定条件的，应当自收到申请之日起三十日内颁发律师事务所执业证书；不符合本法规定条件的，不予颁发律师事务所执业证书，并应当自收到申请之日起三十日内书面通知申请人。	第十四条　法律顾问处按县、市、市辖区设立。必要时，经司法部批准，可以设立专业性的法律顾问处。 法律顾问处之间没有隶属关系。

（续表）

第三章　律师事务所	第三章　律师的工作机构
第二十条　律师事务所可以设立分所。设立分所，须经拟设立分所所在地的省、自治区、直辖市人民政府司法行政部门按照规定的条件审核。 律师事务所对其设立的分所的债务承担责任。	
第二十一条　律师事务所变更名称、住所、章程、合伙人等重大事项或者解散的，应当报原审核部门。	
第二十二条　律师事务所按照章程组织律师开展业务工作，学习法律和国家政策，总结、交流工作经验。	第十五条　法律顾问处的主要任务，是领导律师开展业务工作，组织律师学习政治和法律业务知识，总结、交流律师的工作经验。
第二十三条　律师承办业务，由律师事务所统一接受委托，与委托人签订书面委托合同，按照国家规定向当事人统一收取费用并如实入账。 律师事务所和律师应当依法纳税。	第十七条　律师承办业务，由法律顾问处统一接受委托，并且统一收费。 法律顾问处给律师分配任务，应当根据实际条件尽量满足委托人的指名要求。
第二十四条　律师事务所和律师不得以诋毁其他律师或者支付介绍费等不正当手段争揽业务。	
第四章　执业律师的业务和权利、义务	
第二十五条　律师可以从事下列业务： （一）接受公民、法人和其他组织的聘请，担任法律顾问； （二）接受民事案件、行政案件当事人的委托，担任代理人，参加诉讼； （三）接受刑事案件犯罪嫌疑人的聘请，为其提供法律咨询，代理申诉、控告，申请取保候审，接受犯罪嫌疑人、被告人的委托或者人民法院的指定，担任辩护人，接受自诉案件自诉人、公诉案件被害人或者其近亲属的委托，担任代理人，参加诉讼； （四）代理各类诉讼案件的申诉； （五）接受当事人的委托，参加调解、仲裁活动； （六）接受非诉讼法律事务当事人的委托，提供法律服务； （七）解答有关法律的询问、代写诉讼文书和有关法律事务的其他文书。	第二条　律师的主要业务如下： （一）接受国家机关、企业事业单位、社会团体、人民公社的聘请，担任法律顾问。 （二）接受民事案件当事人的委托，担任代理人参加诉讼。 （三）接受刑事案件被告人的委托或者人民法院的指定，担任辩护人；接受自诉案件自诉人、公诉案件被害人及其近亲属的委托，担任代理人，参加诉讼。 （四）接受非诉讼事件当事人的委托，提供法律帮助，或者担任代理人，参加调解、仲裁活动。 （五）解答关于法律的询问，代写诉讼文书和其他有关法律事务的文书。 律师应当通过全部业务活动，宣传社会主义法制。

（续表）

第四章　执业律师的业务和权利、义务	
第二十六条　律师担任法律顾问的，应当为聘请人就有关法律问题提供意见，草拟、审查法律文书，代理参加诉讼、调解或者仲裁活动，办理聘请人委托的其他法律事务，维护聘请人的合法权益。	第四条　律师担任法律顾问的责任，是为聘请单位就业务上的法律问题提供意见，草拟、审查法律事务文书，代理参加诉讼、调解或者仲裁活动，维护聘请单位的合法权益。
第二十七条　律师担任诉讼法律事务代理人或者非诉讼法律事务代理人的，应当在受委托的权限内，维护委托人的合法权益。	第五条　律师担任诉讼和非诉讼事件代理人的责任，是在所受委托的权限内，维护委托人的合法权益。 律师在代理权限内的诉讼行为和法律行为，与委托人自己的诉讼行为和法律行为有同等效力。
第二十八条　律师担任刑事辩护人的，应当根据事实和法律，提出证明犯罪嫌疑人、被告人无罪、罪轻或者减轻、免除其刑事责任的材料和意见，维护犯罪嫌疑人、被告人的合法权益。	第六条　律师担任刑事辩护人的责任，是根据事实和法律，维护被告人的合法权益。 律师认为被告人没有如实陈述案情，有权拒绝担任辩护人。
第二十九条　委托人可以拒绝律师为其继续辩护或者代理，也可以另行委托律师担任辩护人或者代理人。 律师接受委托后，无正当理由的，不得拒绝辩护或者代理，但委托事项违法，委托人利用律师提供的服务从事违法活动或者委托人隐瞒事实的，律师有权拒绝辩护或者代理。	
第三十条　律师参加诉讼活动，依照诉讼法律的规定，可以收集、查阅与本案有关的材料，同被限制人身自由的人会见和通信，出席法庭，参与诉讼，以及享有诉讼法律规定的其他权利。 律师担任诉讼代理人或者辩护人的，其辩论或者辩护的权利应当依法保障。	第七条　律师参加诉讼活动，有权依照有关规定，查阅本案材料，向有关单位、个人调查。律师担任刑事辩护人时，可以同在押的被告人会见和通信。 律师进行前款所列活动，有关单位、个人有责任给予支持。 律师对于业务活动中接触的国家机密和个人隐私，有保守秘密的责任。
第三十一条　律师承办法律事务，经有关单位或者个人同意，可以向他们调查情况。	
第三十二条　律师在执业活动中的人身权利不受侵犯。	
第三十三条　律师应当保守在执业活动中知悉的国家秘密和当事人的商业秘密，不得泄露当事人的隐私。	

（续表）

第四章　执业律师的业务和权利、义务	
第三十四条　律师不得在同一案件中，为双方当事人担任代理人。	
第三十五条　律师在执业活动中不得有下列行为： （一）私自接受委托，私自向委托人收取费用，收受委托人的财物； （二）利用提供法律服务的便利牟取当事人争议的权益，或者接受对方当事人的财物； （三）违反规定会见法官、检察官、仲裁员； （四）向法官、检察官、仲裁员以及其他有关工作人员请客送礼或者行贿，或者指使、诱导当事人行贿； （五）提供虚假证据，隐瞒事实或者威胁、利诱他人提供虚假证据，隐瞒事实以及妨碍对方当事人合法取得证据； （六）扰乱法庭、仲裁庭秩序，干扰诉讼、仲裁活动的正常进行。	
第三十六条　曾担任法官、检察官的律师，从人民法院、人民检察院离任后两年内，不得担任诉讼代理人或者辩护人。	
第五章　律师协会	
第三十七条　律师协会是社会团体法人，是律师的自律性组织。 全国设立中华全国律师协会，省、自治区、直辖市设立地方律师协会，设区的市根据需要可以设立地方律师协会。	第十九条　为维护律师的合法权益，交流工作经验，促进律师工作的开展，增进国内外法律工作者的联系，建立律师协会。 律师协会是社会团体。组织章程由律师协会制订。
第三十八条　律师协会章程由全国会员代表大会统一制定，报国务院司法行政部门备案。	
第三十九条　律师必须加入所在地的地方律师协会。加入地方律师协会的律师，同时是中华全国律师协会的会员。 律师协会会员按照律师协会章程，享有章程赋予的权利，履行章程规定的义务。	

（续表）

第五章 律师协会	
第四十条 律师协会履行下列职责： （一）保障律师依法执业，维护律师的合法权益； （二）总结、交流律师工作经验； （三）组织律师业务培训； （四）进行律师职业道德和执业纪律的教育、检查和监督； （五）组织律师开展对外交流； （六）调解律师执业活动中发生的纠纷； （七）法律规定的其他职责。 律师协会按照章程对律师给予奖励或者给予处分。	
第六章 法律援助	
第四十一条 公民在赡养、工伤、刑事诉讼、请求国家赔偿和请求依法发给抚恤金等方面需要获得律师帮助，但是无力支付律师费用的，可以按照国家规定获得法律援助。	
第四十二条 律师必须按照国家规定承担法律援助义务，尽职尽责，为受援人提供法律服务。	
第四十三条 法律援助的具体办法，由国务院司法行政部门制定，报国务院批准。	
第七章 法律责任	
第四十四条 律师有下列行为之一的，由省、自治区、直辖市以及设区的市的人民政府司法行政部门给予警告，情节严重的，给予停止执业三个月以上一年以下的处罚；有违法所得的，没收违法所得： （一）同时在两个以上律师事务所执业的； （二）在同一案件中为双方当事人代理的； （三）以诋毁其他律师或者支付介绍费等不正当手段争揽业务的； （四）接受委托后，无正当理由，拒绝辩护或者代理的； （五）无正当理由，不按时出庭参加诉讼或者仲裁的； （六）泄露当事人的商业秘密或者个人隐私的； （七）私自接受委托，私自向委托人收取费用，收受委托人财物，利用提供法律服务的便利牟取当事人争议的权益，或者接受对方当事人的财物的； （八）违反规定会见法官、检察官、仲裁员或者向法官、检察官、仲裁员以及其他有关工作人员请客送礼的； （九）妨碍对方当事人合法取得证据的； （十）扰乱法庭、仲裁庭秩序，干扰诉讼、仲裁活动的正常进行的； （十一）应当给予处罚的其他行为。	

（续表）

第七章　法律责任	
第四十五条　律师有下列行为之一的，由省、自治区、直辖市人民政府司法行政部门吊销律师执业证书；构成犯罪的，依法追究刑事责任： （一）泄露国家秘密的； （二）向法官、检察官、仲裁员以及其他有关工作人员行贿或者指使、诱导当事人行贿的； （三）提供虚假证据，隐瞒重要事实或者威胁、利诱他人提供虚假证据，隐瞒重要事实的。 律师因故意犯罪受刑事处罚的，应当吊销其律师执业证书。	第十二条　律师严重不称职的，得经省、自治区、直辖市司法厅（局）决定，报司法部批准，取消其律师资格。
第四十六条　冒充律师从事法律服务的，由公安机关责令停止非法执业，没收违法所得，可以并处五千元以下罚款、十五日以下拘留。 没有取得律师执业证书，为牟取经济利益从事诉讼代理或者辩护业务的，由所在地的县级以上地方人民政府司法行政部门责令停止非法执业，没收违法所得，可以并处违法所得一倍以上五倍以下罚款。	
第四十七条　律师事务所有违反本法规定的行为的，由省、自治区、直辖市人民政府司法行政部门责令改正，没收违法所得，可以并处违法所得一倍以上五倍以下罚款；情节严重的，责令停业整顿或者吊销执业证书。	
第四十八条　被处罚人对司法行政部门作出的行政处罚决定不服的，可以自收到决定之日起十五日内向上一级司法行政部门申请复议，对复议决定不服的，可以自收到复议决定之日起十五日内向人民法院提起诉讼；也可以直接向人民法院提起诉讼。 受到罚款处罚，不申请行政复议或者提起行政诉讼，又不履行处罚决定的，作出处罚决定的司法行政部门可以申请人民法院强制执行。 依照本法第十一条申请领取律师执业证书，或者依照本法第十九条申请设立律师事务所，申请人对不予颁发律师执业证书或者律师事务所执业证书不服的，可以依照第一款规定的程序申请复议或者提起诉讼。	

（续表）

第七章　法律责任	
第四十九条　律师违法执业或者因过错给当事人造成损失的，由其所在的律师事务所承担赔偿责任。律师事务所赔偿后，可以向有故意或者重大过失行为的律师追偿。 律师和律师事务所不得免除或者限制因违法执业或者因过错给当事人造成损失所应当承担的民事责任。	
第八章　附则	第四章　附则
第五十条　为军队提供法律服务的军队律师，其律师资格的取得和权利、义务及行为准则，适用本法规定。对军队律师的具体管理办法，由国务院和中央军事委员会另行制定。	
第五十一条　外国律师事务所在中华人民共和国境内设立机构从事规定的法律服务活动的管理办法，由国务院制定。	
第五十二条　律师收费的具体办法，由国务院司法行政部门制定，报国务院批准。	第二十条　律师职称标准、律师奖惩规定和律师收费办法，由司法部另行制订。
第五十三条　本法自1997年1月1日起施行。1980年8月26日第五届全国人民代表大会常务委员会第十五次会议通过的《中华人民共和国律师暂行条例》同时废止。	第二十一条　本条例自1982年1月1日起施行。
	第一章　律师的任务和权利
	第十六条　法律顾问处设主任一人，根据需要，可以设副主任。主任、副主任均由本处律师选举产生，报经省、自治区、直辖市司法厅（局）批准，任期为三年，连选得连任。 法律顾问处主任、副主任领导法律顾问处的工作，并且必须执行律师职务。
	第十八条　法律顾问处可以指派律师到外地进行业务活动，当地法律顾问处应当给予帮助。

附件2：

国务院关于提请审议《中华人民共和国律师法》(修订草案)》的议案

(国函〔2007〕58号)

全国人民代表大会常务委员会：

为了完善律师制度,保障律师依法执业,规范律师的执业行为,发挥律师在建设社会主义法治国家中的作用,经过广泛征求意见,总结实践经验,司法部拟订了《中华人民共和国律师法(修订草案)》。这个草案已经国务院常务会议讨论通过,现提请审议。

国务院总理 温家宝

2007年6月15日

附件3：

关于《中华人民共和国律师法(修订草案)》的说明

——2007年6月24日在第十届全国人民代表大会常务委员会第二十八次会议上

司法部部长 吴爱英

全国人民代表大会常务委员会：

我受国务院的委托,现就《中华人民共和国律师法(修订草案)》作说明。

《中华人民共和国律师法》(以下简称现行律师法)是1996年5月15日由第八届全国人大常委会第十九次会议审议通过的,自1997年1月1日施行以来,对规范律师的执业行为,保障律师依法执业,维护当事人的合法权益,维护司法公正和社会稳定,发挥了重要的作用。截止到2006年底,全国共有执业律师13万多人,律师事务所1.3万多个,2006年办理诉讼案件180多万件,办理非诉讼法律事务115万多件,开展义务法律咨询520多万件。目前,广大律师已成为我国建设社会主义法治国家的一支重要力量。

随着我国经济社会的不断发展,律师工作也面临着一些新的情况和问题。

为了适应新时期我国律师工作改革和发展的需要，进一步完善中国特色的社会主义律师制度，充分发挥律师在构建社会主义和谐社会、全面建设小康社会中的作用，根据党的十六大关于"拓展和规范法律服务"和中央司法体制改革领导小组关于改革和完善律师制度的要求，司法部在认真总结现行律师法实施经验的基础上，起草了《中华人民共和国律师法(修订草案)(送审稿)》，于 2005 年 6 月报请国务院审议。之后，国务院法制办在充分听取有关方面意见的基础上，会同司法部对修订草案送审稿反复研究、修改，形成了《中华人民共和国律师法(修订草案)》(以下简称修订草案)。修订草案主要对律师执业许可、律师执业的组织形式、律师执业行为规范、律师在诉讼中的权利保障、律师行政管理和行业自律等做了修改和完善。修订草案已经国务院常务会议讨论通过。现就修订草案的几个主要问题说明如下：

一、关于律师执业许可制度

修订草案依照行政许可法的规定，将现行律师法第二章"律师执业条件"修改为"律师执业许可"，并从以下三个方面做了完善：

一是完善了律师执业许可条件。为了确保律师忠诚于宪法，并使律师执业许可制度与国家统一司法考试制度衔接，修订草案明确将拥护中华人民共和国宪法作为申请律师执业的条件之一，同时要求在申请律师执业时提供国家统一司法考试合格证书。

二是完善了律师执业许可的权限和程序。现行律师法规定，律师执业许可由省级人民政府司法行政部门受理并决定。为了更好地发挥设区的市级或者直辖市的区人民政府司法行政部门的律师行政管理职能，修订草案规定：申请律师执业，应当向设区的市级或者直辖市的区人民政府司法行政部门提出申请，受理申请的部门应当自受理之日起 20 日内予以审查，并将初步审查意见和全部申请材料报送省、自治区、直辖市人民政府司法行政部门。省、自治区、直辖市人民政府司法行政部门应当自收到报送材料之日起 10 日内予以审查，并做出是否准予执业的决定。准予执业的，向申请人颁发律师执业证书；不准予执业的，向申请人书面说明理由。

三是完善了律师执业特别许可制度。现行律师法第七条对特别授予律师资格的问题做了规定。为了适应律师行业对人才的特殊需要，修订草案修改完善了特别执业许可制度，规定：曾经从事法律研究、教学等专业工作，并具有高级职称或者同等专业水平的人员，申请律师执业的，经国务院司法行政部门审核同意，可以准予律师执业。具体办法由国务院规定。

二、关于律师事务所的组织形式

现行律师法规定了国家出资、合作、合伙三种律师事务所组织形式。修订草案在借鉴国际经验、充分考虑我国国情的基础上，对律师事务所的组织形式做了以下两个方面的补充规定：

一是增加了合伙律师事务所类型的规定。修订草案依照《合伙企业法》的规定，明确了普通合伙和特殊的普通合伙（即有限合伙）两种合伙组织形式，并对合伙人的条件做了规定：设立合伙律师事务所，除应当符合本法第十三条规定的条件外，还应当有3名以上合伙人，设立人应当是具有3年以上执业经历的律师。合伙律师事务所可以采用普通合伙或者特殊的普通合伙形式设立。合伙律师事务所的合伙人按照合伙形式对该律师事务所的债务依法承担责任。

二是增加了设立个人开业律师事务所的规定。设立个人开业律师事务所，是国外比较通行的一种做法。借鉴国外通行做法，修订草案确立了个人开业律师事务所的组织形式，严格限定其设立条件，并对其承担责任的方式做了规定：设立个人开业的律师事务所，除应当符合本法第十三条规定的条件外，设立人还应当是具有5年以上执业经历的律师。设立人对律师事务所的债务承担无限责任。受到停止执业处罚的律师，不得申请个人开业。

此外，考虑到合作律师事务所作为过渡形式在实践中已经基本消失，修订草案未再保留有关合作律师事务所的规定。

三、关于律师在诉讼中的权利保障

律师在诉讼中的权利保障是由诉讼法规定的。修订草案在诉讼法有关规定的基础上，做了以下两个方面的补充完善：

一是为了保障律师的会见权、阅卷权和调查取证权，修订草案规定：犯罪嫌疑人被侦查机关第一次讯问或者采取强制措施之日起，除涉及国家秘密的案件外，受委托的律师凭律师执业证书、委托书和律师事务所介绍信，可以与犯罪嫌疑人、被告人会见并了解有关案件情况。在已经采取安全措施的场所内，律师会见犯罪嫌疑人不被监听。受委托的律师自案件审查起诉之日起，有权查阅、摘抄和复制作为支持指控的诉讼文书及案卷材料。受委托的律师自案件被人民法院受理之日起，有权查阅、摘抄和复制作为支持指控的所有材料。受委托的律师根据案情的需要，可以申请人民检察院、人民法院收集、调取证据或者申请人民法院通知证人出庭作证。律师自行调查取证的，凭律师事务所介绍信和律师执业证书，可以向有关单位或者个人调查与承办法律事务有关的情况。

二是为了保障律师依法执业、充分行使辩护权，修订草案规定：律师在法庭上发表的代理、辩护意见不受法律追究；但是，发表危害国家安全、恶意诽谤他人、严重扰乱法庭秩序的言论除外。律师在参与诉讼活动中因涉嫌犯罪被公安机关、人民检察院、人民法院依法决定拘留、逮捕的，拘留、逮捕机关应当在拘留、逮捕实施后的24小时之内通知该律师的家属、所在的律师事务所以及所属的律师协会。

四、关于对律师的监督管理

针对律师在执业中存在的突出问题，根据党中央、国务院关于切实加强对律师队伍的监督管理的要求，修订草案从以下五个方面对律师队伍的监督管理做了规定：

一是为了严把律师准入关，修订草案规定：申请律师执业，应当提交律师协会出具的申请人实习考核材料、律师事务所出具的同意接收申请人的证明；申请兼职从事律师职业的，还应当提交所在单位同意申请人兼职从事律师职业的证明。受到停止执业处罚的律师，不得担任合伙人，不得申请个人开业。对合伙律师事务所受到吊销律师事务所执业证书处罚负有主要责任的律师，不得担任合伙人。

二是为了进一步规范律师的执业行为，修订草案规定：律师不得代理与本人或者其近亲属有利益冲突的法律事务；不得与对方当事人或者第三人恶意串通，侵害委托人的权益，不得以不正当方式影响法官、检察官、仲裁员以及其他有关工作人员依法办理案件；曾经担任法官、检察官的律师，从人民法院、人民检察院离任后2年内，不得担任诉讼代理人或者辩护人。

三是为了加强对律师事务所和律师的管理，修订草案规定：律师事务所应当建立健全执业管理、利益冲突审查、收费与财务管理、投诉查处、年度考核、档案管理等制度，对律师在执业活动中遵守职业道德、执业纪律的情况进行监督。对年度考核不合格的律师，律师事务所应当予以辞退或者解除合伙关系。律师事务所应当于每年的年度考核后向设区的市级或者直辖市的区人民政府司法行政部门提交本所的年度执业情况报告和律师执业年度考核结果。律师事务所变更名称、负责人、章程、合伙协议的，应当报原审核部门批准。律师事务所变更执业场所、合伙人的，应当自变更之日起15日内报原审核部门备案。律师事务所不能保持法定设立条件，经限期整改仍不符合条件的，或者被依法吊销律师事务所执业证书的，以及自行决定解散的，应当终止。律师事务所终止的，颁证机关应当注销该律师事务所的执业证书。律师事务所不得从事法律服务以外的商业性经营活动。

四是为了加大对律师和律师事务所违法行为的处罚力度，修订草案规定了严格的法律责任，包括吊销律师执业证书、停业整顿、吊销律师事务所执业证书、依法追究刑事责任等。

五是为了进一步发挥律师协会的行业自律作用，修订草案规定：律师协会依照本法和律师协会章程对律师、律师事务所实行行业自律；同时还对律师协会的职责做了补充和完善，包括：制定行业规范和惩戒规则、对律师的执业活动进行考核、组织管理申请律师执业人员的实习活动并予以考核、对律师和律师事务所实施奖惩、受理对律师的投诉或者举报、受理律师的申诉等。

《中华人民共和国律师法(修订草案)》和以上说明是否妥当,请审议。

附件4:

全国人大法律委员会关于《中华人民共和国律师法(修订草案)》修改情况的汇报

——2007年8月24日在第十届全国人民代表大会常务委员会第二十九次会议上

全国人大法律委员会副主任委员 王以铭

全国人民代表大会常务委员会:

常委会第二十八次会议对律师法(修订草案)进行了初次审议。会后,法制工作委员会将修订草案印发各省(区、市)、中央有关部门和法学教学研究机构等单位征求意见;法律委员会、内务司法委员会和法制工作委员会联合召开座谈会,听取有关部门、专家学者、律师和企业的意见;法律委员会、法制工作委员会还到上海、广东、四川进行调研。法律委员会于8月13日召开会议,根据常委会组成人员、内务司法委员会的审议意见和各方面的意见,对修订草案进行了逐条审议。国务院法制办、司法部负责同志和内务司法委员会有关同志列席了会议。8月21日,法律委员会召开会议,再次进行了审议。现就律师法(修订草案)主要问题的修改情况汇报如下:

一、修订草案第八条规定:"曾经从事法律研究、教学等专业工作,并具有高级职称或者同等专业水平的人员,申请律师执业的,经国务院司法行政部门审核同意,可以准予律师执业。具体办法由国务院规定。"有些常委会组成人员认为,律师执业应经国家统一司法考试,不经国家统一司法考试由司法部准予执业,不符合公平选拔律师的要求,不利于提高律师队伍素质,建议取消特许律师执业制度。法律委员会经同内务司法委员会、国务院法制办、司法部研究认为,经国家统一司法考试合格,是律师执业的一项基本条件。同时,考虑到律师执业涉及的领域很宽、业务很广,目前某些专业性很强的领域缺少专业律师,作为特殊情况,规定长期从事法律研究、教学工作或者某些专业性强的领域的资深专家可以不经国家统一司法考试,由司法部准予执业,有利于更好地提供专业法律服务。据了解,日本、新加坡、韩国、加拿大等国家也有类似规定。据此,法律委员会建议在进一步严格限制条件的前提下保留特许律师执业制度,将这一条修改为："具有高等院校本科以上学历，从事法律研究、教学工作满二十年，具有较高的专业水平的人员，或者从事金融、知识产权、信息技术等工作满二十年，具有较高的专业水平和法律知识的人员，申请律师执业的，经国务院司法行政部门审核同意，准予执业。具体办法由国务院规定。"

二、有的常委委员提出，律师法规定国家机关的现职工作人员不得兼任执业律师，律师担任各级人民代表大会常委会组成人员期间不得执业。修订草案删去了这一规定，是否意味着国家机关的现职工作人员可以兼任律师，律师担任常委会组成人员期间可以执业，代理诉讼，出庭应诉。这样修改是否合适，建议再作研究。法律委员会研究认为，根据公务员法、法官法、检察官法的规定，国家机关的现职工作人员不能兼任执业律师；律师作为常委会组成人员参与人大常委会行使监督"一府两院"的职权，又作为当事人一方的诉讼代理人提供法律服务，收取报酬，这在法律上欠妥当，实践中可能出问题，同时又与其他律师处于不平等的执业地位。据此，法律委员会建议恢复律师法的上述规定，增加一条规定："公务员不得兼任执业律师。""律师担任各级人民代表大会常务委员会组成人员的，任职期间不得执业。"至于律师在担任常委会组成人员期间，停止执业的工作报酬问题，可以另作规定。

三、律师法第十四条规定："没有取得律师执业证书的人员，不得以律师名义执业，不得为牟取经济利益从事诉讼代理或者辩护业务。"修订草案第十二条删去了"不得为牟取经济利益从事诉讼代理或者辩护业务"这句话。有的常委委员和全国人大代表提出，修订草案删去律师法的有关规定，意味着只要不以律师名义，任何人都可以有偿从事诉讼业务以及其他法律服务。这样修改是否合适，建议再作研究。法律委员会研究认为，律师业是特许行业，担任律师不仅要通过国家统一司法考试，还要经过有关部门审批。依照诉讼法的有关规定，当事人的近亲属、有关社会团体或所在单位推荐的人、经人民法院许可的其他公民，可以依法被委托为诉讼代理人或者辩护人，不是任何人都可以无条件地从事诉讼代理或辩护业务，否则，会冲击律师制度。据此，法律委员会建议将修订草案第十二条修改为："没有取得律师执业证书的人员，不得以律师名义从事法律服务业务；除法律另有规定外，不得从事诉讼代理或者辩护业务。"

四、修订草案第三十二条中规定，"除涉及国家秘密的案件外，受委托的律师凭律师执业证书、委托书和律师事务所介绍信，可以与犯罪嫌疑人、被告人会见并了解有关案件情况。在已经采取安全措施的场所内，律师会见犯罪嫌疑人不被监听。"有的常委委员提出，犯罪嫌疑人、被告人会见律师是行使其辩护权的重要内容，不论是否涉及国家秘密，犯罪嫌疑人、被告人都有权获得律师的法律帮助，同时律师对所知悉的国家秘密负有保密的义务。有的常委委员提出，律师会见犯罪嫌疑人，当然应在具有安全措施的场所内进行，不宜对场所再区分是否采取了安全措施。法律委员会经研究，建议将这一条修改为："犯罪嫌疑人被侦查机关第一次讯问或者采取强制措施之日起，受委托的律师凭律师执业证书、律师事务所证明和委托书或者法律援助公函，有权与犯罪嫌疑人、被告人会见并了解有关案件情况。律师会见犯罪嫌疑人，不被监听。"

这里，还有一个问题需要汇报。修订草案第十九条规定："国家出资设立的律师事务所，依法自主开展律师业务，以该律师事务所的全部资产对其债务承担责任。"有些常委委员提出，国家出资设立的律师事务所，是律师制度恢复阶段的一种组织形式，目前这类律师事务所的数量已经很少。律师事务所是社会中介机构，由国家出资兴办是不合适的，建议删去这一条或在"附则"中作规定。有关部门认为，目前国家出资设立的律师事务所还有1 400多家，占全国律师事务所总数的11.2%，主要分布在中西部地区。我国各地经济社会发展很不平衡，但都需要律师事务所提供法律服务。中西部地区的一些律师事务所靠自收自支难以生存和发展，国家出资设立的律师事务所可以满足当地群众和社会对法律服务的需求，建议保留国家出资设立的律师事务所。法律委员会经同国务院法制办、司法部研究认为，目前国家出资设立的律师事务所，有些是自收自支，有些是财政补贴，情况很不一样。对这类律师事务所如何加以统一规范，意见尚不一致。据此，法律委员会建议对这个问题进一步调研后再作考虑，这次对这一条暂不作修改。

此外，还对修订草案作了一些文字修改。

修订草案二次审议稿已按上述意见作了修改，法律委员会建议本次常委会会议继续审议。

修订草案二次审议稿和以上汇报妥否，请审议。

附件5：

全国人大法律委员会关于《中华人民共和国律师法（修订草案二次审议稿）》审议结果的报告

——2007年10月24日在第十届全国人民代表大会常务委员会第三十次会议上

全国人大法律委员会副主任委员 王以铭

全国人民代表大会常务委员会：

常委会第二十九次会议对律师法（修订草案二次审议稿）进行了审议。会后，法律委员会、法制工作委员会就修订草案几个主要问题，同司法部等有关部门交换意见，共同研究。法制工作委员会还到地方进行了调研。法律委员会于9月28日召开会议，根据常委会组成人员的审议意见和各方面的意见，对修订草案二次审议稿进行了审议。国务院法制办、司法部的负责同志列席了会议。10月22日，法律委员会召开会议，再次进行了审议。法律委员会认为，为了完善律师制度，规范律师执业行为，保障律师依法执业，发挥律师在社会主义法制建设中的作用，对律师法进行修订是必要的。修订草案经常委会两次审议修改，已经比较成熟；同时，提出以下主要修改意见：

一、修订草案二次审议稿第八条规定："具有高等院校本科以上学历，从事法律研究、教学工作满二十年，具有较高的专业水平的人员，或者从事金融、知识产权、信息技术等工作满二十年，具有较高的专业水平和法律知识的人员，申请律师执业的，经国务院司法行政部门审核同意，准予执业。具体办法由国务院规定。"有些常委委员提出，律师特许执业的范围不宜过宽，有些法学研究、教学人员并不一定具备律师执业能力。有的常委委员提出，允许特许执业的，应主要是那些法律服务人员稀缺领域的专门人才，具体列举这些领域有困难，还是由国务院在具体办法中作规定较为切合实际。法律委员会经同国务院法制办、司法部研究，建议将这一条修改为："具有高等院校本科以上学历，在法律服务人员紧缺领域从事专业工作满十五年，具有高级职称或者同等专业水平的人员，申请专职律师执业的，经国务院司法行政部门审核同意，准予执业。具体办法由国务院规定。"

二、修订草案二次审议稿第十一条第二款规定："律师担任各级人民代表大会常务委员会组成人员的，任职期间不得执业。"有的常委委员提出，这样规定，限制过严。为了防止律师利用常委会组成人员的身份从事诉讼活动影响案件公正审理，规定他们不得从事诉讼活动是必要的，但不应限制他们从事法律咨询等非诉讼业务。法律委员会经同国务院法制办、司法部研究，建议将这一款修改为："律师担任各级人民代表大会常务委员会组成人员的，任职期间不得从事诉讼代理或者辩护业务。"

三、修订草案二次审议稿第五十三条第一款规定："受到停止执业处罚的律师，不得担任合伙人，不得申请个人开业。"有的常委委员和部门提出，按照这一条的规定，只要受到停止执业处罚的律师就永远不能担任合伙人，这样规定过于严格。按照修订草案第四十七条、第四十八条、第四十九条的规定，律师违法行为有轻有重，停止执业的期限也有不同，有哪些违法情形的律师不得担任合伙人，建议参照公司法的有关规定，再作研究。法律委员会经同司法部研究，建议将第五十三条第一款修改为："受到六个月以上停止执业处罚的律师，处罚期满未逾三年的，不得担任合伙人。"

这里还有一个问题需要汇报。修订草案二次审议稿第二十条规定:“国家出资设立的律师事务所,依法自主开展律师业务,以该律师事务所的全部资产对其债务承担责任。”有的常委委员认为律师事务所不应由国家出资设立,建议删去这一条。有的常委委员建议对这一问题进行调研,再作考虑。法制工作委员会到贵州、云南专就这个问题进行了调研,实际情况是:贵州省共196家律师事务所,其中国家出资设立的律师事务所87家,占44.38%;云南省共417家律师事务所,其中国家出资设立的律师事务所116家,占27.81%。在这两省,国家出资设立的律师事务所大多数是在贫困县。以贵州省安顺市普定县定南律师事务所、云南省德宏自治州梁河县泰光律师事务所为例,律师事务所的收入只占其支出的五分之一左右,如果没有财政支持,是难以维持的。两省有关部门的一致意见是这一条不宜删去,否则,当地的法律服务工作难以进行。法律委员会经同国务院法制办、司法部研究认为,从实际情况和实际需要考虑,这一条还是予以保留为宜。

此外,还对修订草案二次审议稿作了一些文字修改。

修订草案三次审议稿已按上述意见作了修改,法律委员会建议提请本次常委会会议审议通过。

修订草案三次审议稿和以上报告是否妥当,请审议。

附件6:

全国人大法律委员会关于《中华人民共和国律师法(修订草案三次审议稿)》修改意见的报告

——2007年10月27日在第十届全国人民代表大会常务委员会第三十次会议上

全国人大法律委员会主任委员 杨景宇

全国人民代表大会常务委员会:

本次常委会会议于10月25日上午对律师法(修订草案三次审议稿)进行了分组审议。普遍认为,修订草案已经比较成熟,建议进一步修改后,提请本次会议表决通过;同时,有些常委会组成人员又提出了一些修改意见。法律委员会于10月26日上午召开会议,逐条研究了常委会组成人员的审议意见,对修订草案进行了审议。内务司法委员会和国务院法制办、司法部的负责同志列席了会议。法律委员会认为,修订草案是可行的;同时,提出以下主要修改意见:

一、修订草案三次审议稿第八条规定:“具有高等院校本科以上学历,在法律服务人员紧缺领域从事专业工作满十五年，具有高级职称或者同等专业水平的人员，申请专职律师执业的，经国务院司法行政部门审核同意，准予执业。具体办法由国务院规定。”有的常委委员建议删去这一条。有的常委委员提出，准予特许执业的，应经国务院司法行政部门组织的专门考试。有的常委委员建议恢复特许执业应“具有法律知识”的条件。法律委员会经同内务司法委员会和国务院法制办、司法部研究，建议这一条还是予以保留为宜，同时修改为：“具有高等院校本科以上学历，在法律服务人员紧缺领域从事专业工作满十五年，具有高级职称或者同等专业水平并具有相应的专业法律知识的人员，申请专职律师执业的，经国务院司法行政部门考核合格，准予执业。具体办法由国务院规定。”

二、修订草案三次审议稿第三十三条中规定：“律师会见犯罪嫌疑人，不被监听”。有的常委委员提出，律师担任刑事案件的辩护人，不仅要会见犯罪嫌疑人，还要会见被告人，会见被告人时也不应被监听。法律委员会经研究，建议将这一句修改为：“律师会见犯罪嫌疑人、被告人，不被监听”。

三、修订草案三次审议稿第四十七条第五项对律师“不履行法律援助义务的”，作了处罚规定。有的常委委员提出，有的律师虽然没有履行法律援助义务但确有正当理由的，不应受处罚。法律委员会经同内务司法委员会和国务院法制办、司法部研究，建议将这一项修改为“拒绝履行法律援助义务的”。

此外，还对修订草案三次审议稿作了一些文字修改。

修订草案建议表决稿已按上述意见作了修改，法律委员会建议本次常委会会议通过。

修订草案建议表决稿和以上报告是否妥当，请审议。

附件7：

司法部关于学习宣传贯彻修订后的《中华人民共和国律师法》的意见

（2007年10月30日 司发〔2007〕14号）

各省、自治区、直辖市司法厅（局），新疆生产建设兵团司法局：

修订后的《中华人民共和国律师法》已于2007年10月28日经十届全国人大常委会第三十次会议审议通过，将于2008年6月1日起正式实施。做好修订后的律师法的学习、宣传、贯彻工作，是当前司法行政工作的一件大事。现提出如下意见。

一、充分认识颁布实施修订后的律师法的重大意义

修订后的律师法在全面总结我国律师制度恢复以来,特别是律师法实施以来律师工作取得的成绩和经验的基础上,从我国的基本国情出发,适应新时期、新阶段我国律师工作改革和发展的需要,对原律师法的规定作了较大修改和完善。它的颁布实施,对于进一步完善中国特色社会主义律师制度,保障律师依法执业,规范律师执业行为,发挥律师在社会主义法制建设中的作用,推动律师事业又好又快发展具有重要意义。

修订后的律师法的颁布实施,是推进依法治国,坚持和完善中国特色社会主义律师制度的重要举措。我国律师制度是社会主义法律制度的重要组成部分,坚持和完善中国特色社会主义律师制度,促进律师制度的改革和发展,是深化司法体制和工作机制改革,建设公正高效权威的社会主义司法制度的重要环节,是律师事业坚持正确发展方向的根本保证。修订后的律师法以立法的形式肯定了我国律师制度改革发展取得的成果,进一步完善了我国律师制度的基本框架。它的颁布实施,是完善中国特色社会主义法律制度的重要组成部分,是全面落实依法治国基本方略,加快建设社会主义法治国家的实际步骤,是保障我国律师工作适应经济社会发展要求的重要举措。

修订后的律师法的颁布实施,为更好地发挥律师职能作用,服务全面建设小康社会提供了法律保障。我国律师是促进依法治国和服务社会主义市场经济建设的重要力量,在推进社会主义经济建设、政治建设、文化建设和社会建设中担负着重大责任。修订后的律师法进一步明确了律师职业使命,完善了对律师执业权利的保障措施,丰富了律师执业的内容,为律师更好地履行职责,维护当事人的合法权益,维护法律的正确实施,防止司法腐败,维护社会公平和正义,更加自觉地积极投身于服务全面建设小康社会的伟大实践提供了法律保障。

修订后的律师法的颁布实施,是规范律师法律服务,实现律师工作法制化的重要依据。修订后的律师法充实了律师执业许可和执业行为规范的内容,强化了对律师和律师事务所执业的监督管理措施,调整了司法行政机关对律师和律师事务所监管职能的层级配置,完善了律师协会的管理职责,加强了对律师执业活动的监督管理力度,这将有利于进一步推进律师工作建设,加强律师队伍建设,完善律师管理体制,提高律师工作水平。

总之,修订后的律师法进一步健全了中国特色社会主义律师制度,为广大律师依法从事法律服务活动,为各级司法行政机关和各地律师协会依法履行管理职责,为律师制度的改革和发展提供了有力的法律支持和法律保障,标志着我国律师制度进一步走向成熟和完善。

二、明确学习宣传贯彻修订后的律师法的指导思想、主要任务和基本要求

要运用好修订后的律师法，必须抓好修订后的律师法的学习、宣传、贯彻等各项工作。

（一）指导思想：坚持以邓小平理论和"三个代表"重要思想为指导，深入贯彻落实科学发展观，认真贯彻党的十七大精神，认真组织学习、宣传、贯彻修订后的律师法，进一步推动律师工作，加强律师队伍建设，提高广大律师的思想政治素质、业务素质和职业道德素质，增强律师依法执业能力，强化律师执业管理，规范律师执业行为，进一步改善律师执业环境，推进律师工作法制化建设，进一步完善中国特色社会主义律师制度，充分发挥律师的职能作用，维护司法公正，促进社会和谐稳定，推进依法治国进程，为全面建设小康社会，加快推进社会主义现代化提供更加优质高效的法律服务。

（二）主要任务：一是组织全国律师管理干部和广大律师认真学习修订后的律师法；二是组织开展面向社会、形成一定规模和声势的律师法宣传活动；三是认真做好律师法修订前后相关工作的衔接，依照修订后的律师法的规定，制定修改相关配套行政法规、部颁规章、规范性文件和行业规范；四是通过贯彻落实修订后的律师法，大力推进律师工作的改革和建设，实现律师事业又好又快地发展。

（三）基本要求：一是通过组织开展修订后的律师法的学习活动，使广大律师和律师管理人员了解、掌握律师法修订的原则、精神和主要内容，进一步统一思想认识，坚持律师工作正确的发展方向，提高贯彻落实律师法，依法开展律师工作的能力和水平。二是通过组织开展修订后的律师法的宣传活动，营造贯彻落实这部法律的社会氛围，使社会各界和人民群众进一步了解律师制度，关心和支持律师工作。三是通过贯彻落实修订后的律师法，拓展律师服务领域，充分发挥律师在我国经济建设、政治建设、文化建设和社会建设中的职能作用。四是按照坚持信念、精通法律、维护正义、恪守诚信的总要求，继续大力加强律师队伍思想政治建设、业务建设、职业道德建设和党的建设，践行社会主义法治理念，树立社会主义荣辱观，形成中国特色社会主义律师执业精神，提高律师服务经济社会发展的工作水平。五是规范律师执业活动，提高依法执业和依法管理水平，进一步完善律师工作管理体制和工作机制，不断完善中国特色社会主义律师制度。

三、认真做好学习宣传贯彻修订后的律师法的组织领导工作

学习、宣传、贯彻修订后的律师法，任务繁重。各级司法行政机关和各地律

师协会要高度重视,精心组织,周密部署,确保各项学习、宣传、贯彻的任务落到实处,为 2008 年 6 月该法正式实施打下坚实的思想基础、组织基础和工作基础。

（一）切实加强组织领导。各级司法行政机关和各地律师协会要把学习、宣传、贯彻修订后的律师法,列入当前和 2008 年司法行政工作、律师工作的重要内容。各省(区、市)司法厅(局)党委(党组)要把修订后的律师法的学习、宣传、贯彻工作列入重要议事日程,实行领导责任制,加强工作指导,根据司法部即将提出的贯彻实施修订后的律师法的工作意见,组织研究制定本地的贯彻实施意见。要通过加强教育和引导,把律师管理人员和广大律师思想认识统一到修订后的律师法的立法原则和精神上来,统一到司法部的有关工作部署上来,熟悉修订后的律师法的各项内容,全面、准确领会修订后的律师法的立法原意,增强贯彻实施修订后的律师法的自觉性。

（二）认真开展学习培训。司法部将举办律师法培训班,为各地开展培训提供骨干力量。此期培训班培训结束后,各省(区、市)司法厅(局)可陆续组织律师法培训,2008 年 4 月底前完成本省(区、市)律师协会会长、副会长,律师事务所主任、党支部书记等骨干律师的培训。

（三）广泛开展宣传活动。从现在到明年 6 月修订后的律师法正式实施前,各级司法行政机关和各地律师协会要集中组织开展律师法宣传活动。司法部将研究制订律师法宣传提纲,各地要制定律师法宣传工作计划,充分利用报刊、电台、电视台、网络等媒体,有组织、有步骤地开展形式多样、群众喜闻乐见的律师法宣传活动,把宣传律师法与宣传律师制度、宣传律师队伍中的先进典型结合起来,形成声势,取得实效。

（四）做好实施前的各项准备工作。司法部计划在修订后的律师法正式实施前召开全国律师工作会议,对贯彻实施修订后的律师法作出全面部署。2008 年 6 月 1 日前后,司法部将会同有关部门做好相关行政法规的起草、制定工作,陆续出台律师法的配套规章,对已有的规章和规范性文件进行清理、修订,并就修订后的律师法中涉及相关管理体制、工作职责调整等问题提出指导性意见。各地要加强论证和调研,积极配合完成有关的工作任务。同时要依据律师法,结合本地实际,及早研究做好本地实施律师法的各项准备工作。

（五）加强工作配合和协调。围绕学习、宣传、贯彻修订后的律师法,各级司法行政机关和各地律师协会要注重发挥各自的职能作用,加强工作的协作配合,形成共同推进律师法学习、宣传、贯彻工作的合力。

附件8：

全国人民代表大会常务委员会关于修改《中华人民共和国律师法》的决定

（2001年12月29日第九届全国人民代表大会常务委员会第二十五次会议通过 2001年12月29日中华人民共和国主席令第六十五号公布）

第九届全国人民代表大会常务委员会第二十五次会议审议了《中华人民共和国律师法修正案（草案）》，决定对《中华人民共和国律师法》作如下修改：

一、第六条修改为："取得律师资格应当经过国家统一的司法考试。具有高等院校法律专业本科以上学历，或者高等院校其他专业本科以上学历具有法律专业知识的人员，经国家司法考试合格的，取得资格。

"适用前款规定的学历条件确有困难的地方，经国务院司法行政部门审核确定，在一定期限内，可以将学历条件放宽为高等院校法律专业专科学历。"

二、本决定自2002年1月1日起施行。

《中华人民共和国律师法》根据本决定作相应的修正，重新公布。

本决定施行前已经符合原《中华人民共和国律师法》规定的律师资格考试的学历条件的人员，仍然可以报名参加2002年国家司法考试，考试合格的，取得资格。

附件9：

全国人民代表大会常务委员会关于修改《中华人民共和国律师法》的决定

（2012年10月26日第十一届全国人民代表大会常务委员会第二十九次会议通过 2012年10月26日中华人民共和国主席令第六十四号公布）

第十一届全国人民代表大会常务委员会第二十九次会议决定对《中华人民共和国律师法》作如下修改：

一、将第二十八条第三项修改为："接受刑事案件犯罪嫌疑人、被告人的委托或者依法接受法律援助机构的指派，担任辩护人，接受自诉案件自诉人、公诉案件被害人或者其近亲属的委托，担任代理人，参加诉讼"。

二、将第三十一条修改为："律师担任辩护人的，应当根据事实和法律，提出犯罪嫌疑人、被告人无罪、罪轻或者减轻、免除其刑事责任的材料和意见，维护犯罪嫌疑人、被告人的诉讼权利和其他合法权益。”

三、将第三十三条修改为：“律师担任辩护人的，有权持律师执业证书、律师事务所证明和委托书或者法律援助公函，依照刑事诉讼法的规定会见在押或者被监视居住的犯罪嫌疑人、被告人。辩护律师会见犯罪嫌疑人、被告人时不被监听。”

四、将第三十四条修改为：“律师担任辩护人的，自人民检察院对案件审查起诉之日起，有权查阅、摘抄、复制本案的案卷材料。”

五、将第三十七条第三款修改为：“律师在参与诉讼活动中涉嫌犯罪的，侦查机关应当及时通知其所在的律师事务所或者所属的律师协会；被依法拘留、逮捕的，侦查机关应当依照刑事诉讼法的规定通知该律师的家属。”

六、将第三十八条第二款修改为：“律师对在执业活动中知悉的委托人和其他人不愿泄露的有关情况和信息，应当予以保密。但是，委托人或者其他人准备或者正在实施危害国家安全、公共安全以及严重危害他人人身安全的犯罪事实和信息除外。”

本决定自2013年1月1日起施行。

《中华人民共和国律师法》根据本决定作相应修改，重新公布。

外国律师事务所驻华代表机构管理条例

（2001年12月22日 国务院令第338号）

第一章 总 则

第一条 为了规范外国律师事务所驻华代表机构的设立及其法律服务活动，根据《中华人民共和国律师法》的规定，制定本条例。

第二条 外国律师事务所设立驻华代表机构（以下简称代表机构），从事法律服务活动，适用本条例。

第三条 代表机构及其代表从事法律服务活动，应当遵守中国的法律、法规和规章，恪守中国律师职业道德和执业纪律，不得损害中国国家安全和社会公共利益。

第四条 代表机构及其代表依照本条例规定从事法律服务活动，受中国法律保护。

第五条 外国律师事务所对其代表机构及其代表在中国境内从事的法律服务活动承担民事责任。

第二章 代表机构的设立、变更和注销

第六条 外国律师事务所在华设立代表机构、派驻代表，应当经国务院司法行政部门许可。

外国律师事务所、外国其他组织或者个人不得以咨询公司或者其他名义在中国境内从事法律服务活动。

第七条 外国律师事务所申请在华设立代表机构、派驻代表，应当具备下列条件：

（一）该外国律师事务所已在其本国合法执业，并且没有因违反律师职业道德、执业纪律受到处罚；

（二）代表机构的代表应当是执业律师和执业资格取得国律师协会会员，并且已在中国境外执业不少于2年，没有受过刑事处罚或者没有因违反律师职业道德、执业纪律受过处罚；其中，首席代表已在中国境外执业不少于3年，并且是该外国律师事务所的合伙人或者是相同职位的人员；

（三）有在华设立代表机构开展法律服务业务的实际需要。

第八条 外国律师事务所申请在华设立代表机构，应当向拟设立的代表机构住所地的省、自治区、直辖市人民政府司法行政部门提交下列文件材料：

（一）该外国律师事务所主要负责人签署的设立代表机构、派驻代表的申请书。拟设立的代表机构的名称应当为“××律师事务所（该律师事务所的中文译名）驻××（中国城市名）代表处”；

（二）该外国律师事务所在其本国已经合法设立的证明文件；

（三）该外国律师事务所的合伙协议或者成立章程以及负责人、合伙人名单；

（四）该外国律师事务所给代表机构各拟任代表的授权书，以及拟任首席代表系该律师事务所合伙人或者相同职位人员的确认书；

（五）代表机构各拟任代表的律师执业资格以及拟任首席代表已在中国境外执业不少于3年、其他拟任代表已在中国境外执业不少于2年的证明文件；

（六）该外国律师事务所所在国的律师协会出具的该代表机构各拟任代表为本国律师协会会员的证明文件；

（七）该外国律师事务所所在国的律师管理机构出具的该律师事务所以及各拟任代表没有受过刑事处罚和没有因违反律师职业道德、执业纪律受过处罚的证明文件。

前款所列文件材料，应当经申请人本国公证机构或者公证人的公证、其本国外交主管机关或者外交主管机关授权的机关认证，并经中国驻该国使（领）馆认证。

外国律师事务所提交的文件材料应当一式三份，外文材料应当附中文译文。

第九条 省、自治区、直辖市人民政府司法行政部门应当自收到申请文件材料之日起3个月内审查完毕，并将审查意见连同文件材料报送国务院司法行政部门审核。国务院司法行政部门应当在6个月内作出决定，对许可设立的代表机构发给执业执照，并对其代表发给执业证书；对不予许可的，应当书面告知其理由。

第十条 代表机构及其代表，应当持执业执照、执业证书在代表机构住所地的省、自治区、直辖市司法行政部门办理注册手续后，方可开展本条例规定的法律服务活动。代表机构及其代表每年应当注册一次。

省、自治区、直辖市人民政府司法行政部门应当自接到注册申请之日起2日内办理注册手续。

第十一条 代表机构应当按照有关法律、行政法规的规定，办理有关的税务、银行、外汇等手续。

第十二条 外国律师事务所需要变更代表机构名称、减少代表的，应当事先向代表机构住所地的省、自治区、直辖市人民政府司法行政部门提交其主要负责人签署的申请书和有关的文件材料，经国务院司法行政部门核准，并收回不再担任代表的人员的执业证书。

代表机构合并、分立或者增加新任代表的，应当依照本条例有关代表机构设立程序的规定办理许可手续。

第十三条 代表机构的代表有下列情形之一的，由国务院司法行政部门撤销其执业许可并收回其执业证书，由省、自治区、直辖市人民政府司法行政部门相应注销其执业注册：

（一）在其本国的律师执业执照已经失效的；

（二）被所属的外国律师事务所取消代表资格的；

（三）执业证书或者所在的代表机构的执业执照被依法吊销的。

第十四条 代表机构有下列情形之一的，由国务院司法行政部门撤销其执业许可并收回其执业执照，由省、自治区、直辖市人民政府司法行政部门相应注销其执业注册：

（一）所属的外国律师事务所已经解散或者被注销的；

（二）所属的外国律师事务所申请将其注销的；

（三）已经丧失本条例第七条规定条件的；

（四）执业执照被依法吊销的。

依照前款规定注销的代表机构，应当依法进行清算；债务清偿完毕前，其财产不得转移至中国境外。

第三章 业务范围和规则

第十五条 代表机构及其代表，只能从事不包括中国法律事务的下列活动：

（一）向当事人提供该外国律师事务所律师已获准从事律师执业业务的国家法律的咨询，以及有关国际条约、国际惯例的咨询；

（二）接受当事人或者中国律师事务所的委托，办理在该外国律师事务所律师已获准从事律师执业业务的国家的法律事务；

（三）代表外国当事人，委托中国律师事务所办理中国法律事务；

（四）通过订立合同与中国律师事务所保持长期的委托关系办理法律事务；

（五）提供有关中国法律环境影响的信息。

代表机构按照与中国律师事务所达成的协议约定，可以直接向受委托的中国律师事务所的律师提出要求。

代表机构及其代表不得从事本条第一款、第二款规定以外的其他法律服务活动或者其他营利活动。

第十六条 代表机构不得聘用中国执业律师；聘用的辅助人员不得为当事人提供法律服务。

第十七条 代表机构及其代表在执业活动中，不得有下列行为：

（一）提供虚假证据、隐瞒事实或者威胁、利诱他人提供虚假证据、隐瞒事实以及妨碍对方当事人合法取得证据；

（二）利用法律服务的便利，收受当事人的财物或者其他好处；

（三）泄露当事人的商业秘密或者个人隐私。

第十八条 代表机构的代表不得同时在两个以上代表机构担任或者兼任代表。

第十九条 代表机构的代表每年在中国境内居留的时间不得少于6个月；

少于6个月的,下一年度不予注册。

第二十条 代表机构从事本条例规定的法律服务,可以向当事人收取费用。收取的费用必须在中国境内结算。

第四章 监督管理

第二十一条 国务院司法行政部门和省、自治区、直辖市人民政府司法行政部门依据职责,负责对代表机构及其代表的监督管理。

第二十二条 代表机构应当于每年3月31日前向住所地的省、自治区、直辖市人民政府司法行政部门提交执业执照和代表执业证书的副本以及下列上一年度检验材料,接受年度检验:

(一)开展法律服务活动的情况,包括委托中国律师事务所办理法律事务的情况;

(二)经会计师事务所审计的代表机构年度财务报表,以及在中国境内结算和依法纳税凭证;

(三)代表机构的代表变动情况和雇用中国辅助人员情况;

(四)代表机构的代表在中国境内的居留情况;

(五)代表机构及其代表的注册情况;

(六)履行本条例规定义务的其他情况。

省、自治区、直辖市人民政府司法行政部门对设在本行政区域内的代表机构进行年度检验后,应当将检验意见报送国务院司法行政部门备案。

第二十三条 省、自治区、直辖市人民政府司法行政部门依法办理代表机构及其代表注册收取费用,以及对代表机构进行年度检验收取费用,必须严格执行国务院物价行政部门核定的同对中国律师事务所、执业律师相同的收费标准,所收取的费用必须全部上缴国库。

省、自治区、直辖市人民政府司法行政部门依法实施罚款的行政处罚,应当按照有关法律、行政法规的规定,实行罚款决定与罚款收缴分离;收缴的罚款以及依法没收的违法所得,必须全部上缴国库。

第五章 法律责任

第二十四条 代表机构或者代表危害中国国家安全、公共安全或者社会管理秩序的，依照刑法关于危害国家安全罪、危害公共安全罪或者妨害社会管理秩序罪的规定，依法追究刑事责任，并由国务院司法行政部门吊销该代表机构的执业执照或者该代表的执业证书；尚不够刑事处罚的，依法给予治安管理处罚，并由国务院司法行政部门吊销该代表机构的执业执照或者该代表的执业证书。

第二十五条 代表机构或者代表违反本条例第十五条的规定，非法从事法律服务活动或者其他营利活动的，由省、自治区、直辖市人民政府司法行政部门责令限期停业；情节严重的，由国务院司法行政部门吊销该代表机构的执业执照或者该代表的执业证书。

有前款所列违法行为的，由省、自治区、直辖市人民政府司法行政部门没收违法所得，对首席代表和其他负有直接责任的代表各处5万元以上20万元以下的罚款。

第二十六条 代表机构有下列情形之一的，由省、自治区、直辖市人民政府司法行政部门给予警告，责令限期改正；情节严重的，由省、自治区、直辖市人民政府司法行政部门责令限期停业；逾期仍不改正的，由国务院司法行政部门吊销其执业执照：

（一）聘用中国执业律师，或者聘用的辅助人员从事法律服务的；

（二）开展法律服务收取费用未在中国境内结算的；

（三）未按时报送年度检验材料接受年度检验，或者未通过年度检验的。

有前款第（二）项所列违法行为的，由省、自治区、直辖市人民政府司法行政部门对其处以应当在中国境内结算的金额1倍以上3倍以下的罚款。

第二十七条 代表机构或者代表有下列情形之一的，由省、自治区、直辖市人民政府司法行政部门给予警告，没收违法所得；情节严重的，责令限期停业，并处2万元以上10万元以下的罚款：

（一）同时在两个以上代表机构担任或者兼任代表的；

（二）泄露当事人的商业秘密或者个人隐私的；

（三）利用法律服务的便利，收受当事人财物或者其他好处的。

第二十八条 代表机构注销，在债务清偿完毕前将财产转移至中国境外的，由省、自治区、直辖市人民政府司法行政部门责令退回已转移的财产，用于清偿债务；严重损害他人利益的，对其首席代表和其他直接责任人员依照刑法关于藏匿财产罪的规定，依法追究刑事责任；尚不够刑事处罚的，由省、自治区、直辖市人民政府司法行政部门对代表机构处5万元以上30万元以下的罚款，对首席代表和其他直接责任人员各处2万元以上10万元以下的罚款。

第二十九条 代表机构的代表提供虚假证据、隐瞒事实或者威胁、利诱他人提供虚假证据、隐瞒事实的，依照刑法关于妨害作证罪的规定，依法追究刑事责任，并由国务院司法行政部门吊销其执业证书。

第三十条 外国律师事务所、外国律师或者外国其他组织、个人擅自在中国境内从事法律服务活动，或者已被撤销执业许可的代表机构或者代表继续在中国境内从事法律服务活动的，由省、自治区、直辖市人民政府司法行政部门予以取缔，没收违法所得，并处5万元以上30万元以下的罚款。

第三十一条 代表机构被依法吊销执业执照的，该代表机构所属的外国律师事务所5年内不得申请在华设立代表机构；代表机构的代表被依法吊销执业证书的，该代表5年内不得在华担任代表机构的代表。

代表机构的代表因危害中国国家安全、公共安全或者社会管理秩序，被依法判处刑罚的，该代表所在的代表机构所属的律师事务所不得再申请在华设立代表机构，该代表终身不得在华担任代表机构的代表。

第三十二条 司法行政部门工作人员有下列违法行为之一的，对负有责任的主管人员和其他直接责任人员依法给予记过、记大过或者降级的行政处分：

（一）不按照本条例规定的条件对拟设代表机构、拟任代表的证明文件、材料进行审查、审核的；

（二）不按照本条例的规定对代表机构进行注册或者年度检验的；

（三）不按照国家规定收费项目、收费标准收取费用的。

第三十三条 司法行政部门工作人员有下列违法行为之一的，对负有责任的主管人员和其他直接责任人员依法给予降级、撤职或者开除的行政处分：

（一）对不符合本条例规定条件的拟设代表机构或者拟任代表决定发给执业执照、执业证书的；

（二）利用职务上的便利收受财物、谋取私利的；

（三）违反本条例的规定，对应当撤销代表机构或者代表执业许可，收回执业执照、执业证书的不予撤销、收回，或者对应当注销的执业注册不予注销的；

（四）依法收缴罚款不开具罚款收据或者不如实填写罚款数额的；

（五）不执行罚款收缴分离制度或者不按照规定将依法收取的费用、收缴的罚款及没收的违法所得全部上缴国库的；

（六）对代表机构及其代表违反本条例规定的行为不及时查处的；

（七）有不严格执法或者滥用职权的其他行为，造成严重后果的。

有前款所列违法行为之一，致使公共财产、国家和人民利益遭受严重损失的，依照刑法关于滥用职权罪、玩忽职守罪或者受贿罪的规定，依法追究刑事责任。

第六章　附　　则

第三十四条　中国的单独关税区的律师事务所在内地设立代表机构的管理办法,由国务院司法行政部门根据本条例的原则另行制定。

第三十五条　本条例自 2002 年 1 月 1 日起施行。本条例施行前经国务院司法行政部门许可已经试开业的外国律师事务所驻华办事处以及试执业的代表,应当自本条例施行之日起 90 日内依照本条例的规定重新申请办理审批手续。

法律援助条例

(2003 年 7 月 21 日　国务院令第 385 号)

第一章　总　　则

第一条　为了保障经济困难的公民获得必要的法律服务,促进和规范法律援助工作,制定本条例。

第二条　符合本条例规定的公民,可以依照本条例获得法律咨询、代理、刑事辩护等无偿法律服务。

第三条　法律援助是政府的责任,县级以上人民政府应当采取积极措施推动法律援助工作,为法律援助提供财政支持,保障法律援助事业与经济、社会协调发展。

法律援助经费应当专款专用,接受财政、审计部门的监督。

第四条　国务院司法行政部门监督管理全国的法律援助工作。县级以上地方各级人民政府司法行政部门监督管理本行政区域的法律援助工作。

中华全国律师协会和地方律师协会应当按照律师协会章程对依据本条例实施的法律援助工作予以协助。

第五条　直辖市、设区的市或者县级人民政府司法行政部门根据需要确定本行政区域的法律援助机构。

法律援助机构负责受理、审查法律援助申请，指派或者安排人员为符合本条例规定的公民提供法律援助。

第六条 律师应当依照律师法和本条例的规定履行法律援助义务，为受援人提供符合标准的法律服务，依法维护受援人的合法权益，接受律师协会和司法行政部门的监督。

第七条 国家鼓励社会对法律援助活动提供捐助。

第八条 国家支持和鼓励社会团体、事业单位等社会组织利用自身资源为经济困难的公民提供法律援助。

第九条 对在法律援助工作中作出突出贡献的组织和个人，有关的人民政府、司法行政部门应当给予表彰、奖励。

第二章 法律援助范围

第十条 公民对下列需要代理的事项，因经济困难没有委托代理人的，可以向法律援助机构申请法律援助：

（一）依法请求国家赔偿的；

（二）请求给予社会保险待遇或者最低生活保障待遇的；

（三）请求发给抚恤金、救济金的；

（四）请求给付赡养费、抚养费、扶养费的；

（五）请求支付劳动报酬的；

（六）主张因见义勇为行为产生的民事权益的。

省、自治区、直辖市人民政府可以对前款规定以外的法律援助事项作出补充规定。

公民可以就本条第一款、第二款规定的事项向法律援助机构申请法律咨询。

第十一条 刑事诉讼中有下列情形之一的，公民可以向法律援助机构申请法律援助：

（一）犯罪嫌疑人在被侦查机关第一次讯问后或者采取强制措施之日起，因经济困难没有聘请律师的；

（二）公诉案件中的被害人及其法定代理人或者近亲属，自案件移送审查起诉之日起，因经济困难没有委托诉讼代理人的；

（三）自诉案件的自诉人及其法定代理人，自案件被人民法院受理之日起，因经济困难没有委托诉讼代理人的。

第十二条　公诉人出庭公诉的案件,被告人因经济困难或者其他原因没有委托辩护人,人民法院为被告人指定辩护时,法律援助机构应当提供法律援助。

被告人是盲、聋、哑人或者未成年人而没有委托辩护人的,或者被告人可能被判处死刑而没有委托辩护人的,人民法院为被告人指定辩护时,法律援助机构应当提供法律援助,无须对被告人进行经济状况的审查。

第十三条　本条例所称公民经济困难的标准,由省、自治区、直辖市人民政府根据本行政区域经济发展状况和法律援助事业的需要规定。

申请人住所地的经济困难标准与受理申请的法律援助机构所在地的经济困难标准不一致的,按照受理申请的法律援助机构所在地的经济困难标准执行。

第三章　法律援助申请和审查

第十四条　公民就本条例第十条所列事项申请法律援助,应当按照下列规定提出:

(一)请求国家赔偿的,向赔偿义务机关所在地的法律援助机构提出申请;

(二)请求给予社会保险待遇、最低生活保障待遇或者请求发给抚恤金、救济金的,向提供社会保险待遇、最低生活保障待遇或者发给抚恤金、救济金的义务机关所在地的法律援助机构提出申请;

(三)请求给付赡养费、抚养费、扶养费的,向给付赡养费、抚养费、扶养费的义务人住所地的法律援助机构提出申请;

(四)请求支付劳动报酬的,向支付劳动报酬的义务人住所地的法律援助机构提出申请;

(五)主张因见义勇为行为产生的民事权益的,向被请求人住所地的法律援助机构提出申请。

第十五条　本条例第十一条所列人员申请法律援助的,应当向审理案件的人民法院所在地的法律援助机构提出申请。被羁押的犯罪嫌疑人的申请由看守所在24小时内转交法律援助机构,申请法律援助所需提交的有关证件、证明材料由看守所通知申请人的法定代理人或者近亲属协助提供。

第十六条　申请人为无民事行为能力人或者限制民事行为能力人的,由其法定代理人代为提出申请。

无民事行为能力人或者限制民事行为能力人与其法定代理人之间发生诉讼或者因其他利益纠纷需要法律援助的,由与该争议事项无利害关系的其他法定代理人代为提出申请。

第十七条 公民申请代理、刑事辩护的法律援助应当提交下列证件、证明材料：

（一）身份证或者其他有效的身份证明，代理申请人还应当提交有代理权的证明；

（二）经济困难的证明；

（三）与所申请法律援助事项有关的案件材料。

申请应当采用书面形式，填写申请表；以书面形式提出申请确有困难的，可以口头申请，由法律援助机构工作人员或者代为转交申请的有关机构工作人员作书面记录。

第十八条 法律援助机构收到法律援助申请后，应当进行审查；认为申请人提交的证件、证明材料不齐全的，可以要求申请人作出必要的补充或者说明，申请人未按要求作出补充或者说明的，视为撤销申请；认为申请人提交的证件、证明材料需要查证的，由法律援助机构向有关机关、单位查证。

对符合法律援助条件的，法律援助机构应当及时决定提供法律援助；对不符合法律援助条件的，应当书面告知申请人理由。

第十九条 申请人对法律援助机构作出的不符合法律援助条件的通知有异议的，可以向确定该法律援助机构的司法行政部门提出，司法行政部门应当在收到异议之日起5个工作日内进行审查，经审查认为申请人符合法律援助条件的，应当以书面形式责令法律援助机构及时对该申请人提供法律援助。

第四章 法律援助实施

第二十条 由人民法院指定辩护的案件，人民法院在开庭10日前将指定辩护通知书和起诉书副本或者判决书副本送交其所在地的法律援助机构；人民法院不在其所在地审判的，可以将指定辩护通知书和起诉书副本或者判决书副本送交审判地的法律援助机构。

第二十一条 法律援助机构可以指派律师事务所安排律师或者安排本机构的工作人员办理法律援助案件；也可以根据其他社会组织的要求，安排其所属人员办理法律援助案件。对人民法院指定辩护的案件，法律援助机构应当在开庭3日前将确定的承办人员名单回复作出指定的人民法院。

第二十二条 办理法律援助案件的人员，应当遵守职业道德和执业纪律，提供法律援助不得收取任何财物。

第二十三条 办理法律援助案件的人员遇有下列情形之一的,应当向法律援助机构报告,法律援助机构经审查核实的,应当终止该项法律援助:

(一)受援人的经济收入状况发生变化,不再符合法律援助条件的;

(二)案件终止审理或者已被撤销的;

(三)受援人又自行委托律师或者其他代理人的;

(四)受援人要求终止法律援助的。

第二十四条 受指派办理法律援助案件的律师或者接受安排办理法律援助案件的社会组织人员在案件结案时,应当向法律援助机构提交有关的法律文书副本或者复印件以及结案报告等材料。

法律援助机构收到前款规定的结案材料后,应当向受指派办理法律援助案件的律师或者接受安排办理法律援助案件的社会组织人员支付法律援助办案补贴。

法律援助办案补贴的标准由省、自治区、直辖市人民政府司法行政部门会同同级财政部门,根据当地经济发展水平,参考法律援助机构办理各类法律援助案件的平均成本等因素核定,并可以根据需要调整。

第二十五条 法律援助机构对公民申请的法律咨询服务,应当即时办理;复杂疑难的,可以预约择时办理。

第五章 法律责任

第二十六条 法律援助机构及其工作人员有下列情形之一的,对直接负责的主管人员以及其他直接责任人员依法给予纪律处分:

(一)为不符合法律援助条件的人员提供法律援助,或者拒绝为符合法律援助条件的人员提供法律援助的;

(二)办理法律援助案件收取财物的;

(三)从事有偿法律服务的;

(四)侵占、私分、挪用法律援助经费的。

办理法律援助案件收取的财物,由司法行政部门责令退还;从事有偿法律服务的违法所得,由司法行政部门予以没收;侵占、私分、挪用法律援助经费的,由司法行政部门责令追回,情节严重,构成犯罪的,依法追究刑事责任。

第二十七条 律师事务所拒绝法律援助机构的指派,不安排本所律师办理法律援助案件的,由司法行政部门给予警告、责令改正;情节严重的,给予1个月以上3个月以下停业整顿的处罚。

第二十八条 律师有下列情形之一的,由司法行政部门给予警告、责令改正;情节严重的,给予1个月以上3个月以下停止执业的处罚:

(一) 无正当理由拒绝接受、擅自终止法律援助案件的;

(二) 办理法律援助案件收取财物的。

有前款第(二)项违法行为的,由司法行政部门责令退还违法所得的财物,可以并处所收财物价值1倍以上3倍以下的罚款。

第二十九条 律师办理法律援助案件违反职业道德和执业纪律的,按照律师法的规定予以处罚。

第三十条 司法行政部门工作人员在法律援助的监督管理工作中,有滥用职权、玩忽职守行为的,依法给予行政处分;情节严重,构成犯罪的,依法追究刑事责任。

第六章 附 则

第三十一条 本条例自2003年9月1日起施行。

二、 部颁规章

（一）综合

司法部关于废止十二件部颁规章的决定

（2009 年 2 月 26 日　司法部令第 116 号）

为深入贯彻科学发展观，完善司法行政工作机制，提高服务科学发展水平，司法部对现行部颁规章进行了全面清理。经过清理，司法部决定：

对主要内容已经被新的法律、规章所代替或者调整对象已经消失的《司法部企业设备管理暂行规定》等 12 件部颁规章予以废止。

本决定自公布之日起生效。

附件：

司法部决定废止的十二件部颁规章目录

序号	规章名称	公布日期及部令号	说明
1	司法部企业设备管理暂行规定（试行）	1989 年 2 月 10 日司法部令第 2 号	主要内容被《行政单位国有资产管理暂行办法》（2006 年 5 月 30 日财政部令第 35 号）代替
2	公证处办理涉外公证业务暂行管理办法	1989 年 3 月 30 日司法部令第 3 号	公证处和公证员办理涉外公证业务审批项目已被《国务院关于第三批取消和调整行政审批项目的决定》（2004 年 5 月 19 日　国发〔2004〕16 号）取消
3	司法部关于公证人员清廉服务的若干规定	1989 年 12 月 19 日司法部令第 6 号	主要内容被《公证法》《公证员执业管理办法》和中国公证协会的有关行业规范代替
4	律师事务所在外国设立分支机构管理办法	1995 年 2 月 20 日司法部令第 35 号	律师事务所设立外国分支机构审批项目已被《国务院关于第三批取消和调整行政审批项目的决定》（2004 年 5 月 19 日　国发〔2004〕16 号）取消
5	律师事务所登记管理办法	1996 年 10 月 25 日司法部令第 41 号	被《律师事务所管理办法》（2008 年 7 月 18 日司法部令第 112 号）代替

（续表）

序号	规章名称	公布日期及部令号	说明
6	律师资格考核授予办法	1996年10月25日司法部令第43号	考核授予律师资格制度被修订后的《律师法》创设的特许律师执业制度代替
7	国家出资设立的律师事务所管理办法	1996年11月25日司法部令第44号	被《律师事务所管理办法》（2008年7月18日司法部令第112号）代替
8	合作律师事务所管理办法	1996年11月25日司法部令第45号	修订后的《律师法》取消了合作律师事务所这一律师事务所组织形式
9	律师执业证管理办法	1996年11月25日司法部令第46号	被《律师执业管理办法》（2008年7月18日司法部令第112号）代替
10	兼职从事律师职业人员管理办法	1996年11月25日司法部令第47号	被《律师执业管理办法》（2008年7月18日司法部令第112号）代替
11	司法部直属事业单位国有资产管理办法	1998年3月2日司法部令第54号	主要内容被《事业单位国有资产管理暂行办法》（2006年5月30日财政部令36号）代替
12	合伙律师事务所管理办法	2004年6月16日司法部令第90号	被《律师事务所管理办法》（2008年7月18日司法部令第111号）代替

附件1：

司法部关于废止部分司法行政规章规范性文件的通知（节录）

（2000年1月24日 司发通〔2000〕011号）

各省、自治区、直辖市司法厅（局），新疆生产建设兵团司法局、监狱局：

为了做好《行政复议法》的贯彻实施工作，司法部对1990年以来司法部颁发的司法行政规章规范性文件进行了清理，决定废止部分司法行政规章规范性文件。现将废止的文件目录予以公布。

废止部分司法行政规章规范性文件目录（节录）

序号	文件名称	文号	发文日期	废止理由
		律师类		
1	中华人民共和国律师工作执照和律师（特邀）工作证管理办法	司法部令第四号	1989年3月30日	已被律师执业证管理办法代替

（续表）

序号	文件名称	文号	发文日期	废止理由
		律师类		
2	司法部关于转发国家税务局两个文件的通知	司发〔90〕7号	1990年1月11日	适用期已过
3	司法部关于1990年律师事务所纳税的通知	司发〔1990〕077号	1990年	适用期已过
4	司法部关于对律师队伍和律师管理工作进行整顿的通知	司发〔90〕130号	1990年7月6日	阶段性工作，适用期已过
5	司法部关于1990年全国律师资格考试授予律师资格标准及有关事宜的通知	司发〔90〕216号	1990年11月19日	阶段性工作，适用期已过
6	司法部关于组织全国法律顾问任职资格考试的函	司发函〔90〕437号	1990年12月4日	适用期已过
7	司法部关于取消律师资格有关问题的通知	司发函〔1991〕57号	1991年6月22日	适用期已过
8	司法部、人事部关于印发《法律顾问资格考试暂行规定》的通知	司发〔1991〕79号	1991年9月21日	适用期已过
9	司法部关于撤销合作制律师事务所有关问题的批复	司发函〔1991〕372号	1991年10月23日	已被《合作律师事务所管理办法》代替
10	司法部关于转发《国家税务局关于律师事务所免征所得税的通知》的通知	司律通字〔1991〕200号	1991年12月19日	适用期已过
11	律师资格考试暂行规定	司发通〔1992〕018号	1992年2月27日	已有被《律师资格全国统一考试办法》代替
12	司法部关于批转《中华全国律师协会会费管理办法（暂行）通知》	司发通〔1992〕021号	1992年3月10日	适用期已过
13	司法部关于对留职停薪或借用、受聘到律师事务所工作的人员使用执照问题的批复	司发函〔1992〕092号	1992年3月24日	适用期已过
14	司法部关于我国律师事务所在境外设立办事机构有关事宜的通知	司发通〔1992〕083号	1992年8月24日	已被《律师事务所在外国设立分支机构管理办法》代替
15	司法部关于不同意将律师资格和特邀律师审批权下放到地、市司法局的批复	司发函〔92〕375号	1992年10月30日	已被《律师法》代替
16	律师惩戒规则	部令第24号	1992年10月22日	已被《律师违法行为处罚办法》代替

（续表）

序号	文件名称	文号	发文日期	废止理由
		律师类		
17	司法部关于律师事务所设立分支机构的通知	司发通〔1993〕6号	1993年1月12日	已被《律师事务所分所登记管理办法》代替
18	司法部关于对成立律师事务所设立分支机构问题的批复	司发函字〔1993〕006号	1993年1月12日	已被《律师事务所分所登记管理办法》代替
19	司法部关于现阶段不实行律师行业管理的意见	司发函〔1993〕98号	1993年3月17日	阶段性工作，适用期已过
20	司法部关于充分发挥律师作用，为深化改革，加强经济宏观调控提供优质法律服务紧急通知	司发通〔1993〕082号	1993年7月24日	阶段性工作，适用期已过
21	司法部关于增加律师管理部门的服务意识，加强廉政建设的通知	司发通〔1993〕096号	1993年8月23日	已被《律师法》代替
22	律师职业道德和执业纪律规范	部令第30号	1993年12月27日	已被《关于反对律师行业不正当竞争行为的若干规定》代替
23	律师事务所审批登记管理办法	部令第32号	1994年7月2日	已被《律师事务所分所登记管理办法》代替
24	律师事务所设立分所管理办法	司法部令第33号发布	1994年7月2日	已被《律师事务所分所登记管理办法》代替
25	司法部关于认真贯彻执行《律师事务所审批登记办法》的通知	司发通〔1994〕083号	1994年10月20日	适用期已过
26	司法部关于进一步严格并规范考试授予律师资格工作的通知	司发通〔1994〕90号	1994年12月5日	已被《律师资格全国统一考试办法》代替
27	司法部关于进一步完善律师惩戒制度，加强律师惩戒工作的通知	司发通〔1995〕053号	1995年5月20日	已被《律师违法行为处罚办法》代替
28	司法部关于不同意邀请台湾律师参加华东地区第十三次律师事务所经验交流会的批复	司发函〔96〕306号	1996年8月28日	阶段性工作，适用期已过

附件2：

司法部关于废止2000年底以前发布的部分规章规范性文件的决定（节录）

（2002年8月6日 司发通〔2002〕62号）

各省、自治区、直辖市司法厅（局），新疆生产建设兵团司法局：

为适应改革开放和建设社会主义市场经济及我国加入世界贸易组织新形势的需要，在1999年开展清理规章规范性文件工作的基础上，根据国务院的统一部署，司法部对建国以来国家制定颁布的关于司法行政工作的规章规范性文件进行了全面的清理。经过清理，司法部决定：

一、对主要内容与新的法律行政法规或者已经修改的法律、行政法规不相适应的以及已为新的法律、行政法规所代替的；对于适用期已过或者调整对象已经消失，实际上已经失效的司法部颁发的212件规章规范性文件，予以废止（目录见附件一）。

二、对主要内容与新的法律、行政法规或者已经修改的法律、行政法规不相适应的以及已为新的法律、行政法规所代替的；对于适用期已过或者调整对象已经消失，实际上已经失效的司法部与其他有关部委联合会签颁发的112件规章规范性文件，经与其他有关部委协商，征得同意，予以废止（目录见附件二）。

附件：一、司法部决定废止2000年以前单独制发的规章规范性文件目录（212件）

二、司法部决定废止2000年以前与其他有关部门联合制发的规章规范性文件目录（112件）

附件：一、司法部决定废止2000年以前单独制发的规章规范性文件目录（节录）

序号	文件名称	文号	发文日期	废止理由
		法制工作类		
8	司法部关于取消律师资格、收回律师工作执照问题的批复	司发函〔1990〕384号	1990年10月22日	适用期已过，实际上已经失效
		律师类		
1	司法部公证律师司关于应否为无理当事人代理诉讼问题的批复	（56）司公字第2283号	1956年12月30日	适用期已过，实际上已经失效

（续表）

序号	文件名称	文号	发文日期	废止理由
		律师类		
2	司法部公证律师司关于二审法院不开庭审理的案件，律师如何发挥作用问题的批复	（57）司公字第140号	1957年1月22日	适用期已过，实际上已经失效
3	司法部关于律师协会、法律顾问处、公证处印章制作的通知	司发公字第21号	1980年1月30日	适用期已过，实际上已经失效
4	中华人民共和国律师暂行条例（1980年8月26日第五届全国人民代表大会常务委员会第十五次会议通过，1980年8月26日第五届全国人民代表大会常委会令第5号公布，1982年1月1日起施行）		1980年8月26日	被《中华人民共和国律师法》代替
5	司法部关于胜利油田设立专业性法律顾问处问题的批复	（81）司发公字第81号	1981年3月25日	适用期已过，实际上已经失效
6	司法部公证律师司关于工矿企业保卫干部暂不担任兼职律师的批复	（81）司发公字第142号	1981年10月20日	被《兼职从事律师职业人员管理办法》代替
7	司法部关于现役军人不宜做地方法律顾问处兼职律师的批复	（82）司发公字第68号	1982年3月8日	被《兼职从事律师职业人员管理办法》代替
8	司法部关于律师参加诉讼活动能否录音、录像和摄影问题的批复	（82）司发普字第139号	1982年5月14日	适用期已过，实际上已经失效
9	司法部关于审批律师资格和报送备案材料应注意的几个问题	（82）司发公字第198号	1982年7月19日	适用期已过，实际上已经失效
10	司法部“关于县人大常委会副主任不宜担任兼职律师”的复函	（82）司发公字第290号	1982年10月17日	已为《兼职从事律师职业人员管理办法》代替
11	司法部关于政法委员会的工作人员不宜担任兼职律师的批复	（83）司发公字第48号	1983年2月11日	已为《兼职从事律师职业人员管理办法》代替
12	司法部关于地方各级人大常委会办事机构的工作人员不宜担任兼职律师的批复	（83）司发公字第49号	1983年2月11日	已为《兼职从事律师职业人员管理办法》代替

（续表）

序号	文件名称	文号	发文日期	废止理由
		律师类		
13	司法部关于律师可试办为农村专业户担任常年法律顾问的批复	(83)司发公字第70号	1983年3月4日	适用期已过，实际上已经失效
14	司法部关于政治协商会议各级领导成员可以担任兼职律师的批复	(83)司发公字第147号	1983年4月27日	已为《兼职从事律师职业人员管理办法》代替
15	司法部关于劳改、劳教部门的现职人员不宜担任兼职律师的批复	(83)司发公字第441号	1983年12月12日	已为《兼职从事律师职业人员管理办法》代替
16	司法部关于在妇联法律顾问机构中工作的律师和兼职律师受理案件、参与诉讼问题的批复	(84)司发公字第19号	1984年1月17日	适用期已过，实际上已经失效
17	司法部关于可以吸收符合律师条件的离、退休人员为特邀律师的批复	(84)司发公字第117号	1984年3月29日	已为《兼职从事律师职业人员管理办法》代替
18	司法部关于军队离、退休干部可以担任特邀律师的批复	(84)司发公字第159号	1984年4月14日	适用期已过，实际上已经失效
19	司法部关于印发《兼职律师和特邀律师管理办法（试行）》的通知	(84)司发公字第510号	1984年10月7日	已为《兼职从事律师职业人员管理办法》代替
20	司法部印发《关于加强和改革律师工作的意见》的通知	(84)司发公字第505号	1984年10月8日	适用期已过，实际上已经失效
21	司法部关于经司法部批准成立的专业性法律顾问处（律师事务所）的律师可以加入当地律师协会为会员的函	(85)司发公字第181号	1985年4月22日	适用期已过，实际上已经失效
22	司法部关于公安警察院校教师可以担任兼职律师的通知	(85)司发公字第182号	1985年4月23日	已为《兼职从事律师职业人员管理办法》代替
23	司法部关于全国人大代表和地方各级人大代表能否担任兼职律师的批复	(85)司发公字第207号	1985年5月3日	已为《兼职从事律师职业人员管理办法》代替
24	司法部关于各级党委政法委员会和各级人大常委办事机构的工作人员不宜担任兼职律师的补充说明	(85)司发公函字第144号	1985年6月24日	适用期已过，实际上已经失效

（续表）

序号	文件名称	文号	发文日期	废止理由
		律师类		
25	司法部关于不同意牡丹江市总工会成立律师事务所的批复	（85）司发公函字第233号	1985年10月16日	适用期已过，实际上已经失效
26	司法部关于担任特邀律师人员律师资格问题的批复	（85）司发公字第467号	1985年12月3日	适用期已过，实际上已经失效
27	司法部关于印发《兼职律师管理办法（试行）的补充规定》的通知	（86）司发公字第105号	1986年4月9日	已为《兼职从事律师职业人员管理办法》代替
28	司法部关于乡镇法律服务机构内的工作人员不得对外称律师和领取《律师工作证》的批复	（86）司发公字第283号	1986年9月19日	适用期已过，实际上已经失效
29	司法部关于同意本溪市成立律师协会的批复	（86）司发公字第237号	1986年10月4日	适用期已过，实际上已经失效
30	司法部关于聘用离退休人员从事律师工作的意见	（87）司发公字第167号	1987年8月1日	适用期已过，实际上已经失效
31	司法部职称改革工作领导小组关于印发《律师职务试行条例实施细则》的通知	（88）司发公字第006号	1988年1月6日	已为《中华人民共和国律师法》代替
32	司法部对上海市司法局《关于台湾同胞要求取得中国律师资格等问题的报告》的批复	（88）司发公字第002号	1988年1月10日	适用期已过，实际上已经失效
33	司法部关于转发劳动人事部《关于律师职务工资标准的复函》的通知	（88）司发公字第067号	1988年3月17日	适用期已过，实际上已经失效
34	司法部关于在律师事务所、公证处从事律师、公证业务工作具备大专学历的合同制工人可以评聘专业职务的通知	（88）司发公字第084号	1988年4月6日	适用期已过，实际上已经失效
35	司法部关于下发《合作制律师事务所试点方案》的通知	（88）司发公字第122号	1988年6月3日	被《合作律师事务所理办法》代替
36	司法部关于律师、公证员评聘职务后对外称呼的通知	（88）司发公字第157号	1988年6月29日	适用期已过，实际上已经失效

（续表）

序号	文件名称	文号	发文日期	废止理由
		律师类		
37	司法部关于律师不宜参加工商行政管理机关对投机倒把案件公开审理的通知	(88)司发公字第185号	1988年7月19日	适用期已过，实际上已经失效
38	司法部关于《司法部对取得律师资格后但现不从事律师工作人员的管理规定》的通知	(88)司发公字第275号	1988年10月6日	适用期已过，实际上已经失效
39	司法部关于不得在乡镇法律服务站设立公证员、兼职律师的函	(89)司发公字第025号	1989年1月30日	适用期已过，实际上已经失效
40	司法部关于地、市是否可以成立律师协会的批复	(89)司发律字第035号	1989年2月3日	适用期已过，实际上已经失效
41	司法部关于地、市一般不宜成立律师协会的函	(89)司发律函字第079号	1989年3月25日	适用期已过，实际上已经失效
42	司法部关于建立中国科协科技律师事务所问题的批复	(89)司发律函字第154号	1989年5月3日	适用期已过，实际上已经失效
43	司法部关于兼职律师调做审计监察工作可否继续执行律师职务的批复	(89)司发律函字第176号	1989年5月29日	适用期已过，实际上已经失效
44	司法部关于成立法医咨询服务机构问题的批复	(89)司发律函字第186号	1989年6月7日	适用期已过，实际上已经失效
45	司法部关于重申地、市一般不成立律师协会的通知	(89)司发律字第132号	1989年7月18日	适用期已过，实际上已经失效
46	司法部关于加强律师、公证人员管理工作若干问题的通知	(89)司发公字第129号	1989年7月19日	适用期已过，实际上已经失效
47	司法部关于各大军事单位设立军事法律顾问处的复函	(89)司发律函字第244号	1989年8月1日	适用期已过，实际上已经失效
48	司法部关于统一对外提供律师工作情况的通知	(89)司发律函字第263号	1989年8月15日	适用期已过，实际上已经失效
49	司法部关于合作制律师事务所人员办理出国、出境政审问题的批复	(89)司发律字第161号	1989年9月7日	适用期已过，实际上已经失效
50	司法部关于不同意中国民主同盟陕西省委员会成立律师事务所的批复	(89)司发律函字第324号	1989年10月5日	适用期已过，实际上已经失效

（续表）

序号	文件名称	文号	发文日期	废止理由
		律师类		
51	司法部关于免收法律咨询服务机构管理费的通知	(89)司发律字第150号	1989年10月13日	适用期已过，实际上已经失效
52	司法部关于军事法律顾问资格认定事项的复函	(89)司发律函字第334号	1989年10月21日	适用期已过，实际上已经失效
53	司法部关于律师事务所及律师依法纳税问题的通知	(89)司发律字第203号	1989年11月8日	适用期已过，实际上已经失效
54	司法部关于加强司法行政机关对律师工作的领导和管理的通知	(89)司发律字第207号	1989年11月15日	适用期已过，实际上已经失效
55	司法部关于同意将公证、律师费留归司法行政部门使用的批复	司发函〔1990〕379号	1990年10月19日	适用期已过，实际上已经失效
56	司法部关于军队法律顾问机构的工作人员不得以律师名义从事业务活动的批复	司发函〔1991〕116号	1991年4月2日	适用期已过，实际上已经失效
57	司法部关于不允许跨地区成立法律咨询服务机构问题的批复	司发函〔1991〕165号	1991年5月4日	适用期已过，实际上已经失效
58	司法部关于江西省律师事务所与美国肯塔基州一律师事务所建立业务协作关系事的批复	司发函〔1991〕169号	1991年5月7日	适用期已过，实际上已经失效
59	司法部关于进一步加强律师担任企业法律顾问工作的通知	司律通字〔1991〕189号	1991年12月3日	已为《关于律师担任企业法律顾问的若干规定》代替
60	关于参加经商办企业的离退休人员不得担任特邀律师的批复	司发函〔1992〕006号	1992年1月9日	适用期已过，实际上已经失效
61	关于律师事务所与外国律师事务所建立业务协作关系有关问题的通知	司发通〔1992〕015号	1992年2月20日	适用期已过，实际上已经失效
62	关于妇联系统不能设置律师事务所等问题的答复	司发函〔1992〕110号	1992年4月1日	适用期已过，实际上已经失效
63	关于印发《外国律师事务所办事处审批、管理工作操作规程》的通知	司发〔1992〕003号	1992年5月26日	适用期已过，实际上已经失效

（续表）

序号	文件名称	文号	发文日期	废止理由
		律师类		
64	关于不同意将律师资格和特邀律师审批权限下放到地、市司法局的批复	司发函〔1992〕375号	1992年9月30日	适用期已过，实际上已经失效
65	关于外国律师事务所在华设立办事处有关事宜的通知	司发通〔1992〕105号	1992年10月30日	适用期已过，实际上已经失效
66	关于《关于同意成立陕西省老年法律咨询服务所的批复》一文的若干修改意见	司发函〔1992〕415号	1992年11月5日	适用期已过，实际上已经失效
67	关于江苏省司法厅《关于海峡两岸律师机构建立业务协作关系有关问题的请示》的批复	司发函〔1992〕480号	1992年12月21日	适用期已过，实际上已经失效
68	司法部关于鼓励留学归国人员从事律师工作的通知	司发通〔1993〕011号	1993年1月19日	适用期已过，实际上已经失效
69	司法部关于对海南省司法厅以政治部名义对吴清滚律师停职检查处理问题的批复	司发函〔1994〕015号	1994年1月20日	适用期已过，实际上已经失效
70	司法部关于深化律师工作改革中应注意的几个问题的通知	司发〔1994〕007号	1994年3月3日	适用期已过，实际上已经失效
71	司法部关于通过律师资格考试人员应填写《律师资格申请表》的批复	司发函〔1994〕070号	1994年3月11日	适用期已过，实际上已经失效
72	司法部关于民主同盟等党派组织不宜成立律师事务所的批复	司发函〔1994〕080号	1994年3月16日	适用期已过，实际上已经失效
73	司法部关于1994年律师工作执照（证）注册问题的通知	司发通〔1994〕017号	1994年3月21日	适用期已过，实际上已经失效
74	司法部关于不同意授予李其文等人律师资格的批复	司发函〔1994〕084号	1994年3月21日	适用期已过，实际上已经失效
75	司法部关于离退休律师工资和福利待遇问题的复函	司发函〔1994〕201号	1994年6月18日	适用期已过，实际上已经失效
76	司法部关于积极开展律师税务代理业务的通知	司发通〔1994〕084号	1994年10月18日	适用期已过，实际上已经失效
77	司法部关于认真贯彻执行《律师事务所审批登记管理办法》的通知	司发通〔1994〕083号	1994年10月20日	适用期已过，实际上已经失效

（续表）

序号	文件名称	文号	发文日期	废止理由
		律师类		
78	司法部关于在全国开展律师职业道德和执业纪律评查活动的通知	司发通〔1995〕028号	1995年4月13日	适用期已过，实际上已经失效
79	司法部关于港澳台地区居民不参加1995年全国律师资格考试的复函	司发函〔1995〕292号	1995年9月19日	适用期已过，实际上已经失效
80	司法部关于转发全国律协《关于加强律师业务交流活动组织管理的意见》的通知	司发通〔1995〕108号	1995年9月26日	适用期已过，实际上已经失效
81	司法部关于加强境外人员来我国律师事务所研修管理的批复	司发函〔1996〕160号	1996年5月10日	适用期已过，实际上已经失效
82	律师资格全国统一考试办法	司法部令第48号发布	1996年12月2日	已为《国家司法考试实施办法》代替
83	司法部关于印发《刑事诉讼中律师使用文书格式（试行）》的通知	司发通〔1997〕003号	1996年12月2日	适用期已过，实际上已经失效
84	司法部关于不同意成立中国黑河——俄罗斯阿穆尔州国际法律服务中心的批复	司复〔1999〕10号	1999年10月27日	适用期已过，实际上已经失效
85	律师资格考试办法	司法部令第61号发布	2000年7月26日	已为《国家司法考试实施办法》代替

附件二　司法部决定废止2000年以前与其他有关部门联合制发的规章规范性文件目录（112件）（节录）

序号	文件名称	文号	发文日期	废止理由
		法制工作类		
8	司法部关于取消律师资格、收回律师工作执照问题的批复	司发函〔1990〕384号	1990年10月22日	适用期已过，实际上已经失效
		律师类		
1	最高人民法院、司法部关于律师参加诉讼中两个具体问题的批复	（57）法行字第5620号 （57）司公字第446号	1957年3月19日	已为《刑事诉讼法》代替

（续表）

序号	文件名称	文号	发文日期	废止理由
		律师类		
2	司法部、中国人民解放军军事法院关于军事法院审理的案件，受审的被告人有权委托律师为他作辩护人出庭参加诉讼的通知	(57)司公字第272号 (57)法办知字第2号	1957年3月20日	适用期已过，实际上已经失效
3	司法部、财政部关于兼职律师酬金问题的联合通知	(81)司发公字第42号 (81)财事字第35号	1981年2月21日	适用期已过，实际上已经失效
4	司法部、财政部、国家编制委员会关于法律顾问处和律师协会编制及经费问题的通知	(81)司发计财字第112号 (81)财事字第112号 (81)国编字第27号	1981年4月14日	调整对象已消失，实际上已经失效
5	最高人民法院、最高人民检察院、公安部、司法部关于律师参加诉讼的几项具体规定的联合通知	(81)法研字第6号 (81)高检发(刑)14号 (81)公发(研)41号 (81)司发公字第43号	1981年4月27日	适用期已过，实际上已经失效
6	司法部、外交部、外国专家局关于外国律师不得在我国开业的联合通知	(81)司发公字第287号	1981年10月20日	适用期已过，实际上已经失效
7	司法部、财政部关于下达《律师收费试行办法》的通知		1981年12月9日	适用期已过，实际上已经失效
8	司法部、财政部转发青海省财政厅、司法厅《关于贯彻执行中央两部一委(通知)的情况报告》	(82)司发计字第97号	1982年3月12日	适用期已过，实际上已经失效
9	司法部、财政部关于兼职律师酬金的规定	(86)司发计字第366号	1986年12月11日	适用期已过，实际上已经失效
10	司法部、财政部关于法律顾问处经费管理问题的若干补充规定	(86)司发计字第164号	1986年5月14日	适用期已过，实际上已经失效

（续表）

序号	文件名称	文号	发文日期	废止理由
		律师类		
11	司法部、公安部关于律师承办案件可向正在预审期间的被告人调查案情的通知	(87)司发公字第233号	1987年8月15日	适用期已过，实际上已经失效
12	最高人民法院办公厅关于转发司法部《关于港九工会联合更换印章事的通知》的通知	法办〔1987〕36号	1987年8月15日	适用期已过，实际上已经失效
13	司法部、财政部关于专职律师、涉外公证人员制装的通知	(88)司发计字第010号	1988年1月11日	适用期已过，实际上已经失效
14	司法部、财政部、国家物价局关于下发《律师业务收费管理办法及收费标准》的通知	司发〔1990〕043号	1990年2月15日	已为《律师服务收费管理暂行办法》代替
15	司法部、中国人民保险公司关于开办律师养老金保险和医疗保险业务的通知	司发〔1991〕065号	1991年6月24日	适用期已过，实际上已经失效
16	司法部、国家工商行政管理局关于印发《关于外国律师事务所在中国境内设立办事处的暂行规定》的通知	司发〔1992〕004号	1992年5月26日	适用期已过，实际上已经失效
17	司法部、国家工商行政管理局关于外国香港律师事务所办事处办理驻在期限延期手续的通知	司发通〔1997〕103号	1997年10月17日	已为《外国律师事务所驻华代表机构管理条例》代替

附件3：

司法部关于公布现行有效司法行政规章目录的公告（节录）

（2010年12月15日　司法部公告第101号）

根据国务院办公厅《关于做好规章清理工作有关问题的通知》（国办发〔2010〕28号）要求，司法部对现行司法行政规章进行了全面清理，认定68件规章继续有效。现将现行有效司法行政规章目录予以公布。特此公告。

附件:现行有效司法行政规章目录

二〇一〇年十二月十五日

现行有效司法行政规章目录(节录)

2. 司法部关于律师担任政府法律顾问的若干规定(1989年12月23日司法部令第7号发布施行)

12. 关于律师担任企业法律顾问的若干规定(1992年6月15日司法部令第20号发布施行)

21. 关于反对律师行业不正当竞争行为的若干规定(1995年2月20日司法部令第37号发布施行)

37. 香港、澳门特别行政区律师事务所驻内地代表机构管理办法(2002年3月13日司法部令第70号发布,2002年4月1日施行,司法部令第84号、104号修改)

38. 司法部关于执行《外国律师事务所驻华代表机构管理条例》的规定(2002年7月4日司法部令第73号发布,2002年9月1日施行,司法部令第92号修改)

39. 法律职业资格证书管理办法(2002年7月8日司法部令第74号发布施行)

45. 取得内地法律职业资格的香港特别行政区和澳门特别行政区居民在内地从事律师职业管理办法(2003年11月30日司法部令第81号发布,2004年1月1日施行,司法部令第99号、105号、117号修改)

46. 香港法律执业者和澳门执业律师受聘于内地律师事务所担任法律顾问管理办法(2003年11月30日司法部令第82号发布,2004年1月1日施行)

47. 香港特别行政区和澳门特别行政区律师事务所与内地律师事务所联营管理办法(2003年11月30日司法部令第83号发布,2004年1月1日施行,司法部令第100号、106号、109号、118号修改)

48. 律师事务所收费程序规则(2004年3月19日司法部令第87号发布,2004年5月1日施行)

51. 香港特别行政区和澳门特别行政区居民参加国家司法考试若干规定(2005年5月24日司法部令第94号发布施行)

58. 台湾居民参加国家司法考试若干规定(2008年6月4日司法部令第

110 号发布施行)

59. 律师事务所管理办法(2008 年 7 月 18 日司法部令第 111 号发布施行)

60. 律师执业管理办法(2008 年 7 月 18 日司法部令第 112 号发布施行)

63. 取得国家法律职业资格的台湾居民在大陆从事律师职业管理办法(2008 年 12 月 21 日司法部令第 115 号发布,2009 年 1 月 1 日施行)

64. 律师和律师事务所执业证书管理办法(2009 年 9 月 21 日司法部令第 119 号发布施行)

65. 律师事务所名称管理办法(2010 年 1 月 4 日司法部令第 120 号发布,2010 年 3 月 1 日施行)

66. 律师事务所年度检查考核办法(2010 年 4 月 8 日司法部令第 121 号发布施行)

67. 律师和律师事务所违法行为处罚办法(2010 年 4 月 8 日司法部令第 122 号发布,2010 年 6 月 1 日施行)

（二）机构和人员管理

律师事务所管理办法

（2008年7月18日司法部令第111号发布，
2012年11月30日司法部令第125号修正）

第一章　总　　则

第一条　为了规范律师事务所的设立，加强对律师事务所的监督和管理，根据《中华人民共和国律师法》（以下简称《律师法》）和其他有关法律、法规的规定，制定本办法。

第二条　律师事务所是律师的执业机构。律师事务所应当依法设立并取得执业许可证。

律师事务所的设立和发展，应当根据国家和地方经济社会发展的需要，实现合理分布、均衡发展。

第三条　律师事务所应当依法开展业务活动，加强内部管理和对律师执业行为的监督，依法承担相应的法律责任。

任何组织和个人不得非法干预律师事务所的业务活动，不得侵害律师事务所的合法权益。

第四条　司法行政机关依照《律师法》和本办法的规定对律师事务所进行监督、指导。

律师协会依照《律师法》、协会章程和行业规范，对律师事务所实行行业自律。

第二章　律师事务所的设立条件

第五条　律师事务所可以由律师合伙设立、律师个人设立或者由国家出资设立。

合伙律师事务所可以采用普通合伙或者特殊的普通合伙形式设立。

第六条 设立律师事务所应当具备下列基本条件：

（一）有自己的名称、住所和章程；

（二）有符合《律师法》和本办法规定的律师；

（三）设立人应当是具有一定的执业经历并能够专职执业的律师，且在申请设立前三年内未受过停止执业处罚；

（四）有符合本办法规定数额的资产。

第七条 设立普通合伙律师事务所，除应当符合本办法第六条规定的条件外，还应当具备下列条件：

（一）有书面合伙协议；

（二）有三名以上合伙人作为设立人；

（三）设立人应当是具有三年以上执业经历并能够专职执业的律师；

（四）有人民币三十万元以上的资产。

第八条 设立特殊的普通合伙律师事务所，除应当符合本办法第六条规定的条件外，还应当具备下列条件：

（一）有书面合伙协议；

（二）有二十名以上合伙人作为设立人；

（三）设立人应当是具有三年以上执业经历并能够专职执业的律师；

（四）有人民币一千万元以上的资产。

第九条 设立个人律师事务所，除应当符合本办法第六条规定的条件外，还应当具备下列条件：

（一）设立人应当是具有五年以上执业经历并能够专职执业的律师；

（二）有人民币十万元以上的资产。

第十条 国家出资设立的律师事务所，除符合《律师法》规定的一般条件外，应当至少有二名符合《律师法》规定并能够专职执业的律师。

需要国家出资设立律师事务所的，由当地县级司法行政机关筹建，申请设立许可前须经所在地县级人民政府有关部门核拨编制、提供经费保障。

第十一条 省、自治区、直辖市司法行政机关可以根据本地经济社会发展状况和律师业发展需要，适当调整本办法规定的普通合伙律师事务所、特殊的普通合伙律师事务所和个人律师事务所的设立资产数额，报司法部批准后实施。

第十二条 设立律师事务所，其申请的名称应当符合司法部有关律师事务所名称管理的规定，并应当在申请设立许可前按规定办理名称检索。

第十三条 律师事务所负责人人选，应当在申请设立许可时一并报审核机关核准。

合伙律师事务所的负责人，应当从本所合伙人中经全体合伙人选举产生；

国家出资设立的律师事务所的负责人，由本所律师推选，经所在地县级司法行政机关同意。

个人律师事务所设立人是该所的负责人。

第十四条　律师事务所章程应当包括下列内容：

（一）律师事务所的名称和住所；

（二）律师事务所的宗旨；

（三）律师事务所的组织形式；

（四）设立资产的数额和来源；

（五）律师事务所负责人的职责以及产生、变更程序；

（六）律师事务所决策、管理机构的设置、职责；

（七）本所律师的权利与义务；

（八）律师事务所有关执业、收费、财务、分配等主要管理制度；

（九）律师事务所解散的事由、程序以及清算办法；

（十）律师事务所章程的解释、修改程序；

（十一）其他需要载明的事项。

设立合伙律师事务所的，其章程还应当载明合伙人的姓名、出资额及出资方式。

律师事务所章程的内容不得与有关法律、法规、规章相抵触。

律师事务所章程自省、自治区、直辖市司法行政机关作出准予设立律师事务所决定之日起生效。

第十五条　合伙协议应当载明下列内容：

（一）合伙人，包括姓名、居住地、身份证号、律师执业经历等；

（二）合伙人的出资额及出资方式；

（三）合伙人的权利、义务；

（四）合伙律师事务所负责人的职责以及产生、变更程序；

（五）合伙人会议的职责、议事规则等；

（六）合伙人收益分配及债务承担方式；

（七）合伙人入伙、退伙及除名的条件和程序；

（八）合伙人之间争议的解决方法和程序，违反合伙协议承担的责任；

（九）合伙协议的解释、修改程序；

（十）其他需要载明的事项。

合伙协议的内容不得与有关法律、法规、规章相抵触。

合伙协议由全体合伙人协商一致并签名，自省、自治区、直辖市司法行政机关作出准予设立律师事务所决定之日起生效。

第三章 律师事务所设立许可程序

第十六条 律师事务所的设立许可,由设区的市级或者直辖市的区(县)司法行政机关受理设立申请并进行初审,报省、自治区、直辖市司法行政机关进行审核,作出是否准予设立的决定。

第十七条 申请设立律师事务所,应当向所在地设区的市级或者直辖市的区(县)司法行政机关提交下列材料:

(一)设立申请书;

(二)律师事务所的名称、章程;

(三)设立人的名单、简历、身份证明、律师执业证书,律师事务所负责人人选;

(四)住所证明;

(五)资产证明。

设立合伙律师事务所,还应当提交合伙协议。

设立国家出资设立的律师事务所,应当提交所在地县级人民政府有关部门出具的核拨编制、提供经费保障的批件。

申请设立许可时,申请人应当如实填报《律师事务所设立申请登记表》。

第十八条 设区的市级或者直辖市的区(县)司法行政机关对申请人提出的设立律师事务所申请,应当根据下列情况分别作出处理:

(一)申请材料齐全、符合法定形式的,应当受理;

(二)申请材料不齐全或者不符合法定形式的,应当当场或者自收到申请材料之日起五日内一次告知申请人需要补正的全部内容。申请人按要求补正的,予以受理;逾期不告知的,自收到申请材料之日起即为受理;

(三)申请事项明显不符合法定条件或者申请人拒绝补正、无法补正有关材料的,不予受理,并向申请人书面说明理由。

第十九条 受理申请的司法行政机关应当在决定受理之日起二十日内完成对申请材料的审查。

在审查过程中,可以征求拟设立律师事务所所在地县级司法行政机关的意见;对于需要调查核实有关情况的,可以要求申请人提供有关证明材料,也可以委托县级司法行政机关进行核实。

经审查,应当对设立律师事务所的申请是否符合法定条件、材料是否真实齐全出具审查意见,并将审查意见和全部申请材料报送省、自治区、直辖市司法行政机关。

第二十条 省、自治区、直辖市司法行政机关应当自收到受理申请机关报送的审查意见和全部申请材料之日起十日内予以审核，作出是否准予设立律师事务所的决定。

准予设立的，应当自决定之日起十日内向申请人颁发律师事务所执业许可证。

不准予设立的，应当向申请人书面说明理由。

第二十一条 律师事务所执业许可证分为正本和副本。正本用于办公场所悬挂，副本用于接受查验。正本和副本具有同等的法律效力。

律师事务所执业许可证应当载明的内容、制作的规格、证号编制办法，由司法部规定。执业许可证由司法部统一制作。

第二十二条 律师事务所设立申请人应当在领取执业许可证后的六十日内，按照有关规定刻制印章、开立银行账户、办理税务登记，完成律师事务所开业的各项准备工作，并将刻制的律师事务所公章、财务章印模和开立的银行账户报所在地设区的市级或者直辖市的区（县）司法行政机关备案。

第二十三条 有下列情形之一的，由作出准予设立律师事务所决定的省、自治区、直辖市司法行政机关撤销原准予设立的决定，收回并注销律师事务所执业许可证：

（一）申请人以欺骗、贿赂等不正当手段取得准予设立决定的；

（二）对不符合法定条件的申请或者违反法定程序作出准予设立决定的。

第四章　律师事务所的变更和终止

第二十四条 律师事务所变更名称、负责人、章程、合伙协议的，应当经所在地设区的市级或者直辖市的区（县）司法行政机关审查后报原审核机关批准。具体办法按律师事务所设立许可程序办理。

律师事务所变更住所、合伙人的，应当自变更之日起十五日内经所在地设区的市级或者直辖市的区（县）司法行政机关报原审核机关备案。

第二十五条 律师事务所跨县、不设区的市、市辖区变更住所，需要相应变更负责对其实施日常监督管理的司法行政机关的，应当在办理备案手续后，由其所在地设区的市级司法行政机关或者直辖市司法行政机关将有关变更情况通知律师事务所迁入地的县级司法行政机关。

律师事务所拟将住所迁移其他省、自治区、直辖市的，应当按注销原律师事务所、设立新的律师事务所的程序办理。

第二十六条 律师事务所变更合伙人，包括吸收新合伙人、合伙人退伙、合伙人因法定事由或者经合伙人会议决议被除名。

新合伙人应当从专职执业的律师中产生，并具有三年以上执业经历，但司法部另有规定的除外。受到六个月以上停止执业处罚的律师，处罚期满未逾三年的，不得担任合伙人。

合伙人退伙、被除名的，律师事务所应当依照法律、本所章程和合伙协议处理相关财产权益、债务承担等事务。

因合伙人变更需要修改合伙协议的，修改后的合伙协议应当按照本办法第二十四条第一款的规定报批。

第二十七条 律师事务所变更组织形式的，应当在自行依法处理好业务衔接、人员安排、资产处置、债务承担等事务并对章程、合伙协议作出相应修改后，方可按照本办法第二十四条第一款的规定申请变更。

第二十八条 律师事务所因分立、合并，需要对原律师事务所进行变更或者注销原律师事务所、设立新的律师事务所的，应当在自行依法处理好相关律师事务所的业务衔接、人员安排、资产处置、债务承担等事务后，提交分立协议或者合并协议等申请材料，按照本办法的相关规定办理。

第二十九条 律师事务所有下列情形之一的，应当终止：

（一）不能保持法定设立条件，经限期整改仍不符合条件的；

（二）执业许可证被依法吊销的；

（三）自行决定解散的；

（四）法律、行政法规规定应当终止的其他情形。

律师事务所在取得设立许可后，六个月内未开业或者无正当理由停止业务活动满一年的，视为自行停办，应当终止。

律师事务所在受到停业整顿处罚期限未满前，不得自行决定解散。

第三十条 律师事务所在终止事由发生后，应当向社会公告，依照有关规定进行清算，依法处置资产分割、债务清偿等事务。因被吊销执业许可证终止的，由作出该处罚决定的司法行政机关向社会公告。因其他情形终止、律师事务所拒不公告的，由设区的市级或者直辖市的区（县）司法行政机关向社会公告。

律师事务所自终止事由发生后，不得受理新的业务。

律师事务所应当在清算结束后十五日内向所在地设区的市级或者直辖市的区（县）司法行政机关提交注销申请书、清算报告、本所执业许可证以及其他有关材料，由其出具审查意见后连同全部注销申请材料报原审核机关审核，办理注销手续。

律师事务所被注销的，其业务档案、财务账簿、本所印章的移管、处置，按照有关规定办理。

第五章　律师事务所分所的设立、变更和终止

第三十一条　成立三年以上并具有二十名以上执业律师的合伙律师事务所，根据业务发展需要，可以在本所所在地的市、县以外的地方设立分所。设在直辖市、设区的市的合伙律师事务所也可以在本所所在城区以外的区、县设立分所。

律师事务所及其分所受到停业整顿处罚期限未满的，该所不得申请设立分所；律师事务所的分所受到吊销执业许可证处罚的，该所自分所受到处罚之日起二年内不得申请设立分所。

第三十二条　分所应当具备下列条件：

（一）有符合《律师事务所名称管理办法》规定的名称；

（二）有自己的住所；

（三）有三名以上律师事务所派驻的专职律师；

（四）有人民币三十万元以上的资产；

（五）分所负责人应当是具有三年以上的执业经历并能够专职执业，且在担任负责人前三年内未受过停止执业处罚的律师。

律师事务所到经济欠发达的市、县设立分所的，前款规定的派驻律师条件可以降至一至二名；资产条件可以降至人民币十万元。具体适用地区由省、自治区、直辖市司法行政机关确定。

省、自治区、直辖市司法行政机关根据本地经济社会发展和律师业发展状况，需要提高第一款第（三）（四）项规定的条件的，按照本办法第十一条规定的程序办理。

第三十三条　律师事务所申请设立分所，应当提交下列材料：

（一）设立分所申请书；

（二）本所基本情况，本所设立许可机关为其出具的符合《律师法》第十九条和本办法第三十一条规定条件的证明；

（三）本所执业许可证复印件，本所章程和合伙协议；

（四）拟在分所执业的律师的名单、简历、身份证明和律师执业证书复印件；

（五）拟任分所负责人的人选及基本情况，该人选执业许可机关为其出具

的符合本办法第三十二条第一款第五项规定条件的证明；

（六）分所的名称，分所住所证明和资产证明；

（七）本所制定的分所管理办法。

申请设立分所时，申请人应当如实填报《律师事务所分所设立申请登记表》。

第三十四条　律师事务所申请设立分所，由拟设立分所所在地设区的市级或者直辖市区（县）司法行政机关受理并进行初审，报省、自治区、直辖市司法行政机关审核，决定是否准予设立分所。具体程序按照本办法第十八条、第十九条、第二十条的规定办理。

准予设立分所的，由设立许可机关向申请人颁发律师事务所分所执业许可证。

第三十五条　分所律师除由律师事务所派驻外，可以依照《律师执业管理办法》的规定面向社会聘用律师。

派驻分所律师，参照《律师执业管理办法》有关律师变更执业机构的规定办理，由准予设立分所的省、自治区、直辖市司法行政机关予以换发执业证书，原执业证书交回原颁证机关；分所聘用律师，依照《律师执业管理办法》规定的申请律师执业许可或者变更执业机构的程序办理。

第三十六条　律师事务所决定变更分所负责人的，应当经分所所在地设区的市级或者直辖市区（县）司法行政机关报分所设立许可机关批准；变更派驻分所律师的，参照《律师执业管理办法》有关律师变更执业机构的规定办理。

分所变更住所的，应当自变更之日起十五日内，经分所所在地设区的市级或者直辖市区（县）司法行政机关报分所设立许可机关备案。

律师事务所变更名称的，应当自名称获准变更之日起三十日内，经分所所在地设区的市级或者直辖市区（县）司法行政机关向分所设立许可机关申请变更分所名称。

第三十七条　有下列情形之一的，分所应当终止：

（一）律师事务所依法终止的；

（二）律师事务所不能保持《律师法》和本办法规定设立分所的条件，经限期整改仍不符合条件的；

（三）分所不能保持本办法规定的设立条件，经限期整改仍不符合条件的；

（四）分所在取得设立许可后六个月内未开业或者无正当理由停止业务活动满一年的；

（五）律师事务所决定停办分所的；

（六）分所执业许可证被依法吊销的；

（七）法律、行政法规规定应当终止的其他情形。

分所终止的，由分所设立许可机关注销分所执业许可证。分所终止的有关事宜按照本办法第三十条的规定办理。

第六章　律师事务所执业和管理规则

第三十八条　律师事务所应当依照《律师法》和有关法律、法规、规章及行业规范，建立健全执业管理和其他各项内部管理制度，加强对本所律师执业行为的监督。

律师应当接受律师事务所的监督管理。

第三十九条　律师承办业务，由律师事务所统一接受委托，与委托人签订书面委托合同。

律师事务所受理业务，应当进行利益冲突审查，不得违反规定受理与本所承办业务及其委托人有利益冲突的业务。

第四十条　律师事务所组织开展业务活动，应当指导本所律师依法执业，履行法律援助义务，建立承办重大疑难案件的集体研究和请示报告制度，对律师在执业活动中遵守法律、法规、规章，遵守职业道德和执业纪律的情况进行监督，发现问题及时予以纠正。

第四十一条　律师事务所应当按照有关规定统一收费，建立健全收费管理制度，及时查处有关违规收费的举报和投诉。

律师事务所应当按照规定建立健全财务管理制度，建立和实行合理的分配制度及激励机制。

律师事务所应当依法纳税。

律师事务所不得从事法律服务以外的经营活动。

第四十二条　合伙律师事务所和国家出资设立的律师事务所应当按照规定为聘用的律师和辅助人员办理失业、养老、医疗等社会保险。

个人律师事务所聘用律师和辅助人员的，应当按前款规定为其办理社会保险。

第四十三条　律师事务所应当按照规定，建立执业风险、事业发展、社会保障等基金。

律师参加执业责任保险的具体办法另行规定。

第四十四条　律师违法执业或者因过错给当事人造成损失的，由其所在的律师事务所承担赔偿责任。律师事务所赔偿后，可以向有故意或者重大过失行为的律师追偿。

普通合伙律师事务所的合伙人对律师事务所的债务承担无限连带责任。特殊的普通合伙律师事务所一个合伙人或者数个合伙人在执业活动中因故意或者重大过失造成律师事务所债务的，应当承担无限责任或者无限连带责任，其他合伙人以其在律师事务所中的财产份额为限承担责任；合伙人在执业活动中非因故意或者重大过失造成的律师事务所债务，由全体合伙人承担无限连带责任。个人律师事务所的设立人对律师事务所的债务承担无限责任。国家出资设立的律师事务所以其全部资产对其债务承担责任。

第四十五条 律师事务所的负责人负责对律师事务所的业务活动和内部事务进行管理，对外代表律师事务所，依法承担对律师事务所违法行为的管理责任。

合伙人会议或者律师会议为合伙律师事务所或者国家出资设立的律师事务所的决策机构；个人律师事务所的重大决策应当充分听取聘用律师的意见。

律师事务所根据本所章程可以设立相关管理机构或者配备专职管理人员，协助本所负责人开展日常管理工作。

第四十六条 律师事务所应当加强对本所律师的职业道德和执业纪律教育，组织开展业务学习和经验交流活动，为律师参加业务培训和继续教育提供条件。

第四十七条 律师事务所应当建立投诉查处制度，及时查处、纠正本所律师在执业活动中的违法违规行为，调处在执业中与委托人之间的纠纷；认为需要对被投诉律师给予行政处罚或者行业惩戒的，应当及时向所在地县级司法行政机关或者律师协会报告。

对于年度考核不合格或者严重违反本所章程及管理制度的律师，律师事务所可以与其解除聘用关系或者经合伙人会议通过将其除名，有关处理结果报所在地县级司法行政机关和律师协会备案。

已担任合伙人的律师受到六个月以上停止执业处罚的，自处罚决定生效之日起至处罚期满后三年内，不得担任合伙人。

第四十八条 律师事务所应当建立律师执业年度考核制度，按照规定对本所律师的执业表现和遵守职业道德、执业纪律的情况进行考核，评定等次，实施奖惩，建立律师执业档案。

第四十九条 律师事务所应当于每年的一季度经所在地县级司法行政机关向设区的市级司法行政机关提交上一年度本所执业情况报告和律师执业考核结果，直辖市的律师事务所的执业情况报告和律师执业考核结果直接向所在地区（县）司法行政机关提交，接受司法行政机关的年度检查考核。具体年度检查考核办法，由司法部规定。

第五十条 律师事务所应当按照规定建立健全档案管理制度，对所承办业

务的案卷和有关资料及时立卷归档，妥善保管。

第五十一条 律师事务所应当妥善保管、依法使用本所执业许可证，不得变造、出借、出租。如有遗失或者损毁的，应当及时报告所在地县级司法行政机关，经所在地设区的市级或者直辖市区（县）司法行政机关向原审核机关申请补发或者换发。律师事务所执业许可证遗失的，应当在当地报刊上刊登遗失声明。

律师事务所被撤销许可、受到吊销执业许可证处罚的，由所在地县级司法行政机关收缴其执业许可证。

律师事务所受到停业整顿处罚的，应当自处罚决定生效后至处罚期限届满前，将执业许可证缴存其所在地县级司法行政机关。

第五十二条 律师事务所应当加强对分所执业和管理活动的监督，履行下列管理职责：

（一）任免分所负责人；

（二）决定派驻分所律师，核准分所聘用律师人选；

（三）审核、批准分所的内部管理制度；

（四）审核、批准分所的年度工作计划、年度工作总结；

（五）指导、监督分所的执业活动及重大法律事务的办理；

（六）指导、监督分所的财务活动，审核、批准分所的分配方案和年度财务预算、决算；

（七）决定分所重要事项的变更、分所停办和分所资产的处置；

（八）本所规定的其他由律师事务所决定的事项。

律师事务所应当依法对其分所的债务承担责任。

第七章　司法行政机关的监督管理

第五十三条 县级司法行政机关对本行政区域内的律师事务所的执业活动进行日常监督管理，履行下列职责：

（一）监督律师事务所在开展业务活动过程中遵守法律、法规、规章的情况；

（二）监督律师事务所执业和内部管理制度的建立和实施情况；

（三）监督律师事务所保持法定设立条件以及变更报批或者备案的执行情况；

（四）监督律师事务所进行清算、申请注销的情况；

（五）监督律师事务所开展律师执业年度考核和上报年度执业总结的情况；

（六）受理对律师事务所的举报和投诉；

（七）监督律师事务所履行行政处罚和实行整改的情况；

（八）司法部和省、自治区、直辖市司法行政机关规定的其他职责。

县级司法行政机关在开展日常监督管理过程中，对发现、查实的律师事务所在执业和内部管理方面存在的问题，应当对律师事务所负责人或者有关律师进行警示谈话，责令改正，并对其整改情况进行监督；对律师事务所的违法行为认为依法应当给予行政处罚的，应当向上一级司法行政机关提出处罚建议；认为需要给予行业惩戒的，移送律师协会处理。

第五十四条 设区的市级司法行政机关履行下列监督管理职责：

（一）掌握本行政区域律师事务所的执业活动和组织建设、队伍建设、制度建设的情况，制定加强律师工作的措施和办法；

（二）指导、监督下一级司法行政机关的日常监督管理工作，组织开展对律师事务所的专项监督检查工作，指导对律师事务所重大投诉案件的查处工作；

（三）对律师事务所进行表彰；

（四）依法定职权对律师事务所的违法行为实施行政处罚；对依法应当给予吊销执业许可证处罚的，向上一级司法行政机关提出处罚建议；

（五）组织开展对律师事务所的年度检查考核工作；

（六）受理、审查律师事务所设立、变更、设立分所、注销申请事项；

（七）建立律师事务所执业档案，负责有关律师事务所的许可、变更、终止及执业档案信息的公开工作；

（八）法律、法规、规章规定的其他职责。

直辖市的区（县）司法行政机关负有前款规定的有关职责。

第五十五条 省、自治区、直辖市司法行政机关履行下列监督管理职责：

（一）制定本行政区域律师事务所的发展规划和有关政策，制定律师事务所管理的规范性文件；

（二）掌握本行政区域律师事务所组织建设、队伍建设、制度建设和业务开展情况；

（三）监督、指导下级司法行政机关的监督管理工作，指导对律师事务所的专项监督检查和年度检查考核工作；

（四）组织对律师事务所的表彰活动；

（五）依法对律师事务所的严重违法行为实施吊销执业许可证的处罚，监督下一级司法行政机关的行政处罚工作，办理有关行政复议和申诉案件；

（六）办理律师事务所设立核准、变更核准或者备案、设立分所核准及执业

许可证注销事项；

（七）负责本行政区域律师事务所有关重大信息的公开工作；

（八）法律、法规规定的其他职责。

第五十六条 律师事务所管理分所的情况，应当纳入司法行政机关对该所年度检查考核的内容；律师事务所对分所及其律师疏于管理、造成严重后果的，由该所所在地司法行政机关依法实施行政处罚。

律师事务所分所及其律师，应当接受分所所在地司法行政机关的监督、指导，接受分所所在地律师协会的行业管理。

第五十七条 跨省、自治区、直辖市设立分所的，分所所在地的省、自治区、直辖市司法行政机关应当将分所设立、变更、终止以及年度考核、行政处罚等情况及时抄送设立分所的律师事务所所在的省、自治区、直辖市司法行政机关。

第五十八条 各级司法行政机关及其工作人员对律师事务所实施监督管理，不得妨碍律师事务所依法执业，不得侵害律师事务所的合法权益，不得索取或者收受律师事务所及其律师的财物，不得谋取其他利益。

第五十九条 司法行政机关应当加强对实施许可和管理活动的层级监督，按照规定建立有关工作的统计、请示、报告、督办等制度。

负责律师事务所许可实施、年度检查考核或者奖励、处罚的司法行政机关，应当及时将有关许可决定、考核结果或者奖惩情况通报下级司法行政机关，并报送上一级司法行政机关。

第六十条 司法行政机关应当加强对律师协会的指导、监督，支持律师协会依照《律师法》和协会章程、行业规范对律师事务所实行行业自律，建立健全行政管理与行业自律相结合的协调、协作机制。

第六十一条 各级司法行政机关应当定期将本行政区域律师事务所的组织、队伍、业务情况的统计资料、年度管理工作总结报送上一级司法行政机关。

第六十二条 司法行政机关工作人员在律师事务所设立许可和实施监督管理活动中，滥用职权、玩忽职守，构成犯罪的，依法追究刑事责任；尚不构成犯罪的，依法给予行政处分。

第八章 附 则

第六十三条 省、自治区、直辖市司法行政机关可以依据本办法制定具体实施办法，报司法部备案。

第六十四条 本办法自发布之日起施行。此前司法部制定的有关律师事

务所管理的规章、规范性文件与本办法相抵触的,以本办法为准。

附件:

司法部关于修改《律师事务所管理办法》的决定

(2012年11月30日 司法部令第125号)

为了规范律师事务所分所的设立,加强对律师事务所分所的监督和管理,根据《中华人民共和国律师法》(以下简称《律师法》)的规定,结合律师工作实际,决定对《律师事务所管理办法》(司法部令第111号)作如下修改:

一、在第二条增加"律师事务所的设立和发展,应当根据国家和地方经济社会发展的需要,实现合理分布、均衡发展",作为第二款。

二、删除原第四章第二十九条。

三、在原第四章后增加一章作为第五章,章名为"律师事务所分所的设立、变更和终止"。

四、增加的第五章共七条,作为第三十一条至第三十七条:

第三十一条 成立三年以上并具有二十名以上执业律师的合伙律师事务所,根据业务发展需要,可以在本所所在地的市、县以外的地方设立分所。设在直辖市、设区的市的合伙律师事务所也可以在本所所在城区以外的区、县设立分所。

律师事务所及其分所受到停业整顿处罚期限未满的,该所不得申请设立分所;律师事务所的分所受到吊销执业许可证处罚的,该所自分所受到处罚之日起二年内不得申请设立分所。

第三十二条 分所应当具备下列条件:

(一)有符合《律师事务所名称管理办法》规定的名称;

(二)有自己的住所;

(三)有三名以上律师事务所派驻的专职律师;

(四)有人民币三十万元以上的资产;

(五)分所负责人应当是具有三年以上的执业经历并能够专职执业,且在担任负责人前三年内未受过停止执业处罚的律师。

律师事务所到经济欠发达的市、县设立分所的,前款规定的派驻律师条件可以降至一至二名;资产条件可以降至人民币十万元。具体适用地区由省、自治区、直辖市司法行政机关确定。

省、自治区、直辖市司法行政机关根据本地经济社会发展和律师业发展状

况，需要提高第一款第（三）（四）项规定的条件的，按照本办法第十一条规定的程序办理。

第三十三条 律师事务所申请设立分所，应当提交下列材料：

（一）设立分所申请书；

（二）本所基本情况，本所设立许可机关为其出具的符合《律师法》第十九条和本办法第三十一条规定条件的证明；

（三）本所执业许可证复印件，本所章程和合伙协议；

（四）拟在分所执业的律师的名单、简历、身份证明和律师执业证书复印件；

（五）拟任分所负责人的人选及基本情况，该人选执业许可机关为其出具的符合本办法第三十二条第一款第五项规定条件的证明；

（六）分所的名称，分所住所证明和资产证明；

（七）本所制定的分所管理办法。

申请设立分所时，申请人应当如实填报《律师事务所分所设立申请登记表》。

第三十四条 律师事务所申请设立分所，由拟设立分所所在地设区的市级或者直辖市区（县）司法行政机关受理并进行初审，报省、自治区、直辖市司法行政机关审核，决定是否准予设立分所。具体程序按照本办法第十八条、第十九条、第二十条的规定办理。

准予设立分所的，由设立许可机关向申请人颁发律师事务所分所执业许可证。

第三十五条 分所除由律师事务所派驻律师外，可以依照《律师执业管理办法》的规定面向社会聘用律师。

派驻分所律师，参照《律师执业管理办法》有关律师变更执业机构的规定办理，由准予设立分所的省、自治区、直辖市司法行政机关予以换发执业证书，原执业证书交回原颁证机关；聘用分所律师，依照《律师执业管理办法》规定的申请律师执业许可或者变更执业机构的程序办理。

第三十六条 律师事务所决定变更分所负责人的，应当经分所所在地设区的市级或者直辖市区（县）司法行政机关报分所设立许可机关批准；变更派驻分所律师的，参照《律师执业管理办法》有关律师变更执业机构的规定办理。

分所变更住所的，应当自变更之日起十五日内，经分所所在地设区的市级或者直辖市区（县）司法行政机关报分所设立许可机关备案。

律师事务所变更名称的，应当自名称获准变更之日起三十日内，经分所所在地设区的市级或者直辖市区（县）司法行政机关向分所设立许可机关申请变更分所名称。

第三十七条 有下列情形之一的,分所应当终止:

(一)律师事务所依法终止的;

(二)律师事务所不能保持《律师法》和本办法规定设立分所的条件,经限期整改仍不符合条件的;

(三)分所不能保持本办法规定的设立条件,经限期整改仍不符合条件的;

(四)分所在取得设立许可后六个月内未开业或者无正当理由停止业务活动满一年的;

(五)律师事务所决定停办分所的;

(六)分所执业许可证被依法吊销的;

(七)法律、行政法规规定应当终止的其他情形。

分所终止的,由分所设立许可机关注销分所执业许可证。分所终止的有关事宜按照本办法第三十条的规定办理。

五、原"第五章 律师事务所执业和管理规则"修改为"第六章 律师事务所执业和管理规则",并在本章最后增加一条,作为第五十二条:

第五十二条 律师事务所应当加强对分所执业和管理活动的监督,履行下列管理职责:

(一)任免分所负责人;

(二)决定派驻分所律师,核准分所聘用律师人选;

(三)审核、批准分所的内部管理制度;

(四)审核、批准分所的年度工作计划、年度工作总结;

(五)指导、监督分所的执业活动及重大法律事务的办理;

(六)指导、监督分所的财务活动,审核、批准分所的分配方案和年度财务预算、决算;

(七)决定分所重要事项的变更、分所停办和分所资产的处置;

(八)本所规定的其他由律师事务所决定的事项。

律师事务所应当依法对其分所的债务承担责任。

六、将原"第六章 司法行政机关的监督管理"修改为"第七章 司法行政机关的监督管理",并增加两条,分别作为第五十六条、第五十七条:

第五十六条 律师事务所管理分所的情况,应当纳入司法行政机关对该所年度检查考核的内容;律师事务所对分所及其律师疏于管理、造成严重后果的,由该所所在地司法行政机关依法实施行政处罚。

律师事务所分所及其律师,应当接受分所所在地司法行政机关的监督、指导,接受分所所在地律师协会的行业管理。

第五十七条 跨省、自治区、直辖市设立分所的,分所所在地的省、自治区、直辖市司法行政机关应当将分所设立、变更、终止以及年度考核、行政处罚等情况及时抄送设立分所的律师事务所所在的省、自治区、直辖市司法行政机关。

七、本决定自发布之日起施行。司法部1996年12月30日发布的《律师事务所分所登记管理办法》(司法部令第49号)同时废止。

《律师事务所管理办法》根据本决定作相应修改,重新公布。

律师执业管理办法

(2008年7月18日 司法部令第112号)

第一章 总 则

第一条 为了规范律师执业许可,保障律师依法执业,加强对律师执业行为的监督和管理,根据《中华人民共和国律师法》(以下简称《律师法》)和其他有关法律、法规的规定,制定本办法。

第二条 律师是指依法取得律师执业证书,接受委托或者指定,为当事人提供法律服务的执业人员。

第三条 律师通过执业活动,应当维护当事人合法权益,维护法律正确实施,维护社会公平和正义。

第四条 律师依法执业受法律保护,任何组织和个人不得侵害律师的合法权益。

司法行政机关和律师协会应当依法维护律师的执业权利。

第五条 司法行政机关依照《律师法》和本办法的规定对律师执业进行监督、指导。

律师协会依照《律师法》、协会章程和行业规范对律师执业实行行业自律。

第二章 律师执业条件

第六条 申请律师执业,应当具备下列条件:

(一)拥护中华人民共和国宪法;

(二)通过国家统一司法考试取得法律职业资格证书;

（三）在律师事务所实习满一年；

（四）品行良好。

实行国家统一司法考试前取得的律师资格证书，在申请律师执业时，与法律职业资格证书具有同等效力。

享受国家统一司法考试有关报名条件、考试合格优惠措施，取得法律职业资格证书的，其申请律师执业的地域限制，按照有关规定办理。

申请律师执业的人员，应当按照规定参加律师协会组织的实习活动，并经律师协会考核合格。

第七条 申请兼职律师执业，除符合本办法第六条规定的条件外，还应当具备下列条件：

（一）在高等院校、科研机构中从事法学教育、研究工作；

（二）经所在单位同意。

第八条 申请特许律师执业，应当符合《律师法》和国务院有关条例规定的条件。

第九条 有下列情形之一的人员，不得从事律师职业：

（一）无民事行为能力或者限制民事行为能力的；

（二）受过刑事处罚的，但过失犯罪的除外；

（三）被开除公职或者被吊销律师执业证书的。

第三章 律师执业许可程序

第十条 律师执业许可，由设区的市级或者直辖市的区（县）司法行政机关受理执业申请并进行初审，报省、自治区、直辖市司法行政机关审核，作出是否准予执业的决定。

第十一条 申请律师执业，应当向设区的市级或者直辖市的区（县）司法行政机关提交下列材料：

（一）执业申请书；

（二）法律职业资格证书或者律师资格证书；

（三）律师协会出具的申请人实习考核合格的材料；

（四）申请人的身份证明；

（五）律师事务所出具的同意接收申请人的证明。

申请执业许可时，申请人应当如实填报《律师执业申请登记表》。

第十二条 申请兼职律师执业，除按照本办法第十一条的规定提交有关材料外，还应当提交下列材料：

（一）在高等院校、科研机构从事法学教育、研究工作的经历及证明材料；

（二）所在单位同意申请人兼职律师执业的证明。

第十三条 设区的市级或者直辖市的区（县）司法行政机关对申请人提出的律师执业申请，应当根据下列情况分别作出处理：

（一）申请材料齐全、符合法定形式的，应当受理；

（二）申请材料不齐全或者不符合法定形式的，应当当场或者自收到申请材料之日起五日内一次告知申请人需要补正的全部内容。申请人按要求补正的，予以受理；逾期不告知的，自收到申请材料之日起即为受理。

（三）申请事项明显不符合法定条件或者申请人拒绝补正、无法补正有关材料的，不予受理，并向申请人书面说明理由。

第十四条 受理申请的司法行政机关应当自决定受理之日起二十日内完成对申请材料的审查。

在审查过程中，可以征求申请执业地的县级司法行政机关的意见；对于需要调查核实有关情况的，可以要求申请人提供有关的证明材料，也可以委托县级司法行政机关进行核实。

经审查，应当对申请人是否符合法定条件、提交的材料是否真实齐全出具审查意见，并将审查意见和全部申请材料报送省、自治区、直辖市司法行政机关。

第十五条 省、自治区、直辖市司法行政机关应当自收到受理申请机关报送的审查意见和全部申请材料之日起十日内予以审核，作出是否准予执业的决定。

准予执业的，应当自决定之日起十日内向申请人颁发律师执业证书。

不准予执业的，应当向申请人书面说明理由。

第十六条 申请特许律师执业，需要提交的材料以及受理、考核、批准的程序，依照国务院有关条例的规定办理。

第十七条 申请人有本办法第九条规定情形之一的，不得准予其律师执业。

第十八条 律师执业证书是律师依法获准执业的有效证件。

律师执业证书应当载明的内容、制作的规格、证号编制办法，由司法部规定。执业证书由司法部统一制作。

第十九条 有下列情形之一的，由作出准予该申请人执业决定的省、自治区、直辖市司法行政机关撤销原准予执业的决定，收回并注销其律师执业证书：

（一）申请人以欺诈、贿赂等不正当手段取得准予执业决定的；

（二）对不符合法定条件的申请人准予执业或者违反法定程序作出准予执

业决定的。

第二十条 律师变更执业机构，应当向拟变更的执业机构所在地设区的市级或者直辖市的区（县）司法行政机关提出申请，并提交下列材料：

（一）原执业机构所在地县级司法行政机关出具的申请人不具有本办法第二十一条规定情形的证明；

（二）与原执业机构解除聘用关系或者合伙关系以及办结业务、档案、财务等交接手续的证明；

（三）拟变更的执业机构同意接收申请人的证明；

（四）申请人的执业经历证明材料。

受理机关应当对变更申请及提交的材料出具审查意见，并连同全部申请材料报送省、自治区、直辖市司法行政机关审核。对准予变更的，由审核机关为申请人换发律师执业证书；对不准予变更的，应当向申请人书面说明理由。有关审查、核准、换证的期限，参照本办法第十四条、第十五条规定的程序办理。

准予变更的，申请人在领取新的执业证书前，应当将原执业证书上交原审核颁证机关。

律师跨设区的市或者省、自治区、直辖市变更执业机构的，原执业机构所在地和变更的执业机构所在地的司法行政机关之间应当交接该律师执业档案。

第二十一条 律师受到停止执业处罚期间，不得申请变更执业机构；律师事务所受到停业整顿处罚期限未满的，该所负责人、合伙人和对律师事务所受到停业整顿处罚负有直接责任的律师不得申请变更执业机构；律师事务所应当终止的，在完成清算、办理注销前，该所负责人、合伙人和对律师事务所被吊销执业许可证负有直接责任的律师不得申请变更执业机构。

第二十二条 律师被所在的律师事务所派驻分所执业的，其律师执业证书的换发及管理办法，按照司法部有关规定办理。

第二十三条 律师有下列情形之一的，由其执业地的原审核颁证机关收回、注销其律师执业证书：

（一）受到吊销律师执业证书处罚的；

（二）原准予执业的决定被依法撤销的；

（三）因本人不再从事律师职业申请注销的；

（四）因与所在律师事务所解除聘用合同或者所在的律师事务所被注销，在六个月内未被其他律师事务所聘用的；

（五）因其他原因终止律师执业的。

因前款第（三）项、第（四）项、第（五）项规定情形被注销律师执业证书的人员，重新申请律师执业的，按照本办法规定的程序申请律师执业。

第四章 律师执业行为规范

第二十四条 律师执业必须遵守宪法和法律，恪守律师职业道德和执业纪律。

律师执业必须以事实为根据，以法律为准绳。

律师执业应当接受国家、社会和当事人的监督。

第二十五条 律师可以从事下列业务：

（一）接受自然人、法人或者其他组织的委托，担任法律顾问；

（二）接受民事案件、行政案件当事人的委托，担任代理人，参加诉讼；

（三）接受刑事案件犯罪嫌疑人的委托，为其提供法律咨询，代理申诉、控告，为被逮捕的犯罪嫌疑人申请取保候审，接受犯罪嫌疑人、被告人的委托或者人民法院的指定，担任辩护人，接受自诉案件自诉人、公诉案件被害人或者其近亲属的委托，担任代理人，参加诉讼；

（四）接受委托，代理各类诉讼案件的申诉；

（五）接受委托，参加调解、仲裁活动；

（六）接受委托，提供非诉讼法律服务；

（七）解答有关法律的询问、代写诉讼文书和有关法律事务的其他文书。

第二十六条 律师承办业务，应当由律师事务所统一接受委托，与委托人签订书面委托合同，并服从律师事务所对受理业务进行的利益冲突审查及其决定。

第二十七条 律师不得在同一案件中为双方当事人担任代理人，不得代理与本人及其近亲属有利益冲突的法律事务。

律师担任各级人民代表大会常务委员会组成人员的，任职期间不得从事诉讼代理或者辩护业务。

曾经担任法官、检察官的律师，从人民法院、人民检察院离任后二年内，不得担任诉讼代理人或者辩护人。

第二十八条 律师担任法律顾问的，应当按照约定为委托人就有关法律问题提供意见，草拟、审查法律文书，代理参加诉讼、调解或者仲裁活动，办理委托的其他法律事务，维护委托人的合法权益。

第二十九条 律师担任诉讼法律事务代理人或者非诉讼法律事务代理人的，应当在受委托的权限内代理法律事务，维护委托人的合法权益。

第三十条 律师担任辩护人的，应当根据事实和法律，提出犯罪嫌疑人、被告人无罪、罪轻或者减轻、免除其刑事责任的材料和意见，维护犯罪嫌疑人、被告人的合法权益。

第三十一条 律师出具法律意见，应当严格依法履行职责，保证其所出具意见的真实性、准确性、完整性。

律师提供法律咨询、代写法律文书，应当以事实为根据，以法律为准绳，并符合法律咨询规则和法律文书体例、格式的要求。

第三十二条 律师承办业务，应当告知委托人该委托事项办理可能出现的法律风险，不得用明示或者暗示方式对办理结果向委托人作出不当承诺。

律师承办业务，应当及时向委托人通报委托事项办理进展情况；需要变更委托事项、权限的，应当征得委托人的同意和授权。

律师接受委托后，无正当理由的，不得拒绝辩护或者代理，但是，委托事项违法，委托人利用律师提供的服务从事违法活动或者委托人故意隐瞒与案件有关的重要事实的，律师有权拒绝辩护或者代理。

第三十三条 律师承办业务应当引导委托人通过合法的途径、手段主张权利、解决争议，不得煽动、教唆委托人采取扰乱公共秩序、危害公共安全等非法手段解决争议。

律师不得利用提供法律服务的便利牟取当事人争议的权益，不得接受对方当事人的财物或者其他利益，不得与对方当事人或者第三人恶意串通，侵害委托人权益。

第三十四条 律师代理参与诉讼、仲裁或者行政处理活动，应当遵守法庭、仲裁庭纪律和行政处理规则，不得有下列妨碍、干扰诉讼、仲裁或者行政处理活动正常进行的行为：

（一）违反规定会见法官、检察官、仲裁员以及其他有关工作人员；

（二）向案件承办人员行贿、许诺提供利益或者指使、诱导委托人行贿；

（三）故意向司法机关、仲裁机构或者行政机关提供虚假证据或者威胁、利诱他人提供虚假证据，妨碍对方当事人合法取得证据；

（四）在法庭上发表危害国家安全、诽谤他人、扰乱法庭秩序的言论；

（五）法律规定的妨碍、干扰诉讼、仲裁或者行政处理活动正常进行的其他行为。

第三十五条 律师应当尊重同行，公平竞争，不得以诋毁其他律师事务所、律师或者支付介绍费等不正当手段承揽业务。

第三十六条 律师应当保守在执业活动中知悉的国家秘密、商业秘密，不得泄露当事人隐私。

律师对在执业活动中知悉的委托人和其他人不愿泄露的情况和信息，应当予以保密。但委托人或者其他人准备或者正在实施的危害国家安全、公共安全以及其他严重危害他人人身、财产安全的犯罪事实和信息除外。

第三十七条 律师承办业务，应当按照规定由律师事务所向委托人统一收取律师费和有关办案费用，不得私自收费，不得接受委托人的财物或者其他利益。

第三十八条 律师应当按照国家规定履行法律援助义务，为受援人提供符合标准的法律服务，维护受援人的合法权益。

第三十九条 律师承办业务，应当妥善保管与承办事项有关的法律文书、证据材料、业务文件和工作记录。在法律事务办结后，按照有关规定立卷建档，上交律师事务所保管。

第四十条 律师只能在一个律师事务所执业。

律师在从业期间应当专职执业，但兼职律师或者法律、行政法规另有规定的除外。

律师执业，应当遵守所在律师事务所的执业管理制度，接受律师事务所的指导和监督，参加律师执业年度考核。

第四十一条 律师应当妥善使用和保管律师执业证书，不得变造、抵押、出借、出租。如有遗失或者损毁的，应当及时报告所在地县级司法行政机关，经所在地设区的市级或者直辖市区（县）司法行政机关向原审核颁证机关申请补发或者换发。律师执业证书遗失的，应当在当地报刊上刊登遗失声明。

律师被撤销执业许可，受到吊销执业证书处罚的，由其执业机构所在地县级司法行政机关收缴其执业证书。

律师受到停止执业处罚的，应当自处罚决定生效后至处罚期限届满前，将律师执业证书缴存其执业机构所在地县级司法行政机关。

第四十二条 律师应当按照规定参加司法行政机关和律师协会组织的职业培训。

第五章 司法行政机关的监督管理

第四十三条 县级司法行政机关对其执业机构在本行政区域的律师的执业活动进行日常监督管理，履行下列职责：

（一）检查、监督律师在执业活动中遵守法律、法规、规章和职业道德、执业纪律的情况；

（二）受理对律师的举报和投诉；

（三）监督律师履行行政处罚和实行整改的情况；

（四）掌握律师事务所对律师执业年度考核的情况；

（五）司法部和省、自治区、直辖市司法行政机关规定的其他职责。

县级司法行政机关在开展日常监督管理过程中，发现、查实律师在执业活动中存在问题的，应当对其进行警示谈话，责令改正，并对其整改情况进行监督；对律师的违法行为认为依法应当给予行政处罚的，应当向上一级司法行政机关提出处罚建议；认为需要给予行业惩戒的，移送律师协会处理。

第四十四条 设区的市级司法行政机关履行下列监督管理职责：

（一）掌握本行政区域律师队伍建设和发展情况，制定加强律师队伍建设的措施和办法；

（二）指导、监督下一级司法行政机关对律师执业的日常监督管理工作，组织开展对律师执业的专项检查或者专项考核工作，指导对律师重大投诉案件的查处工作；

（三）对律师进行表彰；

（四）依法定职权对律师的违法行为实施行政处罚；对依法应当给予吊销律师执业证书处罚的，向上一级司法行政机关提出处罚建议；

（五）对律师事务所的律师执业年度考核结果实行备案监督；

（六）受理、审查律师执业、变更执业机构、执业证书注销申请事项；

（七）建立律师执业档案，负责有关律师执业许可、变更、注销等信息的公开工作；

（八）法律、法规、规章规定的其他职责。

直辖市的区（县）司法行政机关负有前款规定的有关职责。

第四十五条 省、自治区、直辖市司法行政机关履行下列监督管理职责：

（一）掌握、评估本行政区域律师队伍建设情况和总体执业水平，制定律师队伍的发展规划和有关政策，制定加强律师执业管理的规范性文件；

（二）监督、指导下级司法行政机关对律师执业的监督管理工作，组织、指导对律师执业的专项检查或者专项考核工作；

（三）组织对律师的表彰活动；

（四）依法对律师的严重违法行为实施吊销律师执业证书的处罚，监督、指导下一级司法行政机关的行政处罚工作，办理有关行政复议和申诉案件；

（五）办理律师执业核准、变更执业机构核准和执业证书注销事项；

（六）负责有关本行政区域律师队伍、执业情况、管理事务等重大信息的公开工作；

（七）法律、法规、规章规定的其他职责。

第四十六条 各级司法行政机关及其工作人员对律师执业实施监督管理，不得妨碍律师依法执业，不得侵害律师的合法权益，不得索取或者收受律师的财物，不得谋取其他利益。

第四十七条 司法行政机关应当加强对实施律师执业许可和日常监督管理活动的层级监督，按照规定建立有关工作的统计、请示、报告、督办等制度。

负责律师执业许可实施、律师执业年度考核结果备案或者奖励、处罚的司法行政机关，应当及时将有关许可决定、备案情况、奖惩情况通报下级司法行政机关，并报送上一级司法行政机关。

第四十八条 司法行政机关应当加强对律师协会的指导、监督，支持律师协会依照《律师法》和协会章程、行业规范对律师执业活动实行行业自律，建立健全行政管理与行业自律相结合的协调、协作机制。

第四十九条 各级司法行政机关应当定期将本行政区域律师队伍建设、执业活动情况的统计资料、年度管理工作总结报送上一级司法行政机关。

第五十条 司法行政机关工作人员在律师执业许可和实施监督管理活动中，滥用职权、玩忽职守，构成犯罪的，依法追究刑事责任；尚不构成犯罪的，依法给予行政处分。

第六章 附 则

第五十一条 省、自治区、直辖市司法行政机关可以依据本办法制定具体实施办法，报司法部备案。

第五十二条 本办法自发布之日起施行。此前司法部制定的有关律师执业管理的规章、规范性文件与本办法相抵触的，以本办法为准。

律师和律师事务所执业证书管理办法

（2009 年 9 月 21 日 司法部令第 119 号）

第一条 为了规范和加强律师执业证书和律师事务所执业许可证书（以下统称“执业证书”）的管理，根据《中华人民共和国律师法》的有关规定，结合律师工作管理实际，制定本办法。

第二条 律师执业证书是律师依法获准执业的有效证件。

律师事务所执业证书是律师事务所依法获准设立并执业的有效证件。

第三条 律师执业证书包括适用于专职、兼职律师的“律师执业证”和适用于香港、澳门、台湾居民在内地(大陆)从事律师职业的“律师执业证”两种。

律师事务所执业证书包括律师事务所执业许可证书、律师事务所分所执业许可证书。律师事务所(含律师事务所分所,下同)执业证书分为正本和副本,正本和副本具有同等的法律效力。

第四条 律师和律师事务所执业证书应当载明的内容、制作的规格式样、证号编制办法由司法部规定。执业证书由司法部统一制作。

律师和律师事务所执业证书制作时印制执业证书流水号。省、自治区、直辖市司法行政机关颁发、注销或者换发、补发执业证书,应当登记执业证书流水号。

第五条 省、自治区、直辖市司法行政机关领取空白执业证书,应当于每年年初向司法部提出申领报告,并提交《律师和律师事务所执业证书发放使用情况统计表》及相关登记表。

第六条 省、自治区、直辖市司法行政机关应当自作出准予律师执业决定或者准予律师事务所设立决定之日起十日内,向申请人颁发执业证书。

执业证书应当加盖发证机关印章,在律师执业证书持证人照片处应当加盖发证机关钢印。

第七条 律师、律师事务所应当妥善保管执业证书,不得变造、涂改、抵押、出借、出租和故意损毁。

第八条 律师、律师事务所应当依法使用执业证书。律师执业应当出示律师执业证书。律师事务所应当将执业证书正本悬挂于执业场所的醒目位置;执业证书副本用于接受查验。

第九条 律师申请变更执业机构的,变更审核机关应当自作出准予变更决定之日起十日内为申请人换发律师执业证书。

律师事务所变更名称、负责人、组织形式、住所等事项的,变更审核或者备案机关应当自作出准予变更决定或者备案之日起十日内,为律师事务所办理执业证书变更事项登记或者换发执业证书。

第十条 律师、律师事务所因执业证书损毁等原因,导致执业证书无法使用的,应当申请换发执业证书。

换发执业证书,应当向设区的市级或者直辖市的区(县)司法行政机关提出申请,由其在收到申请之日起五日内完成审查,并上报原发证机关。原发证机关应当自收到申请之日起十日内完成审查,符合规定的,为申请人换发执业证书;不符合规定的,不予换发执业证书,并向申请人说明理由。

准予换发执业证书的,申请人在领取新的执业证书时,应当将原执业证书交回原发证机关。

第十一条 执业证书遗失的,律师或者律师事务所应当及时报告所在地县(区)司法行政机关,并在省级以上报刊或者发证机关指定网站上刊登遗失声明。遗失声明应当载明遗失的执业证书的种类、持证人姓名(名称)、执业证号和执业证书流水号。

律师、律师事务所申请补发执业证书的,按照本办法第十条第二款规定的程序办理。申请时应当同时提交已刊登遗失声明的证明材料。

第十二条 设区的市级或者直辖市的区(县)司法行政机关于每年完成对律师事务所年度检查考核后,应当在律师事务所和律师执业证书相应栏目内填写考核年度、考核结果、考核(备案)机关、考核(备案)日期;在律师事务所执业证书副本上加盖“律师事务所年度检查考核”专用章,在律师执业证书上加盖“律师年度考核备案”专用章。

第十三条 律师受到停止执业处罚、律师事务所受到停业整顿处罚的,由作出处罚决定的司法行政机关或者由其委托的下一级司法行政机关在宣布或者送达处罚决定时扣缴被处罚律师、律师事务所的执业证书。处罚期满予以发还。

第十四条 司法行政机关依法对律师事务所违法行为给予行政处罚的,作出处罚决定的司法行政机关应当自决定之日起十五日内,将处罚的内容登记在该律师事务所执业证书副本上。

第十五条 律师、律师事务所被依法撤销执业许可或者被吊销执业证书的,由作出撤销或者处罚决定的司法行政机关或者由其委托的下一级司法行政机关在宣布或者送达撤销或者处罚决定时收缴该律师、律师事务所的执业证书,并依照规定程序予以注销。

律师、律师事务所因其他原因终止执业,需要注销其执业证书的,该律师、律师事务所应当将执业证书上交其所在地县(区)司法行政机关,由其按照规定程序交原发证机关予以注销。

律师、律师事务所被撤销执业许可、被吊销执业证书或者因其他原因终止执业,拒不上交执业证书的,由原发证机关公告注销其执业证书。

第十六条 省、自治区、直辖市司法行政机关应当及时将注销、作废的执业证书销毁。

第十七条 省、自治区、直辖市司法行政机关应当将颁发、注销、换发、补发、作废和销毁执业证书的情况按年度登记造册,填制执业证书发放使用情况统计表,报司法部备案。

第十八条 律师、律师事务所对执业证书保管不善或者违法使用执业证书的,由所在地县(区)司法行政机关给予批评教育,责令改正;情节严重的,由设区的市级或者直辖市的区(县)司法行政机关依法给予相应的处罚。

第十九条 司法行政机关工作人员在发放、管理执业证书的工作中,违反《律师法》《律师执业管理办法》《律师事务所管理办法》和本办法规定,滥用职权、玩忽职守的,应当依法给予行政处分;构成犯罪的,依法追究刑事责任。

第二十条 司法行政机关应当建立律师和律师事务所执业证书信息管理系统,根据执业证书颁发、注销及其他有关变更情况适时进行更新,为公民、法人、其他社会组织和国家机关提供有关执业证书信息查询服务。

第二十一条 对公职律师、公司律师、法律援助律师的律师工作证的管理,参照本办法执行。

军队律师工作证的管理办法,另行制定。

第二十二条 本办法自发布之日起施行。

附件:

司法部关于启用新版律师和律师事务所执业证书有关问题的通知

(2009年9月22日 司发通〔2009〕第165号)

各省、自治区、直辖市司法厅(局),新疆生产建设兵团司法局:

根据《律师法》及《律师执业管理办法》《律师事务所管理办法》《律师和律师事务所执业证书管理办法》等有关规定,我部重新设计印制了律师和律师事务所执业证书(以下简称新版执业证书)。为配合启用新版执业证书,进一步规范和加强执业证书管理,现就新版执业证书的颁(换)发与管理工作有关问题通知如下:

一、关于启用时间

新版执业证书自2009年10月1日起开始启用。各省(区、市)司法厅(局)自该日起作出准予律师执业、准予律师事务所设立决定的,或者准予换(补)发执业证书的,应当按照规定向申请人颁(换、补)发新版执业证书。对于此前颁发尚在使用的原执业证书,应当在2009年12月31日前全部换发为新版执业证书。自2009年10月1日至12月31日期间,持证人依法取得的原执业证书和新版执业证书均为获准执业的有效证件。自2010年1月1日起,原执业证书停止使用。

二、关于申领空白新版执业证书

各省(区、市)司法厅(局)收到本通知后,应当尽快对本地区律师、律师事务所的情况进行调查摸底,并在调查核实的基础上向我部提交申领空白新版执业证书报告。申领报告应当载明到2010年2月28日前所需各类执业证书的数量、根据、联系人姓名，联系电话、通信地址、邮政编码等，并加盖司法厅（局）印章。自2010年起，各省（区、市）司法厅（局）申请领取空白新版执业证书，应当按照《律师和律师事务所执业证书管理办法》规定，提交申领报告和相关的统计表、登记表（见附件1），由我部审核后发放。各地收到空白新版执业证书后，应当由验收人在验收单上签字，并加盖所在律师管理机构公章，将验收单寄回部律师公证工作指导司并传真至发货厂家。

三、关于新版执业证书的填写与执业证号编制

各地要根据本通知规定的填写办法（见附件2）规范新版执业证书的填写。对于新颁（换、补）发执业证书的，要按照本通知规定的执业证号编制办法（见附件3）编制律师执业证号或者律师事务所执业许可证号；对于将原执业证书换发为新版执业证书的，要按照本通知的规定，再新编制律帅执业证号或者律师事务所执业许可证号。

为加强执业证书管理，推进律师、律师事务所信息采集、更新与信息公开，我部研制开发了全国律师执业证书信息管理系统，请各地登录www.lawyer.org.cn，进入该系统录入并及时更新律师、律师事务所有关信息和执业证书流水号，由该系统自动生成、更改律师执业证号或者律师事务所执业许可证号，并实现机打执业证书，生成有关统计表、登记表。

四、关于新版执业证书的登记与统计报备

为加强执业证书管理，我部在新版执业证书上印制了执业证书流水号。各省（区、市）司法厅（局）申领、颁发、换发、补发、销毁执业证书，应当登记执业证书流水号，并于下一年2月30日前对上一年度执业证书的使用情况进行统计，将有关的统计表、登记表报我部备案。

对于将原执业证书换发为新版执业证书的，各省（区、市）司法厅（局）应当于2010年1月31日前向我部报送《旧证换发新版律师执业证书登记表》《旧证换发新版律师事务所执业证书登记表》。

五、工作要求

（一）高度重视，加强领导。律师、律师事务所执业证书的颁（换）发与管理工作是保证律师依法执业、充分履行职责的前提，是律师管理中最基础、最重要的工作之一，是维护正常的律师执业秩序的重要保障。各省（区、市）司法厅（局）应当高度重视，切实加强领导，精心组织，周密部署，确保新版执业证书的颁（换）发和管理工作依法、有序、顺利的开展。

（二）组织学习有关规章、文件。各省（区、市）司法厅（局）应当组织广大律师管理干部认真学习《律师法》《律师执业管理办法》《律师事务所管理办法》、《律师和律师事务所执业证书管理办法》和本通知的有关规定，正确理解、准确把握律师执业、律师事务所设立的条件、程序和执业证书管理的有关规定，确保《律师法》及有关规章、规范性文件得到切实执行。

（三）依法做好新版执业证书的颁（换）发与管理工作。各省（区、市）司法厅（局）应当依照《律师法》及其规章、规范性文件规定，认真审核，严格把关，依法做好律师执业和律师事务所没立许可工作。在将原执业证书换发为新版执业证书的过程中，各省（区、市）司法厅（局）应当对以往执业证书发放情况进行一次全面清理。要严格依照《律师法》及其规章、规范性文件的规定，对每一名律师、每一家律师事务所是否符合规定的条件进行审查，对于不符合法定条件取得执业证书的，应当依照《行政许可法》的有关规定，作出撤销准予执业的决定，收回并注销原执业证书。

（四）落实管理责任，严肃工作纪律。存执业证书颁（换）发与管理工作中，各地应当建立健全工作责任制，教育广大律师管理干部严格依法办事。要充分发挥纪检监察部门的作用，推进依法行政、廉洁行政。在执业证书颁（换）发过程中，各地不得借机向申请人收取费用。对在执业证书颁（换）发与管理工作中滥用职权、玩忽职守的，应当依法追究行政责任；构成犯罪的，移送司法机关依法追究有关人员的刑事责任。

各地在执行本通知过程中遇到的问题，请及时报部。

附件：

1. 律师和律师事务所执业证书管理相关统计表和登记表
2. 律师和律师事务所执业证书填写说明
3. 律师和律师事务所执业证号编制办法

附件1（略）

附件2：

律师和律师事务所执业证书填写说明

执业证书应当采用打印方式填写。执业证书所列事项，由省（区、市）司法厅(局)负责填写(年度检查考核和处罚记录分别由考核机关、处罚机关填写)；所填各项内容应当与有关决定的内容相一致；填写的内容不得涂改，填错的执业证书作废。

一、律师执业证(含律师工作证)书的填写

"执业机构"，填写经核准的持证人执业所在的律师事务所名称。律师工作证上的"工作单位"填持证人从事律师工作所在的工作单位名称。

"执业证类别"，在相应的执业证上填写"专职律师""兼职律师"或者"香港居民律师""澳门居民律师""台湾居民律师"；律师工作证上的"工作证类别"填写"公职律师""公司律师"或者"法律援助律师"。

"执业证号"，填写按照本通知编制的律师执业证号码。律师工作证上的"工作证号"参照此办法填写。

"法律职业资格或律师资格证号"填写持证人的法律职业资格证号或律师资格证号，法律职业资格证号要注明"A""B""C"类别；特许执业的，填写"特许执业"。

"发证机关"，填写首次发证的省(区、市)司法厅(局)名称，并加盖其印章。持证人终止执业后申请重新执业的，填写准予重新执业并颁发律师执业证(律师工作证)的省(区、市)司法厅(局)名称，并加盖其印章。经批准换(补)证的，填写准予换(补)证的省(区、市)司法厅(局)名称，并加盖其印章。

"发证日期"，填写发证机关首次颁发执业证书的日期。持证人终止执业后申请重新执业的，填写准予重新执业并颁发执业证书的日期。经批准换(补)证的，填写准予换(补)证的日期，并在备注页注明"首次发证日期"。准予重新执业的，"首次发证日期"填写准予重新执业后的首次发证日期。

"持证人照片处"，打印或粘贴持证人近期二寸正面免冠蓝底彩色照片，并加盖发证机关钢印。

"持证人"，填写与其身份证一致的持证人姓名；港、澳、台居民的身份证件上有外文姓名的，应当同时填写外文姓名。

"律师年度考核备案"页，由持证人执业机构所在地设区的市级或直辖市的区(县)司法行政机关在完成对律师事务所年度检查考核后，如实填写有关内容，并加盖"律师年度考核备案"专用章("律师年度考核备案"专用章式样附后)。"考核年度"填开展年度检查考核时的上一执业年度。"备案日期"填备案机关完成年度检查考核并加盖备案专用章的日期。

"备注"页，填写发证机关规定需要备注的信息。发证机关可以根据证件使用年限，在备注页注明"本证在××××年×月×日前有效"，到期要求持证人按规定换证。

“核验网址”，填写全国律师管理信息平台网址。发证机关已经建立本省（区、市）律师管理信息平台的，可以先在备注页注明本省（区、市）律师信息核验网址。

二、律师事务所执业许可证书的填写

“证号”，填写按照本通知规定编制的律师事务所执业许可证号码。

“××××××律师事务所”，填写经依法核准的律师事务所名称。

“发证机关”，填写准予执业并颁（换、补）发执业许可证的省（区、市）司法厅（局）名称，并加盖其印章。

“发证日期”，填写发证机关首次颁发执业许可证的日期。经批准换（补）证的，填写准予换（补）证的日期，并在执业许可证副本备注页注明“首次发证日期”。

“律师事务所登记事项（一）页”：

“名称”，填写经依法批准的律师事务所名称。

“住所”，填写经备案的律师事务所执业所在的具体场所，如，××省××市××县（区）××路××号。

“负责人”，填写经依法批准的律师事务所负责人姓名。

“组织形式”，填写经依法批准的律师事务所组织形式。即普通合伙、特殊普通合伙、个人或者国家出资设立。

“设立资产”，填写准予设立时律师事务所的设立资产数额。

“主管机关”，填写负责对律师事务所实施日常监督管理的县（区）司法行政机关名称。

“批准文号”及“批准日期”，填写准予设立该律师事务所的行政许可决定书的文件编号及日期。

“律师事务所登记事项（二）—（六）”页，填写准予设立时律师事务所的合伙人姓名。

“律师事务所登记事项（七）”页，填写依法批准的律师事务所分所名称。分所注销的，应当将相应的分所名称文字内容栏加盖注销章；增设分所的，应当将相应的分所名称进行登记。

经批准换（补）证的，上述登记事项填写批准换（补）证时的名称、住所、负责人、合伙人、组织形式、设立资产数额、主管机关、律师事务所分所名称、执业许可证号。

“律师事务所变更登记（一）（二）”页，填写自发证之日起，或者自批准换（补）证之日起经批准（或者备案）变更后的律师事务所名称、住所、负责人姓名、设立资产数额、主管机关及相应的变更日期。

“律师事务所变更登记(三)—(五)”页，填写自发证之日起，或者自批准换(补)证之日起经变更备案后新加入该律师事务所的合伙人姓名及加入日期。

“律师事务所变更登记(六)—(八)”页，填写自发证之日起，或者自批准换(补)证之日起经变更备案后退出该律师事务所的合伙人姓名及退出日期。

“律师事务所年度检查考核记录”页，由该律师事务所所在地设区的市级或直辖市的区(县)司法行政机关在完成对律师事务所年度检查考核后，如实填写有关内容，并加盖“律师事务所年度检查考核”专用章(“律师事务所年度检查考核”专用章式样附后)。“考核年度”填开展年度检查考核时的上一执业年度。“考核日期”填考核机关完成年度检查考核并加盖考核专用章的日期。

“律师事务所处罚记录”页，由依照《律师法》对该律师事务所作出行政处罚的司法行政机关根据行政处罚决定书填写。

“备注”页，填写发证机关规定需要备注的信息。发证机关可以根据证件使用年限，在备注页注明“本证在××××年×月×日前有效”，到期要求持证人按规定换证。

“核验网址”填写方法同“律师执业证”。

三、律师事务所分所执业许可证书的填写

“证号”，填写按照本通知规定编制的律师事务所分所执业许可证号。

“××××××律师事务所××××分所”，填写经依法核准的律师事务所分所名称。

“发证机关”，填写准予执业并颁(换、补)发分所执业许可证的省(区、市)司法厅(局)名称，并加盖其印章。

“发证日期”，填写分所发证机关首次颁发分所执业许可证的日期。经批准换(补)证的，填写准予换(补)证的日期，并在分所执业许可证副本备注页注明分所“首次发证日期”。

“派驻律师”，填写律师事务所向该分所派驻的律师姓名及派驻日期。

经批准换(补)证的，上述登记事项填写批准换(补)证时的名称、住所、负责人、派驻律师、设立资产数额、主管机关、执业许可证号。

“律师事务所分所变更登记(一)(二)”页，填写自发证之日或者经批准换(补)证之日起经批准(备案)变更后的律师事务所分所的名称、住所、负责人姓名、设立资产数额、主管机关及相应的变更日期。

“律师事务所分所变更登记(三)”页，填写发证之日或者批准换(补)证之日起律师事务所向分所派驻律师的姓名及派驻日期。撤销派驻的，可以在相应的栏目内加盖注销章。

所属律师事务所登记事项备案、变更登记备案和其他事项参照“律师事务

所执业许可证书的填写”办法填写。

附:“律师年度考核备案”专用章式样(略)

“律师事务所年度检查考核”专用章(章)

“律师事务所分所年度检查考核”专用章(略)

附件3:

律师和律师事务所执业证号编制办法

一、执业证号编制规则

各省(区、市)司法厅(局)颁发执业证书,应当按照本办法编制并填写执业证号。换发执业证书的,执业证号不变,但原执业证号构成要素发生变化的除外;补发执业证书的,原执业证号不变。

(一)律师执业证(含律师工作证)号

采用17位代码,具体排序说明如下:

第1位为执业证书文本种类代码,1代表律师执业证文本。

第2—3位为持证人执业机构所在的省(区、市)代码,执行《中华人民共和国行政区划代码》(GB2260)。

第4—5位为持证人执业机构所在的市(地、州、盟)或者直辖市的区(县)代码,执行《中华人民共和国行政区划代码》(GB2260)。

第6—9位为首次批准律师执业的年度代码。持证人终止执业后申请重新执业的,为批准重新执业的年度代码。

第10位为律师执业证类别代码(专职律师1、兼职律师2、香港居民律师3、澳门居民律师4、台湾居民律师5、公职律师6、公司律师7、法律援助律师8、军队律师9)。

第11位为性别代码(男0,女1)。

第12—17位为律师执业证序列号代码(为避免因律师流动、变更执业证类别等产生重号现象,序列号编制保证一名律师只有一个唯一的序列号,全国范围内互不重号,从许可执业到终止执业该序列号永远不变)。

以王宇律师为例,其律师执业证号为:11102200810000003。

1(律师执业证文本)11(北京市)02(延庆县)2008(首次批准律师执业年度)1(专职律师)0(男)000003(假设的序列号)。

因律师流动、变更执业证类别等需要更改律师执业证号的,只更改变化的

要素，其他要素不变。

假设一，王宇律师从北京市延庆县转到广东省深圳市执业。只将北京市（11）、延庆县（02）的代码分别更改为广东省（44）、深圳市（03）的代码，其他不变。王宇转到深圳市执业后的代码应当为：14403200810000003。

1（律师执业证）44（广东省）03（深圳市）2008（首次批准律师执业年度）1（专职律师）0（男）000003（假设的序列号）。

假设二，王宇律师由专职律师转为兼职律师，只将专职代码（1）更改为兼职代码（2），其他不变。王宇律师由专职律师转为兼职律师后的代码应当为：11102200820000003。

1（律师执业证）11（北京市）02（延庆县）2008（批准律师执业年度）2（兼职律师）0（男）000003（假设的序列号）。

（二）律师事务所执业许可证（含律师事务所分所执业许可证）号

采用17位代码，具体排序说明如下：

第1位为执业证书文本种类代码，2代表律师事务所执业许可证文本。

第2—3位为执业机构所在的省（区、市）代码、执行《中华人民共和国行政区划代码》（GB2260）。

第4—5位为执业机构所在的市（地、州、盟）或者直辖市的区（县）代码，执行《中华人民共和国行政区划代码》（GB2260）。

第6—9位为批准设立年度代码。

第10位为组织形式代码（普通合伙1、特殊普通合伙2、个人3、国资4）。

第11位为总/分所代码（总所0，分所1）。

第12—17位为律师事务所序列号代码（序列号编制保证一个律师事务所只有一个唯一的序列号，全国范围内互不重号，从设立到终止该序列号永远不变）。

以广东尚法律师事务所为例，其执业许可证号为：

24403199310000003。

2（律师事务所执业许可证书文本）44（广东省）03（深圳市）1993（批准设立年度）1（普通合伙）0（总所）000003（假设的序列号）。

因律师事务所变更住所、组织形式等需要更改律师事务所执业许可证号的，只更改变化的要素，其他要素不变。

假设一，广东尚法律师事务所住所由深圳市变更为广州市，只将深圳市的代码（03）更改为广州市的代码（01），其他不变。广东尚法律师事务所住所由深圳市变更为广州市后的执业许可证号为：

24401199310000003。

2（律师事务所执业许可证书）44（广东省）01（广州市）1993（批准设立年

度)1(普通合伙)0(总所)000003(假设的序列号)。

假设二,广东尚法律师事务所组织形式由普通合伙变更为特殊的普通合伙,只将普通合伙代码(1)更改为特殊的普通合伙代码(2),其他不变。广东尚法律师事务所组织形式由普通合伙变更为特殊普通合伙后的执业许可证号为:24403199320000003。

2(律师事务所执业许可证书)44(广东省)03(深圳市)1993(批准设立年度)2(特殊的普通合伙)0(总所)000003(假设的序列号)。

二、《中华人民共和国行政区划代码》(GB2260)

中央国家机关(自定)10:司法部01:总政司法局02。

北京市11:市辖区01;县02。

天津市12:市辖区01;县02。

河北省13:石家庄市01;唐山市02;秦皇岛市03;邯郸市04;邢台市05;保定市06;张家口市07;承德市08;沧州市09;廊坊市10;衡水市11。

山西省14:太原市01;大同市02;阳泉市03;长治市04;晋城市05;朔州市06;晋中市07;运城市08;忻州市09;临汾市10;吕梁市11。

内蒙古15:呼和浩特市01;包头市02;乌海市03;赤峰市04;通辽市05;鄂尔多斯市06;呼伦贝尔市07;巴彦淖尔市08;乌兰察布市09;兴安盟22;锡林郭勒盟25;阿拉善盟29。

辽宁省21:沈阳市01;大连市02;鞍山市03;抚顺市04;本溪市05;丹东市06;锦州市07;营口市08;阜新市09;辽阳市10;盘锦市11;铁岭市12;朝阳市13;葫芦岛市14。

吉林省22:长春市01;吉林市02;四平市03;辽源市04;通化市05;白山市06;松原市07;白城市08;延边自治州24。

黑龙江省23:哈尔滨市01;齐齐哈尔市02;鸡西市03;鹤岗市04;双鸭山市05;大庆市06;伊春市07;佳木斯市08;七台河市09;牡丹江市10;黑河市11;绥化市12;大兴安岭地区27。

上海市31:市辖区01;县02。

江苏省32:南京市01;无锡市02;徐州市03;常州市04;苏州市05;南通市06;连云港市07;淮安市08;盐城市09;扬州市10;镇江市11;泰州市12;宿迁市13。

浙江省33:杭州市01;宁波市02;温州市03;嘉兴市04;湖州市05;绍兴市06;金华市07;衢州市08;舟山市09;台州市10;丽水市11。

安徽省34:合肥市01;芜湖市02;蚌埠市03;淮南市04;马鞍山市05;淮北市06;铜陵市07;安庆市08;黄山市10;滁州市11;阜阳市12;宿州市13;巢湖市

14；六安市 15；亳州市 16；池州市 17；宣城市 18。

福建省 35：福州市 01；厦门市 02；莆田市 03；三明市 04；泉州市 05；漳州市 06；南平市 07；龙岩市 08；宁德市 09。

江西省 36：南昌市 01；景德镇市 02；萍乡市 03；九江市 04；新余市 05；鹰潭市 06；赣州市 07；吉安市 08；宜春市 09；抚州市 10；上饶市 11。

山东省 37：济南市 01；青岛市 02；淄博市 03；枣庄市 04；东营市 05；烟台市 06；潍坊市 07；济宁市 08；泰安市 09；威海市 10；日照市 11；莱芜市 12；临沂市 13；德州市 14；聊城市 15；滨州 16；菏泽市 17。

河南省 41：郑州市 01；开封市 02；洛阳市 03；平顶山市 04；安阳市 05；鹤壁市 06；新乡市 07；焦作市 08；濮阳市 09；许昌市 10；漯河市 11；三门峡市 12；南阳市 13；商丘市 14；信阳市 15；周口市 16；驻马店市 17；省直辖县及济源市 90。

湖北省 42：武汉市 01；黄石市 02；十堰市 03；宜昌市 05；襄樊市 06；鄂州市 07；荆门市 08；孝感市 09；荆州市 10；黄冈市 11；咸宁市 12；随州市 13；恩施自治州 28；省直辖县级市、区 90。

湖南省 43：长沙市 01；株洲市 02；湘潭市 03；衡阳市 04：邵阳市 05；岳阳市 06；常德市 07；张家界市 08；益阳市 09；郴州市 10；永州市 11：怀化市 12；娄底市 13；湘西自治州 31。

广东省 44：广州市 01；韶关市 02；深圳市 03；珠海市 04；汕头市 05；佛山市 06；江门市 07；湛江市 08；茂名市 09；肇庆市 12；惠州市 13；梅州市 14；汕尾市 15；河源市 16；阳江市 17；清远市 18；东莞市 19；中山市 20；潮州市 51；揭阳市 52；云浮市 53。

广西 45：南宁市 01；柳州市 02；桂林市 03；梧州市 04；北海市 05；防城港市 06；钦州市 07；贵港市 08；玉林市 09；百色市 10；贺州市 11；河池市 12；来宾市 13；崇左市 14。

海南省 46：海口市 01；三亚市 02；省直辖县级市、县等 90。

重庆市 50：市辖区 01；县 02。

四川省 51：成都市 01；自贡市 03；攀枝花市 04；泸州市 05；德阳市 06；绵阳市 07；广元市 08；遂宁市 09；内江市 10；乐山市 11；南充市 13；眉山市 14；宜宾市 15；广安市 16；达州市 17；雅安市 18；巴中市 19；资阳市 20；阿坝藏族自治州 32；甘孜自治州 33；凉山自治州 34。

贵州省 52：贵阳市 01；六盘水市 02；遵义市 03；安顺市 04；铜仁地区 22；黔西南自治州 23；毕节地区 24；黔东南自治州 26；黔南自治州 27。

云南省 53：昆明市 01；曲靖市 03；玉溪市 04；保山市 05；昭通市 06；丽江市 07；普洱市 08；临沧市 09；楚雄自治州 23；红河自治州 25；文山自治州 26；西双版纳自治州 28；大理自治州 29；德宏自治州 31；怒江自治州 33；迪庆自治

州34。

西藏54:拉萨市01;昌都地区21;山南地区22;日喀则地区23;那曲地区24;阿里地区25;林芝地区26。

陕西省61:西安市01;铜川市02;宝鸡市03;咸阳市04;渭南市05;延安市06;汉中市07;榆林市08;安康市09;商洛市10。

甘肃省62:兰州市01;嘉峪关市02;金昌市03;白银市04;天水市05;武威市06;张掖市07;平凉市08;酒泉市09;庆阳市10;定西市11;陇南市12;临夏自治州29;甘南自治州30。

青海省63:西宁市01;海东地区21;海北自治州22;黄南自治州23;海南自治州25;果洛自治州26;玉树自治州27;海西自治州28。

宁夏64:银川市01;石嘴山市02;吴忠市03;固原市04;中卫市05。

新疆65:乌鲁木齐市01;克拉玛依市02;吐鲁番地区21;哈密地区22;昌吉自治州23;博尔塔拉自治27;巴音郭楞自治州28;阿克苏地区29;克孜勒苏柯尔克孜自治州30;喀什地区31;和田地区32;伊犁自治州40;塔城地区42;阿勒泰地区43;自治区直辖县级市90。

三、各省(区、市)律师执业证号、律师事务所执业许可证号中的序列号号段范围

北京:律师000001-080000,律师事务所000001-040000;

天津:律师080001-100000,律师事务所040001-060000;

河北:律师100001-130000,律师事务所060001-080000;

山西:律师130001-150000,律师事务所080001-100000;

内蒙:律师150001-170000,律师事务所100001-120000;

辽宁:律师170001-200000,律师事务所120001-140000;

吉林:律师200001-220000,律师事务所140001-160000;

黑龙江:律师220001-240000,律师事务所160001-180000;

上海:律师240001-320000,律师事务所180001-220000;

江苏:律师320001-370000,律师事务所220001-250000;

浙江:律师370001-420000,律师事务所250001-280000;

安徽:律师420001-450000,律师事务所280001-300000;

福建:律师450001-490000,律师事务所300001-320000;

江西:律师490001-510000,律师事务所320001-340000;

山东:律师510001-560000,律师事务所340001-370000;

河南:律师560001-600000,律师事务所370001-390000;

湖北:律师600001-630000,律师事务所390001-410000;

湖南：律师 630001-660000，律师事务所 410001-430000；
广东：律师 660001-740000，律师事务所 430001-470000；
广西：律师 740001-770000，律师事务所 470001-490000；
海南：律师 770001-780000，律师事务所 490001-500000；
四川：律师 780001-820000，律师事务所 500001-520000；
重庆：律师 820001-860000，律师事务所 520001-540000；
西藏：律师 860001-870000，律师事务所 540001-550000：
陕西：律师 870001-900000，律师事务所 550001-570000；
甘肃：律师 900001-920000，律师事务所 570001-580000；
青海：律师 920001-930000，律师事务所 580001-590000；
云南：律师 930001-950000，律师事务所 590001-600000；
贵州：律师 950001-960000，律师事务所 600001-610000；
宁夏：律师 960001-970000，律师事务所 610001-620000；
新疆：律师 970001-990000，律师事务所 620001-640000。
中央国家机关（司法部、总政司法局）：律师 990001-999999。

律师事务所名称管理办法

（2010 年 1 月 4 日 司法部令第 120 号）

第一章 总 则

第一条 为了加强律师事务所名称管理，规范律师事务所名称使用，根据《中华人民共和国律师法》（以下简称《律师法》）和有关法律、法规的规定，制定本办法。

第二条 律师事务所对经司法行政机关依法核准的律师事务所名称享有专用权。律师事务所依法使用名称，受法律保护。

第三条 设立律师事务所，应当在申请设立许可前，按照本办法的规定办理律师事务所名称预核准。

预核准的律师事务所名称，由省、自治区、直辖市司法行政机关在实施律师事务所设立许可时予以核准。

第二章 律师事务所名称规范

第四条 律师事务所只能选择、使用一个名称。

第五条 律师事务所名称应当使用符合国家规范的汉字。

民族自治地方律师事务所的名称，可以同时使用本民族自治地方通用的民族语言文字。

第六条 律师事务所名称应当由"省（自治区、直辖市）行政区划地名、字号、律师事务所"三部分内容依次组成。

合伙律师事务所的名称，可以使用设立人的姓名连缀或者姓氏连缀作字号。

第七条 律师事务所名称中的字号应当由两个以上汉字组成，并不得含有下列内容和文字：

（一）有损国家利益、社会公共利益或者有损社会主义道德风尚的，不尊重民族、宗教习俗的；

（二）政党名称、党政军机关名称、群众组织名称、社会团体名称及其简称；

（三）国家名称，重大节日名称，县（市辖区）以上行政区划名称或者地名；

（四）外国国家（地区）名称、国际组织名称及其简称；

（五）可能对公众造成欺骗或者误解的；

（六）汉语拼音字母、外文字母、阿拉伯数字、全部由中文数字组成或者带有排序性质的文字；

（七）"中国""中华""全国""国家""国际""中心""集团""联盟"等字样；

（八）带有"涉外""金融""证券""专利""房地产"等表明特定业务范围的文字或者与其谐音的文字；

（九）与已经核准或者预核准的其他律师事务所名称中的字号相同或者近似的；

（十）字号中包括已经核准或者预核准的其他律师事务所名称中的字号的；

（十一）与已经核准在中国内地（大陆）设立代表机构的香港、澳门、台湾地区律师事务所名称中的中文字号相同或者近似的；

（十二）与已经核准在中国境内设立代表机构的外国律师事务所名称中的中文译文字号相同或者近似的；

（十三）其他不适当的内容和文字。

第八条 律师事务所分所名称应当由“总所所在地省（自治区、直辖市）行政区划地名、总所字号、分所所在地的市（含直辖市、设区的市）或者县行政区划地名（地名加括号）、律师事务所”四部分内容依次组成。

第三章 律师事务所名称预核准

第九条 律师事务所名称预核准，由省、自治区、直辖市司法行政机关依设立人的申请予以办理。

第十条 申请律师事务所名称预核准，由设立人或者设立人指定的代表向省、自治区、直辖市司法行政机关提交《律师事务所名称预核准申请表》，提出五至十个备选名称，并标明拟选用的先后顺序。

在民族自治地方设立律师事务所的，申请名称预核准的材料，应当先提交所在地设区的市级司法行政机关，经其审核后报送省、自治区、直辖市司法行政机关。

第十一条 省、自治区、直辖市司法行政机关应当自收到名称预核准申请材料之日起十日内进行审核，对于符合规定的备选名称，提交司法部进行名称检索。

对于所有备选名称不符合规定或者符合规定的备选名称少于五个的，应当告知申请人重新选报或者补报备选名称。

第十二条 司法部自收到律师事务所备选名称材料之日起十日内完成名称检索，并将检索结果通知提交检索的省、自治区、直辖市司法行政机关。

第十三条 省、自治区、直辖市司法行政机关自收到检索结果之日起七日内，应当根据检索结果，向申请人发出《律师事务所名称预核准通知书》；对所有备选名称均不符合规定的，应当在通知中说明理由，并告知申请人重新选报名称。

第十四条 有两个或者两个以上的申请人申请预核准的律师事务所名称相同或者近似的，应当根据收到申请的先后顺序办理名称预核准。

第十五条 经预核准的律师事务所名称，自省、自治区、直辖市司法行政机关发出《律师事务所名称预核准通知书》之日起六个月内有效。有效期满，设立人未提交律师事务所设立申请的，预核准的律师事务所名称失效。

在有效期内，律师事务所未经司法行政机关许可设立的，不得使用预核准的律师事务所名称。

第十六条　申请律师事务所设立许可时，申请人应当提交《律师事务所名称预核准通知书》。

省、自治区、直辖市司法行政机关在作出准予设立律师事务所决定时，核准使用预核准的律师事务所名称，并在行政许可决定书和颁发的《律师事务所执业许可证》中予以载明。

律师事务所分所名称，由分所设立所在地的省、自治区、直辖市司法行政机关在作出准予分所设立决定时予以核准。

第十七条　律师事务所变更名称，应当按照本办法规定办理名称预核准。省、自治区、直辖市司法行政机关应当根据律师事务所变更名称的申请及已预核准的律师事务所名称，办理律师事务所名称变更手续。

律师事务所设立分所的，应当自总所名称获准变更之日起三十日内，向分所设立许可机关申请变更分所名称。

第四章　律师事务所名称的使用

第十八条　律师事务所应当在住所醒目位置标明律师事务所名称。

第十九条　律师事务所使用名称从事执业活动或者其他活动，应当遵循诚实信用的原则，不得违反法律、法规和规章的规定。

第二十条　律师事务所印章、银行账户、牌匾、信笺、对外推介材料以及本所律师名片使用的名称，应当使用司法行政机关核准的律师事务所名称。

律师事务所在其出具的法律文书及其他文件上使用的名称，应当与司法行政机关核准使用的名称相同。

律师事务所自本所名称获准变更之日起一年内，可以在本所推介材料、律师名片上使用新名称时加注变更前的名称。

第二十一条　律师事务所使用名称，不得在核准使用的名称中或者名称后使用或者加注“律师集团”“律师联盟”等文字。

律师事务所可以根据业务需要，将本所名称译成外文。律师事务所外文名称，应当自决定使用之日起十五日内报省、自治区、直辖市司法行政机关备案。外文名称违反译文规则的，备案机关应当责令其纠正。

第二十二条　律师事务所有下列情形之一的，不得申请变更名称：

（一）受到停业整顿处罚，期限未满的；

（二）发生终止事由的；

（三）本所取得设立许可后不满一年的，但发生变更组织形式或者分立、合并情形的除外。

第五章　律师事务所名称的监督管理

第二十三条　省、自治区、直辖市司法行政机关应当依照《律师法》《律师事务所管理办法》和本办法的规定，办理律师事务所名称预核准、律师事务所设立许可名称核准和律师事务所变更名称核准。

预核准的名称、设立许可核准的名称和核准变更的名称，应当自核准之日起三十日内报司法部备案。

律师事务所因终止被注销的，应当自注销之日起三十日内，将被注销的律师事务所名称报司法部备案。

分所的审核机关应当将核准分所名称或者注销分所名称的决定自核准之日或者注销之日起三十日内抄送设立分所的律师事务所的审核机关。

第二十四条　律师事务所获准变更名称，或者因终止被注销的，其变更或者被注销前使用的名称，自获准变更或者被注销之日起三年内，省、自治区、直辖市司法行政机关不得核准其他律师事务所使用。

第二十五条　律师事务所违反规定使用名称的，由县级司法行政机关给予批评教育，责令改正，并对其整改情况进行监督；情节严重的，由所在地设区的市级司法行政机关或者直辖市区（县）司法行政机关依据《律师法》等有关规定给予相应的行政处罚。

第二十六条　司法行政机关违反本办法规定办理律师事务所名称预核准或者核准的，上一级司法行政机关应当责令其改正。

第六章　附　　则

第二十七条　本办法所称的行政区划地名，是指不包括“省”“自治区”“直辖市”“市”“县”“区”等行政区划称谓的地方名称。

第二十八条　《律师事务所名称预核准申请表》《律师事务所名称预核准通知书》和《律师事务所名称变更预核准申请表》《律师事务所名称变更预核准通知书》的格式文本，由司法部规定。

第二十九条　司法部建立全国律师事务所名称检索系统，为各地办理律师事务所名称预核准提供名称检索服务。

第三十条 本办法自2010年3月1日起施行。司法部1995年2月22日发布的《律师事务所名称管理办法》(司法部令第36号)同时废止。

本办法施行前律师事务所名称不符合本办法有关规定的,应当自本办法施行后一年内按照本办法的有关规定予以变更。

（三）业务指导

司法部关于律师担任政府法律顾问的若干规定

（1989年12月23日 司法部令第7号）

第一条 为适应政府法制建设的需要，加强对律师担任政府法律顾问工作的领导和管理，根据《中华人民共和国律师暂行条例》，结合律师工作实际，制定本规定。

第二条 律师担任政府法律顾问的任务，是为政府在法律规定的权限内行使管理职能提供法律服务，促进政府工作的法律化、制度化。

第三条 律师担任政府法律顾问，受政府委托办理下列法律事务：

（一）就政府的重大决策提供法律方面的意见，或者应政府要求，对决策进行法律论证；

（二）对政府起草或者拟发布的规范性文件，从法律方面提出修改和补充建议；

（三）参与处理涉及政府的尚未形成诉讼的民事纠纷、经济纠纷、行政纠纷和其他重大纠纷；

（四）代理政府参加诉讼，维护政府依法行使行政职权和维护政府机关的合法权益；

（五）协助政府审查重大的经济合同、经济项目以及重要的法律文书；

（六）协助政府进行法制宣传教育；

（七）向政府提供国家有关法律信息，就政府行政管理中的法律问题提出建议；

（八）办理政府委托办理的其他法律事务。

第四条 律师担任政府法律顾问，应当在协商一致的基础上，由政府与法律顾问处（律师事务所）签订聘应合同。聘应合同一般应采用书面形式。

法律顾问处（律师事务所）和政府也可以根据具体情况，协商采用其他方式建立法律顾问关系。

第五条 政府与法律顾问处（律师事务所）之间的聘应合同，应当包括以下主要内容：

（一）双方法定名称、指派律师姓名；

（二）法律顾问的具体职责范围、工作方式；

（三）双方的权利、义务；

（四）双方共同遵守的原则；

（五）报酬数额及给付方式；

（六）合同生效日期和有效期限；

（七）双方需约定或者写明的其他事项。

第六条 法律顾问处（律师事务所）应当指派具备较高的思想政治觉悟和政策业务水平的律师担任政府法律顾问。

第七条 律师担任政府法律顾问，应当根据合同规定和政府委托的权限进行活动，不得超越委托权限，也不得从事与履行法律顾问职责无关的事务。

第八条 为便于政府法律顾问开展工作，担任政府法律顾问的律师应当享有如下权利：

（一）查阅有关文件及资料；

（二）参加政府召开的有关会议；

（三）获得履行政府法律顾问职责所必需的其他工作条件和便利。

第九条 担任政府法律顾问的律师，对其工作中接触、了解到的机密和不宜公开的情况，负有保守秘密的责任。

第十条 担任政府法律顾问的律师，不得同时接受他人委托办理下列事务：

（一）在民事诉讼、经济诉讼和行政诉讼中，担任政府对方当事人的代理人；

（二）其他有损于政府利益或者违反政府决定的事务。

第十一条 律师担任政府法律顾问，不得利用政府法律顾问的身份，代理他人办理法律事务。

第十二条 政府聘请法律顾问，根据需要可以由法律顾问处（律师事务所）指派一名或者数名律师担任，也可以由同级政府司法行政机关负责人和律师组成的法律顾问团（组）担任。法律顾问团（组）可以设首席法律顾问。

第十三条 司法行政机关对律师担任政府法律顾问工作，应当加强指导、管理和监督，对不适宜承担这项工作的律师，应当及时予以撤换。

第十四条 本规定所称的政府包括各级人民政府。

各级人民政府的各行政主管部门聘请律师担任法律顾问，可以参照本规定执行。

第十五条 各省、自治区、直辖市司法厅（局），可以依照本规定制定实施办法。

第十六条 本规定自发布之日起施行。

司法部关于律师担任企业法律顾问的若干规定

（1992年6月15日 司法部令第20号）

第一条 为加强对律师担任企业法律顾问工作的领导和管理，根据《中华人民共和国律师暂行条例》的规定，结合律师工作实际，制定本规定。

第二条 律师担任企业法律顾问的任务是：为企业依法治厂，按照《企业法》和其他有关的法律、法规进行生产、经营、管理或其他活动提供法律服务，受企业委托办理有关法律事务，维护企业的合法权益，促进企业深化改革，扩大开放，转换企业经营机制，提高企业经济效益，推进企业生产、经营的发展。

第三条 律师担任企业法律顾问，受企业委托办理下列法律事务：

（一）就企业生产、经营、管理方面的重大决策提出法律意见，从法律上进行论证，提供法律依据；

（二）草拟、修改、审查企业在生产、经营、管理及对外联系活动中的合同、协议以及其他有关法律事务文书和规章制度；

（三）办理企业的非诉讼法律事务；

（四）代理企业参加民事、经济、行政诉讼和仲裁，行政复议；

（五）参加经济项目谈判，审查或准备谈判所需的各类法律文件；

（六）提供与企业活动有关的法律信息；

（七）就企业深化改革、扩大开放，发展外向型经济，转换企业经营机制，提高企业经济效益，加强生产、经营、管理和对外联系中的有关问题，提出法律意见；

（八）协助企业对干部职工进行法制宣传教育和法律培训；

（九）对企业内部的法律工作人员的工作进行指导；

（十）其他法律事务。

第四条 企业聘请律师担任法律顾问，由企业与律师事务所（法律顾问处——下同）签订聘应合同、协议。

第五条 企业聘请律师担任法律顾问，由律师事务所指派本所律师担任，并尽可能满足企业对律师的指名要求。

必要时可以指派二名以上律师组成法律顾问团（组），法律顾问团（组）可以设首席法律顾问。

未经律师事务所指派，律师个人不得以任何形式或名义担任企业法律顾问。

律师助理人员不得独立担任企业法律顾问，但可以协助律师做法律顾问工作。

第六条 律师事务所与企业之间签订的聘应合同、协议，应包括以下主要内容：

（一）双方法定名称、指派律师姓名；

（二）法律顾问的具体工作范围、工作方式；

（三）双方的权利、义务；

（四）双方共同遵守的原则；

（五）法律顾问费数额、支付办法；

（六）合同、协议的中止、变更和解除；

（七）合同、协议有效期限；

（八）双方约定的其他事项。

律师担任企业法律顾问的聘应合同、协议必须加盖聘应双方公章，并由双方法定代表人签名或盖章。

第七条 律师担任企业法律顾问可以采取下列方式：

（一）常年法律顾问：法律事务所与企业签订以一年或一年以上的聘应协议，在协议期限内，受律师事务所指派的律师，以法律顾问的身份为企业提供协议范围内的法律服务。协议期满，法律顾问关系即终止，继续聘应的，重新签订协议。

（二）专项法律顾问：律师事务所可以与企业签订办理某一法律事项的聘应协议，该法律事项办结，法律顾问关系即终止。

律师担任企业法律顾问时，对外可称为律师，也可称为企业的法律顾问。

第八条 律师担任企业法律顾问的聘应合同、协议、应载明律师享有如下权利：

（一）查阅与承办法律事务有关的企业文件和资料；

（二）了解企业的生产、经营、管理和对外联系活动中的有关情况；

（三）列席企业领导人召集的生产、经营、管理和对外活动中的有关会议；

（四）获得履行企业法律顾问职责所必须的办公、交通及其他工作条件和便利。

第九条 律师担任企业法律顾问，由律师事务所依据《律师业务收费管理办法》和《律师业务收费标准》向企业收取费用。

第十条 担任企业法律顾问的律师应当及时承办顾问单位委托办理的有关法律事务，认真履行职责。

第十一条 律师担任企业法律顾问，应当坚持以事实为根据，以法律为准绳的原则，发现顾问单位有违法行为的，应当予以劝阻纠正。

第十二条 律师担任企业法律顾问，应根据合同、协议规定和企业的委托授权进行工作，不得超越委托代理权限。

第十三条 担任企业法律顾问的律师，不得从事有损于聘请单位合法权益的活动，不得在民事、经济、行政诉讼或仲裁活动中担任对立一方当事人的代理人。

第十四条 担任企业法律顾问的律师在其受聘的两个（或两个以上）的企业之间发生争议时，应当进行调解，但律师不得代理任何一方参加诉讼或仲裁。

第十五条 担任企业法律顾问的律师，对在工作中接触、了解到的有关企业生产、经营管理和对外联系活动中的业务秘密，负有保守秘密的责任。

第十六条 担任企业法律顾问的律师，应当建立律师事务所与聘请单位定期联系、律师与聘请单位法定代表人定期会见等制度。

第十七条 受聘律师因故不能履行企业法律顾问职责时，受聘律师事务所应当与聘请单位协商，另行指派律师接替。

第十八条 律师事务所对律师担任企业法律顾问工作，应定期进行检查和考核，以保证工作的质量。

第十九条 司法行政机关应当加强律师担任企业法律顾问工作的指导、管理和监督。对担任企业法律顾问的律师，成绩突出的，应予以表彰和奖励；不称职的应责成律师事务所予以调整；严重不称职，给聘请单位造成损失，或违反有关规定的，应当作出处理。

第二十条 本规定所指企业，包括全民所有制企业、集体所有制企业、私营企业、外资企业、中外合资企业、中外合作企业以及外商派驻机构。

事业单位、其他社会经济组织以及公民个人聘请律师担任法律顾问，参照本规定执行。

第二十一条 各省、自治区、直辖市司法厅（局）可依据本规定制定具体实施办法和工作细则。

第二十二条 本规定自发布之日起施行。

司法部关于反对律师行业不正当竞争行为的若干规定

（1995年2月10日 司法部令第37号）

第一条 为了鼓励和保护律师、律师事务所之间的公平竞争，维护律师行为的正常执业秩序，制定本规定。

第二条 律师及律师事务所的执业行为必须遵循公平、平等、诚实、信用的原则,遵守律师职业道德和执业纪律,遵守律师行业公认的执业准则。

第三条 鼓励和保护一切组织和个人对律师执业不正当竞争行为进行监督。

第四条 律师或律师事务所的下列行为,属不正当竞争行为:

(一)通过招聘启事、律师事务所简介、领导人题写名称或其他方式,对律师或律师事务所进行不符合实际的宣传;

(二)在律师名片上印有律师经历、专业技术职务或其他头衔的;

(三)借助行政机关或行业管理部门的权力,或通过与某机关、部门联合设立某种形式的机构而对某地区、某部门、某行业或某一种类的法律事务进行垄断的;

(四)故意诋毁其他律师或律师事务所声誉,争揽业务的;

(五)无正当理由,以在规定收费标准以下收费为条件吸引客户的;

(六)采用给予客户或介绍人提取"案件介绍费"或其他好处的方式承揽业务的;

(七)故意在当事人与其代理律师之间制造纠纷的;

(八)利用律师兼有的其他身份影响所承办业务正常处理和审理的。

第五条 律师有本规定第四条第一、二项所列行为之一的,应给予警告;情节严重的,应停止执业3至6个月,并责令其消除影响;

律师有本规定第四条第三、四、五、六、七、八项所列行为之一的,给予警告;情节严重的,应停止执业3至12个月。

第六条 律师事务所有本规定第四条第一、二项所列行为之一的,应给予警告;情节严重的,责令其公开澄清事实,消除影响;

律师事务所有第四条第三、四、五、六、七、八项所列行为之一的,应给予警告;情节严重的,可以停业整顿。

第七条 对于实施两种或两种以上的不正当竞争行为的律师或律师事务所,应当从重处罚,直至报请司法行政机关取消其律师资格或撤销该律师事务所。

第八条 律师惩戒委员会按照《律师惩戒规则》及本规定,负责对违反本规定的律师或律师事务所进行检查、监督和惩戒。

第九条 地、市(州)的律师惩戒委员会负责对本辖区的律师及律师事务所的不正当竞争行为进行惩戒。

依照本规定应给予停止执业6个月以上或停业整顿以上惩戒的,应报省(自治区、直辖市)律师惩戒委员会批准决定。

第十条 律师惩戒委员会受理投诉后,有权要求投诉人提供被投诉人的名称、地址，提供被投诉事项的书面材料和必要的证据；有权询问被投诉人，以及其他当事人、证人，并要求他们提供有关材料。

第十一条 律师和律师事务所应当互相监督，对于有不正当竞争行为的，应当向司法机关、律师协会和律师惩戒委员会反映。司法行政机关和律师协会接到投诉的，应及时转有管辖权的律师惩戒委员会处理。

第十二条 对律师或律师事务所进行的惩戒处分，应在全国或省级律师报刊上予以公告，所需费用由被惩戒的律师或律师事务所负担。

第十三条 外国律师事务所驻华办事机构及其人员有不正当竞争行为的，参照本规定处罚。

第十四条 本规定由司法部负责解释。

第十五条 本规定自发布之日起施行。

律师事务所从事证券法律业务管理办法

（2007 年 3 月 9 日 中国证监会 司法部令第 41 号）

第一章 总　　则

第一条 为了加强对律师事务所从事证券法律业务活动的监督管理，规范律师在证券发行、上市和交易等活动中的执业行为，完善法律风险防范机制，维护证券市场秩序，保护投资者的合法权益，根据《证券法》和《律师法》，制定本办法。

第二条 律师事务所及其指派的律师从事证券法律业务，适用本办法。

前款所称证券法律业务，是指律师事务所接受当事人委托，为其证券发行、上市和交易等证券业务活动，提供的制作、出具法律意见书等文件的法律服务。

第三条 律师事务所及其指派的律师从事证券法律业务，应当遵守法律、行政法规及相关规定，遵循诚实、守信、独立、勤勉、尽责的原则，恪守律师职业道德和执业纪律，严格履行法定职责，保证其所出具文件的真实性、准确性、完整性。

第四条 律师事务所应当建立健全风险控制制度，加强对律师从事证券法律业务的管理，提高律师证券法律业务水平。

第五条 中国证券监督管理委员会（以下简称中国证监会）及其派出机构、

司法部及地方司法行政机关依法对律师事务所从事证券法律业务进行监督管理。

律师协会依照章程和律师行业规范对律师事务所从事证券法律业务进行自律管理。

第二章 业务范围

第六条 律师事务所从事证券法律业务,可以为下列事项出具法律意见:

(一)首次公开发行股票及上市;

(二)上市公司发行证券及上市;

(三)上市公司的收购、重大资产重组及股份回购;

(四)上市公司实行股权激励计划;

(五)上市公司召开股东大会;

(六)境内企业直接或者间接到境外发行证券、将其证券在境外上市交易;

(七)证券公司、证券投资基金管理公司及其分支机构的设立、变更、解散、终止;

(八)证券投资基金的募集、证券公司集合资产管理计划的设立;

(九)证券衍生品种的发行及上市;

(十)中国证监会规定的其他事项。

第七条 律师事务所可以接受当事人的委托,组织制作与证券业务活动相关的法律文件。

第八条 鼓励具备下列条件的律师事务所从事证券法律业务:

(一)内部管理规范,风险控制制度健全,执业水准高,社会信誉良好;

(二)有20名以上执业律师,其中5名以上曾从事过证券法律业务;

(三)已经办理有效的执业责任保险;

(四)最近2年未因违法执业行为受到行政处罚。

第九条 鼓励具备下列条件之一,并且最近2年未因违法执业行为受到行政处罚的律师从事证券法律业务:

(一)最近3年从事过证券法律业务;

(二)最近3年连续执业,且拟与其共同承办业务的律师最近3年从事过证券法律业务;

(三)最近3年连续从事证券法律领域的教学、研究工作,或者接受过证券法律业务的行业培训。

第十条 律师被吊销执业证书的，不得再从事证券法律业务。

律师被中国证监会采取证券市场禁入措施或者被司法行政机关给予停止执业处罚的，在规定禁入或者停止执业的期间不得从事证券法律业务。

第十一条 同一律师事务所不得同时为同一证券发行的发行人和保荐人、承销的证券公司出具法律意见，不得同时为同一收购行为的收购人和被收购的上市公司出具法律意见，不得在其他同一证券业务活动中为具有利害关系的不同当事人出具法律意见。

律师担任公司及其关联方董事、监事、高级管理人员，或者存在其他影响律师独立性的情形的，该律师所在律师事务所不得接受所任职公司的委托，为该公司提供证券法律服务。

第三章 业务规则

第十二条 律师事务所及其指派的律师从事证券法律业务，应当按照依法制定的业务规则，勤勉尽责，审慎履行核查和验证义务。

律师进行核查和验证，可以采用面谈、书面审查、实地调查、查询和函证、计算、复核等方法。

第十三条 律师事务所及其指派的律师从事证券法律业务，应当依法对所依据的文件资料内容的真实性、准确性、完整性进行核查和验证；在进行核查和验证前，应当编制核查和验证计划，明确需要核查和验证的事项，并根据业务的进展情况，对其予以适当调整。

第十四条 律师在出具法律意见时，对与法律相关的业务事项应当履行法律专业人士特别的注意义务，对其他业务事项履行普通人一般的注意义务，其制作、出具的文件不得有虚假记载、误导性陈述或者重大遗漏。

第十五条 律师从国家机关、具有管理公共事务职能的组织、会计师事务所、资产评估机构、资信评级机构、公证机构（以下统称公共机构）直接取得的文书，可以作为出具法律意见的依据，但律师应当履行本办法第十四条规定的注意义务并加以说明；对于不是从公共机构直接取得的文书，经核查和验证后方可作为出具法律意见的依据。

律师从公共机构抄录、复制的材料，经该机构确认后，可以作为出具法律意见的依据，但律师应当履行本办法第十四条规定的注意义务并加以说明；未取得公共机构确认的，对相关内容进行核查和验证后方可作为出具法律意见的依据。

第十六条 律师进行核查和验证,需要会计师事务所、资产评估机构等证券服务机构作出判断的,应当直接委托或者要求委托人委托会计师事务所、资产评估机构等证券服务机构出具意见。

第十七条 律师在从事证券法律业务时,委托人应当向其提供真实、完整的有关材料,不得拒绝、隐匿、谎报。

律师发现委托人提供的材料有虚假记载、误导性陈述、重大遗漏,或者委托人有重大违法行为的,应当要求委托人纠正、补充;委托人拒不纠正、补充的,律师可以拒绝继续接受委托,同时应当按照规定向有关方面履行报告义务。

第十八条 律师应当归类整理核查和验证中形成的工作记录和获取的材料,并对法律意见书等文件中各具体意见所依据的事实、国家相关规定以及律师的分析判断作出说明,形成记录清晰的工作底稿。

第十九条 工作底稿由出具法律意见的律师事务所保存,保存期限不得少于7年;中国证监会对保存期限另有规定的,从其规定。

第四章 法律意见

第二十条 法律意见是律师事务所及其指派的律师针对委托人委托事项的合法性,出具的明确结论性意见,是委托人、投资者和中国证监会及其派出机构确认相关事项是否合法的重要依据。法律意见应当由律师在核查和验证所依据的文件资料内容的真实性、准确性、完整性的基础上,依据法律、行政法规及相关规定作出。

第二十一条 法律意见书应当列明相关材料、事实、具体核查和验证结果、国家有关规定和结论性意见。

法律意见不得使用“基本符合”“未发现”等含糊措辞。

第二十二条 有下列情形之一的,律师应当在法律意见中予以说明,并充分揭示其对相关事项的影响程度及其风险:

(一)委托人的全部或者部分事项不符合中国证监会规定;

(二)事实不清楚,材料不充分,不能全面反映委托人情况;

(三)核查和验证范围受到客观条件的限制,无法取得应有证据;

(四)律师已要求委托人纠正、补充而委托人未予纠正、补充;

(五)律师已依法履行勤勉尽责义务,仍不能对全部或者部分事项作出准确判断;

(六)律师认为应当予以说明的其他情形。

第二十三条 律师从事本办法第六条规定的证券法律业务，其所出具的法律意见应当经所在律师事务所讨论复核，并制作相关记录作为工作底稿留存。

第二十四条 律师从事本办法第六条规定的证券法律业务，其所出具的法律意见应当由2名执业律师和所在律师事务所负责人签名，加盖该律师事务所印章，并签署日期。

第二十五条 法律意见书的具体内容和格式，应当符合中国证监会的相关规定。

第二十六条 法律意见书等文件在报送中国证监会及其派出机构后，发生重大事项或者律师发现需要补充意见的，应当及时提出补充意见。

第五章 监督管理

第二十七条 律师从事证券法律业务期间，律师或者其所在律师事务所因涉嫌违法被有关机关立案调查的，该律师、律师事务所应当及时如实告知委托人，并明确提示可能的法律后果。

第二十八条 律师、律师事务所在向委托人出具法律意见时，应当按照规定同时提交其已从事证券法律业务的有关情况；委托人向中国证监会及其派出机构报送含有法律意见的文件时，应当按照规定同时提交律师、律师事务所已从事证券法律业务的有关情况。

第二十九条 中国证监会及其派出机构、司法行政机关及律师协会建立律师从事证券法律业务的资料库和诚信档案，记载律师、律师事务所从事证券法律业务所受处理处罚等情况，并按照规定予以公开。

第三十条 中国证监会及其派出机构在审核律师出具的法律意见时，对其真实性、准确性、完整性有疑义的，可以要求律师作出解释、补充，或者调阅其工作底稿。律师和律师事务所应当配合。

第三十一条 律师、律师事务所从事证券法律业务有下列情形之一的，中国证监会及其派出机构可以采取责令改正、监管谈话、出具警示函等措施：

（一）未按照本办法第十二条的规定勤勉尽责，对所依据的文件资料内容的真实性、准确性、完整性进行核查和验证；

（二）未按照本办法第十三条的规定编制核查和验证计划；

（三）未按照本办法第十七条的规定要求委托人予以纠正、补充，或者履行报告义务；

（四）未按照本办法第二十二条的规定在法律意见中作出说明；

（五）未按照本办法第二十三条的规定讨论复核法律意见；

（六）未按照本办法第二十七条的规定履行告知义务；

（七）法律意见的依据不适当或者不充分，法律分析有明显失误；

（八）法律意见的结论不明确或者与核查和验证的结果不对应；

（九）未按照本办法第十八条的规定制作工作底稿；

（十）未按照本办法第十九条的规定保存工作底稿；

（十一）法律意见书不符合规定内容或者格式；

（十二）法律意见书等文件存在严重文字错误等文书质量问题；

（十三）违反业务规则的其他情形。

第三十二条　中国证监会及其派出机构作出监管谈话决定的，应当将监管谈话的对象、原因、时间、地点等以书面形式通知律师或者律师事务所负责人。律师或者律师事务所负责人应当按照通知要求，接受监管谈话。

中国证监会及其派出机构对律师或者律师事务所负责人监管谈话，可以会同或者委托司法行政机关进行。

进行监管谈话，应当有 2 名以上工作人员在场，并对监管谈话的内容作出书面记录。

第三十三条　中国证监会及其派出机构或者司法行政机关对律师、律师事务所采取责令改正、监管谈话、出具警示函等措施的，律师、律师事务所应当按照要求改正所存在的问题，提高证券法律业务水平。

第三十四条　律师、律师事务所负责人未按照规定接受监管谈话，或者未按照要求改正所存在问题的，中国证监会及其派出机构或者司法行政机关可以责令其限期整改。

第三十五条　律师、律师事务所被中国证监会及其派出机构、司法行政机关立案调查或者责令整改的，在调查、整改期间，中国证监会及其派出机构暂不受理和审核该律师、律师事务所出具的法律意见书等文件。

第六章　法 律 责 任

第三十六条　律师事务所及其指派的律师从事证券法律业务，违反《证券法》和有关证券管理的行政法规，应当给予行政处罚的，由中国证监会依据《证券法》和有关证券管理的行政法规实施处罚；需要对律师事务所给予停业整顿处罚、对律师给予停止执业或者吊销律师执业证书处罚的，由司法行政机关依法实施处罚。

第三十七条 律师事务所从事证券法律业务,未勤勉尽责,所制作、出具的文件有虚假记载、误导性陈述或者重大遗漏的,由中国证监会依照《证券法》第二百二十三条的规定实施处罚。

第三十八条 律师事务所从事证券法律业务,未按照本办法第十九条的规定保存工作底稿的,由中国证监会依照《证券法》第二百二十五条的规定实施处罚。

第三十九条 律师事务所从事证券法律业务,有本办法第三十一条第(一)项至第(八)项规定情形之一的,由中国证监会依照《证券法》第二百二十六条第三款的规定实施处罚。

第四十条 律师从事证券法律业务,违反《证券法》、有关行政法规和本办法规定,情节严重的,中国证监会可以依照《证券法》第二百三十三条的规定,对其采取证券市场禁入的措施。

第四十一条 律师事务所及其指派的律师从事证券法律业务,违反《律师法》和有关律师执业管理规定的,由司法行政机关给予相应的行政处罚。

律师事务所及其指派的律师从事证券法律业务,违反律师行业规范的,由律师协会给予相应的行业惩戒。

第四十二条 律师事务所及其指派的律师违反规定从事证券法律业务,涉嫌犯罪的,依法移送司法机关处理。

第四十三条 中国证监会及其派出机构、司法行政机关在查处律师事务所、律师从事证券法律业务的违法行为的工作中,应当相互配合,互通情况,建立协调协商机制。对于依法应当由对方实施处罚的,及时移送对方处理;一方实施处罚后,应当将处罚结果书面告知另一方,并抄送律师协会。

第七章 附　　则

第四十四条 律师事务所及其指派的律师从事期货法律业务,参照本办法执行。

第四十五条 本办法自 2007 年 5 月 1 日起施行。《中国证券监督管理委员会关于加强律师从事证券法律业务管理的通知》(证监法字〔1998〕1 号)同时废止。

（四）监督查处

律师事务所年度检查考核办法

（2010 年 4 月 8 日 司法部令第 121 号）

第一章 总 则

第一条 为了规范律师事务所年度检查考核工作，加强对律师事务所执业和管理活动的监督，根据《中华人民共和国律师法》（以下简称《律师法》）的规定，结合律师管理工作实际，制定本办法。

第二条 律师事务所年度检查考核，是指司法行政机关定期对律师事务所上一年度的执业和管理情况进行检查考核，对其执业和管理状况作出评价。

年度检查考核，应当引导律师事务所及其律师遵守宪法和法律，加强自律管理，依法、诚信、尽责执业，忠实履行中国特色社会主义法律工作者的职业使命，维护当事人合法权益，维护法律正确实施，维护社会公平和正义。

第三条 司法行政机关对律师事务所进行年度检查考核，应当坚持依法、公正、公开的原则。

第四条 省、自治区、直辖市司法行政机关负责指导、监督本行政区域律师事务所的年度检查考核工作。

设区的市级或者直辖市区（县）司法行政机关负责组织实施对本行政区域内律师事务所的年度检查考核工作。

县级司法行政机关负责年度检查考核的初审工作。

第五条 司法行政机关对律师事务所的年度检查考核应当与律师协会对律师执业的年度考核相结合。

第二章 检查考核内容

第六条 对律师事务所进行年度检查考核，主要检查考核律师事务所遵守宪法和法律、履行法定职责、实行自律管理的情况，具体包括下列内容：

（一）律师队伍建设情况；

（二）业务活动开展情况；

（三）律师执业表现情况；

（四）内部管理情况；

（五）受行政奖惩、行业奖惩的情况；

（六）履行律师协会会员义务的情况；

（七）省、自治区、直辖市司法行政机关根据需要认为应当检查考核的其他事项。

第七条 本办法第六条第一项规定的“律师队伍建设情况”，主要包括并可分解为下列事项：

（一）律师人员的数量、素质、结构变化的情况；

（二）组织律师开展思想政治教育和律师职业道德、执业纪律教育的情况；

（三）组织律师开展业务学习和参加职业培训的情况；

（四）开展律师党建工作的情况。

第八条 本办法第六条第二项规定的“业务活动开展情况”，主要包括并可分解为下列事项：

（一）办理业务的数量和类别、拓展服务领域、提高服务质量以及业务收入等方面的情况；

（二）在开展业务活动中遵守法律、法规、规章和行业规范的情况；

（三）指导和监督律师代理重大案件、群体性案件的情况；

（四）对律师执业实施监督和投诉查处的情况；

（五）履行法律援助义务、参加社会服务及其他社会公益活动的情况；

（六）因执业活动受到当事人、有关部门及社会公众表扬、投诉的情况。

第九条 本办法第六条第三项规定的“律师执业表现情况”，主要包括并可分解为下列事项：

（一）律师在执业活动中遵守法律、法规和规章，遵守职业道德、执业纪律和执业行为规范的情况；

（二）律师履行法律援助义务、参加社会服务及其他社会公益活动的情况；

（三）律师受行政奖惩、行业奖惩的情况；

（四）律师执业年度考核的情况。

第十条 本办法第六条第四项规定的“内部管理情况”，主要包括并可分解为下列事项：

（一）执业管理制度建立和实施的情况；

（二）收费管理、财务管理和分配管理制度建立和实施的情况；

（三）依法纳税的情况；

（四）建立执业风险、事业发展等基金及其使用的情况；

（五）管理聘用律师和辅助人员的情况；

（六）管理分支机构的情况；

（七）管理申请律师执业人员实习的情况；

（八）业务档案、律师执业档案建立和管理的情况；

（九）章程、合伙制度实施的情况。

第十一条 司法行政机关对律师事务所进行年度检查考核，应当同时对律师协会对律师执业年度考核的结果进行备案审查。

第三章 考核等次和评定标准

第十二条 律师事务所年度检查考核结果分为“合格”和“不合格”二个等次。

考核等次是司法行政机关对律师事务所上一年度执业和管理情况的总体评价。

第十三条 律师事务所的执业和管理活动符合下列标准的，考核等次为“合格”：

（一）能够遵守宪法和法律，较好地履行法定职责；

（二）在律师队伍建设、开展业务活动、实行内部管理等方面符合法律、法规、规章和行业规范的要求；

（三）本所未因执业违法行为受到行政处罚，或者受到行政处罚已按要求完成整改。

第十四条 律师事务所有下列情形之一的，考核等次为“不合格”：

（一）放任、纵容、袒护律师执业违法行为，造成严重后果的；

（二）不按规定建立健全内部管理制度，日常管理松懈、混乱，造成本所不能正常运转的；

（三）本所受到行政处罚未按要求进行整改或者整改未达标的；

（四）本所不能保持法定设立条件的；

（五）提交的年度执业情况报告和律师执业年度考核情况存在严重弄虚作假行为的；

（六）有其他严重违法行为，造成恶劣社会影响的。

第四章 检查考核程序

第十五条 律师事务所年度检查考核工作，应当在每年的三月至五月集中办理。具体工作流程和时间安排，由省、自治区、直辖市司法行政机关规定。

第十六条 律师事务所接受年度检查考核，应当在完成对本所律师执业年度考核和本所执业、管理情况总结后，依据本办法规定的检查考核内容，按照规定时间，向所在地的县级司法行政机关报送本所上一年度执业情况报告和对本所律师执业年度考核的情况，并提交下列材料：

（一）年度财务审计报告；

（二）开展业务活动的统计报表；

（三）纳税凭证；

（四）年度内被获准的重大变更事项的批件；

（五）获得行政或者行业表彰奖励、受到行政处罚或者行业惩戒的证明材料；

（六）建立执业风险、事业发展等基金的证明材料；

（七）为聘用律师和辅助人员办理养老、失业、医疗等社会保险的证明材料；

（八）履行法律援助义务、参加社会服务及其他社会公益活动的证明材料；

（九）履行律师协会会员义务的证明材料；

（十）省、自治区、直辖市司法行政机关要求提供的其他材料。

第十七条 县级司法行政机关收到律师事务所报送的材料后，应当依照本办法的规定进行审查，发现报送的执业情况报告及有关材料不齐全或者有疑义的，应当要求律师事务所予以补充或者作出说明，必要时可以进行调查核实。

县级司法行政机关应当在规定的时间内完成审查，出具初审意见和考核等次评定建议，连同律师事务所报送的材料，一并报设区的市级司法行政机关。

第十八条 律师事务所在向县级司法行政机关报送年度检查考核材料的同时，应当将对本所律师执业年度考核的意见报所在地市级律师协会进行审查，由其确定考核结果。

律师协会应当将律师执业年度考核结果按规定时间报设区的市级或者直辖市区（县）司法行政机关备案。

第十九条 设区的市级司法行政机关收到县级司法行政机关报送的律师事务所的材料和初审意见后，应当依照本办法规定的考核内容和考核标准，对律师事务所上一年度的执业和管理情况进行审查,同时对市级律师协会报备的律师执业年度考核结果予以备案审查。根据审查结果,为律师事务所评定考核等次。

在审查中,发现律师事务所报送的材料以及县级司法行政机关的初审意见、律师协会对律师的考核结果与实际情况不符,或者收到相关投诉、举报的,可以进行调查核实或者责成县级司法行政机关、律师协会重新进行审查。

考核机关对律师事务所评定考核等次,应当征求市级律师协会的意见。

第二十条 直辖市区域内的律师事务所,由直辖市区(县)司法行政机关按照本办法第十六条、第十八条和第十九条的相关规定,直接进行年度检查考核。

第二十一条 律师事务所的考核等次评定后,设区的市级或者直辖市区(县)司法行政机关应当将考核结果在本地律师工作管理网站上予以公示。公示期不得少于七日。

律师事务所对考核结果有异议的,可以向考核机关申请复查。考核机关应当自收到申请之日起十日内进行复查,并将复查结果书面告知申请人。

第二十二条 设区的市级或者直辖市区(县)司法行政机关在年度考核结果确定后,应当在律师事务所执业许可证副本上加盖"律师事务所年度检查考核"专用章,并注明考核结果;在律师执业证书上加盖"律师年度考核备案"专用章。

第二十三条 律师事务所因涉嫌违法正在接受查处,或者受到停业整顿处罚且处罚期未满的,应当暂缓考核,待有查处结果或者处罚期满后再予考核。

第二十四条 对被评定为"合格"的律师事务所,经检查考核发现该所在律师队伍建设、开展业务活动、实行内部管理等方面存在问题的,由设区的市级或者直辖市区(县)司法行政机关责令其限期整改,并对其整改情况进行监督。

第二十五条 对被评定为"不合格"的律师事务所,由设区的市级或者直辖市区(县)司法行政机关根据其存在违法行为的性质、情节及危害程度,依法给予停业整顿一个月以上六个月以下的处罚,并责令其整改;同时对该所负责人和负有直接责任的律师依法给予相应的处罚;情节特别严重的,依法吊销其执业许可证。

律师事务所因有本办法第十四条第四项规定情形被评定为"不合格"的,考核机关应当责令其限期整改。经整改仍不符合法定设立条件的,应当终止。

第二十六条 律师事务所不按规定接受年度检查考核的,由设区的市级或者直辖市区(县)司法行政机关公告责令其限期接受年度检查考核;逾期仍未接受年度检查考核的,视为自行停办,由司法行政机关收回并注销其执业许可证。

第二十七条 律师事务所年度检查考核结果和律师执业年度考核结果，应当分别记入律师事务所和律师执业档案。

律师事务所年度检查考核结果应当记入该所负责人、合伙人的律师执业档案。

第五章 考核结果备案和公告

第二十八条 设区的市级或者直辖市区（县）司法行政机关在年度检查考核工作结束后，应当将本行政区域开展律师事务所年度检查考核的情况总结及考核结果报省、自治区、直辖市司法行政机关备案，同时抄送当地市级律师协会。

第二十九条 省、自治区、直辖市司法行政机关收到备案材料后应当及时进行审核，完成汇总，将本行政区域律师事务所年度检查考核的结果在指定的报刊和政府网站上予以公告。

公告的内容，应当同时包括律师事务所的名称、执业许可证号、组织形式、住所地址、邮编、电话、负责人、律师姓名及执业证号等内容。

第三十条 省、自治区、直辖市司法行政机关应当于每年的五月底将本行政区域开展律师事务所年度检查考核的情况总结及考核结果报告司法部，同时抄送省、自治区、直辖市律师协会。

第三十一条 司法部根据省、自治区、直辖市司法行政机关报送的律师事务所年度检查考核结果及相关资料，按年度编制全国律师事务所及律师名录，并向社会公布。

第六章 附 则

第三十二条 律师事务所分所由其所在地的设区的市级或者直辖市区（县）司法行政机关依照本办法的规定进行年度检查考核。考核结果应当报省、自治区、直辖市司法行政机关备案，同时抄送设立分所的律师事务所所在地的设区的市级或者直辖市区（县）司法行政机关。

第三十三条 本办法自发布之日起施行。

律师和律师事务所违法行为处罚办法

（2010 年 4 月 8 日 司法部令第 122 号）

第一章 总 则

第一条 为了加强对律师、律师事务所执业活动的监督，规范律师执业行为，维护正常的法律服务秩序，根据《中华人民共和国律师法》（以下简称《律师法》）《中华人民共和国行政处罚法》（以下简称《行政处罚法》）的有关规定，制定本办法。

第二条 律师、律师事务所有违法行为，应当给予行政处罚的，由司法行政机关依照《律师法》《行政处罚法》和有关法律、法规、规章以及本办法的规定实施行政处罚。

第三条 司法行政机关实施行政处罚，应当遵循公正、公开的原则；应当以事实为依据，与违法行为的性质、情节以及社会危害程度相当；应当坚持处罚与教育相结合，教育引导律师、律师事务所依法执业，恪守职业道德和执业纪律。

第四条 司法行政机关应当建立健全对行政处罚的监督制度。上一级司法行政机关应当加强对下一级司法行政机关实施行政处罚的监督和指导，发现行政处罚违法、不当的，应当及时责令纠正。

司法行政机关工作人员在实施行政处罚活动中，有违法违纪行为的，应当依法给予行政处分；构成犯罪的，依法追究刑事责任。

第二章 律师应予处罚的违法行为

第五条 有下列情形之一的，属于《律师法》第四十七条第一项规定的律师“同时在两个以上律师事务所执业的”违法行为：

（一）在律师事务所执业的同时又在其他律师事务所或者社会法律服务机构执业的；

（二）在获准变更执业机构前以拟变更律师事务所律师的名义承办业务，或者在获准变更后仍以原所在律师事务所律师的名义承办业务的。

第六条 有下列情形之一的，属于《律师法》第四十七条第二项规定的律师

“以不正当手段承揽业务的”违法行为：

（一）以误导、利诱、威胁或者作虚假承诺等方式承揽业务的；

（二）以支付介绍费、给予回扣、许诺提供利益等方式承揽业务的；

（三）以对本人及所在律师事务所进行不真实、不适当宣传或者诋毁其他律师、律师事务所声誉等方式承揽业务的；

（四）在律师事务所住所以外设立办公室、接待室承揽业务的。

第七条 有下列情形之一的，属于《律师法》第四十七条第三项规定的律师“在同一案件中为双方当事人担任代理人，或者代理与本人及其近亲属有利益冲突的法律事务的”违法行为：

（一）在同一民事诉讼、行政诉讼或者非诉讼法律事务中同时为有利益冲突的当事人担任代理人或者提供相关法律服务的；

（二）在同一刑事案件中同时为被告人和被害人担任辩护人、代理人，或者同时为二名以上的犯罪嫌疑人、被告人担任辩护人的；

（三）担任法律顾问期间，为与顾问单位有利益冲突的当事人提供法律服务的；

（四）曾担任法官、检察官的律师，以代理人、辩护人的身份承办原任职法院、检察院办理过的案件的；

（五）曾经担任仲裁员或者仍在担任仲裁员的律师，以代理人身份承办本人原任职或者现任职的仲裁机构办理的案件的。

第八条 曾经担任法官、检察官的律师，从人民法院、人民检察院离任后二年内，担任诉讼代理人、辩护人或者以其他方式参与所在律师事务所承办的诉讼法律事务的，属于《律师法》第四十七条第四项规定的“从人民法院、人民检察院离任后二年内担任诉讼代理人或者辩护人的”违法行为。

第九条 有下列情形之一的，属于《律师法》第四十七条第五项规定的律师“拒绝履行法律援助义务的”违法行为：

（一）无正当理由拒绝接受律师事务所或者法律援助机构指派的法律援助案件的；

（二）接受指派后，懈怠履行或者擅自停止履行法律援助职责的。

第十条 有下列情形之一的，属于《律师法》第四十八条第一项规定的律师“私自接受委托、收取费用，接受委托人财物或者其他利益的”违法行为：

（一）违反统一接受委托规定或者在被处以停止执业期间，私自接受委托，承办法律事务的；

（二）违反收费管理规定，私自收取、使用、侵占律师服务费以及律师异地办案差旅费用的；

（三）在律师事务所统一收费外又向委托人索要其他费用、财物或者获取其他利益的；

（四）向法律援助受援人索要费用或者接受受援人的财物或者其他利益的。

第十一条 律师接受委托后，除有下列情形之外，拒绝辩护或者代理，不按时出庭参加诉讼或者仲裁的，属于《律师法》第四十八条第二项规定的违法行为：

（一）委托事项违法，或者委托人利用律师提供的法律服务从事违法活动的；

（二）委托人故意隐瞒与案件有关的重要事实或者提供虚假、伪造的证据材料的；

（三）委托人不履行委托合同约定义务的；

（四）律师因患严重疾病或者受到停止执业以上行政处罚的；

（五）其他依法可以拒绝辩护、代理的。

第十二条 有下列情形之一的，属于《律师法》第四十八条第三项规定的律师"利用提供法律服务的便利牟取当事人争议的权益的"违法行为：

（一）采用诱导、欺骗、胁迫、敲诈等手段获取当事人与他人争议的财物、权益的；

（二）指使、诱导当事人将争议的财物、权益转让、出售、租赁给他人，并从中获取利益的。

第十三条 律师未经委托人或者其他当事人的授权或者同意，在承办案件的过程中或者结束后，擅自披露、散布在执业中知悉的委托人或者其他当事人的商业秘密、个人隐私或者其他不愿泄露的情况和信息的，属于《律师法》第四十八条第四项规定的"泄露商业秘密或者个人隐私的"违法行为。

第十四条 有下列情形之一的，属于《律师法》第四十九条第一项规定的律师"违反规定会见法官、检察官、仲裁员以及其他有关工作人员，或者以其他不正当方式影响依法办理案件的"违法行为：

（一）在承办代理、辩护业务期间，以影响案件办理结果为目的，在非工作时间、非工作场所会见法官、检察官、仲裁员或者其他有关工作人员的；

（二）利用与法官、检察官、仲裁员或者其他有关工作人员的特殊关系，影响依法办理案件的；

（三）以对案件进行歪曲、不实、有误导性的宣传或者诋毁有关办案机关和工作人员以及对方当事人声誉等方式，影响依法办理案件的。

第十五条 有下列情形之一的，属于《律师法》第四十九条第二项规定的律师"向法官、检察官、仲裁员以及其他有关工作人员行贿，介绍贿赂或者指使、诱导当事人行贿的"违法行为：

（一）利用承办案件的法官、检察官、仲裁员以及其他工作人员或者其近亲属举办婚丧喜庆事宜等时机，以向其馈赠礼品、金钱、有价证券等方式行贿的；

（二）以装修住宅、报销个人费用、资助旅游娱乐等方式向法官、检察官、仲裁员以及其他工作人员行贿的；

（三）以提供交通工具、通讯工具、住房或者其他物品等方式向法官、检察官、仲裁员以及其他工作人员行贿的；

（四）以影响案件办理结果为目的，直接向法官、检察官、仲裁员以及其他工作人员行贿、介绍贿赂或者指使、诱导当事人行贿的。

第十六条 有下列情形之一的，属于《律师法》第四十九条第三项规定的律师“向司法行政部门提供虚假材料或者有其他弄虚作假行为的”违法行为：

（一）在司法行政机关实施检查、监督工作中，向其隐瞒真实情况，拒不提供或者提供不实、虚假材料，或者隐匿、毁灭、伪造证据材料的；

（二）在参加律师执业年度考核、执业评价、评先创优活动中，提供不实、虚假、伪造的材料或者有其他弄虚作假行为的；

（三）在申请变更执业机构、办理执业终止、注销等手续时，提供不实、虚假、伪造的材料的。

第十七条 有下列情形之一的，属于《律师法》第四十九条第四项规定的律师“故意提供虚假证据或者威胁、利诱他人提供虚假证据，妨碍对方当事人合法取得证据的”违法行为：

（一）故意向司法机关、行政机关或者仲裁机构提交虚假证据，或者指使、威胁、利诱他人提供虚假证据的；

（二）指示或者帮助委托人或者他人伪造、隐匿、毁灭证据，指使或者帮助犯罪嫌疑人、被告人串供，威胁、利诱证人不作证或者作伪证的；

（三）妨碍对方当事人及其代理人、辩护人合法取证的，或者阻止他人向案件承办机关或者对方当事人提供证据的。

第十八条 有下列情形之一的，属于《律师法》第四十九条第五项规定的律师“接受对方当事人财物或者其他利益，与对方当事人或者第三人恶意串通，侵害委托人权益的”违法行为：

（一）向对方当事人或者第三人提供不利于委托人的信息或者证据材料的；

（二）与对方当事人或者第三人恶意串通、暗中配合，妨碍委托人合法行使权利的；

（三）接受对方当事人财物或者其他利益，故意延误、懈怠或者不依法履行代理、辩护职责，给委托人及委托事项的办理造成不利影响和损失的。

第十九条 有下列情形之一的，属于《律师法》第四十九条第六项规定的律师“扰乱法庭、仲裁庭秩序，干扰诉讼、仲裁活动的正常进行的”违法行为：

（一）在法庭、仲裁庭上发表或者指使、诱导委托人发表扰乱诉讼、仲裁活动正常进行的言论的；

（二）阻止委托人或者其他诉讼参与人出庭，致使诉讼、仲裁活动不能正常进行的；

（三）煽动、教唆他人扰乱法庭、仲裁庭秩序的；

（四）无正当理由，当庭拒绝辩护、代理，拒绝签收司法文书或者拒绝在有关诉讼文书上签署意见的。

第二十条 有下列情形之一的，属于《律师法》第四十九条第七项规定的律师“煽动、教唆当事人采取扰乱公共秩序、危害公共安全等非法手段解决争议的”违法行为：

（一）煽动、教唆当事人采取非法集会、游行示威，聚众扰乱公共场所秩序、交通秩序，围堵、冲击国家机关等非法手段表达诉求，妨害国家机关及其工作人员依法履行职责，抗拒执法活动或者判决执行的；

（二）利用媒体或者其他方式，煽动、教唆当事人以扰乱公共秩序、危害公共安全等手段干扰诉讼、仲裁及行政执法活动正常进行的。

第二十一条 有下列情形之一的，属于《律师法》第四十九条第八项规定的律师“发表危害国家安全、恶意诽谤他人、严重扰乱法庭秩序的言论的”违法行为：

（一）在承办代理、辩护业务期间，发表、散布危害国家安全，恶意诽谤法官、检察官、仲裁员及对方当事人、第三人，严重扰乱法庭秩序的言论的；

（二）在执业期间，发表、制作、传播危害国家安全的言论、信息、音像制品或者支持、参与、实施以危害国家安全为目的的活动的。

第二十二条 律师违反保密义务规定，故意或者过失泄露在执业中知悉的国家秘密的，属于《律师法》第四十九条第九项规定的“泄露国家秘密的”违法行为。

第三章 律师事务所应予处罚的违法行为

第二十三条 有下列情形之一的，属于《律师法》第五十条第一项规定的律师事务所“违反规定接受委托、收取费用的”违法行为：

（一）违反规定不以律师事务所名义统一接受委托、统一收取律师服务费和律师异地办案差旅费，不向委托人出具有效收费凭证的；

（二）向委托人索要或者接受规定、合同约定之外的费用、财物或者其他利益的；

（三）纵容或者放任本所律师有本办法第十条规定的违法行为的。

第二十四条 有下列情形之一的，属于《律师法》第五十条第二项规定的律师事务所“违反法定程序办理变更名称、负责人、章程、合伙协议、住所、合伙人等重大事项的”违法行为：

（一）不按规定程序办理律师事务所名称、负责人、章程、合伙协议、住所、合伙人、组织形式等事项变更报批或者备案的；

（二）不按规定的条件和程序发展合伙人，办理合伙人退伙、除名或者推选律师事务所负责人的；

（三）不按规定程序办理律师事务所分立、合并，设立分所，或者终止、清算、注销事宜的。

第二十五条 有下列情形之一的，属于《律师法》第五十条第三项规定的律师事务所“从事法律服务以外的经营活动的”违法行为：

（一）以独资、与他人合资或者委托持股方式兴办企业，并委派律师担任企业法定代表人或者总经理职务的；

（二）从事与法律服务无关的中介服务或者其他经营性活动的。

第二十六条 律师事务所从事或者纵容、放任本所律师从事本办法第六条规定的违法行为的，属于《律师法》第五十条第四项规定的律师事务所“以诋毁其他律师事务所、律师或者支付介绍费等不正当手段承揽业务的”违法行为。

第二十七条 有下列情形之一的，属于《律师法》第五十条第五项规定的律师事务所“违反规定接受有利益冲突的案件的”违法行为：

（一）指派本所律师担任同一诉讼案件的原告、被告代理人，或者同一刑事案件被告人辩护人、被害人代理人的；

（二）未按规定对委托事项进行利益冲突审查，指派律师同时或者先后为有利益冲突的非诉讼法律事务各方当事人担任代理人或者提供相关法律服务的；

（三）明知本所律师及其近亲属同委托事项有利益冲突，仍指派该律师担任代理人、辩护人或者提供相关法律服务的；

（四）纵容或者放任本所律师有本办法第七条规定的违法行为的。

第二十八条 有下列情形之一的，属于《律师法》第五十条第六项规定的律师事务所“拒绝履行法律援助义务的”违法行为：

（一）无正当理由拒绝接受法律援助机构指派的法律援助案件的；

（二）接受指派后，不按规定及时安排本所律师承办法律援助案件或者拒绝为法律援助案件的办理提供条件和便利的；

（三）纵容或者放任本所律师有本办法第九条规定的违法行为的。

第二十九条 有下列情形之一的，属于《律师法》第五十条第七项规定的律师事务所“向司法行政部门提供虚假材料或者有其他弄虚作假行为的”违法行为：

（一）在司法行政机关实施检查、监督工作时，故意隐瞒真实情况，拒不提供有关材料或者提供不实、虚假的材料，或者隐匿、毁灭、伪造证据材料的；

（二）在参加律师事务所年度检查考核、执业评价、评先创优活动中，提供不实、虚假、伪造的材料或者有其他弄虚作假行为的；

（三）在办理律师事务所重大事项变更、设立分所、分立、合并或者终止、清算、注销的过程中，提供不实、虚假、伪造的证明材料或者有其他弄虚作假行为的。

第三十条 有下列情形之一，造成严重后果和恶劣影响，属于《律师法》第五十条第八项规定的律师事务所“对本所律师疏于管理，造成严重后果的”违法行为：

（一）不按规定建立健全内部管理制度，日常管理松懈、混乱，造成律师事务所无法正常运转的；

（二）不按规定对律师执业活动实行有效监督，或者纵容、袒护、包庇本所律师从事违法违纪活动，造成严重后果的；

（三）纵容或者放任律师在本所被处以停业整顿期间或者律师被处以停止执业期间继续执业的；

（四）不按规定接受年度检查考核，或者经年度检查考核被评定为“不合格”的；

（五）不按规定建立劳动合同制度，不依法为聘用律师和辅助人员办理失业、养老、医疗等社会保险的；

（六）有其他违法违规行为，造成严重后果的。

第四章　行政处罚的实施

第三十一条 司法行政机关对律师的违法行为给予警告、罚款、没收违法所得、停止执业处罚的，由律师执业机构所在地的设区的市级或者直辖市区（县）司法行政机关实施；给予吊销执业证书处罚的，由许可该律师执业的省、自治区、直辖市司法行政机关实施。

司法行政机关对律师事务所的违法行为给予警告、罚款、没收违法所得、停业整顿处罚的，由律师事务所所在地的设区的市级或者直辖市区（县）司法行政机关实施；给予吊销执业许可证书处罚的，由许可该律师事务所设立的省、自治区、直辖市司法行政机关实施。

第三十二条 律师有《律师法》第四十七条以及本办法第五条至第九条规定的违法行为的，由司法行政机关给予警告，可以处五千元以下的罚款；有违法所得的，没收违法所得；情节严重的，给予停止执业三个月以下的处罚。

律师有《律师法》第四十八条以及本办法第十条至第十三条规定的违法行为的，由司法行政机关给予警告，可以处一万元以下的罚款；有违法所得的，没收违法所得；情节严重的，给予停止执业三个月以上六个月以下的处罚。

律师有《律师法》第四十九条以及本办法第十四条至第二十二条规定的违法行为的，由司法行政机关给予停止执业六个月以上一年以下的处罚，可以处五万元以下的罚款；有违法所得的，没收违法所得；情节严重的，吊销其律师执业证书；构成犯罪的，依法追究刑事责任。

第三十三条 律师事务所有《律师法》第五十条以及本办法第二十三条至第三十条规定的违法行为的，由司法行政机关视其情节给予警告、停业整顿一个月以上六个月以下的处罚，可以处十万元以下的罚款；有违法所得的，没收违法所得；情节特别严重的，吊销律师事务所执业许可证书。

第三十四条 司法行政机关对律师、律师事务所的违法行为实施行政处罚，应当根据《行政处罚法》《律师法》和司法部关于行政处罚程序的规定以及本办法的规定进行。

第三十五条 律师、律师事务所对司法行政机关给予的行政处罚，享有陈述权、申辩权、要求听证权；对行政处罚决定不服的，有权依法申请行政复议或者提起行政诉讼；因司法行政机关违法给予行政处罚受到损害的，有权依法提出赔偿要求。

第三十六条 司法行政机关实施行政处罚，应当对律师、律师事务所违法行为的事实、证据进行全面、客观、公正地调查、核实，必要时可以依法进行检查。

调查违法行为，可以要求被调查的律师、律师事务所说明情况、提交有关材料；可以调阅律师事务所有关业务案卷和档案材料；可以向有关单位、个人调查核实情况、收集证据；对可能灭失或者以后难以取得的证据，可以先行登记保存。

司法行政机关可以委托下一级司法行政机关或者违法行为发生地的司法行政机关进行调查，也可以委托律师协会协助进行调查。

第三十七条 行政处罚的具体适用，由司法行政机关依照《律师法》和本办法的有关规定，根据律师、律师事务所违法行为的事实、性质、情节以及危害程度，在法定的处罚种类及幅度的范围内进行裁量，作出具体处罚决定。

对律师给予警告、停止执业、吊销律师执业证书的处罚，对律师事务所给予警告、停业整顿、吊销律师事务所执业许可证书的处罚，可以酌情并处罚款；有违法所得的，没收违法所得。

第三十八条 律师、律师事务所有下列情形之一的，可以从轻或者减轻行政处罚：

（一）主动消除或者减轻违法行为危害后果的；

（二）主动报告，积极配合司法行政机关查处违法行为的；

（三）受他人胁迫实施违法行为的；

（四）其他依法应当从轻或者减轻处罚的。

违法行为轻微并及时纠正，没有造成危害后果的，不予行政处罚。

第三十九条 律师、律师事务所的违法行为有下列情形之一的，属于《律师法》规定的违法情节严重或者情节特别严重，应当在法定的行政处罚种类及幅度的范围内从重处罚：

（一）违法行为给当事人、第三人或者社会公共利益造成重大损失的；

（二）违法行为性质、情节恶劣，严重损害律师行业形象，造成恶劣社会影响的；

（三）同时有两项以上违法行为或者违法涉案金额巨大的；

（四）在司法行政机关查处违法行为期间，拒不纠正或者继续实施违法行为，拒绝提交、隐匿、毁灭证据或者提供虚假、伪造的证据的；

（五）其他依法应当从重处罚的。

第四十条 律师在受到警告处罚后一年内又发生应当给予警告处罚情形的，应当给予停止执业三个月以上一年以下的处罚；在受到停止执业处罚期限未满或者期满后二年内又发生应当给予停止执业处罚情形的，应当吊销律师执业证书。

律师事务所在受到停业整顿处罚期限未满或者期满后二年内又发生应当给予停业整顿处罚情形的，应当吊销其律师事务所执业许可证书。

第四十一条 律师事务所因违法行为受到处罚的，司法行政机关应当依照《律师法》第五十条第二款的规定，对该所负责人视其管理责任以及失职行为情节轻重，给予相应的行政处罚。

律师事务所因违法行为受到处罚的，应当同时追究负有直接责任的律师的法律责任，依法给予相应的行政处罚。

第四十二条 律师、律师事务所的违法行为构成犯罪，应当依法追究刑事责任的，司法行政机关应当将案件移送司法机关处理，不得以行政处罚代替刑事处罚。

律师因违法执业构成故意犯罪或者因非执业事由构成故意犯罪受到刑事处

罚的，司法行政机关应当吊销其律师执业证书；因过失犯罪受到刑事处罚的，在其服刑或者执行缓刑期间应当停止履行律师职务，刑期届满后可再申请恢复执业。

第四十三条 司法行政机关实施行政处罚，应当经机关负责人审批，并依照《行政处罚法》的要求制作行政处罚决定书。

对情节复杂或者重大违法行为给予较重的行政处罚的，司法行政机关的负责人应当集体讨论决定；集体讨论决定时，可以邀请律师协会派员列席。

第四十四条 司法行政机关实施行政处罚，可以根据需要，采用适当方式，将有关行政处罚决定在律师行业内予以通报或者向社会公告。

第四十五条 被处罚的律师、律师事务所应当自觉、按时、全面地履行行政处罚决定，并向司法行政机关如实报告履行情况。

司法行政机关应当对律师、律师事务所履行行政处罚决定的情况实施监督，发现问题及时责令纠正或者依法采取相应的措施。

第四十六条 律师、律师事务所因违法执业受到行政处罚，其违法行为对当事人或者第三人造成损害的，应当依法承担相应的民事责任。

因律师违法行为造成律师事务所承担赔偿责任的，律师事务所赔偿后可以向有故意或者重大过失行为的律师追偿。

第四十七条 律师受到停止执业处罚期限未满的，不得申请变更执业机构；受到六个月以上停止执业处罚的，执行处罚的期间以及期满未愈三年的，不得担任合伙人。

律师事务所受到停业整顿处罚期限未满的，不得自行决定解散，不得申请变更名称，不得申请分立、合并，不得申请设立分所；该所负责人、合伙人和对律师事务所受到停业整顿处罚负有直接责任的律师不得申请变更执业机构。

第五章 附 则

第四十八条 对律师事务所分所及其律师的违法行为给予行政处罚，由分所所在地的司法行政机关依照《律师法》和本办法的规定实施。处罚决定应当抄送设立分所的律师事务所及其所在地设区的市级或者直辖市区（县）司法行政机关。

第四十九条 本办法所称的设区的市级司法行政机关，包括地区、州以及不设区的地级市司法行政机关。

第五十条 本办法自2010年6月1日起施行。司法部2004年3月19日发布的《律师和律师事务所违法行为处罚办法》（司法部令第86号）同时废止。

（五）涉外涉港澳台事务

香港、澳门特别行政区律师事务所驻内地代表机构管理办法

（2002年3月13日司法部令第70号公布，根据2003年11月30日司法部令第84号和2006年12月22日司法部令第104号修正）

第一章 总 则

第一条 为规范香港、澳门特别行政区律师事务所（以下简称港澳律师事务所）驻内地代表机构（以下简称代表处）的设立及其法律服务活动，根据《外国律师事务所驻华代表机构管理条例》的规定，制定本办法。

第二条 港澳律师事务所设立代表处，从事法律服务活动，适用本办法。

第三条 代表处及其代表依照本办法规定从事法律服务活动，受国家法律保护。

第四条 代表处及其代表从事法律服务活动，应当遵守国家法律、法规和规章，恪守律师职业道德和执业纪律，不得损害国家安全和社会公共利益。

第五条 港澳律师事务所对其代表处及其代表在内地从事的法律服务活动承担民事责任。

第二章 代表处的设立、变更和注销

第六条 港澳律师事务所在内地设立代表处、派驻代表，应当经国务院司法行政部门（以下简称司法部）许可。

港澳律师事务所、其他组织或者个人不得以咨询公司或者其他名义在内地从事法律服务活动。

第七条 港澳律师事务所申请在内地设立代表处、派驻代表，应当具备下列条件：

（一）该律师事务所已在港、澳特别行政区合法执业，并且没有因违反律师

职业道德、执业纪律受到处罚；

（二）代表处的代表应当是执业律师和港、澳特别行政区律师协会会员，并且已在内地以外执业不少于2年，没有受过刑事处罚或者没有因违反职业道德、执业纪律受过处罚；其中，首席代表已在内地以外执业不少于3年，并且是该律师事务所的合伙人或者是相同职位的人员；

（三）有在内地设立代表处开展法律服务业务的实际需要。

第八条 港澳律师事务所申请在内地设立代表处，应当向拟设立的代表处住所地的省、自治区、直辖市司法厅（局）提交下列文件材料：

（一）该律师事务所主要负责人签署的设立代表处、派驻代表的申请书。拟设立的代表处的名称应当为"××律师事务所（该律师事务所的中文名称）驻××（内地城市名）代表处"；

（二）该律师事务所在其本特别行政区已经合法设立的证明文件；

（三）该律师事务所的合伙协议或者成立章程以及负责人、合伙人名单；

（四）该律师事务所给代表处各拟任代表的授权书，以及拟任首席代表系该律师事务所合伙人或者相同职位人员的确认书；

（五）代表处各拟任代表的律师执业资格以及拟任首席代表已在内地以外执业不少于3年、其他拟任代表已在内地以外执业不少于2年的证明文件；

（六）该律师事务所所在特别行政区的律师协会出具的该代表处各拟任代表为本地区律师协会会员的证明文件；

（七）该律师事务所所在特别行政区的律师管理机构出具的该律师事务所以及各拟任代表没有受过刑事处罚和没有因违反律师职业道德、执业纪律受过处罚的证明文件。

前款所列文件材料，应当有香港委托公证人或澳门公证机构的公证证明。

该律师事务所提交的文件材料应当一式三份，分别装订成册，文件材料如用外文书写的，应当附中文译文。

第九条 省、自治区、直辖市司法厅（局）应当自收到申请文件材料之日起3个月内审查完毕，并将审查意见连同文件材料报送司法部审核。司法部应当在6个月内作出决定，对许可设立的代表处发给执业执照，并对其代表发给执业证书；对不予许可的，应当书面告知其理由。

第十条 代表处及其代表，应当持执业执照、执业证书在代表处住所地的省、自治区、直辖市司法厅（局）办理注册手续后，方可开展本办法规定的法律服务活动。代表处及其代表每年应当注册一次。

省、自治区、直辖市司法厅（局）应当自接到注册申请之日起2日内办理注册手续。

第十一条 代表处应当按照有关法律、行政法规的规定，办理有关的税务、银行、外汇等手续。

第十二条 港澳律师事务所需要变更代表处名称、减少代表的，应当事先向代表处住所地的省、自治区、直辖市司法厅（局）提交其主要负责人签署的申请书和有关的文件材料，经司法部核准，并收回不再担任代表的人员的执业证书。

代表处合并、分立或者增加新任代表的，应当依照本办法有关代表处设立程序的规定办理许可手续。

第十三条 代表处的代表有下列情形之一的，由司法部撤销其执业许可并收回其执业证书，由省、自治区、直辖市司法厅（局）相应注销其执业注册：

（一）按照本办法第八条第五项规定提供的律师执业资格失效的；

（二）被所属的港澳律师事务所取消代表资格的；

（三）执业证书或者所在的代表处的执业执照被依法吊销的。

第十四条 代表处有下列情形之一的，由司法部撤销其执业许可并收回其执业执照，由省、自治区、直辖市司法厅（局）相应注销其执业注册：

（一）所属的港澳律师事务所已经解散或者被注销的；

（二）所属的港澳律师事务所申请将其注销的；

（三）已经丧失本办法第七条规定条件的；

（四）执业执照被依法吊销的。

依照前款规定注销的代表处，应当依法进行清算；债务清偿完毕前，其财产不得转移至内地以外。

第三章 业务范围和规则

第十五条 代表处及其代表，只能从事不包括内地法律事务的下列活动：

（一）向当事人提供该律师事务所律师已获准从事律师执业业务的香港特别行政区、澳门特别行政区以及中国以外的其他国家的法律咨询，有关国际条约、国际惯例的咨询；

（二）接受当事人或者内地律师事务所的委托，办理在该律师事务所律师已获准从事律师执业业务的地区的法律事务；

（三）代表港、澳特别行政区当事人，委托内地律师事务所办理内地法律事务；

（四）通过订立合同与内地律师事务所保持长期的委托关系办理法律事务；

（五）提供有关内地法律环境影响的信息。

代表处按照与内地律师事务所达成的协议约定，可以直接向受委托的内地律师事务所的律师提出要求。

代表处及其代表按照所属港澳律师事务所与内地律师事务所达成的联营协议，可以与联营的内地律师事务所的律师合作，办理有关联营业务。

代表处及其代表不得从事本条第一款、第二款、第三款规定以外的其他法律服务活动或者其他营利活动。

第十六条 代表处不得聘用内地执业律师；聘用的辅助人员不得为当事人提供法律服务。

第十七条 代表处及其代表在执业活动中，不得有下列行为：

（一）提供虚假证据、隐瞒事实或者威胁、利诱他人提供虚假证据、隐瞒事实以及妨碍对方当事人合法取得证据；

（二）利用法律服务的便利，收受当事人的财物或者其他好处；

（三）泄露当事人的商业秘密或者个人隐私。

第十八条 代表处的代表不得同时在两个以上代表处担任或者兼任代表。

第十九条 代表处的代表可以自行决定在内地居留的时间。

第二十条 代表处从事本办法规定的法律服务，可以向当事人收取费用。收取的费用必须在内地结算。

第四章 监督管理

第二十一条 司法部负责对代表处及其代表的监督管理。

省、自治区、直辖市司法厅（局）应当对设在本行政区域内的代表处及其代表是否依法开展法律服务活动进行监督管理。

第二十二条 代表处应当于每年3月31日前向住所地的省、自治区、直辖市司法厅（局）提交执业执照和代表执业证书的副本以及下列上一年度检验材料，接受年度检验：

（一）开展法律服务活动的情况，包括委托内地律师事务所办理法律事务的情况；

（二）经会计师事务所或审计事务所审计的代表处年度财务报表，以及在内地结算和依法纳税凭证；

（三）代表处的代表变动情况和雇用内地辅助人员情况；

（四）代表处的代表在内地的居留情况；

（五）代表处及其代表的注册情况；

（六）履行本办法规定义务的其他情况。

省、自治区、直辖市司法厅（局）对设在本行政区域内的代表处进行年度检验后，应当将检验意见报送司法部备案。

第二十三条 省、自治区、直辖市司法厅（局）依法办理代表处及其代表注册收取费用，以及对代表处进行年度检验收取费用，必须严格执行国务院物价行政部门核定的同对内地律师事务所、执业律师相同的收费标准，所收取的费用必须全部上缴国库。

省、自治区、直辖市司法厅（局）依法实施罚款的行政处罚，应当按照有关法律、行政法规的规定，实行罚款决定与罚款收缴分离；收缴的罚款以及依法没收的违法所得，必须全部上缴国库。

第五章 法律责任

第二十四条 代表处或者代表危害国家安全、公共安全或者社会管理秩序的，依照刑法有关规定，追究刑事责任，并由司法部吊销该代表处的执业执照或该代表的执业证书；尚不够刑事处罚的，依法给予治安管理处罚，并由司法部吊销该代表处的执业执照或该代表的执业证书。

第二十五条 代表处或者代表违反本办法第十五条的规定，非法从事法律服务活动或者其他营利活动的，由省、自治区、直辖市司法厅（局）责令限期停业；情节严重的，由司法部吊销该代表处的执业执照或者该代表的执业证书。

有前款所列违法行为的，由省、自治区、直辖市司法厅（局）没收违法所得，对首席代表和其他负有直接责任的代表各处5万元以上20万元以下的罚款。

第二十六条 代表处有下列情形之一的，由省、自治区、直辖市司法厅（局）给予警告，责令限期改正；情节严重的，由省、自治区、直辖市司法厅（局）责令限期停业；逾期仍不改正的，由司法部吊销其执业执照：

（一）聘用内地执业律师，或者聘用的辅助人员从事法律服务的；

（二）开展法律服务收取费用未在内地结算的；

（三）未按时报送年度检验材料接受年度检验，或者未通过年度检验的。

有前款第（二）项所列违法行为的，由省、自治区、直辖市司法厅（局）对其处以应当在内地结算的金额1倍以上3倍以下的罚款。

第二十七条 代表处或者代表有下列情形之一的，由省、自治区、直辖市司法厅（局）给予警告，没收违法所得；情节严重的，责令限期停业，并处2万元以上 10 万元以下的罚款：

（一）同时在两个以上代表处担任或者兼任代表的；

（二）泄露当事人的商业秘密或者个人隐私的；

（三）利用法律服务的便利，收受当事人财物或者其他好处的。

第二十八条 代表处注销，在债务清偿完毕前将财产转移至内地以外的，由省、自治区、直辖市司法厅（局）责令退回已转移的财产，用于清偿债务；严重损害他人利益，构成犯罪的，对其首席代表和其他直接责任人员依法追究刑事责任；尚不够刑事处罚的，由省、自治区、直辖市司法厅（局）对代表处处 5 万元以上 30 万元以下的罚款，对首席代表和其他直接责任人员处 2 万元以上 10 万元以下的罚款。

第二十九条 代表处的代表提供虚假证据、隐瞒事实或者威胁、利诱他人提供虚假证据、隐瞒事实的，依照刑法有关规定追究刑事责任，并由司法部吊销其执业证书。

第三十条 港澳律师事务所、律师或者其他组织、个人擅自在内地从事法律服务活动，或者已被撤销执业许可的代表处或者代表继续在内地从事法律服务活动的，由省、自治区、直辖市司法厅（局）予以取缔，没收违法所得，并处 5 万元以上 30 万元以下的罚款。

第三十一条 代表处被依法吊销执业执照的，该代表处所属的港澳律师事务所 5 年内不得申请在内地设立代表处；代表处的代表被依法吊销执业证书的，该代表 5 年内不得在内地担任代表处的代表。

代表处的代表因危害国家安全、公共安全或者社会管理秩序，被依法判处刑罚的，该代表所在的代表处所属的律师事务所不得再申请在内地设立代表处，该代表终身不得在内地担任代表处的代表。

第三十二条 司法行政部门工作人员有下列违法行为之一的，对负有责任的主管人员和其他直接责任人员依法给予记过、记大过或者降级的行政处分：

（一）不按照本办法规定的条件对拟设代表处、拟任代表的证明文件、材料进行审查、审核的；

（二）不按照本办法的规定对代表处进行注册或者年度检验的；

（三）不按照国家规定收费项目、收费标准收取费用的。

第三十三条 司法行政部门工作人员有下列违法行为之一的，对负有责任的主管人员和其他直接责任人员依法给予降级、撤职或者开除的行政处分：

（一）对不符合本办法规定条件的拟设代表处或者拟任代表决定发给执业执照、执业证书的；

（二）利用职务上的便利收受财物、谋取私利的；

（三）违反本办法的规定，对应当撤销代表处或者代表执业许可，收回执业执照、执业证书的不予撤销、收回，或者对应当注销的执业注册不予注销的；

（四）依法收缴罚款不开具罚款收据或者不如实填写罚款数额的；

（五）不执行罚款收缴分离制度或者不按照规定将依法收取的费用、收缴的罚款及没收的违法所得全部上缴国库的；

（六）对代表处及其代表违反本办法规定的行为不及时查处的；

（七）有不严格执法或者滥用职权的其他行为，造成严重后果的。

有前款所列违法行为之一，致使公共财产、国家和人民利益遭受严重损失，构成犯罪的，依法追究刑事责任。

第六章　附　　则

第三十四条　本办法自2002年4月1日起施行。本办法施行前经司法部许可已经试开业的代表处及其代表，应当自本办法施行之日起90日内按照本办法的规定重新申请办理审批手续。

附件1：

司法部关于修改《香港、澳门特别行政区律师事务所驻内地代表机构管理办法》的决定

（2003年11月30日　司法部令第84号）

为了促进香港、澳门与内地建立更紧密经贸关系，鼓励和规范香港、澳门法律服务提供者在内地从事规定的法律服务活动，根据国务院批准的《内地与香港关于建立更紧密经贸关系的安排》和《内地与澳门关于建立更紧密经贸关系的安排》及其附件中的有关规定，对《香港、澳门特别行政区律师事务所驻内地代表机构管理办法》（以下简称《办法》）有关条款作如下补充修改：

一、在《办法》第十五条第二款后增加一款，补充规定的内容为："代表处及其代表按照所属港澳律师事务所与内地律师事务所达成的联营协议，可以与联营的内地律师事务所的律师合作，办理有关联营业务。"原第三款调为第四款，内容修改为："代表处及其代表不得从事本条第一款、第二款、第三款规定以外的其他法律服务活动或者其他营利活动。"

二、将《办法》第十九条修改为："代表处的代表每年在内地居留的时间不

得少于2个月。少于2个月的,下一年度不予注册。”增加一款作为第二款,补充规定的内容为:“代表处设在广州、深圳的,其代表每年在内地居留的时间不受前款最少居留时间的限制。”

三、本决定自2004年1月1日起施行。

附件2:

司法部关于修改《香港、澳门特别行政区律师事务所驻内地代表机构管理办法》的决定

（2006年12月22日 司法部令第104号）

为了促进香港、澳门与内地建立更紧密经贸关系,根据国务院批准的《〈内地与香港关于建立更紧密经贸关系的安排〉补充协议三》和《〈内地与澳门关于建立更紧密经贸关系的安排〉补充协议三》,决定将《香港、澳门特别行政区律师事务所驻内地代表机构管理办法》第十九条修改为:“代表处的代表可以自行决定在内地居留的时间”。

本决定自2007年1月1日起施行。

《香港、澳门特别行政区律师事务所驻内地代表机构管理办法》(司法部令第70号发布,司法部令第84号修正)根据本决定作相应修正,重新发布。

司法部关于执行《外国律师事务所驻华代表机构管理条例》的规定

（2002年7月4日司法部令第73号发布,
2004年9月2日司法部令第92号修正）

第一章　总　　则

第一条　为执行《外国律师事务所驻华代表机构管理条例》(简称《条例》),履行司法行政部门对中国境内的外国法律服务活动的管理职责,制定本规定。

第二条 本规定所称外国律师事务所,是指在我国境外合法设立、由外国执业律师组成、从事中国法律事务以外的法律服务活动,并对外独立由其全部成员或部分成员承担民事责任的律师执业机构。但下列情形除外:

(一)外国政府、商业组织和其他机构中的法律服务部门;

(二)不共享利润、不共担风险的二个或二个以上外国执业律师或律师事务所的执业联合体。

第三条 本规定所称外国执业律师,是指合法取得外国律师执业资格、在执业资格取得国获得该国法定执业许可的人员。

第二章 代表处的设立和注册

第四条 《条例》第七条第三项规定的"有在华设立代表机构开展法律服务业务的实际需要",应当根据下列因素认定:

(一)拟设代表处住所地的社会经济发展状况;

(二)拟设代表处住所地法律服务的发展需要;

(三)申请人的规模、成立时间、主要业务领域和专业特长、对拟设代表处业务前景的分析、未来业务发展规划;

(四)中国法律、法规对从事特定法律服务活动或事务的限制性规定。

第五条 《条例》第八条第一款第一项规定的"该外国律师事务所主要负责人签署的设立代表机构、派驻代表的申请书",应当包括以下内容:

(一)拟设代表处的中文名称和外文名称,拟驻在城市名称;

(二)申请人的基本情况:包括开业时间、律师人数、合伙人人数、业务领域、主要业绩、在其他国家或地区设立分支机构或代表处情况、与中国有关的业务活动、总部地址和通讯方法等;

(三)申请人的组织形式和承担法律责任的形式;

(四)申请人购买执业风险保险的金额和范围;

(五)对拟设代表处业务前景的可行性分析和发展计划,拟设代表处的主要业务范围;

(六)对拟设代表处及其拟派驻代表在中国境内从事法律服务活动承担全部民事责任的承诺;

(七)对所提供的信息、材料的真实性、完整性和准确性及中文译文与原文一致的承诺;

(八)对申请获得批准后遵守中国法律、法规、规章的承诺;

（九）对申请获得批准后将为代表处及其派驻代表持续购买符合要求的执业风险保险的承诺。

第六条 提交《条例》第八条第一款第三项规定的“该外国律师事务所的合伙协议或者成立章程”确有困难的，可以提供由主要负责人签署的介绍合伙协议、股东协议或者章程中涉及签订时间、发起人、组织形式、法律责任形式等内容的文件材料。

第七条 按照《条例》第八条第三款规定提交的文件材料，应当附中文译文，按正、副本形式分别装帧成三份。

第八条 拟设代表处的外国律师事务所的中文译名不得使用中国法律、法规、规章禁止或限制的名称，不得使用可能使公众产生误解的文字。

第九条 申请设立代表处，应当有拟派驻的一名首席代表和拟派驻的若干代表。

第十条 申请增设代表处，应当符合下列条件：

（一）在华最近设立的代表处连续执业满三年；

（二）已经设立的各代表处及其代表遵守中国法律、法规、规章，遵守律师职业道德和执业纪律，没有被追究《条例》规定的各项法律责任。

前款第一项规定的连续执业时间，自代表处住所地的省、自治区、直辖市司法厅（局）首次办理开业注册之日起计算。

第十一条 申请增设代表处，除应当提交《条例》第八条规定的材料外，还应当提交下列材料：

（一）已设立的各代表处的基本情况；

（二）已设立的各代表处的《外国律师事务所驻华代表处执业许可证》（副本）复印件；

（三）已设立的各代表处住所地的省、自治区、直辖市司法厅（局）出具的符合本规定第十条第一款第一、二项规定的证明文件。

以上材料应当附中文译文，按正、副本形式分别装帧成三份。

第十二条 省、自治区、直辖市司法厅（局）收到申请人提交的申请设立代表处的材料后，应当根据下列情形予以处理：

（一）申请材料齐全的，按照《条例》第九条的规定办理；

（二）申请材料不齐全的，自收到申请材料之日起 15 日内通知申请人补充材料。申请人在首次提交申请材料之日起 3 个月内补齐材料的，按照前项规定办理；申请人在首次提交申请材料之日起满 3 个月未能补齐材料的，应当作出不予受理的决定，并于 15 日内书面通知申请人。

第十三条 司法部收到省、自治区、直辖市司法厅（局）报送的申请人申请材料和审查意见后，应当在 6 个月内作出决定，对许可设立的代表处发给执业许可证及副本,并通知省、自治区、直辖市司法厅(局)对其代表发给执业证书;对不予许可的,应当书面告知理由。

第十四条 申请人应当自执业许可证书签发之日起 30 日内,持副本到代表处住所地技术监督、公安、劳动、银行、税务和中国驻外使领馆等部门办理登记和代表工作签证等手续。

第十五条 申请人应当在办结本规定第十四条规定的手续后 30 日内,到住所地的省、自治区、直辖市司法厅(局)办理开业注册,并交纳注册费。

办理开业注册手续,应当提交下列材料的复印件:

(一) 外国律师事务所驻华代表处执业许可证(副本);

(二) 外国律师事务所代表处代表执业证;

(三) 经过公证的办公场所证明,包括产权证明、房屋租赁协议(期限应当在 1 年以上)。

超过本条第一款规定的时间未办理开业注册的,外国律师事务所驻华代表处执业许可证和外国律师事务所代表处代表执业证自行失效。

第十六条 未办理开业注册手续,代表处不得开展法律服务。

第十七条 代表处办理年检注册,除提交《条例》第二十二条规定的各项材料外,还应当提供经公证、认证的派驻代表执业资格取得国的律师管理机构出具的下列文件材料:

(一) 代表处代表上一年度没有受过刑事处罚和没有因违反律师职业道德、执业纪律受过处罚的证明材料;

(二) 代表处及其代表有效的本年度执业责任风险保险文件复印件。

第十八条 代表处及其代表通过年度检验的,省、自治区、直辖市司法厅(局)应当办理代表处和派驻代表的年度注册,并收取注册费。

第三章 代表处的变更和注销

第十九条 设立代表处的外国律师事务所具有下列情形之一的,代表处应当向住所地的省、自治区、直辖市司法厅(局)备案:

(一) 律师事务所名称、总部住所、主要负责人变更的;

(二) 律师事务所合并、分立的。

第二十条 代表处变更中、英文名称的,外国律师事务所应当向代表处住所地的省、自治区、直辖市司法厅(局)提交其主要负责人签署的申请书和有关的文件材料。司法厅(局)应当在收到申请材料之日起 15 日内提出审查意见报司法部。司法部应当自收到审查意见之日起 15 日内办理核准手续。

代表处持司法部核准通知，到住所地的省、自治区、直辖市司法厅（局）和有关部门办理相关变更手续。

第二十一条 外国律师事务所申请注销代表处的，应当向代表处住所地的省、自治区、直辖市司法厅（局）提交其主要负责人签署的申请书。

省、自治区、直辖市司法厅（局）自收到申请之日起 30 日内将审查意见报司法部，司法部应当自收到审查意见之日起 30 日内办理核准手续。

第二十二条 代表处自收到司法部核准注销通知之日起，应当依法进行清算。债务清偿完毕前财产不得转移。

对被注销的代表处，应当收回其执业许可证及其副本和代表执业证，并由住所地的省、自治区、直辖市司法厅（局）予以公告。

第二十三条 代表处被注销后，债权人有权就尚未清偿的债权向外国律师事务所追偿。

第二十四条 具有《条例》第十四条第一款第一、三项情形之一的，代表处应当自所属的律师事务所解散或注销之日起三个月内报告住所地的省、自治区、直辖市司法厅（局），由司法厅（局）报司法部撤销其执业许可证，并根据本规定办理注销手续。

第二十五条 代表处因特殊情况需要休业的，所属的外国律师事务所应当向住所地的省、自治区、直辖市司法厅（局）提交其主要负责人签署的申请书，经核准后，公告休业。

代表处休业期限不超过 1 年。超过 1 年的，视为自行注销。

第二十六条 申请将代表处迁往其他城市的，由该外国律师事务所向拟迁往地的省、自治区、直辖市司法厅（局）提出申请，经审查后，报司法部核准。

代表处持核准通知，按规定办理相关注销和注册手续。

第四章 代表的派驻和变更

第二十七条 代表处派驻或变更首席代表、派驻代表，应当符合《条例》第七条第二项的规定。

执业资格取得国律师协会会员，是指执业资格取得国法定的全国性或地区性律师行业组织成员。未设立律师行业组织的，可以是在执业资格取得国律师管理机构登记注册的人员。

境外执业时间，是指在执业资格取得国获得律师执业许可后，在该国法定律师注册登记机构进行律师执业注册登记的时间，包括在中国单独关税区的执业时间。境外执业时间可以累计计算。

相同职位的人员，是指在事务所经营管理、利润分享和风险分担方面与合伙人具有相同权利义务的执业律师。

第二十八条 外国律师事务所派驻或变更首席代表、派驻代表，应当提交下列材料：

（一）该外国律师事务所主要负责人签署的申请书。申请书应当包括下列内容：

1. 拟派驻或变更首席代表、派驻代表的基本情况；

2. 拟任职务、期限；

3. 符合《条例》第七条第二项规定的承诺；

4. 对所提供的信息、材料的真实性、完整性、准确性及中文译文与原文的一致性的承诺；

5. 申请获得批准后遵守中国法律、法规、规章的承诺；

6. 申请获得批准后将为其持续购买符合要求的执业风险保险的承诺。

（二）《条例》第八条第四至七项规定的各项材料；

（三）拟任代表的执业风险保险文件复印件；

（四）拟任代表的身份证明。

前款第二、三项规定的材料，应当经公证、认证。

上述申请材料应当附中文译文，按正、副本形式分别装帧成三份。

第二十九条 省、自治区、直辖市司法厅（局）对外国律师事务所提交的拟任代表的申请材料，应当根据下列情形予以处理：

（一）申请材料齐全的，按照《条例》第九条的规定办理；

（二）申请材料不齐全的，自收到申请材料之日起15日内通知申请人补充材料。申请人在首次提交申请材料之日起3个月内补齐材料的，按照前项规定办理；申请人在首次提交申请材料之日起满3个月未能补齐材料的，应当作出不予受理的决定，并于15日内书面通知申请人。

第三十条 司法部收到省、自治区、直辖市司法厅（局）报送的外国律师事务所申请材料和审查意见后，应当在6个月内予以核准，不予核准的，书面告知理由。

代表处持核准通知，到住所地的省、自治区、直辖市司法厅（局）领取外国律师事务所代表处代表执业证，并到有关部门办理相关手续。

第三十一条 具有《条例》第十三条规定情形之一，司法部撤销代表执业证的，代表处住所地的省、自治区、直辖市司法厅（局）应当收回其执业证书，注销其执业注册，并予公告。

第五章 执业规则

第三十二条 下列行为,应当认定为《条例》第十五条规定的“中国法律事务”:

（一）以律师身份在中国境内参与诉讼活动;

（二）就合同、协议、章程或其他书面文件中适用中国法律的具体问题提供意见或证明;

（三）就适用中国法律的行为或事件提供意见和证明;

（四）在仲裁活动中,以代理人身份对中国法律的适用发表代理意见;

（五）代表委托人向中国政府机关或其他法律法规授权的具有行政管理职能的组织办理登记、变更、申请、备案手续以及其他手续。

第三十三条 代表处及其代表根据《条例》第十五条第一款第五项的规定,提供有关中国法律环境影响的信息时,不得就中国法律的适用提供具体意见或判断。

第三十四条 根据《条例》第十一条的规定,代表处应当设立银行人民币账户和外汇账户,接受境内客户的汇入款项。

代表处应当按照中国税收法律法规的规定,依法办理税务登记,履行纳税义务,可以向当地主管税务机关申请领购发票。

第三十五条 代表处聘用中国籍辅助人员的,应当与住所地外国企业服务部门办理聘用关系,并到住所地的省、自治区、直辖市司法厅(局)领取雇员证。

第三十六条 代表处聘用外籍辅助人员的,应当按照外国人在华就业的有关规定,向住所地的省、自治区、直辖市司法厅(局)提出申请,经许可后,到有关部门办理就业和居留手续。

第三十七条 代表处进行宣传,应当遵守下列规则:

（一）向客户表明可以在中国境内从事业务的,应当同时表明其不具有从事中国法律服务的资格、执照或能力;

（二）向客户声明具有中国律师资格或曾经担任中国执业律师的,应当同时声明其现在不能作为中国律师执业;

（三）在信笺、名片上进行上述宣传的,应当有本条第一、二项规定的声明。

第三十八条 代表处代表及其辅助人员不得以“中国法律顾问”名义为客户提供中国法律服务。

第三十九条 代表处及其所属的律师事务所不得实施下列行为:

（一）直接或间接地向中国律师事务所投资；

（二）与中国律师事务所或中国律师组成共享利润或共担风险的执业联合体；

（三）建立联合办公室或派员入驻中国律师事务所从事法律服务活动；

（四）管理、经营、控制或享有中国律师事务所的股权性权益。

第四十条 有下列情形之一的，应当认定为聘用中国执业律师：

（一）与中国执业律师达成雇佣或劳务协议；

（二）与中国执业律师形成事实上的雇佣或劳务关系；

（三）与中国执业律师达成共享利润、共担风险或参与管理的协议；

（四）向中国执业律师个人支付报酬、费用或业务分成；

（五）聘请中国执业律师以代表处所属的律师事务所或代表处的名义对外从事业务活动。

第四十一条 代表处应当就被投诉的行为进行澄清和说明。

第六章 附 则

第四十二条 代表处应当在办公场所显著位置悬挂《外国律师事务所驻华代表处执业许可证》。

代表处应当在办公场所设置标牌，标牌上书写完整的中英文名称。

第四十三条 《外国律师事务所代表处执业许可证》由司法部印制、颁发。

《外国律师事务所代表处代表执业证》和《外国律师事务所代表处雇员证》由司法部印制，省、自治区、直辖市司法厅（局）发放。

第四十四条 《外国律师事务所代表处执业许可证》《外国律师事务所代表处代表执业证》《外国律师事务所代表处雇员证》，除发证机关依照法定程序可以扣留或吊销外，其他任何单位和个人不得收缴、扣押和损坏。

第四十五条 代表处执业许可证及其副本、代表执业证和雇员证不得伪造、涂改、出租、出借、转让、出卖。

违反前款规定的，依法追究相应的法律责任。

第四十六条 代表处执业许可证和代表执业证遗失的，经公告声明后，方可申请补领。

第四十七条 本规定自二〇〇二年九月一日起施行。

附件：

司法部关于修改《司法部关于执行〈外国律师事务所驻华代表机构管理条例〉的规定》的决定

（2004 年 9 月 2 日 司法部令第 92 号）

为进一步明确和规范外国律师事务所驻华代表机构及其代表在华的执业活动，维护我国涉外仲裁活动和法律服务秩序，根据《外国律师事务所驻华代表机构管理条例》的有关规定，决定将《司法部关于执行〈外国律师事务所驻华代表机构管理条例〉的规定》第三十二条关于应当认定为《条例》第十五条规定的属于“中国法律事务”行为的第（四）项，修改为：“在仲裁活动中，以代理人身份对中国法律的适用发表代理意见”。

本决定自发布之日起施行

取得内地法律职业资格的香港特别行政区和澳门特别行政区居民在内地从事律师职业管理办法

（2003 年 11 月 30 日司法部令第 81 号发布，根据 2005 年 12 月 28 日司法部令第 99 号、2006 年 12 月 22 日司法部令第 105 号、2009 年 9 月 1 日司法部令第 117 号和 2013 年 8 月 7 日司法部令第 128 号修正）

第一章　总　　则

第一条　为了落实国务院批准的《内地与香港关于建立更紧密经贸关系的安排》和《内地与澳门关于建立更紧密经贸关系的安排》，规范取得内地法律职业资格的香港、澳门居民在内地从事律师职业的活动及管理，根据《中华人民共和国律师法》（以下简称《律师法》）及有关规定，制定本办法。

第二条　参加内地举行的国家司法考试合格，取得《中华人民共和国法律职业资格证书》的香港、澳门居民，可以在内地申请律师执业。

第三条　取得内地法律职业资格的香港、澳门居民申请在内地律师事务所执业，应当依照司法部的有关规定参加实习，申请领取律师执业证。

第四条 取得内地律师执业证的香港、澳门居民在内地律师事务所执业，可以从事内地非诉讼法律事务，可以代理涉港澳民事案件，代理涉港澳民事案件的范围由司法部以公告方式作出规定。

取得内地律师执业证的香港、澳门居民在内地从事涉港澳民事案件的代理活动应当依据有关具体规定办理。

第五条 取得内地律师执业证的香港、澳门居民在内地律师事务所执业，应当遵守国家法律、法规和规章，恪守律师职业道德和执业纪律，接受内地司法行政机关的监督和管理，接受内地律师协会的行业管理。

第二章 实习管理

第六条 取得内地法律职业资格的香港、澳门居民申请在内地律师事务所执业的，除有本办法第十一条规定情形外，应当依照《律师法》、司法部和中华全国律师协会有关申请律师执业人员实习管理的规定，先在内地律师事务所参加为期1年的实习。香港居民参加实习，可以安排在内地律师事务所设在香港的分所进行。

第七条 取得内地法律职业资格的香港、澳门居民在内地律师事务所参加实习，应当向拟选择进行实习的内地律师事务所提出申请。拟选择在内地律师事务所设在香港的分所进行实习的，可直接向内地律师事务所分所提出申请。

香港、澳门居民申请实习，由拟接收其实习的内地律师事务所向所在地的地（市）级律师协会办理实习登记，并按规定向地（市）级司法行政机关备案。

第八条 在内地律师事务所或者内地律师事务所设在香港的分所实习的香港、澳门居民，应当按照内地实习管理的有关规定参加集中培训和实务训练，实务训练以办理非诉讼法律事务及代理有关涉港澳民事案件的训练为主，并遵守有关实习的规定和纪律。

接受香港、澳门居民实习的内地律师事务所或其分所，应当指派擅长办理非诉讼法律事务及代理涉港澳民事案件的律师指导实习人员进行实务训练。每名指导律师只能指导一名香港或者澳门的实习人员。

第九条 在内地律师事务所或者内地律师事务所设在香港的分所实习的香港、澳门居民，应当确保参加实习的时间。因故暂停实习的时间最长不得超过3个月，并应当由接收实习的内地律师事务所将其暂停实习的原因和时间报所在地的地（市）级律师协会备案。

第十条 取得内地法律职业资格的香港、澳门居民在内地律师事务所或者内地律师事务所设在香港的分所实习，由该内地律师事务所所在地的地（市）级律师协会依照规定予以监督和考核。

香港、澳门居民实习期满，由内地律师事务所出具实习鉴定意见，报所在地的地（市）级律师协会审查，并由其对实习人员进行考核。律师事务所的实习鉴定意见和律师协会的考核结果，由地（市）级律师协会报当地地（市）级司法行政机关备案。

第十一条　取得内地法律职业资格的香港、澳门居民属于具有5年以上执业经历的香港法律执业者、澳门律师的，在内地申请律师执业，应当参加由内地地方律师协会组织的不少于1个月的集中培训，并经考核合格。

前款规定的香港法律执业者、澳门律师应当通过拟聘其执业的内地律师事务所向住所地的地（市）级律师协会申请参加培训。申请培训，除按照实习管理规定提交相关材料外，应当同时提交由香港律师会、大律师公会或者澳门律师公会出具并经内地认可的公证人公证的申请人在香港、澳门执业经历、年限的证明。

第三章　执业管理

第十二条　取得内地法律职业资格的香港、澳门居民，在内地律师事务所或者内地律师事务所设在香港的分所实习期满，经律师事务所鉴定和律师协会考核合格的，可以在内地申请律师执业。

第十三条　获准在内地执业的香港、澳门居民，只能在一个内地律师事务所执业，不得同时受聘于外国律师事务所驻华代表机构或者香港、澳门律师事务所驻内地代表机构。

第十四条　取得内地法律职业资格的香港、澳门居民在内地申请律师执业，应当依照《律师法》和司法部制定的《律师执业管理办法》的规定，向拟聘其执业的内地律师事务所住所地设区的市级或者直辖市区（县）司法行政机关提出申请，由其出具审查意见后报省级司法行政机关审核，作出是否准予申请人在内地执业的决定。

申请人按规定提交的文件中，其身份证明复印件和未受过刑事处罚的证明材料须经内地认可的公证人公证，同时还须说明是否具有香港、澳门、台湾地区或者外国律师资格以及是否受聘于香港、澳门、台湾地区或者外国律师事务所的情况。符合本办法第十一条规定情形的申请人应当同时提交由香港律师会、大律师公会或者澳门律师公会出具并经内地认可的公证人公证的申请人在香港、澳门的执业经历、年限的证明。

省级司法行政机关经审核予以颁发律师执业证的，应当自颁证之日起30日内将获准在内地执业的香港、澳门居民名单及执业登记材料报司法部备案。

第十五条 获准在内地执业的香港、澳门居民，可以采取担任法律顾问、代理、咨询、代书等方式从事内地非诉讼法律事务，也可以采取担任诉讼代理人的方式代理涉港澳民事案件，享有相应的律师权利，履行相应的律师义务。

第十六条 获准在内地执业的香港、澳门居民，符合规定条件的，可以成为内地律师事务所的合伙人。

第十七条 获准在内地执业的香港、澳门居民，应当加入内地律师协会，享有会员的权利，履行会员的义务，参加内地律师协会组织的业务培训和交流活动。

第十八条 获准在内地执业的香港、澳门居民，有违反《律师法》、司法部有关律师执业管理规章和本办法规定的行为的，依法给予相应的行政处罚；有违反律师职业道德和执业纪律行为的，给予相应的行业处分。

第十九条 司法行政机关工作人员在行政管理活动中，有违反法律、法规和规章规定的行为的，依法给予行政处分。构成犯罪的，依法追究刑事责任。

第四章　附　　则

第二十条 在内地实行国家司法考试前已考取内地律师资格的香港、澳门居民，申请在内地律师事务所实习和执业，依照本办法办理。

第二十一条 本办法由司法部解释。

第二十二条 本办法自2004年1月1日起施行。

附件1：

司法部关于修改《取得内地法律职业资格的香港特别行政区和澳门特别行政区居民在内地从事律师职业管理办法》的决定

（2005年12月28日 司法部令第99号）

为了促进香港、澳门与内地建立更紧密经贸关系，根据《〈内地与香港关于建立更紧密经贸关系的安排〉补充协议二》和《〈内地与澳门关于建立更紧密经贸关系的安排〉补充协议二》，决定对《取得内地法律职业资格的香港特别行政区和澳门特别行政区居民在内地从事律师职业管理办法》（司法部第81号令）作如下修改：

一、第十二条修改为：获准在内地执业的香港、澳门居民，只能在一个内地律师事务所执业，不得同时受聘于外国律师事务所驻华代表机构或香港、澳门律师事务所驻内地代表机构。

二、本决定自2006年1月1日起施行。

《取得内地法律职业资格的香港特别行政区和澳门特别行政区居民在内地从事律师职业管理办法》（司法部第81号令）根据本决定作相应修改后重新颁布。

附件2：

司法部关于修改《取得内地法律职业资格的香港特别行政区和澳门特别行政区居民在内地从事律师职业管理办法》的决定

（2006年12月22日 司法部令第105号）

为了促进香港、澳门与内地建立更紧密经贸关系，根据国务院批准的《〈内地与香港关于建立更紧密经贸关系的安排〉补充协议 三》和《〈内地与澳门关于建立更紧密经贸关系的安排〉补充协议三》，决定对《取得内地法律职业资格的香港特别行政区和澳门特别行政区居民在内地从事律师职 业管理办法》作如下修改：

一、将第三条修改为："取得内地法律职业资格的香港、澳门居民申请在内地律师事务所执业，应当依照司法部的有关规定参加实习，申请领取律师执业证。"

二、将第四条修改为："取得内地律师执业证的香港、澳门居民在内地律师事务所执业，可以从事内地非诉讼法律事务及涉港、澳婚姻、继承案件的代理活动。"增加一款作为第二款，补充规定的内容为："取得内地律师执业证的香港、澳门居民在内地从事涉港、澳婚姻、继承案件的代理活动应当依据有关具体规定办 理。"

三、将第五条修改为："取得内地律师执业证的香港、澳门居民在内地律师事务所执业，应当遵守国家法律、法规和规章，恪守律师职业道德和执业纪律，接受内地司法行政机关的监督和管理,接受内地律师协会的行业管理。”

四、将第六条修改为:“取得内地法律职业资格的香港、澳门居民申请在内地律师事务所执业的,应当依照《律师法》、司法部和中华全国律师协会有关申请律师执业人员实习管理的规定,先在内地律师事务所参加为期 1 年的实习。香港居民参加实习,可以安排在内地律师事务所设在香港的分所进行。”

五、将第七条修改为:“取得内地法律职业资格的香港、澳门居民在内地律师事务所参加实习,应当向拟选择进行实习的内地律师事务所提出申请。拟选择在内地律师事务所设在香港的分所进行实习的,可直接向内地律师事务所分所提出申请。

香港、澳门居民申请实习,由拟接收其实习的内地律师事务所向所在地的地(市)级律师协会办理实习登记,并按规定向地(市)级司法行政机关备案。”

六、将第八条修改为:“在内地律师事务所或者内地律师事务所设在香港的分所实习的香港、澳门居民,应当按照内地实习管理的有关规定参加集中培训和实务训练,实务训练以办理非诉讼法律事务及代理婚姻、继承案件的训练为主,并遵守有关实习的规定和纪律。

接收香港、澳门居民实习的内地律师事务所或其分所,应当指派擅长办理非诉讼法律事务及代理婚姻、继承案件的律师指导实习人员进行实务训练。每名指导律师只能指导一名香港或者澳门的实习人员。”

七、将第九条修改为:“在内地律师事务所或者内地律师事务所设在香港的分所实习的香港、澳门居民,应当确保参加实习的时间。因故暂停实习的时间最长不得超过 3 个月,并应当由接收实习的内地律师事务所将其暂停实习的原因和时间报所在地的地(市)级律师协会备案。”

八、将第十条修改为:“取得内地法律职业资格的香港、澳门居民在内地律师事务所或者内地律师事务所设在香港的分所实习,由该内地律师事务所所在地的地(市)级律师协会依照规定予以监督和考核。

香港、澳门居民实习期满,由内地律师事务所出具实习鉴定意见,报所在地的地(市)级律师协会审查,并由其对实习人员进行考核。律师事务所的实习鉴定意见和律师协会的考核结果,由地(市)级律师协会报当地地(市)级司法行政机关备案。”

九、将第十一条修改为:“取得内地法律职业资格的香港、澳门居民,在内地律师事务所或者内地律师事务所设在香港的分所实习期满,经律师事务所鉴定和律师协会考核合格的,可以在内地申请律师执业。”

十、将第十三条第一款修改为:“取得内地法律职业资格的香港、澳门居民在内地申请律师执业,应当依照《律师法》、司法部制定的《律师执业证管理办法》和中华全国律师协会《申请律师执业人员实习管理规则(试行)》的规定,向拟聘其执业的内地律师事务所所在地的省级司法行政机关申请领取律师执业证。”

十一、将第十四条修改为：“获准在内地执业的香港、澳门居民，可以采取担任法律顾问、代理、咨询、代书等方式从事内地非诉讼法律事务，也可以采取担任诉讼代理人的方式从事涉港、澳婚姻、继承的诉讼法律事务，享有内地律师的执业权利，履行法定的律师义务。”

本决定自2007年1月1日起施行。

《取得内地法律职业资格的香港特别行政区和澳门特别行政区居民在内地从事律师职业管理办法》（司法部令第81号发布，司法部令第99号修正）根据本决定作相应修正，重新发布。

附件3：

司法部关于修改《取得内地法律职业资格的香港特别行政区和澳门特别行政区居民在内地从事律师职业管理办法》的决定

（2009年9月1日 司法部令第117号）

为了促进香港、澳门与内地建立更紧密经贸关系，根据《〈内地与香港关于建立更紧密经贸关系的安排〉补充协议六》和《〈内地与澳门关于建立更紧密经贸关系的安排〉补充协议六》，决定对《取得内地法律职业资格的香港特别行政区和澳门特别行政区居民在内地从事律师职业管理办法》作如下修改：

一、第六条修改为：“取得内地法律职业资格的香港、澳门居民申请在内地律师事务所执业的，除有本办法第十一条规定情形外，应当依照《律师法》、司法部和中华全国律师协会有关申请律师执业人员实习管理的规定，先在内地律师事务所参加为期1年的实习。香港居民参加实习，可以安排在内地律师事务所设在香港的分所进行。”

二、在第十条后增加一条作为第十一条，内容为：“取得内地法律职业资格的香港、澳门居民属于具有5年以上执业经历的香港法律执业者、澳门律师的，在内地申请律师执业，应当参加由内地地方律师协会组织的不少于1个月的集中培训，并经考核合格。

前款规定的香港法律执业者、澳门律师应当通过拟聘其执业的内地律师事务所向住所地的地（市）级律师协会申请参加培训。申请培训，除按照实习管理规定提交相关材料外，应当同时提交由香港律师会、大律师公会或者澳门律师公会出具并经内地认可的公证人公证的申请人在香港、澳门执业经历、年限的证明。”

三、第十三条第一款改为第十四条第一款，内容为：“取得内地法律职业资格的香港、澳门居民在内地申请律师执业，应当依照《律师法》和司法部制定的《律师执业管理办法》的规定，向拟聘其执业的内地律师事务所住所地设区的市级或者直辖市区（县）司法行政机关提出申请，由其出具审查意见后报省级司法行政机关审核，作出是否准予申请人在内地执业的决定。”

第十三条第二款改为第十四条第二款，并增加如下内容：“……符合本办法第十一条（新增条文）规定情形的申请人应当同时提交由香港律师会、大律师公会或者澳门律师公会出具并经内地认可的公证人公证的申请人在香港、澳门的执业经历、年限的证明。”

四、本决定自2009年10月1日起施行。

《取得内地法律职业资格的香港特别行政区和澳门特别行政区居民在内地从事律师职业管理办法》（司法部令第81号发布，司法部令第99号和第105号修正）根据本决定作相应修正，重新发布。

附件4：

司法部关于修改《取得内地法律职业资格的香港特别行政区和澳门特别行政区居民在内地从事律师职业管理办法》的决定

（2013年8月7日 司法部令第128号）

为了促进香港、澳门与内地建立更紧密经贸关系，根据国务院批准的《〈内地与香港关于建立更紧密经贸关系的安排〉补充协议八》和《〈内地与澳门关于建立更紧密经贸关系的安排〉补充协议八》，决定对《取得内地法律职业资格的香港特别行政区和澳门特别行政区居民在内地从事律师职业管理办法》作如下修改：

一、将第四条修改为：“取得内地律师执业证的香港、澳门居民在内地律师事务所执业，可以从事内地非诉讼法律事务，可以代理涉港澳民事案件，代理涉港澳民事案件的范围由司法部以公告方式作出规定。

取得内地律师执业证的香港、澳门居民在内地从事涉港澳民事案件的代理

活动应当依据有关具体规定办理。”

二、将第八条修改为：“在内地律师事务所或者内地律师事务所设在香港的分所实习的香港、澳门居民，应当按照内地实习管理的有关规定参加集中培训和实务训练，实务训练以办理非诉讼法律事务及代理有关涉港澳民事案件的训练为主，并遵守有关实习的规定和纪律。

接受香港、澳门居民实习的内地律师事务所或其分所，应当指派擅长办理非诉讼法律事务及代理涉港澳民事案件的律师指导实习人员进行实务训练。每名指导律师只能指导一名香港或者澳门的实习人员。”

三、将第十五条修改为：“获准在内地执业的香港、澳门居民，可以采取担任法律顾问、代理、咨询、代书等方式从事内地非诉讼法律事务，也可以采取担任诉讼代理人的方式代理涉港澳民事案件，享有相应的律师权利，履行相应的律师义务。”

四、本决定自2013年10月1日起施行。

《取得内地法律职业资格的香港特别行政区和澳门特别行政区居民在内地从事律师职业管理办法》（司法部令第81号发布，司法部令第99号、第105号和第117号修正）根据本决定作相应修正，重新发布。

附件5：

司法部关于取得内地法律职业资格并获得内地律师执业证书的港澳居民可在内地人民法院代理的涉港澳民事案件范围的公告

（2013年8月8日　司法部公告第136号）

为了贯彻落实中央政府与香港、澳门特别行政区政府分别签署的《〈内地与香港（澳门）关于建立更紧密经贸关系的安排〉补充协议八》中关于“研究扩大取得内地法律职业资格并获得内地律师执业证书的香港（澳门）居民在内地从事涉及香港（澳门）居民、法人的民事诉讼代理业务范围”的规定，根据司法部2013年8月7日修改的《取得内地法律职业资格的香港特别行政区和澳门特别行政区居民在内地从事律师职业管理办法》第四条的规定，现将取得内地法律职业资格并获得内地律师执业证书的香港、澳门居民可以在内地人民法院代理的涉港澳民事案件的范围（依据最高人民法院2011年2月18日修改的《民事案件案由规定》中的基准案由即第三级案由确定。如案由规定有变动，则依新

规定执行)公告如下:

一、婚姻家庭、继承纠纷

1. 婚约财产纠纷
2. 离婚纠纷
3. 离婚后财产纠纷
4. 离婚后损害责任纠纷
5. 婚姻无效纠纷
6. 撤销婚姻纠纷
7. 夫妻财产约定纠纷
8. 同居关系纠纷
9. 抚养纠纷
10. 扶养纠纷
11. 赡养纠纷
12. 收养关系纠纷
13. 监护权纠纷
14. 探望权纠纷
15. 分家析产纠纷
16. 法定继承纠纷
17. 遗嘱继承纠纷
18. 被继承人债务清偿纠纷
19. 遗赠纠纷
20. 遗赠扶养协议纠纷

二、合同纠纷

21. 缔约过失责任纠纷
22. 确认合同效力纠纷
23. 债权人代位权纠纷
24. 债权人撤销权纠纷
25. 债权转让合同纠纷
26. 债务转移合同纠纷
27. 债权债务概括转移合同纠纷
28. 悬赏广告纠纷
29. 买卖合同纠纷
30. 招标投标买卖合同纠纷

31. 拍卖合同纠纷
32. 房屋买卖合同纠纷
33. 供用电合同纠纷
34. 供用水合同纠纷
35. 供用气合同纠纷
36. 供用热力合同纠纷
37. 赠与合同纠纷
38. 借款合同纠纷
39. 保证合同纠纷
40. 抵押合同纠纷
41. 质押合同纠纷
42. 定金合同纠纷
43. 进出口押汇纠纷
44. 储蓄存款合同纠纷
45. 银行卡纠纷
46. 租赁合同纠纷
47. 融资租赁合同纠纷
48. 承揽合同纠纷
49. 运输合同纠纷
50. 保管合同纠纷
51. 仓储合同纠纷
52. 委托合同纠纷
53. 委托理财合同纠纷
54. 行纪合同纠纷
55. 居间合同纠纷
56. 补偿贸易纠纷
57. 借用合同纠纷
58. 典当纠纷
59. 合伙协议纠纷
60. 种植、养殖回收合同纠纷
61. 彩票、奖券纠纷
62. 服务合同纠纷
63. 演出合同纠纷
64. 劳务合同纠纷
65. 广告合同纠纷

66．展览合同纠纷
67．追偿权纠纷
68．请求确认人民调解协议效力

三、知识产权纠纷

69．著作权合同纠纷
70．商标合同纠纷
71．专利合同纠纷
72．植物新品种合同纠纷
73．集成电路布图设计合同纠纷
74．商业秘密合同纠纷
75．技术合同纠纷
76．特许经营合同纠纷
77．企业名称（商号）合同纠纷
78．特殊标志合同纠纷
79．网络域名合同纠纷
80．知识产权质押合同纠纷
81．著作权权属、侵权纠纷
82．商标权权属、侵权纠纷
83．专利权权属、侵权纠纷
84．植物新品种权权属、侵权纠纷
85．集成电路布图设计专有权权属、侵权纠纷
86．侵害企业名称（商号）权纠纷
87．侵害特殊标志专有权纠纷
88．网络域名权属、侵权纠纷
89．发现权纠纷
90．发明权纠纷
91．其他科技成果权纠纷
92．确认不侵害知识产权纠纷
93．因申请知识产权临时措施损害责任纠纷
94．因恶意提起知识产权诉讼损害责任纠纷
95．专利权宣告无效后返还费用纠纷

四、与公司、证券、保险、票据等有关的民事纠纷

96．企业出资人权益确认纠纷

97. 侵害企业出资人权益纠纷
98. 企业公司制改造合同纠纷
99. 企业股份合作制改造合同纠纷
100. 企业债权转股权合同纠纷
101. 企业分立合同纠纷
102. 企业租赁经营合同纠纷
103. 企业出售合同纠纷
104. 挂靠经营合同纠纷
105. 企业兼并合同纠纷
106. 联营合同纠纷
107. 企业承包经营合同纠纷
108. 中外合资经营企业合同纠纷
109. 中外合作经营企业合同纠纷
110. 股东资格确认纠纷
111. 股东名册记载纠纷
112. 请求变更公司登记纠纷
113. 股东出资纠纷
114. 新增资本认购纠纷
115. 股东知情权纠纷
116. 请求公司收购股份纠纷
117. 股权转让纠纷
118. 公司决议纠纷
119. 公司设立纠纷
120. 公司证照返还纠纷
121. 发起人责任纠纷
122. 公司盈余分配纠纷
123. 损害股东利益责任纠纷
124. 损害公司利益责任纠纷
125. 股东损害公司债权人利益责任纠纷
126. 公司关联交易损害责任纠纷
127. 公司合并纠纷
128. 公司分立纠纷
129. 公司减资纠纷
130. 公司增资纠纷
131. 公司解散纠纷

132. 申请公司清算
133. 清算责任纠纷
134. 上市公司收购纠纷
135. 入伙纠纷
136. 退伙纠纷
137. 合伙企业财产份额转让纠纷
138. 证券权利确认纠纷
139. 证券交易合同纠纷
140. 金融衍生品种交易纠纷
141. 证券承销合同纠纷
142. 证券投资咨询纠纷
143. 证券资信评级服务合同纠纷
144. 证券回购合同纠纷
145. 证券上市合同纠纷
146. 证券交易代理合同纠纷
147. 证券上市保荐合同纠纷
148. 证券发行纠纷
149. 证券返还纠纷
150. 证券欺诈责任纠纷
151. 证券托管纠纷
152. 证券登记、存管、结算纠纷
153. 融资融券交易纠纷
154. 客户交易结算资金纠纷
155. 期货经纪合同纠纷
156. 期货透支交易纠纷
157. 期货强行平仓纠纷
158. 期货实物交割纠纷
159. 期货保证合约纠纷
160. 期货交易代理合同纠纷
161. 侵占期货交易保证金纠纷
162. 期货欺诈责任纠纷
163. 操纵期货交易市场责任纠纷
164. 期货内幕交易责任纠纷
165. 期货虚假信息责任纠纷
166. 民事信托纠纷

167. 营业信托纠纷
168. 公益信托纠纷
169. 财产保险合同纠纷
170. 人身保险合同纠纷
171. 再保险合同纠纷
172. 保险经纪合同纠纷
173. 保险代理合同纠纷
174. 进出口信用保险合同纠纷
175. 保险费纠纷
176. 票据付款请求权纠纷
177. 票据追索权纠纷
178. 票据交付请求权纠纷
179. 票据返还请求权纠纷
180. 票据损害责任纠纷
181. 票据利益返还请求权纠纷
182. 汇票回单签发请求权纠纷
183. 票据保证纠纷
184. 确认票据无效纠纷
185. 票据代理纠纷
186. 票据回购纠纷
187. 委托开立信用证纠纷
188. 信用证开证纠纷
189. 信用证议付纠纷
190. 信用证欺诈纠纷
191. 信用证融资纠纷
192. 信用证转让纠纷

五、与上述案件相关的适用特殊程序案件

193. 申请宣告公民失踪
194. 申请撤销宣告失踪
195. 申请为失踪人财产指定、变更代管人
196. 失踪人债务支付纠纷
197. 申请宣告公民死亡
198. 申请撤销宣告公民死亡
199. 被撤销死亡宣告人请求返还财产纠纷

200. 申请宣告公民无民事行为能力
201. 申请宣告公民限制民事行为能力
202. 申请宣告公民恢复限制民事行为能力
203. 申请宣告公民恢复完全民事行为能力
204. 申请认定财产无主
205. 申请撤销认定财产无主
206. 申请确定监护人
207. 申请变更监护人
208. 申请撤销监护人资格
209. 申请支付令
210. 申请公示催告
211. 申请诉前停止侵害专利权
212. 申请诉前停止侵害注册商标专用权
213. 申请诉前停止侵害著作权
214. 申请诉前停止侵害植物新品种权
215. 申请诉前财产保全
216. 申请诉中财产保全
217. 申请诉前证据保全
218. 申请诉中证据保全
219. 仲裁程序中的财产保全
220. 仲裁程序中的证据保全
221. 申请中止支付信用证项下款项
222. 申请中止支付保函项下款项
223. 申请确认仲裁协议效力
224. 申请撤销仲裁裁决
225. 申请执行知识产权仲裁裁决
226. 申请执行涉外仲裁裁决
227. 申请认可和执行香港特别行政区法院民事判决
228. 申请认可和执行香港特别行政区仲裁裁决
229. 申请认可和执行澳门特别行政区法院民事判决
230. 申请认可和执行澳门特别行政区仲裁裁决
231. 申请认可和执行台湾地区法院民事判决
232. 申请认可和执行台湾地区仲裁裁决
233. 申请承认和执行外国法院民事判决、裁定
234. 申请承认和执行外国仲裁裁决

235. 案外人执行异议之诉

236. 申请执行人执行异议之诉

237. 执行分配方案异议之诉

香港法律执业者和澳门执业律师受聘于内地律师事务所担任法律顾问管理办法

（2003 年 11 月 30 日 司法部令第 82 号）

第一条 为了落实国务院批准的《内地与香港关于建立更紧密经贸关系的安排》和《内地与澳门关于建立更紧密经贸关系的安排》，规范香港法律执业者、澳门执业律师受聘于内地律师事务所担任法律顾问的活动及管理，制定本办法。

第二条 本办法所称的香港法律执业者，是指具有香港永久性居民身份，依据香港有关法规在律师、大律师登记册上登记，并没有被暂时吊销执业资格的律师、大律师。

本办法所称的澳门执业律师，是指具有澳门永久性居民身份，在澳门律师公会有效注册的执业律师。

第三条 香港法律执业者、澳门执业律师受聘于内地律师事务所担任法律顾问，只能办理已获准从事律师执业业务的香港、澳门以及中国以外的其他国家的法律事务。

香港法律执业者、澳门执业律师受聘于内地律师事务所担任法律顾问，应当接受内地司法行政机关的监督和管理。

第四条 香港法律执业者受聘于内地律师事务所担任法律顾问，应当依照本办法申请领取香港法律顾问证。

澳门执业律师受聘于内地律师事务所担任法律顾问，应当依照本办法申请领取澳门法律顾问证。

第五条 香港法律执业者、澳门执业律师具备下列条件的，可以向内地司法行政机关申请领取香港、澳门法律顾问证：

（一）在香港或者澳门执业满 2 年；

（二）未受过刑事处罚及未因违反律师职业道德、执业纪律受过处罚；

（三）有内地律师事务所同意聘用。

第六条 内地律师事务所具备下列条件的，可以聘用香港法律执业者、澳门执业律师为本所香港、澳门法律顾问：

（一）成立满3年；

（二）专职律师不少于10人；

（三）最近3年内未受过行政处罚、行业处分。

内地律师事务所聘用香港法律执业者、澳门执业律师的数量合计不得超过本所专职律师总数的五分之一。

第七条 香港法律执业者、澳门执业律师申请领取香港、澳门法律顾问证，应当通过拟聘其担任法律顾问的内地律师事务所提交下列材料：

（一）申请书；

（二）申请人身份证明的复印件；

（三）申请人的香港法律执业者、澳门执业律师执业资格证书的复印件；

（四）申请人如有获准从事律师执业业务的外国律师资格的，须提交其律师执业资格证书的复印件；

（五）申请人在香港或者澳门执业满2年的证明材料；

（六）申请人所在的香港、澳门律师事务所出具的同意其受聘于内地律师事务所的证明；

（七）香港、澳门律师监管机构出具的申请人未受过刑事处罚及未因违反律师职业道德、执业纪律受过处罚的证明材料；

（八）内地律师事务所出具的拟聘用申请人的证明及本所符合聘用条件的证明材料。

前款第二项、第三项、第四项、第五项所列证明材料，须经内地认可的公证人公证。

申请材料应当使用中文，一式三份。材料中如有使用外文的，应当附中文译文。

第八条 内地律师事务所所在地的地（市）级司法行政机关应当自收到香港法律执业者、澳门执业律师申请材料之日起10日内完成审查，出具审查意见，并连同申请材料上报省级司法行政机关。

第九条 省级司法行政机关应当自收到申请材料之日起20日内完成审核。对于符合本办法规定条件的，准予在内地受聘担任法律顾问，并办理登记，向其颁发香港、澳门法律顾问证；对于不符合本办法规定条件的，不准在内地受聘担任法律顾问，并书面通知申请人和拟聘其担任法律顾问的内地律师事务所。

省级司法行政机关应当自向申请人颁发香港、澳门法律顾问证之日起30

日内,将有关登记材料及审核意见报司法部备案。

第十条 香港法律执业者、澳门执业律师,只能受聘于内地一个律师事务所担任法律顾问,不得同时受聘于外国律师事务所,不得同时在香港、澳门律师事务所驻内地代表机构担任代表。

第十一条 香港、澳门法律顾问不得办理内地法律事务。

第十二条 香港、澳门法律顾问在内地办理法律事务,应当由所在的内地律师事务所统一接受委托、统一收取费用,不得私自受理业务、私自收费。

第十三条 香港、澳门法律顾问应当遵守国家法律、法规和规章,恪守律师职业道德和执业纪律,不得损害国家安全和社会公共利益。

第十四条 香港、澳门法律顾问与内地律师事务所应当依法签订聘用协议,规定双方的权利、义务及违约责任。

第十五条 香港、澳门法律顾问证,每年须经省级司法行政机关年度注册。未经注册的无效。

第十六条 香港、澳门法律顾问有下列行为之一的,由地(市)级司法行政机关给予警告,责令限期改正;逾期不改正的,处 1 万元以下罚款;有违法所得的,处违法所得 1 倍以上 3 倍以下罚款,但罚款最高不得超过 3 万元:

(一)同时在内地两个以上律师事务所受聘的;

(二)同时在香港、澳门律师事务所驻内地代表机构担任代表的;

(三)同时在外国律师事务所受聘的;

(四)私自受理业务或者私自向当事人收取费用的;

(五)办理内地法律事务的;

(六)其他违反法律、法规和规章应当给予处罚的行为。

香港、澳门法律顾问违反前款规定情节严重的,内地律师事务所应当与其解除聘用关系。

第十七条 内地律师事务所有下列行为之一的,由地(市)级司法行政机关给予警告,责令限期改正;逾期不改正的,处 1 万元以下罚款;有违法所得的,处违法所得 1 倍以上 3 倍以下罚款,但罚款最高不得超过 3 万元:

(一)未经核准,擅自聘用香港法律执业者、澳门执业律师担任法律顾问的;

(二)对香港、澳门法律顾问的法律服务活动不实行统一接受委托、统一收取费用的;

(三)对香港、澳门法律顾问的违法行为负有管理失察责任的;

(四)其他违反法律、法规和规章应当给予处罚的行为。

第十八条 香港、澳门法律顾问因违法行为或者过错给当事人造成损失的,由聘其担任法律顾问的内地律师事务所承担赔偿责任。律师事务所赔偿后，可以向负有直接责任的香港、澳门法律顾问追偿部分或者全部赔偿费用。

香港、澳门法律顾问应当在内地办理保险。

第十九条 司法行政机关工作人员在行政管理活动中，有违反法律、法规和规章规定的行为的，依法给予行政处分。构成犯罪的，依法追究刑事责任。

第二十条 本办法由司法部解释。

第二十一条 本办法自2004年1月1日起施行。

香港特别行政区和澳门特别行政区律师事务所与内地律师事务所联营管理办法

（2003年11月30日司法部令第83号发布，根据2005年12月28日司法部令第100号、2006年12月22日司法部令第106号、2008年3月6日司法部令第109号、2009年9月1日司法部令第118号、2012年11月21日司法部令第126号修正）

第一章 总 则

第一条 为了落实国务院批准的《内地与香港关于建立更紧密经贸关系的安排》和《内地与澳门关于建立更紧密经贸关系的安排》，规范香港、澳门律师事务所与内地律师事务所在内地进行联营的活动及管理，制定本办法。

第二条 本办法所称的联营，是由已在内地设立代表机构的香港、澳门律师事务所与一至三家内地律师事务所，按照协议约定的权利和义务，在内地进行联合经营，向委托人分别提供香港、澳门和内地法律服务。

第三条 香港、澳门律师事务所与内地律师事务所联营，不得采取合伙型联营和法人型联营。香港、澳门律师事务所与内地律师事务所在联营期间，双方的法律地位、名称和财务应当保持独立，各自独立承担民事责任。

第四条 香港、澳门律师事务所与内地律师事务所联营，应当遵守国家法律、法规和规章，恪守律师职业道德和执业纪律，不得损害国家安全和社会公共利益。

第二章　联营申请

第五条　符合下列条件的香港、澳门律师事务所，可以申请联营：

（一）根据香港、澳门有关法规登记设立。

（二）在香港、澳门拥有或者租用业务场所从事实质性商业经营满3年。

（三）独资经营者或者所有合伙人必须为香港、澳门注册执业律师。

（四）主要业务范围应为在香港、澳门提供本地法律服务。

（五）律师事务所及其独资经营者或者所有合伙人均须缴纳香港利得税、澳门所得补充税或者职业税。

（六）已获准在内地设立代表机构，且代表机构在申请联营前两年内未受过行政处罚；申请联营时代表机构设立未满两年的，自代表机构设立之日起未受过行政处罚。

第六条　符合下列条件的内地律师事务所，可以申请联营：

（一）成立满3年；

（二）申请联营前两年内未受过行政处罚、行业惩戒。

成立满1年并至少有1名设立人具有5年以上执业经历、住所地在广东省的内地律师事务所，也可以申请联营。

内地律师事务所分所不得作为联营一方申请联营。

第七条　香港、澳门律师事务所与内地律师事务所申请联营，应当共同向内地律师事务所所在地的省级司法行政机关提交下列申请材料：

（一）双方签署的联营申请书；

（二）双方签署的联营协议；

（三）香港、澳门律师事务所获准在香港、澳门设立的有效登记证件的复印件，独资经营者或者负责人、所有合伙人名单，驻内地代表机构执业许可证的复印件及代表名单；

（四）香港、澳门特别行政区政府有关部门出具的香港、澳门律师事务所符合香港、澳门法律服务提供者标准的证明书；

（五）内地律师事务所执业许可证的复印件，负责人、所有合伙人名单，地（市）级司法行政机关出具的该所符合本办法第六条规定条件的证明文件；

（六）香港、澳门律师事务所驻内地代表机构与内地律师事务所不在同一省、自治区、直辖市的，由香港、澳门律师事务所驻内地代表机构所在地的省级司法行政机关出具的香港、澳门律师事务所符合本办法第五条第（六）项规定条件的证明文件；

（七）省级司法行政机关要求提交的其他材料。

本条前款第三项所列有效登记证件的复印件，须经内地认可的公证人公证。

根据本办法第六条第二款规定申请联营的内地律师事务所，应当同时提交本所具有5年以上执业经历的设立人的证明材料。

申请材料应当使用中文，一式三份。材料中如有使用外文的，应当附中文译文。

第八条 省级司法行政机关应当自收到申请人联营申请材料之日起20日内作出准予或者不准联营的决定。20日内不能作出决定的，经本机关负责人批准，可以延长10日，并应当将延长期限的理由告知申请人。

对于符合本办法规定条件的，应当准予联营，颁发联营许可证；对于不符合本办法规定条件的，不准联营，并书面通知申请人。

对准予联营的，省级司法行政机关应当自颁发联营许可证之日起30日内，将准予联营的批件及有关材料报司法部备案。

香港、澳门律师事务所驻内地代表机构与内地律师事务所不在同一省、自治区、直辖市的，经内地律师事务所所在地的省级司法行政机关准予联营的，作出准予联营决定的省级司法行政机关还应当将准予联营批件同时抄送香港、澳门律师事务所驻内地代表机构所在地的省级司法行政机关。

第三章 联营规则

第九条 香港、澳门律师事务所与内地律师事务所联营，应当以书面形式订立联营协议。联营协议应当包括下列内容：

（一）联营双方各自的名称、住所地、独资经营者、合伙人姓名；

（二）联营名称、标识；

（三）联营期限；

（四）联营业务范围；

（五）共用办公场所和设备的安排；

（六）共用行政、文秘等辅助人员的安排；

（七）联营收费的分享及运营费用的分摊安排；

（八）联营双方律师的执业保险及责任承担方式的安排；

（九）联营的终止及清算；

（十）违约责任；

（十一）争议解决；

（十二）其他事项。

联营协议应当依照内地法律的有关规定订立。

联营协议经司法行政机关核准联营后生效。

第十条 香港、澳门律师事务所与内地律师事务所联营协议约定的联营期限不得少于1年。双方联营协议约定的联营期满，经双方协商可以续延。申请联营续延，应当依照本办法第七条、第八条规定的程序办理。

第十一条 香港、澳门律师事务所与内地律师事务所联营，可以使用双方商定并经核准的联营名称和联营标识。联营名称由香港或者澳门律师事务所名称与内地律师事务所名称加联营的字样组成。

第十二条 香港、澳门律师事务所与内地律师事务所联营，可以共同以联营的名义，接受当事人的委托或者其他律师事务所的委托，采取合作方式办理各自获准从事律师执业业务的香港、澳门、内地以及中国以外的其他国家的法律事务。

参与联营业务的香港、澳门律师，不得办理内地法律事务。

第十三条 联营双方受托办理法律事务，应当避免各自委托人之间的利益冲突。

第十四条 香港、澳门律师事务所与内地律师事务所以联营名义合作办理法律事务的，可以统一向委托人收费，双方再依照联营协议进行分配；也可以根据联营中各自办理的法律事务，分别向委托人收费，但须事先告知委托人。

第十五条 香港、澳门律师事务所与内地律师事务所联营，可以共同进行业务宣传推广活动。但在进行业务宣传推广时，应当披露下列事实：

（一）双方联营不是合伙型联营或者法人型联营；

（二）联营的香港、澳门律师事务所及其律师不能从事内地法律事务；

（三）进行宣传推广的律师须明示其所在律师事务所的名称。

第十六条 联营双方及其参与联营业务的律师，应当分别依照香港、澳门和内地的有关规定，以各自的名义参加律师执业保险。

第十七条 联营双方在开展联营业务中违法执业或者因过错给委托人造成损失的，双方应当依照联营协议，由过错方独自承担或者双方分担赔偿责任。

第十八条 香港、澳门律师事务所与内地律师事务所联营，可以共用办公场所、办公设备。联营双方决定共用办公场所的，应当选择香港、澳门律师事务所驻内地代表机构或者内地律师事务所的办公场所作为共用办公场所。共用办公场所或办公设备的费用分担由联营协议约定。

第十九条 香港、澳门律师事务所与内地律师事务所联营，可以共用行政、文秘等辅助人员。有关费用分担由联营协议约定。

第二十条 香港、澳门律师事务所与内地律师事务所联营，应当各自保持独立的财务制度和会计账簿。

第二十一条 香港、澳门律师事务所与内地律师事务所联营，有下列情形之一的，应当终止联营：

（一）联营期满双方不再申请续延的；

（二）联营双方按照协议的约定终止联营的；

（三）联营一方不再存续或者破产的；

（四）香港、澳门律师事务所驻内地代表机构被依法注销的；

（五）其他依法应当终止联营的情形。

终止联营的，由省级司法行政机关办理注销手续。

第四章 监督管理

第二十二条 香港、澳门律师事务所与内地律师事务所联营，应当在每年3月31日前，共同向内地律师事务所所在地的省级司法行政机关提交联营执业许可证副本以及下列年度检验材料，接受年度检验：

（一）香港、澳门律师事务所驻内地代表机构和内地律师事务所的有效执业许可证副本及复印件；

（二）上一年度的联营情况报告，内容包括以联营名义接受委托办理法律事务的情况，以联营名义办理法律事务的收费情况，联营收费的分享和运营费用的分摊情况，联营的收入和纳税情况，以联营名义开展业务过程中因违法执业或因过错给委托人造成损失的赔偿情况等；

（三）香港、澳门律师事务所驻内地代表机构和内地律师事务所所在地的省级司法行政机关或地（市）级司法行政机关出具的代表机构和内地律师事务所在上一年度受到行政处罚或行业惩戒情况的文件。

无正当理由逾期不提交年检材料接受年度检验的，视为联营双方自行终止联营。

第二十三条 香港、澳门律师事务所与内地律师事务所联营，有违反内地法律、法规和规章及本办法规定的行为的，由省级司法行政机关给予警告，责令限期改正；逾期不改正的，处1万元以下罚款；有违法所得的，处违法所得1倍以上3倍以下罚款，但罚款最高不得超过3万元。

第二十四条 司法行政机关工作人员在行政管理活动中，有违反法律、法规和规章规定的行为的，依法给予行政处分。构成犯罪的，依法追究刑事责任。

第五章　附　　则

第二十五条　本办法由司法部解释。

第二十六条　本办法自2004年1月1日起施行。

附件1：

司法部关于修改《香港特别行政区和澳门特别行政区律师事务所与内地律师事务所联营管理办法》的决定

（2005年12月28日　司法部令第100号）

为了促进香港、澳门与内地建立更紧密经贸关系，根据《〈内地与香港关于建立更紧密经贸关系的安排〉补充协议二》和《〈内地与澳门关于建立更紧密经贸关系的安排〉补充协议二》，决定对《香港特别行政区和澳门特别行政区律师事务所与内地律师事务所联营管理办法》（司法部第83号令）作如下修改：

一、第二条修改为：本办法所称的联营，是由已在内地设立代表机构的香港、澳门律师事务所与其代表机构所在的省、自治区、直辖市区域内的一个内地律师事务所，按照协议约定的权利和义务，在内地进行联合经营，向委托人分别提供香港、澳门和内地法律服务。

二、本决定自2006年1月1日起施行。《香港特别行政区和澳门特别行政区律师事务所与内地律师事务所联营管理办法》（司法部第83号令）根据本决定作相应修改后重新颁布。

附件2：

司法部关于修改《香港特别行政区和澳门特别行政区律师事务所与内地律师事务所联营管理办法》的决定

（2006年12月22日　司法部令第106号）

为了促进香港、澳门与内地建立更紧密经贸关系，根据国务院批准的《〈内地与香港关于建立更紧密经贸关系的安排〉补充协议三》和《〈内地与澳门关于建立更紧密经贸关系的安排〉补充协议三》,决定将《香港特别行政区和澳门特别行政区律师事务所与内地律师事务所联营管理办法》第六条修改为:"符合下列条件的内地律师事务所,可以申请联营:

(一)成立满3年;

(二)申请联营前两年内未受过行政处罚、行业惩戒。

内地律师事务所分所不得作为联营一方申请联营。"

本决定自2007年1月1日起施行。

《香港特别行政区和澳门特别行政区律师事务所与内地律师事务所联营管理办法》(司法部令第83号发布,司法部令第100号修正)根据本决定作相应修正,重新发布。

附件3:

司法部关于修改《香港特别行政区和澳门特别行政区律师事务所与内地律师事务所联营管理办法》的决定

(2008年3月6日 司法部令第109号)

为了促进香港、澳门与内地建立更紧密经贸关系,根据国务院批准的《〈内地与香港关于建立更紧密经贸关系的安排〉补充协议四》和《〈内地与澳门关于建立更紧密经贸关系的安排〉补充协议四》,结合近几年香港、澳门律师事务所与内地律师事务所开展联营的情况,决定对《香港特别行政区和澳门特别行政区律师事务所与内地律师事务所联营管理办法》作如下修改:

一、将第二条修改为:"本办法所称的联营,是由已在内地设立代表机构的香港、澳门律师事务所与一个内地律师事务所,按照协议约定的权利和义务,在内地进行联合经营,向委托人分别提供香港、澳门和内地法律服务。"

二、删除第五条第(七)项,将第(六)项修改为:"已获准在内地设立代表机构,且代表机构在申请联营前2年内未受过行政处罚;申请联营时代表机构设立未满2年的,自代表机构设立之日起未受过行政处罚"。

三、将第七条第一款第(二)项修改为:"(二)双方签署的联营协议";将第(五)项修改为:"(五)内地律师事务所执业许可证的复印件,负责人、所有合伙人名单,地(市)级司法行政机关出具的该所符合本办法第六条规定条件的证明文件";增加一项作为第(六)项,内容为"(六)香港、澳门律师事务所驻内地代表机构与内地律师事务所不在同一省、自治区、直辖市的,由香港、澳门律师事务所驻内地代表机构所在地的省级司法行政机关出具的香港、澳门律师事务所符合本办法第五条第（六）项规定条件的证明文件”，原第（六）项内容变为第（七）项。

四、在第八条增加一款作为第四款，内容为“香港、澳门律师事务所驻内地代表机构与内地律师事务所不在同一省、自治区、直辖市，经内地律师事务所所在地的省级司法行政机关准予联营的，作出准予联营决定的省级司法行政机关还应当将准予联营批件同时抄送香港、澳门律师事务所驻内地代表机构所在地的省级司法行政机关。”

五、将第九条第一款第（一）项修改为：“联营双方各自的名称、住所地、独资经营者、合伙人姓名”。

六、将第十八条修改为：“香港、澳门律师事务所与内地律师事务所联营，可以共用办公场所、办公设备。联营双方决定共用办公场所的，应当选择香港、澳门律师事务所驻内地代表机构或者内地律师事务所的办公场所作为共用办公场所。共用办公场所或办公设备的费用分担由联营协议约定。”

七、在第二十一条第一款增加一项作为第（四）项，内容为“香港、澳门律师事务所驻内地代表机构被依法注销的”，原第（四）项内容变为第（五）项。

八、将第二十二条修改为：“香港、澳门律师事务所与内地律师事务所联营，应当在每年 3 月 31 日前，共同向内地律师事务所所在地的省级司法行政机关提交联营执业许可证副本以及下列年度检验材料，接受年度检验：

（一）香港、澳门律师事务所驻内地代表机构和内地律师事务所的有效执业许可证副本及复印件；

（二）上一年度的联营情况报告，内容包括以联营名义接受委托办理法律事务的情况，以联营名义办理法律事务的收费情况，联营收费的分享和运营费用的分摊情况，联营的收入和纳税情况，以联营名义开展业务过程中因违法执业或因过错给委托人造成损失的赔偿情况等；

（三）香港、澳门律师事务所驻内地代表机构和内地律师事务所所在地的省级司法行政机关或地（市）级司法行政机关出具的代表机构和内地律师事务所在上一年度受到行政处罚或行业惩戒情况的文件。

无正当理由逾期不提交年检材料接受年度检验的，视为联营双方自行终止联营。”

本决定自发布之日起施行。

《香港特别行政区和澳门特别行政区律师事务所与内地律师事务所联营管理办法》（司法部令第 83 号发布，司法部令第 100 号和第 106 号修正）根据本决定作相应修正，重新发布。

附件4：

司法部关于修改《香港特别行政区和澳门特别行政区律师事务所与内地律师事务所联营管理办法》的决定

（2009年9月1日 司法部令第118号）

为了促进香港、澳门与内地建立更紧密经贸关系，根据国务院批准的《〈内地与香港关于建立更紧密经贸关系的安排〉补充协议六》和《〈内地与澳门关于建立更紧密经贸关系的安排〉补充协议六》，决定对《香港特别行政区和澳门特别行政区律师事务所与内地律师事务所联营管理办法》作如下修改：

一、在第六条增加一款作为第二款，内容为："成立满1年并至少有1名设立人具有5年以上执业经历、住所地在广东省的内地律师事务所，也可以申请联营。"

将第六条第二款改为第三款。

二、在第七条第二款后增加一款作为第三款，内容为："根据本办法第六条第二款规定申请联营的内地律师事务所，应当同时提交本所具有5年以上执业经历的设立人的证明材料"。

将第七条第三款改为第四款。

三、本决定自2009年10月1日起施行。

《香港特别行政区和澳门特别行政区律师事务所与内地律师事务所联营管理办法》（司法部令第83号发布，司法部令第100号、第106号和第109号修正）根据本决定作相应修正，重新发布。

附件5：

司法部关于修改《香港特别行政区和澳门特别行政区律师事务所与内地律师事务所联营管理办法》的决定

（2012年11月21日 司法部令第126号）

为了促进香港、澳门与内地建立更紧密经贸关系，根据国务院批准的《〈内地与香港关于建立更紧密经贸关系的安排〉补充协议九》和《〈内地与澳门关于建立更紧密经贸关系的安排〉补充协议九》，决定对《香港特别行政区和澳门特别行政区律师事务所与内地律师事务所联营管理办法》作如下修改：

一、将第二条修改为："本办法所称的联营，是由已在内地设立代表机构的香港、澳门律师事务所与一至三家内地律师事务所，按照协议约定的权利和义务，在内地进行联合经营，向委托人分别提供香港、澳门和内地法律服务。"

二、本决定自2013年1月1日起施行。

《香港特别行政区和澳门特别行政区律师事务所与内地律师事务所联营管理办法》（司法部令第83号发布，司法部令第100号、第106号、第109号和第118号修正）根据本决定作相应修正，重新发布。

取得国家法律职业资格的台湾居民在大陆从事律师职业管理办法

（2008年12月21日 司法部令第115号）

第一条 为规范取得国家法律职业资格的台湾居民在大陆从事律师职业的活动及管理，根据《中华人民共和国律师法》（以下简称《律师法》）及《律师执业管理办法》的有关规定，制定本办法。

第二条 参加国家司法考试合格，取得《中华人民共和国法律职业资格证书》的台湾居民，可以依法在大陆申请律师执业。

台湾居民在大陆申请律师执业，还应当符合《律师法》规定的其他条件。

第三条 台湾居民获准在大陆律师事务所执业，可以担任法律顾问、代理、咨询、代书等方式从事大陆非诉讼法律事务，也可以担任诉讼代理人的方式从事涉台婚姻、继承的诉讼法律事务。

台湾居民在大陆律师事务所执业，应当遵守国家法律、法规和规章，恪守律师职业道德和执业纪律，接受大陆司法行政机关的监督和管理，接受大陆律师协会的行业管理。

第四条 台湾居民在大陆申请律师执业的，应当根据《律师法》《律师执业管理办法》和中华全国律师协会制定的《申请律师执业人员实习管理规则》的规定，在大陆律师事务所参加为期一年的实习，并经当地地方律师协会考核合格。

台湾居民在大陆律师事务所实习，应当按照规定参加集中培训和实务训练，实务训练以办理非诉讼法律事务及代理婚姻、继承案件的训练为主，并遵守有关实习规定和纪律。

接收台湾居民实习的律师事务所应当指派擅长办理相关业务的律师指导实务训练。一名指导律师只能指导一名台湾居民实习。

台湾居民实习，应当确保参加实习的时间。因故暂停实习的时间最长不得超过三个月，并应当由接收实习的律师事务所将其暂停实习的原因和时间报所在地地市级律师协会备案。

第五条 台湾居民申请律师执业，应当根据《律师法》和《律师执业管理办法》的有关规定，向设区的市级或者直辖市的区(县)司法行政机关提出申请，并提交与申请执业相关的证明材料。

台湾居民申请律师执业，提交的身份证明和其他在台湾地区出具的证明材料应当经台湾地区的公证机构公证，同时还应当书面说明是否具有台湾、香港、澳门地区或者外国律师资格以及是否受聘于台湾、香港、澳门地区或者外国律师事务所的情况。

第六条 台湾居民申请律师执业，由设区的市级或者直辖市的区(县)司法行政机关受理申请，并进行初审，报省、自治区、直辖市司法行政机关审核，作出是否准予执业的决定。具体许可程序，根据《律师法》和《律师执业管理办法》的规定办理。

第七条 台湾居民获准在大陆执业的，由准予其执业的省、自治区、直辖市司法行政机关自颁发律师执业证书之日起三十日内，将准予执业的决定及相关材料报司法部备案。

第八条 台湾居民在大陆律师事务所执业，依法享有大陆律师相应的执业权利，履行相应的律师义务。

第九条 获准执业的台湾居民，只能在一个大陆律师事务所执业，不得同时受聘于外国律师事务所驻华代表机构或者香港、澳门律师事务所驻内地代表机构。

第十条 获准执业的台湾居民，符合规定条件的，可以成为大陆律师事务所的合伙人。

第十一条 获准执业的台湾居民，应当加入大陆律师协会，享有会员的权利，履行会员的义务，参加大陆律师协会组织的业务培训和交流活动。

第十二条 获准执业的台湾居民，有违反《律师法》《律师执业管理办法》和本办法规定的行为的，依法给予相应的行政处罚；有违反律师职业道德和执业纪律行为的，给予相应的行业惩戒。

第十三条 在实行国家司法考试前已取得大陆律师资格的台湾居民，在大陆申请律师执业的，依照本办法办理。

第十四条 本办法自 2009 年 1 月 1 日起施行。

三、 规范性文件

（一）综合

司法部关于中国加入 WTO 后加快律师业改革与发展的意见

（2001 年 3 月 8 日　司发通〔2001〕030 号）

各省、自治区、直辖市司法厅（局），新疆生产建设兵团司法局：

中国加入世界贸易组织后，我国法律服务市场的进一步对外开放和全面融入国际法律服务市场已是大势所趋。我国律师业既面临千载难逢的良好机遇，也面临严峻的挑战。为建设一支适应加入 WTO 后我国经济发展和民主法制建设需要的高素质律师队伍，根据《中共中央关于制定国民经济和社会发展第十个五年计划的建议》（以下简称“十五计划”）精神，现对我国加入 WTO 后，进一步加快律师业的改革与发展提出如下意见：

一、充分认识“入世”后我国律师业发展面临的良好机遇和挑战

各级司法行政机关、律师协会和广大律师要充分看到：“入世”后，我国对外开放将全方位、宽领域推进，我国经济将加速融入世界经济主流。越来越多的中国企业拓展海外市场，参与国际经济合作与竞争，外资大量进入、知识经济的繁荣、西部大开发战略的实施，将为我国律师拓展更为广阔的服务领域和服务空间；“入世”后，随着我国政府机构改革力度持续加大，经济运行、社会管理等机制调整的加快和司法体制的不断完善，律师的职业功能和社会影响不断加强，执业环境将不断得到优化；“入世”后，全球经济一体化和国际法律服务业全球化发展趋势以及中国法律服务市场深入开放带来的竞争压力，将促使中国律师从观念、知识到能力都必须适应市场的需求，加速提高业务素质和整体水平，增强竞争力；“入世”后，大量外国律师事务所进入我国境内提供外国法律服务，不仅促进了中外律师间广泛的交流与合作，也为中国律师参与国际法律服务竞争创造了机会。同时，国外法律服务业的先进经验和一些成熟做法，对我们进一步解放思想、更新观念，科学合理地规划律师业的发展战略，加快建立符合国际竞争要求的中国律师制度，将提供良好的借鉴。

但是，我国律师业起步较晚，基础薄弱，律师队伍在整体水平还不能适应“入世”后市场经济与民主法治建设的发展需要：一是律师事务所普遍规模较小，整个律师队伍的知识结构、专业能力和服务标准尤其是提供新经济领域的

法律服务方面，经验不足，不能适应经济全球化对法律服务全方位、多层次和专业化的需求；二是办理国际法律业务能力较差，涉外型优秀法律服务人才缺乏，在国际法律服务市场上竞争力较弱，随着“入世”后市场准入和国民待遇限制的逐步取消，外国律师所将以信息、管理、品牌和服务的优势，占据市场更多份额；三是律师管理观念僵化、体制滞后，仍较多地停留在计划经济下行政管理为主的层面，不适应律师业自律性特征和新形势下发展的内在规律。

二、加快发展，努力提高中国律师的综合素质和国际竞争力

“发展是硬道理”，加快律师业改革和发展步伐，是促进律师业提高竞争实力的关键。面对21世纪法律服务业全球化趋势加强，国外律师事务所兼并组合加快，公司化运营、集团化发展、业务覆盖面全方位展开，竞争愈益激烈的强劲势头，我们要坚定不移地贯彻“十五计划”，抓住机遇，发奋图强，加快律师业改革和发展步伐，促进律师业新的腾飞。

1. 切实加强律师队伍中党的建设和思想政治工作，进一步提高律师的政治素质。要以江泽民同志“三个代表”为指针，进一步在律师队伍中加强党组织建设，充分发挥党组织的战斗堡垒和党员的先锋模范作用；要在广大律师中坚持开展时事政治学习和国际形势教育，引导律师在执业时具有高度的使命感和社会责任感，增强政治敏锐性，善于发现并慎重处置隐含于各种法律纠纷之中危害国家和人民根本利益的现象，维护国家根本利益。

2. 采取有效措施吸引人才，强化执业培训，加速培养一批适应“入世”需要的高素质律师队伍。培养懂外语、懂科技，懂世贸规则和解决争端机制的高层次律师人才，是“入世”后律师业发展的急需。要加强对做国际业务专门律师的培养，壮大这支队伍的力量。沿海大城市司法行政机关和律师协会要充分利用区域经济发达和涉外法律人才相对集中的优势，采取各项优惠措施，把优秀法律人才尽快吸收到律师队伍中来；完善对执业律师的继续教育，加强对律师新兴经济法律知识，科技知识和外语能力的教育与培训；开辟多种培训渠道，选派优秀人才到国外接受培训，同时采取相应措施确保被选派律师回国服务。力争到2010年，我国涉外型律师人才的数量和质量达到与中国市场经济建设与发展需要相适应的水平。

3. 加快律师事务所规模化，专业化、国际化进程，尽快形成一批规模大、实力强，有国际竞争力的律师事务所。有条件的城市要抓紧扶持和培养一批有国际竞争力的律师事务所，鼓励专业水平高、外语能力强的律师流动到这些律师事务所执业；引导律师事务所实现资源优化组合，支持和鼓励律师事务所重组、兼并和联合，组建规模律师事务所，发挥多专业、多层次的立体办案优势，以扩大业务覆盖面，降低成本，创造品牌；鼓励律师事务所实行专业化分工，将一些目前专业较为集中、基础较好的律师事务所定型为专业化律师事务所；进一步推进“走出去”的政策，鼓励中国律师事务所到海外设立分支机构，为中国企业跨国经营，到境外开展加工贸易及开发资源和外商到中国投资提供服务，提高国际竞争力。

4. 加快建立律师事务所现代化的办公手段和办公条件，提高现代化管理水平。一些规模较大的律师事务所要逐步引入决策与日常管理相分离的管理模式，建立健全业务质量保障体制、过错责任赔偿和保险制度、利益冲突审查制度等现代律师事务所管理制度，提高律师业的整体服务质量和社会信誉；引导律师事务所广泛运用互联网等现代办公通讯手段，加强内部管理，提高律师服务效率和服务质量。

5. 根据各地区的实际情况，实行不同地区律师业发展的分类指导和分层管理。在全国范围内形成大、中、小律师事务所并存的格局，以适应法律服务市场多层次、多样化的需要；通过一些具体的政策措施鼓励不同地区律师实行多种形式的合作，缩小差距，带动全行业整体发展。

6. 深化律师管理体制改革，进一步规范律师执业行为，以适应 WTO 框架下律师管理自律性特征和规范执业的需求。司法行政部门要由日常行政管理为主向对整个法律服务市场的监督管理为主转变，突出发挥行业协会的作用，有条件的地方要逐步把年检注册等目前由司法行政部门管理的工作移交给律师协会，增强律师协会在律师中的凝聚力和在社会上的影响力；借鉴国际律师业的成熟做法，建立一套与国际法律服务发展水平相适应的律师管理法律、法规体系。抓紧《律师法》的修订，健全律师机构、业务、人员管理方面的各项法规、规章，包括《律师事务所执业利益冲突审查办法》《律师事务所责任赔偿办法》《律师执业责任保险办法》等，进一步规范律师执业活动和执业行为。

7. 继续推进法律服务业的对外开放，进一步加强中外律师的交流与合作，规范对外国律师在中国境内从事业务活动的管理。“入世”后，一方面，我们将履行对世贸组织的承诺，继续引进一些规模大、管理经验丰富、国际知名度高的外国律师事务所来华设立办事处，以吸引更多的跨国公司把中国作为投资基地和世界贸易中心。办事处较集中的城市，要充分利用这一优势，鼓励中外律师加强业务交流与合作，引导国内律师事务所学习和借鉴他们先进的法律服务技术、管理模式、内部运行机制；另一方面，要加强对办事处的规范管理。有关外国律师在中国执业的行政法规即将出台，新法规出台后，在依法保障外国律师事务所办事处和外国律师在华提供外国法律服务活动的同时，应加强对其在华执业活动的监管力度，严厉查处其不正当竞争和非法从事中国法律业务的行为，以保证我国法律服务市场健康有序、公平规范地发展。

司法部关于印发《司法部关于律师工作为西部大开发服务的意见》的通知

（2001年3月8日 司发通〔2001〕031号）

各省、自治区、直辖市司法厅（局），新疆生产建设兵团司法局：

《司法部关于律师工作为西部大开发服务的意见》已经3月2日第二次部长办公会通过，现印发给你们，请结合实际，贯彻落实。

司法部关于律师工作为西部大开发服务的意见

实施西部大开发战略，是以江泽民同志为核心的党中央高瞻远瞩、统揽全局作出的重大决策，是实现我国现代化建设宏伟目标的伟大战略部署，具有重大的现实 意义和深远的历史意义。各级司法行政机关和广大律师要以邓小平理论和江泽民同志“三个代表”重要思想为指导，认真贯彻中央实施西部大开发战略的总体部署，努力提供全面、优质、高效的法律服务。

一、大力开拓法律服务领域，全面提高服务质量

1. 进一步解放思想，更新观念，要克服“等、靠、要”和“小富即安”思想，发扬自力更生、艰苦创业、开拓进取精神，树立与社会主义市场经济相适应的市 场观、服务观、质量观，人才观和竞争观，树立走规范化、规模化、专业化道路的律师工作发展观念，为在西部大开发中加快律师业的发展打好思想基础。

2. 充分发挥法律服务的引导、疏导、调解功能，运用法律手段化解人民内部矛盾和群体性纠纷，为西部地区的民族团结和社会稳定服务。

3. 加强政府法律顾问工作，促进依法行政。通过组建政府法律顾问团等形式，为政府科学决策提供法律咨询、法律论证和其他法律服务。发挥律师服务接近群众、体察民情、熟悉政策等优势，积极向有关决策部门和立法部门提出建议，争取及时修改和废除不利于西部大开发的政策法律法规。

4. 着力开拓基础设施建设的招标、投标、项目融资、环境保护，招商引资等方面的律师业务领域，发挥法律中介服务的优势，为西部大开发在资金、项目、人才引进等方面牵线搭桥。

5. 不断改进服务方式，提高服务质量。加强与企业界的联系，采取多种形式，多做宣传工作，搞好上门服务。对于那些符合转变政府职能需要的领域，要积极争取有关部门支持，共同推动律师介入。提倡为西部大开发中的企业和负

责西部开发的政府部门义务提供法律服务和法律援助。

二、深化改革，强化管理，进一步把律师业推向市场

6. 依法规范各种形式律师事务所的内部管理，建立健全民主管理机制、人力资源机制、财务管理及分配机制、执业风险责任机制和内外部监督机制，向管理要效益。探索司法行政机关和律师协会“两结合”管理体制的有效实现方式，加大管理力度，严格规范律师事务所和律师的执业活动，加强指导和服务，使律师业真正走上自我约束与外部监督相结合，自我发展与社会效益相统一的良性发展轨道。

7. 推动律师事务所规范化、专业化建设。在西部地区的中心城市，通过行政引导，促进一些律师事务所走“强强联合”的路子，形成一批规模大、实力强、信誉好的骨干律师事务所，增强竞争实力。

8. 开展公职律师制度试点，逐步建立公职律师队伍。结合律师事务所脱钩改制工作，有计划、有步骤地进行公职律师制度试点，在认真总结经验的基础上加以推广。同时制定公职律师管理办法和规章制度，促进公职律师事业的健康发展。

三、全面加强律师队伍建设，提高队伍素质

9. 稳定和加快西部地区律师队伍发展。制定优惠政策，把本地区已取得律师资格的人才吸收到律师队伍中来。制定具体办法，对西部的贫困地区和少数民族地区，适当降低律师行业准入标准。

10. 大力加强律师人才培训和继续教育工作。有计划地组织开展学历教育，包括组织到国外学习。做好经常性继续教育工作，强化金融、证券，保险、投资，高科技、知识产权、外经，外贸等方面的法律知识培训和外语培训。

11. 全国律协定期为西部律师举办各种新法规、新业务的免费培训，聘请专家学者及有专长的律师到西部地区举办各种形式的讲座和辅导，组织西部地区律师事务所主任和骨干律师到沿海发达地区参观学习，增进交流，共同发展。对于各种专业资格的培训，在名额和经费上给西部律师提供优惠。在律师赴国外学习和进修，组织各种外语培训中，增加西部地区律师所占的比例。把一些全国性律师管理和业务发展研讨活动安排到西部地区举办，为西部律师学习和掌握信息提供更多机会。

12. 在部级文明律师事务所等评优活动中，对西部地区律师事务所实行倾斜政策。

13. 切实加强律师职业道德和执业纪律教育，加强律师队伍中党的建设。组织律师认真学习邓小平理论和江泽民同志“三个代表”的重要思想，有针对性地开展思想政治工作，提高律师队伍的政治素质。建立健全律师事务所中党的

组织,充分发挥律师队伍中党员的先锋模范作用。加强职业道德教育,提高律师自律意识。进一步完善律师违法违纪案件查处机制,加大查处力度。建立健全社会监督制度,增强律师执业的透明度。

四、加强领导,精心组织,保障西部地区律师工作的健康发展

14. 西部地区各级司法行政机关要在当地党委、政府的统一领导下,制定本地区律师业发展的具体规划,因地制宜,有重点、分层次地推进律师工作改革和发展。采取切实有力的措施,加强组织、指导,改进领导方式,提高决策和管理水平。

15. 东部地区司法行政机关和广大律师要进一步树立大局观念,积极参与西部大开发,关心和支持西部律师业的发展,帮助做好律师人才培养和智力支持等方面的工作。鼓励东西部地区律师间多种形式的合作。

16. 司法部和全国律协要把支持西部大开发,加速西部律师业的发展作为今后一个时期的重要任务,加强组织、指导和协调。采取积极的扶持性政策,缩小地区间的发展差距,带动律师业的整体发展,为国民经济和社会发展做出更大贡献。

司法部关于进一步推动律师工作改革的若干意见

(2002 年 1 月 30 日 司发通〔2002〕10 号)

各省、自治区、直辖市司法厅(局),新疆生产建设兵团司法局:

为了贯彻落实全国司法厅(局)长会议的精神,适应入世后法律服务业面临的新形势,进一步推动律师工作的改革和发展,现提出以下意见:

一、积极开展公职律师、公司律师的试点,完善律师队伍结构。随着我国入世,依法治国方略的推进和社会主义市场经济体制的完善,社会对法律服务的需求不仅数量增加且日趋多样化,单纯发展社会律师已不能满足社会的需要,要积极开展公职律师、公司律师的试点,探索建立有中国特色的公职律师、公司律师制度。要认真总结公职律师试点的经验,积极推广。要选择一些条件好的国有企业、民营企业,进行公司律师的试点。

二、认真搞好律师继续教育工作。要制定律师继续教育的中长期计划,对继续教育进行整体规划。充分利用现有的各律师学院及高校教育机构,开展律师继续教育。有条件的地方可建立律师学院。要开辟更多渠道,选派优秀律师到国外学习培训，实地考察学习国外律师的先进经验，培养一批能够熟练办理涉外法律业务的律师人才。同时，大力开展短期集中培训，充分利用互联网技术、各种专题研讨会等多种形式组织培训活动。

要继续开展学历教育培训，通过与有关学校联合开办专升本课程，力争到2006年底除个别地区外，使45岁以下的律师，全部达到大学本科以上的学历。

三、完善实习制度，严把律师队伍的入门关。要以全国司法考试为契机，完善实习制度，改变过去单一知识测试为知识测试与实务培训并重。取得资格的人员，在申领执业证书前，必须要在符合要求的律师事务所中完成一年的实习。要制订实习大纲，明确实习的内容、要求、标准，保证实习人员见习刑事、民事、仲裁及各类非诉讼业务，学习、掌握律师的各项基本功，并要接受律师协会组织的不少于5日的职业道德和执业纪律集中培训。要加强对申领执业证书人员的品行审查，把品行不良的人挡在门外。

四、完善律师事务所组织形式和运行机制，推动律师事务所的建设。要大胆借鉴国外律师执业组织形式，学习和引进国外律师事务所内部管理的先进做法。要打破地域限制，鼓励律师事务所跨地区进行强强联合，扶持和培养一批高层次、规模化、综合实力强的律师事务所，同时要抓中小律师事务所的规范化管理，发展专业特色，在专利、商标、金融、证券、海商海事、房地产等专业强的领域，发展一批有专业特色的律师事务所。要进行律师事务所分配制度改革，逐步引进、推广以执业质量、资历、专业水平、经济效益等因素综合确定工资的分配办法。

五、加强对律师执业活动的监督，严厉查处违法违纪行为。要根据《公民道德建设实施纲要》的要求，修改、完善《律师职业道德和执业纪律规范》，同时要加紧制订各类业务规程和标准，力争尽快建立起律师行为规范体系。要在律师职业道德和执业纪律评查活动的基础上，逐步推行执业公示制度，将律师收费、职业道德、执业规程和标准等内容向社会公开，向当事人公开，将律师执业活动置于社会监督之下；要进一步完善社会监督员等制度，加强对律师执业活动的监督。

要对投诉受理、调查取证、处罚等环节进行规范，保证投诉受理渠道畅通，做到有足够的人手开展调查取证。对调查属实的，要坚决依法严惩，不手软，不袒护，处罚结果要在行业内部公开通报，并通知当事人、投诉人。要建立违法违纪记录制度。

六、建立律师执业责任保险制度。从今年起要在全行业强制推行律师执业赔偿保险制度。力争在今年7月前，律师公证司、全国律师协会向各律师事务所推荐保险公司及保险合同样本。各省（区、市）根据当地情况，确定每名律师的最低保险金额，以律师事务所为单位投保。律师事务所可以在推荐的保险公司投保,也可选择别的保险公司。各地也可以根据律师的意愿,统一投保。今后,年检注册要对当年度律师事务所的保险合同进行检查,以保证该制度的有效实施。

七、加强对律师事务所收费、税收和财务管理活动的管理。各省(区、市)要积极与当地物价部门协商,抓紧制订律师服务费标准,力争在今年上半年出台。要配合新的会计制度的施行,推动律师事务所建立规范的财务制度,同时要加强对律师事务所财务管理的检查。要开展律师纳税的教育和检查,强化律师依法纳税的意识。

八、进一步整顿、规范法律服务秩序。随着司法行政机关在律师管理方面的职能转变,法律服务监管的任务将日益突出,因此要尽快制定法律服务市场的整体发展规划,明确法律服务市场的发展思路,划分各支队伍的业务分工,建立统一的执业规则,完善竞争机制。目前,要集中打击假冒律师执业的行为,清理非法机构,要加大反不正当竞争的力度,规范竞争秩序。

九、履行入世的承诺,积极稳妥推进法律服务业的开放。要依据《外国律师事务所驻华代表机构管理条例》的规定,建立配套的外国律师事务所驻华代表机构的审批管理制度,加强对外国驻华律师执业活动的监督。要建立配套的港澳律师事务所在内地设立代表机构的审批管理制度。稳妥地开展我国律师事务所聘用外国律师、港澳律师的试点工作。

十、加强律师工作宣传和律师文化建设。要加强对律师工作、律师的宣传,继续开展"十佳律师"、文明律师事务所等评比活动,宣传律师队伍的先进人物和事迹,宣传律师的作用,让社会了解和认识律师。要加强律师文化建设,通过开展律师宣誓、统一律师出庭着装、律师事务所文化建设及参加社会公益活动等,增强律师对律师职业认知感、责任感和荣誉感,熏陶、教育律师。

民政部 司法部关于进一步加强农村基层民主法制建设的意见

(2003年1月8日 司发〔2003〕2号)

各省、自治区、直辖市民政厅(局)、司法厅(局),新疆生产建设兵团民政局、司法局:

为认真贯彻党的十六大关于扩大基层民主、加强社会主义法制建设的精神,落实依法治国基本方略,保障农民当家作主,促进农村各项事业的依法管理，推进农村全面建设小康社会的进程，现就进一步加强农村基层民主法制建设提出如下意见：

一、指导思想

农村基层民主法制建设，是在党的领导下，亿万农民依照法律和规章制度管理基层公共事务和公益事业的生动实践，是实施依法治国方略的基础工程，是社会主义政治文明建设的重要组成部分。

党和国家历来十分重视农村基层民主法制建设。改革开放，特别是十三届四中全会以来，农村基层民主法制建设有了长足发展，取得了显著成效。当前，我国已经进入全面建设小康社会，加快推进社会主义现代化的新的发展阶段。新世纪新阶段、新形势新任务，对我国农村基层民主法制建设提出了新的更高的要求。进一步加强农村基层民主法制建设，对于全面贯彻落实"三个代表"重要思想，实现和维护农民群众的根本利益；落实党在农村的各项方针政策，调动农民群众的积极性；推进我国民主政治建设进程，建设社会主义政治文明，保证农民当家作主；增强广大农村干部群众的法律素质，提高农村依法治理水平；密切党群干群关系，维护社会稳定，都具有十分重要的意义。

进一步加强农村基层民主法制建设的指导思想是：高举邓小平理论伟大旗帜，全面贯彻"三个代表"重要思想，按照党的十六大要求，扩大农村基层民主，完善村民自治，进一步加强农村法制宣传教育，提高农民的法律素质，增强农村干部群众的法制观念和依法办事的能力，推进农村依法治理，提高农村法治化管理水平，促进农村物质文明、政治文明、精神文明的协调发展，为农村全面建设小康社会做出积极贡献。

二、基本原则

（一）坚持党的领导。党的领导是人民当家作主和依法治国的根本保证。要把党的领导、人民当家作主和依法治国有机统一起来，充分发挥社会主义民主政治的优势。认真贯彻执行党在农村民主法制建设方面的路线方针政策。充分发挥农村基层党组织的领导核心作用和党员的先锋模范作用，保证农村基层民主法制工作的健康有序发展。

（二）坚持人民当家作主。人民当家作主是社会主义民主政治的本质要求。要尊重农民的民主权利，尊重农民的首创精神，保护农民管理基层公共事务和公益事业的积极性。最广泛地动员和组织农民群众开展基层民主实践，在实践中提高自我管理、自我教育、自我服务、自我监督的水平。及时总结和推广有利于农民当家作主的好经验，完善保障农民当家作主的各项制度。

（三）坚持依法治国。依法治国是党领导人民治理国家的基本方略。要加强法制宣传教育,增强农村干部群众的法制观念和依法办事能力。依法建制、以制治村,把农村的各项事务纳入依法管理的轨道,不断提高农村的法治化管理水平。不断完善依法治理和民主管理的规章制度。严格依法办事,任何组织和个人都不允许有超越宪法和法律的特权。

(四)坚持为农村工作大局服务。建设现代农业,发展农村经济,增加农民收入,是农村全面建设小康社会的重大任务。要积极促进农村各经济主体依照市场规则进行公平合理的合作与竞争。依法规范农村各种利益关系,正确处理各种矛盾纠纷,维护农村社会稳定。加强农村的思想道德教育和法制教育,坚持法治与德治相结合,促进农村经济社会发展和精神文明建设。

三、目标任务

进一步加强农村基层民主法制建设的目标是:农村基层民主更加健全,农村基层自治组织切实发挥作用,民主选举、民主决策、民主管理、民主监督制度更加完善,农民群众参与管理基层公共事务和公益事业的权利得到切实尊重和保障,不断健全村党组织领导的充满活力的村民自治机制。农村基层法制更加完备,农民群众的法律意识明显增强,法律素质得到进一步提高,村民自治章程、村规民约以及各项规章制度更加完善,农村干部群众的依法决策、依法管理、依法办事的能力进一步增强,农村的法治化管理水平逐步提高。社会秩序良好,人民安居乐业,形成农村物质文明、政治文明和精神文明建设进一步协调发展的良好局面。

进一步加强农村基层民主法制建设的任务是:

(一)以“三个代表”重要思想为指导,进一步深入学习宣传党的十六大关于完善社会主义民主法制、建设社会主义政治文明的重要论述。深刻理解全面建设小康社会、开创中国特色社会主义事业新局面,就是要发展社会主义市场经济、社会主义民主政治和社会主义先进文化,不断促进社会主义物质文明、政治文明和精神文明的协调发展。深刻理解必须坚持党的领导、人民当家作主和依法治国的有机统一,发展社会主义民主政治,建设社会主义政治文明。学习党的十六大关于社会主义民主法制的论述,要与学习贯彻邓小平民主法制理论结合起来,与学习党在农村基层民主法制建设方面的重大政策结合起来,与正在进行的农村基层民主法制实践结合起来,融会贯通,增强学习贯彻十六大精神的自觉性。

(二)认真实施《村民委员会组织法》,进一步健全村民自治组织。要健全村民委员会、村民会议、村民代表会议、村民小组等村民自治组织,正确处理相互关系。村委会要认真履行法定职责,在乡镇人民政府的指导下积极开展工作;完善工作制度,廉洁奉公,热心为村民服务;增强党的观念,自觉接受村党组织的领导。

（三）完善村民选举程序，进一步健全村级民主选举制度。认真执行中共中央办公厅、国务院办公厅《关于进一步做好村民委员会换届选举工作的通知》（中办发〔2002〕14 号）和有关法律法规的规定，做到法律政策赋予农民的民主权利一点都不截留，法律政策规定的民主程序一步都不疏漏。坚持按期直接选举，真正把那些能够依法办事、公道正派、勤劳实干、热心为村民服务的人选进村委会班子。

（四）完善民主议事程序，进一步健全村级民主决策制度。凡涉及农村经济、政治、文化发展的重要事项，尤其是与村民切身利益相关的事情，都要依法召开村民会议或村民代表会议讨论决定。逐步规范农村村级重大事务民主议事、决策的范围、程序和方法。保证村党组织发挥领导核心作用，保证村民自治组织的自治作用，保障村民依法行使自己的权利。

（五）完善村民自治章程，进一步健全村级民主管理制度。要根据农村实际情况，及时制定或修改村民自治章程、财务管理等规章制度，把村级各项事务纳入制度化、规范化管理的轨道。村民自治章程等村级公共事务管理制度，要经全体村民讨论通过，并符合党的方针政策和国家的法律法规。村民自治章程要通俗易懂，简明实用。提高实效性，防止形式主义。

（六）完善公开办事程序，进一步健全村级民主监督制度。要继续贯彻落实中共中央办公厅、国务院办公厅《关于在农村普遍实行村务公开和民主管理制度的通知》（中办发〔1998〕9 号）。村务公开的重点是财务公开。积极推行民主评议干部制度，建立健全村干部任期、离任审计制度和过失责任追究制度，使村干部切实受到教育和约束。发挥好“民主理财日”“民主议政日”等行之有效的民主监督形式的作用。

（七）加强农村的法制宣传教育，进一步提高农村干部群众的法律素质。按照中共中央、国务院批转的《中宣部、司法部关于在公民中开展法制宣传教育的第四个五年规划》（中发〔2001〕8 号）的要求，紧密围绕党和国家的中心工作和农村改革、稳定、发展的实际，大力宣传党在农村的基本政策和国家的法律法规。特别要宣传党的关于家庭联产承包、减轻农民负担等政策，宣传宪法、农业法和村民委员会组织法，宣传农业生产与流通、税费改革、家庭婚姻、计划生育等与农民生产、生活密切相关的法律法规。农村法制宣传教育要面向一切有接受教育能力的公民，重点对象是村、组干部。要通过各种有效途径，着重培养权利义务一致的法治观念，增强农村干部群众依法办事、依法维护自身合法权益的意识。法制宣传教育要与公民道德教育相结合，使二者互为促进，提高公民法制道德水平。

（八）为村民提供优质法律服务，进一步促进农村基层依法治理。乡镇司法所要热情指导村民依法制定村民自治章程，保证村民自治章程的合法性、民主性和可行性。律师、公证、基层法律服务工作者要面向农村、面向基层，为农村土地承包流转和对外经贸往来，提供法律服务，及时为贫困村民提供法律援助。在有条件的地方应探索为村委会选举等自治活动提供公证服务，维护村民的合法权益。广泛动员和组织农村干部群众学法、知法、守法、用法、护法，深入开展依法治理，逐步实现村级政治、经济、文化事业和社会事务管理的法治化。

（九）加强社会治安综合治理，进一步维护农村社会稳定。充分发挥治保会、村及乡镇人民调解委员会的作用，为农民的生产和生活创造良好的治安环境。要建立健全农村人民调解组织网络，增强调解人员素质，完善调解工作制度，提高调解工作水平。加强矛盾纠纷排查调处，积极疏导民事纠纷，把矛盾化解在萌芽状态，做到一般问题不出村，化解不稳定因素。培养村民的法制观念，加强社会主义道德建设。加强对刑释解教人员的安置帮教工作。

四、组织领导

农村基层民主法制建设，要在党委、政府的统一领导下有步骤、有秩序地进行。民政、司法行政部门要充分发挥职能作用，积极争取党委、政府的领导和支持，主动协调有关部门和新闻媒体共同参与这项工作，形成各司其职、齐抓共管、密切配合、合力推进的局面。

各级民政、司法行政部门要全面贯彻“三个代表”重要思想，高度重视农村基层民主法制建设工作，充分认识加强农村基层民主法制建设的重要性、紧迫性和艰巨性，把这项工作摆上重要的议事日程，抓紧抓实，不断取得成效。要建立目标责任制，把农村基层民主法制建设工作作为考核工作实绩的重要内容。县、乡民政、司法行政部门要带头学法用法、依法行政、依法管理，做推动农村基层民主法制建设的模范。

民政、司法行政部门要积极指导乡镇加强自身建设，坚持依法行政，规范管理，实行政务公开，方便群众办事，接受群众监督，在推进农村基层民主法制建设中发挥作用。推动乡镇切实履行职责，认真普及法律知识，支持和保障村民开展自治活动，帮助村级组织解决在民主法制建设中遇到的实际困难，不断提高广大农民和基层干部的民主意识和法律素质，提高农村法治化管理水平。

民政、司法行政部门要加强对农村基层民主法制建设工作的理论研究，不断提高工作指导水平；及时发现和总结推广先进典型，拓展推进农村基层民主法制建设的形式、途径；发挥新闻媒体的积极作用，加大宣传力度，加强正面引导，努力营造农村基层民主法制建设的良好氛围；积极开展农村基层民主法制建设模范单位创建工作,促进农村基层民主法制建设工作深入健康地发展。

民政部 司法部

二○○三年一月八日

司法部关于实行律师出庭统一着装制度的通知

（2003 年 3 月 13 日 司发通〔2003〕32 号）

各省、自治区、直辖市司法厅(局),新疆生产建设兵团司法局:

经司法部批准,自 2003 年 1 月 1 日起,律师担任辩护人、代理人出庭时,必须着全国统一律师出庭服装、佩戴律师出庭徽章。这对于树立律师队伍良好形象,规范律师执业行为,具有重要的意义。为实施这一制度,中华全国律师协会颁布了《律师出庭服装使用管理办法》和《律师协会标识使用管理办法》,对律师出庭统一着装问题作出明确规定。各级司法行政机关要加强对律师出庭统一着装的宣传,教育广大律师认真执行两"办法"。要积极帮助律师协会做好相关组织实施工作,确保两"办法"的顺利实施。

附件:一、《律师出庭服装使用管理办法》

二、《律师协会标识使用管理办法》

二○○三年三月十三日

附件一:

律师出庭服装使用管理办法

（2002 年 3 月 30 日第四届中华全国律师协会第十二次常务理事会通过）

第一条 为了加强律师队伍的管理,规范律师出庭服装着装行为,增强律师执业责任感,根据《中华人民共和国律师法》相关规定,制定本办法。

第二条 律师担任辩护人、代理人参加法庭审理,必须穿着律师出庭服装。

第三条 律师出庭服装由律师袍和领巾组成。

第四条 律师出庭着装时，应遵守以下规定：

（一）律师出庭服装仅使用于法庭审理过程中，不得在其他任何时间、场合穿着；

（二）律师出庭统一着装时，应按照规定配套穿着：内着浅色衬衣，佩带领巾，外着律师袍，律师袍上佩带律师徽章。下着深色西装裤、深色皮鞋，女律师可着深色西装套裙；

（三）保持律师出庭服装的洁净、平整，服装不整洁或有破损的不得使用；

（四）律师穿着律师出庭服装时，应表现出严肃、庄重的精神风貌。律师出庭服装外不得穿着或佩带其他衣物或饰品。

第五条 律师出庭服装的式样、面料、颜色等由中华全国律师协会常务理事会审定。

第六条 中华全国律师协会负责统一制作律师出庭服装。

未经中华全国律师协会授权而制作律师出庭服装的行为均侵犯律师出庭服装的知识产权。

第七条 中华全国律师协会负责将律师出庭服装式样报最高人民法院、最高人民检察院备案。

第八条 各级律师协会对律师出庭服装的使用实行监督检查。

第九条 律师事务所负责本所律师出庭服装的管理。律师出庭服装的购置、更新或因遗失、严重坏损而需要重新购置的，由律师事务所向所在地地市级律师协会提出申请，省、自治区、直辖市律师协会汇总各地申请，统一向中华全国律师协会申请购置律师出庭服装。

第十条 中华全国律师协会每年6月1日至20日、12月1日至20日受理购置律师出庭服装的申请。

第十一条 律师出庭服装的费用由律师事务所承担。律师调离律师事务所时，需将律师出庭服装交还律师事务所。

第十二条 律师出庭服装不得转送、转借给非律师人员。如有遗失、损坏，要及时向所在地律师协会报告。

第十三条 对违反本办法的，参照中华全国律师协会《律师协会会员处分规则》，由律师协会予以训诫处分，情节严重者，予以通报批评。

第十四条 本办法自2003年1月1日起施行。

第十五条 本办法由全国律协常务理事会负责解释。

附件二：

律师协会标识使用管理办法

（2001年4月5日第四届中华全国律师协会第十次常务理事会通过，
2002年3月第四届中华全国律师协会第十二次常务理事会修定）

第一条 为了规范使用律师协会标识，统一律师协会和律师职业标志，加强使用律师协会标识的管理，特制定本办法。

第二条 律师协会标识是全国律师行业使用的统一标志。该标识由一大一小两个同心圆、五颗五角星、三组正反相背代表律师的"L"图案组成。象征着由广大律师组成的律师协会，沿着有中国特色律师制度的道路，在党和政府的领导和支持下开拓进取，不断壮大。蓝色、淡黄色为会徽主要色调。

第三条 律师协会会徽

（一）律师协会标识图案加外圈标有"中华全国律师协会"

黑体、中英文字样，为中华全国律师协会专用会徽；

（二）各级律师协会会徽必须统一使用律师协会标识图案。

律师协会标识图案加外圈标有本律师协会黑体、中英文字样，为本律师协会专用会徽。

第四条 律师协会标识、会徽的使用范围：

（一）各级律师协会、专业委员会和律师事务所；

（二）律师协会会员入会、宣誓等重大仪式以及律师协会、律师事务所组织的有关活动中使用的标牌、旗帜、文件、材料、桌签等；

（三）各级律师协会颁发的奖状、荣誉证章、证书、证件等；

（四）各级律师协会和律师事务所出版的报刊、图书及其他出版物；

（五）各级律师协会和律师事务所、律师工作中使用的信签、信封、名片、礼品和其他有关律师业务的办公用品、服饰以及用于对外的宣传品上；

（六）其他用于律师协会、律师事务所的情况。

除前款规定外使用律师协会标识、会徽的，应经中华全国律师协会批准。

第五条 律师协会会徽的悬挂应置于显著位置。使用律师协会标识应当严格按照比例放大或缩小，不得随意更改图形、文字及颜色。

第六条 律师徽章。律师徽章内圈图案为律师协会标识，外圈标有"中国律师"黑体、中英文字样，为纯铜镀镍材质，直径分40毫米和18毫米两种。40毫米徽章为执业律师出庭佩戴专用标识；18毫米徽章为律师平时佩带标志。

第七条 执业律师出庭必须佩戴徽章。

第八条 律师徽章由中华全国律师协会统一制作和发放，任何单位和个人不得私自制作。

第九条 律师对徽章要加以妥善保管,防止丢失,不得转送他人佩带;如有丢失,应立即报告当地律师协会和省级律师协会,由所在省、自治区、直辖市律师协会向全国律协提交补发申请。

第十条 律师协会标识、律师协会会徽及律师徽章不得用于以下方面:

(一)不得用于任何以营利为目的的商标、商业广告;

(二)律师出庭徽章不得用于平时佩带;

(三)不得用于与律师职业无关的任何个人活动;

(四)其他不适于使用的场所。

第十一条 对违反本规定使用律师协会标识、会徽及律师徽章的行为,参照中华全国律师协会《律师协会会员处分规则》,由律师协会予以训诫处分,情节严重者,予以通报批评。

第十二条 各级律师协会对律师协会标识、会徽及其徽章的使用,实行监督管理。

第十三条 本办法自2003年1月1日起施行。

第十四条 本办法由全国律协常务理事会负责解释。

司法部关于拓展和规范律师法律服务的意见

(2003年8月12日 司发〔2003〕14号)

各省、自治区、直辖市司法厅(局),新疆生产建设兵团司法局:

党的十六大提出了“拓展和规范法律服务”的重要命题,这是在全面建设小康社会的时代背景下对我国律师事业发展思路和目标的科学概括,为新世纪新阶段推动律师事业的发展指明了方向。为了拓展和规范当前以及今后一段时期的律师工作,使律师更好地为建设社会主义物质文明、精神文明和政治文明服务,结合当前律师业的发展实际,现提出以下意见:

一、律师业发展面临的形势及指导思想与目标

(一)自1979年恢复律师制度以来,我国律师事业的发展取得了明显的成绩。律师队伍日益壮大,截至2002年底,执业律师达102 198人,高学历和海外留学归国人员跻身律师队伍,初步形成了具有较高素质的律师职业群体;律师执业机构发展迅速,专业化、规模化程度不断增强;律师工作法制建设得到加强，基本形成法律、法规、规章的体系；律师业务领域不断扩展，为促进经济建设、维护社会稳定和公民的合法权益，推进依法治国进程做出了贡献。

（二）当前，我国已进入全面建设小康社会、加快推进社会主义现代化建设的新的发展阶段。在新的历史时期，经济建设和经济体制改革、社会主义市场经济体系的不断完善，将进一步拓展律师的工作空间；发展社会主义民主政治，建设社会主义政治文明和深化政府机构改革，将给予律师发挥作用的新契机；依法治国，健全中国特色社会主义法律体系，推进司法改革，尊重和保障人权，将赋予律师更重要的社会责任；科技、教育、文化、体育、卫生等各项事业的发展，将在更大程度上丰富律师的执业内容。所有这些，都为我国律师提供了大显身手、全面实现其法律服务功能的广阔舞台，也赋予我国律师业光荣的历史任务和时代使命。

（三）面对我国经济加快步入全球一体化进程对律师法律服务提出的更高、更新、更全面的要求，面对入世后日益加剧的法律服务市场竞争，必须清醒地认识到，我国律师业在总体上还不能适应形势发展的需要，主要表现在：一是服务领域、服务方式、服务质量还不能完全满足社会发展的需求，可拓展的空间还很大；二是律师管理体制、律师事务所内部运行机制还不健全，律师组织结构还不完善；三是律师队伍的整体素质亟需提高，律师违反职业道德、执业纪律，缺乏诚信的问题比较突出；四是律师的执业环境和条件还需要进一步改善。

（四）当前和今后一段时期，拓展和规范律师工作的指导思想是：以邓小平理论和“三个代表”重要思想为指导，适应依法治国、建设社会主义法治国家的要求和全面建设小康社会的实际需要，努力提高律师的职业道德水准和业务素质，大力拓展律师的法律服务领域和服务功能，全面规范律师执业行为，进一步探索和改革律师管理制度，积极完善律师组织结构，力争到2010年形成比较完善的中国特色的社会主义律师制度。

（五）律师业发展的主要目标是：

（1）完善律师组织结构，形成社会律师、公职律师、公司律师、军队律师并存发展，相互配合，优势互补的格局。（2）充分发挥律师的职能作用，满足全面建设小康社会对律师法律服务的需求。（3）构筑规范法律服务主体、法律服务行为、法律服务秩序、法律服务管理活动的严密体系，把律师法律服务纳入法制化、规范化的轨道。（4）全面加强律师队伍的思想建设、业务建设、党的建设和职业道德建设，从整体上提升律师行业的素质。（5）优化律师执业环境，维护律师合法权益，保障律师正常的执业活动。

二、拓展律师法律服务

（六）积极推进公职律师和公司律师试点工作。要从我国国情出发，同时借鉴国外的有益做法,加快建立公职律师、公司律师制度,完善律师组织结构,并以此为基础,构筑我国律师制度的基本框架。当前要加大公职律师、公司律师试点工作的力度,扩大试点范围,到2004年,试点工作要在全国铺开。及时总结试点工作经验,加强理论研究,抓紧研究起草相关的工作规范,同时扩大对公职律师、公司律师工作的宣传。及时提出修改律师法的建议,把公职、公司律师制度纳入我国律师制度的整体框架之中。

(七)大力拓展律师的公益性服务功能。引导和支持律师面向基层、面向社区、面向西部地区提供法律服务,推进基层民主法制建设,维护基层社会稳定。倡导律师为西部开发在资金、项目和人才引进等方面牵线搭桥,为参与西部大开发的企业和负责西部开发的政府部门提供高效优质的法律服务。督促律师积极履行法律援助义务,向低收入家庭、下岗失业人员、困难群体主动减免服务收费,积极参与捐资助学、助残、扶贫、救灾等社会公益活动。倡导行业内的互助、协作,特别是经济发达地区的、条件较好的律师事务所要向西部地区、经济欠发达地区条件差的同行给予扶持和帮助。

(八)巩固律师刑事辩护和民事代理等基础性业务。积极教育引导广大律师从促进司法公正、维护社会稳定、保护公民的诉讼权利出发,提高做好刑事辩护、民事代理工作的主动性。要在充分调查论证和与相关部门积极沟通、协商的基础上,提出切实解决律师在参与诉讼过程中的“会见难、阅卷难、调查取证难”等问题的办法,保障律师合法权益,提高刑事辩护率。要研究建立科学、合理的律师收费制度,激发律师从事刑事辩护、民事代理业务的积极性。要适应诉讼程序改革的需要,不断提高律师辩护和民事代理的水平和质量。

(九)引导和支持律师拓展新的业务领域。要围绕经济建设和经济体制改革,促进建立和完善企业法律服务工作机制,引导律师参与社会管理和维护市场经济秩序活动,积极为深化国有企业和国有资产管理体制改革、金融体制改革服务,为解决“三农”问题、整顿和规范市场经济秩序、加快科技创新等提供服务。要围绕政府机构职能和管理方式的转变,积极支持和引导律师为政府经济管理活动提供法律服务,配合政府搞好对市场主体行为的引导和监管。

(十)积极稳妥地扩大律师法律服务市场的对外开放。要适应经济全球化和加入世贸组织的新形势,坚持国(境)外律师“引进来”和中国律师“走出去”相结合,在更大范围、更广领域和更高层次上参与国际律师业的合作和竞争。要认真履行入世承诺,加强对进一步开放法律服务市场的研究和探索,积极稳妥、有步骤、有计划地扩大开放。要着力扶持和培养一批具有国际竞争力的律师事务所和律师,拓展涉外法律服务领域,增强我国律师在国际法律服务市场中的竞争力,提升中国律师的国际地位。

三、规范律师法律服务

(十一)规范律师法律服务主体。加强对律师和律师事务所的资质管理。

严格规范律师事务所实习人员、辅助人员的管理，对兼职律师队伍进行全面清理。改革律师年检注册制度，通过年检注册，对内部管理混乱的律师事务所，责令停业整顿或予以撤销，对违法违纪的律师依法予以处罚，情节严重的吊销执业证。要严格律师事务所的设立审批程序，提高律师成为合伙人的门槛。

（十二）规范律师法律服务行为。重点加快律师行业诚信体系建设。争取用三年时间在全国范围内建立律师行业信用信息系统。信用信息系统由司法行政机关或行业协会的登记注册信息和日常监督管理信息，以及各有关部门、各级司法机关及客户提供记录并经甄别核实的律师、律师事务所信用信息组成，为规范律师执业行为提供依据，并广泛接受社会各界监督。

要加大对律师违法违纪行为的监督和查处力度。严格执行律师事务所、律师执业"六条禁令"，即：禁止一切形式的私自收案、收费行为；禁止以诋毁同行、支付介绍费等手段进行不正当竞争行为；禁止律师事务所聘用非律师以律师名义执业；禁止向司法人员行贿或者指使、诱导当事人行贿；禁止提供虚假证据或者引诱、威胁当事人提供虚假证据；禁止出具虚假的法律意见书等违法违纪行为。进一步改革和完善对律师投诉的受理、调查、行政处罚和行业处分程序。建立健全律师行风监督制度，加强对律师执业行为的社会监督。建立完善规范律师和法官、检察官以及其他有关工作人员相互关系的监督制度，对违法违纪的律师要坚决依法查处，处罚结果向社会公开通报。

（十三）规范律师法律服务秩序。要建立以律师业为主导的统一的法律服务体系，实行统一有序的行业管理。继续落实司法部关于加强大中城市社区法律服务工作，实现"一个调整、两个加强"的部署，理顺法律服务几支队伍的关系。加强对律师执业活动和法律服务秩序的日常监督检查，依法加大对假冒律师的查处力度，维护法律服务秩序。加强涉外法律服务的监管，依法查处外国律师事务所以咨询公司等名义进入国内提供法律服务以及外国律师事务所驻华代表机构违反规定提供中国法律服务的活动。

（十四）规范律师管理机关的管理活动。要进一步转变司法行政机关的律师工作管理职能，更新管理理念，改进工作作风和管理方式，提高管理水平。司法行政机关管理律师工作主要是把好"市场准入关"、制定"游戏规则"和对法律服务秩序进行监管。要按照"精简、统一、效能"的原则，合理配置上下级司法行政机关律师管理工作职能。省级以上司法行政机关不应再直接管理律师事务所。从现在起，不再审批设立省属律师事务所。2006年之前，省级司法行政机关要把直接管理的律师事务所移交省会城市司法局管理。要加强对律师工作干部的培训，用两到三年的时间集中对省地两级律师工作干部进行一次轮训。

（十五）规范行业协会管理活动。要强化律师协会的作用，律师协会要加快行业规范的制定，加强律师职业道德、执业纪律建设，抓好律师的培训、继续教育、业务研究和对外交流工作,切实做好律师的维权工作。要进一步加强律师协会建设,各省(区、市)设立独立的律师协会办事机构,今明两年内实现省级律师协会与司法行政机关机构、人员、财务的彻底分开。认真落实律师协会会长、副会长、常务理事由执业律师担任的要求,非执业律师不得再担任律师协会的领导(已经担任的要尽快辞去)。要适应律师协会行业管理的需要,逐步建立行业协会科学的运行机制。要完善律师协会与司法行政机关的工作协作机制,司法行政机关要加强对律协工作的指导与沟通,与律师协会之间建立例会制度,及时通报情况。律师协会的有关会议应请司法行政机关派员参加,司法行政机关的有关会议也应请协会派员参加。

(十六)规范律师事务所的自律性管理。要引导律师事务所完善各项管理制度,加强质量内控,规范业务流程,提高服务质量。探索建立律师事务所内部科学的管理机制,强化对律师执业行为的监督制约。建立律师风险防御机制,全面推行律师责任赔偿和保险制度。要在有条件的地方和城市,特别是大城市和经济发达地区,通过引导形成一批规模大、律师素质高、实力强的律师事务所。同时鼓励律师事务所的专业化建设,发展一批具有专业特色的律师事务所。

四、保障措施

(十七)完善律师法律体系,为拓展和规范律师工作提供法律保障。要抓紧《律师法》修改的调研和论证工作,力争2003年底上报《律师法》(修改稿)。要制定和完善与《律师法》相配套的各项规章和规范性文件,包括《申请律师执业人员实习管理办法》《律师事务所辅助人员管理办法》《律师和律师事务所违法行为处罚办法》《律师事务所财务管理办法》等。同时,借鉴世界各国的有益经验,制定系统的律师执业准则和行业规范,把律师执业和管理进一步纳入法制化、规范化、程序化的轨道。

(十八)加强律师行业党组织建设,为拓展和规范律师工作提供政治保障。在新的历史条件下,要进一步加强律师队伍党的建设,不断增强党在律师行业的号召力和凝聚力,确保党的路线、方针、政策的贯彻落实,确保律师事业沿着正确的方向持续发展。加强律师队伍的党组织建设,省一级律师协会要建立健全律协党委,有三名以上党员的律师事务所要建立党支部,保证律师队伍中每一名党员都能过上正常的组织生活。要把政治强、业务精、纪律严、作风正,积极要求入党,符合党章规定条件的律师及时吸收到党内来。积极探索新形势下律师行业党建工作的方式方法,使律师事务所的党组织在贯彻执行党的路线、方针、政策,律师的思想政治教育,律师队伍建设,推动律师事务所全面发展中发挥核心作用。要抓好律师中党员的教育管理,充分发挥党员律师在遵纪守法、诚信服务、开展社会公益活动中的先锋模范作用。

（十九）进一步加强律师队伍建设，为拓展和规范律师工作提供人才保障。要加强律师行业政治思想教育，增强律师的大局意识和社会责任感，培养和树立正确的人生观和价值观。要切实加强律师队伍的职业道德建设，认真落实《律师职业道德和执业纪律规范》，提高律师队伍的职业道德水准，塑造律师良好的社会形象。要加强教育培训和继续教育工作，认真落实《2002—2005 年律师教育培训规划》，重点抓好律师执业前培训、在职培训、高层次人才培训，进一步提高律师队伍的业务素质。

（二十）进一步优化律师执业环境。要加强对律师工作的宣传，大力宣传律师队伍中的先进人物和事迹，宣传律师的职能作用，使社会各界了解和支持律师工作。要加强与有关部门协商，进一步完善律师事务所收费、税收和财务管理制度。同时各级司法行政管理机关要进一步清理和精简行政审批事项，提高工作效率，为律师执业提供便利条件。司法行政机关要在人财物方面与律师事务所彻底脱钩，不发生任何经济关系，不得再向律师事务所收取年检注册费和管理费。

中华人民共和国司法部
二〇〇三年八月十二日

最高人民检察院关于印发《关于人民检察院保障律师在刑事诉讼中依法执业的规定》的通知

（2004 年 2 月 10 日 高检发〔2004〕3 号）

各省、自治区、直辖市人民检察院、军事检察院、新疆生产建设兵团人民检察院：

为依法维护诉讼参与人的合法权益，进一步保障律师在人民检察院直接受理案件立案侦查、刑事案件审查起诉工作中依法执业，根据《中华人民共和国刑事诉讼法》及有关法律的规定，最高人民检察院制定了《关于人民检察院保障律师在刑事诉讼中依法执业的规定》，2003 年 12 月 30 日经第十届检察委员会第十六次会议审议通过，现予印发，请各级检察机关结合实际贯彻落实。

最高人民检察院
二〇〇四年二月十日

关于人民检察院保障律师在刑事诉讼中依法执业的规定

为依法维护诉讼参与人的合法权益,进一步保障律师在人民检察院直接受理案件立案侦查、刑事案件审查起诉工作中依法执业,促进人民检察院严格、公正执法,根据《中华人民共和国刑事诉讼法》及有关法律的规定,结合检察工作实际,制定本规定。

一、关于律师会见犯罪嫌疑人

1. 人民检察院直接受理立案侦查案件,受犯罪嫌疑人委托的律师自检察人员第一次讯问犯罪嫌疑人后或者人民检察院对犯罪嫌疑人采取强制措施之日起,可以会见在押的犯罪嫌疑人,向犯罪嫌疑人了解有关案件情况。人民检察院应当将犯罪嫌疑人所涉嫌的罪名及犯罪嫌疑人的关押场所告知受委托的律师。

2. 人民检察院办理直接立案侦查的案件,律师提出会见的,由侦查部门指定专人接收律师要求会见的材料,办理安排律师会见犯罪嫌疑人的有关事宜,并记录备查。

3. 人民检察院侦查部门应当在律师提出会见要求后48小时内安排会见。

对于人民检察院直接立案侦查的贪污贿赂犯罪等重大复杂的两人以上的共同犯罪案件,律师提出会见在押犯罪嫌疑人的,侦查部门应当在律师提出会见要求后5日内安排会见。

4. 人民检察院侦查部门安排律师会见犯罪嫌疑人时,可以根据案件情况和工作需要决定是否派员在场。

5. 人民检察院立案侦查案件,律师要求会见在押犯罪嫌疑人的,对于涉及国家秘密的案件,侦查部门应当在律师提出申请后5日内作出批准或不批准的决定。批准会见的,应当向律师开具《批准会见在押犯罪嫌疑人决定书》,并安排会见。不批准会见的,应当向律师开具《不批准会见在押犯罪嫌疑人决定书》,并说明理由。对于不涉及国家秘密的案件,不需要经过批准。

6. 律师会见在押犯罪嫌疑人时,可以了解案件以下情况:

(一)犯罪嫌疑人的基本情况;

(二)犯罪嫌疑人是否实施或参与所涉嫌的犯罪;

(三)犯罪嫌疑人关于案件事实和情节的陈述;

(四)犯罪嫌疑人关于其无罪、罪轻的辩解;

(五)被采取强制措施的法律手续是否完备,程序是否合法;

(六)被采取强制措施后其人身权利、诉讼权利是否受到侵犯;

（七）其他需要了解的与案件有关的情况。

7. 在人民检察院审查起诉期间，辩护律师可以持委托书、律师事务所函会见犯罪嫌疑人。辩护律师会见犯罪嫌疑人时，人民检察院不派员在场。

8. 律师会见在押犯罪嫌疑人一律在监管场所内进行。

二、关于听取律师意见

9. 人民检察院立案侦查案件，犯罪嫌疑人被决定逮捕的，受犯罪嫌疑人委托的律师可以为其申请取保候审；受委托律师认为羁押超过法定期限的，可以要求解除或者变更强制措施。人民检察院应当在7日内作出决定并由侦查部门书面答复受委托的律师。

10. 人民检察院在侦查终结前，案件承办人应当听取受委托的律师关于案件的意见，并记明笔录附卷。受委托的律师提出书面意见的，应当附卷。

11. 人民检察院审查移送起诉的案件，辩护律师认为人民检察院采取强制措施超过法定期限的，有权要求解除或者变更强制措施。人民检察院应当在7日内作出书面决定并由公诉部门书面答复辩护律师。

12. 人民检察院审查移送起诉案件，应当听取犯罪嫌疑人、被害人委托的律师的意见，并记明笔录附卷。直接听取犯罪嫌疑人、被害人委托的律师的意见有困难的，可以向犯罪嫌疑人、被害人委托的律师发出书面通知，由其提出书面意见。律师在审查起诉期限内没有提出意见的，应当记明在卷。

13. 人民检察院对律师提出的证明犯罪嫌疑人无罪、罪轻或者减轻、免除其刑事责任的意见，办案人员应当认真进行审查。

三、关于律师查阅案卷材料

14. 辩护律师以及被害人及其法定代理人或者近亲属委托作为诉讼代理人的律师自人民检察院对案件审查起诉之日起，可以查阅、摘抄、复制本案的诉讼文书、技术性鉴定材料。

15. 对于律师要求查阅、摘抄、复制本案的诉讼文书、技术性鉴定材料的，公诉部门受理后应当安排办理；不能当日办理的，应当向律师说明理由，并在3日内择定日期，及时通知律师。

16. 在人民检察院审查起诉期间和提起公诉以后，辩护律师发现犯罪嫌疑人无罪、罪轻、减轻或者免除处罚的证据材料向人民检察院提供的，人民检察院公诉部门应当接受并进行审查。

四、关于辩护律师申请收集、调取证据

17. 辩护律师申请人民检察院向犯罪嫌疑人提供的证人或者其他有关单位

和个人收集、调取证据的,对于影响认定案件事实和适用法律的,人民检察院应当依法收集、调取,并制作笔录附卷。

18. 辩护律师向人民检察院提出申请要求向被害人或者其近亲属、被害人提供的证人收集与本案有关的材料的,人民检察院应当征求被害人或者其近亲属、被害人提供的证人的意见,经过审查,在 7 日内作出是否许可的决定,并通知申请人。人民检察院没有许可的,应当书面说明理由。

19. 人民检察院根据辩护律师的申请收集、调取证据时,可以通知申请人在场。

五、关于律师投诉的处理

20. 律师在办理刑事案件的过程中,发现人民检察院办案部门和办案人员违反法律和本规定的,可以向承办案件的人民检察院或者上一级人民检察院投诉。

21. 各级人民检察院接到律师投诉后,应当依照有关法律和本规定的要求及时处理。律师对不依法安排会见进行投诉的,人民检察院应当在接到投诉后 5 日内进行审查并作出决定,通知办案部门执行。

22. 各级人民检察院应当及时向投诉人书面告知处理情况。

23. 对于律师投诉检察人员违法办案的,有关人民检察院应当及时调查;确属违法违纪的,应依法依纪追究有关人员的法律和纪律责任。

司法部关于印发《律师会见监狱在押罪犯暂行规定》的通知

(2004 年 3 月 19 日 司发通〔2004〕31 号)

各省、自治区、直辖市司法厅(局),新疆生产建设兵团司法局、监狱局:

为了规范律师会见监狱在押罪犯的活动,保障律师执业权利,根据《中华人民共和国刑事诉讼法》、《中华人民共和国监狱法》和《中华人民共和国律师法》,司法部制定了《律师会见在押罪犯暂行规定》。现将规定印发你们,望认真贯彻执行。执行中遇到的问题,请及时报部。

中华人民共和国司法部

二〇〇四年三月十九日

律师会见监狱在押罪犯暂行规定

第一条 为了规范律师会见监狱在押罪犯的活动，保障律师执业权利，根据《中华人民共和国刑事诉讼法》《中华人民共和国监狱法》和《中华人民共和国律师法》以及有关规定，制定本规定。

第二条 律师会见在押罪犯，一律在监狱内的会见场所进行。监狱应当为律师会见在押罪犯提供方便。

第三条 律师会见在押罪犯，应当遵守监狱管理的有关规定。

第四条 有下列情形之一的，律师可以会见在押罪犯：

（一）在刑事诉讼程序中，接受在押罪犯委托或者人民法院的指定，提供法律咨询，担任辩护人或者代理人的；

（二）在民事、行政诉讼程序中，接受在押罪犯委托，担任代理人的；

（三）接受在押罪犯委托，代理调解、仲裁的；

（四）其他需要会见在押罪犯的情形。

第五条 律师需要会见在押罪犯，可以传真、邮寄或者直接提交的方式，向罪犯所在监狱提交下列材料的复印件：

（一）授权委托书（不需要授权委托的，提供相关证明）；

（二）律师执业证；

（三）律师事务所出具的律师会见在押罪犯的信函。

对有律师辅助人员或者翻译人员参加会见的，律师应当向监狱提交其工作证件或者身份证件的复印件。

第六条 监狱收到律师提交的本规定第五条所列的材料后，对于符合本规定第四条规定情形的，应当在四十八小时内安排会见。

对于涉及国家秘密或者重大、复杂案件的在押罪犯，由监狱作出批准会见或者不批准会见的决定。监狱应当在作出批准决定后四十八小时内安排会见。

第七条 律师会见在押罪犯时，应当向监狱出示本规定第五条所列材料的原件。监狱在验明复印件、原件相符后，应当按照本规定安排会见，并告知监狱管理的有关规定。

第八条 律师会见在押罪犯，一般应由两名律师参加，也可以由一名律师带一名律师辅助人员参加。

第九条 律师会见在押罪犯，应当遵守监狱的作息时间。

第十条 律师会见在押罪犯，不得有下列行为：

（一）传递违禁品；

（二）私自为在押罪犯传递书信、钱物；

（三）将通讯工具提供在押罪犯使用；

（四）未经监狱和在押罪犯同意对会见进行录音、录像和拍照；

（五）其他违反法律、法规、规章以及妨碍监狱管理秩序的行为。

第十一条 监狱安排律师会见在押罪犯，可以根据案件情况和工作需要决定是否派员在场。

第十二条 监狱人民警察发现律师在会见在押罪犯过程中，有违反本规定第十条规定的行为之一的，应当向其提出警告；警告无效的，应当中止会见。监狱可以向律师所在律师事务所的主管司法行政机关或者律师协会反映。

第十三条 律师会见在押罪犯，发现监狱人民警察有违反本规定的行为的，可以向罪犯所在监狱或者上级主管机关投诉。

第十四条 本规定由司法部解释。

第十五条 本规定自发布之日起施行。

司法部 中国残疾人联合会关于为残疾人提供无障碍法律服务和法律援助的通知

（2004年10月8日 司发通〔2004〕143号）

各省、自治区、直辖市司法厅（局）、残疾人联合会，新疆生产建设兵团司法局、残疾人联合会：

近年来，各级司法行政部门和残疾人联合会认真宣传、贯彻《宪法》《残疾人保障法》《法律援助条例》等涉及保障残疾人权益的法律法规，本着维护社会正义和助残扶弱的原则，采取各种措施，在维护残疾人合法权益方面做了大量工作。但是，由于种种原因，社会上歧视、伤害残疾人和侵犯残疾人合法权益的现象仍时有发生，不少残疾人由于身体状况、经济条件和受教育程度的限制，在维护自身合法权益时，普遍面临着比常人更多的困难。为切实维护残疾人合法权益，健全为残疾人提供法律服务和法律援助的工作机制和网络，确保为残疾人提供无障碍法律服务和法律援助，现就有关问题通知如下：

一、充分认识为残疾人提供无障碍法律服务和法律援助的重要性

我国有六千多万残疾人，涉及五分之一的家庭。残疾人在政治、经济、文化、社会和家庭生活等方面依法享有同其他公民平等的权利。维护残疾人的尊严和权利是各级司法行政部门和残疾人联合会义不容辞的职责，是我国社会主义法制建设和人权保障的重要组成部分，是实现司法公正、体现社会文

明进步的必然要求。为残疾人提供无障碍法律服务和法律援助，就是要通过各种渠道为残疾人提供方便快捷的法律服务和法律援助，消除他们在获得法律服务和法律援助方面面临的经济条件障碍、物质环境障碍、语言障碍和信息障碍，使他们能够及时有效地利用法律武器维护自身合法权益。各级司法行政机关和残疾人组织要从实践“三个代表”重要思想的高度，进一步增强为残疾人提供无障碍法律服务和法律援助工作的责任感和紧迫感，从本地区的实际出发，根据残疾人的特殊需要，采取更多的倾斜政策和切实措施，认真落实有关保障残疾人合法权益的法律、法规和规章的规定，把为残疾人提供无障碍法律服务和法律援助工作层层部署好、落实好，扎扎实实为残疾人办好事、办实事，让残疾人切实体会到社会主义社会的温暖，促进残疾人事业与社会的协调发展。

二、健全法律服务工作机制，改善服务环境，努力实现残疾人法律服务无障碍

各级司法行政部门要积极组织、协调和整合律师、公证、基层法律服务队伍和资源，按照服务便利、快捷高效的要求，健全为残疾人提供无障碍法律服务的工作机制和工作网络。要完善以律师事务所、公证处、基层法律服务所为主体，以指定或委托的法律服务机构为骨干，以社会志愿服务机构为补充的法律服务网络，就地、就近为残疾人提供无障碍法律服务。要采取行之有效的措施和办法，大力倡导和鼓励广大律师、公证员和基层法律服务工作者为残疾人提供优先、优质、优惠的法律服务。各地法律服务机构要优化办公的软硬件环境。有条件的法律服务机构的办公接待场所要按照《城市道路和建筑物无障碍设计标准》进行改造，为残疾人提供无障碍物质环境。要不断创新工作方式，通过发放“残疾人法律服务卡”，开设法律服务热线电话，组织或参与残疾人法制讲座，提供网上咨询和上门服务，开展律师助残和志愿者助残活动等，积极为残疾人提供方便及时的法律服务。要进一步扩大和健全残疾人法律服务和法律援助维权示范岗网络，制定既简便易行又能切实保障残疾人合法权益的工作程序，充分发挥残疾人维权示范岗的示范作用。建立激励机制，健全考核制度，推动和鼓励法律服务机构和法律服务人员积极为残疾人提供法律服务，将无障碍法律服务覆盖到需要帮助的残疾人中去。

三、进一步加大对残疾人法律援助工作的力度，确保经济困难的残疾人获得无障碍法律援助

各级司法行政部门和法律援助机构要将残疾人列为重点法律援助对象，在确保根据《刑事诉讼法》《法律援助条例》向盲、聋、哑人提供刑事辩护法律援助的前提下，对残疾人其他方面法律援助的受援标准，可在当地政府规定的法律援助经济困难标准基础上适当放宽。司法行政部门和残疾人联合会要密切配合,从本地区残疾人的需求出发,健全为残疾人提供无障碍法律援助的工作网络。在各级残联和基层社区、福利企业、特殊教育学校等残疾人比较集中的地方,设立残疾人法律援助联络部或工作站等,配备专(兼)职工作人员,开展法律咨询、调解、代书等工作,扩大为残疾人提供法律援助的范围,推动残疾人无障碍法律援助工作向基层延伸。要建设和改善便利残疾人求助的办公接待场所和无障碍服务设施。采取发放法律援助卡、开通法律援助热线、设立咨询信箱、实行上门服务、定期回访等措施,方便残疾人咨询和寻求法律援助。

四、切实加强指导,把为残疾人提供无障碍法律服务和法律援助工作落到实处

各级司法行政部门和残疾人联合会,要把为残疾人提供无障碍法律服务和法律援助纳入工作规划,建立定期协商和沟通机制,认真研究解决存在的困难和问题,加大经费投入,加强分类指导和监督检查,根据东中西部、城乡之间残疾人工作的不同特点和情况,提出相应的要求和措施。要切实加强基层工作,城市要以街道、社区为重点,农村要以县、乡(镇)为重点,加强对有关残疾人权益的法律法规的宣传,完善服务平台,拓展服务内容,提高服务质量,真正消除广大残疾人在法律服务和法律援助方面面临的种种障碍。要做好法律服务、法律援助和残疾人联合会维权工作人员的培训工作,加大有关残疾人权益保障内容在培训中的分量,将各级残疾人联合会维权工作人员的法律培训纳入法律服务和法律援助培训规划,以提高他们为残疾人提供法律服务、法律援助的水平。及时总结推广为残疾人提供无障碍法律服务和法律援助的先进经验和做法,大力宣传和表彰先进集体和个人的事迹,弘扬热心助残的行业风尚。

各级残疾人联合会要增强使命感,积极配合司法行政部门开展为残疾人提供无障碍法律服务和法律援助工作,加强沟通和联系,及时反映工作中存在的困难和问题,提出改进工作的建议和意见。要进一步加强残疾人法律援助和维权机构建设,改善工作条件,增加工作经费,通过聘请法律顾问、开办维权热线电话、组织志愿者助残、承担盲文和手语翻译服务等多种形式,积极推进为残疾人提供无障碍法律服务和法律援助工作,为残疾人事业的发展创造更好的法制环境。

司法部 中国残联

二〇〇四年十月八日

最高人民检察院关于进一步加强律师执业权利保障工作的通知

（2006年2月23日 高检发诉字〔2006〕13号）

各省、自治区、直辖市人民检察院，军事检察院，新疆生产建设兵团人民检察院：

《中华人民共和国律师法》的制定和实施，对于完善我国律师制度，保障律师依法执业，规范律师执业行为，维护当事人的合法权益，促进法律的正确实施，发挥律师在社会主义法制建设中的积极作用，具有重要意义。2005年上半年，全国人大常委会对《中华人民共和国律师法》的实施情况进行了检查，在第十届全国人大常委会第十七次会议上，指出了律师法实施过程中存在的问题，提出了改进工作的意见。为贯彻落实全国人大常委会在执法检查报告中提出的要求和最高人民检察院领导关于保障律师执业权利的指示，解决检察环节存在的问题，切实保障律师执业权利，特通知如下：

一、各级检察机关要增强保障律师执业权利的意识。律师参与刑事诉讼，有利于维护当事人的合法权益；有利于查明案件事实真相，保障法律的正确实施；有利于加强对检察机关办案工作的外部监督和制约，促进执法水平和办案质量的提高。保障律师在刑事诉讼中的执业权利，是完善辩护制度、充分发挥律师作用的重要保证。各级检察机关要充分认识这项工作的重要性，认真研究，切实保障律师执业权利。

二、各级检察机关要采取有效措施，将保障律师执业权利作为一项重要工作抓紧抓好，为律师依法执业创造良好的工作环境。要认真执行《中华人民共和国律师法》《关于人民检察院保障律师在刑事诉讼中依法执业的规定》和《关于刑事诉讼法律援助工作的规定》的有关规定，以及全国人大常委会律师法执法检查报告提出的保障律师在检察环节的会见、阅卷等权利的意见，切实保障律师执业权利，促进刑事诉讼活动顺利进行。要正确处理检察官与律师的关系，共同维护良好的职业形象。

三、各级检察机关在规范执法行为活动中，要把“不依法保障律师执业权利”作为重点，认真查摆在保障律师执业权利中存在的问题，并充分听取律师意见，从而有针对性地制定整改措施。对于各地已经制定的规范性文件，要认真进行清理，发现与刑事诉讼法、律师法有关保障律师执业权利的规定和《关于人民检察院保障律师在刑事诉讼中依法执业的规定》以及全国人大常委会律师法执法检查报告的精神不一致、不利于律师依法参与刑事诉讼活动的，要及时修改或废止。

四、各级检察机关要根据本地工作实际，完善工作机制，有针对性地制定规范性文件，切实保障律师参与刑事诉讼中的会见、通信、阅卷、取证等诉讼权利。要严格执行刑事诉讼法有关律师阅卷的规定；侦查和审查起诉过程中应当充分听取受委托律师的意见；要进一步解决侦查阶段律师会见难问题，最高人民检察院将加强与司法部、公安部的协调配合，积极参与研究制定《关于在刑事诉讼侦查阶段律师会见在押犯罪嫌疑人的有关规定》。

五、各级检察机关要将保障律师执业权利作为检务公开的一项重要内容；在业务培训中，要将律师法和其他相关法律作为培训的重要内容；在业务考评考核中，要将贯彻实施律师法和其他相关法律、保障律师执业权利的情况作为考评考核的重要内容。

六、2006 年 6 月，最高人民检察院将以保障律师执业权利为重点内容，开展对执行和落实《关于人民检察院保障律师在刑事诉讼中依法执业的规定》情况的专项检查。2006 年 5 月底前，各省级检察院要将落实《中华人民共和国律师法》和《关于人民检察院保障律师在刑事诉讼中依法执业的规定》的情况、在保障律师执业权利方面存在的问题、采取的措施以及清理规范性文件的情况等书面报告最高人民检察院。

最高人民检察院
2006 年 2 月 23 日

最高人民法院　最高人民检察院　公安部　司法部印发《关于进一步严格依法办案确保办理死刑案件质量的意见》的通知

（2007 年 3 月 9 日　法发〔2007〕11 号）

各省、自治区、直辖市高级人民法院、人民检察院、公安厅（局）、司法厅（局），解放军军事法院、军事检察院、总政治部保卫部，新疆维吾尔自治区高级人民法院生产建设兵团分院、新疆生产建设兵团人民检察院、公安局、司法局：

现将《关于进一步严格依法办案确保办理死刑案件质量的意见》印发给你们，请认真遵照执行。执行情况及遇到的问题，请分别及时报告最高人民法院、最高人民检察院、公安部、司法部。

二〇〇七年三月九日

最高人民法院 最高人民检察院 公安部 司法部
关于进一步严格依法办案确保办理死刑案件质量的意见

中央决定改革授权高级人民法院行使部分死刑案件核准权的做法，将死刑案件核准权统一收归最高人民法院行使，并要求严格依照法律程序办案，确保死刑案件的办理质量。2006 年 10 月 31 日，全国人大常委会通过《关于修改〈中华人民共和国人民法院组织法〉的决定》，决定从 2007 年 1 月 1 日起由最高人民法院统一行使死刑案件核准权。为认真落实中央这一重大决策部署，现就人民法院、人民检察院、公安机关、司法行政机关严格依法办理死刑案件提出如下意见：

一、充分认识确保办理死刑案件质量的重要意义

1. 死刑是剥夺犯罪分子生命的最严厉的刑罚。中央决定将死刑案件核准权统一收归最高人民法院行使，是构建社会主义和谐社会，落实依法治国基本方略，尊重和保障人权的重大举措，有利于维护社会政治稳定，有利于国家法制统一，有利于从制度上保证死刑裁判的慎重和公正，对于保障在全社会实现公平和正义，巩固人民民主专政的政权，全面建设小康社会，具有十分重要的意义。

2. 最高人民法院统一行使死刑案件核准权，对人民法院、人民检察院、公安机关和司法行政机关的工作提出了新的、更高的要求。办案质量是人民法院、人民检察院、公安机关、司法行政机关工作的生命线，死刑案件人命关天，质量问题尤为重要。确保办理死刑案件质量，是中央这一重大决策顺利实施的关键，也是最根本的要求。各级人民法院、人民检察院、公安机关和司法行政机关必须高度重视，统一思想，提高认识，将行动统一到中央决策上来，坚持以邓小平理论和“三个代表”重要思想为指导，全面落实科学发展观，牢固树立社会主义法治理念，依法履行职责，严格执行刑法和刑事诉讼法，切实把好死刑案件的事实关、证据关、程序关、适用法律关，使办理的每一起死刑案件都经得起历史的检验。

二、办理死刑案件应当遵循的原则要求

（一）坚持惩罚犯罪与保障人权相结合

3. 我国目前正处于全面建设小康社会、加快推进社会主义现代化建设的重要战略机遇期，同时又是人民内部矛盾凸显、刑事犯罪高发、对敌斗争复杂的时期，维护社会和谐稳定的任务相当繁重，必须继续坚持“严打”方针，正确运用死刑这一刑罚手段同严重刑事犯罪作斗争，有效遏制犯罪活动猖獗和蔓延势头。

同时,要全面落实"国家尊重和保障人权"宪法原则,切实保障犯罪嫌疑人、被告人的合法权益。坚持依法惩罚犯罪和依法保障人权并重,坚持罪刑法定、罪刑相适应、适用刑法人人平等和审判公开、程序法定等基本原则,真正做到有罪依法惩处,无罪不受刑事追究。

（二）坚持保留死刑,严格控制和慎重适用死刑

4. "保留死刑,严格控制死刑"是我国的基本死刑政策。实践证明,这一政策是完全正确的,必须继续贯彻执行。要完整、准确地理解和执行"严打"方针,依法严厉打击严重刑事犯罪,对极少数罪行极其严重的犯罪分子,坚决依法判处死刑。我国现在还不能废除死刑,但应逐步减少适用,凡是可杀可不杀的,一律不杀。办理死刑案件,必须根据构建社会主义和谐社会和维护社会稳定的要求,严谨审慎,既要保证根据证据正确认定案件事实,杜绝冤错案件的发生,又要保证定罪准确,量刑适当,做到少杀、慎杀。

（三）坚持程序公正与实体公正并重,保障犯罪嫌疑人、被告人的合法权利

5. 人民法院、人民检察院和公安机关进行刑事诉讼,既要保证案件实体处理的正确性,也要保证刑事诉讼程序本身的正当性和合法性。在侦查、起诉、审判等各个阶段,必须始终坚持依法进行诉讼,坚决克服重实体、轻程序,重打击、轻保护的错误观念,尊重犯罪嫌疑人、被告人的诉讼地位,切实保障犯罪嫌疑人、被告人充分行使辩护权等诉讼权利,避免因剥夺或者限制犯罪嫌疑人、被告人的合法权利而导致冤错案件的发生。

（四）坚持证据裁判原则,重证据、不轻信口供

6. 办理死刑案件,要坚持重证据、不轻信口供的原则。只有被告人供述,没有其他证据的,不能认定被告人有罪;没有被告人供述,其他证据确实充分的,可以认定被告人有罪。对刑讯逼供取得的犯罪嫌疑人供述、被告人供述和以暴力、威胁等非法方法收集的被害人陈述、证人证言,不能作为定案的根据。对被告人作出有罪判决的案件,必须严格按照刑事诉讼法第一百六十二条的规定,做到"事实清楚,证据确实、充分"。证据不足,不能认定被告人有罪的,应当作出证据不足、指控的犯罪不能成立的无罪判决。

（五）坚持宽严相济的刑事政策

7. 对死刑案件适用刑罚时,既要防止重罪轻判,也要防止轻罪重判,做到罪刑相当,罚当其罪,重罪重判,轻罪轻判,无罪不罚。对罪行极其严重的被告人必须依法惩处,严厉打击;对具有法律规定"应当"从轻、减轻或者免除处罚情节的被告人,依法从宽处理;对具有法律规定"可以"从轻、减轻或者免除处罚情节的被告人,如果没有其他特殊情节,原则上依法从宽处理;对具有酌定从宽处罚情节的也依法予以考虑。

三、认真履行法定职责，严格依法办理死刑案件

（一）侦查

8. 侦查机关应当依照刑事诉讼法、司法解释及其他有关规定所规定的程序，全面、及时收集证明犯罪嫌疑人有罪或者无罪、罪重或者罪轻等涉及案件事实的各种证据，严禁违法收集证据。

9. 对可能属于精神病人、未成年人或者怀孕的妇女的犯罪嫌疑人，应当及时进行鉴定或者调查核实。

10. 加强证据的收集、保全和固定工作。对证据的原物、原件要妥善保管，不得损毁、丢失或者擅自处理。对与查明案情有关需要鉴定的物品、文件、电子数据、痕迹、人身、尸体等，应当及时进行刑事科学技术鉴定，并将鉴定报告附卷。涉及命案的，应当通过被害人近亲属辨认、DNA 鉴定、指纹鉴定等方式确定被害人身份。对现场遗留的与犯罪有关的具备同一认定检验鉴定条件的血迹、精斑、毛发、指纹等生物物证、痕迹、物品，应当通过 DNA 鉴定、指纹鉴定等刑事科学技术鉴定方式与犯罪嫌疑人的相应生物检材、生物特征、物品等作同一认定。侦查机关应当将用作证据的鉴定结论告知犯罪嫌疑人、被害人。如果犯罪嫌疑人、被害人提出申请，可以补充鉴定或者重新鉴定。

11. 提讯在押的犯罪嫌疑人，应当在羁押犯罪嫌疑人的看守所内进行。严禁刑讯逼供或者以其他非法方法获取供述。讯问犯罪嫌疑人，在文字记录的同时，可以根据需要录音录像。

12. 侦查人员询问证人、被害人，应当依照刑事诉讼法第九十七条的规定进行。严禁违法取证，严禁暴力取证。

13. 犯罪嫌疑人在被侦查机关第一次讯问后或者采取强制措施之日起，聘请律师或者经法律援助机构指派的律师为其提供法律咨询、代理申诉、控告的，侦查机关应当保障律师依法行使权利和履行职责。涉及国家秘密的案件，犯罪嫌疑人聘请律师或者申请法律援助，以及律师会见在押的犯罪嫌疑人，应当经侦查机关批准。律师发现有刑讯逼供情形的，可以向公安机关、人民检察院反映。

14. 侦查机关将案件移送人民检察院审查起诉时，应当将包括第一次讯问笔录及勘验、检查、搜查笔录在内的证明犯罪嫌疑人有罪或者无罪、罪重或者罪轻等涉及案件事实的所有证据一并移送。

15. 对于可能判处死刑的案件，人民检察院在审查逮捕工作中应当全面、客观地审查证据，对以刑讯逼供等非法方法取得的犯罪嫌疑人供述、被害人陈述、证人证言应当依法排除。对侦查活动中的违法行为，应当提出纠正意见。

（二）提起公诉

16. 人民检察院要依法履行审查起诉职责，严格把握案件的法定起诉标准。

17. 人民检察院自收到移送审查起诉的案件材料之日起三日以内，应当告知犯罪嫌疑人有权委托辩护人；犯罪嫌疑人经济困难的，应当告知其可以向法律援助机构申请法律援助。辩护律师自审查起诉之日起，可以查阅、摘抄、复制本案的诉讼文书、技术性鉴定材料，可以同在押的犯罪嫌疑人会见和通信。其他辩护人经人民检察院许可，也可以查阅、摘抄、复制上述材料，同在押的犯罪嫌疑人会见和通信。人民检察院应当为辩护人查阅、摘抄、复制材料提供便利。

18. 人民检察院审查案件，应当讯问犯罪嫌疑人，听取被害人和犯罪嫌疑人、被害人委托的人的意见，并制作笔录附卷。被害人和犯罪嫌疑人、被害人委托的人在审查起诉期间没有提出意见的，应当记明附卷。人民检察院对证人证言笔录存在疑问或者认为对证人的询问不具体或者有遗漏的，可以对证人进行询问并制作笔录。

19. 人民检察院讯问犯罪嫌疑人时，既要听取犯罪嫌疑人的有罪供述，又要听取犯罪嫌疑人无罪或罪轻的辩解。犯罪嫌疑人提出受到刑讯逼供的，可以要求侦查人员作出说明，必要时进行核查。对刑讯逼供取得的犯罪嫌疑人供述和以暴力、威胁等非法方法收集的被害人陈述、证人证言，不能作为指控犯罪的根据。

20. 对可能属于精神病人、未成年人或者怀孕的妇女的犯罪嫌疑人，应当及时委托鉴定或者调查核实。

21. 人民检察院审查案件的时候，对公安机关的勘验、检查，认为需要复验、复查的，应当要求公安机关复验、复查，人民检察院可以派员参加；也可以自行复验、复查，商请公安机关派员参加，必要时也可以聘请专门技术人员参加。

22. 人民检察院对物证、书证、视听资料、勘验、检查笔录存在疑问的，可以要求侦查人员提供获取、制作的有关情况。必要时可以询问提供物证、书证、视听资料的人员，对物证、书证、视听资料委托进行技术鉴定。询问过程及鉴定的情况应当附卷。

23. 人民检察院审查案件的时候，认为事实不清、证据不足或者遗漏罪行、遗漏同案犯罪嫌疑人等情形，需要补充侦查的，应当提出需要补充侦查的具体意见，连同案卷材料一并退回公安机关补充侦查。公安机关应当在一个月以内补充侦查完毕。人民检察院也可以自行侦查，必要时要求公安机关提供协助。

24. 人民检察院对案件进行审查后，认为犯罪嫌疑人的犯罪事实已经查清，证据确实、充分，依法应当追究刑事责任的，应当作出起诉决定。具有下列情形之一的，可以确认犯罪事实已经查清：(1) 属于单一罪行的案件，查清的事实足以定罪量刑或者与定罪量刑有关的事实已经查清，不影响定罪量刑的事实无法查清的；(2) 属于数个罪行的案件，部分罪行已经查清并符合起诉条件，其他罪行无法查清的；(3) 作案工具无法起获或者赃物去向不明，但有其他证据足以对犯罪嫌疑人定罪量刑的；(4) 证人证言、犯罪嫌疑人的供述和辩解、被害人陈述的内容中主要情节一致，只有个别情节不一致且不影响定罪的。对于符合第(2)项情形的，应当以已经查清的罪行起诉。

25. 人民检察院对于退回补充侦查的案件，经审查仍然认为不符合起诉条件的，可以作出不起诉决定。具有下列情形之一，不能确定犯罪嫌疑人构成犯罪和需要追究刑事责任的，属于证据不足，不符合起诉条件：(1) 据以定罪的证据存在疑问，无法查证属实的；(2) 犯罪构成要件事实缺乏必要的证据予以证明的；(3) 据以定罪的证据之间的矛盾不能合理排除的；(4) 根据证据得出的结论具有其他可能性的。

26. 人民法院认为人民检察院起诉移送的有关材料不符合刑事诉讼法第一百五十条规定的条件，向人民检察院提出书面意见要求补充提供的，人民检察院应当在收到通知之日起三日以内补送。逾期不能提供的，人民检察院应当作出书面说明。

（三）辩护、提供法律帮助

27. 律师应当恪守职业道德和执业纪律，办理死刑案件应当尽职尽责，做好会见、阅卷、调查取证、出庭辩护等工作，提高辩护质量，切实维护犯罪嫌疑人、被告人的合法权益。

28. 辩护律师经证人或者其他有关单位和个人同意，可以向他们收集证明犯罪嫌疑人、被告人无罪或者罪轻的证据，申请人民检察院、人民法院收集、调取证据，或者申请人民法院通知证人出庭作证，也可以申请人民检察院、人民法院依法委托鉴定机构对有异议的鉴定结论进行补充鉴定或者重新鉴定。对于辩护律师的上述申请，人民检察院、人民法院应当及时予以答复。

29. 被告人可能被判处死刑而没有委托辩护人的，人民法院应当通过法律援助机构指定承担法律援助义务的律师为其提供辩护。法律援助机构应当在收到指定辩护通知书三日以内，指派有刑事辩护经验的律师提供辩护。

30. 律师在提供法律帮助或者履行辩护职责中遇到困难和问题，司法行政机关应及时与公安机关、人民检察院、人民法院协调解决，保障律师依法履行职责。

（四）审判

31. 人民法院受理案件后，应当告知因犯罪行为遭受物质损失的被害人、已死亡被害人的近亲属、无行为能力或者限制行为能力被害人的法定代理人，有权提起附带民事诉讼和委托诉讼代理人。经济困难的，还应当告知其可以向法律援助机构申请法律援助。在审判过程中，注重发挥附带民事诉讼中民事调解的重要作用，做好被害人、被害人近亲属的安抚工作，切实加强刑事被害人的权益保护。

32．人民法院应当通知下列情形的被害人、证人、鉴定人出庭作证：（一）人民检察院、被告人及其辩护人对被害人陈述、证人证言、鉴定结论有异议，该被害人陈述、证人证言、鉴定结论对定罪量刑有重大影响的；（二）人民法院认为其他应当出庭作证的。经人民法院依法通知，被害人、证人、鉴定人应当出庭作证；不出庭作证的被害人、证人、鉴定人的书面陈述、书面证言、鉴定结论经质证无法确认的，不能作为定案的根据。

33．人民法院审理案件，应当注重审查证据的合法性。对有线索或者证据表明可能存在刑讯逼供或者其他非法取证行为的，应当认真审查。人民法院向人民检察院调取相关证据时，人民检察院应当在三日以内提交。人民检察院如果没有相关材料，应当向人民法院说明情况。

34．第一审人民法院和第二审人民法院审理死刑案件，合议庭应当提请院长决定提交审判委员会讨论。最高人民法院复核死刑案件，高级人民法院复核死刑缓期二年执行的案件，对于疑难、复杂的案件，合议庭认为难以作出决定的，应当提请院长决定提交审判委员会讨论决定。审判委员会讨论案件，同级人民检察院检察长、受检察长委托的副检察长均可列席会议。

35．人民法院应当根据已经审理查明的事实、证据和有关的法律规定，依法作出裁判。对案件事实清楚，证据确实、充分，依据法律认定被告人有罪的，应当作出有罪判决；对依据法律认定被告人无罪的，应当作出无罪判决；证据不足，不能认定被告人有罪的，应当作出证据不足、指控的犯罪不能成立的无罪判决；定罪的证据确实，但影响量刑的证据存有疑点，处刑时应当留有余地。

36．第二审人民法院应当及时查明被判处死刑立即执行的被告人是否委托了辩护人。没有委托辩护人的，应当告知被告人可以自行委托辩护人或者通知法律援助机构指定承担法律援助义务的律师为其提供辩护。人民法院应当通知人民检察院、被告人及其辩护人在开庭五日以前提供出庭作证的证人、鉴定人名单，在开庭三日以前送达传唤当事人的传票和通知辩护人、证人、鉴定人、翻译人员的通知书。

37．审理死刑第二审案件，应当依照法律和有关规定实行开庭审理。人民法院必须在开庭十日以前通知人民检察院查阅案卷。同级人民检察院应当按照人民法院通知的时间派员出庭。

38．第二审人民法院作出判决、裁定后，当庭宣告的，应当在五日以内将判决书或者裁定书送达当事人、辩护人和同级人民检察院；定期宣告的，应当在宣告后立即送达。

39．复核死刑案件，应当对原审裁判的事实认定、法律适用和诉讼程序进行全面审查。

40．死刑案件复核期间，被告人委托的辩护人提出听取意见要求的，应当听取辩护人的意见，并制作笔录附卷。辩护人提出书面意见的，应当附卷。

41. 复核死刑案件，合议庭成员应当阅卷，并提出书面意见存查。对证据有疑问的，应当对证据进行调查核实，必要时到案发现场调查。

42. 高级人民法院复核死刑案件，应当讯问被告人。最高人民法院复核死刑案件，原则上应当讯问被告人。

43. 人民法院在保证办案质量的前提下，要进一步提高办理死刑复核案件的效率，公正、及时地审理死刑复核案件。

44. 人民检察院按照法律规定加强对办理死刑案件的法律监督。

（五）执行

45. 人民法院向罪犯送达核准死刑的裁判文书时，应当告知罪犯有权申请会见其近亲属。罪犯提出会见申请并提供具体地址和联系方式的，人民法院应当准许；原审人民法院应当通知罪犯的近亲属。罪犯近亲属提出会见申请的，人民法院应当准许，并及时安排会见。

46. 第一审人民法院将罪犯交付执行死刑前，应当将核准死刑的裁判文书送同级人民检察院，并在交付执行三日以前通知同级人民检察院派员临场监督。

47. 第一审人民法院在执行死刑前，发现有刑事诉讼法第二百一十一条规定的情形的，应当停止执行，并且立即报告最高人民法院，由最高人民法院作出裁定。临场监督执行死刑的检察人员在执行死刑前，发现有刑事诉讼法第二百一十一条规定的情形的，应当建议人民法院停止执行。

48. 执行死刑应当公布。禁止游街示众或者其他有辱被执行人人格的行为。禁止侮辱尸体。

四、人民法院、人民检察院、公安机关依法互相配合和互相制约

49. 人民法院、人民检察院、公安机关办理死刑案件，应当切实贯彻“分工负责，互相配合，互相制约”的基本诉讼原则，既根据法律规定的明确分工，各司其职，各负其责，又互相支持，通力合作，以保证准确有效地执行法律，共同把好死刑案件的质量关。

50. 人民法院、人民检察院、公安机关应当按照诉讼职能分工和程序设置，互相制约，以防止发生错误或者及时纠正错误，真正做到不错不漏，不枉不纵。人民法院、人民检察院和公安机关的互相制约，应当体现在各机关法定的诉讼活动之中，不得违反程序干扰、干预、抵制其他机关依法履行职权的诉讼活动。

51. 在审判过程中，发现被告人可能有自首、立功等法定量刑情节，需要补充证据或者补充侦查的，人民检察院应当建议延期审理。延期审理的时间不能超过一个月。查证被告人揭发他人犯罪行为，人民检察院根据犯罪性质，可以依法自行查证，属于公安机关管辖的，可以交由公安机关查证。人民检察院应当将查证的情况在法律规定的期限内及时提交人民法院。

五、严格执行办案责任追究制度

52. 故意违反法律和本意见的规定，或者由于严重不负责任，影响办理死刑案件质量，造成严重后果的，对直接负责的主管人员和其他直接责任人员，由其所在单位或者上级主管机关依照有关规定予以行政处分或者纪律处分；徇私舞弊、枉法裁判构成犯罪的，依法追究刑事责任。

最高人民法院 司法部印发《关于充分保障律师依法履行辩护职责 确保死刑案件办理质量的若干规定》的通知

（2008年5月21日 法发〔2008〕14号）

各省、自治区、直辖市高级人民法院、司法厅（局），解放军军事法院，新疆维吾尔自治区高级人民法院生产建设兵团分院、新疆生产建设兵团司法局：

现将《关于充分保障律师依法履行辩护职责确保死刑案件办理质量的若干规定》印发给你们，请认真遵照执行。执行情况及遇到的问题，请分别及时报告最高人民法院、司法部。

最高人民法院 司法部
二〇〇八年五月二十一日

最高人民法院 司法部关于充分保障律师依法履行辩护职责 确保死刑案件办理质量的若干规定

为确保死刑案件的办理质量，根据《中华人民共和国刑事诉讼法》及相关法律、法规和司法解释的有关规定，结合人民法院刑事审判和律师辩护、法律援助工作的实际，现就人民法院审理死刑案件，律师依法履行辩护职责的具体问题规定如下：

一、人民法院对可能被判处死刑的被告人，应当根据刑事诉讼法的规定，充分保障其辩护权及其他合法权益，并充分保障辩护律师依法履行辩护职责。司法行政机关、律师协会应当加强对死刑案件辩护工作的指导，积极争取政府财政部门落实并逐步提高法律援助工作经费。律师办理死刑案件应当恪尽职守，切实维护被告人的合法权益。

二、被告人可能被判处死刑而没有委托辩护人的，人民法院应当通过法律援助机构指定律师为其提供辩护。被告人拒绝指定的律师为其辩护，有正当理由的，人民法院应当准许，被告人可以另行委托辩护人；被告人没有委托辩护人的，人民法院应当通知法律援助机构为其另行指定辩护人；被告人无正当理由再次拒绝指定的律师为其辩护的，人民法院应当不予准许并记录在案。

三、法律援助机构在收到指定辩护通知书三日以内，指派具有刑事案件出庭辩护经验的律师担任死刑案件的辩护人。

四、被指定担任死刑案件辩护人的律师，不得将案件转由律师助理办理；有正当理由不能接受指派的，经法律援助机构同意，由法律援助机构另行指派其他律师办理。

五、人民法院受理死刑案件后，应当及时通知辩护律师查阅案卷，并积极创造条件，为律师查阅、复制指控犯罪事实的材料提供方便。

人民法院对承办法律援助案件的律师复制涉及被告人主要犯罪事实并直接影响定罪量刑的证据材料的复制费用，应当免收或者按照复制材料所必须的工本费减收。

律师接受委托或者被指定担任死刑案件的辩护人后，应当及时到人民法院阅卷；对于查阅的材料中涉及国家秘密、商业秘密、个人隐私、证人身份等情况的，应当保守秘密。

六、律师应当在开庭前会见在押的被告人，征询是否同意为其辩护，并听取被告人的陈述和意见。

七、律师书面申请人民法院收集、调取证据，申请通知证人出庭作证，申请鉴定或者补充鉴定、重新鉴定的，人民法院应当及时予以书面答复并附卷。

八、第二审开庭前，人民检察院提交新证据、进行重新鉴定或者补充鉴定的，人民法院应当至迟在开庭三日以前通知律师查阅。

九、律师出庭辩护应当认真做好准备工作，围绕案件事实、证据、适用法律、量刑、诉讼程序等，从被告人无罪、罪轻或者减轻、免除其刑事责任等方面提出辩护意见，切实保证辩护质量，维护被告人的合法权益。

十、律师接到人民法院开庭通知后，应当保证准时出庭。人民法院应当按时开庭。法庭因故不能按期开庭，或者律师确有正当理由不能按期出庭的，人民法院应当在不影响案件审理期限的情况下，另行安排开庭时间，并于开庭三日前通知当事人、律师和人民检察院。

十一、人民法院应当加强审判场所的安全保卫,保障律师及其他诉讼参与人的人身安全,确保审判活动的顺利进行。

十二、法官应当严格按照法定诉讼程序进行审判活动,尊重律师的诉讼权利,认真听取控辩双方的意见,保障律师发言的完整性。对于律师发言过于冗长、明显重复或者与案件无关,或者在公开开庭审理中发言涉及国家秘密、个人隐私,或者进行人身攻击的,法官应当提醒或者制止。

十三、法庭审理中,人民法院应当如实、详细地记录律师意见。法庭审理结束后,律师应当在闭庭三日以内向人民法院提交书面辩护意见。

十四、人民法院审理被告人可能被判处死刑的刑事附带民事诉讼案件,在对赔偿事项进行调解时,律师应当在其职责权限范围内,根据案件和当事人的具体情况,依法提出有利于案件处理、切实维护当事人合法权益的意见,促进附带民事诉讼案件调解解决。

十五、人民法院在裁判文书中应当写明指派律师担任辩护人的法律援助机构、律师姓名及其所在的执业机构。对于律师的辩护意见,合议庭、审判委员会在讨论案件时应当认真进行研究,并在裁判文书中写明采纳与否的理由。

人民法院应当按照有关规定将裁判文书送达律师。

十六、人民法院审理案件过程中,律师提出会见法官请求的,合议庭根据案件具体情况,可以在工作时间和办公场所安排会见、听取意见。会见活动,由书记员制作笔录,律师签名后附卷。

十七、死刑案件复核期间,被告人的律师提出当面反映意见要求或者提交证据材料的,人民法院有关合议庭应当在工作时间和办公场所接待,并制作笔录附卷。律师提出的书面意见,应当附卷。

十八、司法行政机关和律师协会应当加强对律师的业务指导和培训,以及职业道德和执业纪律教育,不断提高律师办理死刑案件的质量,并建立对律师从事法律援助工作的考核机制。

司法部关于修订后的《律师法》部分条文适用问题的通知

(2008 年 5 月 28 日 司发通〔2008〕85 号)

各省、自治区、直辖市司法厅(局),新疆生产建设兵团司法局:

修订后的《中华人民共和国律师法》(以下简称《律师法》)将自今年 6 月 1

日起施行。近一时期，部分地区司法行政机关就《律师法》的部分条文如何适用的问题请示我部。经研究，现就有关条文的适用问题通知如下：

一、关于修订后的《律师法》有关处罚规定溯及力的问题

在修订后的《律师法》于2008年6月1日生效施行后，对该法生效前发生的律师和律师事务所的违法行为实施行政处罚，应当贯彻从旧兼从轻的原则，即原则上适用原《律师法》有关处罚的实体规定。但如果修订后的《律师法》对同一违法情形规定的处罚较轻或具有一定裁量幅度，则适用修订后的《律师法》的相关规定实施处罚。

二、关于对律师和律师事务所违法行为实施吊销执业证书以外行政处罚的管辖权问题

根据修订后的《律师法》的规定及授权，对律师、律师事务所的违法行为给予吊销执业证书以外的其他种类行政处罚，应当由违法律师所属的律师事务所或违法律师事务所住所地的设区的市级或直辖市的区—、县人民政府司法行政部门负责实施。

服务业发展"十二五"规划（节录）

（2012年12月1日　国发〔2012〕62号）

第三章　服务业发展重点

立足我国产业基础，发挥比较优势，以市场需求为导向，突出重点，引导资源要素合理集聚，构建结构优化、水平先进、开放共赢、优势互补的服务业发展格局。

……

第二节　大力发展生活性服务业

围绕满足人民群众多层次多样化需求，大力发展生活性服务业，丰富服务供给，完善服务标准，提高服务质量，不断满足广大人民群众日益增长的物质文化生活需要。

……

（五）法律服务业。

大力发展以律师和公证为主体的法律服务业，稳步扩大从业人员数量，全面提高从业人员素质，着力培养一批具有国际眼光、精通涉外法律业务的高素质律师人才。拓宽服务领域和服务方式，提高法律服务水平，实现法律服务在经济社会发展各领域的广泛、有效参与。稳步扩大法律服务规模，完善组织形式，推动业务转型和升级，促进专业化分工，扶持、培育一批规模较大、实力较强的法律服务机构。完善管理体制机制和行业规范，建立健全法律服务人员诚信执业制度，完善执业状况评价、监督机制和失信惩戒机制，规范服务秩序和服务行为。提升法律服务业开放水平，打造一批具有国际竞争力的法律服务机构。加大对法律服务业政策扶持和保障力度，改善法律服务业发展环境，健全体制机制和政策保障，扩大服务规模和服务领域，提升服务层次和服务质量，提高国际化水平和国际竞争力。"十二五"时期，建立起符合我国国情、适应我国经济社会发展和民主法治建设要求、较为成熟的法律服务制度体系。

……

最高人民法院 最高人民检察院 公安部 国家安全部 司法部 全国人大常委会法制工作委员会关于实施刑事诉讼法若干问题的规定

（2012年12月26日）

一、管辖

1．公安机关侦查刑事案件涉及人民检察院管辖的贪污贿赂案件时，应当将贪污贿赂案件移送人民检察院；人民检察院侦查贪污贿赂案件涉及公安机关管辖的刑事案件，应当将属于公安机关管辖的刑事案件移送公安机关。在上述情况中，如果涉嫌主罪属于公安机关管辖，由公安机关为主侦查，人民检察院予以配合；如果涉嫌主罪属于人民检察院管辖，由人民检察院为主侦查，公安机关予以配合。

2．刑事诉讼法第二十四条中规定："刑事案件由犯罪地的人民法院管辖。"刑事诉讼法规定的"犯罪地"，包括犯罪的行为发生地和结果发生地。

3．具有下列情形之一的，人民法院、人民检察院、公安机关可以在其职责范围内并案处理：

（一）一人犯数罪的；

（二）共同犯罪的；

（三）共同犯罪的犯罪嫌疑人、被告人还实施其他犯罪的；

（四）多个犯罪嫌疑人、被告人实施的犯罪存在关联，并案处理有利于查明案件事实的。

二、辩护与代理

4. 人民法院、人民检察院、公安机关、国家安全机关、监狱的现职人员，人民陪审员，外国人或者无国籍人，以及与本案有利害关系的人，不得担任辩护人。但是，上述人员系犯罪嫌疑人、被告人的监护人或者近亲属，犯罪嫌疑人、被告人委托其担任辩护人的，可以准许。无行为能力或者限制行为能力的人，不得担任辩护人。

一名辩护人不得为两名以上的同案犯罪嫌疑人、被告人辩护，不得为两名以上的未同案处理但实施的犯罪存在关联的犯罪嫌疑人、被告人辩护。

5. 刑事诉讼法第三十四条、第二百六十七条、第二百八十六条对法律援助作了规定。对于人民法院、人民检察院、公安机关根据上述规定，通知法律援助机构指派律师提供辩护或者法律帮助的，法律援助机构应当在接到通知后三日以内指派律师，并将律师的姓名、单位、联系方式书面通知人民法院、人民检察院、公安机关。

6. 刑事诉讼法第三十六条规定："辩护律师在侦查期间可以为犯罪嫌疑人提供法律帮助；代理申诉、控告；申请变更强制措施；向侦查机关了解犯罪嫌疑人涉嫌的罪名和案件有关情况，提出意见。"根据上述规定，辩护律师在侦查期间可以向侦查机关了解犯罪嫌疑人涉嫌的罪名及当时已查明的该罪的主要事实，犯罪嫌疑人被采取、变更、解除强制措施的情况，侦查机关延长侦查羁押期限等情况。

7. 刑事诉讼法第三十七条第二款规定："辩护律师持律师执业证书、律师事务所证明和委托书或者法律援助公函要求会见在押的犯罪嫌疑人、被告人的，看守所应当及时安排会见，至迟不得超过四十八小时。"根据上述规定，辩护律师要求会见在押的犯罪嫌疑人、被告人的，看守所应当及时安排会见，保证辩护律师在四十八小时以内见到在押的犯罪嫌疑人、被告人。

8. 刑事诉讼法第四十一条第一款规定："辩护律师经证人或者其他有关单位和个人同意，可以向他们收集与本案有关的材料，也可以申请人民检察院、人民法院收集、调取证据，或者申请人民法院通知证人出庭作证。"对于辩护律师申请人民检察院、人民法院收集、调取证据，人民检察院、人民法院认为需要调查取证的，应当由人民检察院、人民法院收集、调取证据，不得向律师签发准许调查决定书，让律师收集、调取证据。

9. 刑事诉讼法第四十二条第二款中规定："违反前款规定的，应当依法追究法律责任，辩护人涉嫌犯罪的，应当由办理辩护人所承办案件的侦查机关以外的侦查机关办理。”根据上述规定，公安机关、人民检察院发现辩护人涉嫌犯罪，或者接受报案、控告、举报、有关机关的移送，依照侦查管辖分工进行审查后认为符合立案条件的，应当按照规定报请办理辩护人所承办案件的侦查机关的上一级侦查机关指定其他侦查机关立案侦查，或者由上一级侦查机关立案侦查。不得指定办理辩护人所承办案件的侦查机关的下级侦查机关立案侦查。

10. 刑事诉讼法第四十七条规定：“辩护人、诉讼代理人认为公安机关、人民检察院、人民法院及其工作人员阻碍其依法行使诉讼权利的，有权向同级或者上一级人民检察院申诉或者控告。人民检察院对申诉或者控告应当及时进行审查，情况属实的，通知有关机关予以纠正。”人民检察院受理辩护人、诉讼代理人的申诉或者控告后，应当在十日以内将处理情况书面答复提出申诉或者控告的辩护人、诉讼代理人。

三、证据

11. 刑事诉讼法第五十六条第一款规定：“法庭审理过程中，审判人员认为可能存在本法第五十四条规定的以非法方法收集证据情形的，应当对证据收集的合法性进行法庭调查。”法庭经对当事人及其辩护人、诉讼代理人提供的相关线索或者材料进行审查后，认为可能存在刑事诉讼法第五十四条规定的以非法方法收集证据情形的，应当对证据收集的合法性进行法庭调查。法庭调查的顺序由法庭根据案件审理情况确定。

12. 刑事诉讼法第六十二条规定，对证人、鉴定人、被害人可以采取“不公开真实姓名、住址和工作单位等个人信息”的保护措施。人民法院、人民检察院和公安机关依法决定不公开证人、鉴定人、被害人的真实姓名、住址和工作单位等个人信息的，可以在判决书、裁定书、起诉书、询问笔录等法律文书、证据材料中使用化名等代替证人、鉴定人、被害人的个人信息。但是，应当书面说明使用化名的情况并标明密级，单独成卷。辩护律师经法庭许可，查阅对证人、鉴定人、被害人使用化名情况的，应当签署保密承诺书。

四、强制措施

13. 被取保候审、监视居住的犯罪嫌疑人、被告人无正当理由不得离开所居住的市、县或者执行监视居住的处所，有正当理由需要离开所居住的市、县或者执行监视居住的处所，应当经执行机关批准。如果取保候审、监视居住是由人民检察院、人民法院决定的，执行机关在批准犯罪嫌疑人、被告人离开所居住的市、县或者执行监视居住的处所前，应当征得决定机关同意。

14. 对取保候审保证人是否履行了保证义务，由公安机关认定，对保证人的罚款决定，也由公安机关作出。

15. 指定居所监视居住的，不得要求被监视居住人支付费用。

16. 刑事诉讼法规定，拘留由公安机关执行。对于人民检察院直接受理的案件，人民检察院作出的拘留决定，应当送达公安机关执行，公安机关应当立即执行，人民检察院可以协助公安机关执行。

17. 对于人民检察院批准逮捕的决定，公安机关应当立即执行，并将执行回执及时送达批准逮捕的人民检察院。如果未能执行，也应当将回执送达人民检察院，并写明未能执行的原因。对于人民检察院决定不批准逮捕的，公安机关在收到不批准逮捕决定书后，应当立即释放在押的犯罪嫌疑人或者变更强制措施，并将执行回执在收到不批准逮捕决定书后的三日内送达作出不批准逮捕决定的人民检察院。

五、立案

18. 刑事诉讼法第一百一十一条规定："人民检察院认为公安机关对应当立案侦查的案件而不立案侦查的，或者被害人认为公安机关对应当立案侦查的案件而不立案侦查，向人民检察院提出的，人民检察院应当要求公安机关说明不立案的理由。人民检察院认为公安机关不立案理由不能成立的，应当通知公安机关立案，公安机关接到通知后应当立案。"根据上述规定，公安机关收到人民检察院要求说明不立案理由通知书后，应当在七日内将说明情况书面答复人民检察院。人民检察院认为公安机关不立案理由不能成立，发出通知立案书时，应当将有关证明应当立案的材料同时移送公安机关。公安机关收到通知立案书后，应当在十五日内决定立案，并将立案决定书送达人民检察院。

六、侦查

19. 刑事诉讼法第一百二十一条第一款规定："侦查人员在讯问犯罪嫌疑人的时候，可以对讯问过程进行录音或者录像；对于可能判处无期徒刑、死刑的案件或者其他重大犯罪案件，应当对讯问过程进行录音或者录像。"侦查人员对讯问过程进行录音或者录像的，应当在讯问笔录中注明。人民检察院、人民法院可以根据需要调取讯问犯罪嫌疑人的录音或者录像，有关机关应当及时提供。

20. 刑事诉讼法第一百四十九条中规定："批准决定应当根据侦查犯罪的需要，确定采取技术侦查措施的种类和适用对象。"采取技术侦查措施收集的材料作为证据使用的，批准采取技术侦查措施的法律文书应当附卷，辩护律师可以依法查阅、摘抄、复制，在审判过程中可以向法庭出示。

21. 公安机关对案件提请延长羁押期限的，应当在羁押期限届满七日前提出，并书面呈报延长羁押期限案件的主要案情和延长羁押期限的具体理由，人民检察院应当在羁押期限届满前作出决定。

22. 刑事诉讼法第一百五十八条第一款规定:“在侦查期间,发现犯罪嫌疑人另有重要罪行的,自发现之日起依照本法第一百五十四条的规定重新计算侦查羁押期限。”公安机关依照上述规定重新计算侦查羁押期限的,不需要经人民检察院批准,但应当报人民检察院备案,人民检察院可以进行监督。

七、提起公诉

23. 上级公安机关指定下级公安机关立案侦查的案件,需要逮捕犯罪嫌疑人的,由侦查该案件的公安机关提请同级人民检察院审查批准;需要提起公诉的,由侦查该案件的公安机关移送同级人民检察院审查起诉。

人民检察院对于审查起诉的案件,按照刑事诉讼法的管辖规定,认为应当由上级人民检察院或者同级其他人民检察院起诉的,应当将案件移送有管辖权的人民检察院。人民检察院认为需要依照刑事诉讼法的规定指定审判管辖的,应当协商同级人民法院办理指定管辖有关事宜。

24. 人民检察院向人民法院提起公诉时,应当将案卷材料和全部证据移送人民法院,包括犯罪嫌疑人、被告人翻供的材料,证人改变证言的材料,以及对犯罪嫌疑人、被告人有利的其他证据材料。

八、审判

25. 刑事诉讼法第一百八十一条规定:“人民法院对提起公诉的案件进行审查后,对于起诉书中有明确的指控犯罪事实的,应当决定开庭审判。”对于人民检察院提起公诉的案件,人民法院都应当受理。人民法院对提起公诉的案件进行审查后,对于起诉书中有明确的指控犯罪事实并且附有案卷材料、证据的,应当决定开庭审判,不得以上述材料不充足为由而不开庭审判。如果人民检察院移送的材料中缺少上述材料的,人民法院可以通知人民检察院补充材料,人民检察院应当自收到通知之日起三日内补送。

人民法院对提起公诉的案件进行审查的期限计入人民法院的审理期限。

26. 人民法院开庭审理公诉案件时,出庭的检察人员和辩护人需要出示、宣读、播放已移交人民法院的证据的,可以申请法庭出示、宣读、播放。

27. 刑事诉讼法第三十九条规定:“辩护人认为在侦查、审查起诉期间公安机关、人民检察院收集的证明犯罪嫌疑人、被告人无罪或者罪轻的证据材料未提交的,有权申请人民检察院、人民法院调取。”第一百九十一条第一款规定:“法庭审理过程中,合议庭对证据有疑问的,可以宣布休庭,对证据进行调查核实。”第一百九十二条第一款规定:“法庭审理过程中,当事人和辩护人、诉讼代理人有权申请通知新的证人到庭,调取新的物证,申请重新鉴定或者勘验。”根据上述规定，自案件移送审查起诉之日起，人民检察院可以根据辩护人的申请，向公安机关调取未提交的证明犯罪嫌疑人、被告人无罪或者罪轻的证据材料。在法庭审理过程中，人民法院可以根据辩护人的申请，向人民检察院调取未提交的证明被告人无罪或者罪轻的证据材料，也可以向人民检察院调取需要调查核实的证据材料。公安机关、人民检察院应当自收到要求调取证据材料决定书后三日内移交。

28. 人民法院依法通知证人、鉴定人出庭作证的，应当同时将证人、鉴定人出庭通知书送交控辩双方，控辩双方应当予以配合。

29. 刑事诉讼法第一百八十七条第三款规定："公诉人、当事人或者辩护人、诉讼代理人对鉴定意见有异议，人民法院认为鉴定人有必要出庭的，鉴定人应当出庭作证。经人民法院通知，鉴定人拒不出庭作证的，鉴定意见不得作为定案的根据。"根据上述规定，依法应当出庭的鉴定人经人民法院通知未出庭作证的，鉴定意见不得作为定案的根据。鉴定人由于不能抗拒的原因或者有其他正当理由无法出庭的，人民法院可以根据案件审理情况决定延期审理。

30. 人民法院审理公诉案件，发现有新的事实，可能影响定罪的，人民检察院可以要求补充起诉或者变更起诉，人民法院可以建议人民检察院补充起诉或者变更起诉。人民法院建议人民检察院补充起诉或者变更起诉的，人民检察院应当在七日以内回复意见。

31. 法庭审理过程中，被告人揭发他人犯罪行为或者提供重要线索，人民检察院认为需要进行查证的，可以建议补充侦查。

32. 刑事诉讼法第二百零三条规定："人民检察院发现人民法院审理案件违反法律规定的诉讼程序，有权向人民法院提出纠正意见。"人民检察院对违反法定程序的庭审活动提出纠正意见，应当由人民检察院在庭审后提出。

九、执行

33. 刑事诉讼法第二百五十四条第五款中规定："在交付执行前，暂予监外执行由交付执行的人民法院决定。"对于被告人可能被判处拘役、有期徒刑、无期徒刑，符合暂予监外执行条件的，被告人及其辩护人有权向人民法院提出暂予监外执行的申请，看守所可以将有关情况通报人民法院。人民法院应当进行审查，并在交付执行前作出是否暂予监外执行的决定。

34. 刑事诉讼法第二百五十七条第三款规定："不符合暂予监外执行条件的罪犯通过贿赂等非法手段被暂予监外执行的，在监外执行的期间不计入执行刑期。罪犯在暂予监外执行期间脱逃的，脱逃的期间不计入执行刑期。"对于人民法院决定暂予监外执行的罪犯具有上述情形的，人民法院在决定予以收监的同时，应当确定不计入刑期的期间。对于监狱管理机关或者公安机关决定暂予监外执行的罪犯具有上述情形的,罪犯被收监后,所在监狱或者看守所应当及时向所在地的中级人民法院提出不计入执行刑期的建议书,由人民法院审核裁定。

35. 被决定收监执行的社区矫正人员在逃的,社区矫正机构应当立即通知公安机关,由公安机关负责追捕。

十、涉案财产的处理

36. 对于依照刑法规定应当追缴的违法所得及其他涉案财产,除依法返还被害人的财物以及依法销毁的违禁品外,必须一律上缴国库。查封、扣押的涉案财产,依法不移送的,待人民法院作出生效判决、裁定后,由人民法院通知查封、扣押机关上缴国库,查封、扣押机关应当向人民法院送交执行回单;冻结在金融机构的违法所得及其他涉案财产,待人民法院作出生效判决、裁定后,由人民法院通知有关金融机构上缴国库,有关金融机构应当向人民法院送交执行回单。

对于被扣押、冻结的债券、股票、基金份额等财产,在扣押、冻结期间权利人申请出售,经扣押、冻结机关审查,不损害国家利益、被害人利益,不影响诉讼正常进行的,以及扣押、冻结的汇票、本票、支票的有效期即将届满的,可以在判决生效前依法出售或者变现,所得价款由扣押、冻结机关保管,并及时告知当事人或者其近亲属。

37. 刑事诉讼法第一百四十二条第一款中规定:“人民检察院、公安机关根据侦查犯罪的需要,可以依照规定查询、冻结犯罪嫌疑人的存款、汇款、债券、股票、基金份额等财产。”根据上述规定,人民检察院、公安机关不能扣划存款、汇款、债券、股票、基金份额等财产。对于犯罪嫌疑人、被告人死亡,依照刑法规定应当追缴其违法所得及其他涉案财产的,适用刑事诉讼法第五编第三章规定的程序,由人民检察院向人民法院提出没收违法所得的申请。

38. 犯罪嫌疑人、被告人死亡,现有证据证明存在违法所得及其他涉案财产应当予以没收的,公安机关、人民检察院可以进行调查。公安机关、人民检察院进行调查,可以依法进行查封、扣押、查询、冻结。

人民法院在审理案件过程中,被告人死亡的,应当裁定终止审理;被告人脱逃的,应当裁定中止审理。人民检察院可以依法另行向人民法院提出没收违法所得的申请。

39. 对于人民法院依法作出的没收违法所得的裁定,犯罪嫌疑人、被告人的近亲属和其他利害关系人或者人民检察院可以在五日内提出上诉、抗诉。

十一、其他

40. 刑事诉讼法第一百四十七条规定:“对犯罪嫌疑人作精神病鉴定的期间不计入办案期限。”根据上述规定,犯罪嫌疑人、被告人在押的案件,除对犯罪嫌疑人、被告人的精神病鉴定期间不计入办案期限外，其他鉴定期间都应当计入办案期限。对于因鉴定时间较长，办案期限届满仍不能终结的案件，自期限届满之日起，应当对被羁押的犯罪嫌疑人、被告人变更强制措施，改为取保候审或者监视居住。

国家安全机关依照法律规定，办理危害国家安全的刑事案件，适用本规定中有关公安机关的规定。

本规定自2013年1月1日起施行。1998年1月19日发布的《最高人民法院、最高人民检察院、公安部、国家安全部、司法部、全国人大常委会法制工作委员会关于刑事诉讼法实施中若干问题的规定》同时废止。

最高人民法院
最高人民检察院
公安部
国家安全部
司法部
全国人大常委会法制工作委员会
2012年12月26日

司法部关于加快解决有些地方没有律师和欠发达地区律师资源不足问题的意见

（2013年7月3日 司发通〔2013〕111号）

各省、自治区、直辖市司法厅（局），新疆生产建设兵团司法局：

为深入贯彻落实党的十八大精神和中央领导同志重要指示精神，努力满足群众基本的法律服务需求，维护社会公平正义，促进平安中国、法治中国建设，现就加快解决有些地方没有律师和欠发达地区律师资源不足的问题提出如下意见。

一、充分认识加快解决有些地方没有律师和欠发达地区律师资源不足问题的重要性

近些年来，在党中央、国务院的正确领导下，我国律师队伍迅速壮大，律师事业全面发展。但目前全国仍有些地方没有执业律师，一些欠发达地区律师资源严重不足。据统计,全国共有164个县(市、区)没有律师。其中,126个县既没有律师也没有律师事务所,38个县有律师事务所没有律师。此外,还有92个县(市、区)只有1名律师。这种状况如不改变,就会影响维护人民群众合法权益,影响当地经济社会发展。因此,加快解决有些地方没有律师和欠发达地区律师资源不足的问题,是贯彻党的十八大和中央领导同志有关重要指示精神、贯彻党的群众路线的重要举措,也是适应经济欠发达地区人民群众的新要求、新期待,促进当地经济社会发展,建设平安中国、法治中国的迫切要求。各级司法行政机关和各地律师协会一定要从全面推进依法治国、建设社会主义法治国家的高度,充分认识加快解决有些地方没有律师和欠发达地区律师资源不足问题的重要意义,切实增强责任感和使命感,紧紧围绕欠发达地区和困难群众的法律服务需求,采取有力措施,下决心加快解决有些地方没有律师和欠发达地区律师资源不足的问题,为推进经济社会发展和民主法治建设作出贡献。

二、总体要求和工作措施

加快解决有些地方没有律师和欠发达地区律师资源不足问题,总的要求是:以邓小平理论、"三个代表"重要思想、科学发展观为指导,深入贯彻党的十八大精神和中央领导同志重要指示精神,全面落实中办发〔2010〕30号文件精神,以设立律师事务所分所、组建国资律师事务所、组织选派志愿律师、深入开展"1+1"法律援助志愿者行动和"同心·律师服务团"为主要工作措施,加大政策、经费和组织保障力度,切实解决有些地方没有律师和欠发达地区律师资源不足的问题。此项工作由司法部、全国律协和各省(区、市)司法厅(局)、律师协会具体组织实施。

(一) 鼓励支持设立分所。由司法部、全国律协和有关省(区、市)司法厅(局)、律师协会统一组织安排规模较大、社会形象好的律师事务所,特别是全国优秀律师事务所到没有律师事务所的县(市、区)设立分所。西藏自治区暂在没有律师的县所在地区和人口较多、交通沿线、边境口岸县设立律师事务所分所。设立分所原则上由这些县(市、区)所在的省(区、市)司法厅(局)、律师协会在本省(区、市)内协调解决。在设立分所的同时,律师事务所要选派政治、业务素质好的优秀律师到分所执业,并保证至少有1名律师常年在分所专职执业。同时,注意吸收该地区考取法律职业资格或律师资格的人员到分所执业,为培养当地律师人才创造条件。

(二) 组建国资律师事务所。各省(区、市)司法厅(局)应当根据《律师法》和《律师事务所管理办法》的规定,指导没有律师的县(市、区)的司法行政机关积极创造条件,组建发展国资律师事务所。要争取地方政府支持,落实中办发〔2010〕30号文件关于对国资律师事务所给予财政支持的政策,为当地国资律师事务所的设立发展提供支持和保障。

（三）组织选派志愿律师。由全国律协指导有关省（区、市）律师协会统一组织选派优秀律师到有律师事务所但没有律师的县（市、区）和律师资源严重不足的县（市、区）志愿执业，志愿律师与当地律师事务所签订聘用合同。派出志愿律师的律师事务所要积极支持，保证志愿律师在原所的待遇不变，并给予一定的经费补贴。志愿律师被派往的县（市、区）司法行政机关要协助当地律师事务所做好志愿律师的服务工作，支持志愿律师开展业务活动，保障志愿律师有适宜的工作和生活条件。

（四）深入开展“1+1”法律援助志愿者行动。进一步扩大“1+1”法律援助志愿者行动的覆盖面。从今年开始，“1+1”行动要优先选派更多法律援助志愿者律师到没有律师和律师资源严重不足的地区服务。同时，扩大“同心·律师服务团”规模，增加对口帮扶地区数量，为没有律师和律师资源严重不足的地区提供法律服务。

（五）扎实推进“百千千工程”和“千人计划”。全国律协组织开展的“百千千工程”和县域律师培养“千人计划”，在今后一个时期，要向没有律师和律师资源严重不足的地区倾斜，为当地律师事务所和律师开展业务工作和人才培养提供帮助和支持。

三、切实加强组织领导和工作指导

（一）加强组织领导。各级司法行政机关和各地律师协会要高度重视解决有些地方没有律师和欠发达地区律师资源不足问题工作，主要领导亲自负责，抓紧研究制定实施方案。没有律师的县（市、区）和律师资源严重不足的欠发达地区所在省（区、市）司法厅（局）、律师协会要根据工作要求，结合本地区实际情况，制定具体工作方案，动员组织安排本地区规模较大、社会形象好的律师事务所设立分所、派驻志愿律师，并对派驻律师、志愿律师和律师事务所分所开展业务活动进行指导和监督，不断提高其服务质量和工作水平。本省（区、市）内解决确有困难的，要报司法部、全国律协协调其他省（区、市）统一解决。相关省（区、市）司法厅（局）、律师协会要大力支持、积极配合做好这项工作。

（二）加大经费保障。要积极争取财政资金支持，为开办律师事务所分所和派驻律师、志愿律师工作和生活提供经费保障。同时，要将在没有律师的县（市、区）和律师资源严重不足的欠发达地区执业的派驻律师和志愿律师办理案件费用纳入中央补助地方法律援助办案专款和中央专项彩票公益金法律援助项目资金补贴范围。有关省（区、市）司法厅（局）、律师协会要为在没有律师的县（市、区）设立的律师事务所分所以及在当地执业的派驻律师和志愿律师提供经费支持，并减免其律师协会会费、实习律师上岗培训费等相关费用。鼓励有条件的律师协会和律师事务所设立培养基金，资助没有律师的县（市、区）和律师资源严重不足的欠发达地区培养律师人才。

（三）提供政策支持。没有律师的县（市、区）所在的省（区、市）司法行政机关要根据司法部《律师事务所管理办法》，制定具体实施办法，降低在没有律师的县（市、区）设立国资律师事务所和设立律师事务所分所的门槛和条件，对设所的资产条件不做硬性要求；允许律师事务所就近从本所在没有律师的县（市、区）所在省（区、市）分所中选派律师，派驻律师的档案保持不变更，保留在原注册地。要在律师评优、表彰、培训等方面对志愿律师、派驻律师和律师事务所分所实行政策倾斜。

各地贯彻落实情况和实施方案，请于2013年7月底前报司法部和全国律协。

司法部

2013年7月3日

（二）党的建设和队伍建设

司法部关于进一步加强律师队伍党的建设工作的通知

（1996 年 11 月 1 日　司发通〔1996〕139 号）

各省、自治区、直辖市司法厅（局），新疆生产建设兵团司法局：

最近，司法部下发了《关于严格执行〈律师法〉，进一步加强律师队伍建设的决定》，对加强律师队伍党组织建设进一步提出了要求。应当看到，近年来，特别是去年 8 月司法部《关于加强律师队伍党的组织建设的意见》发出后，各级司法行政机关重视和加强律师队伍中党组织建设工作，建立健全基层党组织，强化律师事务所党支部建设和党员的教育与管理，使党组织的战斗堡垒作用和党员和模范带头作用得到了较好的发挥。许多地方召开了会议，认真总结律师队伍党建工作的经验，积极部署党建工作的开展，取得了很好的成绩。但是，当前律师队伍中党的建设还存在着一些不容忽视的问题。突出表现在：各地贯彻《意见》的工作发展不平衡；有一部分具备条件的律师事务所尚未建立党组织；有的虽然建立了党组织，但开展党的工作不够有力，对党员的教育管理松懈，对发展新党员工作抓得不紧，有的甚至处于瘫痪、半瘫痪状态；有些党员放松对自己的要求，缺乏党性意识，组织观念淡薄，甚至长期不转组织关系，不过组织生活，不履行党员义务。这些问题的存在，表明律师队伍中党建工作仍然滞后于律师工作改革和律师队伍发展，需要引起各级司法行政机关的高度重视，严肃认真、扎扎实实地加以解决。各级司法行政机关要根据党的十四届六中全会精神和司法部《决定》的要求，加大律师队伍党组织建设工作的力度，狠抓落实，务必短期内见成效。

一、要充分认识新形势下加强律师队伍党的组织建设的紧迫性和重要性

坚持党对律师工作的领导，充分发挥党的基层组织的政治核心作用和党员的先锋模范作用，是我国律师事业取得成功的根本保证，也是中国特色社会主义律师制度的一个重要特征。加强律师队伍中党的组织建设，是保证党的路线、方针、政策和各项任务在律师行业中得以贯彻落实的需要；是贯彻执行《律师法》，进一步深化律师改革、促进律师事业发展的需要；也是建立一支高素质的律师队伍，树立律师队伍良好的社会形象的需要。应当指出的是，当前一些

地方之所以律师队伍党建工作滞后于律师工作改革和发展实践，与思想认识上重视不够是分不开的。党的十四届六中全会通过的《中共中央关于加强社会主义精神文明建设若干重要问题的决议》指出：建设物质文明关键在党，建设精神文明关键也在党。我们要建设一支具有社会主义精神文明的高素质的律师队伍，也同样取决于律师队伍中党的建设工作。因此，各级司法行政机关要从加强社会主义精神文明建设、完善社会主义法制、保证律师队伍健康发展的高度来认识加强律师队伍党的组织建设的重要性和迫切性，及时研究律师队伍党建工作的新情况、新问题，真正把律师队伍党的组织建设工作当做大事来抓，真正做到“两手抓”“两手都要硬”。

二、尽快在律师队伍中建立健全党组织

建立健全党组织，是加强律师队伍党的建设的基础。必须下功夫把律师队伍中党的基层组织建设好，要在律师事务所建立党支部，保证律师队伍中每一名党员都能过上正常的组织生活，今年年底前，凡有三名以上党员的，必须把党支部建立起来，不足三名党员的，要联合建立党支部。12 月份，司法部将派出若干工作组，对各地律师事务所建立健全党组织情况进行检查。

三、切实加强律师队伍中党组织的工作，充分发挥党支部的战斗堡垒作用

律师事务所的党组织要在律师工作中认真贯彻执行党的路线、方针、政策，要在律师的思想政治教育和深化律师工作改革，强化管理，加强律师队伍建设，提高队伍素质，推动律师事务所全面发展中发挥政治核心作用。要加强律师事务所党支部班子的建设和培训工作，帮助他们提高理论水平，增强工作责任心，掌握做好党务工作的本领。年底前，各地要对律师事务所党支部书记、副书记进行轮训。要针对律师执业特点，做好律师的思想政治工作，以科学的理论武装律师，以正确的舆论引导律师，以高尚的精神塑造律师，以国家的法律规范律师，加强队伍的社会主义精神文明建设，以国家的法律规范律师，加强队伍的社会主义精神文明建设；要在争创“文明建设事务所”的活动和建立健全律师事务所各项管理制度中发挥党支部的积极作用。

四、严格党员的教育管理，加强律师队伍中发展新党员工作

要抓好律师中党员的教育管理，增强党性，充分发挥党员的先锋模范作用；要教育党员律师认真学习党的基本路线和邓小平同志关于建设有中国特色社会主义的理论，模范遵守和坚决执行党的路线、方针、政策，履行党员义务，服从党的决定。对那些逾期不交纳党费、不参加党支部组织生活，不服从党组织分配工作的个别党员按党章有关规定处理。各地要结合本地区律师工作的实际情况，制定律师事务所党支部工作制度，使党支部的工作规范化。要重视把那些积极要求上进，懂专业、爱岗敬业并有入党要求的律师及时吸收到党内来，逐步做到所有的律师事务所都有党员并建立起党的组织。

五、要把律师队伍的党建工作与律师管理工作紧密结合起来

各省、自治区、直辖市司法厅（局）要将律师事务所党组织是否建立健全作为明年年检合格的重要条件之一。对不符合要求的，要责令整改。今后，凡律师中党员在办理工作调入、调出时，必须同时接转党的组织关系，组织手续不完备的不予接收或调出。目前，尚未接转组织关系的专职律师，年底前必须接转。

六、切实加强对律师队伍党建工作的领导

各省、自治区、直辖市司法厅（局）要高度重视律师队伍的党建工作，切实负起责任。对律师队伍中党组织建设情况，要定期进行研究，提出改进意见。要根据本地律师队伍建设的状况，制定加强律师队伍党建工作的目标、任务和具体措施，并争取与党委组织部门联合发文，以使这项工作在各级党委的统一领导下取得新的更大的进展。

各地贯彻此通知精神，进一步加强律师队伍党组织建设工作的情况，请于明年一月十五日前报部。

司法部关于加快建立律师诚信制度的通知

（2002 年 3 月 26 日　司发通〔2002〕30 号）

各省、自治区、直辖市司法厅（局），新疆生产建设兵团司法局：

信用是市场经济的基石。江泽民总书记指出："没有信用，就没有秩序，市场经济就不能健康发展。"加快社会信用制度建设，是整顿规范市场经济秩序的重要保障，是现代市场经济正常运行的根基。建立律师诚信制度，是加快社会信用制度建设的重要组成部分，也是社会信用制度建设在律师业的具体体现。现就建立律师诚信制度有关问题通知如下：

一、充分认识建立律师诚信制度的重要性

我国律师制度恢复以来，广大律师忠于法律、勤勉尽责、恪尽职守，为改革、发展、稳定做出了积极贡献。但是也必须清醒地看到，当前律师队伍建设中存在一些亟待解决的问题。如对当事人委托事项敷衍塞责,玩忽懈怠,甚至收了费不办事;滥做广告,进行虚假广告宣传;在办案中提供虚假证据,或者诱导当事人提供虚假证据;出具虚假法律意见等。这些问题的存在,与没有建立良好的律师诚信制度、少数律师诚信失范密切相关。律师肩负着维护法律正确实施的重要职责,在依法维护市场信用关系和交易关系方面起着重要作用。特别是在加入 WTO 后,法律服务面临激烈竞争的新形势下,建立健全律师诚信制度显得尤为迫切。各级司法行政机关、律师协会一定要从律师事业发展的大局出发,紧密联系律师队伍信用现状,坚持不懈地开展职业道德、执业纪律教育和诚信教育,组织律师认真学习贯彻司法部下发的《司法部关于进一步推动律师工作改革的若干意见》(司发通〔2002〕10 号)《律师职业道德和执业纪律规范》(司发〔2002〕3 号)《关于召开第五次全国律师代表大会的通知》(司发通〔2002〕9 号)和 2002 年 2 月全国律师管理工作电视电话会议精神(《张福森部长在全国律师管理工作电视电话会议上的讲话(摘要)》《段正坤副部长在全国律师管理工作电视电话会议上的讲话(摘要)》),使广大律师充分认识加强诚信制度建设的重要性,牢固树立诚信为本、操守为重的观念,努力塑造律师良好的诚信形象。

二、认真抓好律师诚信制度建设

诚信是对律师基本的道德和法律要求,是律师执业活动的生命线。建立律师诚信制度,必须依靠健全的规章制度规范律师信用行为,用制度来保证守信者得益,失信者受损。各级司法行政机关、律师协会和律师事务所要根据本地区、本所律师失信行为的多发环节和部位,有针对性地加强诚信制度包括业务制度和保障制度建设,不断健全完善诚信约束机制。从全国看,近年来,在律师办理刑事诉讼和证券法律业务等方面失信问题比较突出,为此要加快制定完善律师办理刑事案件和证券业务规范,杜绝和遏制提供虚假证据、虚假陈述和虚假法律意见等行为。

从律师执业活动的环节看,当前要着力完善以下四项诚信保障制度:一是委托代理制度。要修改律师事务所与当事人的委托代理合同,进一步规范合同格式,更加具体、明确地规定律师对当事人应尽的义务,强化律师责任,防止和减少收费不办事,不勤勉尽责等失信行为。二是律师事务所执业利益冲突审查制度。进一步规范律师代理行为,防止因执业利益冲突而给当事人带来损失,影响律师诚信形象。三是律师服务质量跟踪反馈制度。通过建立健全服务质量监督卡等方式,把律师执业的诚信情况更好地置于当事人的监督之下。服务监督卡要在签定委托代理合同时发给当事人。要严格实行一案一卡制度,在案件办结时,由律师事务所统一收回,并附卷归档。四是责任赔偿和保险制度。

各地要在年内强制推行责任赔偿和保险制度,使由于律师违法执业或因过错给当事人造成的损失,都能够得到赔偿,以有效保护当事人的合法权益,强化律师行业的社会信用。

三、大力加强律师诚信监管

各级司法行政机关和律师协会在加强律师诚信制度建设方面负有重要责任,要把建立律师诚信制度作为一项重要任务来抓,力争尽快取得成效。要建立严格的诚信奖惩制度,对信用好的律师事务所和律师要在年检注册、出国培训等方面给予便利和优惠;对于不讲信誉,破坏信誉的律师事务所和律师,要加大惩处力度。上半年,省(区、市)和地市两级律师协会都要建立起律师事务所和律师诚信记录,设立并向社会公布查询电话,使任何单位和公民个人随时可以查询。对于违规违纪的律师事务所和律师,各级司法行政机关和律师协会要定期向社会披露。各地对律师事务所和律师进行年检注册时,要认真审核律师诚信情况和质量监督卡,严把注册关。要加强管理的现代化建设,充分运用电脑数据库等手段,加强诚信监管。要认真总结诚信监管经验,力争经过五年左右的努力,逐步完善符合律师行业特点的诚信制度,使广大律师人人自觉讲信用,用诚实守信规范自己的行为,为建立完善社会主义市场经济体制,推进依法治国进程,做出新的贡献。

以上通知,请认真贯彻执行。

司法部

二〇〇二年三月二十六日

中共司法部党组关于加强新形势下律师队伍党的建设工作的指导意见

（2004 年 3 月 8 日 司发党〔2004〕24 号）

中共司法部党组织关于加强新形势下律师队伍党的建设工作,充分发挥律师队伍党组织的战斗堡垒作用和共产党员的先锋模范作用,促进律师事业的改革与发展,提出如下意见:

一、统一思想，提高认识，充分认识新形势下加强律师队伍党的建设工作的重要性和紧迫性

1. 近年来，我国律师事业迅速发展，律师队伍党建工作取得显著成绩。在新的历史条件下，律师队伍党建工作也出现一些值得注意的新问题、新情况。主要是：一些律师体制转型过程中，对如何做好律师党建工作存在模糊认识，律师党建工作在一定程度上被忽视和淡化；有的地方“重业务、轻党务”，“重建所、轻党建”，这些问题必须引起高度重视，并采取切实措施加以解决。在新的历史条件下，律师队伍党建工作也出现了一些值得注意的新情况、新问题。主要是：一些地方在律师体制转型过程中，对如何做好律师党建工作存在模糊认识，律师党建工作在一定程度上被忽视和淡化；有的地方“重业务、轻党务”，“重建所、轻党建”，对加强律师党建工作抱“无所谓”的态度，认为没有党组织律师事务所照样可以发展，党的建设和组织活动被削弱，“党组织没人建，党员没人管”的现象在一些地方还不同程度的存在；律师党建工作运行机制和管理机制相对滞后，工作缺乏创造性、针对性和有效性，对社会主义市场经济条件下如何做好律师党建工作办法不多；少数党员律师信仰不够坚定，宗旨意识、党性观念淡薄，对党的组织活动热情不高，没有充分发挥党员的先锋模范作用。这些问题必须引起高度重视，并采取切实措施认真加以解决。

2. 加强律师队伍党建工作，是律师工作正确贯彻执行党的路线、方针、政策，坚持正确政治方向的根本保证。律师队伍是我国社会主义民主法制建设的一只重要力量，只有加强党对律师事业的领导，才能确保律师事业沿着正确的方向发展，也才能充分发挥律师队伍在推进依法治国、建设社会主义法治国家进程中的作用。党的十六大提出要拓展和规范法律服务，十六届三中全会对完善经济法律体系提出了更高的要求。律师行业各级党组织和广大共产党员要充分发挥作用，确保党的十六大和十六届三中全会精神的贯彻落实。

3. 加强律师队伍党建工作，是增强党的阶级基础，扩大党的群众基础，巩固党的执政地位和提高党的执政水平的时代要求。律师行业是党的工作的一个重要阵地。党员律师作为社会法律工作者，广泛接触社会生活的各个方面，对于密切党同广大人民群众的关系，扩大并巩固新形势下党的群众基础发挥着日益重要的作用。党员律师充分发挥先锋模范作用，团结和带领广大律师共同致力于建设中国特色社会主义的伟大事业，是党和人民对广大党员律师的必然要求。

4. 加强律师队伍党建工作，是促进律师事业发展和提高律师自身素质的内在要求。律师队伍党组织是凝聚和团结广大律师的政治核心，对律师事业的发展负有引导、监督作用，对律师自身素质的提高起着帮助、促进作用。切实加强律师队伍党的建设工作，以广大律师喜闻乐见的形式，广泛开展党的各项活动，把党的工作和律师的业务工作有机地结合起来，把党的工作和律师自身的发展有机地结合起来，以党务促进业务，对于增强广大律师贯彻党的路线、方针、政策的自觉性，保证并促进律师事业的发展必将起到重要的作用。

二、建立健全党的律师工作组织体系，充分发挥党支部的战斗堡垒作用和党员的先锋模范作用，促进律师事业的健康发展

5. 建立健全党的律师工作组织体系。要适应律师事业迅速发展的需要，把进一步建立健全党的组织体系，作为律师党建工作的一项经常性的重要任务抓紧抓好。要在司法行政机关党委（党组）统一领导下，尽快健全律协党委（党总支），并具体负责律师党建工作。要根据各地的实际情况和律师行业的特点，开展认真细致的调查研究，确定工作目标和进度，尽快形成比较完善的省（区、市）律师协会党委（党组）、地市律师协会党委或党总支、律师事务所党支部体系。

6. 加强律师事务所党支部建设，扩大党的基层组织覆盖面和影响力。要本着有利于加强党的领导，有利于开展党的工作，有利于律师事务所发展的原则，从实际出发，加强和完善基层党支部建设，健全党的组织生活。凡有三名以上党员的律师事务所都要建立党支部，党员不足三人，不能单独建立党支部的事务所，可根据方便管理、方便活动的原则成立联合党支部。做到凡有条件的律师事务所就有党组织，所有党员律师都能正常参加党组织活动。对没有党员的律师事务所，要根据实际情况，从律协党委（党总支）选派党员兼职担任组织联络员。

7. 加强对党员律师的教育、引导，提高党员队伍管理水平。要结合律师工作的行业特点，教育引导广大党员律师努力发挥先锋模范作用，带头树立党员律师敬业为民、诚实守信、热心公益、奉献社会的良好形象；带头发扬党的优良作风，清廉从业，严格自律，自觉抵制各种不正之风，始终保持共产党员的先进性和纯洁性；带头遵守党的政治纪律、组织纪律、群众纪律和财经纪律。对党员律师存在的缺点和问题，要采取批评与自我批评的方法，及时提醒、帮助和教育，对违反党规和党纪情节严重的，要严肃处理。要不断完善各项具体的管理制度，解决好党员的组织关系、组织生活和党费交纳等方面的问题。要针对律师工作流动性强的特点，对外出六个月以上并且有固定住所和单位的党员，应及时接转组织关系；没有接转组织关系的，党组织要加强与党员的联系，党员要通过多种形式，定期或不定期向党组织汇报思想、工作等情况，确保每个党员律师都能按时过上组织生活。

8. 切实做好发展新党员工作，不断壮大党的队伍。各地要在坚持党员标准的前提下，采取有效措施，切实改变近年来律师党员队伍发展缓慢的现状，积极主动地做好新党员的发展工作。要从教育、培养、考察等多方面下大力气，把那些思想进步，业务能力较强，符合党员标准的律师，特别是青年律师和骨干律师吸收到党的队伍中来，不断增强党的活力，扩大党在律师队伍中的影响力。

三、加强思想政治工作，广泛深入开展争先创优活动，积极支持广大律师参政议政

9. 广泛深入开展多种形式的争先创优活动，树立典型，弘扬正气，鼓舞和鞭策广大律师全身心地投入到法律服务工作中去。开展争先创优活动，要与律师诚信制度建设结合起来，大力挖掘党员律师在敬业、诚信、热心公益和参政议政等方面的先进事迹，树立和培养一批业务精、讲诚信、热心参加公益活动、积极参政议政的党员律师典型，充分展示律师工作者的时代风貌，进一步扩大律师行业在全社会的影响力，树立广大律师在全社会的良好形象。各地要根据实际开展党建工作模范所、模范党员律师的评选活动，鼓励广大律师参与党建活动的积极性和主动性。要充分运用多种载体，采取多种形式，大力宣传和表彰在开展争先创优活动中涌现出来的先进典型，总结推广新时期符合律师行业特点、具有创新意义的做法和经验，以争先创优活动扎实深入地开展，不断推进律师队伍的党建工作。

10. 发扬党的思想政治工作优势，有针对性地开展深入细致的思想政治工作。各级司法行政机关党组织要经常与广大律师保持联系，及时了解掌握广大律师的思想动态，倾听他们的呼声，关心他们的疾苦，帮助他们解决在工作、学习、生活中遇到的困难和问题，鼓励他们在改革开放和经济建设中建功立业，使广大律师时刻感受到党组织的温暖，不断增强党组织的吸引力、向心力和凝聚力。

11. 采取多种形式进一步拓宽广大律师参政议政的渠道。随着社会主义市场经济的进一步完善和民主法制建设的进一步加强，广大律师在国家的经济、政治和社会生活中的作用将日益突出。司法行政机关各级党组织要主动加强与当地党委、人大、政府、政协和组织部门的联系和协调，积极鼓励和支持广大律师参与对国家经济、政治和社会事务的管理，为律师参政议政争取机会、创造条件。通过扩大他们参政议政的机会，进一步增强广大律师的政治意识、大局意识、责任意识，增强律师职业的使命感和荣誉感，把广大律师团结到党的周围，不断调动他们自觉地投身到建设中国特色社会主义事业的积极性。

四、与时俱进，开拓创新，努力探索新时期律师党建工作的新途径

12. 创新律师队伍党建工作机制，提高新形势下律师党建工作水平。要按照党的十六大提出的拓展和规范法律服务的要求，适应完善社会主义市场经济体制的新形势，结合律师工作的特点，不断探索和研究律师队伍党建工作出现的新情况、新问题，使律师队伍党建工作与时代的发展相适应。在继承和发扬党建工作优良传统的基础上，解放思想，与时俱进，开拓创新，逐步建立起既符合中央有关加强党的建设的总体要求，又体现时代要求和律师工作特点的律师党建工作新机制，努力开创新形势下律师党建工作的新局面。

13. 探索党组织新的活动方式和工作方法，灵活多样地开展党的工作，不断提高党建工作的实效性。要找准党建工作与律师业务发展的结合点，把保证律师事务所业务发展作为党建工作的重要内容，教育、引导党员律师发挥先锋模范作用，以促进律师事务所的发展。要结合律师行业文化建设开展党建工作，加强以行业文化建设为主要内容的精神文明建设，不断增强律师事务所的凝聚力和吸引力。要充分考虑律师职业流动性强的特点和律师事务所的内部管理机制，积极探索新形势下开展党的活动的途径和方式，充分利用网络、现代通讯手段，因地制宜，灵活高效地开展党的组织生活。

14. 正确处理新形势下党建工作中的各种关系，促进律师事务所各项业务工作的顺利开展。要突出律师党建工作自身特点，正确处理党的工作与律师业务之间的关系，围绕律师事务所业务开展工作，保证律师事务所的发展方向和工作目标的实现；要正确处理党组织与合伙人或律师事务所决策层之间的关系，帮助和支持合伙人特别是非党员主任和合伙人，促进律师事务所的改革与发展；要正确处理党组织与各级业务主管部门的关系，努力成为律师管理工作的参与者和推动者。通过正确处理和协调各种内部关系，更好地发挥党务工作对业务工作的促进作用。

15. 把律师党建工作与深化律师人事管理制度改革结合起来，切实抓好律师队伍的人事管理。要根据律师行业管理的特点，以设区的市为单位，统一建立律师诚信档案、人事档案制度，设立律师人才库，与各地人才交流中心联网，或成为其中的分库。在加强律师各类档案管理的同时，要突出抓好党员律师档案的管理，充分有效地实现对党员律师活动的管理和监督。

五、加强领导，明确职责，狠抓落实，不断开创律师党建工作的新局面

16. 各级司法行政机关党组织要高度重视律师队伍党建工作，切实负起责任。要把加强律师队伍党的建设工作列入重要议事日程，做到与律师业务工作一同研究、一同部署、一同检查、一同总结。要根据中央的有关要求，结合本地实际情况，制定加强律师队伍党建工作的目标、任务和措施。要积极争取当地党委组织部门的支持，在各级党委统一领导下，尽职尽责，扎扎实实地把律师队伍党建工作做好。要实行领导责任制，一级抓一级，一级促一级，切实履行职责，促进工作顺利进行。要建立健全党委统一领导，组织部门牵头，各有关部门参加的联席会议制度，健全工作网络，形成相互配合，各负其责，齐心协力抓党建的工作格局。

17. 努力建立一支高素质的律师党务工作者队伍。根据实际情况和工作需

要，积极解决律师事务所党务工作人才偏少的问题。要重视做好律师党务工作者特别是党组织负责同志的教育培训工作，努力提高他们开展党建工作的综合素质和能力。

18．要切实加强对律师队伍党建工作的理论研究。要以马克思主义的立场、观点和方法分析新形势下律师队伍党建工作出现的新情况、新问题，积极探索新时期律师队伍党建工作的新经验，科学回答律师队伍党建工作的难点、热点和焦点问题，并努力寻找解决问题的新途径、新办法，使律师队伍党建工作在新的历史条件下永葆生机和活力。

司法部关于进一步建立健全律师队伍建设长效机制的意见

（2005 年 1 月 26 日 司发通[2005]2 号）

各省、自治区、直辖市司法厅局，新疆生产建设兵团司法局：

为了深入贯彻落实党的十六大提出的“拓展和规范法律服务”的要求，巩固和扩大律师队伍集中教育整顿活动的成果，保障律师队伍建设和律师工作健康发展，现就进一步建立健全律师队伍建设长效机制提出以下意见：

一、建立健全律师队伍建设长效机制的指导思想和目标

1．当前和今后一个时期，建立健全律师队伍建设长效机制的指导思想是：以邓小平理论和“三个代表”重要思想为指导，深入贯彻中央领导同志重要指示精神，认真落实中共中央转发的《中央司法体制改革领导小组关于司法体制和工作机制改革的初步意见》和《司法部关于加强律师队伍建设的意见》，从加强教育、严格管理、完善监督、强化自律等方面入手，通过健全完善相关法律、制度和机制，进一步促进律师执业活动和管理行为的规范化，培养律师良好的执业观和价值观，努力建设一支“坚持信念、精通法律、维护正义、恪守诚信”的高素质律师队伍。

2．建立健全律师队伍建设长效机制的目标是：通过建立健全律师行业准入机制，确保进入律师行业的人员具有良好的资质条件和道德修养，使律师队伍的政治素质、业务素质和职业道德素质得到进一步提高；通过建立健全律师行业自律机制，强化律师事务所和律师协会的管理责任，使律师行业自律管理能力得到进一步增强；通过建立健全律师行业监督惩戒机制，加强对律师执业活

动各个环节的监督，使律师行业的预警、监督、处理系统得到进一步完善；通过建立健全律师行业保障机制，为律师行业健康发展创造良好的法制、市场和政策条件，使律师的执业环境得到进一步改善；通过建立健全律师行业评价机制，构建科学的行业评价指标体系，使行业评价的激励和约束作用得到进一步落实。

二、建立健全律师队伍学习教育机制

3. 严格职前培训教育。建立统一的律师职前培训制度，中华全国律师协会制定《律师职前培训指导纲要》，规定培训的内容、方式、时间，省级律师协会在司法厅（局）监督指导下具体负责培训工作。职前培训侧重于职业道德和执业纪律教育、执业技能和技巧训练。

4. 加强业务培训和继续教育。健全培训管理制度，严格规定培训组织、效果考核、记录统计以及未按规定参加培训人员的处理等相关制度。充实和完善培训内容，结合律师队伍实际，强化职业道德和执业纪律教育。进一步改革培训方式，实行统一的培训大纲和培训教材。

5. 加强政治思想教育和法制教育。坚持不懈地加强律师队伍的政治理论、政治信念和政治思想教育，牢固树立正确的理想信念，坚持诚信为民，增强社会责任感，自觉维护广大人民群众的合法权益，维护法律的尊严。深入开展法制教育，不断增强广大律师的法制观念，提高依法执业的水平。

三、建立健全律师行业准入机制

6. 加强实习人员管理。完善实习制度，防止实习走过场的问题。制定申请律师执业人员实习管理规则，规定实习人员的管理以及实习的内容、要求、考核、评价机制等。建立实习人员指导老师制度，明确指导老师的责任。实习人员必须在运作规范、具备条件的律师事务所进行实习。司法行政机关应加强对职前培训和实习工作的指导和监督，对律师协会和律师事务所不认真履行职责的行为应予以批评和纠正。

7. 严格品行考核和审查。进一步健全申请律师执业人员的品行考核审查制度，防止品行上有污点记录的人员进入律师队伍，确保进入律师队伍的人员具有良好的道德素质。中华全国律师协会制定《律师行业道德标准》。律师事务所建立对拟接收执业人员的品行考察制度，认真做好品行考察工作，考察时应加强与相关部门的沟通配合，注意收集公安、教育、人事等有关部门的信息资料，并充分利用高等教育学历电子查询系统等信息资源，在综合考察的基础上作出品行鉴定。司法行政机关在受理拟执业人员申请时，应当认真审查和核实律师事务所出具的品行鉴定。律师事务所为申请律师执业人员提供虚假品行鉴定的,司法行政机关和律师协会应依据《律师和律师事务所违法行为处罚办法》的有关规定予以处罚。

8. 建立新律师辅导制度。律师事务所要加强对新律师的辅导工作,确定由执业技能熟练、职业道德良好的律师承担辅导任务,使新律师通过执业实践进一步领会执业操守,掌握执业技能,正确处理与当事人、律师事务所合伙人、其他律师的关系,正确处理与法官、检察官和仲裁员之间的关系,树立正确的执业理念,培育健康的律师文化。

9. 推行执业宣誓制度。明确执业宣誓是从事律师职业的必经程序。通过建立宣誓制度,进一步增强新律师的职业尊荣感和社会责任感,彰显律师职业的崇高与神圣,使其从执业之初就牢固树立忠于法律、恪守诚信、维护正义的良好意识。执业宣誓由律师协会负责组织。

四、建立健全律师事务所和律师协会的自律机制

10. 完善律师事务所自律管理机制。建立健全并落实统一接受委托、统一与委托人签订代理合同制度,并将案件委派给具有相应专业能力的律师办理;建立健全并落实统一收取服务费和办案费、统一与委托人结算制度,防止和纠正通过律师个人收取和结算的做法;建立健全并落实统一管理各类法律文书,保证各类档案材料的完整性、真实性;建立健全并落实合理的分配制度,提倡和鼓励律师事务所实行科学的分配制度;建立健全并落实科学的决策、执行、监督机制,确保合伙所按合伙机制规范运行。合伙律师事务所要切实履行对本所合伙人及律师的监督管理职责,建立健全并严格执行业务质量控制制度,完善质量控制程序,对律师办案过程实施动态监控,对违规律师要依照本所规章制度进行处理。司法行政机关和律师协会在惩戒违法违纪律师的同时,可视情况对其所在的律师事务所给予处罚。

11. 进一步增强律师协会的自律能力。要在实现"两个分开"的前提下加强律师协会的组织机构和人员建设。律师协会领导机构的成员,要从行业信誉高、职业道德好、管理能力强、热心律协工作的执业律师中选举产生。健全理事会、常务理事会的议事规则,提高决策的科学化、民主化、法制化水平。加强律师协会工作机构的建设,积极适应律师行业管理的需要,进一步完善各项规章制度,在协会领导机构和办事机构之间形成科学、高效的工作体制和运行机制,提高管理的效能。加强行规建设,通过制定完善业务规范指引、行业服务标准、律师惩戒规则和其他规范,进一步规范律师执业活动,提高律师服务质量和水平。要建立健全行业管理的各项制度,充分发挥律师协会在律师队伍建设中的作用,当前重点是建立两项制度:一是谈话提醒制度。律师协会对于有轻微违纪行为的律师可以进行谈话提醒,并视情况向其所在律师事务所发出整改建议

函，督促律师事务所加强自我管理，预防违法违纪问题发生。二是业务质量检查制度。律师协会组织开展的业务检查，是一种常规性、经常性的检查。每年都要组织人员到律师事务所实地检查或者调阅律师事务所有关资料。检查内容包括事务所内部质量控制情况、律师执业质量情况、律师遵守职业道德和执业纪律情况等，及时发现和纠正律师违法违纪行为，变事后惩戒为事前、事中的防范与化解。

12. 改革和完善律师执业责任保险制度。建立强制性律师执业责任保险制度。为了加强律师事务所的自律性管理，落实律师事务所的管理责任，从2005年1月起要逐步改革律师执业责任保险制度，建立以律师事务所为单位、由合伙人购买保险的责任保险制度。合伙律师事务所执业责任保险费用，必须全部由合伙人承担，不得转由一般律师承担。

13. 进一步规范律师流动秩序。司法行政机关要加强对律师流动的管理、监督和引导，保障律师合理、有序流动，实现律师行业人才资源的优化配置，维护律师行业管理秩序。制定《律师流动管理办法》，明确规定律师流动的条件、最短周期，以及与委托人的关系处理、执业责任承担、矛盾纠纷调处等问题。律师事务所要在本所章程或其他制度中，进一步明确律师加入、退出律师事务所的条件、程序，明确律师流动所涉及的业务、档案、财物、保密等问题的处理。减少律师频繁流动，培育健康、稳定、有序的律师法律服务秩序。

14. 加强律师队伍党建工作。深入贯彻《司法部党组关于加强新形势下律师队伍党的建设工作的指导意见》，进一步加强律师队伍党的思想、组织、作风建设，不断扩大党组织覆盖面，增强党的影响力。建立健全各级律师协会、律师事务所党组织。加强制度建设，推动律师党建工作的制度化、规范化，依靠制度实现对党员律师的监督、管理、规范和约束，用制度保证党的活动形式的多样性、及时性和有效性。积极做好律师入党积极分子的培养和发展工作，不断扩大党在律师队伍中的群众基础。探索适合律师行业特点的加强党建工作的方式方法，充分发挥律师党支部的战斗堡垒作用和党员律师的先锋模范作用，处理好发挥党的政治核心作用和律师事务所开展业务活动的关系，防止“两张皮”现象。深入开展争先创优活动，把典型引路、示范带动作为推动律师党建工作的重要方法。

五、建立健全律师行业监督惩戒机制

15. 健全律师执业监督体系。律师事务所承担对执业律师的第一位监督责任，负责对本所律师日常监督、职业道德和执业纪律教育、投诉受理与调查、违规人员处理等职责。律师协会要进一步强化监督和惩戒职能，成立专门机构负责对律师执业活动的日常监督工作。司法行政机关律师管理和法制部门要认真做好对律师和律师事务所的行政处罚工作。纪检监察机关要加强对律师管理部门及其工作人员履行监督职责情况的检查,确保监督惩戒权力的正确行使。

16. 强化律师协会惩戒职能。加大律师协会对律师及律师事务所的惩戒力度,律师协会可以根据实践的需要,在法律许可的范围内,增设新的惩戒种类。律师协会制定行业规范应设置惩戒条款。律师协会惩戒机构应吸收有关部门和专家学者参加,增强行业惩戒工作的权威性和透明度。省级律师协会要充实惩戒工作力量,保证惩戒职能的正确行使。

17. 完善律师惩戒工作程序。健全投诉受理、立案、调查、审理、处分、执行等工作规则,使惩戒工作进一步规范化、制度化。改革完善投诉处理制度,有条件的地方,可以由律师协会统一受理对律师和律师事务所的投诉,并进行立案和调查,依法做出行业处分。律师协会调查结束后,认为应给予行政处罚的,应及时建议司法行政机关给予行政处罚。司法行政机关指导监督律师协会依法行使惩戒职责,同时完善案件的审理、听证、处罚、复议等制度和程序。

18. 建立律师行业退出机制。进一步完善和落实停业和吊销执业证相结合的退出机制。律师事务所建立律师违规辞退和除名制度,律师协会建立除名律师通报制度,并通过媒体予以公开曝光。司法行政机关对违反法律规定,具有吊销执业证情形的律师和律师事务所,一律清理出律师队伍,在全国律师行业通报,并视情况向社会公布。司法行政机关、律师协会建立与法院、检察院的信息交流机制,及时掌握律师在诉讼活动中的违法违纪行为。

六、建立健全律师行业保障机制

19. 完善法制保障机制。积极推动相关立法,为律师业发展奠定法制基础。通过修订《律师法》,进一步完善律师执业权利的规定。通过立法,保障律师调查取证权,为律师行使诉讼权利提供必要条件,消除刑事诉讼中有碍控辩双方权利平衡的现象;实行证据展示制度,保障律师的阅卷权;赋予律师辩护豁免权,避免律师正当的执业行为受到司法机关追究。同时,着力解决律师在整个司法架构中的角色定位、功能作用和制度安排,发挥律师在维护司法公正、促进司法民主和提高司法效率中的应有作用。

20. 完善政策保障机制。改革和完善律师收费制度,制定全国统一的收费准则,规定律师收费的原则和必须考虑的因素,使律师收费制度更具科学性、合理性;实行律师收费公示制度,增加收费的透明度和公众的知情权;建立律师收费争议解决机制,强化律师协会在解决收费争议中的作用。会同有关部门改革和完善律师税收政策,根据律师行业的特点,确定律师事务所和律师的合理税负。完善律师事务所的财务管理制度和分配制度,形成有利于律师业发展的激励机制和保障机制。

21. 完善市场保障机制。进一步规范法律服务市场秩序，建立以律师业为主导的法律服务市场。制定律师行业反不正当竞争规则，确保律师行业的有序竞争和规范服务。理顺法律服务几支队伍之间的关系，改革和调整基层法律服务，加强社会法律咨询服务机构监管，规范公民代理诉讼行为。司法行政机关要改变重事前审批、轻事后监管的现象，着力加强对法律服务市场的监管，更新管理理念，改进管理方式，提高管理效能。进一步明确各级司法行政机关管理律师的职责，科学配置管理权限，强化基层司法行政机关管理律师的职能，以实现律师管理工作事权的统一。律师管理部门要正确处理与监管对象之间的关系，切断相互之间的经济利益关系。建立健全管理责任追究制度和重大案情报告制度。

七、建立健全律师行业评价机制

22. 加强律师诚信制度建设。诚信制度体系建设是律师行业评价机制运行的基础。要根据律师服务行业的特点和规律，进一步完善律师诚信制度体系，包括信用档案制度、信用信息披露制度，以及与司法机关之间的信息交换制度，将司法行政机关、律师协会和当事人对律师行业的评价公开化、透明化，并转化为社会评价和市场评价，使行业评价最终体现为利益的增减、信誉的升降，加大失信成本。

23. 建立律师行业评价指标体系。根据律师行业的特点，改革评优办法，完善评价指标体系。制定评优标准时，应将律师和律师事务所遵守职业道德和执业纪律的情况作为重要指标，评优活动既要考虑行业内部意见，也要充分注意当事人和社会公众的评价，增强透明度和公信力。

24. 推进律师行业信息化建设。加快全国律师数据库中心建设，构建全国统一的信息管理平台。适时公布律师行业重要信息，保障公众的知情权、选择权，改变信息严重不对称状况，为社会监督和市场评价奠定基础，为律师行业评价机制的正常运行创造条件。

司法部关于加强律师队伍建设工作的意见

（2006 年 4 月 11 日　司发〔2006〕5 号）

各省、自治区、直辖市司法厅（局），新疆生产建设兵团司法局：

加强律师队伍建设是保障律师事业发展的一项重要任务，对于充分发挥律师在全面建设小康社会和构建社会主义和谐社会中的职能作用具有十分重要的意义。根据新形势新任务的要求，现就加强律师队伍建设工作提出如下意见。

一、高度重视律师队伍建设工作

（一）加强律师队伍建设是一项重要而紧迫的任务。律师队伍是建设社会主义法治国家的一支重要力量。加强律师队伍建设，是贯彻落实科学发展观、全面建设小康社会的客观要求，是构建社会主义和谐社会、维护社会稳定大局的迫切要求，是维护司法公正、促进依法治国的必然要求，是保障律师事业健康发展的内在要求。这些年来，在党中央、国务院的高度重视和亲切关怀下，我国律师事业迅速发展，取得了可喜的成绩。各级司法行政机关认真贯彻落实胡锦涛总书记等中央领导同志的重要指示精神，开展律师队伍集中教育整顿活动和合伙律师事务所规范建设活动，不断加强律师队伍建设，广大律师的执业思想进一步端正，律师队伍中存在的突出问题得到初步解决，诚信为民的社会形象不断树立。广大律师积极投身于全面建设小康社会和构建社会主义和谐社会的实践，努力提供优质高效的法律服务。律师队伍的整体素质是好的，律师队伍建设工作是有成效的。但是，律师队伍还存在一些不适应形势发展需要的问题。极个别律师理想信念动摇，甚至以所谓“维权”为名，攻击党和社会主义制度，在一些干部群众中造成了恶劣影响；少数律师政治意识淡薄，缺乏大局观念，社会责任感不强，违反执业纪律的问题时有发生；有些律师职业道德素质不高，诚信观念不强，看重经济利益，一味追求金钱，忽略社会效益；一些地方律师管理工作不到位，管理措施不得力，监督制度不完善，基础环节比较薄弱，等等。这些问题的存在表明，律师队伍建设任务仍然非常艰巨繁重。我们一定要高度重视，从党和国家事业发展的大局出发，从讲政治的高度，深刻认识加强律师队伍建设的重要性和必要性，把律师队伍建设工作抓紧抓好，保证我国律师事业沿着正确的方向发展。

（二）加强律师队伍建设工作的指导思想。以邓小平理论和“三个代表”重要思想为指导，认真贯彻党的十六大和十六届三中、四中、五中全会精神，全面落实科学发展观，继续学习贯彻胡锦涛总书记等中央领导同志的重要指示精神，扎扎实实、坚持不懈地加强律师队伍的思想建设、业务建设、作风建设、组织建设和制度建设，严格管理监督，不断提高律师队伍的政治素质、业务素质和职业道德素质，努力建设一支“坚持信念、精通法律、维护正义、恪守诚信”的律师队伍，为全面建设小康社会和构建社会主义和谐社会提供优质高效的法律服务。

二、加强律师队伍的政治思想教育

（三）加大政治思想教育工作的力度。坚持不懈地在律师队伍中深入开展理想信念教育、宪法教育、社会主义荣辱观教育、服务为民教育、纪律作风教育和廉洁自律教育。通过组织律师学习邓小平理论和“三个代表”重要思想，学习党的十六大和十六届三中、四中、五中全会精神，学习党中央关于树立和落实科学发展观以及加强社会主义和谐社会建设的论述，学习“十一五”规划，学习胡锦涛总书记等中央领导同志关于加强律师队伍建设的重要指示精神等内容，教育律师增强政治意识和大局意识，坚持和拥护党的领导，坚持同以胡锦涛同志为总书记的党中央保持高度一致，爱祖国，爱人民，爱社会主义；教育律师树立宪法意识，以维护宪法权威、维护国家利益、维护人民利益、维护社会主义法制为己任，真正做到对国家负责、对人民负责、对宪法和法律负责；教育律师牢固树立社会主义荣辱观，树立与社会主义法制建设和社会主义市场经济体制相适应的正确的服务观、执业观，发扬“诚实守信”的执业精神；教育律师牢记全心全意为人民服务的宗旨，用社会主义法治理念指导工作，服务人民，为了人民，把服务为民切实落实到律师工作的每一个环节，防止和纠正各种侵害群众利益行为的发生；教育律师严格遵守和执行职业道德和执业纪律，决不允许攻击党和社会主义制度，决不允许组织或参与非法组织及其活动，决不允许在执业活动中唆使、诱导当事人上访、闹事。加强律师文化建设，形成体现社会主义时代特征和律师职业特点的律师文化，引导律师形成正确的职业理念和职业道德素质；教育律师廉洁自律，正确处理经济利益和社会效益的关系，把社会效益放在首位，成为廉政建设的参与者和推动者，树立廉洁办案的良好风气。

（四）创新教育工作的方式方法。坚持理论联系实际，研究规律和特点，有针对性地开展教育活动。坚持经常性教育与适当集中教育相结合，加强经常性教育工作，增加政治思想教育在律师培训中的比重；不定期地开展集中教育，有针对性地解决律师队伍中存在的突出问题。坚持律师自我教育与组织学习及监督检查并重，督促律师自觉地学习党的路线、方针和政策，学习职业道德和执业纪律规范。认真开展“人民满意的律师”“优秀律师事务所”“优秀律师”等评先创优活动，推动教育工作的深入开展。

（五）建立健全教育工作机制。司法行政机关、律师协会每年要制定律师教育工作计划，并做到年中抽查，年底检查。

三、认真做好律师管理工作

（六）增强管理意识。司法行政机关和律师协会要增强做好律师管理工作的使命感和责任感，使律师管理工作适应党和国家工作大局的需要。坚持依法管理,依法监督律师和律师事务所的执业行为,推进管理工作的法制化。适应新形势、新任务的要求,解放思想,实事求是,与时俱进,探索加强律师管理的新途径,提高管理的有效性。不断转变工作方式,改进工作方法,寓管理于服务之中。

(七)健全落实管理的规章制度。加快律师工作的建章立制步伐。制定律师流动管理办法、律师服务收费管理办法、律师事务所会计核算办法等规章,制定律师代理敏感案件、群体性事件的执业规则、律师在互联网和媒体发表言论的规则等行业规范。加强对规章和行业规范执行情况的监督检查,狠抓规章制度的落实。

(八)完善“两结合”的律师管理体制。司法行政机关要切实履行法律赋予的职责,加强对律师、律师事务所和律师协会的指导和监督。要按照充实基层的要求,在现有的法律框架下,强化市、县级司法行政机关管理律师的职责。市级司法行政机关要把管理工作的重点放在对所在地律师执业的管理和监督上;县级司法行政机关对所在地律师事务所和律师进行日常监督管理,负责对所在地律师事务所的申请设立和注销进行初审,对申请律师执业进行初审,对违法违纪的律师事务所及律师的行为提出处理意见,同时,对辖区内的法律服务秩序进行日常监督管理。律师协会要按照《律师法》及《律师协会章程》规定的职责,做好律师行业规范的制定、律师业务培训、职业道德教育、律师的奖惩,维护律师的合法权益,搞好对律师的服务工作。

(九)严把律师进口关。严格依照《国家司法考试实施办法》规定的各项条件,对报考人员进行认真审核,做到不缺项、不漏项、不迁就,不允许不符合规定条件的人员参加国家司法考试。抓好律师实习制度建设,充实政治思想教育和职业道德教育的内容,加强对实习活动的检查,严把鉴定关。严格审查申领律师执业证书人员的政治素质、职业道德素质,对不符合法定条件的人员,不得颁发律师执业证书。

(十)加强对律师从事敏感案件和群体性事件的辩护或代理工作的指导。司法行政机关和律师协会要及时了解律师从事敏感案件和群体性事件的辩护或代理情况,做好指导工作,并及时向上级司法行政机关反馈信息。建立与司法机关的工作联系机制,及时发现苗头,积极采取措施,把问题解决在萌芽状态。

(十一)依法查处律师的违法违纪行为。对律师、律师事务所的违法违纪行为,特别是在从事敏感案件和群体性事件的辩护或代理工作中发生的违法违纪行为,要认真调查,分别情况,依法给予处罚,做到发现一起,查处一起,避免和纠正“失之于宽、失之于软、失之于疏”的问题。进一步畅通社会投诉渠道,及时掌握律师、律师事务所违法违纪行为的线索,加强投诉查处工作,健全制度,充实力量，完善调查程序，提高工作效率。

（十二）提高律师队伍的业务素质。适应新形势对律师工作的要求，进一步加强律师业务建设，提高律师队伍为国家经济建设和民主法治建设服务的能力。制定律师业务培训纲要和规划，有计划有步骤地实施律师业务培训，今年重点搞好律师事务所负责人的培训工作。不断完善律师业务培训制度，丰富培训方法，科学设置培训内容，提高培训效果。鼓励律师参加学历教育，提高文化水平。加强对律师基本技能的培训，使律师在执业活动中正确理解和运用法律，排解纠纷，化解矛盾，重视法律效果、社会效果、政治效果的统一，维护社会和谐稳定。加强经济、科技、外贸等方面知识的培训，培养复合型、涉外型人才，为经济建设和改革开放服务。通过多种方式，培养一批专业带头人，推动律师业务的专业化分工。律师事务所要完善内部业务培训制度，鼓励和支持律师积极参与学习，建立定期交流、相互学习、"传帮带"的机制，开展创建学习型律师事务所活动。

（十三）加强律师事务所建设。律师事务所是加强律师队伍建设的基础环节。律师事务所负责人是本所管理的第一责任人，要依法全面履行管理职责。建立司法行政机关对律师事务所负责人谈话提醒制度和律师事务所工作报告制度，加强对负责人履行职责的监督检查。律师事务所应当明确专职人员负责律师事务所的日常管理，专职人员在本所负责人（或管理委员会）的领导下，负责执业监督、诚信建设等日常管理工作和党的建设的工作。坚持对专职人员的工作进行年度考核。

四、加强律师执业活动的监督

（十四）履行司法行政机关的监督职能。司法行政机关要通过多种途径、运用多种形式，加强对律师和律师事务所执业活动的监督。建立定期检查制度，特别是对那些有不良行为记录的律师、律师事务所要进行经常性的检查。开展专项检查活动，认真解决当地律师管理工作中普遍存在的问题。加强与物价、税务、财政等部门的配合，共同做好对律师、律师事务所的监督工作。发挥纪检监察机关的职能作用，加强对司法行政机关律师管理部门、律师协会及其工作人员执行法律政策、履行职责情况的监督；深入开展律师行风建设，纠正损害群众利益的不正之风。加强对党员律师的监督，严肃查处违纪行为。

（十五）健全律师协会行业监督。律师协会要从实际出发，深入研究律师行业监督的途径和方法。充实地市级律师协会的力量，完善制度，发挥律师协会的行业监督作用。加强律师惩戒组织建设，改进工作方法，提高工作效率。

（十六）发挥社会监督的作用。推进律师诚信体系建设和社会监督员制度建设。建立健全律师执业信息公开制度，将律师收费、行业规范、被投诉律师的处理结果以及其他当事人应该知道的信息，向社会公开，接受当事人的监督、社会监督和舆论监督。完善社会监督员制度，聘请社会人士对律师和律师事务所执业情况进行检查。

五、加强律师队伍的党建工作

（十七）加强律师事务所党组织建设。建立健全律师事务所党组织，凡是符合《党章》规定条件的律师事务所，要限期建立党支部或联合党支部；条件不具备的，律师事务所的党员要加入当地司法行政机关或律师协会的党组织。探索律师事务所党建工作的新方法，充分发挥党组织的战斗堡垒作用。

（十八）加强对党员律师的教育管理。引导、教育广大党员律师认真学习贯彻《党章》，加强党性修养，严格遵守党员标准，发挥先锋模范作用，带头依法执业，遵守律师职业道德和执业纪律，廉洁自律，服务为民。对党员律师存在的问题，要及时予以提醒、帮助和教育。对于违反党纪的，要按照《党章》规定予以严肃处理。今年要对律师的党组织关系情况进行一次摸底，全面检查党员律师组织关系的存放情况，对于没有按规定存放党的组织关系的，要分别情况做出处理。今后，党员律师转所、异地申请执业，必须按规定同时转党的组织关系。认真做好在律师队伍中发展党员的工作。

六、关心支持律师

（十九）热情为律师服务。司法行政机关和律师协会要增强为律师服务的意识，从政治上、工作上、生活上关心爱护律师，倾听律师的呼声。及时向党委、政府汇报律师工作和律师队伍建设的情况，争取党委、政府的领导。

（二十）改善律师执业环境。司法行政机关和律师协会要加强与有关部门的协调，进一步改善律师的执业环境。指导律师开拓业务领域，充分发挥律师在经济建设和民主法制建设中的作用。协调、解决律师行业的重大政策问题，进一步规范法律服务秩序。

（二十一）表彰和宣传先进典型。司法行政机关和律师协会要认真总结表彰律师队伍中的先进典型。充分利用各种媒体和方式方法，宣传律师队伍建设取得的成就，宣传律师在社会主义现代化建设中的作用，宣传律师队伍中涌现的先进人物和先进事迹，激励广大律师向先进人物学习，树立律师队伍的良好社会形象，扩大律师工作的社会影响。

七、加强对律师队伍建设工作的领导

（二十二）认真履行领导职责。各级司法行政机关、律师协会要把加强律师队伍建设作为一项长期的战略任务坚持不懈地抓紧抓好。司法行政机关、律师协会的主要负责人要亲自研究部署律师队伍建设的工作，定期听取律师队伍建设工作的情况汇报，认真检查工作措施的落实情况。各省(区、市)司法厅(局)每年要制定律师队伍建设的工作计划，明确任务，层层分解，落实到人，有计划有步骤地开展工作。完善工作督查机制，加强监督检查。

（二十三）建立工作协作机制。司法行政机关要充分发挥律师管理部门、政工人事、纪检监察、机关党委等部门的职能作用，统一部署，分工负责，相互协作，齐抓共管，保证律师队伍建设的各项措施落到实处，抓出成效。

（二十四）加强律师管理队伍建设。司法行政机关要切实加强律师管理队伍的建设，把那些政治上强、熟悉律师业务、有管理能力的优秀人才选拔到律师管理部门，配齐配强律师管理力量，关心、支持他们的工作。加强律师管理队伍的培训，提高他们的政治素质、业务素质和管理能力。支持律师协会按照章程开展工作，推动律师协会的建设，进一步提高工作效率和工作水平。律师协会要加强自身建设，提高工作人员素质，完善工作制度，为广大律师做出表率，与律师交朋友，了解律师的工作情况、生活情况，热情为律师服务，把律师协会建设成为“律师之家”。

（二十五）建立律师管理责任制。按照“谁主管，谁负责”的原则，司法行政机关对当地的律师工作负责，律师协会按照行业管理的职责，承担对所属会员的管理责任，出现重大问题，按职责分工追究责任。律师事务所对所内律师队伍建设负全责，对不服从律师事务所管理的律师，要按照所内规章制度追究责任。律师出现违法违纪行为，律师事务所要及时提交调查报告并提出处理意见，报请司法行政机关或律师协会作出行政处罚或行业处分决定。

司法部关于加强律师培训工作的意见

（2007年9月5日 司发〔2007〕11号）

各省、自治区、直辖市司法厅(局)，新疆生产建设兵团司法局：

为进一步加强律师培训工作，培养和造就高素质律师队伍，促进律师事业的健康发展，现提出如下意见。

一、加强律师培训工作的重要性和必要性

改革开放以来，在党中央、国务院的领导下，我国律师事业迅速发展，律师工作在依法促进经济建设、政治建设、文化建设和社会建设中发挥了积极作用。

在推进律师事业发展中，各级司法行政机关和律师协会重视加强律师培训工作，不断推进培训工作的规范化、制度化，促进了律师队伍素质的进一步提高。但是律师培训工作还存在一些问题，主要是：律师培训内容的计划性、系统性不够，培训的质量有待进一步提高，律师培训工作管理意识需要加强等。这些问题必须引起高度重视，切实采取措施，认真加以解决。

我国已经进入全面建设小康社会、加快推进社会主义现代化建设的新的发展阶段，新的形势对律师培训工作提出了新的更高的要求。加强律师培训工作，是深入贯彻落实科学发展观，不断提高律师队伍的整体素质和服务能力，保障和促进律师事业健康发展，为全面建设小康社会和构建社会主义和谐社会提供优质高效法律服务的迫切需要。各级司法行政机关和律师协会要从服务党和国家工作大局出发，从建设中国特色社会主义律师制度出发，从新形势下实现我国律师事业又好又快发展的全局出发，适应新形势、新任务的要求，高度重视并切实加强律师培训工作，确保我国律师事业沿着正确的方向发展。

二、加强律师培训工作的指导思想、原则和目标

（一）加强律师培训工作的指导思想：坚持以邓小平理论和“三个代表”重要思想为指导，深入贯彻落实科学发展观，自觉践行社会主义法治理念，紧紧围绕服务党和国家工作大局，全面加强律师的思想政治、执业能力和职业道德培训工作，切实加强律师培训工作的管理，不断提高律师队伍整体素质，努力培养和造就一支坚持信念、精通法律、维护正义、恪守诚信的律师队伍，为律师事业的健康发展提供思想政治保证、人才保证和智力支持。

（二）加强律师培训工作应当遵循下列原则：一是坚持为党和国家工作大局服务。紧紧围绕党和国家中心工作，全面规划、部署和推进律师培训工作，提高律师服务大局的意识和能力。二是坚持把思想政治培训放在律师培训工作的首位。提高律师的政治觉悟和思想道德素质，保证律师队伍建设和律师工作的正确方向。三是坚持加强律师执业能力建设。把培训目标、内容、方式和能力建设结合起来，大力提高律师依法执业的能力。四是坚持依法科学培训。加强律师培训工作制度建设，严格依法开展培训工作，把握培训工作规律，增强培训工作的科学性和实效性。

（三）加强律师培训工作的目标：律师队伍的政治素质、业务素质和职业道德素质得到普遍提高，律师服务经济社会发展、服务人民群众、服务和谐稳定的能力进一步增强，律师培训工作进一步规范化和制度化，培养和造就一支坚持信念、精通法律、维护正义、恪守诚信的律师队伍。

三、加强律师培训工作的主要任务

（一）围绕提高律师的政治素质，加强思想政治培训。重点组织学习邓小

平理论和“三个代表”重要思想，学习党中央关于贯彻科学发展观、构建社会主义和谐社会等一系列重大战略思想，加强社会主义法治理念培训、国情和形势政策的培训，进一步强化律师的政治意识、大局意识、责任意识和国家安全意识。教育律师坚持和拥护党的领导，坚定中国特色社会主义信念，坚持马克思主义的世界观、人生观和价值观，树立宪法观念，维护国家利益，维护人民利益，维护社会主义法制。

（二）围绕提高律师服务党和国家工作大局的能力，加强律师政策法规和业务培训。重点加强国家法律、法规以及国家经济建设、政治建设、文化建设和社会建设方面重大部署和要求的培训，引导律师围绕党和国家的中心工作，积极拓展法律服务领域。适应律师工作为和谐社会建设服务，加强高素质律师人才培训。围绕促进解决民生问题，抓紧培养服务医疗、就业、住房、社会保障等专业领域的律师人才；按照建设创新型国家的要求，大力培养知识产权保护方面的律师人才；根据实施对外开放战略的需要，积极培养反倾销、反补贴等方面从事涉外业务的律师人才。加强对选派律师赴境外培训工作的指导和管理。有计划、有步骤地做好高素质律师人才培训工作。

（三）围绕提高律师服务的诚信水平，加强职业道德和执业纪律培训。重点加强廉洁自律培训，组织律师认真学习党中央、国务院有关反腐倡廉和全国司法行政系统党风廉政建设的指示精神，树立廉洁执业的良好风气。加强律师队伍行风行纪培训，防止和纠正损害人民群众利益的不正之风，引导律师正确处理经济利益和社会效益的关系，把社会效益放在首位，树立正确的义利观，防止和克服逐利倾向，始终坚持诚信为民的服务宗旨。加强律师职业道德和执业纪律培训，使广大律师熟悉并严格遵守律师执业规范和执业纪律，强化律师外事纪律培训，引导律师严格遵守外事纪律，在对外交流和开展涉外法律服务工作中，始终把维护国家利益放在首位。

（四）围绕发挥党员律师先锋模范作用，加强党员律师培训。按照《中国共产党章程》和党员培训的相关规定，在党员律师队伍中坚持不懈地进行党的路线、方针、政策，特别是党的十六大以来以胡锦涛同志为总书记的党中央提出的科学发展观和构建社会主义和谐社会等重大战略思想的培训。引导广大党员律师掌握马克思主义的世界观和方法论，全面准确地理解马克思主义中国化的最新理论成果，自觉坚持党的领导，模范遵守党的纪律，坚决维护党的利益。加强党员律师的业务能力培训，增强党员律师的先进性，通过发挥党员律师的先锋模范作用，带动律师队伍的健康发展。

（五）围绕提高律师队伍的整体素质，进一步深化分类培训。加强对申请执业人员培训，提高申请执业人员适应律师行业要求、胜任律师工作的能力。加强对新执业律师的培训和指导，引导新执业律师树立正确的执业观。加强律师事务所主任、合伙人和骨干律师的培训，强化律师事务所主任和合伙人管理责任和管理意识，提高管理能力，促进律师事务所的规范管理。

四、加强律师培训工作的保障措施

（一）切实加强对培训工作的领导。司法行政机关、律师协会要把加强律师培训工作作为一项长期的战略任务坚持不懈地抓紧抓好，明确职责，加强组织领导。司法部负责制定全国性律师培训工作整体规划，进行监督检查和制度规范，举办全国性律师专题培训班。全国律师协会组织实施司法部制定的全国性律师培训工作整体规划，负责制定全国律师培训工作年度计划和行业规范，组织编写全国性律师培训大纲和教材，举办或参与举办全国性律师培训活动，在全面加强律师队伍的思想政治建设、业务建设、职业道德建设的同时，根据形势发展的需要，重点做好律师的业务培训和职业道德培训工作。省、市级司法行政机关指导、监督本地区律师培训工作，负责本地区律师培训工作的整体规划、监督检查和制度规范，举办本地区律师专题培训班。省、市级律师协会负责制定本地区律师年度培训工作计划，具体组织实施本地区律师培训工作。律师事务所负责本所律师培训工作，督促本所律师参加由司法行政机关或律师协会组织的培训。司法部和各省（区、市）司法厅（局）每年要举办培训班，对司法行政机关负责人、律师协会会长、骨干律师和党员律师进行培训。全国性的律师培训工作由司法部或全国律师协会举办，地方司法行政机关、律师协会、律师事务所和律师个人均不得举办全国性的、跨省（区、市）的律师培训。要加强对各类培训班的管理，司法行政机关和律师协会要对培训班的主题、内容、授课人员、参训人员进行认真审核，严格把关，确保培训活动顺利进行。

（二）加强培训课程、教材和师资建设。要进一步规范和加强律师培训课程建设，组织编写以提高律师综合素质和执业能力为重点的律师培训示范教材。探索开发网络培训课程，加强电子教材、多媒体软件教材、网上教材等多种类型教材建设。要按照综合素质高、专兼结合、动态管理的原则建立律师培训师资库。

（三）创新律师培训方式方法。要针对律师工作政治性、法律性、专业性和执业流动性强的特点，创新培训内容，改进培训方式。巩固现有的集中培训、专题讲座和案例教学培训方式，强化实践性教学环节，积极探索信息化培训方法，运用互联网和现代远程教育培训手段拓展律师培训空间，节约培训成本，提高培训效率，全面提高培训质量。

（四）严格律师培训工作的监督和工作纪律。要建立健全律师培训管理制度，实现律师培训工作的制度化、规范化。建立律师培训管理档案，对申请律师执业人员和执业律师接受培训的情况进行详细记录。建立律师培训质量考核评估制度，制定培训评价标准，对律师培训的实际效果进行考核评估，将律师参加培训活动的情况纳入律师事务所和律师执业年度考核的重要内容。落实培训工作责任制，加强监督检查，确保律师培训工作的各项任务落到实处、见到实效。

中共中央组织部 中共司法部党组关于进一步加强和改进律师行业党的建设工作的通知

（2008 年 3 月 5 日 组通字〔2008〕15 号）

各省、自治区、直辖市党委组织部、政府司法厅（局）党委（党组），各副省级城市党委组织部、政府司法局党委（党组），新疆生产建设兵团党委组织部、司法局党委：

近年来，随着我国社会主义法治建设进程的顺利推进，律师事业迅速发展，从业人员不断增加，律师行业党的建设工作取得了明显成绩，共产党员在律师工作中的骨干带头作用日益突出。党的十七大作出了以改革创新精神全面推进党的建设新的伟大工程的总体部署，对包括律师行业在内的社会组织党建工作提出了明确要求。认真贯彻落实党的十七大精神，进一步抓好律师行业党的建设工作，对于确保律师事业健康发展，加快推进社会主义经济建设、政治建设、文化建设和社会建设具有十分重要的意义。为进一步加强和改进律师行业党的建设工作，现就有关事项通知如下。

一、进一步做好律师党员的教育、管理和服务工作，切实加强律师行业党员队伍建设。各级司法行政机关和律师协会党组织要紧紧抓住新修订的《中华人民共和国律师法》颁布施行这一时机，认真做好律师党员信息采集工作，真正做到对本地区律师的政治面貌清楚，对党员组织关系的从属状况清楚，对党员的思想状况清楚。各级党委组织部门和司法行政机关党组织要明确责任，加强沟通，实现律师党员信息数据的互通共享。要切实做好律师党员组织关系接转工作，对进入律师事务所工作的律师党员（指专职律师或工作时间超过 6 个月以上），要求其将组织关系转入律师事务所党组织；律师事务所尚未建立党组织的，党员组织关系应转入工作所在地司法行政机关或律师协会党组织。对尚未接转组织关系的律师党员，要求其在 2008 年 6 月底之前办理好转入手续。对退（离）休后到律师事务所工作或一时不能接转正式组织关系的，要及时转入临时组织关系，并要求其持流动党员活动证，参加党组织的活动。对于转入或转出律师事务所的党员，要实行组织关系接转回执制度。对于初进律师事务所、原来已是预备党员或入党积极分子的，党组织要加强沟通协调，做好相关材料的衔接和移交工作，加强培养教育。要改进方式方法，进一步增强律师党员教育管理和服务工作的实效性。充分利用各地律师协会普遍建立的网上定期培训、年度业务培训等载体，精心设计律师党员教育培训的内容和方式，努力提高教育培训工作质量。组织律师党员积极参加法律援助和社会公益活动，为律师党员发挥作用搭建平台，创造条件。建立健全律师党员联系群众、党员民主评议、党员党性定期分析、党内关怀和监督等制度，深入开展创先争优活动，引导律师党员做依法、诚信执业的模范，真正成为牢记宗旨、心系群众的先进分子。对于在维护法律尊严、服务社会、促进社会公平正义工作中有突出贡献的律师党员，要予以表彰和宣传。

二、进一步加大党组织的组建力度，切实加强律师行业党的基层组织建设。各地要根据律师行业党员数量、分布状态等，加强分类指导，努力扩大党的组织和工作覆盖面。对有3名以上正式党员、具备建立党组织条件的律师事务所，要指导帮助单独建立党组织；对党员人数少、暂不具备建立党组织条件的，要在综合考虑办公地点、业务类别等情况基础上，由两个或两个以上的律师事务所联合组建党组织。要把运行较为规范、具有一定社会影响力的律师事务所作为工作重点，力争在一年左右的时间内，实现律师事务所建在哪里，党组织就覆盖到哪里，党的工作就开展到哪里。各省（区、市）和副省级城市律师协会应设立党的基层委员会，各市（地）律师协会应设立党的基层委员会或总支部委员会。律师协会党组织一般由同级司法行政机关党组织负责管理；律师事务所党组织一般由当地律师协会党组织负责管理，没有成立律师协会的地区，可由当地根据实际情况，确定党组织隶属关系。要大力加强律师协会和律师事务所党组织的领导班子建设，注意选好配强党组织负责人，并采取灵活多样的形式加大对党务工作者的培训力度。律师行业党组织要根据行业特点，建立健全各项工作制度，严格党内生活制度，认真履行党章规定的职责任务，充分发挥律师行业基层党组织推动发展、服务群众、凝聚人心、促进和谐的作用。

三、进一步明确工作职责，切实加强对律师行业党的建设的领导和工作指导。律师行业党建工作是党的建设新的伟大工程的一个组成部分。各级党委组织部门和司法行政机关党组织要给予高度重视，进一步明确工作职责，切实加强沟通协调。要健全完善抓律师行业党建工作责任制，形成党委统一领导，组织部门牵头，司法行政机关党组织具体负责，各有关部门相互配合，各司其职，齐抓共管的工作格局。律师协会党组织要结合开展行业自律，积极协助司法行政机关党组织指导律师事务所健全党的组织、开展党的工作。要建立定期沟通机制，省级党委组织部门和司法行政机关党组织每年至少要研究一次律师行业党建工作，沟通掌握情况，研究解决问题，作出工作部署。要加强调查研究和督促检查，及时总结推广好的做法和经验，不断提高律师行业党建工作的规范化、制度化水平。

各地要在2008年7月上旬，向中央组织部和司法部上报阶段性工作报告。

司法部关于在律师队伍中深入开展社会主义法治理念教育的意见

（2009年11月3日 司发〔2009〕17号）

各省、自治区、直辖市司法厅（局），新疆生产建设兵团司法局：

为落实中央政法委员会《关于深入开展社会主义法治理念教育的意见》，教育引导广大律师牢固树立社会主义法治理念，自觉践行中国特色社会主义法律工作者职责使命，现就在律师队伍中深入开展社会主义法治理念教育提出如下意见。

一、建立和完善教育培训制度

把社会主义法治理念列入律师教育培训规划，纳入律师教育培训课程，作为律师培训的必修内容，贯穿到所有教育培训活动之中。每年要针对律师队伍中的思想和工作实际，梳理出若干重大理论和突出实践问题，按照社会主义法治理念的要求，有针对性地开展教育培训。对执业律师每年进行累计不少于1周的以社会主义法治理念为主要内容的集中培训；对申请律师执业的实习人员，在实习期间进行为期不少于1周的社会主义法治理念集中培训。各级司法行政机关每年对律协会长、骨干律师和党员律师进行的专题培训，要把社会主义法治理念作为培训重点；在律师行业开展的各类主题教育实践活动，要突出社会主义法治理念的内容。对全国律师的社会主义法治理念教育培训，由司法部统一规划，全国律协制定相关措施和培训计划，各省（区、市）司法厅（局）和律师协会组织实施。

二、建立和完善巡回宣讲报告制度

司法部、全国律协和各省（区、市）司法厅（局）、律师协会要选择政治素质高、法学功底深、坚持马克思主义法律观、对社会主义法治理念有深入研究的专家、学者，成立社会主义法治理念宣讲团，有组织、有计划地深入到律师队伍中开展宣讲活动，面对面地回答广大律师普遍关心的重大理论和执业实践问题，澄清模糊认识。要及时发现和总结律师队伍中自觉践行社会主义法治理念的先进事迹和模范人物，组织报告团，深入律师队伍开展巡回报告活动，引导广大律师对照先进模范，深刻剖析执业理念上的偏差，联系实际，广泛开展思想讨论，不断提高思想认识。

三、完善律师工作舆论宣传制度

在律师队伍中广泛开展社会主义法治理念宣传活动，正确把握舆论宣传导向，提高舆论引导能力，用社会主义法治理念占领律师行业舆论宣传阵地，自觉抵御西方错误政治观点和法学观点的影响。司法行政机关、律师协会所属的报纸杂志、网站等媒体，要开辟社会主义法治理念宣传专栏，加强宣传的主动性和针对性，把所属媒体办成宣传社会主义法治理念的主阵地。要根据实际需要，定期分析律师行业舆论宣传中的敏感、热点问题，特别是对重大突发事件、重大敏感案件律师辩护代理过程中出现的媒体炒作等问题，及时研究应对，主动正面引导。

四、完善律师理论研究制度

坚持用社会主义法治理念指导律师理论研究工作，准确把握好律师理论的研究动向，切实掌握律师理论研究领域的主导权，用社会主义法治理念牢牢占领律师理论研究阵地。通过课题申报、课题研究、举办律师论坛、资助出版发行论文和著作等，引导广大律师及理论工作者，紧紧围绕律师工作改革和发展中的热点和难点问题，深入开展理论研究，不断完善中国特色社会主义律师理论体系。

五、建立和完善督导考核制度

各级司法行政机关要从讲政治的高度，切实加强对律师队伍社会主义法治理念教育的领导，加强对本地区教育工作的督导检查，狠抓落实。要制定科学的考评办法，坚持每年对律师队伍开展社会主义法治理念教育的情况进行考核评议。对律师和实习人员进行的集中培训要进行考试考核，并将成绩纳入律师继续教育培训档案，或作为申请律师执业人员培训结业的重要条件，要建立领导联系点制度，各级司法行政机关和各地律师协会负责人要定点联系一个地区，在该地区开展律师队伍社会主义法治理念教育中带头学习，带头宣讲，带头实践，及时总结推广经验，发挥以点带面作用，真正把律师队伍社会主义法治理念教育落到实处。

司法部关于认真学习贯彻胡锦涛总书记等中央领导同志重要批示精神，进一步加强律师行业党建工作的意见

（2010年1月26日 司发〔2010〕3号）

各省、自治区、直辖市司法厅(局)，新疆生产建设兵团司法局：

最近，胡锦涛总书记和中央政治局常委李长春、习近平、贺国强、周永康同志，分别在司法部报送的《关于全国律师行业党建工作情况的报告》上作出重要批示。为认真学习贯彻胡锦涛总书记等中央领导同志重要批示精神，进一步加强律师行业党建工作，现提出如下意见。

一、认真学习贯彻中央领导同志重要批示精神

胡锦涛总书记等中央领导同志的重要批示，充分肯定了前段加强律师党建工作、基本实现律师行业党的组织和党的工作全覆盖的显著成绩，深刻指出了加强律师行业党建工作的重要意义，明确要求不断巩固、发展成果，抓好组织落实，着力发挥好作用，把我国律师队伍真正建设成为中国特色社会主义法律工作者队伍。中央领导同志的重要批示，寓意深刻，内涵丰富，具有很强的思想性、针对性、指导性，为进一步加强律师行业党建工作指明了方向，对推进律师工作改革发展和加强律师队伍建设具有十分重要的指导意义。中央领导同志的重要批示充分体现了中央对律师行业党建工作、律师工作和司法行政工作的高度重视，充分体现了对广大律师的亲切关怀和殷切期望。各级司法行政机关、各地律师协会和广大律师一定要从贯彻落实党的十七大和十七届四中全会精神、全面贯彻落实依法治国基本方略、加快建设社会主义法治国家的高度，从坚定律师工作正确的政治方向、确保律师队伍真正成为中国特色社会主义法律工作者队伍的高度，从贯彻落实科学发展观、实现律师事业又好又快发展的高度，认真学习领会、坚决贯彻落实中央领导同志的重要批示精神，切实把思想和行动统一到中央领导同志的重要批示精神上来，统一到中央的部署和要求上来，进一步增强做好律师行业党建工作的责任感、使命感和紧迫感，坚持巩固、提高、发展、完善，全面加强律师行业党的思想建设、组织建设、作风建设、制度建设和反腐倡廉建设，进一步提高律师行业党建工作水平。

二、努力推进律师行业党建工作深入发展

要按照胡锦涛总书记等中央领导同志的要求，全面加强律师行业党的建

设,巩固发展律师行业党建工作成果。要把思想政治建设作为律师队伍建设的根本,大力开展对律师党员的思想教育。要组织律师党员深入学习中国特色社会主义理论体系、社会主义核心价值体系,深入学习实践科学发展观,深入开展社会主义法治理念教育,健全长效工作机制。继续开展中国特色社会主义法律工作者主题教育实践活动,努力使律师党员成为自觉坚持"三个至上",切实做到"三拥护""三维护",自觉履行中国特色社会主义法律工作者职责使命的带头人。要坚持不懈地加强律师行业党的组织建设,巩固和扩大党的组织和党的工作对律师行业全覆盖成果,切实做到律师事务所建到哪里,党组织就覆盖到哪里,党的工作就开展到哪里。要在加强对现有律师事务所党建工作指导的同时,加强对新设律师事务所或分所党组织建设工作的指导,确保有 3 名以上正式党员、具备建立党组织条件的,都能单独建立党组织;党员人数不足 3 名的律师事务所可就近与其他律师事务所联合建立党组织;目前还没有党员的律师事务所,要选派党建工作指导员、联络员。要针对律师事务所发展较快的实际和律师执业流动性较强的特点,切实加强对律师事务所党组织和律师党员的动态管理。要认真做好律师党员的信息采集等基础性工作,以律师执业管理信息化平台为依托,加快建成全国统一的律师党员电子信息库,为实现对律师党员的有效管理提供依据。要在律师事务所设立审核、执业档案调取等环节,做好律师事务所党组织建设、律师党员组织关系接转等工作。要加强律师行业入党积极分子队伍建设,关心青年律师的成长,努力把合格的优秀律师发展成党员,不断发展壮大律师党员队伍。大力加强律师行业党的作风建设和反腐倡廉建设,教育引导律师党员切实增强宗旨意识、依法执业意识、诚信意识,严肃查处违反法律和执业纪律、职业道德行为,推进律师行风进一步好转。

三、切实发挥律师行业党组织的战斗堡垒和律师党员的先锋模范作用

律师行业党组织和律师党员在律师工作中负有重大政治责任,起着重要政治保障作用。要适应新的形势任务,进一步健全完善律师行业党建工作制度,活跃律师行业党的基层组织生活,积极探索发挥律师行业党组织和律师党员作用的新途径、新方式,确保党的路线方针政策在律师工作中得到贯彻落实。要进一步推动落实律师事务所主任与党支部书记一岗双责,健全完善合伙人和党支部联席会议制度,指导律师事务所党组织把党的先进思想,内化为律师事务所的发展理念、服务宗旨和员工准则,把党的政策和党组织的决议、意图体现到律师事务所的决策、执行、监督的全过程,切实保证律师事务所发展的正确政治方向,实现律师执业活动法律效果和社会效果、政治效果的有机统一。要结合深入开展中国特色社会主义法律工作者主题教育实践活动,指导律师事务所党组织创新"三会一课"的内容、形式和载体,增强针对性和实效性。要不断总结

和推广律师事务所党组织建设的有益做法和先进经验，组织开展律师行业“五好”党支部创建活动。要组织律师党员认真学习贯彻落实全国政法工作电视电话会议精神，围绕深入推进社会矛盾化解、社会管理创新、公正廉洁执法三项重点工作，充分发挥职能作用，不断加强自身建设。

四、切实加强对律师行业党建工作的组织领导

各级司法行政机关要把学习贯彻胡锦涛总书记等中央领导同志重要批示精神，进一步加强律师行业党建工作，作为当前和今后一个时期司法行政工作的一件大事来抓。各省（区、市）司法厅（局）党委（党组）要结合本地实际，研究制定贯彻落实的措施。要全面落实全国律师行业党的建设工作会议精神，按照中央组织部、司法部党组《关于进一步加强和改进律师行业党的建设工作的通知》和司法部《关于认真学习贯彻中央领导同志重要批示精神进一步做好律师行业党的建设工作的通知》要求，进一步落实党建工作责任制，推动落实省级党委组织部门和司法行政机关党组织的定期沟通机制，明确和落实司法行政部门内部职责分工，确保主要领导负总责，分管领导靠上抓，政工部门牵头，与律师管理部门和律师协会相互配合，各司其职，齐抓共管。要认真贯彻落实党的十七大和十七届四中全会精神，深入贯彻落实科学发展观，坚持不懈地加强律师行业党建工作，以党建带队建，不断提高律师的思想政治素质、业务素质和职业道德素质，把律师队伍真正建设成为中国特色社会主义法律工作者队伍，为全面建设小康社会、加快构建社会主义和谐社会提供优质高效的法律服务和法律保障。

司法部关于印发《关于建立律师诚信宣誓制度的决定》的通知

（2012 年 2 月 3 日　司发通〔2012〕19 号）

各省、自治区、直辖市司法厅（局），新疆生产建设兵团司法局：

《关于建立律师宣誓制度的决定》已经司法部 2011 年 12 月 1 日第 25 次部长办公会议通过，现印发你们，请认真贯彻执行。执行中遇到的问题，请及时报部。

二〇一二年二月三日

关于建立律师宣誓制度的决定

为了引导广大律师牢固树立做中国特色社会主义法律工作者的信念，自觉践行“忠诚、为民、公正、廉洁”的核心价值观，切实提高律师队伍思想政治素质、职业道德素质和业务素质，不断增强律师的职业使命感、荣誉感和社会责任感，培育和形成中国特色社会主义律师执业精神，根据《中华人民共和国律师法》决定在全国建立律师宣誓制度，现就有关事项规定如下：

一、经司法行政机关许可，首次取得或者重新申请取得律师执业证书的人员，应当参加律师宣誓。

二、律师宣誓，应当在律师获得执业许可之日起三个月内，采取分批集中的方式进行。

三、律师宣誓仪式，由设区的市级或者直辖市司法行政机关会同律师协会组织进行。

四、宣誓仪式要求：

（一）宣誓会场悬挂中华人民共和国国旗；

（二）宣誓仪式由司法行政机关负责人主持，领誓人由律师协会会长或者副会长担任；

（三）宣誓仪式设监誓人，由司法行政机关和律师协会各派一名工作人员担任；

（四）宣誓人宣誓时，应着律师职业装（或律师袍），免冠，佩戴中华全国律师协会会徽，成立正姿势，面向国旗，右手握拳上举过肩，随领誓人宣誓；

（五）宣读誓词应当发音清晰、准确，语音铿锵有力。

五、宣誓程序：

（一）宣誓人面向国旗列队站立，唱国歌；

（二）领誓人逐句领读誓词，宣誓人跟读，领誓人领读完誓词、读毕“宣誓人”后，宣誓人自报姓名；

（三）宣誓人在誓词上签署姓名、宣誓日期。

经宣誓律师签署姓名的誓词一式两份，一份由宣誓律师收执，一份存入该律师执业档案。

六、律师宣誓誓词为：我志愿成为一名中华人民共和国执业律师，我保证忠实履行中国特色社会主义法律工作者的神圣使命，忠于祖国，忠于人民，拥护中国共产党的领导，拥护社会主义制度，维护宪法和法律尊严，执业为民，勤勉敬业，诚信廉洁，维护当事人合法权益，维护法律正确实施，维护社会公平正义，为中国特色社会主义事业努力奋斗！

七、律师应当自觉践行宣誓誓词，将誓词作为指引律师执业活动的行为准则,依法、诚信、尽责执业,恪守职业道德和执业纪律,接受司法行政机关、律师协会、当事人和社会的监督。

八、法律援助律师、公职律师和公司律师的宣誓,参照本决定执行。

九、省、自治区、直辖市司法行政机关可以依据本决定制定具体实施办法。

司法部关于在律师队伍中开展社会实践教育活动的意见

（2012 年 3 月 21 日 司发通〔2012〕94 号）

各省、自治区、直辖市司法厅(局),新疆生产建设兵团司法局:

为认真贯彻落实中央对律师工作的决策部署,引导广大律师正确认识我国经济社会发展形势,增强做中国特色社会主义法律工作者的责任感、使命感,司法部决定,今年在全国律师队伍中开展社会实践教育活动。现提出如下意见:

一、充分认识开展社会实践教育活动的重要意义

改革开放三十多年来,我们党团结带领全国各族人民,高举中国特色社会主义伟大旗帜,坚持中国特色社会主义理论体系,坚定不移地推进中国特色社会主义建设事业,我国的经济、政治、文化、社会建设和生态文明建设都取得了举世瞩目的辉煌成就,城乡面貌发生巨大变化,人民生活显著改善,综合国力空前提高,国际地位大幅提升,实现了由温饱不足到总体小康的历史性跨越。当前,我国发展仍然处于可以大有作为的重要战略机遇期,在全球经济持续低迷的背景下,我国成功实现了“十二五”时期良好开局,经济平稳较快发展,社会大局和谐稳定,我国的经济社会发展形势整体上是良好的。

律师是中国特色社会主义法律工作者,律师队伍是推进依法治国、建设社会主义法治国家的重要力量,在服务经济社会发展、保障人民群众合法权益、维护社会公平正义、促进社会和谐稳定等方面肩负着重要责任。通过开展社会实践教育活动,能够使广大律师全面深刻认识在中国共产党领导下我国改革开放取得的伟大成就,坚决拥护中国共产党的领导,更加自觉地贯彻执行党和国家的各项路线、方针、政策。通过开展社会实践教育活动,能够使广大律师切实感受到只有在中国共产党的领导下走社会主义道路才是中国改革发展、繁荣昌盛的唯一正确的道路,进一步增强对中国特色社会主义的政治认同、理论认同、感情认同,进一步坚定走中国特色社会主义道路的信心和决心。通过开展社会实

践教育活动，让广大律师同工人、农民、知识分子等广泛接触，能够使广大律师充分认识人民群众创造了历史，创造了改革开放的伟大成就，进一步增进同人民群众的感情，进一步增强做中国特色社会主义事业建设者、捍卫者的责任感和使命感。各级司法行政机关、各地律师协会要从政治和全局的高度，充分认识在律师队伍中开展社会实践教育活动的重要性和必要性，把开展社会实践教育活动作为一项重要工作，认真组织，扎实推进，确保取得实效。

二、指导思想

开展社会实践教育活动，要高举中国特色社会主义伟大旗帜，以邓小平理论和“三个代表”重要思想为指导，深入贯彻落实科学发展观，认真贯彻党的十七大和十七届三中、四中、五中、六中全会精神，认真贯彻中央经济工作会议、全国政法工作会议精神和中央领导同志在与新一届全国律协理事会成员座谈时的重要讲话精神，全面落实中办发〔2010〕30 号文件精神，引导广大律师全面、准确、深入地了解国情、社情、民情，真正把思想统一到中央对当前国内国际形势的判断上来，把力量凝聚到落实党的各项政策、方针、任务上来，进一步增强广大律师坚持走中国特色社会主义道路的自觉性和坚定性，忠诚履行中国特色社会主义法律工作者的职责使命，围绕中心，服务大局，以人为本，执业为民，依法促进经济平稳较快发展，切实维护国家安全和社会和谐稳定，以实际行动迎接党的十八大胜利召开。

三、活动内容

各地要按照司法部的统一部署，丰富内容，创新载体，有组织、有计划、有步骤地推进实践活动，实现目标要求。

（一）开展社会考察活动。各省（区、市）司法厅（局）和律师协会要组织本地律师深入城市乡村、企业社区、文化院团、科研院所等，考察经济建设、政治建设、文化建设、社会建设和生态文明建设等方面取得的伟大成就，深刻认识在中国共产党的领导下，扩大社会主义民主，建设社会主义法治国家，坚持走中国特色社会主义政治发展道路是保证人民当家做主的唯一正确道路；深刻认识推动社会主义文化大发展、大繁荣在建设中国特色社会主义伟大事业中的重要地位；深刻认识推进以保障和改善民生为重点的社会建设在构建社会主义和谐社会中的重要作用；深刻认识建设资源节约型和环境友好型社会对经济社会可持续发展的重要意义；深刻认识加强和创新社会管理，维护国家安全和社会政治稳定对全面推进中国特色社会主义伟大事业的极端重要性，从而进一步增强落实科学发展观的自觉性和坚定性，肩负起建设中国特色社会主义伟大事业的神圣责任。

（二）听取形势政策报告。在考察的同时，各省（区、市）司法厅（局）和律师协会要组织本地区律师听取形势政策报告会。邀请党政等有关部门的专家学者就改革开放三十年经济社会发展、社会管理创新、文化事业建设、“十二五”规划的实施、政法核心价值观等做专题报告，教育引导广大律师关注、了解国家经济社会发展形势，增强政治敏锐性和政治鉴别力，牢固树立政治意识、大局意识和责任意识，努力在执业活动中实现法律效果与政治效果、社会效果的有机统一。

（三）畅谈社会实践教育体会。考察活动结束后，各省（区、市）司法厅（局）和律师协会要组织本地律师召开社会实践教育活动座谈会，畅谈社会实践教育活动的体会，引导广大律师进一步统一思想，凝聚共识，更加坚定在中国共产党领导下，推进中国特色社会主义现代化建设事业的信念，自觉做中国特色社会主义事业的建设者、捍卫者。

四、组织领导

（一）高度重视，精心组织。开展社会实践教育活动，是加强律师队伍建设的一件大事，也是一项新的工作措施。各级司法行政机关、各地律师协会要高度重视，切实将这项工作放到重要位置，摆上重要议程。周密部署，精心组织。各省（区、市）司法厅（局）党委（党组）要加强对此项活动的组织领导，结合本地实际，制定具体实施方案，确保工作落实，确保律师全员参加，确保活动达到预期目的。

（二）加强指导，务求实效。各级司法行政机关、各地律师协会要紧扣活动任务、要求和方法步骤，立足实际，有针对性加强工作指导，及时发现和解决各地在活动开展中遇到的困难和问题。同时，要加大监督检查力度，防止和克服活动走过场，确保各项工作组织到位、措施到位、责任到位、落实到位。司法部、全国律师协会将适时召开座谈会，对各地组织开展社会实践教育活动的情况进行交流，推动活动扎实、有效开展。

（三）统筹兼顾，相互促进。开展社会实践教育活动要与当前服务科学发展、服务社会管理创新、服务社会主义文化建设等紧密结合，与深入开展创先争优活动紧密结合，与开展政法核心价值观教育活动紧密结合，与贯彻落实中办发〔2010〕30号文件紧密结合，坚持统筹兼顾，做到有机衔接、相互促进。

（四）总结经验，加强宣传。各地要重视活动总结和信息报送工作。要按照本意见要求，分阶段向司法部和全国律协及时报送开展社会实践教育活动的进展和取得成效的情况。各地要充分利用报刊杂志、广播电视、互联网络等各种媒体，加大对社会实践教育活动的宣传力度，大力宣传活动中的好经验、好做法、好的理论体会文章，营造浓厚的舆论氛围，扩大活动的影响力。增强全社会对律师是中国特色社会主义法律工作者的认知度和认同度，形成全社会支持律师工作的良好氛围，为律师事业健康发展创造良好的社会环境。

（三）机构管理

司法部关于律师事务所不应进行工商登记的通知

（1990 年 3 月 6 日　司发〔1990〕第 56 号）

各省、自治区、直辖市司法厅（局）：

最近，一些地方的工商行政管理机关要求律师事务所进行工商登记。按照《中华人民共和国律师暂行条例》的规定，我国律师是国家法律工作者，律师事务所（法律顾问处）是向社会提供法律服务的事业单位，不是经营性组织，除专业性律师事务所经司法部批准外，律师事务所经省、自治区、直辖市司法厅（局）批准，即可开展律师业务，维护法律的正确实施，维护国家、集体的利益和公民的合法权益。因此，律师事务所（法律顾问处）不应进行工商登记。

司法部关于律师事务所不参加编制部门登记注册的批复

（1993 年 9 月 2 日　司发函〔1993〕第 339 号）

天津市司法局：

你局 1993 年 7 月 13 日《关于律师事务所是否参加编制部门事业法人资格登记注册的请示》收悉。根据《中华人民共和国律师暂行条例》和国务院办公厅转发《司法部关于加强法律服务机构统一管理的请示》的通知的规定，司法行政机关负责批准设立律师事务所，并对其实行组织管理和业务监督，负责对不符合条件的律师事务所进行整顿，或者予以撤销。因此，律师事务所应由司法行政机关归口统一管理和年检注册，而不应在编制部门注册登记。

司法部关于律师事务所不得在两个以上办公场所开展业务的批复

（1999 年 8 月 5 日　司复〔1999〕8 号）

福建省司法厅：

你厅闽司〔1999〕137 号《关于如何处理律师事务所有两个以上办公场所的请示》收悉。根据《律师法》以及《律师事务所登记管理办法》等有关规定，批复如下：

一、律师事务所的执业场所必须与登记的法定办公场所一致。

二、对于未经原审核登记机关批准并办理变更登记，擅自增设执业场所的，适用《律师违法行为处罚办法》第八条之规定实施行政处罚。

此复。

司法部关于律师事务所不进行民政登记的批复

（2000 年 6 月 7 日　司复〔2000〕4 号）

上海市司法局：

你局《关于合作、合伙律师事务所是否进行民政登记的请示》（沪司发请〔2000〕57 号）收悉。经研究认为，律师事务所是依据《律师法》及《律师事务所登记管理办法》设立的律师执业机构，律师事务所经司法行政机关审核登记后依法成立，不应再进行民政、工商等形式的登记。

此复。

律师事务所、社会法律咨询服务机构脱钩改制实施方案

（2000 年 8 月 14 日　司发通〔2000〕100 号）

根据国务院办公厅《关于清理整顿经济鉴证类社会中介机构的通知》〔国办

发(1999)92号〕和国务院清理整顿经济鉴证类社会中介机构领导小组《关于经济鉴证类社会中介机构与政府部门实行脱钩改制的意见》,为保证律师事务所、社会法律咨询服务机构脱钩改制工作的顺利完成,制订本方案。

一、脱钩改制的目标和原则

这次脱钩改制的目标是,完善律师、社会法律咨询服务的执业组织形式,建立、健全适应市场经济发展需要的自律性运行机制,促进律师事务所、社会法律咨询服务机构独立、客观、公正地执业,使之真正成为自主管理、自担风险、自我约束、自我发展、平等竞争的执业主体。

这次脱钩改制工作的基本原则是,正确处理改革、发展、稳定的关系,在积极稳妥地推进改革的同时,又要做到队伍不散,业务不间断;正确处理国家、集体和个人的利益,既要防止国有资产的流失,又要保护广大律师的积极性;鼓励律师事务所、法律咨询服务机构在脱钩改制中实行联合,走规模化发展道路。

二、脱钩改制的范围和内容

这次脱钩改制的范围是:(一)已实现自收自支的国资律师事务所;(二)挂靠事业单位、企业或社会团体的律师事务所;(三)司法行政机关批准设立的,挂靠政府部门、事业单位、企业或社会团体的社会法律咨询服务机构。

脱钩改制的内容是,属于脱钩改制范围的律师事务所和社会法律咨询服务机构(以下简称脱钩单位)要在人员、财务、业务、名称四个方面,与挂靠的政府部门、事业单位、企业或社会团体(以下简称挂靠单位)彻底脱钩,具体要做到:

(一)脱钩单位不再属于行政或事业单位,不再具有行政级别。在编的工作人员退出编制,人事档案移送省级司法行政机关指定的人才流动服务机构管理;

(二)挂靠单位在脱钩单位的投入全部撤出,或变为租借关系,挂靠单位不再是脱钩单位的投资者,不再享有投资者权益,不得以任何形式从脱钩单位谋取不正当经济利益;

(三)脱钩单位不得承担属于挂靠单位的任何职能,依法自主开展业务活动。挂靠单位不得干涉脱钩单位的正常业务活动;

(四)律师事务所的名称必须符合《律师事务所名称管理办法》的规定,凡已经我部核定的名称,改制后必须使用;未经我部核定的,必须报送我部核定。

社会法律咨询服务机构的名称不得冠有挂靠单位的名称字样或留有痕迹,未经批准不得冠有"中华""全国""中国"等字样,也不得仅以行政区域或地名作为其名称。

三、改制后的组织形式

律师事务所脱钩后,应改制为合伙律师事务所或合作律师事务所。律师事务所可以整所转为合伙或合作律师事务所,也可以在自愿组合的基础上组建数个合伙或合作律师事务所。改制后新设的所,必须符合《律师法》及我部有关设立律师事务所的规定。各地可以根据当地的情况,参照现代公司的内部管理机制,探索、完善合作律师事务所的内部管理机制。

社会法律咨询服务机构脱钩后,一律改制为“有限责任公司”。脱钩后,应根据司法部、国家工商行政管理局《关于加强对法律服务咨询服务机构管理的若干规定》规定的条件和程序,重新进行审批、登记。已出台有关社会法律咨询服务机构管理地方性法规的省、自治区、直辖市,应按地方性法规的规定办理。社会法律咨询服务机构脱钩后,凡不符合公司设立条件的,一律予以撤销;符合设立律师事务所的条件;从业人员自愿组建合伙或合作律师事务所的,司法行政机关应当允许。

四、脱钩改制的步骤和时间安排

各地应按如下要求组织实施,确保脱钩改制工作在2000年10月31日前完成。凡是在规定的截止日期前未完成脱钩改制工作的脱钩单位,一律停止执业或予以注销。

（一）动员阶段。在8月20日前,各地必须要把脱钩改制的精神传达到脱钩单位及其工作人员。脱钩单位要认真组织全体工作人员学习有关文件,统一思想,提高认识。

（二）界定资产、拟定方案阶段。该阶段应于9月20日之前结束。该阶段由挂靠单位负责组织实施,主要任务是:（1）对脱钩单位的资产进行清算。挂靠单位可委托社会审计机构对脱钩单位进行资产清查、财务审计,清理债权债务,出具审计报告;（2）协商拟定人员安置方案;（3）对脱钩单位的资产进行产权界定。挂靠单位的国有资产管理部门负责进行产权界定,出具有关报告。产权界定时,应根据人员安置方案,留足必需的人员安置费用;（4）协商拟定资产处置方案;（5）拟定组建新律师事务所、社会法律咨询服务公司的方案。

挂靠单位必须要充分听取脱钩单位及其工作人员的意见,在协商一致的基础上达成脱钩协议。脱钩协议必须包含上述五项内容。律师事务所应于9月20日前,将脱钩协议报各省级司法行政机关审核,社会法律咨询服务机构的脱钩协议需报原审批机构审核。脱钩协议经审准后,转入实施阶段。

（三）实施阶段。该阶段应于10月20日前结束,主要任务是:（1）处置资产、安置人员。挂靠单位要严格按照审准的脱钩协议,处置脱钩单位的资产,安置工作人员员。(2)组建新的律师事务所、社会法律咨询服务机构。脱钩单位的工作人员应在自愿组合、协商的基础上确定改制形式,产生发起人、合伙或合作人,出资人,制订章程、合伙协议,并准备设立新所、公司所需的申请材料。

(四)验收、登记阶段。该阶段应于10月31日之前结束。省级司法行政机关对脱钩单位的脱钩改制工作进行验收,完成脱钩工作、符合注销条件的,准予办理注销登记;符合设立新所条件的,予以设立登记。

各地可根据当地的情况,将律师事务所的注销登记与新所的设立登记分步骤进行,也可以一并进行。

社会法律咨询服务机构由原审批机关重新进行审批,审批后移送工商行政管理机关登记。

五、资产界定和资产处置的有关问题

(一)律师事务所国有资产的界定,应坚持"谁投资,谁拥有产权"的原则,按国家的有关规定进行。在保证国有资产不流失的前提下,要适当考虑律师智力劳动积累形成的资产因素:

(1)律师事务所只有国家投资,没有非国有的其他合法投资的,其资产应界定为国有资产;

(2)国家没有进行过任何形式的投资,且没有为律师事务所承担过民事法律责任的,其资产不认定为国有资产;

(3)国家与律师个人共同出资开办的律师事务所,应按投资比例划分产权;

(4)考虑到律师智力劳动积累形成资产的因素,挂靠单位可以根据开办时的投资情况和律师事务所的实际,将律师事务所积累资产中的部分资产,界定为律师共有资产,用于扶持转制后的律师事务所,保护律师的积极性;

(5)律师事务所的名称不能认定为律师事务所的无形资产,原则上由改制后的律师事务所无偿使用。

此前,当地有关部门对律师事务所产权界定有明确规定的,按当地的规定进行;已对律师事务所产权进行过界定的,应予认可,不再重新进行界定。

(二)律师事务所内部负债性基金应按以下原则处理:

(1)律师事务所结余的职业风险基金,由挂靠单位与律师事务所协商决定,但占有方必须对律师事务所此前的职业赔偿风险承担责任。整所转制的,原则上由新所占有;

(2)律师事务所结余的培训基金、福利基金、奖励基金等对内负债性基金,应留给改制后的律师事务所,具体处置办法由改制后的律师事务所与改制前律师事务所的全体工作人员协商确定;

（3）律师事务所提留的住房基金、医疗养老基金按国家的房改、社会保障的有关政策处理。

（三）律师事务所的国有资产，可以由挂靠单位一次性收回或者由律师买断，也可以全部或部分以长期借款、租用或融资租赁等形式租借给律师事务所使用。具体处置办法由挂靠单位和律师事务所协商确定。

社会法律咨询服务机构的资产界定及处置可参照上述原则执行。

六、人员安置的有关问题

脱钩单位工作人员的安置工作由脱钩单位自行负责。脱钩单位要在同等条件下，优先安排使用在编人员，无法安排使用的，应根据本人的意愿和本单位的实际情况妥善解决。大力鼓励被安置人员自谋职业，挂靠单位、司法行政机关要积极协助脱钩单位，为被安置人员自谋职业创造条件；鼓励律师事务所及其他法律服务机构发扬同业互助精神，积极吸纳被安置人员。

（一）在脱钩改制基准日前，挂靠单位编制内人员安排到脱钩单位工作的（包括已办理离退休手续的人员），可根据本人意愿和脱钩单位的具体情况，由挂靠单位妥善解决。因机构改革等原因无法安置的，脱钩单位应按照国家的有关规定办理养老、医疗、失业保险，并根据实际情况支付相应的安置费用；

（二）脱钩单位自行聘用的（包括以挂靠单位名义调入的）工作人员，一律按人事、劳动部门的规定办理。凡是未按照国家的有关规定办理养老、医疗、失业保险的，应予以补办；

（三）在编人员愿意继续从事法律服务工作的，如未按国家有关规定办理养老、医疗、失业保险的，应一律予以补办。

脱钩单位工作人员的安置费用及各项社会保障统筹费用，原则上从脱钩单位的资产中解决，不足的部分由脱钩单位与挂靠单位协商解决。脱钩单位和挂靠单位确无力支付安置费用及各项社会保障统筹费用的，各有关部门应按国家有关规定，妥善解决好被安置人员的基本生活和再就业问题。

七、组织领导

为了加强对脱钩改制工作的领导，保证脱钩改制工作的顺利进行，司法部成立脱钩改制工作领导小组，负责组织领导全国的脱钩改制工作。具体组成人员为：

组长：段正坤（司法部副部长）

成员：政治部负责人、办公厅负责人、计财司负责人、律师公证工作指导司负责人，全国律师协会负责人

领导小组下设办公室，负责处理日常事务。办公室设在律师公证工作指导

司，主任为贾午光。

各地要设立相应的领导机构，组织领导当地的脱钩改制工作。

八、几点要求

（一）要严格执行国家有关法律法规，正确掌握政策界限，处理好国家、集体和个人的利益；既要保证国有资产不流失，又要考虑律师智力劳动积累形成的资产因素，保护广大律师的积极性。对于在脱钩改制中发现的私分资产、隐匿转移资产等违法违纪行为，要追究有关负责人和直接责任人的责任，构成犯罪的要移送司法机关处理。

（二）要做好思想教育工作。在脱钩改制过程中，要发挥民主，充分听取脱钩单位及工作人员的意见，妥善处理各种矛盾；要关心被安置人员的疾苦，设身处地考虑他们的困难，千方百计地帮助他们，防止矛盾激化。

（三）要及时发现、解决脱钩改制过程中出现的问题。要及时了解、掌握脱钩改制的进展情况，督促脱钩单位按时开展工作，协调解决脱钩单位与挂靠单位之间出现的矛盾。

（四）要认真履行法律规定的职责，加强对已脱钩改制律师事务所的监管，不允许因人为地放弃、放松，导致律师事务所服务滑坡、管理懈怠和队伍涣散。

九、其他事宜

（一）未实现自收自支的国资所、未有挂靠关系的社会法律咨询服务机构，应于 8 月 20 日之前向省级司法行政机关提交相关的证明材料。

（二）脱钩改制中，要对律师事务所名称使用情况进行检查。律师事务所必须使用经我部核定的名称，未经核定的，要尽快报送我部核定。在 2000 年 10 月 31 日之后，仍使用不规范名称的，一经发现，将给予严肃处理。

各地可以根据本方案，结合当地的情况制订具体的实施办法。

司法部关于法律援助机构下设律师事务所脱钩改制及有关问题的通知

（2000 年 9 月 15 日　司发通〔2000〕126 号）

各省、自治区、直辖市司法厅（局），新疆生产建设兵团司法局：

为保证各级法律援助机构下设律师事务所脱钩改制工作的顺利进行，进一步推动法律援助工作的开展，完善我国的法律援助制度，现就法律援助机构下设律师事务所脱钩改制及有关问题通知如下：

一、各级法律援助机构下设的律师事务所应按司法部《律师事务所、社会法律咨询服务机构脱钩改制实施方案》的规定，进行脱钩改制。

脱钩改制时，律师事务所中占有法律援助机构编制的律师，由法律援助机构根据律师本人的意愿安置；聘用的律师和行政辅助人员由法律援助机构按国家劳动、人事的有关规定处理。

二、法律援助机构的主要职责是指导、监督、协调和组织实施本地区的法律援助工作。法律援助机构在做好法律援助管理工作的同时，可以根据需要办理法律援助案件。为此，法律援助机构应当配备办理法律援助案件的工作人员。

三、法律援助机构办理法律援助案件的工作人员，符合下列条件的可以申请领取律师执业证书：

1. 法律援助机构的现在编工作人员；

2. 具有律师资格的；

3. 具有一年以上的法律服务工作经历；

4. 品行良好。

申请领取律师执业证书，由省级以上法律援助机构统一向律师管理部门申请办理。律师管理部门对符合上述条件的应当及时发放律师执业证书。

四、律师管理部门发证时，应在律师执业机构一栏填写“某某法律援助机构的名称”，并加盖“法律援助专用”印章。

五、法律援助机构领取律师执业证书的人员，以所属法律援助机构的名义，向受援人提供法律援助。

法律援助机构持律师执业证书的人员，应当尽责尽职地为当事人提供法律援助，每年必须办理一定数量的法律援助案件；应当遵守律师职业道德和执业纪律，遵守律师执业准则和有关业务标准。

六、法律援助机构持律师执业证书的人员应当纳入律师管理体系；参加律师年度注册。年度注册时，由省级以上法律援助机构统一向律师管理部门报送材料，律师管理部门应对持证人员遵守律师职业道德和执业纪律情况，办案数量、质量进行检查。对于完成不了当地司法行政机关规定的办案任务的，不得予以年度注册。律师管理部门不得收取任何费用。

七、法律援助机构、律师管理部门要共同做好社会律师和律师事务所履行法律援助义务的保障和监督工作。各地法律援助机构应当报经所属司法行政机关批准，规定本地社会律师每年履行法律援助义务的数量。律师管理部门每年要向法律援助机构递交承担法律援助义务的律师和律师事务所名册，由法律援助机构按名册分派案件。法律援助机构对社会律师、律师事务所履行法律援助义务的数量、质量进行监督，一经发现社会律师和律师事务所拒不履行或不认真履行法律援助义务的，应通知律师管理部门，由律师管理部门依据《律师违法行为处罚办法》第六条的规定，予以处罚。

特此通知。

司法部关于合伙律师事务所无注册律师如何办理注销问题的批复

（2003 年 2 月 26 日 司复〔2003〕2 号）

江苏省司法厅：

你厅《关于律师事务所无注册律师如何注销问题的请示》（苏司办〔2003〕9 号）收悉。经研究批复如下：

对符合解散条件但不按《合伙律师事务所管理办法》的规定主动进行清算、不办理注销申请手续的合伙律师事务所，负责登记的司法行政机关应当责令其在限定期限内依法进行清算、办理注销手续。逾期仍不办理的，登记机关可以直接予以注销，具体程序如下：

一、制作并送达《注销通知书》。

二、收缴律师事务所执业许可证副本、律师执业证书、律师事务所公章。财务账簿、业务档案由登记机关收缴保管。

三、在律师事务所所在地进行注销公告。公告除注明律师事务所名称、合伙人、住所地、被注销原因外，还须注明律师事务所注销后，其债务仍由原合伙人承担连带责任。

司法部办公厅关于律师事务所变更组织形式应当依法报请司法行政机关审核的批复

（2007 年 12 月 4 日 司复〔2007〕18 号）

浙江省司法厅：

你厅《关于律师事务所组织形式变更问题的请示》（浙司〔2007〕241 号）收

悉。经研究，函复如下：

《行政许可法》第四十九条规定“被许可人要求变更行政许可事项的，应当向做出行政许可的行政机关提出申请；符合法定条件、标准的，行政机关应当依法办理变更手续。”《律师法》第二十一条规定“律师事务所变更名称、住所、章程、合伙人等重要事项或者解散的，应当报原审核部门。”司法部《律师事务所登记管理办法》（司法部令第41号）第九条第一款第（三）项规定，律师事务所章程应当包括“律师事务所的组织形式和机构设置。”据此，律师事务所的组织形式是律师事务所章程必须规定的重要内容之一。律师事务所组织形式的变更实质上导致了律师事务所章程的变更，被许可人应当依法报请司法行政机关审核。司法行政机关经审核，可以批准办理变更手续。

此外，根据律师事务所的申请，经司法行政机关审核后，律师事务所由合作制转为合伙制的，改制后的合伙所应当对原合作所的债权债务有概括承继关系。

此复。

司法部关于合作律师事务所调整工作的指导意见

（2008年8月14日　司发〔2008〕12号）

各省、自治区、直辖市司法厅（局），新疆生产建设兵团司法局：

为认真贯彻实施修订后的《律师法》，积极稳妥地推进合作律师事务所（以下简称“合作所”）调整工作，保障律师业健康发展，现就合作所调整工作提出如下意见：

一、充分认识合作所调整工作的必要性

合作所是我国律师制度改革、发展过程中的一个阶段性组织形式，在稳定和壮大律师队伍、推进律师事业改革与发展方面起到了重要作用。随着我国进入全面建设小康社会、加快构建社会主义和谐社会的新时期，律师工作的发展既面临着前所未有的机遇，也面临着新的更高的要求。修订后的《律师法》在全面总结我国律师制度恢复以来律师工作取得的成绩和经验的基础上，从我国的基本国情出发，借鉴国外的有益经验，对律师事务所的组织形式进行了改革和完善，规定律师事务所可以由律师合伙设立、律师个人设立或者由国家出资设立，不再保留由律师合作设立的组织形式。为认真贯彻实施修订后的《律师法》，规范律师事务所的组织形式和内部管理，现有的合作所应当依据修订后的《律师法》进行必要的调整。

二、切实加强对合作所调整工作的组织领导

合作所调整工作法律性、政策性强，涉及面广，工作量大，必须在当地党委、政府的领导下进行。各级司法行政机关一定要高度重视，充分认识合作所调整工作的必要性和重要性，把这项工作摆上重要议事日程，从讲政治、保稳定、促发展的高度，建立健全并严格落实工作责任制，切实加强领导，精心组织，周密部署，确保合作所调整工作依法平稳有序进行。

三、合作所调整工作的目标和原则

合作所调整工作的目标是：通过合作所调整，在依法自行妥善解决合作所的业务衔接、资产处置、债务承担和人员安排等问题的基础上，保证合作所平稳过渡到符合修订后的《律师法》规定的组织形式。合作所可以调整为普通合伙或者特殊的普通合伙律师事务所、个人律师事务所，也可以依法解散。从有利于律师队伍相对稳定和律师执业不受大的影响出发，各地应当鼓励、引导现有合作所尽可能采取整所转制的方式变更为合伙律师事务所（以下简称“合伙所”）。经合作人会议审议决定，也可以采取分立、合并等方式进行调整。

合作所调整工作应当坚持以下原则：一是依法开展的原则。合作所的调整工作应当严格依法进行。涉及调整前合作所事务的处理应当依据修订前的《律师法》及《合作律师事务所管理办法》的规定办理。调整后的律师事务所应当符合修订后的《律师法》及《律师事务所管理办法》（司法部令第 111 号）的规定。二是民主协商的原则。合作所调整方案的制定以及对调整过程中涉及的业务衔接、产权界定、资产处置、债务承担、人员安排等问题的处理，应当按照合作所章程确定的原则进行；合作所章程没有明确规定的，应当由全体合作人协商确定有关问题的处理办法。三是公开公正公平的原则。合作所调整工作的整个过程和每个环节都应当在本所内公开，充分听取全体合作人的意见和建议，接受他们的监督，并要妥善处理好各方面的利益关系，保证调整结果的公正、公平。

四、合作所调整涉及的若干问题的处理意见

业务问题。合作所进行整所改制的，要保持办理业务的连续性，合作所应当以适当方式将改制情况及结果及时通知委托人并做出必要的说明。合作所通过合并、分立等方式进行调整或者解散的，自终止事由发生后，不得受理新的业务，尚未办结的业务，由合作所与委托人协商解决。

资产和债权债务问题。合作所整所改制的，要对合作所的资产进行评估，

依法界定产权、清偿债务，清偿债务后有剩余财产的，由合作人依照合作所章程的规定分割，再由原合作人以合伙人身份出资设立合伙所。合作所整所改制后的律师事务所应当概括承继依据前述规定清偿债务后又发现的原合作所的债务。合作所因分立、合并或者解散，需注销原合作所的，要依法对合作所的财产进行清算，并按照合作所章程的规定制定财产处置和分配方案。合作所的财产，要先留足用以清偿债务的份额，才能按照合作所章程的规定对剩余财产进行分割。

人员问题。合作所整所改制或者合并、分立的，原合作所的律师及其他人员要一律转入调整后的律师事务所；其中部分律师或者其他人员不愿意转入调整后的律师事务所的，合作所要依据合作所章程及有关合同的规定为其办理退所或者解聘手续，出具有关证明。实习人员要转入调整后的律师事务所继续实习；合作所解散的，实习人员可以转入其他律师事务所继续实习，实习期要累积计算。

文件、财务账簿、业务档案和名称、印章问题。合作所的文件、财务账簿、业务档案的处置，对于整所改制的，要由改制后的律师事务所保管、使用；对于合作所分立、合并的，要在分立协议或者合并协议中明确分立或者合并后的保管、使用办法；对于合作所解散的，要依照规定移交司法行政机关保管或者按照省级司法行政机关规定的其他方式移管。调整后的律师事务所继续使用原合作所名称的，可以继续使用原合作所印章；原合作所名称不再使用的，印章由司法行政机关收回并销毁。

分支机构问题。合作所调整为合伙所后，符合修订后的《律师法》关于分所设立条件的，可以继续保留原合作所的分所。合作所解散的，或者调整后的律师事务所不再符合法律规定的设立分所条件的，其分所应当终止。合作所改制后，其在境外设立的分支机构可以继续保留；合作所解散的，其在境外的分支机构应当同时终止。

五、认真履行对合作所调整工作的监督指导职责

做好合作所调整的思想动员工作。各地司法厅（局）应当尽快将调整合作所的有关政策精神进行传达、部署，组织合作所律师和其他人员认真学习修订后的《律师法》及合作所调整的有关政策、文件，使他们能够充分认识合作所调整工作的必要性，明确调整工作的目标、原则、方法、步骤和有关要求，增强法制观念．积极认真地做好合作所调整工作。

指导合作所做好调整的工作准备。各级司法行政机关要按照司法部的要求，指导、监督合作所依照修订后的《律师法》、司法部有关规章及本所章程的规定，在全体合作人充分酝酿协商的基础上。召开合作人会议，从本所实际出发，审议制定合理可行的调整方案，经设区的市级或者直辖市的区（县）司法行政机关审查同意后，由合作所按照调整方案确定的目标、原则、方法、步骤依法妥善处理好本所业务衔接、资产处置、债务承担、人员安排、档案移管等事项，并按照省（区、市）司法厅（局）的要求准备调整工作需要提交的申请材料。对于需要注销原合作所的，要在司法行政机关和律师协会的指导、监督下完成对本所的资产清算、债务清偿。

认真做好合作所调整的审核工作。各合作所在完成调整准备工作后，要按照修订后的《律师法》及《律师事务所管理办法》规定的程序，向设区的市级或者直辖市的区（县）司法行政机关提出变更合作所组织形式或者注销原合作所、设立新的律师事务所的申请，经其审查出具意见后报省（区、市）司法厅（局）审核。对符合法律和有关规章规定的，要依法核准并进行公告；发现提交的材料或者对有关问题的处理不符合法律和有关规定的，要指导、监督合作所进行整改，待整改完成后再履行核准手续。

六、工作要求

制定合作所调整的指导办法。各地司法厅（局）要在对本地合作所情况进行调查摸底的基础上，结合本地实际，有针对性地制定指导本地合作所调整的具体办法。

加强合作所调整期间的执业监管。司法行政机关要认真履行职责，采取有效措施，依法维护合作所调整期间的执业秩序，及时查处合作所在调整期间发生的侵犯律师及聘用人员权益、损害委托人利益、违法处置资产债务、规避法律责任等各种违法违规行为，防止管理放松、服务滑坡、队伍涣散、秩序混乱。各地律师协会应当充分发挥行业自律作用，及时受理对合作所的投诉和举报，积极妥善解决合作所与委托人之间以及与合作人之间的矛盾纠纷。

积极稳妥地推进合作所调整工作。在整个合作所调整过程中.要始终正确处理改革、发展、稳定的关系。要通过调整，进一步完善我国律师执业的组织制度，促进律师业又好又快地发展。要做好合作所律师和其他人员的思想工作，耐心细致地向他们解释、宣传有关的法律、政策，保护好他们的积极性，设身处地地为他们着想，千方百计地帮助他们排忧解难。应当谨慎操作.随时了解掌握本地合作所调整工作的进展情况，及时指导合作所有效化解调整过程中出现的各种矛盾和问题，确保合作所调整工作不遗留旧的问题，不产生新的问题。

依法平稳有序地完成合作所调整工作。各省（区、市）司法厅（局）可以根据本地实际，灵活掌握本地合作所调整工作的进度，争取尽早、顺利完成合作所调整工作。各地最迟要在明年6月底前完成本省（区、市）的合作所调整工作。各地对调整过程中遇到的法律适用和政策问题，要及时向部报告。合作所调整工作完或后，各地要将本省（区、市）合作所调整工作情况总结报部。

司法部关于律师事务所从业资质有关问题的复函

（2010 年 5 月 28 日 司办函〔2010〕125 号）

国家食品药品监督管理局办公室：

《关于咨询律师事务所从业资质有关问题的函》（食药监办许函〔2010〕156 号）收悉。我部经研究，现就有关问题答复如下。

一、关于律师事务所是否具备承担民事责任的能力

依照我国《律师法》《律师事务所管理办法》等法律、法规和规章的规定，律师事务所是依法成立的律师执业机构，律师违法执业或者因过错给当事人造成损失的，由其所在的律师事务所承担赔偿责任。因此，律师事务所具备承担民事责任的能力。

依照《律师法》及相关法律、法规和规章的有关规定，我国律师事务所共有三种组织形式，分别是合伙律师事务所、个人律师事务所和国家出资设立的律师事务所，其中合伙律师事务所还分为普通合伙和特殊的普通合伙两种形式。不同组织形式的律师事务所其承担民事责任的方式也不同，普通合伙律师事务所的合伙人对律师事务所的债务承担无限连带责任。特殊的普通合伙律师事务所一个合伙人或者数个合伙人在执业活动中因故意或者重大过失造成律师事务所债务的，应当承担无限责任或者无限连带责任，其他合伙人以其在律师事务所中的财产份额为限承担责任；合伙人在执业活动中非因故意或者重大过失造成的律师事务所债务，由全体合伙人承担无限连带责任。个人律师事务所的设立人对律师事务所的债务承担无限责任。国家出资设立的律师事务所以其全部资产对其债务承担责任。

二、关于代理进口保健食品注册事宜是否属于律师事务所法定从事的法律服务活动

根据《律师法》第二十八条规定，律师可以“接受委托，提供非诉讼法律服务”。“非诉讼法律服务”非常宽泛，包括无争议的法律事务和有争议但不必通过诉讼程序解决的法律事务。根据律师执业实践和社会法律服务需求，受托办理公司注册、专利申请、商标注册等法律事务都属于非诉讼法律服务的范畴。因此，律师接受境外申请人委托办理进口保健食品注册，属于提供法定非诉讼法律服务。

特此函复。

附件：

相关法律规定

一、《律师法》

第二条 本法所称律师，是指依法取得律师执业证书，接受委托或者指定，为当事人提供法律服务的执业人员。

第十四条 律师事务所是律师的执业机构……

第十五条第二款 合伙律师事务所可以采用普通合伙或者特殊的普通合伙形式设立。合伙律师事务所的合伙人按照合伙形式对该律师事务所的债务依法承担责任。

第十六条 设立个人律师事务所，除应当符合本法第十四条规定的条件外，设立人还应当是具有五年以上执业经历的律师。设立人对律师事务所的债务承担无限责任。

第二十条 国家出资设立的律师事务所，依法自主开展律师业务，以该律师事务所的全部资产对其债务承担责任。

第二十八条 律师可以从事下列业务：

（六）接受委托，提供非诉讼法律服务；

（七）解答有关法律的询问、代写诉讼文书和有关法律事务的其他文书。

第五十四条 律师违法执业或者因过错给当事人造成损失的，由其所在的律师事务所承担赔偿责任。律师事务所赔偿后，可以向有故意或者重大过失行为的律师追偿。

二、《律师事务所管理办法》

第三十八条 律师违法执业或者因过错给当事人造成损失的，由其所在的律师事务所承担赔偿责任。律师事务所赔偿后，可以向有故意或者重大过失行为的律师追偿。

普通合伙律师事务所的合伙人对律师事务所的债务承担无限连带责任。特殊的普通合伙律师事务所一个合伙人或者数个合伙人在执业活动中因故意或者重大过失造成律师事务所债务的，应当承担无限责任或者无限连带责任，其他合伙人以其在律师事务所中的财产份额为限承担责任；合伙人在执业活动中非因故意或者重大过失造成的律师事务所债务，由全体合伙人承担无限连带责任。个人律师事务所的设立人对律师事务所的债务承担无限责任。国家出资设立的律师事务所以其全部资产对其债务承担责任。

司法部关于北京市司法局调整律师事务所设立资产数额请示的批复

（2011年1月20日 司复〔2011〕3号）

北京市司法局：

你局《关于调整北京市律师事务所设立资产数额有关事项的请示》（京司文〔2010〕219号）收悉。根据司法部《律师事务所管理办法》第十一条的规定，经研究，同意你局在制定《北京市律师事务所管理办法实施细则》中对你市不同类型律师事务所设立资产数额的调整方案。

此复。

诉讼案相关问题的请示》(黑司发〔1999〕39号)收悉。经研究,答复如下:

一、律师申请在其户籍地以外市、县的律师事务所注册执业,应当符合律师管理的有关规定,同时也应当符合相关部门的有关规定。

二、《律师法》第十二条第二款规定的“律师执业不受地域限制”是指:律师承办业务不受地域限制;律师接受当事人委托,可以到其律师事务所所在地市、县以上的地区履行职责;不应理解为注册地不受限制。

三、各省(区、市)司法厅(局)可以根据律师管理有关法律、法规、规章,结合本地区实际情况制定规范性文件,在本地区范围内实施。

此复。

司法部关于开展公司律师试点工作的意见

(2002年10月22日 司发通〔2002〕79号)

各省、自治区、直辖市司法厅(局),新疆生产建设兵团司法局:

为了应对加入WTO后我国企业界和律师业面临的严峻挑战,提高企业和律师的国际竞争力,完善我国企业法律制度和律师制度,我部决定在今年底前开展公司律师试点工作。为保证试点工作规范、有序地进行,现提出如下意见。

一、指导思想

公司律师试点工作应适应加入WTO后我国企业和法律服务业面临的新形势,着眼于提高企业内部法律工作者队伍的素质,促进企业内部管理的科学化、规范化和法制化进程,加强律师业与企业界的联系,充分发挥法律服务工作对企业生产经营活动的保障作用,推动完善企业法制工作和律师制度。

二、公司律师的任职条件和主要职责

(一)公司律师的任职条件

公司律师的人选应具备以下条件:

1. 具有中华人民共和国律师资格或司法部颁发的法律职业资格;
2. 在企业内部专职从事法律事务工作;
3. 所在企业同意其担任公司律师。

(二)公司律师的主要职责

1. 对企业的生产经营决策提出法律意见;

2. 参与本企业法律文书的起草和修改工作,审核企业规章制度;

3. 审查和管理企业合同;

4. 对企业违反法律、法规的行为提出纠正的建议,并在企业内部开展法制宣传教育工作;

5. 参与企业的谈判,代理本企业的诉讼、仲裁活动;

6. 其他应由公司律师承办的法律事务。

（三）公司律师的权利和义务

公司律师具有以下权利:

1. 在执业活动中享有依法调查取证、查阅案件材料等执业权利;

2. 加入律师协会,享有会员权利;

3. 可以参加律师职称评定;

4. 可以直接转换为社会律师。公司律师申请转为社会律师时,按换发证件程序进行,担任公司律师的经历计入执业年限。

公司律师具有以下义务:

1. 接受所在地司法行政机关的业务指导和监督;

2. 不得从事有偿法律服务、不得在律师事务所和法律服务所兼职;

3. 不得以律师身份办理本公司以外的诉讼与非诉讼案件。

三、公司律师队伍的管理

（一）公司律师属于企业内部人员,在企业的领导下开展业务活动,人事关系、工资待遇等由所在企业管理。

（二）司法行政机关负责公司律师的资质管理和业务指导。

（三）试点期间,公司律师执业证由司法部统一制作,由各省、自治区、直辖市司法厅(局)颁发。

（四）申请公司律师执业证书,由符合任职条件的人员提出申请,经所在企业批准后报经所在地司法行政机关审核,再由审核同意的司法行政机关报省、自治区、直辖市司法厅(局)审批。司法厅(局)应在15日内作出批准或不批准的决定。

（五）公司律师应参加律师年检注册。办理年检注册时,公司律师应提交年度工作总结。所在单位出具的证明其专职从事法律事务工作的材料等。

（六）公司律师应加入所在地律师协会,参加律师协会组织的培训和执业纪律教育活动。

四、加强对公司律师试点工作的领导

各省、自治区、直辖市司法厅(局)要重视公司律师的试点工作,选择法律事务工作基础较好的企业、包括民营企业作为试点单位。试点工作要积极稳妥、

司法部关于公安机关辞退人员能否申请律师执业问题的批复

（2002 年 11 月 22 日 司复〔2002〕9 号）

内蒙古自治区司法厅：

你厅《关于公安机关辞退人员能否申请律师执业的请示》（内司请〔2002〕31 号）收悉。经研究，批复如下：

根据《中华人民共和国人民警察法》第二十六条第一款第三项、公安部《公安机关人民警察辞退办法》第二条规定，对于因违法违纪被公安机关辞退的人员，应认定其丧失了“良好的品行”的条件。因此，对于因违法违纪被公安机关辞退后申请律师执业的人员，应认定其不符合《中华人民共和国律师法》第八条第三项规定的“品行良好”的条件，不能申请领取律师执业证书。

2002 年 11 月 22 日

司法部关于进一步加强律师执业管理若干问题的通知

（2003 年 5 月 30 日 司发通〔2003〕51 号）

各省、自治区、直辖市司法厅（局），新疆生产建设兵团司法局：

为贯彻落实党的十六大提出的“拓展和规范法律服务”的要求，进一步加强律师执业管理，现就有关问题通知如下：

一、严格掌握申领律师执业证书的条件

各地对取得律师资格证书或法律职业资格证书，申请律师执业的，要根据《律师法》和部颁规章，严格审查把关。注意审查申请人参加实习、培训，完成律师事务所指派的业务辅助工作情况，及所在律师事务所出具的实习鉴定。审查申请材料的真实性、合法性。收集公安、教育、人事等有关主管部门的政策与信息，利用高等教育学历证书电子查询系统等信息资源，争取有关部门的支持和协助，努力创造条件，实行律师执业申请的电子化审查，进一步提高办事效率。

二、加强对律师调动和异地执业的管理

要坚持保障人才合理流动和促进律师事务所从业人员相对稳定的原则，制定合理的律师调动和异地执业管理规定，加强对调动律师的执业情况和职业操守的审查，简化办事程序，加快文件流转。同时，通过实行律师事务所聘用合同必备条款等制度，指导、督促律师事务所与律师订立公平、完备的劳动合同，依照合同条款妥善解决律师事务所与律师之间的劳动争议。

三、建立健全律师执业档案管理制度

律师执业档案至少应当包括以下材料：(1)《律师执业登记表》及其他申请材料；(2) 参加年检注册和律师培训情况；(3) 遵守职业道德、执业纪律情况；(4) 办理法律援助案件情况等。律师调动时要及时调转执业档案，并做到材料完整。

四、加强对律师执业证书收回和吊销的动态化管理

具有下列情形之一的，根据《律师法》《律师执业证管理办法》及时收回律师执业证书：(1) 专职律师调出律师事务所，担任国家机关、人民团体、企事业单位工作人员或各级人民代表大会常务委员会组成人员的；(2) 兼职律师调出法学院校(系)、法学研究单位，或担任国家机关工作人员或各级人民代表大会常务委员会组成人员的；(3) 公职律师、公司律师不在原试点单位从事法律事务的；(4) 律师暂缓注册的；(5) 从事经营性活动或在各类企业担任管理类职务的；(6) 死亡、丧失民事行为能力或成为限制民事行为能力的；(7) 受到停止执业处罚的；(8) 被吊销律师执业证书的；(9) 提交虚假材料或故意隐瞒违法行为，骗取律师执业证书的。

律师年满 70 周岁，身体健康，符合执业条件的，可允许继续执业。以往的有关规定与此不符的，按本通知规定办理。

对于不参加年检注册又不交回律师执业证书的，省级司法行政机关要通过公告形式予以注销。

五、运用互联网等媒体手段，加强对律师执业的管理

具有下列情形之一的，省级司法行政机关或律师协会要在全国律师数据管理中心、指定的报纸或政府网站上统一公告：(1) 通过律师事务所及律师年检注册的；(2) 未能通过注册或暂缓注册的；(3) 调入新的律师事务所的；(4) 所在律师事务所变更名称的。

二〇〇三年五月三十日

司法部关于因泄露国家秘密而受到原单位行政处分的人员能否参加领取律师执业证书前实习的批复

(2003 年 6 月 19 日 司复〔2003〕17 号)

天津市司法局:

你局《关于受过行政处分的人员是否可以从事律师职业的请示》(津司请〔2003〕1 号)收悉。经研究,批复如下:

申请领取律师执业证书的人员,应当符合《中华人民共和国律师法》第八条第一、三项规定的条件。保守国家秘密是公务员职业道德的要求,对泄露国家秘密受到行政机关处分的,应认定为品行不良。因此,因泄露国家秘密受到行政处分的人员,不能申请执业,也不能允许其参加领取律师执业证书前的实习。

此复。

司法部关于重庆市部分行政区划调整后律师执业有关问题的批复

(2012 年 6 月 1 日 司复〔2012〕6 号)

重庆市司法局:

你局《关于重庆市部分行政区划调整后律师执业的请示》(渝司文〔2012〕31 号)收悉。经研究,批复如下:

原取得法律职业资格 C 证并在綦江县和大足县执业的律师可以在调整后的綦江区和大足区继续执业。符合担任合伙人条件的,可以继续担任合伙人或申请做律师事务所合伙人;符合设立个人律师事务所条件的,可以申请设立个人律师事务所。

此复。

司法部关于如何界定律师执业经历问题的批复

（2012年10月17日 司复〔2012〕15号）

浙江省司法厅：

你厅《关于（律师事务所管理办法）第九条第（一）项有关事宜的请示》（浙司〔2012〕121号）收悉。经研究，批复如下。

《律师事务所管理办法》（司法部令第11号）第九条第（一）项规定，个人律师事务所的设立人应当是具有五年以上执业经历并能够专职执业的律师。律师执业经历是指依法获得律师执业许可，连续或累计从事律师执业的年限。律师因与所在律师事务所解除聘用合同或者所在的律师事务所被注销的，自解除聘用合同或所在律师事务所被注销之日起至被其他律师事务所聘用或者申请设立个人（合伙）律师事务所被许可之前而中止执业的期间，不计入律师执业经历的年限。

此复。

司法部关于安徽省国家扶贫开发工作重点县名单调整后律师执业有关问题的批复

（2012年12月19日 司复〔2012〕23号）

安徽省司法厅：

你厅《关于国家扶贫开发工作重点县名单调整后律师执业的请示》（皖司发〔2012〕69号）收悉。经研究，批复如下：

取得法律职业资格证书C证的人员，在国家扶贫开发工作重点县名单调整后，可以在其报名参加国家司法考试时户籍所在地的县区域范围内申请律师执业。

司法部关于取得法律职业资格证书C证的人员申请律师执业问题的批复

（2013年5月2日　司复〔2013〕4号）

新疆维吾尔自治区司法厅：

你厅《关于2011年我区达到司法考试放宽条件地区合格分数线人员申请律师执业有无区域限制问题的请示》（新司请〔2011〕57号）收悉。经研究，批复如下：

根据《中华人民共和国律师法》第五条、《律师执业管理办法》第六条等规定，取得法律职业资格证书C证的人员，应当在其报名参加国家司法考试时户籍所在地的县（市、区）申请律师执业。在本批复发布之日前，已经被许可在其报名参加国家司法考试时户籍所在地以外的县（市、区）从事律师执业的取得C证人员，可以在现执业地的县（市、区）律师执业机构继续执业。

此复。

2013年5月2日

中华全国总工会司法部关于进一步加强工会公职律师试点工作的意见

（2013年12月5日　总工发〔2013〕38号）

工会公职律师制度建立实施以来，有效地发挥了工会法律专业人才的作用，在强化工会依法维护职工合法权益、依法开展工会工作、构建和谐稳定劳动关系方面取得了明显成效。为进一步深化工会公职律师试点工作，完善工会公职律师制度，加大工会组织和司法行政机关的业务管理和工作指导力度，根据《司法部关于开展公职律师试点工作的意见》（司发通〔2002〕80号）《工会公职律师试点工作方案》和《工会公职律师管理办法》（试行）（总工发〔2006〕27号）的有关规定，提出以下意见。

一、充分认识工会公职律师制度的意义，高度重视工会公职律师试点工作。工会公职律师制度是发挥工会法律人才专业优势、提升工会服务职工能力的有

效平台，是切实维护职工和工会组织合法权益、推进依法治国基本方略的重要举措。工会公职律师制度作为一项长效机制，必须常抓不懈，稳步推进，为工会组织优化法律人才结构、实现主动依法科学维权提供有力支撑。各地县级以上工会要把工会公职律师试点工作作为一项重要的基础性工作，作为市场经济条件下有效维护职工合法权益的重要手段和保障机制，认真贯彻执行相关文件规定，全面落实工会公职律师制度。司法行政机关要积极支持工会开展公职律师试点工作。

二、切实做好工会公职律师组织管理，建立健全工会公职律师制度。各地县级以上工会要对具备律师资格或法律职业资格的工作人员情况进行核实，凡有人员具备资格的，均纳入工会公职律师试点范围。纳入试点工作的工会应当在法律工作部门或综合部门设立专门机构或指定专人，负责本级工会公职律师的申报、培训、监督、考核等事务。省级和地市级工会要建立工会公职律师档案管理制度和信息报送制度，每年对本地工会公职律师试点工作情况进行总结，于翌年3月底前报送上一级工会，并抄送同级司法行政机关。省级工会还要加强对本地区工会公职律师试点工作的统一组织协调，制定本省工会公职律师管理考核办法，加强监督管理，对表现优秀的工会公职律师，采取有效措施给予鼓励。司法行政机关要加强对工会公职律师的资质管理和业务指导监督，指导工会做好公职律师年度考核工作，并指导律师协会加大对工会公职律师的会员管理和执业保障力度。

三、持续强化工会公职律师队伍建设，充分发挥工会公职律师专业特长。各地县级以上工会要加强工会公职律师队伍建设，鼓励、支持工作人员考取法律职业资格证书，同时招聘更多具备律师资格或法律职业资格的社会人士加入工会公职律师队伍。对符合《工会公职律师试点工作方案》中工会公职律师任职条件的工作人员，及时向所在地司法行政机关申请办理公职律师证书。要建立健全工会公职律师执业制度，制定量化考核指标，进一步明确其业务职责，不断规范其执业行为。要为工会公职律师提供更多平台和机会，推动其为工会参与立法和制定规范性文件提供意见建议，并全面参与劳动法律监督、工资集体协商、劳动争议调处、职工法律援助、普法宣传等各项工作。定期安排工会公职律师到职工服务中心或法律援助机构提供咨询、代书、代理等法律服务，委派其承办维护职工或工会组织权益案件的调解、仲裁或诉讼事务。

四、努力改善工会公职律师执业条件，切实保障工会公职律师执业经费。各地县级以上工会组织要继续扩大工会经费用于法律援助的比例，同时积极争取财政资金对工会法律援助工作的支持。要在工会法律援助工作经费中设立工会公职律师执业专项经费，制定经费使用办法，列支本级工会公职律师办案经费和办案补贴。办案经费实报实销，包括：工会公职律师在办理法律援助案

件过程中产生的调查取证、司法鉴定、文书印制、通讯、差旅等办案费用。办案补贴以案件数量为计算单位，每案补贴数额可参照同级司法行政机关给予法律援助律师的办案补贴标准确定。疑难复杂案件和群体性案件的办案补贴，根据具体情况酌情确定。

五、规范申领工会公职律师执业许可，积极支持工会公职律师开展服务。省级和地市级司法行政机关要继续做好工会公职律师证书办理工作。地市级和县级工会申请办理公职律师证书，应当向设区的市级或者直辖市的区级司法局提出申请。受理申请的司法局应当自受理之日起20日内予以审查，并将审查意见和全部申请材料报送省级司法厅(局)。省级司法厅(局)应当自收到报送材料之日起10日内予以审核，作出是否准予执业的决定。省级工会申请办理工会公职律师证书，应当向省级司法(厅)局提出申请。省级司法(厅)局应当自受理之日起15日内予以审查，作出是否准予执业的决定。各级司法行政机关按照司法部批准的《工会公职律师试点工作方案》和《工会公职律师管理办法(试行)》的规定及本意见的要求，按规定的条件、程序和时限认真做好工会公职律师的审核、颁证工作，不断改进提高审批工作效率。

各地司法行政机关要指导律师协会把工会公职律师纳入行业管理范围，会同工会加强公职律师的职业培训工作和业务交流活动，加强对工会公职律师执业活动的指导和监督，增进公职律师与社会律师的交流与合作。

各级工会、司法行政机关和各地律师协会要加强沟通，密切合作，建立会商、协调工作机制，及时研究解决工会公职律师工作遇到的问题和困难，不断总结推广好的经验和做法，健全完善相关制度和机制，共同推动工会公职律师制度在维护职工合法权益、构建和谐稳定劳动关系中发挥更大作用。

（五）业务指导与服务收费

司法部 国家档案局关于印发《律师业务档案立卷归档办法》和《律师业务档案管理办法》的通知

（1991年9月11日 司律通字〔1991〕153号）

各省、自治区、直辖市司法厅（局）、档案局：

为加强律师业务档案的科学管理，统一律师业务档案管理工作制度，现将《律师业务档案立卷归档办法》《律师业务档案管理办法》《律师业务档案保管期限表》和《律师业务档案卷宗封面格式》印发你们，请遵照执行。

附件：一、律师业务档案立卷归档办法

二、律师业务档案管理办法

三、律师业务档案保管期限表

四、律师业务档案卷宗封面格式

附件一：

律师业务档案立卷归档办法

第一章 总 则

第一条 律师业务档案，是律师进行业务活动的真实记录，反映律师维护国家法律正确实施，维护委托人合法权益的情况，体现律师的基本职能和社会作用。为加强对律师业务档案的管理，制定本办法。

第二条 律师承办业务形成的文件材料，必须严格按照本办法规定的要求立卷归档。

立卷归档工作由承办律师或助理律师负责。

第三条 律师业务档案分诉讼、非诉讼和涉外三类。诉讼类包括刑事（含

刑事辩护和刑事代理)、民事代理、经济诉讼代理、行政诉讼代理四种;非诉讼类包括法律顾问、仲裁代理、咨询代书、其他非诉讼业务四种;涉外类根据具体情况按前二类确定。

第四条 律师业务档案按年度和一案一卷、一卷一号原则立卷。

两个以上律师共同承办同一案件或同一法律事务一般应合并立卷,但不同律师事务所(法律顾问处)律师合办的法律事务除外。

律师承办跨年度的业务,应在办结年立卷。

律师担任常年法律顾问,应做到一单位一卷。

第五条 律师承办业务中使用的各种证明材料、往来公文、谈话笔录、调查记录等,都必须用钢笔或毛笔书写、签发,要求字体整齐、清晰。

第二章 案卷材料的收集、整理和排列顺序

第六条 律师接受委托并开始承办法律事务时,即应同时注意收集保存有关材料,着手立卷的准备工作。

第七条 律师应在法律事务办理完毕后,即全面整理、检查办理该项法律事务的全部文书材料,要补齐遗漏的材料,去掉不必立卷归档的材料。

第八条 律师立卷归档过程中,内容相同的文字材料一般只存一份,但有领导同志批示的材料除外。

第九条 下列文书材料,不必立卷归档:

一、委托律师办理法律事务前有关询问如何办理委托手续的信件、电文、电话记录、谈话记录以及复函等;

二、没有参考价值的信封;

三、其他律师事务所(法律顾问处)委托代查的有关证明材料的草稿;

四、未经签发的文电草稿,历次修改草稿(定稿除外)。

第十条 对已提交给人民法院、仲裁机构或有关部门的证据材料,承办律师应将其副本或复印件入卷归档。

第十一条 对不能附卷归档的实物证据,承办律师可将其照片及证物的名称、数量、规格、特征、保管处所、质量检查证明等记载或留存附卷后,分别保管。

第十二条 律师业务档案应按照案卷封面、卷内目录、案卷材料、备考表、卷底的顺序排列。案卷内档案材料应按照诉讼程序的客观进程或时间顺序排列。具体顺序为:

一、刑事卷

1. 律师事务所(法律顾问处)批办单;
2. 收费凭证;
3. 委托书或指定书;
4. 阅卷笔录;
5. 会见被告人、委托人、证人笔录;
6. 调查材料;
7. 承办人提出的辩护或代理意见;
8. 集体讨论记录;
9. 起诉书、上诉书;
10. 辩护词或代理词、
11. 出庭通知书;
12. 裁定书、判决书;
13. 上诉书、抗诉书;
14. 办案小结。

二、民事代理卷

1. 律师事务所(法律顾问处)批办单;
2. 收费凭证;
3. 委托书(委托代理协议、授权委托书);
4. 起诉书、上诉书或答辩书;
5. 阅卷笔录;
6. 会见当事人谈话笔录;
7. 调查材料(证人证言、书证);
8. 诉讼保全申请书、证据保全申请书、先行给付申请书和法院裁定书;
9. 承办律师代理意见;
10. 集体讨论记录;
11. 代理词;
12. 出庭通知书;
13. 庭审笔录;
14. 判决书、裁定书、调解书、上诉书;
15. 办案小结。

三、法律顾问卷

1. 聘方的申请书、聘书或续聘书;

2. 聘请法律顾问协议；

3. 聘方基本情况介绍材料；

4. 收费凭证；

5. 办理各类法律事务（如起草规章、审查合同、参与谈判、代理解决纠纷、提供法律建议或法律意见、咨询或代书等）的记录和有关材料；

6. 协议存续、中止、终止的情况；

7. 工作小结。

四、其他非诉讼法律事务

1. 委托书；

2. 收费凭证；

3. 与委托人谈话笔录；

4. 委托人提供的证据材料；

5. 调查材料；

6. 律师出具的法律意见，或草拟的法律文书、办理具体法律事务活动的记录等；

7. 工作小结。

第十三条 行政诉讼代理、经济诉讼代理和仲裁代理卷顺序参照民事代理卷排列。

咨询代书卷分别按年度及时间顺序排列。

涉外类卷分别参照国内同类卷顺序排列。

第十四条 终止委托的业务，承办律师仍应按上述各类业务排列顺序归档，承办律师应将委托人要求终止委托的书面文字材料或承办律师对终止委托原因的记录收入卷中，排在全部文书材料之后。

第三章 立卷编目和装订

第十五条 律师业务档案一律使用阿拉伯数字逐页编号，两面有字的要两面编页号。页号位置正面在右上角，背面在左上角（无字页不编号）。

第十六条 立卷人有钢笔或毛笔逐页填写案卷封面；填写卷内目录，内容要整齐，字迹要工整。

第十七条 有关卷内文书材料的说明材料，应逐项填写在备考表内。

第十八条 承办案件日期以委托书签订日期或人民法院指定日期为准；结

案日期以收到判决书（裁定书、调解书）之日为准；法律顾问业务的收结日期，以聘请法律顾问合同的签订与终止日期为准；其他非诉讼法律事务，以委托事项办结之日为结案日。

第十九条 律师业务文书材料装订前要进一步整理。对破损的材料要修补或复制，复制件放在原件后面。对字迹难以辨认的材料应当附上抄件。主要外文材料要翻译成中文附后。卷面为16开，窄于或小于卷面的材料，要用纸张加衬底；大于卷面的材料，要按卷面大小折叠整齐。需附卷的信封要打开平放，邮票不要揭掉。文书材料上的金属物要全部剔除干净。

第二十条 案卷装订一律使用棉线绳，三孔钉牢。在线绳活结处需贴上律师事务所（法律顾问处）封签，并在骑缝线上加盖立卷人的姓名章。

第四章 归 档

第二十一条 律师业务文书材料应在结案或事务办结后三个月内整理立卷。装订成册后由承办人根据司法部、国家档案局制定的《律师业务档案管理办法》的有关规定提出保管期限，经律师事务所（法律顾问处）主任审阅盖章后，移交档案管理人员，并办理移交手续。

第二十二条 档案管理人员接收档案时应进行严格审查，凡不符合立卷规定要求的，一律退回立卷人重新整理，全部合格后，办理移交手续。

第二十三条 涉外国家机密和个人隐私的律师业务案卷均应列为密卷，确定密级，在归档时应地档案封面右上角加盖密卷章。

第二十四条 随卷归档的录音带、录像带等声像档案，应在每盘磁带上注明当事人的姓名、内容、档案编号、录制人、录制时间等，逐盘登记造册归档。

第五章 附 则

第二十五条 各省、自治区、直辖市司法厅（局）可根据本地区情况，制订补充办法或细则。

各省、自治区、直辖市司法厅（局）过去颁布的有关律师业务档案立卷归档办法中与本办法不一致的，以本办法为准。

第二十六条 本办法自发布之日起执行。

附件二：

律师业务档案管理办法

第一章　总　　则

第一条　为加强律师业务档案的科学管理，统一律师业务档案管理工作制度，根据《中华人民共和国档案法》及有关规定，结合律师工作实际，制定本办法。

第二条　律师业务档案是律师从事业务活动的真实记录，是国家重要的专业档案，具有重要的参考利用价值，保管、整理好律师业务档案是律师事务所（法律顾问处）的重要任务。

第三条　律师事务所（法律顾问处）应当配备专职或兼职档案管理人员，有条件的应逐步设立档案机构，负责律师业务档案的集中统一管理。

第四条　律师事务所（法律顾问处）档案机构和档案管理人员的职责是：

一、收集、整理、保管和统计本所（处）的档案和有关资料，确保档案的完整和安全；

二、积极开展档案的利用工作，为律师开展业务提供服务；

三、指导、督促、检查律师对律师业务文书材料的立卷归档；

四、进行档案鉴定，并按照国家有关规定向同级档案馆移交档案；

五、接受司法行政机关和地方档案行政管理部门的业务指导、监督和检查，定期汇报档案工作情况；

六、完成领导交办的有关档案工作的其他任务。

第二章　档案的接收和管理

第五条　档案管理人员接收案卷时，应按照《律师业务档案立卷归档办法》的要求，检查案卷质量，并按规定办理归档手续，在案卷封面左上角应盖“归档”章。

第六条　对已接收的案卷，按类别（分诉讼、非诉讼和涉外三种）、保管期

限、年度顺序排列编号，绝密案卷单独编号。十年为一断号。

第七条 同一案件由于审级改变或其他原因形成几个案号的案卷，应合并保管，合并保管原则是按时间顺序形成的后卷随前卷保管。

第八条 档案管理人员要熟悉所藏档案的情况，主动了解业务部门和有关人员各项工作对利用档案的需要，积极做好提供利用工作。

第九条 档案管理人员必须编制《案卷目录》和必要的检索卡片。

第三章 档案的借调与查阅

第十条 律师事务所（法律顾问处）应建立律师业务档案借阅制度和档案借阅登记簿。借阅档案必须履行一定的审批和登记手续，并限定借阅期限。因特殊情况不能按期归还的，应办理延期手续。

第十一条 原案件承办人因工作需要，履行借阅手续，可以调阅原承办案件已归档的档案。但有明文规定须经领导批准的除外。

第十二条 同级或上级司法行政机关的律师管理部门因工作需要借阅律师业务档案的，应出示正式调卷函件，并应履行借阅登记手续。

第十三条 人民法院、人民检察院和有关国家机关因工作需要，要求查阅有关档案的，应出示正式查卷函件，经律师事务所主任同意后办理查阅手续。因特殊情况必须借出的，应经同级司法行政机关批准。借出时要查点清楚，办理正式借据，并限期归还。借出的档案不得转借给其他单位和个人使用。

其他单位或个人一般不得借阅和查阅律师业务档案。因特殊情况必须查阅的，须由律师事务所（法律顾问处）报经同级司法行政机关批准。

第十四条 凡涉及国家机密或个人隐私的律师业务档案以及当事人要求保密的档案，一般不得借阅和查阅。特殊情况必须查阅的，需报同级司法行政机关批准。

第十五条 凡经批准允许查阅的档案，可以摘抄或复印所查阅的内容，但密级档案不在此列。

第十六条 对查阅或借出的律师业务档案，要及时催还。还回时如发现案卷被拆、文件材料短缺、涂改、增删、污损等情况，应立即向本单位领导汇报并及时追查。

第十七条 档案管理人员必须严格遵守保密制度，保守国家机密和当事人秘密。不得违反制度向任何人提供档案和扩大利用范围，不得向他人泄露档案的内容。

第四章　档案的保管期限

第十八条　律师业务档案的保管期限规定为永久、长期和短期三种。

凡属于需要长远查考、利用的律师业务档案，列为永久保管。

凡属于在长时期内需要查考、利用，作为证据保存的律师业务档案，列为长期保管，保管期限为二十年至六十年。

凡属于在一般时间内需要查考、利用，作为证据保存的律师业务档案，列为短期保管，保管期限为五年至十五年。

列为长期或短期保管的律师业务档案，具体保管期限，由立卷人提出并报律师事务所（法律顾问处）主任决定。

第十九条　律师业务档案的保管期限，从该项法律事务办结和终止后的下一年起算。

第二十条　具体业务档案的保管期限，参照司法部、国家档案局制定颁布的《律师业务档案保管期限表》确定。

第二十一条　律师事务所（法律顾问处）档案目录登记簿、档案收进登记簿、档案移出登记簿、档案销毁登记簿、档案销毁批件及档案检索卡片列为永久保管。

第五章　档案的鉴定和销毁

第二十二条　对于超过保管期限的档案应定期进行鉴定。鉴定工作由律师事务所（法律顾问处）主任、档案管理人员和律师组成鉴定小组共同进行。

第二十三条　经鉴定，对仍有保存价值的案卷，应采取提高保管期限档次的办法延长保管期限。对确无保存价值的档案应登记造册，连同销毁报告一并报同级司法行政机关，经书面批准后予以销毁。

第二十四条　为防止遗失和泄密，销毁档案应由两人负责监销，监销人应在销毁清册上签字。

第六章　档案的统计和移交

第二十五条　律师事务所(法律顾问处)应建立律师业务档案统计制度,对档案的收进、移交、保管、利用等情况进行统计,并按规定向有关上级机关和档案行政管理部门报送档案管理工作基本情况统计表。

第二十六条　律师事务所(法律顾问处)列为永久保管的档案,在本所(处)保存十年。保存期满后,连同案卷目录(一式三份)和有关检索工具、参考资料,一并向同级档案馆移交,对移交的档案,一律填写档案移出登记簿。

第二十七条　律师事务所(法律顾问处)设置变更时,应对律师业务档案进行清理,清理办法如下:

一、撤销的律师事务所(法律顾问处)的档案,应由同级或上级司法行政机关代管,或向同级档案馆移交。

二、一个律师事务所(法律顾问处)划分为几个律师事务所(法律顾问处)的,划分前的律师业务档案由一个律师事务所(法律顾问处)代管或向同级地方档案馆移交。

三、几个律师事务所(法律顾问处)合并为一个律师事务所(法律顾问处)的,各律师事务所(法律顾问处)的档案应移交给合并后的律师事务所(法律顾问处),或分别向同级地方档案馆移交。

四、律师事务所(法律顾问处)撤销、划分或合并时,没有办理完毕的律师业务事项,视情况移交给新的律师事务所(法律顾问处)继续办理,承办该项业务所形成的档案应由新的律师事务所(法律顾问处)加以保存。

第七章　档案的保护和防护

第二十八条　存放律师业务档案的房屋,应坚实、防火、防盗、防潮、防高温、防鼠、防虫、防光、防污染,室内要保持清洁、整齐、通风。

第二十九条　档案库房要专用,不得存放与档案无关的物品。严禁在档案库房内外存放易燃、易爆物品。

第三十条　随卷归档的录音带、录像带等音像档案,应单独存放保管,防止磁化,并根据保管期限定期复制。

第三十一条 档案管理人员应定期对档案进行检查和清点,对于破损、虫蛀、鼠咬、变质、字迹褪色的档案要及时采取防治措施,并进行修补和复制。发现案卷丢失的,应立即向有关领导报告,并积极查找。

第三十二条 档案管理人员调动工作时,应在离职前做好档案移交工作,办理交接手续。

第八章 附 则

第三十三条 各省、自治区、直辖市司法厅(局)可根据本省(区、市)情况,制定补充办法。

第三十四条 本办法自颁布之日起施行。

附件三:

律师业务档案保管期限表

一、刑事档案

(一)具有下列情形之一的永久保管:

1. 反革命案件判处有期徒刑五年以上的,普通刑事案件判处十五年以上的案件;

2. 能反映一定的社会历史情况并有代表性的或有重大影响或对研究律师业务有重大参考价值的典型案件;

3. 重大涉外案件;

4. 对案件的定罪量刑,律师有重大不同意见的案件;

5. 其他需要永久保管的案件。

(二)具有下列情形之一的长期保管:

1. 反革命案件判处有期徒刑不满五年(包括判处拘役、管制、剥夺政治权利、免予刑事处分及缓刑);

2. 普通刑事犯罪判处五年以上不满十五年有期徒刑的案件;

3. 一般涉外案件;

4. 其他需要长期保管的案件。

（三）具有下列情形之一的短期保管：
1. 犯罪判处五年以下有期徒刑或给予其他刑事处罚的案件；
2. 其他需要短期保管的案件。

二、民事代理档案

（一）具有下列情形之一的永久保管：
1. 房屋、土地、山林、水利（水面）等不动产权益纠纷案件；
2. 反映一定社会历史情况有代表性的案件；
3. 在全国、本省范围内有重大影响的案件；
4. 诉讼标的在五十万元以上的案件；
5. 较大的涉外案件；
6. 对研究律师业务有重大参考价值的案件。
（二）具有下列情形之一的长期保管：
1. 诉讼标的在十万元以上不满五十万元的案件；
2. 一般涉外案件；
3. 疑难的离婚和离婚涉及子女财产的案件；
4. 赡养、抚养案件中需要长期供养生活费的案件；
5. 在本地区、本市有重大影响的案件；
6. 缺席判决的案件；
7. 宣告失踪、死亡的案件。
8. 其他需要长期保管的案件。
（三）具有下列情形之一的短期保管：
1. 一般民事案件；
2. 其他需要短期保管的案件。

三、经济诉讼代理档案

（一）具有下列情形之一的永久保管：
1. 诉讼标的在五百万元以上经济案件；
2. 有重大影响的经济案件；
3. 重大涉外经济案件；
4. 其他需要永久保管的案件。
（二）具有下列情形之一的长期保管：
1. 诉讼标的在一百万元以上不满五百万元的案件；
2. 一般涉外经济案件；
3. 其他需要长期保管的案件。

（三）具有下列情形之一的短期保管：

1. 一般经济案件；

2. 其他需要短期保管的案件。

四、行政诉讼代理档案

（一）具有下列情形之一的永久保管：

1. 当事人一方是省一级或国家部一级单位的案件；

2. 在全国有重大影响的案件；

3. 涉及金融、税收、工商、银行、公安等部门的典型案件；

4. 其他需要永久保管的案件。

（二）具有下列情形之一的长期保管：

1. 当事人一方是厅局一级单位的案件；

2. 在本地区、本市有重大影响的案件；

3. 其他需要长期保管的案件。

（三）具有下列情形之一的短期保管：

1. 一般行政诉讼案件；

2. 其他需要短期保管的案件。

五、非诉讼法律事务档案

（一）法律顾问业务档案一般列为短期保管。但律师担任法律顾问期间另行接受委托承办的具体法律事务，如诉讼代理、仲裁代理、参与调解或办理其他重大法律事务应单独归档，并参照民事诉讼代理、经济诉讼代理、行政诉讼代理中最相类似的条文确定保管期限。

（二）仲裁代理、涉外类业务及其他非诉讼法律事务档案的保管期限，参照本期限表第一、二、三、四项规定中最相类似的条文确定保管期限。

（三）咨询、代书业务档案列为短期保管。

六、其他

（一）凡终止委托的律师业务档案，列为短期保管。

（二）对于未规定保管期限的律师业务档案，由律师事务所（法律顾问处）比照本期限表最相类似的规定提出保管期限的意见，并由同级司法行政机关报上级司法行政机关批准后执行。

附件四：

律师业务档案卷宗(诉讼类)

类别		年度　字　第　号	
承　办 律师事务所			
承办 律师		委托人	
对方 当事人		对　方 委托代理人	
案由			
收案 日期	年　月　日	结案 日期	年　月　日
审理 法院		审级	
法院 收案号	法院　字　第　号		
审(办)理结果			
归档 日期	年　月　日	立卷人	
保存 年限		卷内 页数	
档案 号数		备注	

律师业务档案卷宗(非诉讼类)

类别		年度　字第　号	
承办律师事务所			
承办律师	委托人		
委托事项			
受托日期	年　月　日　办结日期　年　月　日		
结果			
归档日期	年　月　日	立卷人	
保存年限		卷内页数	
档案号数		备注	

司法部　国家信访局关于进一步加强律师参与涉法信访工作的意见

(2004 年 10 月 9 日　司发通〔2004〕151 号)

各省、自治区、直辖市司法厅局、信访局办,新疆生产建设兵团司法局、信访局:

为落实中央关于处理信访突出问题及群体性事件的工作部署,进一步适应新形势下信访工作尤其是涉法信访工作的需要,充分发挥律师在信访工作中的积极作用,保障信访群众合法权益,维护社会稳定,现就进一步加强律师参与涉法信访工作提出如下意见:

一、充分认识律师参与涉法信访工作的重要意义

(一) 律师参与信访接待工作,有利于正确引导信访群众依法反映问题,依

法维护自身的合法权益；有利于直接为群众释疑解惑，化解矛盾，维护社会稳定；有利于促进司法和执法部门依法处理信访问题，提高信访法制化水平和工作效率；有利于增强律师的群众意识、服务意识和大局意识，提高律师职业道德水平，树立律师良好形象，提升律师社会地位。各级司法行政机关和政府信访部门，要从维护人民群众的合法权益，维护社会稳定大局的高度，充分认识律师参与涉法信访工作的重要性；切实增强政治意识、责任意识、大局意识，扎扎实实地推动律师参与涉法信访工作的深入开展。

二、明确律师参与涉法信访工作的指导思想和工作原则

（二）律师参与涉法信访工作要以“三个代表”重要思想为指导，以《律师法》《信访条例》等法律法规为依据，充分发挥律师在信访工作中的积极作用，对信访工作中涉法问题提供法律咨询，畅通信访渠道，引导信访群众依法解决矛盾和纠纷，进一步密切党群、政群关系，维护信访群众合法权益，化解社会矛盾，维护社会稳定。

（三）律师参与涉法信访工作要坚持以事实为依据，以法律为准绳的原则；坚持化解纠纷，防止矛盾激化，维护稳定的原则；坚持依法维护信访群众合法权益的原则。

三、明确律师参与涉法信访工作的职责和工作方式

（四）根据《律师法》等有关法律法规和信访工作的有关要求，律师参与涉法信访工作的主要职责是：(1)为信访群众解答法律问题，提供咨询意见；(2)对需要通过司法程序或者仲裁、行政复议解决的信访事项，告知和引导信访群众向有关司法机关申诉或者向仲裁机构和有关行政机关申请仲裁或行政复议，通过正常的法律渠道依法解决；(3)接受信访部门的委托，参与重大疑难信访案件的法律论证，提出法律建议；(4)对信访人进行法制宣传教育，协助有关部门对无理上访户做好息诉工作；(5)对符合法律援助条件的信访群众引导其按规定的程序申请法律援助。

（五）各地可根据工作需要，结合当地实际，采取下列几种或其他便捷有效的工作方式，引导和组织律师参与涉法信访工作：(1)在信访部门设立律师接待日，律师定期在信访接待室参与信访接待工作；(2)律师参与政府领导接待日信访接待工作；(3)律师以担任法律顾问的形式为信访部门提供法律服务；(4)设立律师咨询电话，接受信访人的电话咨询，并就涉及信访工作的有关法律问题接受信访部门的电话咨询等。

四、严格律师参与涉法信访工作的程序和工作纪律

（六）律师接待信访人，应先由信访部门对信访人进行登记、介绍，再由律师为信访人提供法律咨询；律师应认真填写《法律咨询登记表》，并详细记录信访人的自然情况、信访事由和法律意见。信访部门派员参加律师接待信访人的全过程，负责做好相关材料的整理和归档。

（七）律师接待信访人，要认真听取信访人的陈述，全面了解情况，依照有关法律和政策的规定，认真解答，化解矛盾。遇重大事项应及时与信访部门沟通意见，不得随意对群众反映的问题作出结论性答复；对需要进行法律论证或出具法律意见书的重大疑难信访案件，应认真对待，个人解答有困难的，应提交律师事务所集体讨论，确保法律咨询意见的准确性；对需要通过诉讼、仲裁、行政复议解决的信访案件，应引导信访人通过法定程序解决或由信访部门采取相应办法进行处理；对信访人反映的重大问题或可能引发突发性群体信访案件的，应及时向信访部门反映，由信访部门妥善处理；对不属于法律咨询范围内的信访事项，应向信访人说明情况，并作出明确答复，告知信访人到有关部门解决。

（八）律师参与涉法信访工作，必须恪守职业道德和执业纪律，作风严谨，清正廉洁，维护法律尊严；接待信访人时一律亮牌，公示律师姓名和律师事务所名称，接受群众监督；对所接触到的信访案件和党政机关涉密事项及信访人隐私，负有保密义务；严禁唆使、组织信访人上访、越级上访，严禁支持、参与信访人进行的妨碍社会秩序的各种活动；律师在信访接待室接待信访人，只为信访人提供法律咨询，在信访接待过程中，不得接受信访人的委托代理。

五、加强对律师参与涉法信访工作的组织领导

（九）各级司法行政机关负责管理、协调、监督、指导律师参与涉法信访工作。省级司法行政机关律师管理部门具体负责全省（区、市）律师参与涉法信访工作的组织协调和业务指导，并负责组织律师参与省级政府信访工作；各市（地）、县（市、区）司法行政机关律师管理部门负责本地律师参与涉法信访工作的组织协调和业务指导工作。

（十）各级政府信访部门负责做好律师接待信访人期间的管理和指导，具体安排律师参与涉法信访期间的相关工作。信访部门要负责为参与接待的律师安排好办公室和添置必要的办公设备；制定律师接访工作程序；负责信访接待业务工作的指导以及有关信访事项的交办、督办；负责律师接待室的日常管理工作。

（十一）司法行政机关、律师协会和政府信访部门要密切配合、加强协调，成立由有关负责人共同组成的律师接待信访工作协调小组，制定信访部门和司法行政机关联席会议制度。联席会议由信访部门与司法行政机关共同召集。主要任务是：(1) 分析、研究、部署律师参与涉法信访工作；(2) 听取律师参与

涉法信访工作情况汇报;(3) 对重大疑难信访案件进行讨论,研究解决问题的办法;(4) 协调处理律师参与涉法信访工作中遇到的其他问题。

（十二）加强对律师参与涉法信访工作的工作保障和指导监督。各地司法行政机关和政府信访部门要从实际出发,从人员、经费、场地、设施、时间等方面提供便利,保障律师接待工作的正常开展,要为律师提供参与涉法信访所需要的有关政策文件,并进行工作方式与方法的培训。有条件的地区,信访部门和司法行政机关要争取当地政府支持,为参与涉法信访接待工作的律师提供适当的补贴。要加强监督指导,每年要对律师接访工作情况进行一次检查和总结,对在接访工作中表现优秀、成绩突出的律师事务所和律师给予表彰。

司法部 建设部关于为解决建设领域拖欠工程款和农民工工资问题提供法律服务和法律援助的通知

（2004 年 11 月 6 日 司发通〔2004〕159 号）

各省、自治区、直辖市司法厅(局)、建设厅(局),新疆生产建设兵团司法局、建设局:

为贯彻落实《国务院办公厅关于切实解决建设领域拖欠工程款问题的通知》(国办发〔2003〕94 号)精神,充分发挥法律服务和法律援助的职能作用,运用法律手段切实解决建设领域拖欠工程款以及拖欠农民工工资问题,现将有关事项通知如下:

一、统一思想,充分认识为解决建设领域拖欠工程款和农民工工资问题提供法律服务和法律援助的重要性

运用法律手段预防和解决建设领域拖欠工程款和农民工工资问题,事关建筑市场的健康发展,事关人民群众合法权益的充分保障,事关社会稳定的大局。各级司法和建设行政机关要从实践“三个代表”重要思想和坚持立党为公、执政为民的高度,统一思想,提高认识,高度重视,采取措施切实抓好法律服务和法律援助工作,努力运用法律手段维护广大农民工合法权益,帮助建筑业企业建立责权明确、科学规范的长效管理机制,协助政府有关部门采取有针对性法律手段,加强对建筑市场的监管,切实解决各类纠纷,维护社会稳定。

二、支持、引导法律服务机构及人员为解决建设领域拖欠工程款和农民工工资提供及时有效的法律服务

司法行政机关要引导和发动法律服务人员，积极参与建设领域纠纷当事人之间的非诉讼协商、调解活动，使拖欠工程款问题尽可能通过非诉讼方式得到妥善解决。对确需通过诉讼方式解决的案件，鼓励和支持律师接受农民工委托，代理其参加诉讼或与相关单位进行协商、达成和解；对于经济确有困难又达不到法律援助条件的农民工，可以适当减少或免除律师费。法律服务机构应对此类案件建立质量监督机制，在受理、办理、结案等环节建立案件质量的量化标准，完善监督检查措施，确保办案质量。对群体性农民工案件及其他重大、疑难案件要建立集体讨论制度。司法行政机关对法律服务机构代理农民工案件，要加强管理，跟踪指导，采取收集各方反馈意见、出庭旁听、抽查卷宗、检查评比等办法，努力保证农民工都能得到优质高效的法律服务。

要引导法律服务机构及人员积极为建筑业提供优质、高效的法律服务。倡导建筑业企业聘请律师担任法律顾问，参与到企业生产经营活动中，为企业签订合同、重大决策等事项提供法律咨询，出具法律意见，促进企业依法开展生产经营活动；当企业权益受到不法侵害时，应及时提出合理有效的应对措施，最大限度减少企业的损失，并代理企业与相关部门进行沟通、磋商或参加诉讼，保障企业的正当权益不受侵害。帮助企业建立和完善各项规章制度，严格企业工程合同、农民工劳务合同及其他各类合同的依法订立、审查、履行、监管、备案、登记制度，根据实际情况，推行合同公证制度；帮助企业探索并建立各种担保和保险机制，完善业主的工程款支付担保，建立建筑业企业的履约责任险和保修保险，引导施工企业与建设单位就拖欠工程款制定还款计划，并进行公证，保障建筑业企业能够及时收回工程款。

要积极引导法律服务机构及人员为政府依法行政提供优质、高效的法律服务，利用专业优势，为政府决策提供法律意见和建议，协助相关部门通过采取切实有效的法律手段，加强对建筑市场的监管，保障市场经济秩序的健康发展。引导法律服务机构积极开展面向建设领域广大业主、建筑业企业和农民工的法律宣传活动，通过宣传《建筑法》《劳动法》《合同法》等相关的法律法规，使广大业主、建筑业企业增强守法意识，自觉保护劳动者合法权益，也使广大农民工了解自己的合法权益，增强维权意识。

三、法律援助机构要积极为解决建设领域拖欠工程款和农民工工资提供及时有效的法律援助

各地法律援助机构要通过采取各项措施，保障农民工及时获得法律援助。要提高法律援助工作的便民化程度，依托城市社区、乡镇街道司法所，或者通过与当地建设、劳动与社会保障等行政部门联合成立法律援助工作站，保证农民工就近快捷地申请和获得法律援助。应加强日常管理，严格值班制度，在农民工较集中的地区，可实行双休日值班制度；在有条件的地方设立农民工接待室，指定专人负责农民工申请法律援助的接待工作；建立绿色通道，优先接待群体性案件的农民工和因工致残的农民工。对农民工申请法律援助的审查，要简化程序，快速办理。对于符合法律援助条件的，要尽快办理有关手续并指派法律服务人员；对申请事项不属于法律援助范围的，应指引申请人去相关机构处理，不得推诿；对确因情况特殊无法提供身份证明或者经济困难证明的农民工，有事实证明为保障自己的合法权益需要法律帮助，情况紧急，不及时处理有可能引发严重事件，或者遇到即将超过仲裁时效或诉讼时效的，或者属于涉及人数众多的群体性案件，法律援助机构可暂不进行经济困难条件审查，及时受理并先行指派法律服务人员提供法律援助，允许受援人事后补交有关证明材料，保证农民工获得及时的法律援助。

各地法律援助机构要加大工作力度，完善工作机制，积极为法律援助事业争取专项经费和社会支持，促进和保障法律援助工作的顺利开展。法律援助机构要加强对《法律援助条例》的宣传，使农民工了解法律援助的对象、条件、范围和申请程序，提高他们运用法律手段进行维权的意识和能力，在农民工较为集中的地区，要定期或者不定期组织开展法律咨询活动，解答农民工提出的法律问题。要争取社会支持，加强与工会、共青团、妇联、残联等社会团体和组织的合作和协商，发挥他们在维护农民工合法权益方面的行业优势。开展法律援助志愿者活动，鼓励社会力量为经济困难的农民工提供帮助。要建立农民工法律援助统计和信息报告制度，定期对本地区农民工法律援助工作情况进行统计、分析，并及时报送上级司法行政机关和同级党委政府，为上级机关统一部署、协调解决农民工问题提供决策依据。中国法律援助基金会要积极为农民工法律援助工作提供资金支持。

四、加强领导，切实做好为解决建设领域拖欠工程款和农民工工资问题提供法律服务和法律援助的工作

各级建设和司法行政机关要把为解决建设领域拖欠工程款和农民工工资提供法律服务和法律援助工作摆上重要议事日程，切实加强领导，制定实施方案，认真抓好落实。各地在开展工作过程中要密切与党政机关的联系，加强与相关职能部门的协调与配合，争取各部门对这项工作的支持，在相关部门之间建立联席会议制度，及时沟通情况，对于可能影响社会稳定的群体性案件，要共同研究制定解决方案，及时预防和化解矛盾；各地建设行政主管部门要积极支持法律服务和法律援助机构的工作；要加强对法律服务机构工作的指导和监督，研究拓展与规范法律服务机构为农民工、建筑业企业和政府部门提供法律服务工作的有效机制和具体办法；要加强对相关人员的专业培训，通过对法律服务人员和建筑业企业负责人进行建筑工程领域业务及相关法律知识的专业培训，提高法律服务人员的业务素质和执业水平，增强建筑业企业的法律意识；要加大宣传力度，充分发挥新闻媒体的作用，采取多种形式广泛宣传法律服务和法律援助的作用，为解决建设领域拖欠工程款和农民工工资提供法律服务和法律援助创造良好的政策环境和社会氛围；对在农民工维权中有突出成绩和贡献的有关单位和个人要作为典型广泛地予以宣传、表彰，对于违法的用人单位和个人则要予以曝光，让侵害农民工合法权益的行为接受社会的监督和谴责；通过为解决建设领域拖欠工程款和农民工工资提供法律服务和法律援助，实现法律效果与社会效果的有机结合，为社会主义市场经济的健康发展创造更加和谐稳定的社会环境和公正公平的法制环境，推动全面建设小康社会的顺利进行。

中华人民共和国司法部
中华人民共和国建设部
二〇〇四年十一月六日

国家发展改革委员会　司法部关于印发《律师服务收费管理办法》的通知

（2006 年 4 月 13 日　发改价格〔2006〕611 号）

最高人民法院、最高人民检察院；国务院有关部门；各省、自治区、直辖市发展改革委、物价局，司法厅（局）：

为贯彻落实《中共中央转发〈中央司法体制改革领导小组关于司法体制和工作机制改革的初步意见〉的通知》（中发〔2004〕21 号）精神，规范律师服务收费行为，维护委托人和律师事务所的合法权益，特制定了《律师服务收费管理办法》。现印发给你们，请按照执行。

附件：《律师服务收费管理办法》

国家发展改革委
司法部
二〇〇六年四月十三日

律师服务收费管理办法

第一条 为规范律师服务收费行为，维护委托人和律师的合法权益，促进律师服务业健康发展，依据《价格法》和《律师法》等有关法律法规，制定本办法。

第二条 依照《中华人民共和国律师法》设立的律师事务所和获准执业的律师，为委托人提供法律服务的收费行为适用本办法。

第三条 律师服务收费遵循公开公平、自愿有偿、诚实信用的原则。

律师事务所应当便民利民，加强内部管理，降低服务成本，为委托人提供方便优质的法律服务。

第四条 律师服务收费实行政府指导价和市场调节价。

第五条 律师事务所依法提供下列法律服务实行政府指导价：

（一）代理民事诉讼案件；

（二）代理行政诉讼案件；

（三）代理国家赔偿案件；

（四）为刑事案件犯罪嫌疑人提供法律咨询、代理申诉和控告、申请取保候审，担任被告人的辩护人或自诉人、被害人的诉讼代理人；

（五）代理各类诉讼案件的申诉。

律师事务所提供其他法律服务的收费实行市场调节价。

第六条 政府指导价的基准价和浮动幅度由各省、自治区、直辖市人民政府价格主管部门会同同级司法行政部门制定。

第七条 政府制定律师服务收费，应当广泛听取社会各方面意见，必要时可以实行听证。

第八条 政府制定的律师服务收费应当充分考虑当地经济发展水平、社会承受能力和律师业的长远发展，收费标准按照补偿律师服务社会平均成本，加合理利润与法定税金确定。

第九条 实行市场调节的律师服务收费，由律师事务所与委托人协商确定。

律师事务所与委托人协商律师服务收费应当考虑以下主要因素：

（一）耗费的工作时间；

（二）法律事务的难易程度；

（三）委托人的承受能力；

（四）律师可能承担的风险和责任；

（五）律师的社会信誉和工作水平等。

第十条 律师服务收费可以根据不同的服务内容，采取计件收费、按标的额比例收费和计时收费等方式。

计件收费一般适用于不涉及财产关系的法律事务；

按标的额比例收费适用于涉及财产关系的法律事务；

计时收费可适用于全部法律事务。

第十一条 办理涉及财产关系的民事案件时，委托人被告知政府指导价后仍要求实行风险代理的，律师事务所可以实行风险代理收费，但下列情形除外：

（一）婚姻、继承案件；

（二）请求给予社会保险待遇或者最低生活保障待遇的；

（三）请求给付赡养费、抚养费、扶养费、抚恤金、救济金、工伤赔偿的；

（四）请求支付劳动报酬的等。

第十二条 禁止刑事诉讼案件、行政诉讼案件、国家赔偿案件以及群体性诉讼案件实行风险代理收费。

第十三条 实行风险代理收费，律师事务所应当与委托人签订风险代理收费合同，约定双方应承担的风险责任、收费方式、收费数额或比例。

实行风险代理收费，最高收费金额不得高于收费合同约定标的额的30%。

第十四条 律师事务所应当严格执行价格主管部门会同同级司法行政部门制定的律师服务收费管理办法和收费标准。

第十五条 律师事务所应当公示律师服务收费管理办法和收费标准等信息，接受社会监督。

第十六条 律师事务所接受委托，应当与委托人签订律师服务收费合同或者在委托代理合同中载明收费条款。

收费合同或收费条款应当包括：收费项目、收费标准、收费方式、收费数额、付款和结算方式、争议解决方式等内容。

第十七条 律师事务所与委托人签订合同后，不得单方变更收费项目或者提高收费数额。确需变更的，律师事务所必须事先征得委托人的书面同意。

第十八条 律师事务所向委托人收取律师服务费，应当向委托人出具合法票据。

第十九条 律师事务所在提供法律服务过程中代委托人支付的诉讼费、仲裁费、鉴定费、公证费和查档费，不属于律师服务费，由委托人另行支付。

第二十条 律师事务所需要预收异地办案差旅费的，应当向委托人提供费用概算，经协商一致，由双方签字确认。确需变更费用概算的，律师事务所必须事先征得委托人的书面同意。

第二十一条 结算第十八条和第十九条有关费用时，律师事务所应当向委托人提供代其支付的费用和异地办案差旅费清单及有效凭证。不能提供有效凭证的部分，委托人可不予支付。

第二十二条 律师服务费、代委托人支付的费用和异地办案差旅费由律师事务所统一收取。律师不得私自向委托人收取任何费用。

除前款所列三项费用外，律师事务所及承办律师不得以任何名义向委托人收取其他费用。

第二十三条 律师事务所应当接受指派承办法律援助案件。办理法律援助案件不得向受援人收取任何费用。

对于经济确有困难，但不符合法律援助范围的公民，律师事务所可以酌情减收或免收律师服务费。

第二十四条 律师事务所异地设立的分支机构，应当执行分支机构所在地的收费规定。

第二十五条 律师事务所异地提供法律服务，可以执行律师事务所所在地或者提供法律服务所在地的收费规定，具体办法由律师事务所与委托人协商确定。

第二十六条 各级价格主管部门应加强对律师事务所收费的监督检查。

律师事务所、律师有下列价格违法行为之一的，由政府价格主管部门依照《价格法》和《价格违法行为行政处罚规定》实施行政处罚：

（一）不按规定公示律师服务收费管理办法和收费标准的；

（二）提前或者推迟执行政府指导价的；

（三）超出政府指导价范围或幅度收费的；

（四）采取分解收费项目、重复收费、扩大范围等方式变相提高收费标准的；

（五）以明显低于成本的收费进行不正当竞争的；

（六）其他价格违法行为。

第二十七条 各级司法行政部门应加强对律师事务所、律师法律服务活动的监督检查。

律师事务所、律师有下列违法行为之一的，由司法行政部门依照《律师法》以及《律师和律师事务所违法行为处罚办法》实施行政处罚：

（一）违反律师事务所统一接受委托、签订书面委托合同或者收费合同规定的；

（二）违反律师事务所统一收取律师服务费、代委托人支付的费用和异地办案差旅费规定的；

（三）不向委托人提供预收异地办案差旅费用概算，不开具律师服务收费合法票据，不向委托人提交代交费用、异地办案差旅费的有效凭证的；

（四）违反律师事务所统一保管、使用律师服务专用文书、财务票据、业务档案规定的；

（五）违反律师执业纪律和职业道德的其他行为。

第二十八条 公民、法人和其他组织认为律师事务所或律师存在价格违法行为，可以通过函件、电话、来访等形式，向价格主管部门、司法行政部门或者律师协会举报、投诉。

第二十九条 地方人民政府价格主管部门、司法行政部门超越定价权限，擅自制定、调整律师服务收费标准的，由上级价格主管部门或者同级人民政府责令改正；情节严重的，提请有关部门对责任人予以处分。

第三十条 因律师服务收费发生争议的，律师事务所应当与委托人协商解决。协商不成的，可以提请律师事务所所在地的律师协会、司法行政部门和价格主管部门调解处理，也可以申请仲裁或者向人民法院提起诉讼。

第三十一条 律师服务收费争议调解办法另行制定。

第三十二条 各省、自治区、直辖市人民政府价格主管部门会同同级司法行政部门，依据本办法制定律师服务收费管理的具体实施办法，报国家发展改革委和司法部备案。

第三十三条 本办法由国家发展改革委会同司法部负责解释。

第三十四条 本办法自2006年12月1日起执行。《国家计委、司法部关于印发〈律师服务收费管理暂行办法〉的通知》（计价格〔1997〕286号）和《国家计委、司法部关于暂由各地制定律师服务收费临时标准的通知》（计价费〔2000〕392号）同时废止。

附件：

中华全国律师协会律师服务收费争议调解规则（试行）

（2007年1月25日第六届中华全国律协理事会第七次常务理事会审议通过）

第一章　总　　则

第一条 【宗旨】为及时、公正地调解律师服务收费争议（以下简称收费争议），保障收费争议双方当事人的合法权益，根据《中华人民共和国律师法》《律师协会章程》和《律师服务收费管理办法》，制定本规则。

第二条 【适用范围】本规则适用于律师服务收费争议的调解。

本规则不适用于因律师、律师事务所违规执业行为引起的收费争议。委托人认为律师、律师事务所在办理法律事务中有违规行为的，可以向律师协会投诉。律师协会在审查投诉案件过程中，认为律师、律师事务所无违规行为的，应告知委托人，并可建议委托人就收费争议向律师协会申请调解。

第三条 【调解原则】收费争议的调解应当坚持自愿调解、及时便捷、遵循规则、公正公平的原则。

调解实行一事一理，同一争议一次调解终结，不得再次申请调解。

第二章 机构设置和职能

第四条 【机构设置和职能】中华全国律师协会、各省、自治区、直辖市律师协会成立律师收费争议调解指导委员会，负责指导律师收费争议调解工作。

直辖市律师协会、地市级律师协会设立律师收费争议调解委员会（以下简称“调解委员会”），依据本规则进行律师收费争议的调解。

第五条 【调解委员会】律师协会从律师、律师协会工作人员、司法行政机关工作人员以及相关机构人员中聘任调解员组成调解委员会。

第六条 【调解员条件】调解员必须具备以下条件：

（一）具有良好的道德品质，公道、正派；

（二）具有较高的专业水准；

（三）具有丰富的工作经验。

第七条 【调解员名册】调解员名册应当向社会公开。

第八条 【调解委员会日常工作机构】律师协会秘书处负责调解委员会日常工作，审查、受理收费争议的调解申请，指定调解员等组织、联络工作。

第九条 【调解员工作职责】调解员的工作职责：

（一）主持调解；

（二）有权要求争议调解当事人就案件提供进一步的说明及有关证据材料；

（三）提出调解方案；

（四）制作调解协议书；

（五）决定终止调解。

第十条 【调解员决定终止调解的情况】调解员认为有以下情况的，可以终止调解：

（一）收费争议双方有激化矛盾的行为；

（二）违反本规则第十三条规定的。

第十一条 【保密义务】调解员对于在调解过程中获悉的个人隐私、商业秘密应当保密。

第三章 收费争议双方当事人的权利与义务

第十二条 【收费争议双方的权利】调解过程中,收费争议双方当事人享有以下权利:

(一)申请回避;

(二)自由表达意愿,提出要求;

(三)自愿达成调解协议。

第十三条 【收费争议双方的义务】调解过程中,收费争议双方当事人应当履行以下义务:

(一)如实陈述事实,提供相关证据材料;

(二)尊重调解员,服从调解员的安排;

(三)遵守调解规则。

第四章 调解程序

第十四条 【调解的管辖】申请调解,应当向被申请人注册地的直辖市律师协会、地市级律师协会提出。

第十五条 【调解费用】申请收费争议调解,无须缴纳费用。

第十六条 【申请调解的条件】申请调解应具备以下条件:

(一)申请人应为收费争议的当事人,具有法律服务协议;

(二)有明确的请求事项;

(三)属于本规则第二条规定的适用范围。

第十七条 【排除条件】收费争议已被仲裁机构、人民法院或行政执法机关受理的,不得申请调解。

第十八条 【申请调解的时效及方式】收费争议的当事人应当在收费争议发生之日起一年内,以书面或口头的形式向律师协会申请调解。

第十九条 【调解申请的受理】调解委员会日常工作机构收到调解申请后,应及时审查,认为符合受理条件,并在获得被申请人书面确认同意调解后,以律师协会名义做出受理决定，同时将指定的调解员个人信息及调解时间、地点送达当事人。不符合受理条件或被申请人不同意调解的，应当及时告知申请人不予受理。

第二十条 【相关材料的提供】收费争议双方当事人须在律师协会秘书处做出受理决定之日起7个工作日内，向受理机构提供以下材料：

（一）申请人须提供的材料：

1．法律服务协议；

2．调解申请书（一式四份），其中应当写明：申请人（姓名）、地址、联系方式；被申请人的名称、地址、联系方式；申请的事实、理由以及要求；

3．申请人要求所依据的证据材料。

（二）被申请人须提供的材料：

1．法律服务协议；

2．答辩书；

3．相关证据材料。

第二十一条 【调解员的回避】收费争议一方当事人认为调解员可能影响调解公正的，有权申请回避，是否回避由律师协会秘书处决定。

第二十二条 【调解要求】调解过程中，调解员应尊重争议双方在收费方面的约定，依据事实、法律及行业规范、惯例，及时公正调解；双方没有约定或约定不明的，以公平原则为准。

第二十三条 【调解方式】调解可采取以下方式：

（一）在调解员主持下，争议双方当面商议；

（二）调解员与当事人分别商议；

（三）在调解员的安排下，当事人自行协商；

（四）调解员认为适当的其他方式。

第二十四条 【调解协议的达成】双方达成调解协议后，各方当事人和调解员在调解协议书上签字，加盖调解委员会公章。

第二十五条 【效力】收费争议双方当事人达成调解协议后，视为其对各自民事权利的处分，应当遵照执行。

第二十六条 【特定效力】律师事务所无正当理由不履行调解过程中所负义务或不履行已达成的调解协议的，律师协会有权依据律师职业道德基本准则，按照处分程序对该律师事务所进行处分。

第二十七条 【调解的期限】调解工作应当自受理之日起六十日内结案。

第二十八条 【调解的终结】有下列情形的，调解程序终结，终结决定应当书面通知双方当事人：

（一）双方经调解达成调解协议的；

（二）调解申请人明确表示撤销调解申请的；

（三）经调解后仍不能达成一致意见的；

（四）一方当事人就收费争议事项已向法院提起诉讼或申请仲裁的；

（五）一方或多方明确表示退出调解，致使调解无法进行的；

（六）调解员决定终止调解的。

第五章　附　　则

第二十九条　各级律师协会可根据本规则，结合地方实际情况制定实施细则。

第三十条　本规则自2007年1月25日起试行。

第三十一条　本规则由中华全国律师协会常务理事会负责解释。

司法部关于做好涉法涉诉信访工作的通知

（2006年7月25日　司发通〔2006〕46号）

各省、自治区、直辖市司法厅（局），新疆生产建设兵团司法局、监狱管理局：

处理好涉法涉诉信访问题，是维护群众合法权益、实现社会公平正义、化解人民内部矛盾、构建社会主义和谐社会的一项重要工作。最近，中央政法委员会召开全国涉法涉诉信访工作座谈会，分析当前涉法涉诉信访工作面临的形势，研究部署今后一个时期涉法涉诉信访工作任务。中央政治局委员、国务委员、中央政法委副书记周永康同志出席会议并作重要讲话。各级司法行政机关要站在巩固党的执政地位、维护国家长治久安的高度，进一步提高思想认识，切实增强做好涉法涉诉信访工作的责任感和紧迫感，按照这次会议要求，认真贯彻落实周永康同志重要讲话精神，进一步加大工作力度，切实解决信访群众的合理诉求，在"案结事了"上下功夫，力争使今年全系统涉法涉诉等信访事项总量持续保持下降趋势。现将有关事项通知如下：

一、积极组织开展和参与联合接访活动

中央政法委决定用三个月时间在全国政法系统集中开展联合接访活动。

各级司法行政机关要从思想上高度重视这项工作，树立服务大局的观念，积极参加中央政法委组织开展的这项活动，促进全系统涉法涉诉信访问题尽快得到妥善解决。部机关将派出工作组到司法行政系统信访问题突出的地方进行督导。各省(区、市)司法厅(局)要采取有效措施，指导本地区认真开展好这项工作。要加大督查力度，认真解决涉法涉诉信访案件，做到“案结事了”。上级司法行政信访部门要切实加强对下级司法行政信访部门的业务指导和督促检查，帮助下级司法行政信访部门解决工作中的困难和问题。对上级司法行政信访部门转办、交办、督办的信访事项，下级司法行政信访部门要认真负责地办理，并在规定的时限内向上级司法行政信访部门反馈办理进展情况。要组织政治、业务素质较强的律师参与公、检、法等有关部门的联合接访工作，帮助提供有关法律服务，以便更加妥善地处理好联合接访中的有关法律问题。对于一些可能进入申诉程序的案件，各级司法行政机关和律师协会要认真做好辩护代理律师的教育引导工作，严肃律师执业纪律，严禁律师支持、参与当事人进行妨碍社会秩序的各种活动。

二、建立健全职责明确的信访工作机制

要按照《信访条例》和《中央政法委员会关于进一步健全涉法涉诉信访工作机制的意见》要求，健全组织机构，强化工作职能，落实工作责任。要加强逐级督办力度，对跨部门交叉案件，加强职能部门沟通配合，形成信访工作合力。要落实领导包案责任制，采取适当方式公布领导接访的时间、地点和联系方式。对于重大、疑难、复杂信访事项以及上级交办的信访事项和久拖不决的信访事项，要由单位领导亲自包案、亲自接访、亲自组织协调处理。要对重大、疑难涉法涉诉信访事项，按照“谁主管、谁负责”的原则，明确部门责任，属于哪个部门分管职责范围的问题，就由哪个部门负责解决；涉及多个部门的，由信访部门协调办理。

三、建立健全涉法涉诉信访工作长效机制

各级司法行政机关要按照《信访条例》的要求，进一步加强涉法涉诉信访工作长效机制建设，使这项工作更加科学化、规范化、制度化，确保涉法涉诉信访事项得到及时、有效的处理。要建立信访事项首办责任制。明确办理初信初访的信访工作人员是该信访事项的第一责任人，必须严格按照有关要求，认真履行职责。对不负责任、玩忽职守的，要严肃追究责任。建立挂牌督办责任制度。对重大、疑难信访事项，各级司法行政机关和上级司法行政机关要抓住不放，指定专人跟踪了解办理情况，必要时派出督查组现场督办，确保在时限内办结案件，解决问题。建立结案审查和回访制度。按照有关规定，对拟终结的涉法涉诉信访案件进行认真审查,严格把关,对结案不息诉的人员,要会同有关地方和单位,落实后续措施;对已办结的信访事项,有重点的回访当事人,进一步做好善后工作,防止出现反复。建立责任倒查制度。对因执法不公正、不严格、工作不负责引发信访案件或重复访的,必须严肃查究责任。建立信访工作绩效考核制度。各级司法行政机关包括监狱、劳教部门要将信访工作绩效纳入领导班子和领导干部、公务员考核体系,纳入监狱、劳教所执法质量考评体系,把信访工作情况作为评先创优、表彰的重要内容之一,凡是信访问题合理投诉多的单位、个人实施一票否决,取消其评先创优资格。

四、狠抓初信初访和源头治理

要高度重视解决初信初访的问题,做到思想、人员、工作三落实,努力做到群众第一次来信、第一次来访就把问题妥善解决好。立足治本,采取措施,下大力气治理监狱劳教系统和律师公证等法律服务行业因执法不公、服务质量不高等引发的信访问题。要按照中央要求,在司法行政队伍中深入开展社会主义法治理念教育,牢固树立依法治国、执法为民、公平正义、服务大局、党的领导的理念,牢固树立有权必有责、用权受监督、违法要追究的观念,确保国家法律的正确实施。要严格规范执法行为,继续把"规范执法行为,促进执法公正"专项整改活动引向深入,进一步完善执法制度,狠抓制度落实,严格执行监狱劳教人民警察"双六条禁令";严格、依法办理减刑、假释、保外就医等涉法事项;开展"岗位练兵"活动,提高监狱劳教人民警察政治、业务素质和执法水平;深入推进狱(所)务公开活动,加强执法监督。要大力加强法律服务队伍建设,建立完善律师、公证、司法鉴定等人员的执业准入制度;强化律师、公证队伍的教育管理,开展岗位培训活动,规范执业行为,提高服务质量,坚决查处违法违纪行为。通过这些措施,从根本上防止和减少涉法涉诉信访问题的发生。

五、发挥职能作用为处理涉法涉诉信访工作服务

要大力开展法制宣传教育工作。通过各种形式,广泛深入地开展以"学法律、讲权利、讲义务、讲责任"为主要内容的法制主题教育活动,增强群众的法制意识和守法观念,在法律允许的范围内正确表达自己的诉求,依法维护自己的权益。要做好社会矛盾纠纷排查调处工作。做到对矛盾纠纷早发现、早调处、早解决,切实将矛盾纠纷化解在基层,消除在萌芽状态,有效减少和避免因矛盾激化而引发信访突出问题和群体性事件。要引导律师积极参与涉法涉诉信访工作。继续深入贯彻司法部与国家信访局联合印发的《关于进一步加强律师参与涉法涉诉信访工作的意见》,教育和引导律师在参与信访工作以及处理涉法涉诉信访事项和群体性事件中,依法维护群众的合法权益,坚决维护社会和谐

稳定大局，注重社会效果。进一步规范律师参与信访工作的职责、程序，严格律师参与信访工作的纪律，加强各级司法行政机关和律师协会对律师参与涉法涉诉信访工作的指导，确保这项工作依法规范有序进行。同时，组织法律援助机构和律师事务所，切实做好为困难信访群众提供法律援助的工作。要加强对无理缠访、闹访等被决定劳动教养人员的教育管理工作，进一步加强对他们的依法文明管理，在保障其基本权利的同时，严格进行管理和行为养成训练，增强教育的针对性、有效性。

六、进一步加强信访部门自身建设

要加强信访干部队伍建设。强化信访干部政治、业务培训，提高其处理信访问题的能力。建立信访干部交流轮岗制度，进一步优化信访队伍的年龄、知识结构，不断提高信访干部队伍的整体素质。要充分发挥先进典型的示范带动作用，通过抓典型促提高，推动整体工作上水平。司法部决定下半年召开全系统信访工作表彰会，表彰一批近两年来在信访工作岗位上做出突出成绩的先进单位和先进个人，发挥典型引路的作用。加强信访基础设施建设，改善接待环境，为信访部门提供必需的办公设备和交通、通讯工具，保证信访工作的正常开展。

司法部关于认真做好死刑案件的律师辩护和法律援助工作的通知

（2006年10月12日　司发通〔2006〕68号）

各省、自治区、直辖市司法厅（局），新疆生产建设兵团司法局：

《中共中央办公厅转发〈中共最高人民法院党组关于统一行使死刑案件核准权有关问题的报告〉的通知》（中办发〔2006〕26号）（以下简称《通知》）提出，从2007年初起，由最高人民法院统一行使死刑案件核准权。《通知》同时要求，司法行政机关要进一步组织指导好对死刑案件的律师辩护和法律援助工作，充分保障被告人依法享有的辩护权和其他相关合法权益。与之相适应，省级地方高级人民法院正在逐步实行对死刑第二审案件的开庭审理。为认真贯彻《通知》精神，配合人民法院推动死刑核准制度改革的顺利实施，现就有关问题通知如下：

一、充分认识死刑核准制度改革的重大意义

死刑核准制度的改革，是中央从落实依法治国基本方略、构建社会主义和谐社会、实现国家长治久安的战略全局出发作出的重大决策,主要目的在于严格执行法律,准确惩治刑事犯罪,控制和慎重适用死刑,确保死刑案件的审判质量。这有利于从制度上保证死刑判决的慎重和公正,有利于国家法制统一,有利于维护社会和谐稳定,对于保障在全社会实现公平和正义、巩固人民民主专政的国家政权、全面建设小康社会,具有十分重要的意义。

死刑核准制度的改革,司法行政机关负有重大职责,需要指导广大律师开展死刑案件的刑事辩护和法律援助工作。

各省(区、市)司法厅(局)要深刻领会《通知》精神,提高认识,统一思想,认真组织、指导死刑案件的律师辩护工作和法律援助工作,配合人民法院推进此项改革的顺利实施。

二、教育引导律师积极开展死刑案件的辩护工作

死刑核准制度的改革和死刑第二审案件的开庭审理,是律师依法履行刑事辩护职责的重要内容。律师认真负责地开展死刑案件的辩护工作,有助于帮助人民法院查明事实,正确适用法律,防止出现冤错案件,确保死刑案件的审判质量。

各省(区、市)司法厅(局)一定要从大局出发,加强对律师队伍的教育,引导律师积极参与死刑案件的辩护工作。要教育广大律师牢固树立正确的执业理想和信念,增强政治意识、大局意识和责任意识,自觉践行社会主义法治理念,依法做好为死刑案件被告人担任辩护人的工作。

三、加强对律师开展死刑案件辩护工作的指导

各省(区、市)司法厅(局)律师管理部门和律师协会要加大对死刑案件律师辩护工作的指导力度,采取有效措施提高律师刑事辩护的质量。

要加强对律师队伍的政治、业务培训,不断提高他们对法律负责和对当事人负责的意识以及业务水平。要认真落实律师事务所集体研究制度,对于案件复杂、影响较大的死刑案件要由律师事务所进行集体研究提出辩护意见,同时要切实落实重大案件报告制度。要加强与人民法院的沟通,及时发现和解决律师在辩护工作中出现的问题。要指导律师做好有关当事人及家属的劝解工作,劝导他们相信法律、相信人民法院,接受人民法院终审判决认定的事实和判决结果,解决“案结事不了”的问题,避免当事人家属缠诉、闹访问题的发生。要认真总结律师开展刑事辩护工作的经验,注意收集典型辩护案例,积累相关的档案材料,组织开展刑事辩护理论研究和经验交流,培养和造就一批高水平的刑事辩护律师。要加强对律师开展刑事辩护工作的宣传,在律师行业内形成热心承办刑事案件的氛围,同时要严格遵守死刑核准制度改革的新闻宣传纪律,做

到内外有别，防止国内外一些别有用心的人利用死刑个案或死刑核准制度改革，攻击我国的司法制度和政治制度。

四、组织开展为死刑案件当事人提供法律援助的工作

对死刑第二审案件依法实行开庭审理，对法律援助工作提出了新的要求。

各省（区、市）司法厅（局）要克服困难，创造条件，积极做好为所有可能被判处死刑而没有委托辩护人的被告人提供法律援助的工作。

对人民法院依法指定辩护的二审死刑案件，要在规定的时限内，指派具有一定刑事辩护经验的律师提供辩护。要落实律师提供死刑二审开庭辩护法律援助的办案补贴，为律师办案提供必要的经费保障。要加强对律师提供刑事法律援助过程的监督，严格按照《刑事诉讼法》和最高人民法院、最高人民检察院、公安部、司法部联合下发的《关于刑事诉讼法律援助工作的规定》规定的各项制度和程序办案，确保死刑案件法律援助的质量。

五、加强对死刑案件律师辩护和法律援助工作的组织领导

各省（区、市）司法厅（局）要高度重视，加强对死刑案件律师辩护工作和法律援助工作的领导，精心组织部署，切实把各项措施落到实处。要主动向当地党委和政府汇报，在党委、政府的领导和支持下，妥善解决工作中遇到的困难和问题。要认真按照《通知》的要求，积极主动地与编制、财政部门联系，对司法行政机关组织律师进行刑事辩护和提供法律援助所需人员、经费及物质装备等，予以充分保障。要与有关部门协商解决律师在办理刑事案件中遇到的会见难、阅卷难、取证难等问题，为律师开展刑事辩护工作创造良好的执业环境。

对工作中遇到问题，请及时向部反映。

律师事务所证券法律业务执业规则（试行）

（2010 年 10 月 20 日　中国证券监督管理委员会　司法部公告〔2010〕33 号）

第一章　总　　则

第一条　为了规范律师事务所及其指派的律师从事证券法律业务，保障执业质量，维护投资者的合法权益，根据《律师事务所从事证券法律业务管理办法》(证监会令第41号),制定本规则。

第二条 律师事务所及其指派的律师从事证券法律业务开展核查和验证(以下简称查验)、制作和出具法律意见书等执业活动,适用本规则。

第三条 律师事务所及其指派的律师,应当按照《律师事务所从事证券法律业务管理办法》(以下简称《管理办法》)和本规则的规定,进行尽职调查和审慎查验,对受托事项的合法性出具法律意见,并留存工作底稿。

第四条 律师事务所及其指派的律师从事证券法律业务,应当运用自己的专业知识和能力,依据自己的查验行为,独立作出查验结论,出具法律意见。对于收集证据材料等事项,应当亲自办理,不得交由委托人代为办理;使用委托人提供材料的,应当对其内容、性质和效力等进行必要的查验、分析和判断。

第五条 律师事务所及其指派的律师对有关事实、法律问题作出认定和判断,应当有适当的证据和理由。

第六条 律师从事证券法律业务,应当就业务事项是否与法律相关、是否应当履行法律专业人士特别注意义务作出分析、判断。需要履行法律专业人士特别注意义务的,应当拟订履行特别注意义务的具体方式、手段、措施,并予以落实。

第七条 律师事务所从事证券法律业务,应当建立、健全内部业务质量和执业风险控制机制,确保出具的法律意见书内容真实、准确、完整,逻辑严密、论证充分。

第二章 查验规则

第八条 律师事务所及其指派的律师对受托事项进行查验时,应当独立、客观、公正,遵循审慎性及重要性原则。

第九条 律师事务所及其指派的律师应当按照《管理办法》编制查验计划。查验计划应当列明需要查验的具体事项、查验工作程序、查验方法等。

查验工作结束后,律师事务所及其指派的律师应当对查验计划的落实情况进行评估和总结;查验计划未完全落实的,应当说明原因或者采取的其他查验措施。

第十条 律师应当合理、充分地运用查验方法,除按本规则和有关细则规定必须采取的查验方法外,还应当根据实际情况予以补充。在有关查验方法不能实现验证目的时,应当对相关情况进行评判,以确定是否采取替代的查验方法。

第十一条 待查验事项只需书面凭证便可证明的，在无法获得凭证原件加以对照查验的情况下，律师应当采用查询、复核等方式予以确认；待查验事项没有书面凭证或者仅有书面凭证不足以证明的，律师应当采用实地调查、面谈等方式进行查验。

第十二条 律师进行查验，向有关国家机关、具有管理公共事务职能的组织、会计师事务所、资信评级机构、公证机构等查证、确认有关事实的，应当将查证、确认工作情况做成书面记录，并由经办律师签名。

第十三条 律师采用面谈方式进行查验的，应当制作面谈笔录。谈话对象和律师应当在笔录上签名。谈话对象拒绝签名的，应当在笔录中注明。

第十四条 律师采用书面审查方式进行查验的，应当分析相关书面信息的可靠性，对文件记载的事实内容进行审查，并对其法律性质、后果进行分析判断。

第十五条 律师采用实地调查方式进行查验的，应当将实地调查情况作成笔录，由调查律师、被调查事项相关的自然人或者单位负责人签名。该自然人或者单位负责人拒绝签名的，应当在笔录中注明。

第十六条 律师采用查询方式进行查验的，应当核查公告、网页或者其他载体相关信息，并就查询的信息内容、时间、地点、载体等有关事项制作查询笔录。

第十七条 律师采用函证方式进行查验的，应当以挂号信函或者特快专递的形式寄出，邮件回执、查询信函底稿和对方回函应当由经办律师签名。函证对方未签署回执、未予签收或者在函证规定的最后期限届满时未回复的，由经办律师对相关情况作出书面说明。

第十八条 除本规则规定的查验方法之外，律师可以按照《管理办法》的规定，根据需要采用其他合理手段，以获取适当的证据材料，对被查验事项作出认定和判断。

第十九条 律师查验法人或者其分支机构有关主体资格以及业务经营资格的，应当就相关主管机关颁发的批准文件、营业执照、业务经营许可证及其他证照的原件进行查验。对上述原件的真实性、合法性存在疑问的，应当依法向该法人的设立登记机关、其他有关许可证颁发机关及相关登记机关进行查证、确认。

第二十条 对自然人有关资格或者一定期限内职业经历的查验，律师应当向其在相关期间工作过的单位人事等部门进行查询、函证。

第二十一条 对不动产、知识产权等依法需要登记的财产的查验，律师应当取得登记机关制作的财产权利证书原件，必要时应当采取适当方式，就该财产权利证书的真实性以及是否存在权利纠纷等，向该财产的登记机关进行查证、确认。

第二十二条 对生产经营设备、大宗产品或者重要原材料的查验，律师应当查验其购买合同和发票原件。购买合同和发票原件已经遗失的，应当由财产权利人或者其代表签字确认，并在工作底稿中注明；相关供应商尚存在的，应当向供应商进行查询和函证。必要时，应当进行现场查验，制作现场查验笔录，并由财产权利人或者其代表签字；财产权利人或者其代表拒绝签字的，应当在查验笔录中注明。

第二十三条 对依法需要评估才能确定财产价值的财产的查验，律师应当取得有证券、期货相关业务评估资格的资产评估机构（以下简称有资格的评估机构）出具的有效评估文书；未进行有效评估的，应当要求委托人委托有资格的评估机构出具有效评估文书予以确认。

第二十四条 对银行存款的查验，律师应当查验银行出具的存款证明原件；不能提供委托查验期银行存款证明的，应当会同委托人（存款人）向委托人的开户银行进行书面查询、函证。

第二十五条 对财产的查验，难以确定其是否存在被设定担保等权利负担的，律师应当以适当方式向有关财产抵押、质押登记部门进行查证、确认。

第二十六条 对委托人是否存在对外重大担保事项的查验，律师应当与委托人的财务负责人等相关人员及委托人聘请的会计师事务所的会计师面谈，并根据需要向该委托人的开户银行、公司登记机关、证券登记机构和委托人不动产、知识产权的登记部门等进行查证、确认。

向银行进行查证、确认，采取查询、函证等方式；向财产登记部门进行查证、确认，采取查询、函证或者查阅登记机关公告、网站等方式。

第二十七条 对有关自然人或者法人是否存在重大违法行为、是否受到有关部门调查、是否受到行政处罚或者刑事处罚、是否存在重大诉讼或者仲裁等事实的查验，律师应当与有关自然人、法人的主要负责人及有关法人的合规管理等部门负责人进行面谈，并根据情况选取可能涉及的有关行政机关、司法机关、仲裁机构等公共机构进行查证、确认。

向有关公共机构查证、确认，可以采取查询、函证或者查阅其公告、网站等方式。

第二十八条 从不同来源获取的证据材料或者通过不同查验方式获取的证据材料，对同一事项所证明的结论不一致的，律师应当追加必要的程序，作进一步查证。

第三章　法律意见书

第二十九条　律师应当依据法律、行政法规和中国证监会的规定，在查验相关材料和事实的基础上，以书面形式对受托事项的合法性发表明确、审慎的结论性意见。

第三十条　法律意见书应当列明以下基本内容：

（一）标题；

（二）收件人；

（三）法律依据；

（四）声明事项；

（五）法律意见书正文；

（六）承办律师、律师事务所负责人签名及律师事务所盖章；

（七）律师事务所地址；

（八）法律意见书签署日期。

第三十一条　法律意见书的标题为《××律师事务所关于××的法律意见》。

第三十二条　法律意见书收件人为法律意见书的委托人。法律意见书应当载明收件人的全称。

第三十三条　法律意见书的法律依据是指出具此项法律意见书所依据的法律、行政法规、规章和相关规定。

第三十四条　法律意见书声明事项段应当载明以下内容：“本所及经办律师依据《证券法》《律师事务所从事证券法律业务管理办法》和《律师事务所证券法律业务执业规则》等规定及本法律意见书出具日以前已经发生或者存在的事实，严格履行了法定职责，遵循了勤勉尽责和诚实信用原则，进行了充分的核查验证，保证本法律意见所认定的事实真实、准确、完整，所发表的结论性意见合法、准确，不存在虚假记载、误导性陈述或者重大遗漏，并承担相应法律责任。”

第三十五条　法律意见书正文应当载明相关事实材料、查验原则、查验方式、查验内容、查验过程、查验结果、国家有关规定、结论性意见以及所涉及的必要文件资料等。

第三十六条　法律意见书发表的所有结论性意见，都应当对所查验事项是否合法合规、是否真实有效给予明确说明，并应当对结论性意见进行充分论证、分析。

第三十七条 律师事务所对法律意见书进行讨论复核时，应当制作相关记录存入工作底稿，参与讨论复核的律师应当签名确认。

第三十八条 法律意见书随相关申请文件报送中国证监会及其派出机构后，律师事务所不得对法律意见书进行修改，但应当关注申请文件的修改和中国证监会及其派出机构的反馈意见。申请文件的修改和反馈意见对法律意见书有影响的，律师事务所应当按规定出具补充法律意见书。

第四章 工作底稿

第三十九条 律师事务所应当完整保存在出具法律意见书过程中形成的工作记录，以及在工作中获取的所有文件、资料，及时制作工作底稿。

工作底稿是判断律师是否勤勉尽责的重要证据。中国证监会及其派出机构可根据监管工作需要调阅、检查工作底稿。

第四十条 工作底稿应当包括以下内容：

（一）律师接受委托事项的基本情况，包括委托人名称、事项的名称；

（二）与委托人签订的委托协议；

（三）查验计划及其操作程序的记录；

（四）与查验相关的文件，如设立批准证书、营业执照、合同、章程等文件、变更文件或者上述文件的复印件；

（五）与查验相关的重大合同、协议及其他重要文件和会议记录的摘要或者副本；

（六）与政府有关部门、司法机关、中介机构、委托人等单位及相关人员相互沟通情况的记录，对委托人提供资料进行调查的访问记录、往来函件、现场查验记录、查阅文件清单等相关的资料及详细说明；

（七）委托人及相关人员的书面保证或者声明书的复印件；

（八）法律意见书草稿；

（九）内部讨论、复核的记录；

（十）其他与出具法律意见书相关的重要资料。

上述资料应当注明来源，按照本规则的规定签名、盖章，或者对未签名、盖章的情形予以注明。

第四十一条 工作底稿内容应当真实、完整，记录清晰，标明目录索引和页码，由律师事务所指派的律师签名，并加盖律师事务所公章。

第五章 附 则

第四十二条 律师事务所及其指派的律师从事期货法律业务，参照适用本规则。

第四十三条 本规则自 2011 年 1 月 1 日起施行。

律师事务所证券投资基金法律业务执业细则（试行）

（2010 年 10 月 20 日 中国证券监督管理委员会 司法部公告〔2010〕34 号）

第一章 总 则

第一条 为了规范律师事务所从事证券投资基金法律业务，根据《律师事务所从事证券法律业务管理办法》（证监会令第 41 号），制定本细则。

第二条 本细则所称证券投资基金法律业务（以下简称基金法律业务），是指律师事务所接受证券投资基金管理公司（以下简称基金管理公司）、证券投资基金（以下简称基金）销售机构、其他从事或者拟从事基金相关业务机构的委托，指派本所律师对基金管理公司、基金、基金销售机构相关事项进行核查和验证（以下简称查验），制作并出具法律意见书的法律服务业务。

第三条 律师事务所及其指派的律师从事基金法律业务，应当按照《律师事务所从事证券法律业务管理办法》和《律师事务所证券法律业务执业规则（试行）》（证监会公告〔2010〕33 号）的规定，对基金管理公司、基金、基金销售机构等相关行政许可事项是否符合法律、行政法规和中国证监会的规定进行查验，确认其真实性、准确性和完整性，在确保获得适当、有效证据并对证据进行综合分析的基础上，作出独立判断。

第二章 设立基金管理公司的查验内容

第四条 对拟设立基金管理公司的主要股东的资格，律师应当对照《证券投资基金法》第十三条、《证券投资基金管理公司管理办法》（证监会令第22号，以下简称《公司管理办法》）第七条规定的条件进行查验，内容主要包括：

（一）总体情况，具体包括：主要股东的名称、住所、成立时间、批准机关、法定代表人、股东构成、高级管理人员、财务负责人等情况。

（二）经营范围和股权投资情况，具体包括：是否从事证券经营、证券投资咨询、信托资产管理或者其他金融资产管理业务，参股基金管理公司等金融类企业、持有上市公司股份、控股其他企业等情况，持有基金管理公司的股权是否被出质、被人民法院采取财产保全或者强制执行措施，是否出让过基金管理公司股权以及出让股权是否已满3年。

（三）注册资本金额是否在3亿元人民币以上，具体包括：是否实缴出资，资金是否如数到账，出资是否合法，是否存在出资不实、虚假出资、抽逃出资等情况。

（四）是否具有较好经营业绩和资产质量情况，具体包括：股东资产情况、负债情况、税收情况，特别是最近3年盈利情况、净资本和净资产情况、拨备覆盖率和资本净额情况。

（五）最近3年是否存在违法违规行为，是否受到行政处罚或者刑事处罚，具体包括：最近3年是否存在违法违规行为，违法违规行为的具体情况，是否受到行政处罚或者刑事处罚，违法违规行为的不良后果是否已经消除。

（六）是否存在挪用客户资产等损害客户利益的行为，具体包括：是否存在挪用客户交易结算资金和客户信托财产行为，是否存在欺诈客户的行为，是否存在其他损害客户利益的行为。

（七）是否存在因违法违规行为被监管机构调查或者正处于整改期间；如被责令整改，整改完成情况。

（八）是否具有良好的社会信誉，最近3年是否在税务、工商等行政机关，以及金融监管、自律管理、商业银行等机构存在不良记录，具体包括：缴纳相关税费及合同履约情况，在开立基本账户商业银行等的信贷记录，公司重大诉讼、仲裁案件，高级管理人员重大诉讼、仲裁及行政处罚案件。

第五条 对拟设立基金管理公司的除主要股东外其他股东、境外股东的主体资格，律师应当对照《公司管理办法》第八条、第九条规定的条件，参照前条规定进行查验。

第六条 对股东之间的关联关系，律师应当查验的内容主要包括：确认股东实际控制人或者最终权益持有人，股东股权结构图的完整性和准确性，股东之间是否相互持股、是否同时持有第三方股权、是否同时被第三方控制，各股东的董事、主要管理人员是否有兼职现象，是否可能构成一致行动关系。

第七条 对拟设立基金管理公司的章程草案，律师应当查验的内容主要包括：章程草案是否已履行法定程序，章程内容是否符合法律、行政法规、规章、规范性文件等相关规定，必备条款是否已经具备，规定任意性条款的具体情况和理由。

第八条 对拟设立基金管理公司的注册资本，律师应当查验的内容主要包括：注册资本金额是否在1亿元人民币以上，股东关于出资额的安排，出资时间的安排，是否承诺用自有资金出资和不代为持有出资。

第九条 对高级管理人员和业务人员，律师应当查验的内容主要包括：拟任高级管理人员是否符合规定的条件，是否已经履行法律规则和公司章程规定的程序，是否已经与主要业务人员签订劳动合同，主要业务人员是否具有基金从业资格，拟任高级管理人员和主要业务人员人数是否在15人以上，高级管理人员和主要业务人员是否存在在其他机构兼职的情形以及解决方案。

第十条 对拟设立基金管理公司的内部稽核监控和风险控制制度，律师应当查验的内容主要包括：是否有符合中国证监会规定的监察稽核、风险控制、合规管理等内部监控制度。

第三章 基金管理公司设立分支机构的查验内容

第十一条 对公司的治理内控以及经营财务状况，律师应当查验的内容主要包括：股东会、董事会、监事会和经理层等相关机构之间是否分工明确、协调高效、相互制衡，股东会、董事会、监事会会议是否按照规定程序通知和召开；市场营销、研究投资、后台运营、风险控制、监察稽核和内部管理等内部控制是否完善；公司经营管理是否稳定，是否有较强的持续经营能力。

第十二条 对公司受处罚的记录，律师应当查验的内容主要包括：在最近1年是否存在违法违规行为，违法违规行为的具体情况，是否受到行政处罚或者刑事处罚，违法违规行为的不良后果是否已经消除。

第十三条 对公司被监管机构调查或者正处于整改期间的情况，律师应当按照本细则第四条第（七）项规定进行查验。

第十四条 对拟设立的分支机构的名称、场所、人员和设施等情况，律师应当查验的内容主要包括：拟设立的分支机构名称是否规范，办公场所是否已经购买或者租赁，办公场所是否经过消防验收，主要业务人员是否具有基金从业资格，公司是否已经与主要业务人员签订劳动合同。

第十五条 对拟设立的分支机构的职责和管理制度，律师应当查验的内容主要包括：拟设立的分支机构的具体职责是否明确，是否已经经公司章程规定的组织机构授权，公司是否已为该分支机构制定了相关业务、行政管理制度。

第十六条 对拟设立分支机构的事宜是否已经获得公司内部有权机构的批准，律师应当查验的内容主要包括：根据公司章程的规定，设立分支机构在公司内部应当由股东会、董事会还是经理层决定，是否已经经过公司内部有权机构批准。

第四章 基金管理公司修改章程的查验内容

第十七条 对修改章程的内容，律师应当查验的内容主要包括：修改章程的具体内容，其中哪些部分是因为与法律、行政法规和中国证监会规定不相符而修改的，哪些部分是根据公司的具体情况修改的；章程修改的内容是否符合法律、行政法规和中国证监会的规定，修改后的章程是否已经对法律、行政法规和中国证监会规定的必备条款作了规定。

第十八条 对修改章程的程序，律师应当查验的内容主要包括：修改章程的程序是否合法；修改章程提案提出的情况，公司股东会召开的情况，在股东会就修改章程进行表决时是否存在股东反对或者弃权的情形。

第五章 基金管理公司变更股东的查验内容

第十九条 对变更股东后新增股东的资格，根据新增股东属于基金管理公司的主要股东、其他股东还是境外股东，律师应当分别对照《公司管理办法》第七条、第八条、第九条规定的条件，参照本细则第四条、第五条规定进行查验。

第二十条 对新增股东是否以自有资金出资，律师应当查验的内容主要包括：新增股东是否以自有资金出资，是否存在为他人代为出资或者由他人代为出资的情况。

第二十一条 对公司变更股东后股东之间的关联关系，律师应当参照本细则第六条规定进行查验。

第六章 基金管理公司变更名称、住所和注册资本的查验内容

第二十二条 对变更名称，律师应当查验的内容主要包括：根据公司章程的规定，变更名称在公司内部应当由股东会还是董事会决定；是否已经经过公司内部有权机构批准；拟变更的公司名称是否已经在工商行政管理机关办理名称预登记手续；对公司所管理基金的名称的处理方案。

第二十三条 对变更住所，律师应当查验的内容主要包括：根据公司章程的规定，变更住所在公司内部应当由股东会还是董事会决定；变更住所是否已经经过公司内部有权机构批准；新的住所是否已经购置或者租赁。

第二十四条 对变更注册资本，律师应当查验的内容主要包括：公司变更注册资本的事宜是否已经经过公司股东会决议通过；各股东是否同比例变更注册资本；公司股东不同比例变更的，对公司治理结构可能产生的影响；股东承诺增资的，是否已经到位并经过法定机构的验资，是否以自有资金出资。

第七章 基金管理公司高级管理人员任职资格的查验内容

第二十五条 对基金从业资格，律师应当查验的内容主要包括：拟任高级管理人员是否已经取得基金从业资格，何时取得基金从业资格，所取得的基金从业资格是否在有效期内。

第二十六条 对法律知识考试，律师应当查验的内容主要包括：拟任高级管理人员是否已经通过中国证监会或者其授权机构组织的高级管理人员证券投资法律知识考试。

第二十七条 对相关工作经历和管理经历，律师应当查验的内容主要包括：拟任高级管理人员是否具有 3 年以上金融相关领域的工作经历（督察长拟任人选是否具有会计、监察、稽核等工作经历）；拟任高级管理人员此前所从事的主要管理经历的具体内容，该具体工作内容是否与拟任职务相适应。

第二十八条 对不得担任高级管理人员的情形，律师应当查验的内容主要包括：拟任高级管理人员是否有《公司法》《证券投资基金法》等法律、行政法规

和中国证监会规定的不得担任高级管理人员的情形。

第二十九条 对申请人受处罚的记录,律师应当查验的内容主要包括:拟任高级管理人员在最近3年是否存在违法违规行为,违法行为的具体情况,是否受到证券、银行、工商和税务等部门的行政处罚,违法行为的不良后果是否已经消除。

第八章 募集基金的查验内容

第三十条 对拟任基金管理人的主体资格,律师应当查验的内容主要包括:

(一)业务资格,即是否为依法设立的基金管理公司。

(二)人员配备,即是否具备符合规定并与管理拟募集基金相适应的基金经理等业务人员。

(三)合规情况,具体包括:最近1年是否受到行政处罚或者刑事处罚,是否正在被监管机构立案调查或者正处于整改期间。

(四)前只基金的募集情况,具体包括:是否募集成功;募集失败的,投资人缴纳的全部款项及利息是否全部返还完毕并已满6个月。

第三十一条 对拟任基金托管人的主体资格,律师应当查验的内容主要包括:

(一)业务资格,即是否为取得基金托管资格的商业银行。

(二)人员配备,即是否具备符合规定并与托管拟募集基金相适应的业务人员。

(三)合规情况,具体包括:最近1年是否受到行政处罚或者刑事处罚,是否正在被监管机构立案调查或者正处于整改期间。

第三十二条 对拟募集基金的具体情况,律师应当查验的内容主要包括:

(一)投资方向是否明确、合法;

(二)运作方式是否明确;

(三)基金品种是否符合规定;

(四)基金合同、招募说明书等法律文件是否符合法律、行政法规和中国证监会的规定;

(五)基金名称是否表明基金的类别和投资特征,是否存在损害国家利益、社会公共利益,欺诈、误导投资人或者其他侵害他人合法权益的内容。

第三十三条 对授权程序,律师应当查验的内容主要包括:拟任基金管理人申请募集基金是否依法按照公司章程履行了必要的程序。

第三十四条 对基金管理人和基金托管人的关系，律师应当查验的内容主要包括：基金管理人和基金托管人是否为同一人、是否存在相互投资和持有股份。

第三十五条 对合格境内机构投资者的基金的募集设立，律师应当根据中国证监会的规定对拟任境外投资顾问、拟任境外资产托管人的主体资格进行查验。

第九章 基金销售业务资格的查验内容

第三十六条 对商业银行申请基金销售业务资格，律师应当查验的内容主要包括：

（一）内设机构，即是否设有专门负责基金销售业务的部门。

（二）合规情况，即最近3年是否因违法违规行为受到行政处罚或者刑事处罚。

（三）制度建设情况，即是否制定了完善的业务流程等基金销售业务管理制度，是否符合相关规定的要求。

（四）销售适用性情况，即是否建立了销售适用性管理制度。

（五）人员情况，即公司及其主要分支机构负责基金销售业务的部门取得基金从业资格人员的数量是否不低于该部门员工人数的1/2；部门的管理人员是否取得基金从业资格，熟悉基金销售业务，并具备从事两年以上基金业务或者5年以上证券、金融业务的工作经历。

第三十七条 对证券公司申请基金销售业务资格，除了对本细则第三十六条所列内容进行查验外，律师还应当查验：是否因违法违规行为正在被监管机构立案调查，或者正处于整改期间；是否发生已经影响或者可能影响公司正常运行的诉讼、仲裁等重大事项。

第三十八条 对证券投资咨询机构申请基金销售业务资格，除了对本细则第三十六条、第三十七条所列内容进行查验外，律师还应当查验的内容主要包括：

（一）注册资本符合规定，不低于2000万元人民币，且为实缴货币资本；

（二）高级管理人员已经取得基金从业资格，熟悉基金销售业务，并具备从事两年以上基金业务或者5年以上证券、金融业务的工作经历；

（三）最近3年没有代理投资人从事证券买卖的行为。

第三十九条 对专业基金销售机构申请基金销售业务资格，除了对本细则第三十六条至第三十八条所列内容进行查验外，律师还应当查验的内容主要包括：主要出资人最近3年是否因违法违规行为受到行政处罚或者刑事处罚；取得基金从业资格的人员是否不少于30人，且不低于员工人数的1/2。

第十章 基金份额持有人大会决议的查验内容

第四十条 对审议事项，律师应当查验的内容主要包括：是否属于必须召开基金份额持有人大会审议事项；议案内容属于一般事项还是特别事项；议案内容是否符合法律、行政法规和中国证监会的规定以及基金合同的约定。

第四十一条 对召集人主体资格，律师应当查验的内容主要包括：是否为基金管理人、基金托管人或者代表基金份额10%以上的基金份额持有人。

第四十二条 对召集程序，律师应当查验的内容主要包括：召集人为基金托管人、代表基金份额10%以上的基金份额持有人的，是否已经履行相关前置程序；是否依法公告基金份额持有人大会的召开时间、会议形式、审议事项、议事程序和表决方式。

第四十三条 对参会人员情况，律师应当查验的内容主要包括：参加基金份额持有人大会的基金份额持有人及其代理人的数量是否符合法律、行政法规、中国证监会的规定和基金合同约定的比例；亲自或者委托他人参会的基金份额持有人是否为权益登记日持有基金份额的基金份额持有人。

第四十四条 对会议形式和议事程序，律师应当查验的内容主要包括：是否符合法律、行政法规和中国证监会的规定以及基金合同的约定。

第四十五条 对表决情况，律师应当查验的内容主要包括：表决程序、表决方式和表决结果是否符合法律、行政法规和中国证监会的规定以及基金合同的约定。

第十一章 附　　则

第四十六条 律师事务所为基金管理公司、基金的非行政许可事项出具法律意见书的，参照本细则执行。

第四十七条 本细则自2011年1月1日起施行。

国家工商行政管理总局 司法部关于印发《律师事务所从事商标代理业务管理办法》的通知

（2012年11月6日 工商标字〔2012〕192号）

各省、自治区、直辖市工商行政管理局，司法厅（局）：

为了规范律师事务所及其律师从事商标代理的执业行为，维护商标代理法律服务秩序，保障委托人的合法权益，工商总局、司法部联合制定了《律师事务所从事商标代理业务管理办法》，先予印发，请遵照执行。

国家工商行政管理总局

司法部

2012年11月6日

律师事务所从事商标代理业务管理办法

第一章 总 则

第一条 为了规范律师事务所及其律师从事商标代理的执业行为，维护商标代理法律服务秩序，保障委托人的合法权益，根据《中华人民共和国商标法》《中华人民共和国律师法》等法律、法规、规章的规定，制定本办法。

第二条 律师事务所及其律师从事商标代理业务，适用本办法。

本办法所称律师事务所，是指律师的执业机构。

本办法所称律师，是指依法取得律师执业证书，受律师事务所指派为当事人提供法律服务的执业人员。

第三条 律师事务所及其律师从事商标代理业务，应当依法、诚信、尽责执业，恪守律师职业道德和执业纪律，接受当事人和社会的监督。

第四条 工商行政管理机关和司法行政机关依法对律师事务所及其律师从事商标代理业务活动进行监督管理。

第二章 业务范围及备案

第五条 律师事务所可以接受当事人委托，指派律师办理下列商标代理业务：

（一）代理商标注册申请、变更、续展、转让、补证、质权登记、许可合同备案、异议、注销、撤销以及马德里国际注册等国家工商行政管理总局商标局（以下简称商标局）主管的有关商标事宜；

（二）代理商标注册驳回复审、异议复审、撤销复审及注册商标争议案件等国家工商行政管理总局商标评审委员会（以下简称商评委）主管的有关商标事宜；

（三）代理其他商标国际注册有关事宜；

（四）代理商标侵权证据调查、商标侵权投诉；

（五）代理商标行政复议、诉讼案件；

（六）代理参加商标纠纷调解、仲裁等活动；

（七）担任商标法律顾问，提供商标法律咨询，代写商标法律事务文书；

（八）代理其他商标法律事务。

律师事务所从事前款第一项、第二项商标代理业务，应当向商标局办理备案。

第六条 律师事务所办理备案，应当向商标局提交下列材料：

（一）备案申请书，其中应当载明律师事务所名称、住所、组织形式、负责人、电话、传真、电子邮箱、邮政编码等信息；

（二）加盖本所印章的律师事务所执业许可证复印件。

申请材料齐备的，商标局应当自收到申请之日起 15 日内完成备案并予以公告；申请材料不齐备的，应当通知申请人补正后予以备案。

第七条 律师事务所名称、住所、负责人、联系方式等备案事项变更的，应当在变更后 30 日内向商标局办理变更备案。办理变更备案，应当提交下列材料：

（一）变更备案事项申请书；

（二）律师事务所所在地司法行政机关出具的该所变更事项证明文件；

（三）加盖本所印章的律师事务所执业许可证复印件。

变更除名称、住所、负责人以外备案事项的，可以不提交前款第二项规定的材料。

第八条 办理商标代理业务备案的律师事务所终止的，应当向商标局申请结算和注销备案。申请结算，应当提交下列材料（一式两份）：

（一）结算申请书，载明申请事项、开户银行、账号、收款人、经办人及联系方式等；

（二）该所已上报商标局和商评委的商标代理业务清单；

（三）该所出具的授权经办人办理结算手续的证明文件。

商标局应当自收到申请之日起三个月内办结律师事务所结算手续，出具结算证明，注销其从事商标代理业务的备案并予以公告。

第三章 业务规则

第九条 律师承办商标代理业务，应当由律师事务所统一接受委托，与委托人签订书面委托合同，按照国家规定统一收取费用并如实入账。

律师事务所受理商标代理业务，应该依照有关规定进行利益冲突审查，不得违反规定受理与本所承办的法律事务及其委托人有利益冲突的商标代理业务。

第十条 律师承办商标代理业务，应当按照委托合同约定，严格履行代理职责，及时向委托人通报委托事项办理进展情况，无正当理由不得拖延、拒绝代理。

委托事项违法，委托人利用律师提供的服务从事违法活动，委托人故意隐瞒重要事实、隐匿证据或者提供虚假、伪造证据的，律师有权拒绝代理。

第十一条 律师就商标代理出具的法律意见、提供的相关文件，应当符合有关法律、法规、规章的规定，符合商标局、商评委和地方工商行政管理机关的要求，应当真实、准确、完整，并经律师事务所审查无误后盖章出具。

第十二条 向商标局办理备案的律师事务所，应当按规定将商标规费预付款汇至商标局账户。

商标规费预付款余额不足的，由商标局或者商评委按照《商标法实施条例》第十八条第一款的规定，对律师事务所代理的商标申请不予受理。

第十三条 律师事务所及其律师承办商标代理业务，不得委托其他单位或者个人代为办理，不得与非法律服务机构、非商标代理组织合作办理。

第十四条 律师只能在一个律师事务所执业，不得同时在其他商标代理组织从事商标代理业务。

第十五条 律师事务所及其律师承办商标代理业务，应当遵守律师执业保密规定。未经委托人同意，不得将代理事项及相关信息泄露给其他单位或者个人。

第十六条 律师事务所及其律师不得以诋毁其他律师事务所和律师、商标代理组织和商标代理人或者支付介绍费等不正当手段承揽商标代理业务。

第十七条 律师事务所及其律师承办商标代理业务，不得利用提供法律服务的便利牟取当事人争议的权益，不得接受对方当事人的财物或者其他利益，不得与对方当事人或者第三人恶意串通，侵害委托人权益。

第十八条 律师事务所在终止事由发生后，有未办结的商标代理业务的，应当及时与委托人协商终止委托代理关系，或者告知委托人办理变更委托代理手续；委托人为外国人或者外国企业的，应当协助其办理变更委托代理手续。

律师变更执业机构、终止执业或者受到停止执业处罚的，应当在律师事务所安排下，及时办妥其承办但尚未办结的商标代理业务的交接手续。

第十九条 律师事务所应当加强对律师从事商标代理业务的监督，及时纠正律师在商标代理执业活动中的违法违规行为，调处律师在执业中与委托人之间的纠纷。

律师事务所应当组织律师参加商标业务培训，开展经验交流和业务研讨，提高律师商标代理业务水平。

第四章 监督管理

第二十条 律师事务所及其律师从事商标代理业务有违反法律、法规和规章行为，需要给予警告、罚款处罚的，由受理投诉、发现问题的工商行政管理机关、司法行政机关分别依据有关法律、法规和规章的规定实施处罚；需要对律师事务所给予停业整顿或者吊销执业许可证书处罚、对律师给予停止执业或者吊销律师执业证书处罚的，由司法行政机关依法实施处罚；有违反律师行业规范行为的，由律师协会给予相应的行业惩戒。

律师和律师事务所从事商标代理业务的违法行为涉嫌犯罪的，应当移送司法机关处理。

第二十一条 律师事务所及其律师违反本办法第七条、第八条、第十八条的规定，导致商标局或者商评委发出的文件无法按规定时限送达的，其法律后果由律师事务所及其律师承担。

律师事务所及其律师违反本办法第七条、第八条、第十八条的规定，导致送达文件被退回或者被委托人投诉的，经查实，商标局可以按照规定予以公开通报。

第二十二条 律师事务所依法受到停业整顿处罚的，在其停业整顿期间，商标局或者商评委可以暂停受理该律师事务所新的商标代理业务。

向商标局办理备案的律师事务所受到停业整顿处罚的，应当及时将受到处罚的情况及处罚期限报告商标局和商评委。

第二十三条 工商行政管理机关和司法行政机关在查处律师事务所和律师从事商标代理业务违法行为的工作中，应当相互配合，互通情况，建立协调协商机制。对于依法应当由对方实施处罚的，及时移送对方处理；一方实施处罚后，应当将处罚结果书面告知另一方。

第五章 附 则

第二十四条 本办法由国家工商行政管理总局和司法部负责解释。

第二十五条 本办法自 2013 年 1 月 1 日起施行。

（六）监督查处

司法部关于认真受理当事人对律师投诉的通知

（1996年11月14日 司发通〔1996〕148号）

各省、自治区、直辖市司法厅（局）、律师协会，新疆生产建设兵团司法局：

为贯彻我部《关于严格执行〈律师法〉，进一步加强律师队伍建设的决定》，各地司法行政机关和律师协会均已设立投诉电话，并公布了电话号码，为了规范和有序地办理当事人对律师的投诉，现将接受和办理当事人投诉律师的有关事项通知如下：

一、司法行政机关接受和认真办理当事人对律师的投诉，是使律师执业接受社会和当事人监督的重要措施，也是律师管理工作接受社会监督的一个重要途径。因此，各地司法行政机关、律师协会要高度重视这项工作，要有专人负责，主管领导要定期过问工作情况。

二、各地司法行政机关和律师协会设立投诉电话后，书面投诉的，应记明如下事项：

1. 投诉人的姓名、单位名称、地址、联系方式；

2. 被投诉人的姓名、单位名称、地址、联系方式；

3. 被投诉人执业违纪的主要事实和证据；

4. 接受投诉的时间、受理单位和受理人；

5. 初步处理意见。

三、司法行政机关、律师协会接受当事人对律师的投诉后，一般情况下，可先由被投诉律师所在地的律师协会处理。

四、司法行政机关、律师协会受理投诉后，应当就投诉事实进行调查。调查必须全面、客观、公正。对于双方的纠纷，律师协会可以进行调解；对于构成违纪、需要作出处罚的，应当根据情节轻重交由律师协会或司法行政机关作出处罚；对于构成犯罪的，要移送公安或检察机关处理。

五、被投诉的律师和其所在的律师事务所，接到司法行政机关或律师协会的投诉调查通知后，应以积极的态度接受或配合投诉调查工作。要按通知的时间和要求接受调查、陈述事实及提供证明材料。对收到通知而无正当理由，拒不接受调查或不如实提供情况的律师，司法行政机关可以令其暂停执业。对接受调查期间，转移、隐匿、毁损、修改与投诉事实有关的各种证据材料的律师及律师事务所，将从重予以处罚。同时，追究事务所负责人的责任。

六、在投诉的问题中，凡涉及追要代理费和赔偿金，并经查证确是事实的，应先由被投诉律师所在的律师事务所如数支付，然后由律师事务所追究律师个人的责任。

七、接受和处理投诉是一项十分严肃和政策性很强的工作，对投诉事项需要进行深入细致的调查和认真负责的处理。目前，司法部正在抓紧起草、制定对投诉律师处理的有关规定。在司法部下发有关规定之前，各地司法行政机关、律师协会应按本通知的精神，积极稳妥地开展投诉的处理工作，并及时总结经验，逐步建立和完善对律师的投诉制度，切实加强我国律师队伍的建设。在执行本通知和办理投诉工作中遇到的问题，请及时报部律师司。

司法部关于如何理解《司法行政机关行政处罚程序规定》第十五条中“责令停业”请示的批复

（1997 年 7 月 18 日　司发函〔1997〕271 号）

贵州省司法厅：

你厅关于如何理解《司法行政机关行政处罚程序规定》第十五条中“责令停业”的请示收悉。经研究，批复如下：

一、按照我国行政处罚法的规定，被处以行政处罚的当事人既包括法人或其他组织，也包括公民。《司法行政机关行政处罚程序规定》第十五条中的“责令停业”是司法行政机关对律师和律师事务所施行的同一种行政处罚种类，这项规定符合行政处罚法规定，既包括对律师“停业执业”处罚，也包括对律师事务所“停业整顿”的处罚。

二、根据我国行政处罚法第四十二条规定，司法行政机关对于律师作出“停止执业”的行政处罚时，应当适用听证程序，并告知当事人有要求听证的权利。

司法部关于自治州的司法行政部门有权对律师实施行政处罚的批复

（1997年10月5日 司发函〔1997〕353号）

湖北省司法厅：

你厅“关于土家族苗族自治州司法行政部门是否有权对违法律师进行行政处罚的请示”收悉。经研究，批复如下：

根据《中华人民共和国民族区域自治法》第四条第二款：“自治州的自治机关行使下设区、县的市的地方国家机关的职权”的规定以及《中华人民共和国律师法》第四十四条的规定，你省恩施土家族苗族自治州的司法行政部门有权对有违法行为的律师实施行政处罚。

司法部关于建立健全律师执业社会监督制度的通知

（1999年5月10日 司发通〔1999〕33号）

各省、自治区、直辖市司法厅（局），新疆生产建设兵团司法局：

党的十一届三中全会以来，特别是近几年来，我国律师队伍迅速发展，律师素质不断提高，律师制度日益完善，律师在国家的政治、经济和社会生活以及民主法制建设中发挥着越来越重要的作用。为了进一步贯彻《律师法》和司法部《关于严格执行〈律师法〉，进一步加强律师队伍建设的决定》，不断提高律师队伍的职业道德水平，充分发挥律师在实施依法治国基本方略中的重要作用，司法部在全国范围内建立律师执业社会监督制度。

一、要提高对建立律师执业社会监督制度重要性的认识。建立律师执业社会监督制度，是贯彻实施《律师法》，保证律师事业健康发展的内在要求，对于加强律师的职业道德和执业纪律建设，增强律师的责任感、服务意识、自律意识，不断提高服务水平、服务质量，具有十分重要的作用。因此，各级司法行政机关要教育广大律师牢固树立接受社会监督的思想，将自己的执业活动自觉置于社会的监督之下，坚决克服社会监督可有可无的思想，坚决纠正摆脱和回避社会监督的现象。

二、各级司法行政机关、律师协会要建立律师执业督察员制度。督察员是代表各级司法行政机关、律师协会对律师事务所的内部管理和律师执业活动进行检查、督促、指导的人员，在各级司法行政机关、律师协会的领导下开展工作。

督察员由司法行政机关职能部门和律师协会中政治素质高、业务能力强、作风扎实的人员担任，由司法行政机关任免，每届任期为三年。

督察员的职责：

（一）检查、督促律师事务所贯彻执行党的路线、方针、政策和司法行政重大工作部署、决定的执行落实情况；

（二）对律师队伍建设中重大、突出问题进行调查；

（三）对律师事务所的内部管理进行检查、监督；

（四）对律师的执业活动进行检查、指导；

（五）对重大投诉违纪案件的处理进行指导。

督察员开展工作应当实事求是、客观公正，严守纪律，遵守各项规章制度。对所督察的事项，有权进行调查、检查、督促；有权根据司法行政机关、律师协会的决定进行指导；有权向司法行政机关、律师协会提出建议。

督察员不代替司法行政机关的职能部门、律师协会的工作。对应当由司法行政机关的职能部门、律师协会按有关法律规定和程序办理的事项，仍然由司法行政机关的职能部门、律师协会办理。

三、律师事务所要建立律师执业社会监督员制度。社会监督员由律师事务所聘任。社会监督员的职责是：对律师及工作人员在执业和业务活动中的思想品德、职业道德、执业纪律、敬业精神、业务水平、服务态度、服务质量等进行全面监督，并向律师事务所提出改进建议。

律师事务所必须聘请三名以上的社会监督员，对所聘任的社会监督员要向社会公布，并向司法行政机关、律师协会备案。全体律师和工作人员要自觉接受社会监督员的监督；对社会监督员实施监督工作应予以尊重和配合。司法行政机关、律师协会和律师事务所要通过定期或不定期找上门、请进来，或召开座谈会等方式，虚心征求社会监督员的意见，对社会监督员提出的问题和意见要及时处理。

四、司法行政机关要建立律师事务所和律师年检注册社会评议制度。各级司法行政机关要在律师协会的配合下，结合社会评议的方法，做好律师事务所和律师的年检注册工作。在年检注册前，要求律师事务所提供所办案件当事人名单，由司法行政机关、律师协会寄发《律师工作情况反馈表》给委托人，征求委托人对案件承办律师的意见。同时，向律师事务所聘任的社会监督员征求意见，对当事人和社会监督员所反映的问题，调查核实后，司法行政机关在年检注册时，根据有关规定作出相应的处理。通过年检注册和未通过年检注册的律师事务所和律师名单必须通过新闻媒体向社会公告。

特此通知。

司法部关于律师违反计划生育规定不适用《律师法》的批复

（1999 年 8 月 2 日 司复〔1999〕7 号）

广东省司法厅：

你厅《关于律师违反计划生育规定是否适用〈律师法〉的请示》〔粤司律(1999)32 号〕收悉。经研究我们认为，律师超计划生育，不得履行律师职务和与履行律师职务相关的过错，对其处罚，不适用《律师法》。

此复。

司法部关于对律师会见在押犯罪嫌疑人时将手机提供其使用行为如何进行处罚的批复

（2000 年 8 月 16 日 司复〔2000〕7 号）

江苏省司法厅：

你厅《关于对律师会见在押犯罪嫌疑人时将手机提供给犯罪嫌疑人使用行为进行处罚适用法律的请示》（苏司律〔2000〕第 076 号）收悉。经研究，同意你厅意见。现批复如下：律师会见在押犯罪嫌疑人时将手机提供其使用的行为，应当依据《律师违法行为处罚办法》第六条第十三项的规定予以处罚。

此复。

司法部关于律师事务所不承担律师私刻印章并私自接受委托行为的相关法律责任的批复

（2001 年 6 月 26 日 司复〔2001〕9 号）

北京市司法局：

你局《关于对〈中华人民共和国律师法〉第三十五条第（一）项如何理解的

请示》（京司文〔2001〕49号）收悉。经研究，批复如下：

根据《律师法》有关规定，律师事务所是律师的执业机构，律师应当在律师事务所执业，律师承办业务由律师事务所统一接受委托，与委托人签订书面委托合同，律师不得私自接受委托承办业务。因此，只有在律师事务所统一接受委托并指派律师承办业务的情况下，受指派的律师违法执业或者因过错给当事人造成损失时，其所属律师事务所才承担相应的法律责任。律师私自刻制所属律师事务所印章并私自接受委托，属于该律师的个人行为，律师事务所对其行为和后果不应当承担法律责任，应当依据有关法律规定追究其个人责任。

司法部关于律师以非律师身份参与诉讼并提供伪造证据是否适用《律师法》予以处罚的批复

（2002年9月12日　司复〔2002〕5号）

江苏省司法厅：

你厅《关于律师以非律师身份在参与诉讼过程中伪造证据并向法院提供是否适用〈律师法〉等有关条款予以处罚的请示》（苏司法〔2001〕19号）收悉。经研究，批复如下：

律师以非律师身份参与诉讼并向法院提供伪造的证据，隐瞒事实真相，妨碍了人民法院诉讼程序，应适用《律师法》第四十五条第三款、《律师违法行为处罚办法》第七条第三款的规定，对其进行处罚。

此复。

司法部关于律师制造并出具假合同假收费凭证谋取利益未遂的行为如何处罚的批复

（2002年11月4日　司复〔2002〕8号）

北京市司法局：

你局《关于律师制造并出具假合同假收费凭证获取利益的行为如何适用〈律师法〉有关规定的请示》（京司文〔2002〕107号）收悉。经研究，批复如下：

对于律师在执业过程中制造并出具假收费凭证、假合同谋取利益未遂的行为,应适用《律师法》第四十四条第十一项的规定,予以处罚。

司法部关于如何适用《司法行政机关行政处罚程序规定》第二十五条规定的批复

(2003 年 4 月 11 日 司复〔2003〕6 号)

广西壮族自治区司法厅:

你厅《关于设区的市的司法行政机关如何执行司法部司法行政机关行政处罚程序规定的请示》(桂司请〔2003〕4 号)收悉。经研究,批复如下:

《中华人民共和国律师法》第四十四条规定:“律师有下列行为之一的,由省、自治区、直辖市以及设区的市的人民政府司法行政部门给予警告,情节严重的,给予停止执业 3 个月以上 1 年以下的处罚”,据此,设区的市的人民政府司法行政部门有权对律师做出停止执业的处罚。《司法行政机关行政处罚程序规定》第二十五条关于对律师实施停止执业处罚的主体为“原核发执业证书机关”即省级以上人民政府司法行政部门的规定,与《律师法》上述规定不一致。根据我国现行宪法以及立法法关于法律渊源效力等级的规定,应当按《律师法》规定执行。

司法部关于进一步加强律师监督和惩戒工作的意见

(2004 年 3 月 19 日 司发〔2004〕8 号)

各省、自治区、直辖市司法厅(局)、律师协会,新疆生产建设兵团司法局、律师协会:

加强律师监督和惩戒工作是法律赋予司法行政机关的一项重要职能,也是规范律师执业行为,严肃执业纪律,培养职业道德,促进律师事业健康发展的重要保证。为进一步加强律师队伍建设,维护当事人的合法权益,结合律师工作实际,现就加强律师监督和惩戒工作提出以下意见。

一、进一步明确律师监督和惩戒工作职责

根据《律师法》和有关法规、规章，对律师的监督和惩戒司法行政机关、律师协会和律师事务所分别履行如下职责：

司法行政机关的职责是：(1) 制定律师监督和惩戒工作规章或有关文件；(2) 检查督促律师监督和惩戒工作；(3) 组织协调律师监督和惩戒工作事项；(4) 查处律师和律师事务所执业中的违纪违法行为。

律师协会的职责是：(1) 制定律师行业自律规范和行业处分规则；(2) 组织开展对律师的政治思想和法制、道德、纪律的教育培训；(3) 检查、监督律师和律师事务所职业道德和执业纪律情况；(4) 受司法行政机关的委托，对律师和律师事务所的违纪违法行为进行调查，向司法行政机关提出行政处罚建议；(5) 接受当事人的投诉，进行调查，作出处分。

律师事务所的职责是：(1) 对所内律师进行职业道德和执业纪律的经常性教育；(2) 对所内律师的职业道德和执业纪律情况进行监督检查；(3) 根据章程及内部管理制度处分本所违纪违规人员；(4) 配合司法行政机关和律师协会对投诉问题或违纪违法案件进行查处。

为了进一步加强律师监督和惩戒工作，司法部决定成立律师监督和惩戒工作领导小组。律师监督和惩戒工作领导小组由律师公证工作指导司、监察局、政治部、法制司等职能部门和中华全国律师协会的负责同志组成，由分管部领导担任组长。律师监督和惩戒工作领导小组的职责是：(1) 协调律师监督和惩戒工作的重大事项；(2) 督促检查律师监督和惩戒工作开展情况；(3) 督办律师和律师事务所违纪违法的重要案件。

司法行政机关、律师协会和律师事务所要认真履行职责，密切协作，齐抓共管，积极探索在"两结合"管理体制下进一步健全律师监督和惩戒机制，加强律师队伍建设的有效途径。

二、深入开展政治思想和法制、道德、纪律教育

搞好律师监督和惩戒，教育是基础。要克服和纠正对律师重视业务培训，放松政治思想、法制、道德和纪律教育的倾向。对律师要加强政治思想教育，坚定正确的理想信念；深入开展法制教育，组织律师学习《宪法》和《律师法》等法律，经常学习《律师执业规范》《律师和律师事务所违法行为处罚办法》《律师职业道德和执业纪律规范》，加强职业道德和执业纪律教育，使律师牢固树立诚信意识、法纪意识，增强社会责任感，自觉维护广大人民群众的根本利益，维护当事人的合法权益，维护法律的尊严。针对律师流动性强的特点，采取多种形式落实经常性教育。运用正反两方面的典型进行示范教育和警示教育，大力宣传

诚信为民、依法执业、优质服务、热心公益的先进典型,剖析、披露违纪违法的典型案例,教育律师学习先进、弘扬正气,以案明纪、引以为戒。要注意不断总结教育经验,提高教育效果。

三、建立完善保证律师监督和惩戒工作落实的相关制度

完善制度是规范律师业的保证。各级司法行政机关和律师协会要认真贯彻执行司法部、全国律师协会出台的一系列规章制度,进一步完善监督程序,改进监督方式,健全监督体系的有效途径,实现律师监督和惩戒工作的制度化、规范化。

为了把监督和惩戒工作落到实处,工作中要着重建立和完善以下制度:

1. 律师监督和惩戒工作责任制。司法行政机关、律师协会和律师事务所应根据各自的职责,制定工作责任制。

2. 重大案件督办和报告制度。对领导批办、当事人反映强烈以及重大案件要积极督办;案件承办单位要认真组织调查,并将调查情况及时上报。

3. 投诉反馈制度。对投诉案件要件件有着落,结果要告知投诉人。

4. 律师和律师事务所不良行为披露制度。对受处罚和处分的律师和律师事务所的不良记录在业内和社会公布。

四、不断强化律师执业的监督

强化监督是规范律师业的关键。要建立健全依法行使监督和惩戒工作的机制,把行政监督、行业监督和党内监督结合起来,发挥群众监督、舆论监督等社会监督的作用,组成监督网络,形成监督合力,提高监督效能。

司法行政机关要改善行政监督。司法行政机关应与律师事务所脱钩,司法行政机关律师管理部门要与律师协会秘书处尽快分离,从根本上隔断管理者与被管理者之间的经济利益关系。要解决律师违纪违法行为查处工作失之于宽、失之于软的问题,集中力量查处重大的律师违纪违法案件。有条件的地方可试行上海市司法局专设执业监督处的有效作法。

律师协会要强化行业监督。运用告诫规劝、检查评议和违规惩戒等自律管理手段,加强对律师和律师事务所的执业监督。律师协会可设立和完善律师纪律委员会负责案件调查,设立和完善律师惩戒委员会负责案件处理。要注意吸收业外人士参与监督。有条件的地方可建立律师执业督察员制度。

律师事务所要加强内部监督。律师事务所主任或合伙人要严格自律,建立健全内部规章制度,加强对律师的监督和管理。

认真开展党内监督。落实《中共司法部党组关于加强新形势下律师队伍党的建设工作的指导意见》,加强律师事务所的党组织建设,发挥党支部的战斗堡

垒作用和党员律师的先锋模范作用。认真学习和贯彻《中国共产党党内监督条例(试行)》,运用党内监督手段,保证党员律师依法执业。

采取措施扩大社会监督。司法行政机关和律师协会要公开投诉电话和网上举报信箱,加大社会各界对律师行业的监督。律师事务所要建立和完善执业公示制度,将律师服务职责、收费标准、办案程序、服务规范、执业纪律等向社会公示,接受群众监督,并注意发挥舆论监督的作用。

司法部律师监督和惩戒工作领导小组要加强督促检查。通过听取汇报、专项调查、明察暗访、督办案件,了解掌握情况,推动监督和惩戒工作的开展,对监督和惩戒工作不落实,问题较多单位,要严肃批评,限期改进。

五、严肃查处违纪违法案件

对律师和律师事务所的投诉案件,律师协会要认真查处。向司法行政机关投诉的案件,一般可根据投诉主体的具体情况委托和转交律师协会或下一级司法行政机关查处,重要案件可由司法行政机关直接查处。司法行政机关和律师协会要加强对案件查处工作的领导,充实和加强办案力量,排除干扰,一查到底;对压案不查,瞒案不报,拖延推诿的,要追究领导责任。

严格执行《律师法》《律师和律师事务所违法行为处罚办法》《律师协会会员处分规则》,对查清的违纪违法案件,必须按照处罚权限规定作出处理,不得袒护包庇、从轻发落;触犯刑律的,要移送司法机关处理。

注意发挥查处违纪违法案件的教育功能。通过剖析典型案件,分析查找漏洞,认真总结教训,强化监督管理,修订完善制度,亡羊补牢,改进工作。

六、切实加强对律师监督和惩戒工作的领导

各级司法行政机关要以求真务实的态度,把律师监督和惩戒工作作为司法行政机关的一项重要任务,高度重视,切实加强领导,摆上议事日程。要把律师监督和惩戒工作与执法检查、专项治理、查办案件、纠正行业不正之风等工作有机结合起来,把监督和惩戒工作落到实处,取得实效。要经常分析律师监督和惩戒工作的形势,深入开展调查研究,实行分类指导,认真组织协调,保证监督和惩戒工作的顺利进行。

司法行政机关律师管理部门要加强对律师监督和惩戒工作的监督检查,掌握工作情况,及时总结经验,发现存在问题,采取有力措施,做好监督和惩戒工作。法制工作机构要加强对律师惩戒执法行为的监督,负责组织行政处罚听证,并通过办理复议、行政应诉及时提出改进监督和惩戒工作的建议。

要发挥纪检监察机关的职能作用,加强对司法行政机关律师管理部门、律师协会及其工作人员执行政策法规、履行监督职责、规范惩戒程序等情况进行

监察。对不履行职责,监督不力,处理不公,造成严重后果的,要追究党纪政纪责任。

中华人民共和国司法部
二〇〇四年三月十九日

最高人民法院 司法部关于印发《关于规范法官和律师相互关系维护司法公正的若干规定》的通知

(2004 年 3 月 19 日 法发〔2004〕9 号)

各省、自治区、直辖市高级人民法院、司法厅(局),解放军军事法院、解放军总政治部司法局,新疆维吾尔自治区高级人民法院生产建设兵团分院、新疆维吾尔自治区生产建设兵团司法局:

现将《最高人民法院、司法部关于规范法官和律师相互关系维护司法公正的若干规定》印发给你们,请认真组织学习、贯彻执行。执行中如遇有问题,请及时报告最高人民法院、司法部。

二〇〇四年三月十九日

最高人民法院、司法部关于规范法官和律师相互关系维护司法公正的若干规定

为了加强对法官和律师在诉讼活动中的职业纪律约束,规范法官和律师的相互关系,维护司法公正,根据《中华人民共和国法官法》《中华人民共和国律师法》等有关法律、法规,制定本规定。

第一条 法官和律师在诉讼活动中应当忠实于宪法和法律,依法履行职责,共同维护法律尊严和司法权威。

第二条 法官应当严格依法办案,不受当事人及其委托的律师利用各种关系、以不正当方式对案件审判进行的干涉或者施加的影响。

律师在代理案件之前及其代理过程中,不得向当事人宣称自己与受理案件法院的法官具有亲朋、同学、师生、曾经同事等关系,并不得利用这种关系或者以法律禁止的其他形式干涉或者影响案件的审判。

第三条　法官不得私自单方面会见当事人及其委托的律师。

律师不得违反规定单方面会见法官。

第四条　法官应当严格执行回避制度，如果与本案当事人委托的律师有亲朋、同学、师生、曾经同事等关系，可能影响案件公正处理的，应当自行申请回避，是否回避由本院院长或者审判委员会决定。

律师因法定事由或者根据相关规定不得担任诉讼代理人或者辩护人的，应当谢绝当事人的委托，或者解除委托代理合同。

第五条　法官应当严格执行公开审判制度，依法告知当事人及其委托的律师本案审判的相关情况，但是不得泄露审判秘密。

律师不得以各种非法手段打听案情，不得违法误导当事人的诉讼行为。

第六条　法官不得为当事人推荐、介绍律师作为其代理人、辩护人，或者暗示更换承办律师，或者为律师介绍代理、辩护等法律服务业务，并且不得违反规定向当事人及其委托的律师提供咨询意见或者法律意见。

律师不得明示或者暗示法官为其介绍代理、辩护等法律服务业务。

第七条　法官不得向当事人及其委托律师索取或者收取礼品、金钱、有价证券等；不得借婚丧喜庆事宜向律师索取或者收取礼品、礼金；不得接受当事人及其委托律师的宴请；不得要求或者接受当事人及其委托律师出资装修住宅、购买商品或者进行各种娱乐、旅游活动；不得要求当事人及其委托的律师报销任何费用；不得向当事人及其委托的律师借用交通工具、通讯工具或者其他物品。

当事人委托的律师不得借法官或者其近亲属婚丧喜庆事宜馈赠礼品、金钱、有价证券等；不得向法官请客送礼、行贿或者指使、诱导当事人送礼、行贿；不得为法官装修住宅、购买商品或者出资邀请法官进行娱乐、旅游活动；不得为法官报销任何费用；不得向法官出借交通工具、通讯工具或者其他物品。

第八条　法官不得要求或者暗示律师向当事人索取财物或者其他利益。

当事人委托的律师不得假借法官的名义或者以联络、酬谢法官为由，向当事人索取财物或者其他利益。

第九条　法官应当严格遵守法律规定的审理期限，合理安排审判事务，遵守开庭时间。

律师应当严格遵守法律规定的提交诉讼文书的期限及其他相关程序性规定，遵守开庭时间。

法官和律师均不得借故延迟开庭。法官确有正当理由不能按期开庭，或者律师确有正当理由不能按期出庭的，人民法院应当在不影响案件审理期限的情况下，另行安排开庭时间，并及时通知当事人及其委托的律师。

第十条　法官在庭审过程中，应当严格按照法律规定的诉讼程序进行审判活动，尊重律师的执业权利，认真听取诉讼双方的意见。

律师应当自觉遵守法庭规则，尊重法官权威，依法履行辩护、代理职责。

第十一条 法官和律师在诉讼活动中应当严格遵守司法礼仪，保持良好的仪表，举止文明。

第十二条 律师对于法官有违反本规定行为的，可以自行或者通过司法行政部门、律师协会向有关人民法院反映情况，或者署名举报，提出追究违纪法官党纪、政纪或者法律责任的意见。

法官对于律师有违反本规定行为的，可以直接或者通过人民法院向有关司法行政部门、律师协会反映情况，或者提出给予行业处分、行政处罚直至追究法律责任的司法建议。

第十三条 当事人、案外人发现法官或者律师有违反本规定行为的，可以向有关人民法院、司法行政部门、纪检监察部门、律师协会反映情况或者署名举报。

第十四条 人民法院、司法行政部门、律师协会对于法官、律师违反本规定的，应当视其情节，按照有关法律、法规或者规定给予处理；构成犯罪的，依法追究刑事责任。

第十五条 对法官和律师在案件执行过程中的纪律约束，按照本规定执行。

对人民法院其他工作人员和律师辅助人员的纪律约束，参照本规定的有关内容执行。

第十六条 本规定由最高人民法院、司法部负责解释。

第十七条 本规定自公布之日起实施。

司法部关于提请明确对行政处罚追诉时效“二年未被发现”认定问题的函

（2004年11月10日 司发函〔2004〕212号）

全国人大法工委：

根据胡锦涛总书记等中央领导同志关于进一步加强律师队伍建设的重要指示精神，今年4月以来，我部在全国律师队伍中开展了集中教育整顿活动，目前已经进入违法违纪律师集中查处阶段，包括对一些地方的律师行贿法官问题的查处。根据《行政处罚法》第29条规定：“违法行为在二年内未被发现的，不再给予行政处罚。法律另有规定的除外。”在对违法违纪律师行政处罚中，一些地方司法行政机关对该条款中“二年未被发现”的认定问题存在不同理解。为了推动律师队伍集中教育整顿活动的深入开展，有必要对此予以明确。

经研究，我部认为，《行政处罚法》第29条规定的发现违法违纪行为的主体是处罚机关或有权处罚的机关，公安、检察、法院、纪检监察部门和司法行政机关都是行使社会公权力的机关，对律师违法违纪行为的发现都应该具有《行政处罚法》规定的法律效力。因此上述任何一个机关对律师违法违纪行为只要启动调查、取证和立案程序，均可视为“发现”；群众举报后被认定属实的，发现时效以举报时间为准。

以上当否，请函复。

附件：

全国人大常委会法制工作委员会关于提请明确对行政处罚追诉时效“二年未被发现”认定问题的函的研究意见

（2004年12月24日 法工委复字〔2004〕27号）

司法部：

你处送来的关于提请明确对行政处罚追诉时效“二年未被发现”认定问题的函收悉。经研究，同意你部的意见。

司法部办公厅关于对违法违纪律师行政处罚追诉时效有效问题的通知

（2005年1月5日 司发电〔2005〕1号）

各省、自治区、直辖市司法厅（局）、律师协会，新疆生产建设兵团司法局：

《行政处罚法》第29条规定：“违法行为在二年内未被发现的，不再给予行政处罚。法律另有规定的除外。前款规定的期限，从违法行为发生之日起计算；违法行为有连续或者继续状态的，从行为终了之日起计算。”在适用该条款时，各地司法行政机关对发现主体的认定问题存在不同理解。

经研究，并经全国人大常委会法工委批复同意，明确《行政处罚法》第29条规定的发现违法违纪行为的主体是处罚机关或有权处罚的机关，公安机关、检察机关、法院、纪检监察部门或者司法行政机关都是行使社会公权力的机关，对律师违法违纪行为的发现都具有《行政处罚法》规定的法律效力。因此，处罚机关或者有权处罚的机关对违法违纪行为启动调查、取证和立案程序，就可视为“发现”，群众举报后被公权力机关认定属实的，发现时效以举报时间为准。

各地要按照此通知精神，进一步做好对违法违纪律师的行政处罚工作。对符合追诉时效条件的，要严格依法给予行政处罚。

司法部关于执业律师以公民身份接受当事人委托参与诉讼并在诉讼中牟取当事人争议的权益应当适用《律师法》有关规定给予处罚的批复

（2005 年 8 月 11 日 司发函〔2005〕234 号）

福建省司法厅：

你厅闽司(2005)169 号《福建省司法厅关于执业律师以公民身份接受当事人委托参与诉讼并在诉讼中谋取当事人争议的权益是否适用〈律师法〉第四十四条第(七)项规定予以处罚的请示》收悉。经研究，现批复如下：

律师无论以律师身份还是非律师身份接受委托承办案件，其行为均应当符合《律师法》的规定。对于有违反《律师法》规定的行为的，应当依法处理。因此，执业律师以公民身份接受当事人委托参与诉讼并在诉讼过程中谋取当事人争议的权益的，应当适用《律师法》第四十四条第(七)项规定给予处罚。

此复。

司法部办公厅关于重申办好法律服务投诉电话有关事宜的通知

（2005 年 8 月 24 日 司办通〔2005〕63 号）

各省、自治区、直辖市司法厅(局)，新疆生产建设兵团司法局：

为进一步畅通投诉渠道，加强社会各界对法律服务工作的监督，维护当事人的合法权益，经商中华全国律师协会、中国公证员协会，并报部领导同意，现就进一步办好法律服务投诉电话有关事宜提出如下要求：

一、各省（区、市）司法厅（局）、律师协会、公证员协会均应设立法律服务投诉电话。凡已经设立的，于8月底前再次向社会公布投诉电话；尚未设立的，要尽快研究开通投诉电话，至迟不得超过9月中旬。请各地将向社会公布的投诉电话号码报我部律师公证工作指导司和全国律协、中国公协备案。

二、要充分发挥法律服务投诉电话的作用。开通法律服务投诉电话是一项十分严肃、政策性很强的工作。要指定政治素质好、业务精、责任心强的同志专门负责投诉电话的接听、登记、汇总和查处督办工作。要做到电话畅通，人员到位，工作规范。同时，畅通查处渠道，保证投诉案件得到认真、及时的调查和处理。查处结果应通过适当方式告知有关人员。

三、要加强对法律服务投诉电话工作的领导和管理。开通法律服务投诉电话是律师、公证和基层法律服务业接受社会和当事人监督的有效途径，也是司法行政机关和律协、公协接受社会监督的重要措施。各省（区、市）司法厅（局）、律协、公协要将开通法律服务投诉电话作为对律师、公证和基层法律服务工作动态管理的一项长效机制落实好、坚持好。除按照投诉线索，认真调查、处理有关问题外，各地还应对查证属实的投诉案件定期进行分析研究，发现倾向性的问题，及时采取措施，规范和治理法律服务执业中的突出问题。

各省（区、市）司法厅（局）、律协、公协要坚持每半年撰写法律服务投诉分析报告分别报部和全国律协、中国公协（上半年的报告，请于每年7月15日前报送；下半年的报告，请于次年1月15日前报送）。

司法部、全国律协、中国公协将于近期通过媒体和网站向社会再次公布投诉电话号码。

各地执行本《通知》的有关情况，请及时报部。

司法部关于江苏省司法厅《关于是否应当给予司宁吊销律师执业证行政处罚的请示》的批复

（2006年4月6日 司复〔2006〕3号）

江苏省司法厅：

你厅《关于是否应当给予司宁吊销律师执业证行政处罚的请示》（苏司办〔2006〕5号）收悉。经研究，批复如下：

鉴于江苏省高级人民法院对该案作出了改判，你厅对司宁作出吊销律师执业证处罚决定的依据已经改变，因此同意你厅意见，可以撤回原行政处罚决定书，不再给予其吊销律师执业证的处罚。但对再审认定的司宁为被告人家属传递信息、妨害作证的行为，可依据《律师和律师事务所违法行为处罚办法》予以处罚。

此复。

司法部关于进一步加强法律服务工作者违法违纪投诉查处工作的意见

（2006 年 4 月 24 日 司发通〔2006〕28 号）

各省、自治区、直辖市司法厅（局），新疆生产建设兵团司法局：

为加强法律服务队伍建设，增强法律服务行业的公信力，维护人民群众的合法权益，实现法律服务工作者违法违纪投诉查处工作的制度化、规范化，现提出如下意见：

一、充分认识加强法律服务工作者违法违纪投诉查处工作的重要性

加强法律服务工作者违法违纪投诉查处工作是司法行政机关和律师协会、公证协会的一项重要职责，是法律服务行业接受社会和当事人监督的重要措施，也是严肃执业纪律，促进法律服务队伍健康发展的重要保障。对法律服务工作者违法违纪案件投诉能否及时受理并有效地查处，关系到《律师法》《公证法》等法律服务工作相关法律法规能否得到切实有效的贯彻执行，关系到法律服务队伍的社会形象和声誉。近年来，各地司法行政机关的律师、公证和基层法律服务工作者违法违纪投诉查处工作逐步走上正轨，取得了一定的成绩，但投诉查处工作还不能完全适应形势和工作发展的需要。一些地方的投诉查处工作存在着投诉渠道不畅通，工作效率不高，查处机制不够健全，力量薄弱，查处结果反馈不及时等问题。这种状况必须引起各级司法行政机关的高度重视，并采取有效措施，切实加强投诉查处工作，充分发挥投诉查处工作的监督、惩戒作用。

二、进一步完善投诉查处工作机制

（一）完善预防和减少投诉的机制。司法行政机关、律师协会、公证协会和

律师事务所、公证处、基层法律服务所要加强对法律服务工作者的教育培训，提高法律服务工作者的思想素质、业务素质和职业道德素质，筑牢抵御违法违纪问题发生的思想防线。要制定完善行之有效的内部投诉处罚制度，指导律师事务所、公证处和基层法律服务所建立健全内部管理机制，规范管理，防止和减少投诉问题的发生，努力实现“零投诉”。

（二）畅通投诉渠道。司法行政机关和律师协会、公证协会要进一步畅通群众投诉的渠道，及时掌握法律服务工作者和法律服务机构违法违纪行为的线索。要在当地的报纸、网站或者其他媒体上公布投诉电话和通信方式，保证人民群众便捷地了解投诉渠道。要安排专业素质高、责任心强的工作人员负责投诉信息的记录。律师事务所、公证处和基层法律服务所要在办公地点的显著位置，在与当事人签订的法律服务合同中公示本所（处）投诉电话。已经建立网站的法律服务机构，还要在网站上公布本机构投诉电话。

（三）规范投诉受理。首次接受投诉的司法行政机关或律师协会、公证协会要负责投诉案件的接待和初步审查，依据初步审查的结果决定是否立案，直接办理或转办。律师事务所、公证处、基层法律服务所要有专人负责投诉案件的受理。案件受理后，要书面告知投诉和被投诉人，填写案件受理登记表，登记表内容包括：投诉日期、立案日期、转发日期、投诉人（姓名、单位、地址、联系方式）、被投诉人（姓名、单位、地址、联系方式）、投诉事由、初步处理意见、承办单位和承办人等。

（四）完善查处分工配合机制。向司法行政机关投诉的案件，可根据投诉的具体情况委托和转交律师协会、公证协会或下一级司法行政机关查处，重大案件要由司法行政机关直接查处。律师协会、公证协会负责投诉案件的调查、协调、进行行业处分以及向投诉人说明、解释等工作，发现有应当给予行政处罚情形的，要及时向司法行政机关提出行政处罚建议。

（五）严格依法查处违法违纪法律服务人员。各级司法行政机关和律师协会、公证协会要采取更加有力措施，坚决排除干扰，认真做好投诉案件的调查和处理工作，保证查处工作的全面、及时、客观和公正，避免和防止查处工作“失之于软、失之于宽、失之于疏”的问题。要坚持依法行政，注重处罚的工作效果和社会效果。要进一步加强与纪检监察机关、人民法院、人民检察院等相关部门的协商和沟通，争取支持和配合。对事实清楚、证据确凿的违法违纪行为，要严格依据《律师法》《司法行政机关行政处罚程序规定》和《律师和律师事务所违法行为处罚办法》等规定坚决查处，决不姑息。每起投诉案件的处理都要落到实处。

（六）加强信息报送工作。各省（区、市）司法厅（局）要指定专门人员负责投诉查处信息报送工作，确保信息传递的全面性、准确性和时效性。司法行政机关、律师协会、公证协会和法律服务机构对群众反映强烈，造成严重后果和恶劣社会影响等严重违法违纪投诉案件,发生一起,及时向上一级司法行政机关或律师协会、公证协会报送一起,不得拖延或隐瞒不报。

（七）建立报告反馈机制。各地对上级司法行政机关转办的投诉案件要在要求的时间内上报查处情况报告。报告要写明投诉内容、案情背景、查明事实、处理结果和法律依据等,做到理由充分,事实清楚,证据充足,法律适用正确。对司法部转交给各省(区、市)司法厅(局)查处的投诉案件,省(区、市)司法厅(局)要在接到转交材料后45日内上报查处结果。情况复杂,无法在规定期限内办结的,经本行政机关或协会负责人批准,可以延长办理期限,但最长不得超过30日。延长办案期限的投诉案件要报送阶段性工作报告,同时向投诉人说明延长理由。律师事务所、公证处、基层法律服务所向当地司法行政部门或协会报告对本所(处)人员的投诉查处结果的时限,以及承办案件的司法行政机关或律师协会、公证协会、法律服务机构书面告知投诉人查处结果的时限,由省(区、市)司法厅(局)根据本地实际,作出具体规定。

（八）严格督办通报机制。各级司法行政机关要加强对投诉案件受理和查处工作的督促、检查和指导,对重大、疑难案件的查处工作要提出督办意见,密切跟踪案件查处的进展情况。对于查明属实的违法违纪案件,司法行政机关和律师协会、公证协会要在当地媒体上定期予以公开,并在行业内部进行通报,接受投诉人和社会的监督,充分发挥投诉查处工作的警示作用。

（九）完善统计机制。各级司法行政机关、律师协会、公证协会和法律服务机构对违法违纪行为的投诉查处案件要做到办理一件,统计一件。每月作简要分析,每季度进行一次总结,剖析带有共性的违法违纪问题,查找管理漏洞,完善规章制度,加强规范管理。各省(区、市)司法厅(局)在每年6月30日和12月31日前,向司法部书面报送本省(区、市)半年律师、公证员和基层法律服务工作者违法违纪案件统计表,总结投诉查处工作,包括查处案件总数、查证属实案件数、投诉行为类型及所占比例、受行政处罚和行业处分情况、案件分布的地区、投诉查处工作经验及存在的问题,以及准备采取的改进措施等。

三、明确责任,切实加强对投诉工作的领导

（一）建立健全投诉查处工作的组织体系。要建立健全司法行政机关、行业协会和法律服务机构三个层次的投诉查处工作体系,明确各自投诉查处的职责,进一步强化投诉查处的责任。司法行政机关与律师协会、公证协会要建立每季度一次的联系工作会议制度,研究投诉查处工作,加强沟通,协商处理重大案件。要建立投诉查处信息平台,整合司法行政机关和行业协会的查处工作资源,共享信息,防止和克服查处工作的缺位、重复和冲突问题,形成工作合力,提高工作效率。

（二）加强投诉查处工作队伍建设。各司法行政机关要充实和加强查处工作力量，有条件的要设置专门的执业监督机构负责投诉查处工作。律师协会、公证协会要加强惩戒组织建设，设立专门纪律委员会负责投诉案件的调查和处理。要加强培训工作，提高投诉查处工作人员的政治素质、业务素质和工作能力。

（三）加强法律服务机构投诉查处工作。各律师事务所、公证处和基层法律服务所要把投诉受理和查处工作作为规范管理的重要环节，严肃执业纪律，高度重视当事人的投诉，设置专人负责投诉查处工作，及时、妥善、高效地处理投诉问题，将矛盾消化在基层。要建立健全机构内部规章制度，规范投诉处理工作秩序，密切配合司法行政机关和律师协会、公证协会对本所（处）及本所（处）被投诉人员的调查。对本所（处）违法违纪行为要依法依纪进行认真处理，对严重违法违纪的人员要坚决予以除名或解聘。

（四）健全投诉查处工作责任制。各级司法行政机关和律师协会、公证协会对于法律服务工作者和其所在法律服务机构不接受、不配合调查或在调查期间转移、隐匿、毁损、修改与投诉事实有关的各种证据材料，弄虚作假的，要依法从重予以处罚。司法行政机关纪检监察部门要加强对律师、公证、基层法律服务管理部门和律师协会、公证协会执行法律服务工作法律、法规和行业纪律情况的监督，对于投诉查处不力，压案不查，瞒案不报，拖延推诿，徇私枉法的，要依法做出严肃处理。

司法部办公厅关于印发法律服务机构 法律服务工作者违法违纪投诉查处工作相关文件格式的通知

（2006年4月29日 司办通〔2006〕第22号）

各省、自治区、直辖市司法厅（局），新疆生产建设兵团司法局：

为进一步加强法律服务行业违法违纪投诉查处工作，确保工作取得实效，现将法律服务机构、法律服务工作者投诉查处工作相关文件格式印发你们，请认真贯彻执行。

附件一：

法律服务机构 法律服务工作者
被投诉受理告知书

第________号

________：

你（单位）反映________有关问题的材料收悉，我们已按照法定程序受理。有关查处结果我们将尽快告之你（单位）。

单位：

时间：

（格式说明：经初步审查，决定受理投诉案件的，将此单给予投诉人）

附件二：

法律服务机构被投诉告知书

第________号

________：

有关投诉材料中，反映你所（处）有如下违法违纪行为：

序号________时间________地点________被投诉行为________

____

____

____

如对上述被投诉行为有异议，应自接到本告知书之日起5日内，向本单位提交详细申辩材料。

单位：

时间：

（格式说明：经初步审查，决定受理投诉案件的，将此单给予被投诉机构）

附件三：

法律服务工作者被投诉告知书

第________号

________：

有关投诉材料中，反映你所（处）________有如下违法违纪行为：

序号________时间________地点________被投诉行为________

____

____

____

如对上述被投诉行为有异议，应自接到本告知书之日起 5 日内，向本单位提交详细申辩材料。

单位：

时间：

（格式说明：经初步审查，决定受理投诉案件的，将此单给予被投诉人员）

附件四：

法律服务（律师、公证、基层法律服务）违法违纪投诉受理情况登记表

（案 件 编 号 ）

<table>
<tr><td rowspan="2">投诉人
（代理人）</td><td>姓名</td><td colspan="2">单位</td></tr>
<tr><td>联系方式</td><td colspan="2">地址</td></tr>
<tr><td rowspan="2">被投诉人</td><td>姓名</td><td colspan="2">单位</td></tr>
<tr><td>联系方式</td><td colspan="2">地址</td></tr>
<tr><td>投诉日期</td><td></td><td>登记日期</td><td></td></tr>
<tr><td>投诉形式</td><td colspan="3">书面材料□　电子邮件□　电话□　口头□</td></tr>
<tr><td>受理形式</td><td colspan="3">直接联系□　信访转来□　部（省、区、市）内转来□　其他□</td></tr>
<tr><td>承办单位</td><td></td><td>承办人</td><td></td></tr>
<tr><td>督办日期</td><td></td><td>反馈日期</td><td></td></tr>
<tr><td>投诉事由</td><td colspan="3"></td></tr>
<tr><td>初步意见</td><td colspan="3"></td></tr>
<tr><td>反馈意见</td><td colspan="3"></td></tr>
<tr><td>备注</td><td colspan="3"></td></tr>
</table>

附件五：

法律服务机构 法律服务工作者
被投诉查处结果告知书

第________号

________：

你(单位)反映________有关问题,我们已按照法定程序处理完毕。依照有关规定,现将查处情况反馈给你(单位)。详细情况见附件。

特此告知。

单位：

时间：

附:《关于________被投诉问题的查处情况》

(格式说明:投诉查处完毕后,将此单连同查处情况一起反馈给投诉人)

附件六：

省（区、市）便函存根

（编号）

事由：

签　发：
承办人：
20　　年　　月　　日

（格式说明：转办、委托办理案件使用此函）

省（区、市）司 法 厅（局）

（编号）

________：

现将________________________转你处，请认真处理，并于__________日之内将处理结果报回。

二〇　　年　　月　　日

附件七：

________省(区、市)律师违法违纪案件统计表

(统计时间段：____年____月至____年____月)　　　　填表日期：________

投诉行为类型	办结统计			结案分类								备注
	立案	结案	未结	投诉属实或部分属实	投诉失实	举证不足	撤诉	调解	行政处罚	行业处分	其他	
违规领取执业证												
同时在律师事务所和其他法律服务机构执业												
唆使、鼓动、诱导当事人采用上访、闹事等手段解决争议												
私自收案												
违反利益冲突原则进行代理、辩护												
不履行或不认真履行职责及超越委托权限办案												
故意损害委托人利益或恶意串通侵害委托人利益												
为谋取不正当利益威胁、恐吓委托人												
违反规定携带非律师人员会见在押犯罪嫌疑人、被告人或者在押罪犯，或者在会见中违反有关管理规定												
违规会见法官、检察官、仲裁员等其他有关工作人员												
行贿法官、检察官、仲裁员等其他有关工作人员												
向司法机关、执法机关等有关部门毁灭证据、伪造证据，引诱、威胁他人违背事实作伪证												
向司法行政机关、律师协会弄虚作假												

（续表）

投诉行为类型		办结统计			结案分类								备注
		立案	结案	未结	投诉属实或部分属实	投诉失实	举证不足	撤诉	调解	行政处罚	行业处分	其他	
违规收费	不按规定统一签订委托合同或收费合同												
	违反律师事务所统一收费规定的												
	收费不向委托人提供费用概算，不开具合法票据或不提交有效凭证												
	不按规定统一保管、使用律师服务专用文书、财务票据、业务档案												
内部管理混乱	擅自设立办公点、接待室或分支机构												
	允许或默许受停止执业处罚的律师继续执业												
	违规提供律师事务所介绍信、律师服务专用文书、收费票据等												
	允许或默许本所律师与办案司法人员有不正当交往												
	不配合司法行政机关、协会查处违法违纪行为												
不正当竞争	利用媒体、广告等方式进行不真实或不适当的宣传												
	捏造、散布虚假事实，损害诋毁其他律师（所）声誉												
	利用与司法机关、行政机关等关系，进行不正当竞争												
停止执业期间继续执业或受处罚后拒不改正													
其他													
总计													

附件八（略）

附件九（略）

司法部关于因故意犯罪被判处缓刑的律师是否适用《律师法》第四十五条第二款规定的批复

（2008 年 5 月 27 日　司复〔2008〕12 号）

山西省司法厅：

你厅《关于因故意犯罪被判处缓刑的律师是否适用〈律师法〉第四十五条第二款规定的请示》（晋司字〔2008〕第 11 号）收悉，经研究，现批复如下：

根据《中华人民共和国刑法》的有关规定，缓刑属于刑罚的具体运用，宣告缓刑以犯罪分子受到特定种类的刑罚判决为前提。因此，律师因故意犯罪被判处有期徒刑并被宣告缓刑的，应当依照《律师法》第四十五条第二款的规定，吊销其律师执业证书。

此复。

（七）涉外涉港澳台事务

司法部关于外国律师事务所不能联合申请在华设立办事处的批复

（1998 年 7 月 3 日 司复〔1998〕11 号）

辽宁省司法厅：

你厅《关于设立名古屋第一法律事务所大连办事处的请示》（辽司〔1998〕77 号）及有关材料收悉。经研究，批复如下：

根据《司法部、国家工商行政管理局关于外国律师事务所在中国境内设立办事处的暂行规定》的要求，我国司法行政部门只受理在本国依法设立的外国律师事务所提出的在华设立办事处的申请，而不受理以在华设立办事处为目的而成立的联合体提出的申请。因此，由日本名古屋第一法律事务所、法丹坂法律事务所、管原哲朗法律事务所设立的“名古屋·法丹坂·管原三法律事务所”不能成为申请主体。如上述三家法律事务所有在华设立办事处的愿望，应按规定分别提交申请材料，但不能联合在华设立办事处。

司法部关于外国和香港律师事务所驻华（内地）代表处常驻代表执业证发放事项的通知

（2002 年 4 月 9 日 司发通〔2002〕38 号）

北京、上海、天津、广东、江苏、福建、山东、辽宁、四川、陕西省（市）司法厅（局）：

根据《外国律师事务所驻华代表机构管理条例》（简称《条例》）和《香港、澳门特别行政区律师事务所驻内地代表机构管理办法》（简称《办法》）的规定，外国及香港律师事务所驻华（内地）代表处常驻代表执业证由国务院司法行政部门颁发，国家工商管理总局已将代表执业证的发放和登记注册移交我部。现将外国和香港律师事务所驻华（内地）代表处常驻代表执业证的发放事项通知如下：

1. 外国和香港律师事务所驻华（内地）代表处常驻代表（首席代表、代表）的执业证书，由司法部统一印制，各省、市司法厅（局）加盖钢印颁发。

2. 代表处变更或增派常驻代表，按照《条例》和《办法》的规定，向所在地省、市司法厅（局）提交申请材料，经所在地省、市司法厅（局）初审同意，转报司法部律师公证工作指导司核准后，持核准通知前往代表处所在地省、市司法厅（局）领取代表执业证。

特此通知。

司法部办公厅关于对国际经济贸易仲裁委员会就《司法部关于执行〈外国律师事务所驻华代表机构管理条例〉的规定》所提建议回复意见的函

（2003 年 1 月 6 日　司办函〔2003〕第 10 号）

中国国际经济贸易仲裁委员会：

你委就《司法部关于执行〈外国律师事务所驻华代表机构管理条例〉的规定》（下称《规定》）所提建议收悉。经研究，认为：

《规定》第三十二条第四项符合法规精神和我国对 WTO 的承诺。《外国律师事务所驻华代表机构管理条例》（下称《条例》）第十五条和 WTO 法律服务减让表都明确表述了外国律师事务所驻华代表处在中国境内提供的法律服务不包括中国法律业（事）务。《规定》第三十二条第四项是对第十五条的执行和对 WTO 承诺的履行所作的解释。

该项规定的原义充分考虑并尊重了当事人意思自治、可自由选择仲裁代理人的国际仲裁基本原则和仲裁不同于诉讼的特点，并未禁止和否定代表处及其代表以代理人身份参与在华国际仲裁活动，也并不禁止代理涉及适用中国法律的仲裁案件，而仅就其以代理人身份在仲裁活动中对中国法律的适用以及涉及到中国法律的事实发表代理意见或评论的行为作出了限制。

《规定》限制代表处及其代表在仲裁活动中以代理人身份就中国法律发表具体意见或判断，也是为了确保被服务者得到高品质的中国法律服务。同时，这种限制的范围是较狭窄的，既不影响代表处及其代表对整个仲裁案件的代理，也能避免增加被服务者的费用，外国律师在代理涉及适用中国法律的仲裁案件中，有关中国法律的解释与判断，可以在中国律师的业务合作下解决。至于合作的方式，可以根据仲裁活动特点，具有一定的灵活性（例如可以预先请求中国律师出具法律意见书，可以聘请中国律师提出意见）。

司法部关于外国律师事务所驻华代表处变更有关登记事项办理程序的通知

（2003年6月4日 司发通〔2003〕52号）

各省、自治区、直辖市司法厅（局）：

为认真贯彻执行《外国律师事务所驻华代表机构管理条例》（以下简称《外管条例》）和《司法部关于执行〈外国律师事务所驻华代表机构管理条例〉的规定》（以下简称《执行规定》），提高办事效率，现就外国律师事务所驻华代表处（以下简称代表处）办理登记事项变更的有关程序问题通知如下：

一、对于外国律师事务所申请变更名称的，按照《外管条例》第十二条和《执行规定》第二十条的规定办理。仅变更英文名称的，经司法部核准同意后，由代表处住所地的省、自治区、直辖市司法厅（局）根据司法部的核准通知，办理代表处英文名称变更手续。

二、对于外国律师事务所申请变更住所的，如果是迁往其他城市，按照《执行规定》第二十六条的规定办理；如果是在原住所地城市内变更办公地址，经代表处住所地的省、自治区、直辖市司法厅（局）核准后，报司法部备案。

三、对于外国律师事务所申请变更首席代表的，根据《外管条例》第十二条和《执行规定》第二十八、二十九、三十、三十一条等规定，经代表处住所地省、自治区、直辖市司法厅（局）审查，并司法部核准同意后，由该代表处住所地的省、自治区、直辖市司法厅（局）根据司法部的核准通知，为代表处办理相关变更手续。代表处其他代表的变更亦按此程序办理。

四、香港、澳门律师事务所驻内地代表处变更有关登记事项，根据《香港、澳门特别行政区律师事务所驻内地代表机构管理办法》（简称《管理办法》）的有关规定办理。《管理办法》未作规定的，参照本通知有关规定办理。

司法部关于颁发《香港法律顾问证》《澳门法律顾问证》有关事宜的通知

（2004 年 1 月 12 日 司发通〔2004〕11 号）

各省、自治区、直辖市司法厅局，新疆生产建设兵团司法局：

为规范香港法律执业者、澳门执业律师受聘于内地律师事务所担任法律顾问的活动及管理，根据《香港法律执业者和澳门执业律师受聘于内地律师事务所担任法律顾问管理办法》（以下简称《办法》），现就颁发香港、澳门法律顾问证工作的有关事宜通知如下：

一、香港法律执业者、澳门执业律师申请领取《法律顾问证》应当提供的证明材料及颁发《法律顾问证》程序

香港法律执业者、澳门执业律师申请领取香港、澳门法律顾问工作证，符合《办法》第五条规定的，应当按照《办法》第七条规定，提交申请材料。第七条第二项、第三项、第四项、第五项所列证明材料，须经内地认可的公证人公证。内地认可的公证人，在香港、澳门分别是指中国委托公证人（香港）、中国委托公证人（澳门）。申请材料应当使用中文，一式三份。材料中如有使用外文的，应当附中文译文。

内地律师事务所所在地的地（市）级司法行政机关应当自收到香港法律执业者、澳门执业律师上述申请材料之日起 10 日内完成审查，出具审查意见，并连同申请材料上报省级司法行政机关。省级司法行政机关应当自收到申请材料之日起 20 日内完成审核。对符合本办法规定条件的，准予在内地受聘担任法律顾问，并办理登记，向其颁发香港、澳门法律顾问证；对于不符合本办法规定条件的，不准在内地受聘担任法律顾问，并书面通知申请人和拟聘其担任法律顾问的内地律师事务所。省级司法行政机关应当自向申请人颁发香港、澳门法律顾问证之日起 30 日内，将有关登记材料及审核意见报司法部备案。香港、澳门法律顾问证，每年须经省级司法行政机关年度注册。未经注册的无效。

为规范审核程序，由司法部统一制定香港、澳门法律顾问申请审核登记表格式（见附件）。

二、《法律顾问证》的填制要求

香港、澳门《法律顾问证》由司法部统一印发、统一编号。编号办法为：GWZ + 省、自治区、直辖市的简称 +4 位数阿拉伯数字序号〔如：GWZ（京）第 0001 号〕；

“发证机关”一栏应加盖各省、自治区、直辖市司法厅(局)印章;《法律顾问证》注册有效期截止到第二年的三月三十一日;注册专用章由各省级司法行政机关自行设计式样。

各地司法行政机关要高度重视香港、澳门《法律顾问证》的颁发工作,对申请人的资格和执业表现要严格依法审核,凡不符合颁证条件的人员,一律不得颁发顾问证。同时应建立健全证件颁发登记制度,逐步使这项工作规范化、制度化。各地在执行中遇有问题,请及时报部。

附件:香港、澳门法律顾问申请审核登记表

附件:

香港、澳门法律顾问申请审核登记表

编号:(　　)第　　号

聘用机构			
姓名		性别	
		出生日期	
国籍		身份证件号码	
取得律师资格国家(地区)		法律顾问证发证日期	
		证号	
所在地司法厅(局)审核意见	发证机关(章)　年　月　日		
备注			

说明:本表编号为受理申请的编号,编号方式:(各省、自治区、直辖市简称)和4位阿拉伯数字组成,例如,(京)第0001号

司法部关于颁发香港、澳门特别行政区律师事务所与内地律师事务所联营许可证有关事宜的通知

(2004年2月23日　司发通〔2004〕22号)

各省、自治区、直辖市司法厅(局),新疆生产建设兵团司法局:

为规范香港、澳门特别行政区律师事务所与内地律师事务所在内地进行联

营的活动及管理，根据《香港特别行政区和澳门特别行政区律师事务所与内地律师事务所联营管理办法》（以下简称《办法》），现就颁发香港、澳门特别行政区律师事务所与内地律师事务所联营许可证的有关事宜通知如下：

一、香港、澳门特别行政区律师事务所和内地律师事务所联营，申请领取联营许可证，符合《办法》第五条、第六条规定的，应当按照《办法》第七条规定，提交申请材料。其中，第七条第三项所列有效登记证件的复印件，须经中国委托公证人（香港）或中国委托公证人（澳门）公证。申请材料应当使用中文，一式三份。材料中如有使用外文的，应当附中文译文。

二、省级司法行政机关对符合《办法》规定条件的，应当准予联营，颁发联营许可证；对于不符合《办法》规定条件的，不准联营，并书面通知申请人。对准予联营的，省级司法行政机关应当自颁发联营许可证之日30日内，将准予联营的批件和联营双方的协议报司法部备案。批件的格式由各地司法行政机关自行制定。批件无须向联营双方律师事务所颁发。

三、联营名称由“联营双方律师事务所名称＋联营”字样组成。

四、香港、澳门特别行政区律师事务所与内地律师事务所联营的《联营许可证》由司法部统一印制，统一编号，由省级司法行政机关加盖公章。

五、各地司法行政机关要高度重视香港、澳门特别行政区律师事务所与内地律师事务所《联营许可证》的颁发工作，对申请人的资格和执业表现要严格依法审核，凡不符合颁证条件的申请人，一律不得颁发联营许可证。同时应建立健全证件颁发登记制度，逐步使这项工作规范化、制度化。各地在执行中遇有问题，请及时报部。

中华人民共和国司法部

二〇〇四年二月二十三日

司法部关于贯彻实施《取得内地法律职业资格的香港特别行政区和澳门特别行政区居民在内地从事律师职业管理办法》等规章有关问题的批复

（2004年5月18日 司发通〔2004〕85号）

各省、自治区、直辖市司法厅局，新疆生产建设兵团司法局：

自司法部颁布《取得内地法律职业资格的香港特别行政区和澳门特别行政区

区居民在内地从事律师职业管理办法》（以下简称《从事律师职业管理办法》）《香港特别行政区和澳门特别行政区律师事务所与内地律师事务所联营管理办法》（以下简称《联营管理办法》）和《香港法律执业者和澳门执业律师受聘于内地律师事务所担任法律顾问管理办法》（以下简称《担任法律顾问管理办法》）后，有的地方司法行政机关就规章有关内容如何理解和实施中遇到的一些问题提出请示，香港特别行政区和澳门特别行政区有关部门也反映了一些问题。经研究，现就以上规章实施中的有关问题批复如下：

一、关于实施《从事律师职业管理办法》的有关问题

1. 关于取得内地法律职业资格的香港、澳门居民在内地执业领取的律师执业证式样问题。鉴于可以在内地从事律师职业的香港、澳门居民的执业领域与内地律师不同，其领取、持有的律师执业证需要在现有内地律师执业证的基础上变更部分内容，具体式样由司法部规定。

2. 关于取得内地法律职业资格的香港、澳门居民在内地律师事务所执业的业务范围及其监管问题。内地法律服务业的开放是一个循序渐进的过程。《从事律师职业管理办法》第四条规定："香港、澳门居民在内地律师事务所执业，只能从事内地非诉讼法律事务。"这种限制在目前情况下是必要和适宜的，也是中央政府与香港、澳门特区政府签订《内地与香港关于建立更紧密经贸关系的安排》和《内地与澳门关于建立更紧密经贸关系的安排》（以下简称《安排》）时形成的共识。对取得内地法律职业资格，在内地执业的香港、澳门居民遵守此规定的情况，由内地司法行政机关和律师协会根据《中华人民共和国律师法》（以下简称《律师法》）、司法部有关律师执业管理的规章和《从事律师职业管理办法》的规定，实施行政监管和行业管理。

3. 关于获准在内地执业的香港、澳门居民不得同时受聘于香港、澳门、台湾地区或者外国律师事务所问题。根据《律师法》第十二条第一款关于"律师应当在一个律师事务所执业，不得同时在两个以上律师事务所执业"的规定，获准在内地执业的香港、澳门居民应当遵守这一规定，既不能同时在内地两个以上律师事务所执业，也不得同时受聘于香港、澳门、台湾地区或者外国律师事务所。

4. 关于申请律师执业的香港、澳门居民出具未受刑事处罚证明材料问题。香港、澳门居民在内地申请律师执业须提交的文件中，其未受过刑事处罚的证明材料，可以由申请人根据香港、澳门有关法例的规定，作出"未受刑事处罚的声明"。该声明书经中国委托公证人（香港、澳门）公证后，内地司法行政机关可以采用。

5. 关于取得内地法律职业资格的香港、澳门居民在内地律师事务所实习培训内容问题。取得内地法律职业资格的香港、澳门居民在内地律师事务所实习期间，接受培训的内容主要包括律师职业道德和执业纪律规范、律师业务规程、律师执业技能、法律文书制作等。鉴于获准在内地执业的香港、澳门居民只能从事非诉讼法律事务，实习中的实务训练内容应当以协助办理非诉讼法律事务为主。

6. 关于具有内地法律职业资格（包括律师资格）的中国公民移居香港、澳门后，尚未取得香港、澳门永久性居民身份的，是否能回内地从事律师职业问题。具有内地法律职业资格（律师资格），并具有中华人民共和国国籍的香港、澳门居民，可以根据《从事律师职业管理办法》，申请在内地律师事务所执业，从事内地非诉讼法律事务。

7. 关于具有内地法律职业资格（包括律师资格），同时又具有香港、澳门律师资格的香港、澳门永久性居民回内地执业问题。根据《从事律师职业管理办法》和《担任法律顾问管理办法》的规定，这部分人员既可以申请在内地从事律师职业，也可以受聘于内地律师事务所担任香港或者澳门法律顾问。

8. 关于获准在内地执业的香港、澳门居民担任内地律师事务所合伙人的比例问题。根据《律师法》和司法部颁布的《合伙律师事务所管理办法》的规定，内地合伙律师事务所至少应当有三名合伙人。获准在内地执业的香港、澳门居民，符合法律和有关规章规定的条件，可以成为内地律师事务所的合伙人。其与所在内地律师事务所其他合伙人的比例，法律和规章均未作出限制，可由内地律师事务所根据实际情况确定。

二、关于实施《联营管理办法》的有关问题

1. 关于香港、澳门律师事务所与其驻内地代表机构所在地的一家内地律师事务所联营的“所在地”如何理解问题。根据《香港、澳门特别行政区律师事务所驻内地代表机构管理办法》的规定及《联营管理办法》第二条规定的精神，香港、澳门律师事务所驻内地代表机构所在地，指该代表机构住所地所在的城市。

2. 关于香港、澳门律师事务所与内地律师事务所联营双方承担法律责任的方式及购买执业保险问题。根据《联营管理办法》第十七条的规定，联营双方在其联营协议中应该约定双方在开展联营业务中发生违法执业或者因过错给委托人造成损失的责任承担方式，根据约定和过错责任，由过错方独自承担赔偿责任，或者由双方分担赔偿责任。为更好地落实联营中的执业赔偿责任，维护委托人的合法权益，参加联营的香港、澳门律师事务所，如已在香港、澳门购买的执业保险能够涵盖在内地联营活动发生的责任赔偿，则无需在内地再购买执业保险；否则，应当在内地购买执业保险。

3. 关于香港、澳门律师事务所的界定问题。香港、澳门律师事务所的界定应当根据《安排》的相关界定标准，由香港、澳门有关方面出具证明书。内地省

级司法行政机关根据有关规定进行审核。

4. 关于原以外国律师事务所名义在内地设立的代表机构能否变更登记为香港律师事务所驻内地代表机构问题。如果该外国律师事务所作为国际型的律师事务所，并以其事务所名义在其他国家（地区）开设分支机构，在香港本地化的律师事务所只是其组成部分或者分支机构，该所在内地的代表机构不能变更登记为香港律师事务所驻内地代表机构；如果该外国律师事务所在香港以外的其他国家（地区）均已变更登记为香港律师事务所，则该所已在内地设立的原代表机构可以变更登记为香港律师事务所驻内地代表机构。后一种情况涉及变更登记，应由香港有关方面出具相应的证明材料，依照《联营管理办法》第五条、第七条的有关规定办理。

5. 关于联营许可证的式样、批件的格式和报司法部备案材料问题。“联营许可证”由司法部统一印制，统一编号，由省级司法行政机关颁发，并加盖省级司法行政机关的印章。

省级司法行政机关出具的准予联营的批件格式，由各地司法厅（局）自行制定。准予联营的批件以及联营双方律师事务所的联营协议，由准予联营的司法厅（局）按规定的期限报司法部备案。

6. 关于香港、澳门律师事务所与内地律师事务所联营后的名称问题。根据《联营管理办法》第十一条的规定，联营名称由香港或者澳门律师事务所名称与内地律师事务所名称加联营的字样组成。至于联营名称中香港或者澳门律师事务所与内地律师事务所名称的排序问题，可由联营双方商定。

7. 关于内地律师事务所的分所可否使用该分所所属的律师事务所与香港或者澳门律师事务所联营名称和联营标识的问题。根据《律师事务所分所登记管理办法》第六条“关于分所的名称应当为：律师事务所名称＋分所所在地（市、县）地名＋‘分所’。一个分所只能使用一个名称”的规定，分所只能使用经司法行政机关核定的分所名称，不能使用该分所所属的律师事务所与香港或者澳门律师事务所联营名称和联营标识。

8. 关于联营双方接受当事人委托的方式问题。香港、澳门律师事务所与内地律师事务所联营，可以共同以联营的名义，也可以单独以联营一方的名义，接受当事人的委托或者其他律师事务所的委托，采取合作方式或者独自承办方式，办理各自获准从事律师执业业务的香港、澳门、内地以及中国以外的其他国家的法律事务。但联营一方单独接受委托的，应当向联营的对方及时通报，避免各自委托人之间的利益冲突。

9. 关于联营双方可否以联营的名称刻制印章问题。鉴于目前允许的联营属合同型联营，联营双方不构成一个独立实体，不具备以联营名称刻制印章的条件。如果联营双方共同以联营的名义接受当事人委托的，可以在委托文书上加盖双方律师事务所的印章。

三、关于实施《担任法律顾问管理办法》的有关问题

1. 关于香港、澳门法律顾问在内地购买执业保险问题。香港、澳门执业律师受聘在内地律师事务所担任法律顾问的，应当根据内地各省、自治区和直辖市司法厅(局)有关内地律师参加执业保险的规定，向内地保险公司购买律师执业保险。

2. 关于香港、澳门执业律师申请领取香港、澳门法律顾问证提交“未受过刑事处罚”证明材料问题。申请人可以根据香港、澳门有关法例的规定，作出“未受刑事处罚的声明”。之后，由香港、澳门律师行业组织根据该声明，向内地司法行政机关出具《担任法律顾问管理办法》规定的“未受过刑事处罚”的证明材料。

司法部关于向获准在内地从事律师职业的香港特别行政区和澳门特别行政区居民颁发律师执业证有关事宜的通知

(2004 年 6 月 3 日　司发通〔2004〕90 号)

各省、自治区、直辖市司法厅局，新疆生产建设兵团司法局：

为规范取得内地法律职业资格的香港特别行政区和澳门特别行政区居民(以下简称香港、澳门居民)在内地从事律师职业的管理，根据《取得内地法律职业资格的香港特别行政区和澳门特别行政区居民在内地从事律师职业管理办法》(以下简称《办法》)，现就颁发香港、澳门居民的律师执业证的有关事宜通知如下：

一、香港、澳门居民申请领取律师执业证应当提供的材料及颁发律师执业证程序

香港、澳门居民申请领取律师执业证，符合《办法》第十一条、十二条规定的，应当按照《办法》第十三条规定，提交申请材料。申请人按规定提交的材料中，其身份证明复印件和未受过刑事处罚的证明材料须经内地认可的公证人公证，同时还须说明是否具有香港、澳门、台湾地区或者外国律师资格以及是否受聘于香港、澳门、台湾地区或者外国律师事务所的情况。

省级司法行政机关经审核予以颁发律师执业证的，应当自颁证之日起30日内将获准在内地执业的香港、澳门居民名单及执业登记材料报司法部备案。登记材料备案的格式由司法部统一制定（见附件）。

二、律师执业证的填制要求

1. 香港、澳门居民律师执业证由司法部统一印制。

2. 香港、澳门居民律师执业证中“资格证书类型”一栏应填写“法律职业资格证”或“律师资格证”；“证号”一栏应填写该证相应的证号。

3. 香港、澳门居民的律师执业证编号办法和其他栏目的填写，比照《司法部关于1995年换发新〈律师执业证〉的通知》（司发通〔1995〕033号）中的相关规定执行。

各地司法行政机关要高度重视香港、澳门居民律师执业证的颁发工作，对申请人的资格和执业表现要严格依法审核，凡不符合颁证条件的申请人，一律不得颁发律师执业证。同时应建立健全证件颁发登记制度，逐步使这项工作规范化、制度化。各地在执行中遇有问题，请及时报部。

中华人民共和国律师执业登记表

<table>
<tr><td>姓名</td><td></td><td>性别</td><td></td><td>出生日期</td><td></td><td rowspan="3">照片</td></tr>
<tr><td>资格证书类型及证号</td><td></td><td>文化程度</td><td></td><td>民族</td><td></td></tr>
<tr><td>身份证号</td><td></td><td>户籍所在地</td><td colspan="3"></td></tr>
<tr><td rowspan="2">律师事务所名称</td><td rowspan="2"></td><td rowspan="2">地址</td><td rowspan="2"></td><td>电话</td><td colspan="2"></td></tr>
<tr><td>邮编</td><td colspan="2"></td></tr>
<tr><td>何时到所工作</td><td colspan="2"></td><td>档案存放何处</td><td colspan="3"></td></tr>
<tr><td>参加工作时间</td><td></td><td>原工作单位</td><td></td><td>原任职务</td><td colspan="2"></td></tr>
<tr><td>居住地址</td><td></td><td>邮政编码</td><td></td><td>联系电话</td><td colspan="2"></td></tr>
<tr><td rowspan="6">简历</td><td>起止时间</td><td colspan="2">在何地何部门（学习）工作</td><td>职务</td><td colspan="2">证明人</td></tr>
<tr><td></td><td colspan="2"></td><td></td><td colspan="2"></td></tr>
<tr><td></td><td colspan="2"></td><td></td><td colspan="2"></td></tr>
<tr><td></td><td colspan="2"></td><td></td><td colspan="2"></td></tr>
<tr><td></td><td colspan="2"></td><td></td><td colspan="2"></td></tr>
<tr><td></td><td colspan="2"></td><td></td><td colspan="2"></td></tr>
<tr><td>受过何种奖励</td><td colspan="6"></td></tr>
<tr><td>受过何种处分</td><td colspan="6"></td></tr>
</table>

（续表）

<table>
<tr><td rowspan="4">学历情况</td><td>受过何种专业教育</td><td></td><td>毕业学校</td><td></td></tr>
<tr><td>何时取得何种专业学位</td><td></td><td>学位证书名称编号</td><td></td></tr>
<tr><td>非法学学历人员何时何地
受过何种法律专业培训</td><td></td><td>取得何种证书</td><td></td></tr>
<tr><td>是否具有国外学历</td><td></td><td>取得何种学位证书</td><td></td></tr>
<tr><td rowspan="3">专业经历专业职务</td><td>曾在何处从事何种专业工作</td><td></td><td>起止时间</td><td></td></tr>
<tr><td>取得何种专业技术职务</td><td></td><td>受聘起止时间</td><td></td></tr>
<tr><td>专业技术职务证书名称</td><td></td><td>证书编号</td><td></td></tr>
<tr><td colspan="2">掌握何种外国语言</td><td></td><td>水平</td><td></td></tr>
<tr><td colspan="5">律师执业申请书</td></tr>
<tr><td colspan="5">年 月 日</td></tr>
<tr><td>县级司法局</td><td colspan="4">呈报机关（章） 年 月 日</td></tr>
<tr><td>地级司法局</td><td colspan="4">审查机关（章） 年 月 日</td></tr>
<tr><td>省级司法厅（局）</td><td colspan="4">批准机关（章） 年 月 日</td></tr>
<tr><td>备注</td><td colspan="4"></td></tr>
<tr><td>说明</td><td colspan="4">1. 此表由申请人按所列项目要求如实、认真填写（一式三份），照片须用近期二寸免冠正面照片。
2. 律师事务所须如实、全面填写对申请人政治表现、个人品行、业务水平、专业特长等方面情况的鉴定意见。
3. 此表由申请人所在地的各级司法行政机关负责审查并出具意见，如发现申请人弄虚作假，谎报、伪造学历和经历的，应取消其申请资格。
4. 申请人经审查合格被批准执业的，此表应作为该申请人的律师执业档案。</td></tr>
</table>

司法部关于规范全国司法行政系统与香港、澳门特别行政区政府部门和律师协会之间合作事宜有关问题的通知

（2004 年 9 月 20 日 司发通〔2004〕139 号）

各省、自治区、直辖市司法厅（局），新疆生产建设兵团司法局：

根据国务院港澳事务办公室《关于规范司法行政部门、律师协会与特区政府有关政府部门、行业协会之间合作事宜有关问题的复函》的精神，为进一步规范全国司法行政系统与特区政府有关部门和律师协会之间的合作事宜，保证《内地与香港关于建立更紧密经贸关系的安排》和《内地与澳门关于建立更紧密经贸关系的安排》中法律服务开放措施的落实，现就有关问题通知如下：

一、地方司法行政机关一般不再与香港、澳门特别行政区有关政府部门签订合作协议。特殊情况必须签订协议的，须报部审批。

二、地方司法行政机关与香港、澳门特别行政区政府部门已签订的合作协议，需报部重新审核批准后，方可继续执行。

三、各地方律师协会与香港、澳门律师协会之间签订的合作协议，必须符合国家法律和政策，并严格按照中华全国律师协会《关于地方律师协会与香港有关律师组织签署合作协议应在〈安排〉框架内实施的通知》精神办理。

四、中华全国律师协会负责对各地方律师协会与香港、澳门律师协会之间签署的合作协议进行审核并报部港澳事务办公室备案。

司法部关于同意开展台湾地区律师事务所在福建省福州、厦门设立代表机构试点工作的通知

（2009 年 7 月 14 日 司发通〔2009〕108 号）

福建省司法厅：

你厅《关于同意台湾地区律师事务所在福建省设立代表机构的请示》（闽司［2008］273 号）收悉。经研究，通知如下：

同意你厅开展台湾地区律师事务所在福州、厦门设立代表机构的试点工作。为规范台湾地区律师事务所在福州、厦门设立代表机构的审批和管理，请你厅认真做好有关准备工作。工作进展情况随时报部律师公正工作指导司。

附件：

台湾地区律师事务所在福州厦门设立代表机构试点工作实施办法

（2010年9月15日　闽司〔2010〕293号）

第一章　总　　则

第一条　为了规范台湾地区律师事务所在福州、厦门设立代表机构（以下简称代表处）的试点工作，根据国家有关法律、法规的规定和司法部的有关要求，结合福建省律师工作实际，制定本办法。

第二条　台湾地区律师事务所在福州、厦门申请设立代表处，并从事法律服务活动，适用本办法。

第三条　代表处及其代表从事法律服务活动，应当遵守国家法律、法规和规章，恪守律师职业道德和执业纪律，不得损害国家安全和社会公共利益。

第二章　代表处的设立、变更和注销

第四条　台湾地区律师事务所在福州、厦门设立代表处、派驻代表，应当经福建省司法厅审查，报司法部审核。

台湾地区律师事务所、其他组织或者个人不得以咨询公司或者其他名义在福州、厦门从事法律服务活动。

第五条　台湾地区律师事务所申请在福州、厦门设立代表处、派驻代表，应当具备下列条件：

（一）该律师事务所已在台湾地区合法执业，并且没有因违反律师职业道德、执业纪律受过处罚；

（二）代表处的代表应当是执业律师和台湾地区律师公会会员，并且已在大陆以外执业不少于 2 年，没有受过刑事处罚或者没有因违反律师职业道德、执业纪律受过处罚；其中，首席代表已在大陆以外执业不少于 3 年，并且是该律师事务所的合伙人或者是相同职位的人员；

（三）有在福州、厦门设立代表处开展法律服务业务的实际需要。

第六条 台湾地区律师事务所申请在福州、厦门设立代表处，应当提交下列文件材料：

（一）该律师事务所主要负责人签署的设立代表处、派驻代表的申请书；

（二）该律师事务所在台湾地区已经合法设立的证明文件；

（三）该律师事务所的合伙协议或者成立章程以及负责人、合伙人名单；

（四）该律师事务所给代表处各拟任代表的授权书，以及拟任首席代表系该律师事务所合伙人或者相同职位人员的确认书；

（五）代表处各拟任代表的律师执业资格以及拟任首席代表已在大陆以外执业不少于 3 年、其他拟任代表已在大陆以外执业不少于 2 年的证明文件；

（六）台湾地区律师公会出具的该代表处各拟任代表为本地区律师公会会员的证明文件；

（七）台湾地区律师管理机构出具的该律师事务所以及各拟任代表没有受过刑事处罚和没有因违反律师职业道德、执业纪律受过处罚的证明文件。

前款所列文件材料，应当经台湾地区公证机构或公证人公证并经福建省公证协会验核。

申请材料应当一式三份，分别装订成册。

第七条 台湾地区律师事务所申请设立代表处应当向福州市或厦门市司法局提交申请材料。

福州市、厦门市司法局对申请材料齐全、符合法定形式的应当及时受理，并出具受理通知书；对申请材料不齐全或者不符合法定形式的，应当当场或者自收到申请材料 5 日内一次性告知申请人需要补正的全部内容；逾期不告知的，视为受理。

福州市、厦门市司法局应当自受理申请之日起 7 日内将申请材料报福建省司法厅审查。福建省司法厅应当自收到申请材料之日起 2 个月内审查完毕，并将审查意见连同申请材料报送司法部审核。

符合设立条件的，由福建省司法厅发给代表处执业执照，发给其代表执业证书。

不符合设立条件的，由福建省司法厅书面告知申请人理由。

第八条 台湾地区律师事务所拟设立的代表处的名称应当由“台湾地区律师事务所名称、驻大陆城市名称、代表处”三部分内容依次组成。

第九条 代表处及其代表，应当持执业执照、执业证书在福建省司法厅办理注册手续后，方可开展本办法规定的法律服务活动。代表处及其代表每年应当注册一次。

福建省司法厅应当自收到注册申请之日起2日内办理注册手续。

第十条 代表处应当按照有关法律、行政法规的规定，办理有关的税务、银行、外汇等手续。

第十一条 台湾地区律师事务所需要变更代表处名称、减少代表的，应当事先向福州市、厦门市司法局提交其主要负责人签署的申请书和有关的文件材料。经福建省司法厅核准，减少代表的，收回不再担任代表的人员的执业证书；变更代表处名称的，发给变更名称后的执业执照，收回代表处原执业执照，并应当自做出变更决定之日起30日内报司法部备案。

代表处分立、合并或增加新任代表的，应当按照本办法有关代表处设立程序的规定办理。

第十二条 代表处的代表有下列情形之一的，由福建省司法厅报司法部批准后收回其执业证书，并相应注销其执业注册：

（一）按照本办法第六条第五项规定提供的律师执业资格失效的；

（二）被所属的台湾地区律师事务所取消代表资格的；

（三）执业证书或者所在的代表处的执业执照被依法吊销的。

第十三条 代表处有下列情形之一的，由福建省司法厅报司法部批准后，收回其执业执照，并相应注销其执业注册：

（一）所属的台湾地区律师事务所已经解散或者被注销的；

（二）所属的台湾地区律师事务所申请将其注销的；

（三）已经丧失本办法第五条规定条件的；

（四）执业执照被依法吊销的。

依照前款规定注销的代表处，应当依法进行清算；债务清偿完毕前，其财产不得转移至大陆以外。

第三章 业务范围和规则

第十四条 代表处及其代表，只能从事不包括大陆法律事务的下列法律服务活动：

（一）向当事人提供台湾地区法律咨询，已获准从事律师执业业务的其他国家、地区的法律咨询，有关商事性条约及惯例的咨询；

（二）接受当事人或者大陆律师事务所的委托，办理台湾地区法律事务；

（三）代表台湾地区当事人，委托大陆律师事务所办理大陆法律事务；

（四）通过订立合同与大陆律师事务所保持长期的委托关系办理法律事务。

代表处及其代表不得从事本条上述规定以外的其他法律服务活动或者其他营利活动。

第十五条 代表处依法设立后，不得在福州、厦门以外的大陆其他地区另行设立固定执业场所、派驻工作人员。

第十六条 代表处不得聘用大陆执业律师；聘用的辅助人员不得为当事人提供法律服务。

第十七条 代表处及其代表在执业活动中，不得有下列行为：

（一）提供虚假证据、故意隐瞒事实或者威胁、利诱他人提供虚假证据、故意隐瞒事实以及妨碍对方当事人合法取得证据；

（二）利用法律服务的便利，收受当事人的财物或者其他利益；

（三）泄露当事人的商业秘密或者个人隐私。

第十八条 代表处的代表不得同时在两个以上的台湾地区律师事务所代表处担任或者兼任代表，不得同时在港澳律师事务所驻内地代表处或者外国律师事务所驻华代表处担任或者兼任代表。

第十九条 代表处的代表每年在大陆居留的时间不得少于6个月；少于6个月的，下一年度不予注册。

第二十条 代表处从事本办法规定的法律服务，可以向当事人收取费用。收取的费用必须在大陆结算。

第四章　监督管理

第二十一条 福建省司法厅在司法部的指导下负责对代表处及其代表从事法律服务的活动实施日常监督管理。

福州市、厦门市司法局协助福建省司法厅对代表处及其代表实施日常监督管理。

第二十二条 代表处应当于每年3月31日前向福州市、厦门市司法局提交执业执照和代表执业证书的副本以及下列上一年度检验材料，接受年度检验。福州市、厦门市司法局应于每年4月10日前将检验材料报福建省司法厅进行年度检验：

（一）开展法律服务活动的情况，包括委托大陆律师事务所办理法律事务的情况；

（二）经会计师事务所或者审计事务所审计的代表处年度财务报表，以及在大陆结算和依法纳税凭证；

（三）代表处的代表变动情况和雇用大陆辅助人员情况；

（四）代表处的代表在大陆的居留情况；

（五）代表处及其代表注册情况；

（六）履行本办法规定义务的其他情况。

福建省司法厅对代表处进行年度检验后，应当将检验意见报送司法部备案。

第二十三条 代表处或者代表有违反国家法律、法规、规章和本办法规定行为的，由福建省司法厅依照有关规定给予相应的行政处罚；情节严重的，报司法部批准后吊销代表处执业执照或者代表执业证书；构成犯罪的，依法追究其刑事责任。

第二十四条 福建省司法厅在实施管理过程中，对代表处及其代表收取的注册费、年度检验费、罚款、没收的违法所得，应当严格依照有关法律、行政法规和国务院有关部门的规定执行。

第二十五条 司法行政机关工作人员在实施管理过程中，有违法违纪、玩忽职守、滥用职权的，应当依法给予相应的行政处分；构成犯罪的，依法追究刑事责任。

第五章 附 则

第二十六条 本办法自2010年9月15日起施行。

四、 中华全国律师协会行业规范

中华全国律师协会章程

（1999年4月28日第四次全国律师代表大会通过，
2002年5月21日第五次全国律师代表大会修订，
2008年10月27日第七次全国律师代表大会修订，
2011年12月26日第八次全国律师代表大会修订。）

第一章　总　　则

第一条　为完善律师协会管理，保障律师的合法权益，规范律师行业管理和律师执业行为，依据《中华人民共和国宪法》和《中华人民共和国律师法》的规定，制定本章程。

第二条　中华全国律师协会（以下简称"本会"）是由律师、律师事务所组成的社会团体法人，是全国性的律师自律组织，依法对律师行业实施管理。

第三条　本会宗旨：坚持中国共产党的领导，团结带领会员高举中国特色社会主义伟大旗帜，忠实履行中国特色社会主义法律工作者的职责使命，维护当事人合法权益、维护法律的正确实施，维护社会公平和正义，为建设社会主义法治国家，促进社会和谐发展和文明进步而奋斗。

第四条　本会接受同级司法行政部门的监督和指导。

第五条　本会中文名称：中华全国律师协会，简称：全国律协；英文名称：All China Lawyers Association，缩写：ACLA。

本会会址设在北京。

第二章　职　　责

第六条　本会履行下列职责：

（一）保障律师依法执业，维护律师的合法权益；

（二）总结、交流律师工作经验；

（三）制定行业规范和惩戒规则；

（四）组织律师业务培训和职业道德、执业纪律教育，对律师的执业活动进行考核；

（五）组织管理申请律师执业人员的实习活动，对实习人员进行考核；

（六）对律师、律师事务所实施奖励和惩戒；

（七）受理对律师的投诉或者举报，调解律师执业活动中发生的纠纷；

（八）法律、行政法规和规章规定的其他职责。

第三章　会　　员

第七条　本会会员分为团体会员和个人会员。

依照律师法取得律师执业证书的律师，为本会个人会员；依法批准设立的律师事务所为本会团体会员。

第八条　个人会员的权利：

（一）享有表决权、选举权和被选举权；

（二）享有合法执业保障权；

（三）参加本会组织的学习和培训；

（四）参加本会组织的专业研究和经验交流活动；

（五）享受本会举办的福利；

（六）使用律师协会的图书、资料、网络和信息资源；

（七）提出立法、司法和行政执法的意见和建议；

（八）对本会的工作进行监督，提出批评和建议；

（九）通过本会向有关部门反映意见。

第九条　个人会员的义务：

（一）遵守本会章程，执行本会决议；

（二）遵守律师执业行为规范，遵守本会行业规则和准则；

（三）接受本会的指导、监督和管理；

（四）承担本会委托的工作；

（五）承担律师协会委托的工作，履行律师协会规定的法律援助义务；

（六）自觉维护律师职业声誉，维护会员间的团结；

（七）按规定交纳会费。

第十条　团体会员的权利：

（一）参加本会举办的会议和其他活动；

（二）使用本会的信息资源；
（三）对本会工作进行民主监督，提出意见和建议。
第十一条 团体会员的义务：
（一）遵守本会章程；
（二）遵守本会的行业规范，执行本会决议；
（三）教育律师遵守律师执业行为规范；
（四）组织律师参加本会的各项活动；
（五）制定、完善内部规章制度；
（六）为律师行使权利、履行义务提供必要条件；
（七）组织和参加律师执业责任保险；
（八）对实习律师加强管理；
（九）对律师的执业活动进行考核；
（十）按规定交纳会费；
（十一）承担本会委托的工作。
第十二条 个人会员应当在本人执业注册所在地的省、自治区、直辖市律师协会办理会员登记手续。

第四章 全国律师代表大会

第十三条 全国律师代表大会是本会的最高权力机构。代表由个人会员组成。

全国律师代表大会每四年举行一次。必要时，经常务理事会决定，可以提前或延期举行。全国律师代表大会必须有超过半数的代表出席始得举行。

第十四条 全国律师代表大会代表由省、自治区、直辖市律师协会从个人会员中选举或推举产生。各省、自治区、直辖市律师协会中担任会长的执业律师为全国律师代表大会的当然代表。

根据需要，本会可以邀请有关人士作为特邀代表参加全国律师代表大会。

全国律师代表大会代表应当出席代表大会，并行使下列职权：

（一）在代表大会上行使审议权、表决权、提案权、提议权、选举权和被选举权；

（二）联系会员、反映会员呼声，维护会员权益；

（三）章程规定的其他职权。

第十五条 全国律师代表大会的职权是：

（一）制定修改本会章程；

（二）讨论并决定本会的工作方针和任务；

（三）听取和审议本会理事会的工作报告和工作规划；

（四）选举、罢免本会理事会理事；

（五）审议会费收取标准；

（六）审议经审计的会费收支情况报告；

（七）审议大会主席团提出的其他事项。

第五章 理事会与常务理事会

第十六条 本会理事会由全国律师代表大会选举产生。理事会是全国律师代表大会的常设机构，对全国律师代表大会负责。理事会任期四年。

本会理事成员应从具有良好的职业道德，较高的业务水平，执业三年以上，具有奉献精神，热心律师行业公益活动的执业律师代表中选举产生。

理事应当履行诚信和勤勉义务，维护本会利益，接受代表对其履行职责的监督和合理建议。

理事连续两次不履行职责者，其理事资格自动取消。

第十七条 理事会职责：

（一）召开全国律师代表大会；

（二）选举会长、副会长、常务理事；

（三）在全国律师代表大会闭会期间，讨论决定重大事项；

（四）增补或更换理事；

（五）审议、批准常务理事会的年度会费收支报告和工作报告；

（六）其他应由理事会履行的职责。

第十八条 理事会全体会议选举会长、副会长及常务理事若干名组成常务理事会。每届常务理事的更新应不少于三分之一。

会长可以连选连任，但连续任期不得超过两届。

理事会认为必要时，可以增选或罢免常务理事。

根据工作需要，理事会可聘请名誉会长和顾问若干人。

会长行使下列职权：

（一）主持律师代表大会；

（二）召集和主持理事会、常务理事会；

（三）督促和检查理事决议的执行；

（四）签署本会重要文件；

（五）行使理事会授予的其他职权。

副会长协助会长开展工作。必要时，可受会长委托，召集、主持常务理事会会议。

第十九条 理事会会议每年至少举行一次。理事会由会长召集和主持，会长因特殊原因不能履行职务的，由会长指定的副会长召集和主持。

第二十条 常务理事会在理事会闭会期间主持本会工作。

常务理事会一般三个月举行一次会议，按照理事会的决议研究、决定、部署本会的工作。

第二十一条 本会实行会长办公会议制度，会长办公会议由会长、副会长组成，由会长定期召集开会。会长办公会议负责督促、落实常务理事会决议和决定。

第六章 秘书处与专门委员会、专业委员会

第二十二条 本会设秘书处，负责实施全国律师代表大会、理事会、常务理事会的各项决议、决定，承担本会日常工作。

第二十三条 本会秘书处设秘书长一人，副秘书长若干人。秘书长由常务理事会聘任，副秘书长由秘书长提名，常务理事会决定。

秘书长在常务理事会的授权范围内，领导秘书处开展工作。秘书长、副秘书长列席理事会议、常务理事会议、会长办公会议。

秘书长履行下列职责：

（一）主持秘书处日常工作；

（二）组织实施律师代表大会、理事会、常务理事会的各项决议；

（三）拟定秘书处机构设置方案；

（四）制定、实施秘书处各项规章制度；

（五）向常务理事会提请聘任或解聘副秘书长；

（六）完成律师代表大会、理事会、常务理事会、会长交办的其他工作；

（七）协调与司法行政等机关的关系。

第二十四条 专门委员会是本会履行职责的专门工作机构。律师协会应当设立维护律师执业合法权益委员会、律师纪律委员会、规章制度委员会、财务委员会等。经常务理事会决定，可以设立其他专门委员会。

第二十五条 本会设立若干专业委员会。各委员会设主任一人，副主任若干人和委员若干人。专业委员会的设置、调整和主任、副主任人选由常务理事会决定。

专业委员会按照专业委员会活动规则，组织开展理论研究和业务交流活动，起草律师有关业务规范。

常务理事会可以聘请专家、学者和有关领导担任专业委员会的顾问。

第七章 奖励、惩戒与纠纷调解

第二十六条 本会可以对团体会员、个人会员进行奖励和惩戒。

第二十七条 对会员的奖励和惩戒规则，由中华全国律师协会理事会制定。

第二十八条 会员有下列情形之一的，由本会分别给予通报表扬、嘉奖、授予荣誉称号，并酌情给予物质奖励：

（一）对在民主与法制建设中作出突出贡献的；

（二）在维护国家和人民利益方面作出重大贡献的；

（三）成功办理在全国或本地区有重大影响的案件，成绩显著的；

（四）对完善立法和司法工作起到推动作用，为律师事业的改革发展作出突出贡献的；

（五）其他应予奖励的情形。

第二十九条 地方律师协会依据本会惩戒规则对会员有下列行为之一的，视情节分别给予训诫、通报批评、公开谴责、取消会员资格等处分：

（一）违反《律师法》和其他法律法规规定的；

（二）违反本章程和律师行业规范的；

（三）严重违反社会公共道德，损害律师职业形象和信誉的；

（四）违反律师职业道德和执业纪律的；

（五）其他应受处分的违纪行为.

对于会员的违法违纪行为，律师协会有权建议有处罚权的行政部门给予行政处罚。

第三十条 律师协会作出处分决定前，应认真听取当事人的申辩。作出暂停会员资格、取消会员资格的处分决定前，当事人有要求听证的权利。当事人要求听证的，律师协会应当组织听证。

第三十一条 会员因违法违纪受到司法行政部门停止执业处罚的，在停止执业期间，不享有本会的选举权、被选举权等会员权利。

第三十二条 本会可以调解会员间的纠纷、会员与当事人的纠纷。

第八章 经 费

第三十三条 本会经费来源包括：

（一）会费；

（二）财政拨款；

（三）社会捐赠；

（四）其他合法收入。

第三十四条 会员必须履行交纳会费的义务。各省、自治区、直辖市律师协会收缴本地区会员的会费，中华全国律师协会向各省、自治区、直辖市律师协会收缴会费。

对截留、拖欠本会会费的下级律师协会及其会员可给予通报批评的处罚。

第三十五条 地方律师协会确定的会费标准，应报本会备案。

第三十六条 各省、自治区、直辖市律师协会向中华全国律师协会交纳会费的数额，由中华全国律师协会理事会根据国家规定的标准和各地律师人数、业务发展状况、业务总收入等确定。

第三十七条 会费按年度收，缴，会员必须于每年年度考核前交纳会费。各省、自治区、直辖市律师协会应于每年六月三十日前向中华全国律师协会交纳会费。

第三十八条 本会应加强对会费的收缴和管理，制定会费的预、决算计划，单独建立会费收支账目，每年将会费收支情况提交会计师事务所审计，并将审计结果向理事会报告，接受会员的监督。

第三十九条 会费应用于下列开支：

（一）工作和业务研讨会议支出；

（二）本会执行机构的各项支出；

（三）开展律师国内和国际交流活动；

（四）进行律师舆论宣传；

（五）律师专门委员会、专业委员会活动的开展；

（六）维护律师合法权益、奖惩会员；

（七）为会员提供学习资料和培训；

（八）对特殊困难会员给予补助；

（九）会员福利事业；

（十）经常务理事会通过的其他必要支出。

第四十条　会费收支具体管理办法由本会制定，报有关部门备案。

本会注销后的剩余财产用于公益性或非营利性目的。

第九章　附　　则

第四十一条　经国务院司法行政部门批准在中华人民共和国设立办事机构的外国律师事务所常驻律师和在内地设立办事机构的香港、澳门律师事务所的常驻律师，应当受本会和所在地律师协会的监督、管理。具体规定由本会另行制定。

第四十二条　本章程由全国律师代表大会修改。出现下列情形时，应当修改章程：

（一）章程的规定与宪法、律师法或有关法律、行政法规、规章规定相抵触的；

（二）全国律师代表大会决定修改章程时。

章程的修改，必须有全体代表的三分之二以上（含本数）出席，并经出席代表的三分之二以上（含本数）通过。

本章程由常务理事会负责解释。

第四十三条　本章程自全国律师代表大会通过之日起实施。

第四十四条　本章程报国务院司法行政部门备案。

中华全国律师协会执业律师继续教育试行办法

（1996年4月10日〔96〕律发字第09号）

第一条　为加强和规范对执业律师的继续教育，提高执业律师的职业道德水准和业务水平，努力为社会提供优质法律服务，根据司法部有关规定和本会《章程》，制定本办法。

第二条　中华全国律师协会和各省级律师协会应当成立律师继续教育委

员会,具体指导继续教育工作。继续教育委员会由司法行政部门、律师协会、教育部门的有关人员和执业律师组成。中华全国律师协会和各省级律师协会应当组建培训机构,具体负责继续教育工作的组织实施。

第三条 中华全国律师协会每年发布执业律师继续教育培训要点,各省级律协应当根据此要点编制年度培训计划,并报全国律协备案。

第四条 凡在中国注册的执业律师均有权利也有义务定期接受继续教育。

第五条 执业律师的继续教育应当结合执业律师的特点,采取举办脱产或业余的短期培训班、讲习班、讲座等多种形式进行。

第六条 执业律师继续教育的内容包括:律师职业道德和执业纪律教育;专门法律实务培训;新颁布法律法规培训;律师执业技能培训;律师管理法规培训以及涉外进修、学历教育、专业资格教育等。

第七条 中华全国律师协会的培训机构主要负责举办面向全国执业律师的较高层次培训。各省级律师协会的培训机构主要举办面向本地区执业律师的培训。

第八条 执业律师可以选择参加各省级律师协会组织的培训或者中华全国律师协会的培训。

第九条 鼓励执业律师参加各种在职学历教育学习。凡读法律专业的本科、研究生、双学位课程者,在读期间可以不参加其他继续教育培训。

第十条 已取得律师资格申请执业的,应当参加不少于40课时的上岗前培训。上岗前培训的内容应当包括:律师职业道德和执业纪律教育;有关律师工作的法律法规和管理规章制度;律师实务操作程序及技能等。

第十一条 执业律师每年应当参加全国律协或省级律协培训机构举办的不少于30课时的继续教育学习。没有完成规定课时学习,律师管理部门不予年度注册。

第十二条 中华全国律师协会统一制发执业律师继续教育登录册,用以记载、证明执业律师接受继续教育的学习情况,作为年度检验注册应当提交的证件之一。

第十三条 执业律师参加培训学习,应当交纳必要的学习费用。律师事务所应当提留继续教育基金,用以支付本所律师的培训费用。全国律师协会和各省律师协会应当建立继续教育基金,用于培训设备的购置及其他开支。

第十四条 本办法自发布之日起施行,由中华全国律师协会负责解释。

律师协会会员违规行为处分规则(试行)

(1999年12月18日第四届中华全国律师协会第五次常务理事会通过,2004年3月20日第五届中华全国律师协会第九次常务理事会修订,〔2004〕律发字第24号)

第一章　总　　则

第一条　为维护律师执业秩序,保障律师依法执业权利,规范律师协会对违规会员处分行为,根据《中华人民共和国律师法》和《律师协会章程》有关规定,制定本规则。

第二条　律师协会对律师和律师事务所违规行为实施行业处分,适用本规则。

第三条　会员具有本规则列举的违规行为的,适用本规则;会员具有本规则未列举的其他违反法律、法规和律师协会管理规范的违规行为的,适用本规则。

第四条　公职、公司律师的违规行为,适用本规则。

第五条　地方各级律师协会团体会员,不是本规则调整对象,不适用本规则。

第六条　向律师协会控诉、举报、检举会员有违规行为的称“投诉”。

第七条　会员违规行为的被侵害人,或者能够证明会员有违规行为发生的人向律师协会投诉的,称“投诉人”。

第八条　律师协会实施行业处分时,应遵循客观、公正、公开的原则,以事实为根据,以法律为准绳,严格执行律师协会的有关规定,坚持教育与处分相结合。

第二章　处分的种类、适用和管辖

第九条　律师协会对会员违规行为作出的行业处分种类有:

(一) 训诫;

(二) 通报批评;

（三）公开谴责；

（四）取消会员资格。

第十条 律师协会认为会员违规行为需由司法行政机关给予行政处罚的，应及时提请司法行政机关调查处理。

第十一条 个人会员有下列行为之一的，由省、自治区、直辖市及设区的市律师协会给予训诫、通报批评、公开谴责：

（一）同时在两个律师事务所以上执业的或同时在律师事务所和其他法律服务机构执业的；

（二）在同一案件中为双方当事人代理的，或在同一案件中同时为委托人及与委托人有利益冲突的第三人代理、辩护的；

（三）在两个或两个以上有利害关系的案件中，分别为有利益冲突的当事人代理、辩护的；

（四）担任法律顾问期间，为顾问单位的对方当事人或者有利益冲突的当事人代理、辩护的；

（五）不按规定与委托人签订书面委托合同的；

（六）接受委托后，无正当理由，不向委托人提供约定的法律服务的，拒绝辩护或者代理的，包括：不及时调查了解案情，不及时收集、申请保全证据材料，或者无故延误参与诉讼、申请执行，逾期行使撤销权、异议权等权利，或者逾期申请办理批准、登记、变更、披露、备案、公告等手续，给委托人造成损失的；

（七）无正当理由，不按时出庭参加诉讼或者仲裁的；

（八）泄露当事人的商业秘密或者个人隐私的；

（九）私自接受委托，私自向委托人收取费用，或者收取规定、约定之外的费用或者财物的；违反律师服务收费管理规定或者收费协议约定，擅自提高收费的；

（十）超越委托权限，从事代理活动的；

（十一）利用提供法律服务的便利牟取当事人利益；接受委托后，故意损害委托人利益的，或者与对方当事人、第三人恶意串通侵害委托人利益的；妨碍对方当事人合法取得证据的；

（十二）为争揽业务，向委托人作虚假承诺，或者宣称与承办案件的法官、检察官、仲裁员有特殊关系的；

（十三）利用媒体、广告或者其他方式进行不真实或者不适当宣传的；

（十四）捏造、散布虚假事实，损害、诋毁其他律师、律师事务所声誉的；以诋毁其他律师或者支付介绍费等不正当手段争揽业务的；

（十五）利用与司法机关、行政机关或者其他具有社会管理职能组织的关系，进行不正当竞争的；

（十六）明示或者暗示法官、检察官、仲裁员为其介绍代理、辩护、仲裁等法律服务业务的；

（十七）为阻挠当事人解除委托关系，威胁、恐吓当事人或者扣留当事人提供的材料的；

（十八）假借法官、检察官、仲裁员的名义或者以联络、酬谢法官、检察官、仲裁员为由，向当事人索取财物或者其他利益的；

（十九）执业期间以非律师身份从事有偿法律服务的；

（二十）承办案件期间，为了不正当目的，在非工作期间、非工作场所，会见承办法官、检察官、仲裁员或者其他有关工作人员，或者违反规定单方面会见法官、检察官、仲裁员的；

（二十一）在事前和事后为承办案件的法官、检察官、仲裁员牟取物质的或非物质的利益的。为了承揽案件事前和事后给予有关人员物质的或非物质利益的；

（二十二）曾任法官、检察官的律师，离任后未满两年，担任诉讼代理人或者辩护人的，或者担任其任职期间承办案件的代理人或者辩护人的；

（二十三）违反规定，携带非律师人员会见在押的犯罪嫌疑人、被告人或者在押犯，或者在会见中违反有关管理规定的；

（二十四）因过错导致出具的法律意见书存在重大遗漏或者错误，给当事人或者第三人造成重大损失的，或者对社会公共利益造成危害的；

（二十五）向司法行政机关或者律师协会提供虚假材料、隐瞒重要事实或者有其他弄虚作假行为的；

（二十六）在受到停止执业处罚期间，或者在律师事务所被停业整顿、注销后继续执业的；

（二十七）因违纪行为受到行业处分后在规定的期限内拒不改正的；

（二十八）有其他违法或者有悖律师职业道德、公民道德规范的行为，严重损害律师职业形象的；

（二十九）其他应受处分的违规行为。

第十二条 个人会员有下列行为之一的，由省、自治区、直辖市律师协会取消会员资格，同时报请同级司法行政机关吊销其律师执业证书：

（一）泄露国家秘密的；

（二）向法官、检察官、仲裁员以及其他有关工作人员行贿或者指使、诱导当事人行贿的；

（三）提供虚假证据，隐瞒重要事实，或者威胁、利诱、唆使他人提供虚假证据，隐瞒重要事实的。

第十三条 律师和律师事务所执业证书被吊销之决定已生效的，律师协会取消其会员资格。

第十四条 团体会员有下列行为之一的，由省、自治区、直辖市及设区的市律师协会给予训诫、通报批评、公开谴责：

（一）使用未经核定的律师事务所名称从事活动，或者擅自改变、出借律师事务所名称的；

（二）变更名称、章程、负责人、合伙人、住所、合伙人协议等事项，未在规定的时间内办理变更登记的；

（三）采取不正当手段阻挠合伙人、合作人、律师退所的；

（四）将不符合规定条件的人员发展为合伙人、合作人或者推选为律师事务所负责人的；

（五）不按规定统一接受委托、签订书面委托合同和收费合同，统一收取委托人支付的各项费用的，或者不按规定统一保管、使用律师服务专用文书、财务票据、业务档案的；

（六）不向委托人开具律师服务收费合法票据，或者不向委托人提交办案费用开支有效凭证的；

（七）违反律师服务收费管理规定或者收费合同约定，擅自扩大收费范围，提高收费标准，或者索取规定、约定之外的费用的；

（八）未经批准，擅自在住所以外的地方设立办公点、接待室，或者擅自设立分支机构的；

（九）聘用律师或者其他工作人员，不按规定与应聘者签订聘用合同，不为其办理社会统筹保险的；

（十）恶意逃避律师事务所及其分支机构债务的；

（十一）利用媒体、广告或者其他方式进行不真实或者不适当的宣传的；

（十二）采用支付介绍费、给回扣、许诺利益等不正当方式争揽业务的；

（十三）利用与司法机关、行政机关或其他具有社会管理职能组织的关系，进行不正当竞争的；

（十四）捏造、散布虚假事实，损害、诋毁其他律师事务所和律师声誉的；

（十五）在同一案件中，委派本所律师为双方当事人或者有利益冲突的当事人代理、辩护的，但本县（市）内只有一家律师事务所，并经双方当事人同意的除外；

（十六）泄露当事人的商业秘密或者个人隐私的；

（十七）向司法行政机关、律师协会提供虚假证明材料、隐瞒重要事实或者有其他弄虚作假行为的；

（十八）允许或者默许受到停止执业处罚的本所律师继续执业的；

（十九）采用出具或者提供律师事务所介绍信、律师服务专用文书、收费票据等方式，为尚未取得律师执业证书的人员或者其他律师事务所的律师违法执业提供便利的；

（二十）为未取得律师执业证的人员印制律师名片、标志或者出具其他有关律师身份证明，或者已知本所人员有上述行为而不制止的；

（二十一）允许或者默许本所律师为承办案件的法官、检察官、仲裁员牟取物质的或非物质的利益的；允许或者默许给予有关人员物质的或非物质利益的；

（二十二）不依法纳税的；

（二十三）应当给予处分的其他行为。

第十五条 团体会员有下列行为之一的，由省、自治区、直辖市律师协会取消会员资格，同时报请同级司法行政机关吊销其律师事务所执业证书：

（一）受到停业整顿处罚后拒不改正，或者在停业整顿期间继续执业的；

（二）向法官、检察官、仲裁员或者其他有关工作人员行贿的；

（三）受到刑事处罚的；

（四）从事其他违法活动，严重损害律师职业形象的。

第十六条 会员有下列情形之一的，可以从轻、减轻或免予处分：

（一）初次违规并且情节显著轻微或轻微的；

（二）承认违规并作出诚恳书面反省的；

（三）自觉改正不规范执业行为的；

（四）及时采取有效措施，防止不良后果发生或减轻不良后果的。

第十七条 会员有下列情形之一的，应当从重处分：

（一）违规行为造成严重后果的；

（二）逃避、抵制和阻挠调查的；

（三）对投诉人、证人和有关人员打击报复的；

（四）曾因违规行为受过行业处分或受过司法行政机关行政处罚的。

第十八条 地方律师协会之间因受理权限发生争议的，由争议双方协商解决；协商不成的，报请共同的上一级律师协会指定受理。

第三章 处分的实施机构

第十九条 中华全国律师协会设立纪律委员会，负责律师行业处分相关规则的制定及对各级律师协会处分工作的指导与监督。

第二十条 各省、自治区、直辖市律师协会及设区的市律师协会设立惩戒委员会,负责对违规会员进行处分。

第二十一条 惩戒委员会的主任、副主任由同级律师协会常务理事会提名,经理事会决定产生,任期与理事会任期相同。

惩戒委员会的委员由同级律师协会常务理事会采取选举、推选、决定等方式产生,任期与理事会任期相同。

第二十二条 惩戒委员会的组成人员名单应报上级律师协会备案。

第二十三条 惩戒委员会日常工作机构设在律师协会秘书处,职责是:

(一) 接待投诉或接受有关部门移送的投诉,办理受理手续;

(二) 制作惩戒委员会评审记录,制作、送达惩戒委员会决定书及有关文书;

(三) 与行业处分工作有关的其他事项。

第四章 回 避

第二十四条 惩戒委员会委员有下列情形之一的,应当自行回避,被投诉会员也有权申请其回避:

(一) 本人或近亲属与案件有直接利害关系的;

(二) 与本案被投诉会员在同一律师事务所执业的;

(三) 其他可能影响案件公正处理的。

前款规定,也适用于惩戒委员会日常工作机构工作人员。

第二十五条 惩戒委员会主任、副主任的回避由同级律师协会常务理事会决定;

惩戒委员会委员和其他办案人员的回避,由惩戒委员会主任决定。

第二十六条 对提出回避的申请,应当及时审查,在收到回避申请的 10 个工作内作出是否准予回避的决定,并记录在案。

第五章 受理和立案调查

第二十七条 投诉人可以采用信函、电话、传真和直接来访等方式投诉,也可以委托他人代为投诉。

第二十八条 惩戒委员会日常工作机构接待时有权要求投诉人提供具体

的事实和相关证据材料。

第二十九条 工作人员应当制作接待投诉记录，填写投诉登记表，妥善保管书面证据材料，建立会员违规档案。

第三十条 接待投诉必须做到：

（一）当面投诉的，应当认真作好笔录，必要时征得投诉人同意可以录音。投诉时，无关人员不得在场旁听和询问；对记录的主要内容须经投诉人确认无误后签字或盖章；

（二）信函投诉的，应当建立收发、登记、转办和保管等工作制度。电话投诉的，要耐心接听，认真记录；

（三）对司法行政机关委托惩戒委员会调查的投诉案件，应办理移交手续。

第三十一条 惩戒委员会应在接到投诉案件后的7个工作日内对案件作出是否立案的决定。

第三十二条 惩戒委员会认为应当立案的，应于10个工作日内（偏远地区可适当延长）向被投诉会员发出通知，要求被投诉会员到律师协会说明情况，回答质询，并提供书面答辩。

第三十三条 惩戒委员会必须全面、客观、公正的审查有关证据。被投诉会员应当如实回答惩戒委员会调查人员的询问，并协助调查，不得阻挠。调查应当制作笔录。

第三十四条 惩戒委员会人员调查案情时，应由不少于两名调查人员同时参加，不得向被投诉会员直接出示投诉材料及其复印件。但调查中确实需要当面核查的材料除外。

第三十五条 惩戒委员会人员不得私自摘录、复制或泄露投诉材料或移送的材料。严禁将投诉材料或移送的材料转给被投诉会员。

第三十六条 惩戒委员会对下列情况不予立案：

（一）虽有违法、违纪的事实，但不符合本惩戒委员会受理范围的；

（二）不能提供基本证据材料或证据材料含糊不清的；

（三）证据材料与投诉事实没有直接或必然联系的；

（四）匿名投诉的。

第三十七条 惩戒委员会对于不予立案的投诉应在10个工作日内向投诉人答复并说明理由，但匿名投诉的除外。

需由司法行政机关或其他律师协会处理的投诉案件，应予移送，并告知投诉人。

第三十八条 投诉的案件涉及违反《律师法》《律师和律师事务所违法行为处罚办法》可能构成刑事犯罪的，或有重大社会影响的，惩戒委员会应及时报告同级司法行政部门和上一级律师协会。

第六章 处分的决定及程序

第三十九条 调查终结，惩戒委员会应当根据不同情况，分别作出如下决定：

（一）确认会员有违规违纪行为，依据本规则给予相应处分；

（二）撤销案件或不予处分；

（三）建议司法行政机关给予行政处罚。

第四十条 惩戒委员会在作出决定前，应通知被投诉会员本人到会陈述、申辩。被投诉会员不到会的视为放弃；放弃陈述或申辩权利的，不影响作出决定。

第四十一条 惩戒委员会在作出决定前，应当告知被投诉会员有要求听证的权利。被投诉会员要求听证的，应当在惩戒委员会告知后的7个工作日内提出听证要求，惩戒委员会应当组织听证。

第四十二条 听证依照以下程序进行：

（一）惩戒委员会决定举行听证，应当在听证会前的7个工作日内通知被投诉会员听证会的时间、地点；

（二）听证时，由惩戒委员会的调查人员提出被投诉会员违规、违纪的事实、证据和处分建议；被投诉会员进行申辩，双方进行质证；

（三）听证应当制作笔录；笔录应当交被投诉会员审核无误后签字或盖章。

（四）听证后，惩戒委员会依照本规则相关规定作出决定。

第四十三条 惩戒委员会应当集体作出决定。会议至少应由三分之二的委员出席，决定由出席会 议委员的三分之二以上的多数通过。

第四十四条 惩戒委员会成员及其工作人员应当严格遵守工作纪律，应当对决定评议情况保密。

第四十五条 决定通过后，应当正式制作决定书，决定书应当载明下列事项：

（一）被投诉会员的姓名、性别、年龄、住所和所在律师事务所；

（二）事实和证据；

（三）结论；

（四）申请复查的权利、期限；

（五）作出决定的律师协会名称；

（六）作出决定的日期。

第四十六条 决定书经惩戒委员会主任审核后，律师协会会长签发。决定书应当在签发后的15个工作日内送达被投诉会员，同时将决定书及证据材料副本报上级律师协会备案。

第四十七条 决定书除直接送达外，也可以邮寄送达。

第四十八条 决定书送达应由受送达人在送达回证上注明收到日期并签名盖章，受送达人在送达回证上签收日期为送达日期。决定书采用邮寄方式送达的，以挂号回证上注明的收件日期为送达日期。

第四十九条 受送达人拒收时，可由送达人在送达回证上注明情况后，交由受送达人所在单位代为签收，代为签收日期为送达日期。

第五十条 因案件调查、听证所发生的一切费用，由经惩戒委员会查实确有违规行为并予以处分的个人会员所在律师事务所承担。律师事务所承担费用后可以向该会员追索；经惩戒委员会查实确有违规行为并予以处分的团体会员自行承担前述费用。

第五十一条 发生法律效力的处分由直接管理被处分会员的律师协会执行。

第七章 复 查

第五十二条 各省、自治区、直辖市律师协会应设立会员处分复查机构，负责受理复查申请和作出复查决定。

第五十三条 复查机构应由业内和业外人士组成。业内人士包括：执业律师及司法行政人员；业外人士包括：法学界专家、教授；司法机关有关人员。

第五十四条 复查机构设主任委员一名，副主任委员、委员若干，由常务理事会提名决定。

第五十五条 惩戒委员会原参加调查决定人员不能再作为复查机构的组成人员。

第五十六条 复查机构应履行下列职责：

（一）受理复查申请；

（二）审查申请复查事项；

（三）作出复查决定；

（四）其他职责。

第五十七条 会员对惩戒委员会作出的决定不服的，可在接到决定书的30个工作日内向律师协会复查机构申请复查。

第五十八条 申请复查的会员为申请人。申请人必须是不服惩戒委员会原决定的当事人,即被投诉的会员。

第五十九条 申请人申请复查必须具备以下条件:

(一) 该申请复查的决定必须是惩戒委员会作出的;

(二) 申请复查的决定必须是尚未实际执行的;

(三) 申请复查应包括具体的复查请求、事实和证据;

(四) 申请复查必须在规定的期限内提出。

第六十条 复查申请应以书面形式提出,内容包括:

(一) 申请人的姓名、性别、年龄、单位、地址及电话等;

(二) 作出原决定的惩戒委员会名称;

(三) 申请复查的具体事实、理由、证据和要求等;

(四) 申请复查的日期;

(五) 惩戒委员会决定书。

第六十一条 复查机构自收到申请复查书之日起15个工作日内应作如下处理:

(一) 对符合申请复查条件的,复查机构应当作出受理决定,并通知申请人;

(二) 下列情况不予复查:

1. 不符合申请人主体资格;

2. 申请复查已超过规定期限;

3. 申请复查的事项不属于原决定书的范围;

4. 申请复查的事实和理由不充分。

第六十二条 复查机构应当自受理申请复查书之日起10个工作日内将申请复查书的副本送达作出原决定的惩戒委员会。作出原决定的惩戒委员会自收到申请复查书副本之日起10个工作日内,应向复查机构提交作出原决定的有关法律和事实依据,提交答辩书,逾期不作答辩的,不影响复查。

第六十三条 复查机构在对被申请复查的原决定所依据的事实、证据、行业规范等进行审查的基础上,于15个工作日内作出复查决定:

(一) 维持原决定。复查机构认为原决定对事实认定清楚,适用依据正确,责任区分适当,程序合法的,应当做出维持原决定的复查决定;

(二) 补正原决定。复查机构认为原决定在程序上存在不足,应当作出补正原决定的复查决定,要求作出原决定的惩戒委员会进行补正;

(三) 原惩戒委员会重新作出决定。复查机构认为原决定具有明显不当的,应当作出原惩戒委员会重新作出决定的复查决定。

第六十四条 复查机构对作出的复查决定应制作复查决定书。

第六十五条 复查机构作出的维持原决定的复查决定为最终决定。

第八章 附 则

第六十六条 各级律师协会可根据本地区情况,制定补充规则。

第六十七条 各级律师协会已经颁布的有关会员处分规则与本规则不一致的,以本规则为准。

第六十八条 本规则自2004年3月20日起实施。

第六十九条 本规则由中华全国律师协会常务理事会负责解释。

中华全国律师协会专门委员会规则

(2000年6月17日第四届中华全国律师协会常务理事会第七次会议审议通过)

第一条 为充分发挥专门委员会在律师协会行业管理中的作用,促进实现律师协会各项职能,推动律师事业的发展,根据《律师法》和《律师协会章程》有关规定,制定本规则。

第二条 专门委员会是律师协会常务理事会领导下的负责研究、审议和拟订有关律师行业自律议案、规则并且办理相关事务的工作机构。

第三条 律师协会可以根据需要,设置若干专门委员会;专门委员会的设置、调整及撤销由律师协会常务理事会议决定,并报上级律师协会备案。

专门委员会组成成员,应在本级律师协会刊物上予以公告。

第四条 律师协会常务理事会可根据需要对专门委员会的机构和人员按本规则规定的程序进行调整。

第五条 专门委员会的主要职责如下:

(一)参加或主持重大课题、问题的调研和调查处理,提出意见、建议;

(二)承办咨询质询,审议、拟订同本专门委员会有关的议案;

(三)参与律师行业管理规范的起草、论证、报审等工作;

(四)受理和调处本专门委员会具体职责范围内的事务;

(五)建立与有关政府部门和社会团体的经常性联系;

(六)提出国际交流计划和方案;

（七）根据律师协会授权和各专门委员会特点及需要开展其他有关活动。

第六条 专门委员会委员由熟悉律师行业情况，具有丰富执业经验，关心律师事业发展，热心公益事业的律师及律师管理人员组成。

专门委员会可以根据工作需要，聘请专家若干人作为顾问；顾问可以列席专门委员会会议，发表意见。

顾问由律师协会常务理事会聘请。

第七条 专门委员会委员采取由地方律师协会提名或本专门委员会两名以上委员推荐，律师协会常务理事会批准的方式产生，必要时，可采取由律师协会执行机构提议，经常务理事会批准的方式产生。

第八条 委员受到刑事处分或者有《律师协会章程》第30条列举的行为的，由该委员所在专门委员会提出，经常务理事会批准取消其委员资格。

委员不再从事律师及律师管理工作，或连续三次无故不参加专门委员会活动或二次不完成任务的，委员资格自动丧失。

第九条 专门委员会由主任一人，副主任若干人和委员若干人组成。

主任委员由律师协会常务理事会提名，本专门委员会委员选举或推举产生，必要时，可由常务理事会指定。

副主任委员由主任委员提名，律师协会常务理事会议批准。

专门委员会可以根据需要设秘书长一人（或干事若干人），负责专门委员会日常事务。

第十条 专门委员会主任委员的职责如下：

（一）主持召集本专门委员会会议；

（二）提出工作计划、财务计划及活动安排；

（三）提名副主任委员及委员人选；

（四）执行律师协会常务理事会决定；落实本专门委员会确定的任务；部署和检查各委员工作：

（五）完成律师协会交办的其他工作。

主任委员不在时，其职责由副主任委员代为行使。

第十一条 经选举产生的主任委员、副主任委员、不称职或不履行职责的。可由半数以上委员通过予以罢免；经指定任职的，可由律师协会秘书长提议、经常务理事会批准，予以撤换。

第十二条 专门委员会应根据常务理事会会议精神和工作安排，制订本专门委员会年度工作计划，并进行年终工作总结；计划及总结应向常务理事会报告。

第十三条 专门委员会可定期或不定期举行会议，会议须作记录，并印发会议纪要。

第十四条 以专门委员会名义形成的文件及其他材料，应经本专门委员会集体讨论，由主任审定。重大问题应提请律师协会会长办公会或常务理事会审议。

第十五条 专门委员会组织活动，应事先通知律师协会执行机构，报常务理事会备案；可能产生重大影响或涉及其他单位的，应报经常务理事会批准。

第十六条 专门委员会活动经费来源：

（一）律师协会拨款；

（二）社会及律师赞助；

（三）地方律协支持；

（四）所举办活动及事业的收益；

（五）其他。

专门委员会活动经费列入律协年度经费预算计划，由律师协会财务部门负责管理。

第十七条 专门委员会活动经费，上一年度结余费用自动转存下一年度。

第十八条 各地律协可根据本规则制定细则。

各专门委员会可根据本规则制定本专门委员会工作细则。

第十九条 本规则适用于各级律师协会及专门委员会，由中华全国律师协会常务理事会解释。

第二十条 本规则自中华全国律师协会常务理事会通过之日起执行。

中华全国律师协会专业委员会活动规则

（2002年3月30日第四届中华全国律师协会第十二次常务理事会第一次修订，2007年7月3日第六届中华全国律师协会常务理事会第九次常务理事会第二次修订）

第一章 总 则

第一条 为完善、规范、促进专业委员会工作，充分发挥专业委员会的作用，依照《中华全国律师协会章程》制定本规则。

第二条 全国律协设立专业委员会，是为了加强律师能力建设，不断提高律师业务水平，拓展律师业务领域，形成专业人才智库，促进律师在改革开放、法治建设、构建和谐社会中发挥更积极有效的作用。

第三条 专业委员会在常务理事会领导下开展工作。全国律协常务理事会根据律师业务的发展决定专业委员会设置，并且可以根据律师工作发展状况对专业委员会的机构和人员进行调整。

第四条 全国律协建立专业委员会主任联席会议制度，于每年一季度召开专业委员会主任联席会议。主任联席会议由全国律协分管会长、常务理事、业务部负责人、各专业委员会负责人等组成。主任联席会议的任务是：全面总结专业委员会上一年工作，研究解决工作中的问题，部署当年工作，进行经验交流和评优。

第五条 全国律协业务部负责联系、协调各专业委员会工作。

第二章 专业委员会职责

第六条 专业委员会职责是，组织律师开展业务理论研究，提高行业整体业务水准，不断拓展业务领域，拟定律师业务规范，进行业务指导，促进律师专业化发展。

第七条 专业委员会工作范围是：

（一）开展业务和理论研讨，组织经验交流活动；

（二）就律师业务活动开展调研、进行指导、作出预测，拓展业务领域；

（三）积极主动参与国家立法活动，就立法、司法、行政活动提出意见和建议；

（四）对有影响的案件进行论证，就重大社会事件提出法律意见；

（五）起草律师业务规范、指引和标准；

（六）广泛建立社会联系，形成与律师业务活动相关的社会支持网络，支持律师拓展业务，履行职责；

（七）进行信息收集、整理，建立行业的信息资源共享机制；

（八）重视培训工作，提出培训计划和建议，参与培训组织规划，发挥专业委员会的人才优势和委员的骨干作用；

（九）在全国律协的指导下，开展与境外律师的交流活动；

（十）推动地方律协专业委员会工作；

（十一）全国律协指派的其他工作。

第三章 组织机构

第八条 专业委员会管理机构可采取主任副主任形式,也可采取执委会形式,采取其他管理形式的须经全国律协秘书处同意。

执委会可以指定执行主任。执行主任可实行轮值。其任期由执委会集体决定。

第九条 主任、副主任、执委可由全体委员民主提名,或全国律协业务部建议,报常务理事会审议批准。

第十条 主任、副主任、执委会委员应由在相应业务领域具有较高理论和业务水准,有一定的专业影响力,热心律师事业,具有较强组织和拓展能力的委员担任。

第十一条 新设立的专业委员会主任、副主任、执委会成员均由全国律协常务理事会批准。

第十二条 各专业委员会应建立经常性的主任会议和执委会会议制度,沟通研究工作。

第十三条 专业委员会管理机构的职责是:

(一)制订专业委员会年度工作计划及中期工作规划;

(二)落实专业委员会工作计划,组织实施各项活动;

(三)经授权代表全国律协或以本专业委员会名义对立法、司法、行政等工作提出建议或意见,参加相关社会活动;

(四)提名本委员会委员候选人;

(五)制定本委员会活动细则;

(六)提出年度活动预算,管理委员会活动经费;

(七)与相关机构建立工作关系;

(八)与地方律协相关专业委员会建立工作联系;

(九)就律师专业评优、出国培训、继续教育、对外交流等项目提出意见;

(十)向全国律协业务部汇报工作,向委员通报情况;

(十一)向委员会做出年度述职报告;

(十二)完成全国律协交办的其他工作。

第十四条 专业委员会主任、副主任、执委会成员本人提出辞职,或在任职期间不能履行职责、不称职,有半数以上委员提出免职要求的,经全国律协常务理事会批准予以免职,也可由全国律协常务理事会直接予以免职。

第十五条 主任、副主任、执委会成员任期三年。任期届满后,可由全体委员民主推荐或全国律协秘书处提名新一届管理机构候选人,报全国律协常务理事会批准或备案。连选可连任。

主任、副主任、执委卸任时应做好工作交接。

第十六条 专业委员会应于改选后两个月内提出三年工作规划,于每年12月31日前提出各专业委员会下一年度活动计划报全国律协业务部。

第十七条 各专业委员会可以根据业务发展需要,聘请专家、学者和有关政府部门的人士担任顾问。

第四章 专业委员会委员

第十八条 全国律协专业委员会委员应符合以下条件:

(一)在律师事务所执业五年以上或在行政、司法机关、教学单位和企业从事法律工作五年以上;

(二)大学本科以上学历;

(三)有较扎实的理论功底、丰富的业务经验,在行业内有一定知名度。

第十九条 推荐委员候选人,采取省、自治区、直辖市律师协会推荐和委员会推荐两种形式。

省级律师协会推荐委员直接报全国律协业务部。

委员会推荐候选人须由两名以上委员提名,经专业委员会主任会议或执委会会议研究,并报被推荐人所在省级律师协会审核同意,报全国律协业务部。被推荐人经评审程序确定后,通知所推荐专业委员会和被推荐人所属省级律师协会。

第二十条 被推荐人应该如实填写申请表,并由省级律师协会审查,签署意见并加盖公章后,寄送全国律协业务部。

省级律师协会审核内容应包括:

(一)被推荐人是否符合第十八条所列条件;

(二)被推荐人执业品纪情况;

(三)被推荐人是否积极参加当地行业公益事务。

第二十一条 全国律协专业委员会委员经候选人推荐程序后,由全国律协秘书处确定。

第二十二条 专业委员会根据工作需要,可以吸收地方律协相应专业委员会负责人为委员,可以吸收专业人士、外国律师为特邀委员。

第二十三条 委员责任和义务是：

（一）注重理论研究和业务总结，发挥自己在专业领域的作用和影响；

（二）积极参与律师相关领域业务能力建设；

（三）积极参加委员会活动，完成本专业委员会交办的工作任务；

（四）恪守律师执业准则，模范遵守职业道德和执业纪律规范；

（五）在执业地热心倡导和组织律师业务拓展、交流和研讨活动。

第二十四条 委员享有以下权利：

（一）对委员会工作提出意见和建议；

（二）参加本专业委员会活动；

（三）有选举权、被选举权和表决权；

（四）推荐本专业委员会委员；

（五）监督本专业委员会的经费使用。

第二十五条 委员因故不能参加委员会活动的，应事先请假。委员地址或联系方式变更应及时告知本委员会主任、执委会和全国律协业务部。

第二十六条 委员自愿退出专业委员会的须告知主任或执委会。不再从事律师工作的不再保留委员资格。

第二十七条 专业委员会委员有下列情况之一的，取消其委员资格：

（一）无故不参加本专业委员会全体委员活动的；

（二）专业委员会要求的全体委员活动三年中累计三次请假的；

（三）违反律师职业道德、执业纪律被当地司法行政机关停止执业处分的；

（四）不完成本委员会工作任务的。

第二十八条 专业委员会和委员名单于每年五月予以公告。

第二十九条 专业委员会可以设置研讨员作为委员的后备人选。研讨员的管理由专业委员会自行决定。

第五章 专业委员会活动

第三十条 专业委员会可以通过组织研讨会、座谈会、听证会、业务观摩，参与业务培训，向有关部门提出工作建议和意见，开展公众义务咨询，进行法律宣传宣讲，组织对外交流、提供信息服务等多种形式开展工作。专业委员会活动应注重实效。

第三十一条 各专业委员会应每年至少组织一次全体委员活动。

第三十二条 专业委员会组织的业务研讨活动应对律师开放，吸收和鼓励广大律师参与。

第三十三条 专业委员会活动情况应及时向分管会长、常务理事、会议举办地的常务理事通报。

第三十四条 提倡全国律协专业委员会与地方律协联合开展研讨活动。专业委员会与地方律协合作举行研讨会,应提前进行协商,做出计划,报全国律协业务部,并由业务部与地方律协沟通。

第三十五条 专业委员会与地方律协联合开展研讨活动,还应注意以下事项:

(一)就研讨内容征求地方律协意见,尽可能照顾地方律协和律师的需求;

(二)研讨活动对地方律师开放。地方律师参加研讨活动,由地方律协决定收费与否和数额;

(三)请地方律协争取当地政府相关部门、企业、学术研究机构等参加研讨活动,为地方律师搭建业务拓展平台。

第三十六条 专业委员会应建立工作大事记。

第三十七条 专业委员会业务研讨活动应撰写综述,综述内容为:议题、观点争论、主导意见、专业建议、会议规模等。

专业委员会重要活动应安排速记,详尽记录业务研讨情况。

专业委员会活动信息、重要演讲和会议综述等内容应及时在网上公布,尽可能利用网络媒体等手段传播委员会工作成果。

第三十八条 以研讨会、培训班、业务观摩等形式开展专业委员会活动的,可申请按实际活动时间折抵律师培训课时,并颁发课时证明。

第三十九条 专业委员会与境外组织和机构开展合作,应事先向全国律协报告,报告内容应包括:合作对象、合作背景与目的、合作方式和内容、经费来源和使用等。活动结束后,应及时做出工作总结报全国律协。

第六章 经费与公章管理

第四十条 专业委员会活动经费来源为委员缴费、全国律协拨款、地方律协支持、社会赞助、举办专业活动和社会活动收入等。专业委员会应合理、节约使用活动经费。

第四十一条 专业委员会活动需要额外申请费用的,应至少提前一个月将项目和经费预算报全国律协审批。

第四十二条 专业委员会经费应单独立账、专款专用,可由全国律协财务部门代管,也可由委员会设专门账户自行管理,但须接受全国律协监督,实行全国律协秘书处和专业委员会双重监督。专业委员会活动经费禁止在委员中分配。经费管理实行年度自动结转。

第四十三条 各专业委员会公章由全国律协统一制作,并由全国律协业务部统一管理。

第七章 附 则

第四十四条 省级律师协会设立专业委员会,应报全国律协备案。

第四十五条 各专业委员会可以根据本规则制定相应的工作细则。

第四十六条 本规则自中华全国律师协会常务理事会批准后实施。

第四十七条 本规则解释权归中华全国律师协会常务理事会。

律师协会维护律师依法执业权益委员会规则

(2002 年 10 月 12 日第五届中华全国律师协会第三次常务理事会通过)

第一章 总 则

第一条 为维护律师合法权益,保障律师依法执业,根据《律师法》和《中华全国律师协会章程》制定本规则。

维护律师依法执业权益是中华全国律师协会和地方各级律师协会的权利和义务,中华全国律师协会和地方各级律师协会应依法、积极开展维护律师依法执业权益工作。

第二条 中华全国律师协会和地方各级律师协会要设立维护律师依法执业权益委员会(以下简称"维权委员会")。维权委员会是律师协会负责维权工作的专门委员会,在律师协会常务理事会的领导下,开展全国或本地区律师的维权工作。

第三条 维权委员会对在依法执业过程中,被有关机关、企事业单位、其他组织或人员妨害其依法执业,侵犯其人身、财产权益的律师,提供支持和帮助。

第二章 工作职责

第四条 维权委员会的工作职责：

（一）制定同级律师协会有关维护律师依法执业权益的具体措施和有关办法；

（二）开展调查研究，针对在维权工作中存在的问题，向有关部门提出意见、建议或具体解决措施；

（三）组织有关法律专家对专项案件进行讨论研究，在律师依法执业权益确实受到侵犯的基础上，向有关机关、组织或人员提出意见或采取相关措施，维护律师的合法权益；

（四）呼吁、配合、协调有关部门包括新闻单位促使侵权案件的尽快解决；

（五）在律师协会常务理事会的指导下，依据《民事诉讼法》第十五条，直接为受害律师提供法律帮助和其他支持，推动维权工作的开展；

（六）建立情况通报制度。各级维权委员会对所受理、承办维权案件，要向本级律师协会常务理事会报告，并应同时将维权案件的调查、处理结果及解决情况报上级律师协会；对重大维权案件应以书面形式向上级律师协会以及当地党政领导汇报，以便取得支持与指导；

（七）在维权过程中，如发现律师有违纪、违规行为的，在查清事实的基础上，提交律师协会纪律委员会处理；

（八）定期召开维权委员会专门会议，总结交流维权工作经验，对具有典型的、普遍意义的维权案件进行研究探讨，制定相应的维权工作措施。

第五条 维权委员会委员有义务接受律师协会交办的维权案件，对维权委员会的指派不得以任何理由或借口拒绝。

第三章 组织机构

第六条 地方各级律师协会维权委员会设主任一人，由律师协会领导担任；副主任若干人、委员若干人，人选由同级律师协会常务理事会在当地执业三年以上、精通律师业务、政策水平较高、公正廉洁、热心公益事业的律师中聘任。

中华全国律师协会维权委员会设主任一人，副主任若干人，委员由各省、自治区、直辖市律师协会维权委员会主任、律师协会秘书长及部分优秀律师组成。

根据需要，各级律师协会常务理事会可以聘任热心律师事业发展的有关部门、组织的人员为维权委员会的顾问。

第七条　维权委员会会议每一年举行一次，必要时可由主任或副主任临时决定召开。会议由主任或副主任主持，或由主任或副主任推举委员一人主持。各级律师协会维权委员会的任期与同级律师协会常务理事会的任期相同，可连选连任。

第八条　地方各级律师协会应设立维权委员会的办事机构，负责处理维权委员会日常工作。

第九条　维权委员会的活动经费由同级律师协会承担。各级律师协会应每年从会费中抽出一定比例和接受律师事务所、律师及社会捐赠，设立维权专项基金。在律师协会维权费用不足以支付合理的支出时，相关的律师事务所、律师负有一定的筹集责任。

第四章　案件管辖及工作程序

第十条　各地的维权案件原则上由本地区律师协会的维权委员会负责处理；全国律协维权委员会负责承办由各省、自治区、直辖市律师协会上报的在全国范围内有重大影响的侵权案件。

第十一条　对于由上级律师协会交办的维权案件，下级律师协会的维权委员会应及时进行调查、处理，并在三个月内将工作进展情况及意见上报。对无故拖延不予办理、不向上级律师协会汇报的，上级律师协会有权进行批评。

各级律师协会维权委员会之间应加大协助力度，对跨地区的维权案件，侵权行为发生地的律师协会维权委员会应积极给予配合，提供帮助。

第十二条　维权委员会工作程序：

（一）受理、登记各类维权案件的申诉并做好建档工作；维权委员会在接到被侵害律师或律师事务所的维权申请后，经维权委员会审核后决定是否立案，向申请人发出书面通知并报上级律师协会备案，申请人对不予立案的决定不服，可向同级律师协会常务理事会或上级律师协会维权委员会申请复核；

（二）对案件进行初审后，如确属维权委员会管辖范围，应及时受理并进行调查、核实（或委托下级律协调查、核实），各级维权委员会由主任或副主任可根据案件的繁简程度指派一至二名委员具体承办；

（三）在调查核实的基础上，维权委员会对案件进行讨论研究，并将意见和建议报同级律师协会；

（四）对有重大影响的疑难案件，维权委员会可组织有关专家对案件进行讨论研究，并将意见和建议报同级律师协会；

（五）如维权案件情节严重，性质恶劣，影响面大，本地区解决有困难的案件，地方律师协会维权委员会必须在进行调查核实的基础上将有关案件材料及处理意见报上级律师协会维权委员会；

（六）对律师执业中确有违纪、违规行为的，维权委员会要在维护其合法权益后，提交律师协会纪律委员会议处。

第五章 受案范围

第十三条 律师在依法执业过程中，受到以下情况之一者，应当适时维护律师合法权益：

（一）被驱逐出法庭或当众被羞辱、谩骂的；

（二）被非法关押、扣留、拘禁及其他限制人身自由的；

（三）受到有协助义务的机关、部门拒绝协助、配合律师工作的；

（四）律师在刑事辩护中，辩护意见被非法追究的；

（五）受到当事人、诉讼参与人和其他人员侮辱、谩骂、诽谤，使律师人格受到损害并造成明显不良后果的；

（六）其他严重妨碍律师依法执业行为的。

第六章 附则

第十四条 本规则自2002年1月1日起施行，之前全国律协1998年开始实施的维权规则同时作废。

第十五条 本规则由中华全国律师协会常务理事会负责解释。

第十六条 各省、自治区、直辖市律师协会可制定实施细则或办法，报中华全国律师协会备案。

律师办理民事诉讼案件规范

（2003 年 3 月 26 日第四届中华全国律师协会第六次常务理事会通过）

第一章 总 则

第一条 为了保障律师依法履行职责，规范律师办理民事、经济诉讼业务的执业行为，根据《中华人民共和国民事诉讼法》《中华人民共和国律师法》的规定，制定本规范。

第二条 律师在中华人民共和国境内参与民事、经济诉讼，遵循本规范。

第三条 律师参与民事、经济诉讼，应当坚持以事实为根据，以法律为准绳的原则，勤勉尽责，恪守律师职业道德和执业纪律，维护法律的正确实施。

第四条 律师参与民事、经济诉讼，依据当事人的委托，在委托的权限内依法履行代理职责，不得损害委托人的合法权益。

第五条 律师参与民事、经济诉讼，应当保守国家秘密和当事人的商业秘密、个人隐私。

第二章 收案与结案

第一节 收 案

第六条 收案是指律师事务所接受公民、个人和其他组织的委托，指派律师担任代理人；收案时应以律师事务所名义接受委托。律师事务所应指派 1 至 2 名律师作为诉讼代理人。律师事务所应向委托人介绍指派的律师，并取得委托人的同意。律师不得私自接受委托。

律师事务所应当尽可能满足委托人的指名委托要求。

第七条 收案应当符合以下条件：

（一）接受原告的委托，应当在原告拟向人民法院起诉之后，但已代理该案的非诉讼法律事务并与委托人已有约定的除外；

（二）接受被告或第三人委托，应当在被告或第三人知道或者人民法院送达起诉状副本后办理委托手续；

（三）接受上诉人或被上诉人的委托担任二审代理人的，应当在一审判决、裁定送达后办理委托手续，但已代理一审并与委托人另有约定的除外；

（四）律师代理案件执行的，应当另行办理委托手续，明确代理权限范围；或者在诉讼代理合同中特别约定授权执行代理事项；

（五）接受再审案件当事人或其法定代理人的委托，应当在人民法院的判决、裁定发生法律效力后办理委托手续，但已代理原审并与委托人另有约定的除外；

（六）接受集团诉讼案件的，应当与其代表人办理委托手续；

（七）无民事行为能力、限制民事行为能力的当事人要求委托律师的，应当与其法定代理人办理委托手续；

（八）接受侨居国外的中国公民委托的，应当符合《民事诉讼法》第 59 条第 3 款的规定；

（九）接受外国当事人委托的，应当符合《民事诉讼法》第 242 条的规定；

（十）接受港、澳、台当事人委托的，应当遵循我国的有关规定。

第八条 有下列情形之一的，律师事务所不得接受委托：

（一）已经接受同一案件中对方当事人或第三人委托的；

（二）已经在一审程序或二审程序中为对方当事人担任代理人的，二审程序或再审程序又接受对方当事人委托的；

（三）具有违反《律师执业避免利益冲突规则》的规定，不能接受委托的其他情形。

第九条 律师事务所接受委托时，应审查证明当事人主体资料的有关材料。发现当事人不具备相应的诉讼主体资格时，应向其说明情况进行更换。

第十条 符合收案条件的，经过律师事务所主任或主任授权的负责人员同意后，办理委托手续。

委托手续包括以下内容：

（一）律师事务所与委托人签署《委托代理合同》一式两份，一份交委托人，一份交承办律师附卷存档；

（二）委托人签署授权委托书，一式三份，一份交受理案件的法院，一份交承办律师附卷存档，一份交委托人；

（三）律师事务所与委托人签订委托代理合同及委托人签署授权委托书时，应当记明具体的委托事项和权限，委托权限应注明是一般授权还是特别授权。变更、放弃、承认诉讼请求和进行和解，提起反诉和上诉，转委托，签收法律文书，应当有委托人的特别授权；

（四）开具律师事务所函，呈送受理案件的法院。

第十一条 承办律师在律师事务所接受委托后，应当办理如下事项：

（一）要求委托人提供诉讼证据复印件、复制件，同时核对原件，并将原件及时交还委托人妥善保管；收取原件的，要制作证物清单，由委托人、律师签字附卷。

（二）应当向委托人解释和讨论本案如下事项：

1. 案件是否属于人民法院管辖；

2. 起诉是否符合《民事诉讼法》第108条及其相关规定；

3. 诉讼请求是否超过诉讼时效；

4. 与案件有关的法律规定；

5. 委托人已向人民法院提交起诉状的，其诉讼请求是否有相关证据或证据线索支持；

6. 诉讼当事人的各项诉讼权利和诉讼义务；

7. 被告是否反诉，如反诉或有反诉可能，反诉的事实与理由；

8. 是否有申请回避的事实、理由和必要性。

第十二条 律师事务所接受委托后，应当办理收案登记，编号建立卷宗。

第十三条 收案后，如发现委托人已经委托了一名其他代理人时，应当与该代理人交换意见。如果意见基本一致，可以共同代理；如果意见不一致，应当向委托人讲明情况，由委托人选任一名代理人，或者两个代理人就不同的事项接受委托，分别接受不同的代理权限。

第十四条 对于需要提供法律援助，符合获得法律援助条件的当事人，律师事务所可以指派律师承办，但必须按照上述规定办理委托手续。

第十五条 律师事务所有权依正当理由决定是否接受委托。

第十六条 律师事务所接受委托后，无正当理由，不得再拒绝代理。

律师事务所接受委托后，承办律师不履行或者因发生特殊情况，不可能履行代理义务的，律师事务所应当商得委托人同意后，及时调整承办律师。

第二节　结　　案

第十七条 律师在承办民事、经济诉讼业务过程中，应当注意材料的收集、整理和妥善保管。在审判程序结束时，应当写出结案报告或其他结案文书，依照司法部《律师业务档案立卷归档办法》整理案卷归档。

第十八条 委托人利用律师提供的服务从事违法活动或者隐瞒事实的，律师可以拒绝代理，经律师事务所收集证据，查明事实后，告知委托人，解除委托关系，记录在卷，并整理案卷归档。

第十九条 律师事务所接受当事人指名要求的，如果受指名的律师在代理期间因客观原因不能继续代理的，当事人有权选择是否在该所范围内继续委托，律师事务所应当满足当事人的要求；如果委托人不愿意继续委托的，应当记录在案，办理有关手续并整理归档。

第二十条 承办民事、经济诉讼业务过程中，提前解除委托关系的，应当写出办案总结，说明提前解除委托关系的原因，并附上相关解除委托关系的手续，整理案卷归档。

第三章 调查和收集证据

第一节 一般规定

第二十一条 律师调查收集证据应当合法、客观、全面、及时。

第二十二条 律师不得伪造、变造证据，不得威胁、利诱他人提供虚假证据，不得妨碍对方当事人合法取得证据，不得协助或诱导当事人伪造证据。

第二十三条 律师调查、收集与本案有关的材料，应由律师事务所出具介绍信，并出示律师执业证。法律另有规定的，依照规定执行。律师向证人调查取证时，以两人以上共同进行为宜。

第二十四条 律师收集书证、物证应收集原件、原物。收集原件、原物有困难的，可以复制、照相，或者收集副本、节录本，但对复制件、照片、副本、节录本应附证词或说明。视听材料的收集，应明确其来源。

第二十五条 律师对涉及国家秘密、商业秘密和个人隐私的证据应当保密，需要在法庭出示的，应事先告知法庭，以不公开方式举证，不得在公开开庭时出示。

第二十六条 律师认为需要进行鉴定的证据，应及时告知委托人或代理其向有关鉴定部门提出书面申请，并在质证中提出意见，请求法院委托或依法鉴定。

第二十七条 律师不能及时调查、收集证据的，应向人民法院说明情况并申请延期提交该证据。

第二节 向委托人调查和收集证据

第二十八条 律师接受委托，应当要求委托人提供其所知道的一切案件事实，并提供证据或证据线索。

第二十九条 对委托人陈述的案件事实，律师可以记录并制作谈话笔录。

第三十条 委托人能够提供证据或证据线索而不提供的，在告知其不提供证据或证据线索将会产生的法律后果后，委托人仍不提供的，视为委托人隐瞒事实真相，律师可以拒绝代理，也可在向委托人讲明其后果后，以已有的证据、事实完成代理。

第三节 向证人调查和收集证据

第三十一条 律师经有关单位或个人同意，可以向其调查、收集证据，但法律另有规定的除外。

第三十二条 律师在向证人调查、收集证据时，应首先告知律师身份，出示律师执业证；告知证人应当如实反映与本案有关的情况，并向其讲明作伪证应负的法律责任。

第三十三条 律师向证人调查、收集证据，可以由证人自己书写证言内容。证人不能自己书写的，可由他人代为书写，证人签名、盖章或按指纹确认。

有关单位书写的证言材料，应由单位负责人签名或盖章，并加盖单位印章。

第三十四条 律师调查、收集与本案有关的材料，可以制作调查笔录。

调查笔录应当载明调查人、被调查人、被调查人与本案当事人的关系、调查时间、调查地点、调查内容、调查笔录制作人等基本情况；还应当记明律师身份介绍，律师要求被调查人实事求是作证等内容，以及调查事项发生的时间、地点、人物、经过、结果。

第三十五条 律师制作调查笔录，应全面、准确地记录谈话内容，并交由被调查人阅读或向其宣读。如有修改补充，应由被调查人在修改、补充处加盖印章或按指纹确认。经确认无误后，由调查人、被调查人、记录人签名、盖章或按指纹确认。

被调查人在律师调查笔录上，还应签署或由他人代书下述文字：“以上笔录阅读过（或向我宣读过）与我本人的陈述一致。”

第三十六条 律师在向证人调查、收集证据时，如需录音、录像，应取得证人的同意。

第四节 向对方当事人调查和收集证据

第三十七条 律师经对方当事人同意，可以向其调查、收集证据，制作调查笔录。

第三十八条 律师经对方当事人明确同意，在调查、收集证据时，可以录音、录像。

第五节 向国家机关调查和收集证据

第三十九条 律师从国家机关抄录、复制与本案有关的材料时，应尊重事实和忠实于原件，并经该国家机关确认。

第六节 委托其他律师事务所调查和收集证据

第四十条 案件确有需要，并经委托人同意，律师可以异地委托被调查对象所在地的律师事务所调查和收集证据。

第四十一条 委托调查、收集证据时，应制作律师事务所书面委托书，并简要说明案件的基本情况，提出调查的内容、目的、对象和要求。

第四十二条 律师事务所接受异地委托后，应立即指派律师开展调查、取证工作，并及时将调查的结果告知委托的律师事务所。

第七节 申请人民法院调查和收集证据

第四十三条 律师因客观原因不能自行收集的证据，应当及时申请人民法院调查、收集证据。

第四十四条 律师申请人民法院调查、收集证据，应向人民法院递交书面申请。人民法院要求律师协助调查收集证据的，律师应当参加。

第四十五条 需要勘验物证或者现场的，律师应当依授权代理委托人向人民法院提出勘验申请。

第八节 证 据 保 全

第四十六条 在证据可能灭失或以后难以取得的情形下，律师应征得委托人同意后，代理其向公证机关或人民法院申请保全证据。

第四十七条 律师申请保全证据，应提交书面申请并说明理由。

第九节 证据的审查和整理

第四十八条 律师对调查、收集的证据应从以下几个方面进行审查：

（一）证据的来源；

（二）证据的形成和制作；

（三）证据形成的时间、地点和周围环境；

（四）证据的种类；

（五）证据的内容和形式；

（六）证据要证明的事实及其与本案的关联性；

（七）证据间的关系；

（八）证据提供者的基本情况；

（九）证据提供者与本案或本案当事人的关系；

（十）证据的合法性和客观性；

（十一）证据的证明力。

第四十九条 律师应编制证人名单，并说明拟证明的事实。如需证人出庭作证的，在法律规定的时间内将证人名单递交人民法院。每一证人应附上相关材料，包括证人的姓名、年龄、性别、文化程度、职业、工作单位、详细地址、证明事项、证明目的等。

第五十条 律师对收集的证据应当进行编号，编制证据目录并说明要证明的事实。

第四章 一审普通程序中的律师代理

第一节 审查管辖及诉讼时效

第五十一条 律师接受当事人委托，代为提起诉讼的，应分析利弊，确定案件管辖法院。主要从以下五方面进行分析和审查：

（一）本案是否属于人民法院受理范围；

（二）有无仲裁条款、书面仲裁协议及其效力；

（三）有无协议管辖条款及其效力；

（四）是否属于专属管辖；

（五）是否属于特殊地域管辖。

第五十二条 审查诉讼时效时，应重点审查如下内容：

（一）是否超过诉讼时效期间；

（二）有无诉讼时效中断、中止或延长的事由。

对已超过诉讼时效的案件，如有采取补救措施的可能，律师在向其讲明可能不利的诉讼结果后，可继续代理。

在采取补救措施后，仍不能排除超过诉讼时效期间这一法律障碍时，律师可向当事人说明情况，终止委托。当事人仍坚持诉讼的，律师在向其讲明预测的诉讼结果后，可继续代理。

被告代理律师对于管辖不合法和对方诉讼请求超出诉讼时效期间的，可以提出管辖异议和提出抗辩。

第二节　代理起诉和应诉

第五十三条　代理原告起诉。

律师依据当事人的请求，可为其代写诉状。

诉状应提出明确的诉讼请求，并简要阐明起诉的事实和理由。

律师向法院提交诉状应同时提交支持诉讼请求的基本证据及证明原告主体资格的有关材料以及授权委托书和律师事务所函，提交法院的证据包括证明双方存在法律关系的证据和原告权利受到侵犯的证据。

律师向法院提交诉状后，如法院初步审查认为立案尚需补交有关证据材料，律师应及时补交。

在接到法院的立案（受理）通知书后，律师应通知当事人及时交纳诉讼费。

在接到法院不予受理的裁定书后，律师应及时告知当事人，并可依据当事人的委托，提起上诉。

第五十四条　代理被告应诉和反诉。

接受被告委托后，律师应到人民法院查阅案卷材料，并重点查阅以下事项：

1. 原告的起诉是否符合《民事诉讼法》规定的受理条件；
2. 原告起诉的证据是否充分、确凿，相互之间有无矛盾；
3. 诉讼请求是否超过诉讼时效期间。

律师根据被告请求，可代写答辩状。答辩状应针对原告的诉讼请求、事实与理由，陈述答辩事实，提出明确的主张并阐明相应的理由。提交答辩状同时，若有必要，律师可提交支持答辩理由的相关证据。

律师经初步审查，若发现案件不属受诉人民法院管辖，应及时告知被告，并可根据被告的请求在答辩期间内代其提出管辖异议。一旦提出管辖异议，就不应再进行答辩。

如果被告有反诉请求和理由，律师可代其书写反诉状。反诉必须符合《民事诉讼法》关于反诉的有关规定。提交反诉状时，应同时提出支持反诉请求的基本证据。

第五十五条　律师担任有独立请求权的第三人的代理人，应代其撰写具有民事诉状性质的书面文书，提出独立的诉讼请求，阐明理由，并提交相应的证据。

第五十六条 律师担任无独立请求权第三人的代理人,应独立行使诉讼权利,提出明确的诉讼主张和理由,并与利益相关的一方当事人密切配合,反驳对方当事人的诉讼主张和理由。

律师经审查,发现当事人不应被追加为无独立请求权的第三人,可依据有关事实与理由,向法院提出书面意见。

第三节 财产保全和先予执行中的律师代理

第五十七条 律师作为原告或有独立请求权的第三人或反诉原告的代理人,可以根据当事人的要求及《民事诉讼法》规定的有关条件,代其提出财产保全及先予执行的申请。

第五十八条 律师代为提出财产保全、先予执行申请,应让申请人提供被申请人银行账号、有价证券、房地产、机器设备、车辆、产成品、原材料等财产线索。

第五十九条 律师代为提出财产保全申请,需告知申请人提供担保,并告知申请不当的法律后果。

第六十条 财产保全金额限于诉讼请求的范围或与本案有关的财产。

第六十一条 如采取诉前保全,律师应当告知当事人在法院采取保全措施后15日内提起诉讼。

第六十二条 财产保全被申请人的律师应审查以下事项:

(一)申请人的申请是否错误;

(二)财产保全是否限于请求的范围;

(三)申请人是否提供了担保,担保人是否具有担保能力;

(四)保全裁定是应申请人申请做出,还是人民法院依职权做出;

(五)被申请人是否愿意提供担保并申请法院解除保全;

(六)是否申请复议。

若被申请人愿意提供担保,律师可代其书写解除财产保全申请书。

在被申请人提供了足够和有效担保后,法院仍不解除保全措施时,律师可根据当事人要求向法院领导或上级法院提出异议。

第四节 出庭准备

第六十三条 整理和提交证据。

(一)律师应将当事人提供和自己调查、收集的证据进行归类整理;

（二）对当事人提供的证据，律师可以留存复印件，原件交由当事人自己保管，律师保存原件的应妥为保管；有条件的应由律师事务所专人保管，或者存放于保险箱、保管箱内；

（三）律师向法院提交证据，应编制证据目录；

（四）律师向法院提交证据，可以一次性提交，也可以根据诉讼过程分期分批提交。除起诉或答辩时提交的基本证据外，其他证据一般应在开庭前提交，至迟在开庭时提交。少数证据在开庭后才取得的，可申请法院给予一定的提交证据宽限期；

（五）律师在开庭前向法院提交证据，一般可提交复印件，但开庭时应当出示原件。不能出示原件的，应说明理由。法院收取证据原件时，律师可要求法院或承办法官或书记员出具收据；

（六）律师需告知当事人，所有要提交法院的证据必须经律师审查，要求当事人不得自行决定，除非在委托律师前已经提交。

第六十四条 律师可在开庭前到法院阅卷，并依据法院规定，复制有关案卷材料。

第六十五条 在开庭前，律师应将需要通知当庭作证的证人的姓名、身份情况、工作单位或住址、联系电话等告知法院。

第六十六条 律师应通知自己一方联系的拟出庭作证的证人携带身份证明准时到庭，并告知其出庭作证应注意事项。律师可以与证人合作，演练庭审作证、质证的情形。

第六十七条 开庭前，律师可根据情况，告知被代理人或其法定代表人是否出庭。如果出庭，律师需告知其出庭及回答法庭和对方代理人提问应注意的事项。

第六十八条 律师可根据被代理人提供的有关材料及阅卷情况，准备法庭调查提纲。

调查提纲包括陈述提纲、举证提纲、质证提纲和发问提纲。陈述提纲包括本案案情、陈述要点。举证提纲包括有关主体的举证、双方法律关系的举证、权利侵害行为的举证和损失事实的举证等。陈述中涉及的事实均应有相应的证据证实。质证提纲包括对其他当事人证据的质证意见，对其他当事人（或其代理人）对自己一方证据可能提出的质证意见和反驳意见。发问提纲包括对其他当事人进行发问的内容和对出庭作证的证人、鉴定人的提问内容。

第六十九条 律师应认真撰写代理词或代理词提纲。

第七十条 开庭前，律师应征求当事人意见，对合议庭组成人员是否提出回避申请及有无相应证据。

第七十一条 律师接到开庭通知书后应按时出庭，如因故不能出庭，应及时与法院联系,申请延期开庭。

有下列情形之一的,律师可以要求法院推迟开庭时间:

(一)因不可抗力,律师无法出庭履行职务的;

(二)律师收到两份以上同时开庭的通知书,无法参加后接到通知书的开庭审理活动的;

(三)由于客观原因律师无法按时到达开庭地点的。

律师接到法院书面通知时距开庭时间不足三日的,有权提出异议,要求法院更改开庭时间。

第五节 参与法庭调查

第七十二条 律师出庭应遵守法庭规则和法庭秩序,听从法庭指挥。

第七十三条 审判长在核对当事人身份时,律师有权对对方当事人及其代理人的身份提出异议。

第七十四条 审判长询问委托人是否申请回避时,律师可依据委托人的授权对审判人员、书记员提出回避申请,并说明理由。

第七十五条 法庭调查开始后,律师应当完成下列工作:

(一)代理原告的,可代为口头陈述事实或者宣读起诉状,讲明具体诉讼请求和理由;

(二)代理被告的,可代其陈述事实进行反驳或者宣读答辩状,提起反诉的,讲明具体请求和理由;

(三)代理第三人的,可代其陈述或者答辩,针对原、被告的陈述提出承认或者否认的答辩意见,或提出独立的诉讼主张。

第七十六条 审判长归纳争议焦点或法庭调查重点后,律师有权提出修改和补充意见。

第七十七条 在法庭调查过程中,律师应认真记录,做好向其他当事人、证人、鉴定人发问的准备,完善庭前准备的各项调查提纲。

第七十八条 律师出示证据,应当简要说明该证据事实的种类、证据来源、取证时间、地点、提交人及可以证明的事实等。

第七十九条 对物证,律师可以但不限于从以下方面质证:

(一)物证的真伪;

(二)物证与本案的联系;

(三)物证与其他证据的联系;

(四)取得该物证的程序是否合法。

第八十条 对书证,律师可以但不限于从以下方面质证:

（一）书证是否为原件；

（二）书证的真伪；

（三）书证的合法性；

（四）书证所要证明的事实；

（五）书证与其他证据的矛盾；

（六）书证的来源。

第八十一条 对证人证言，律师可以但不限于从以下方面质证：

（一）证人与双方当事人的关系，特别是与对方当事人有无关系，与本案有无利害关系；

（二）证人证言的来源及合法性；

（三）证人证言的内容及要证明的事实；

（四）证人年龄、智力状况、行为能力等自然情况；

（五）证人的证言前后是否矛盾；

（六）证人证言与其他证据的矛盾。

律师应结合有关背景材料进行综合分析，发表该证人证言能否采信的看法，并阐明具体理由。

如证人无正当理由不出庭接受质证，律师可建议法庭对该证人证言不予采信。

第八十二条 对视听资料，律师可以但不限于从以下方面质证：

（一）取得和形成的时间、地点和周围的环境；

（二）有无剪补；

（三）收集的过程及其合法性；

（四）所要证明的事实与案件的联系。

第八十三条 对鉴定人和鉴定结论，律师可以但不限于从以下方面质证：

（一）鉴定人的资格；

（二）鉴定人与双方当事人的关系；

（三）鉴定的依据和材料；

（四）鉴定的设备和方法；

（五）鉴定结论是否具有科学性。

律师应对该鉴定结论发表看法，认为鉴定结论不能成立或者不完整的，可以申请重新鉴定或者补充鉴定。

第八十四条 经审判长许可，律师可以向证人、鉴定人及其他当事人发问。律师应就与本案有关的问题发问，发问受到审判长制止时，律师应尊重法庭的决定，改变问题或者发问方式，或表明发问的重要性和关联性。

第八十五条 针对其他当事人、诉讼代理人威逼性、诱导性发问、带前提的发问和与本案无关的发问，律师有权提出反对意见。反对意见被法庭驳回后，可提请法庭将律师的反对意见记录在案。

第八十六条 在法庭调查过程中，律师有权申请重新鉴定、勘验，要求补充证据，必要时可以申请延期审理。

第八十七条 每一案件事实的全部证据出示完毕后，代理律师可以发表综合性意见。对于有矛盾的证据、程序违法的证据及其他不具备证据证明力的证据，可建议法庭不予采信。

第六节 参与法庭辩论

第八十八条 律师的辩论发言，应紧紧围绕争议焦点或者法庭调查的重点进行。从事实、证据、法律等不同方面进行分析，阐明观点，陈述理由。

第八十九条 律师发表代理意见应当重事实，讲道理。应有良好的文化修养和风度，尊重对方的人格。不得讽刺、挖苦、谩骂、嘲笑对方，不得攻击合议庭成员。

第九十条 在法庭辩论过程中，律师发现案件某些事实未查清的，可以申请恢复法庭调查。

第九十一条 在庭审过程中，发现审判程序违法，律师应当指出，并要求立即纠正，以维护当事人和代理人的诉讼权利。

第七节 参与调解、和解

第九十二条 律师应当在代理权限内参与调解、和解。未经特别授权，不能对委托人实体权利进行处分。

第九十三条 律师代为签收调解书，应有委托人的书面授权，否则，不能签收。

第八节 休庭后的工作

第九十四条 休庭后，律师应认真阅读法庭笔录，如有遗漏或者差错，应当申请补正。

第九十五条 休庭后，律师应按法庭要求及时提交代理词。对于在法庭上出示的证据，休庭后应与本案承办人员办理交接手续。需要补充证据的，律师应在法庭指定的期限内提交。

第五章 简易程序中的律师代理

第九十六条 律师可以在简易程序中担任代理人，具体委托手续参见本《规范》第二章第一节。

第九十七条 律师担任适用简易程序审理的案件当事人的代理人，应向委托人阐明关于简易程序的法律规定。

第九十八条 律师应在开庭前做好随时开庭的准备，在开庭审理过程中，律师可以主动灵活，适时提出证据，向双方发问，对证据进行质证。

第九十九条 适用简易程序审理的案件，发现下列情形时，律师应当向人民法院提出异议，并建议转为普通程序：

（一）不符合《民事诉讼法》第一百四十二条规定的；

（二）起诉时被告下落不明的案件；

（三）已按照普通程序审理的案件，改用简易程序审理的；

（四）发回重审和按照审判监督程序再审的案件；

（五）超过简易程序审限的；

（六）法律规定的其他情形。

第六章 二审程序中的律师代理

第一百条 律师事务所接受二审当事人委托的手续与一审相同。

第一百零一条 律师可以根据二审当事人的请求，代其书写上诉状或上诉答辩状。

第一百零二条 没有参加一审诉讼的律师担任二审代理人，应及时到法院查阅案卷，并复制有关案卷资料，必要时应与一审律师取得联系，尽可能地全面了解一审情况。

第一百零三条 律师在查阅一审案卷时，可对以下几方面作重点审查：

（一）一审认定事实是否清楚、完整，有无前后矛盾；

（二）一审证据是否充分、确凿，有无未经质证的证据作为判决裁定的依据；有无不该采信的证据采信了，该采信的却没有采信；证据相互之间有无矛盾；

（三）一审认定的事实与判决、裁定的结果是否具备必然的逻辑联系；

（四）一审适用法律是否得当，适用的法律条文与案件性质、主要事实是否一致，有无适用已经废止的行政法规、地方性法规及司法解释；

（五）一审程序有无影响案件正确判决的违法情况。

第一百零四条 对当事人在一审中已提出的诉讼请求或反诉请求，原审法院未作审理判决的，或判决结果超出诉讼请求范围的，律师应代当事人请求二审法院调解或发回重审。

第一百零五条 在二审时，原审原告或有独立请求权的第三人增加诉讼请求，或原审被告提出或增加反诉请求，律师应建议二审法院调解或发回重审。

第一百零六条 律师应根据一审情况，及时做好证据补救工作，尽量收集支持本方主张，反驳对方主张的新证据。

第一百零七条 二审案件开庭审理的，律师参加庭审的规则与一审相同。

第一百零八条 二审案件不开庭审理的，律师应及时提交书面代理词。

第一百零九条 二审期间发现新的重要证据，或者有理由说明作为一审判决依据的主要证据不能成立，或者出现其他可能直接影响案件结果的情况，律师可建议二审法院开庭审理。

第一百一十条 二审案件可以调解、和解，律师可以根据当事人的特别授权，签署调解及和解协议，法律另有规定的除外。

第七章 特别程序中的律师代理

第一节 选民资格案件

第一百一十一条 律师可以接受选民资格案件中起诉人、选民委员会、有关公民的委托，担任其诉讼代理人。

第一百一十二条 律师在接受选民资格案件委托之前，应询问起诉人是否已向选区的选举委员会申诉。若未向选区选举委员会申诉，应告知其先申诉。申诉后，起诉人对选举委员会申诉处理不服的，律师方可接受委托代理其诉讼。

第一百一十三条 律师担任起诉人的代理人，应当代书起诉状，起诉状主要包括以下内容：

（一）起诉人、选举委员会、有关公民的基本情况；

（二）具体的诉讼情况，即确认起诉人具备选民资格或确认其他公民不具备选民资格；

（三）诉讼请求的事实和理由；

（四）致送人民法院的名称和具状时间。

第一百一十四条 律师代理公民提起诉讼，应当在选举日的五日以前向选区所在地基层人民法院提交起诉状及下列文件：

（一）起诉人身份证件和户籍证明；

（二）相关证据材料；

（三）选举委员会的处理决定。

第一百一十五条 律师应当收集、整理有关证据，必要时应申请有关部门进行鉴定。

第一百一十六条 律师有权与委托人一起参与选民资格案件的审理活动。在审理过程中，律师作为起诉人的代理人的，应结合法律规定通过相关证据证明起诉人符合选民条件或有关公民不符合选民条件，应确认起诉人的选民资格或确认有关公民不具备选民资格；律师作为选举委员会或有关公民的诉讼代理人的，应通过相关证据证明起诉人不符合选民条件或有关公民符合选民条件，应确认起诉人不具备选民资格或确认有关公民具备选民资格。

第二节 宣告失踪、宣告死亡案件

第一百一十七条 律师可以接受利害关系人的委托，担任其在宣告失踪、宣告死亡案件中的诉讼代理人。

第一百一十八条 律师应当帮助委托人代书宣告失踪、宣告死亡申请书，申请书主要包括以下内容：

（一）申请人、被申请人的基本情况；

（二）申请人与被申请人的关系；

（三）申请请求（即宣告下落不明人失踪或死亡）；

（四）下落不明人失踪的事实、时间；

（五）致送的人民法院名称和申请时间。

第一百一十九条 律师代理委托人向下落不明人住所地基层人民法院申请宣告下落不明人失踪或死亡，应当提交下列文件：

（一）申请人身份证件或营业执照；

（二）宣告失踪、宣告死亡申请书一式二份；

（三）公安机关或其他机关关于该公民下落不明的书面证明。

第一百二十条 宣告失踪或宣告死亡案件审理期间，律师可以请求人民法院清理下落不明人的财产，指定诉讼期间的财产代管人。

第一百二十一条 被宣告失踪或宣告死亡的公民重新出现，律师可以接受本人或利害关系人的委托，担任其代理人向人民法院申请撤销失踪宣告或死亡宣告。

第三节 认定公民无民事行为能力限制民事行为能力案件

第一百二十二条 律师可以接受精神病患者的利害关系人的委托，担任认定公民无民事行为能力、限制民事行为能力案件申请人的代理人。

第一百二十三条 接受委托后，律师可以请示有关部门对被请求认定无民事行为能力或限制民事行为能力的公民进行鉴定，代书申请书，向有管辖权的人民法院提出申请，申请书主要包括以下内容：

（一）申请人和被申请人的基本情况；

（二）申请人与被申请人的关系；

（三）请求事项；

（四）请求认定公民无民事行为能力或限制民事行为能力的事实、根据和理由；

（五）致送人民法院的名称和申请时间。

第一百二十四条 律师应当运用相关证据证明公民无民事行为能力或限制民事行为能力。

第一百二十五条 公民无民事行为能力、限制民事行为能力的原因已消失的，律师可以接受原被认定为无民事行为能力人、限制民事行为能力人或其监护人的委托，向人民法院提出撤销原判决，作出新的判决的申请。

第四节 认定财产无主案件

第一百二十六条 律师可以接受公民、法人或其他组织的委托，担任认定财产无主案件申请人的诉讼代理人。

第一百二十七条 律师接受申请人委托后，应当代书认定财产无主申请书，申请书主要包括以下内容：

（一）申请人的基本情况；

（二）财产的种类、数量、所在地；

（三）要求认定财产无主的根据；

（四）致送人民法院的名称及申请时间。

第一百二十八条 向基层人民法院提出认定财产无主的申请，应当提交下列文件：

（一）申请书；

（二）申请人身份证件或营业执照；

（三）相关证据材料。

第一百二十九条 律师担任申请人的代理人，应当运用相关证据，结合法律规定证明涉案财产为无主财产。

第一百三十条 律师可以接受财产所有人或继承人的委托，担任其代理人，在财产认领公告期间向人民法院提出认领该财产的请求。

第一百三十一条 在判决认定财产无主后，律师可以接受原财产所有人或继承人的委托，担任其代理人向人民法院提出撤销原判的请求。

第八章 审判监督程序和再审程序中的律师代理

第一百三十二条 律师事务所可以接受当事人的委托，指派律师代其撰写并向有关法院或人民检察院递交申诉状。

第一百三十三条 律师可以接受当事人的委托，代理当事人提出再审申请，申请再审应在判决书、裁定书、调解书发生法律效力后二年内进行。

第一百三十四条 申诉和申请再审的范围包括已经生效的判决书、调解书和不予受理、驳回起诉的裁定书。

第一百三十五条 下列案件律师不得代理申请再审：

（一）判决解除婚姻关系的案件；

（二）按照督促程序、公示催告程序、企业法人破产还债程序审理的案件；

（三）依照审判监督程序审理后维持原判的案件。

第一百三十六条 律师代当事人提出申诉和再审申请，应让当事人提供尽可能详细的一、二审诉讼情况，提交尽可能完整的证据材料和诉讼文书，必要时可与一、二审代理人取得联系，以便全面掌握案情。

第一百三十七条 律师查阅有关材料，可着重审查是否具备以下几方面申诉理由：

（一）发现了新的重要证据，使原判决、裁定的基础丧失；

（二）原判决、裁定认定事实的重要证据不足或是伪造的，或者有充足理由说明主要证据不能成立；

（三）原判决、裁定适用法律确有错误，或适用的法律与认定的事实之间缺乏必然的逻辑联系；

（四）原审违反法定程序，或者审判人员有贪污受贿、徇私舞弊、枉法裁判等行为，已经影响或可能影响案件公正审理的；

（五）有足够的证据证明调解违反自愿原则和调解协议内容违法。

第一百三十八条 申诉书不能使用攻击、侮辱原审法院或法官的用语。

第一百三十九条 律师代当事人递交申诉状和再审申请的同时，可向法院提出中止执行的申请。

第一百四十条 申诉既可以向人民法院，也可以向人民检察院提出，申请再审应向案件原审法院或者上一级人民法院提出。

第一百四十一条 人民检察院认为申诉理由成立，向人民法院提出抗诉的，在人民检察院派员出席法庭的情况下，律师仍可担任再审案件当事人的诉讼代理人出庭代理。

第一百四十二条 人民法院审理再审案件，如果是按一审程序进行的，律师从事诉讼代理的规则与一审规则相同，如果是按二审程序进行的，则与二审规则相同。

第九章 公示催告程序中的律师代理

第一百四十三条 律师可以接受公示催告程序案件可以背书转让的票据持有人的委托，担任其代理人，向票据支付地的基层人民法院申请公示催告。

第一百四十四条 接受委托后，律师应当向票据持有人了解其取得票据、票据被盗、遗失或者灭失等情况，代书公示催告申请书，申请书主要包括以下内容：

（一）申请人的基本情况；

（二）票据的种类、票面金额、发票人、持票人、背书人等票据主要内容；

（三）申请公示催告的理由、事实；

（四）致送人民法院的名称和申请时间。

第一百四十五条 公示催告期间没有利害关系人申报或申报被人民法院驳回的，律师应当代理票据持有人在公示催告期满后的次日起一个月内申请人民法院作出判决，宣告票据无效。

第一百四十六条 在公示催告期间或申报期满但人民法院尚未判决时，律师可以接受利害关系人的委托，担任其代理人帮助利害关系人向人民法院申报权利。

第一百四十七条 在人民法院收到利害关系人申报并裁定终结公示催告程序后，律师可以接受申请人或者申报人（利害关系人）的委托，向人民法院起诉。

第一百四十八条 律师可以依照民事诉讼法第一百九十八条之规定，接受利害关系人的委托，向人民法院起诉。

第十章 企业法人破产还债程序中的律师代理

第一节 破 产 申 请

第一百四十九条 在企业法人破产还债程序中，律师可以接受债权人、债务人、国有企业产权主管部门或破产企业清算组的委托，提供法律服务，代理进行有关事务。

第一百五十条 律师代理债权人提出破产申请的，应当向法院提交破产申请书以及证明债权、债务的性质、数额和债务人不能清偿到期债务的相关证据。

破产申请书的主要内容包括：

（一）破产申请人、被申请人的基本情况；

（二）申请宣告债务人破产还债的请求；

（三）债权发生的事实；

（四）债权的性质、数额及相关证据；

（五）债权有无财产担保及相关证据；

（六）债务人不能清偿到期债务的事实。

第一百五十一条 律师代理债务人提出破产申请的，除向法院提交破产申请书外，还应提交下列书面材料：

（一）破产企业亏损情况的说明；

（二）破产企业的会计报表；

（三）破产企业的财产状况明细表（账面值）和有形财产的处所；

（四）破产企业的债权清册和债务清册；

（五）破产企业的职工（包括离退休）名册及其自然状况；

（六）人民法院认为依法应当提供的其他材料。

第一百五十二条 人民法院审查破产申请后，责令申请人限期更正，补充材料的，律师应当协助委托人按期更正、补充材料。

第一百五十三条 人民法院裁定驳回破产申请的，律师应当就是否上诉向委托人提供法律意见；申请人决定上诉的，律师应当代理委托人上诉。

第二节　申报债权

第一百五十四条　债权人的律师应当根据法律的规定和当事人的委托，及时申报登记债权。申报债权应当提交申报书和相关证据。

申报书的主要内容包括：

（一）债权发生的事实；

（二）债权的性质、数额、期限；

（三）债权有无财产担保。

第一百五十五条　发现债务人在人民法院受理破产申请后对部分债权人清偿债务或有《企业破产法》第三十五条第一款所列行为的，律师应当及时请求人民法院裁定债务人的行为无效。

第一百五十六条　发现债务人的开户银行在收到人民法院通知后扣划债务人款项还贷的，律师应当及时请求人民法院裁定银行退回。

第三节　出席债权人会议

第一百五十七条　律师可以接受债权人的委托，出席债权人会议。律师出席债权人会议时应当向人民法院或债权人会议主席提交由委托人签名盖章的授权委托书。

律师代理出席债权人会议享有发表意见、进行表决以及请求召开债权人会议等权利。

第一百五十八条　债务人的律师应当回答债权人的询问，审核债权人所拥有的债权数额和债权性质，根据需要提出并使债权人会议议决和解协议。

第一百五十九条　清算组的律师应当协助提出破产财产的变价和分配方案，并提出修改、补充的意见和建议。

第一百六十条　债权人认为债权人会议的决议违反法律规定的，律师可以帮助有表决权的债权人向人民法院提出书面异议。异议应在债权人会议的决议通过之后的 7 天之内提出。

第四节　代理申请和解与整顿

第一百六十一条　律师代理债务人申请和解，应当向人民法院提交和解申请书、债务人的财产情况说明书、债权债务清册及和解协议草案等材料。

和解协议草案应当包括下列内容：

（一）债权人名单和债务人名称；

（二）总清偿债权数额和各债权人债权的性质、数额；

（三）清偿债务的财产来源；

（四）清偿债务的办法；

（五）清偿债务的期限；

（六）担保人的名称、住所和担保内容；

（七）其他应当规定的内容。

第一百六十二条 债权人会议在对债务人和解协议草案讨论和议决中，债务人的代理律师先应就债务人的财产状况向债权人会议作详尽的说明，并回答债权人的提问，然后请出席会议的债权人就和解协议草案的内容逐项进行讨论，并可以对和解协议草案的内容提出修改意见。

第一百六十三条 债务人或其上级主管部门的代理律师代理申请破产整顿，应当向人民法院提供破产整顿申请书、债务人的财产情况说明书、债权债务对册和破产整顿方案。

第一百六十四条 债权人的代理律师，应当审核债务人提供的各项材料，确定债务人进行和解整顿的可行性的现实性，决定是否同意和解协议草案。有第三人为债务人提供担保的，应当审核担保是否具备合法有效的条件。

第一百六十五条 和解协议经债权人会议通过并由人民法院裁定公告后，律师应当协助委托人按和解协议的规定进行。

第一百六十六条 债权人会议可以委托律师对整顿企业的负责人或其上级主管单位指定的整顿领导小组进行质询和查验。

第一百六十七条 债权人的律师发现企业有下列情形之一的，应当提请人民法院裁定终结整顿，宣告该企业破产：

（一）企业不执行和解协议的；

（二）企业财产状况继续恶化，债权人会议要求终结整顿或者解除和解协议的；

（三）债务人在整顿或执行和解协议期间有严重损害债权人利益行为的。

第五节　参与破产清算

第一百六十八条 参与破产清算清算组的律师，可以经授权代表清算组全面接管破产企业，签订破产企业交接书（或称破产企业移交接管书），交接书后应附交接清单。上述工作完成后，应当协助清算组起草并向法院提供破产企业移交接管情况报告。

第一百六十九条 清算组的律师,可以根据实际情况,对于破产企业未到期合同是否继续履行,提出法律意见,经清算组同意后提请法院裁定准许。

第一百七十条 债权人或其他利害关系人可以委托律师行使取回权。代理行使取回权的律师应当提交申请书并附相关证据。

第一百七十一条 清算组行使撤销权,可以由律师向人民法院提交申请书。

第一百七十二条 清算组的律师,可以协助清理破产企业的财产账册,主要是清理债权、债务情况,应当依法追收破产企业在外债权及财产,包括收取或转让投资利益,并分别根据不同情况,及时提请法院裁定处理。

第一百七十三条 清算组的律师应当协助审核申报登记的破产债权是否成立。审核分形式审核与实质审核。形式审核主要是对申报的破产债权资料是否齐全、完备的审核。实质审核主要是对申报债权真实性、合法性的审核,主要包括:

(一)对债权发生事实及有关证据的审核;

(二)对债权性质即债权有无财产担保的证据的审核;

(三)对债权数额的审核。

第一百七十四条 清算组的律师初步审核债权后,应确定申报的债权人名单和债权的性质、数额。在债权申报三个月期满时,及时与法院联系,填写债权申报确认明细表,以备债权人会议审核确认。

第一百七十五条 破产债权经人民法院确认后,清算组律师应与会计师等有关人员共同编制破产债权清册。

第一百七十六条 清算组的律师可以协助委托有关机构对破产财产进行审计和评估,并将审计、评估结果一并报告法院。

第一百七十七条 清算组的律师,可以协助制定对破产财产进行变现处理和对破产企业职工分流、安置的具体方案,并将上述方案连同所需费用报告法院。

第一百七十八条 清算组的律师,可以协助制作破产清算工作报告,制定破产清偿分配方案,经债权人会议讨论通过后报法院裁定执行。

第一百七十九条 清算组的律师,在破产财产分配完毕后,或发现破产财产不足支付清算费用时,可以代理或协助清算组及时提请法院裁定终结破产程序。

第一百八十条 申请裁定破产程序终结,清算组律师应当起草提请人民法院裁定终结破产程序的报告。

报告的内容主要包括:

(一)清算工作的基本情况;

（二）破产程序终结的法定原因和法律根据。

第一百八十一条 人民法院破产程序终结裁定作出后，清算组律师应当根据参与清算工作的会计师就审计查账中的问题提出的情况说明，拟定企业的破产原因分析报告。

破产原因分析报告的主要内容包括：

（一）案情的基本情况；

（二）企业债务构成及原因分析；

（三）企业破产原因的归纳总结。

第一百八十二条 人民法院作出破产程序终结裁定后，清算组律师可以负责办理或协助办理破产企业的工商注销登记手续。办理破产企业的注销登记应向工商管理部门提交以下证明文件：

（一）清算组组长签署的注销登记申请书；

（二）企业法人营业执照；

（三）人民法院关于企业的破产裁定书、终结破产程序裁定书；

（四）破产财产分配方案及人民法院对其核准生效的裁定书；

（五）税务机关出具的完税证明。

第一百八十三条 清算组的律师在注册登记办理完毕，工商部门发布公告后，应以清算组的名义就注销登记的办理情况及时告知人民法院。

第一百八十四条 清算组的律师，应当在法院发布通知，宣布撤销清算组后，将清算组在破产清算程序中所形成的全部材料连同清算组的印章一并移交法院。

第十一章 执行程序中的律师代理

第一节 接受委托

第一百八十五条 律师可以接受下列当事人的委托，在执行程序中担任其代理人：

（一）民事判决书、经济判决书、调解书、支付令及我国仲裁机构作出的仲裁裁决和民事、经济调解书的申请执行人、被执行人及提出执行异议的案外人、被强制执行财产的第三人；

（二）公证机关依法赋予强制执行效力的关于追偿债务、物品的债权文书的申请执行人、被执行人及提出执行异议的案外人、被强制执行财产的第三人；

（三）经人民法院裁定承认其效力的外国法院作出的判决、裁定，以及国外仲裁机构作出的裁决的申请执行人、被执行人及提出执行异议的案外人、被强制执行财产的第三人；

（四）法律规定由人民法院按照《民事诉讼法》执行的其他涉及民事方面的生效的法律文书。

第一百八十六条 接受委托的律师应对当事人的委托事项进行审查。

律师应审查申请执行的案件是否符合下列条件：

（一）申请执行的法律文书已经生效；

（二）申请执行的法律文书有给付内容，且执行标的和被执行人明确；

（三）申请执行人是生效法律文书的权利人或其继承人、权利承受人；

（四）义务人在生效法律文书确定的期限内未履行义务；

（五）申请执行人的申请未超过法定期限。

律师应审查被执行人是否符合下列条件：

（一）有生效的法律文书确定被执行人有履行义务；

（二）被执行人在规定的期限内未履行义务。

律师应审查提出执行异议的案外人是否符合下列条件：

（一）是案件当事人以外的与执行标的有利害关系的人；

（二）对执行标的有主张的权利。

律师应审查被强制执行财产的第三人是否符合下列条件：

（一）该第三人对被执行人负有到期债务；

（二）被执行人不能清偿到期债务；

（三）该第三人是否在规定期限内提出异议。

对符合上述条件的，律师可以接受各当事人的委托，担任其执行代理人。

第一百八十七条 律师接受委托担任执行代理人的，应由所在地律师事务所与委托人订立委托协议。

第一百八十八条 委托律师代为放弃、变更民事权利，代为进行和解，或代为领取标的物的，应当有委托人的特别授权。

第二节 执行代理

第一百八十九条 律师接受执行申请人的委托后，应为其代书申请执行书，其内容包括：

（一）申请执行人、被申请人的基本情况；

（二）申请请求；

（三）申请执行的理由、事项、标的及申请执行人所了解的被执行人的财产状况。

必要时律师可以了解被执行人的基本情况、财产状况以及案件的审理情况。

第一百九十条 申请执行书由委托人签名或盖章后,由律师或委托人在法定期限内向有管辖权的人民法院提出申请。

第一百九十一条 提出执行申请时,律师应向人民法院提供下列文件和证件:

(一)申请执行书;

(二)生效的法律文书;

(三)继承人或权利承受人申请的,应提交继承或承受权利的证明文件;

(四)申请执行仲裁机构的仲裁裁决,应当向人民法院提交订有仲裁条款的合同或协议。申请执行国外仲裁机构的仲裁裁决的,应当提交我国驻外使馆认证或我国公证机构公证的仲裁裁决书中文本;

(五)委托人的委托书及所在律师事务所的函;

(六)申请执行人的身份证明。公民个人申请执行的,应当出示居民身份证;法人申请执行的,应当提交企业法人营业执照或其他法人证明文件的副本,以及法定代表人身份证明;其他组织申请执行的,应当提交营业执照副本或其他证明文件,以及主要负责人身份证明;

(七)其他应当提交的文件或证件。

第一百九十二条 人民法院受理执行申请后,被执行人未按人民法院执行通知书指定的期间履行生效法律文书确定的义务的,律师可以申请人民法院强制执行

第一百九十三条 被执行人转移、隐匿、变卖、损毁财产的,律师可以申请执行人员查封、扣押或立即强制执行被执行人的财产。

第一百九十四条 出现可变更和追加执行主体时,律师在征得委托人同意后,可代其向人民法院提出变更和追加被执行主体的申请。

第一百九十五条 执行程序中,案外人提出异议的,申请执行人的律师应审查其异议是否成立。律师认为异议不能成立的,应向人民法院提供异议不能成立的意见和理由。

第一百九十六条 被执行人不能清偿到期债务,但对本案以外的第三人享有到期债权的,律师应在征得申请执行人的同意后,可代其向人民法院提出申请,请求人民法院向第三人发出履行到期债务的通知。

第一百九十七条 律师接受被执行人、提出执行异议的案外人及被强制执行财产的第三人的委托后,如果认为执行无误的,应根据委托人的客观情况和利益履行代理职责;如果确有法定事由可以提出执行异议的,可向执行法院提

出执行异议，律师应为其代书执行异议书。

第一百九十八条 被执行人为企业法人，其财产不足以清偿全部债务的，律师应征询委托人是否提出破产申请。

第一百九十九条 被执行人为公民或其他组织，其全部财产或主要财产已被一个法院因执行确定金钱给付义务的生效法律文书而查封、扣押或冻结，无其他财产可供执行或其他财产不足以清偿全部债务的，在被执行人的财产被执行完毕前，申请执行人对该被执行人已经取得金钱债权执行依据，律师应代理委托人提出对该被执行人的财产参与分配的申请。

申请执行人申请参与分配的，律师应当向原申请执行的人民法院提交参与分配申请书，写明参与分配的理由，并附有执行依据。由原申请执行的人民法院转交主持分配的人民法院。

第二百条 参与分配的申请执行人对人民法院查封、扣押或冻结的财产有优先权、担保物权的，律师应代其主张优先受偿权。

第二百零一条 被执行人或其担保人以财产向人民法院提供执行担保的，如果其担保不符合担保法有关规定的，律师应当向人民法院提出异议，申请人民法院责令被执行人提供合法有效的担保。

第二百零二条 在人民法院审理案件期间，保证人为被执行人提供担保，人民法院据此未对被执行人的财产采取保全措施或解除保全措施的，案件审结后，如果被执行人无财产可供执行或其财产不足清偿债务时，律师应代申请执行人申请人民法院裁定执行被执行人的保证人在保证责任范围内的财产。

第二百零三条 在执行中，律师可以根据委托人的授权，与对方当事人自愿达成和解协议，变更生效法律文书确定的履行义务主体、标的物及其数额、履行方式及期限等。

第二百零四条 被执行人不履行或者不完全履行在执行中双方达成的和解协议的，律师应当在规定的期限内代申请执行人提出恢复执行原生效法律文书的申请。

第二百零五条 执行中需办理产权证照、股权等转移手续的，律师应代委托人审查其合法性。

第二百零六条 受托代为收取执行款项的律师，在收取执行款项后，应尽快将款项转交申请执行人，不得私自动用。

第二百零七条 出现下列情形之一的执行结案，律师的义务终止：

（一）生效法律文书确定的内容全部履行完毕；

（二）人民法院裁定执行终结；

（三）人民法院裁定不予执行；

（四）当事人之间达成和解协议并已履行完毕。

第十二章 附 则

第二百零八条 律师代理涉外民事诉讼案件，按照《民事诉讼法》第四编的规定和相关司法解释办理。

第二百零九条 本规范自发布之日起施行。

律师参与仲裁工作规则

（2003年3月26日第四届中华全国律师协会第六次常务理事会通过）

第一章 总 则

第一条 为保障律师在参加仲裁活动中依法履行职责和提高服务质量，根据《中华人民共和国仲裁法》和《中华人民共和国律师法》的有关规定，制定本规则。

第二条 律师代理仲裁案件的职责，是根据委托人的授权参加仲裁活动，维护委托人的合法权益，维护法律的正确实施。

第三条 律师在仲裁活动中，必须遵守国家法律、法规，坚持以事实为根据，以法律为准绳的原则，信守律师职业道德和执业纪律规范。

第四条 律师参加仲裁活动，必须坚持依法维护委托人的合法权益，维护法律的公正实施，忠于职守，认真负责，不得损害委托人的合法权益。

第五条 律师在办案过程中应当保守国家秘密和委托人的商业秘密及其个人隐私，始终不得公开仲裁内容、过程和结果。

第二章 收案阶段

第六条 律师在接受仲裁案件委托时应审查下列条件：

(一)除劳动合同外,仲裁协议的内容是否合法、真实、有效;

(二)委托代理的案件是否符合《中华人民共和国仲裁法》第二条、第三条等规定的关于提请仲裁的条件;

(三)案件是否超过法律规定的关于仲裁的时效;

(四)仲裁案件的双方当事人是否明确;

(五)仲裁请求或反请求是否合法、明确、具体;

(六)委托人是否是本案仲裁协议的当事人;

(七)委托人作为居住在国外的中国公民、外国人或国外企业及组织时是否提供合法的委托手续或证明。

第七条 律师接受委托时,应注意根据案情向委托人询问如下事项:

(一)除劳动合同外,当事人之间是否自愿达成仲裁协议,以及仲裁协议的内容是否真实;

(二)仲裁请求或反请求的内容。

第八条 律师接受委托时,应注意根据案件的不同情况向委托人说明:

(一)除劳动仲裁外,仲裁裁决是终局裁决。裁决作出后,当事人不得就同一纠纷上诉,也不能再到法院起诉;

(二)劳动仲裁须先经过仲裁庭调解,如对劳动仲裁裁决不服,可向有管辖权的人民法院提起诉讼;

(三)如果需要采取财产保全措施、证据保全或者仲裁裁决需要强制执行时,应向有管辖权的人民法院提出申请;

(四)除劳动仲裁或独任仲裁外,选定仲裁员的程序;

(五)委托人作为仲裁案件的被申请人时有权提出反请求;

(六)委托的仲裁案件依照有关仲裁规则可能涉及的审理时间和费用种类。

第九条 律师事务所根据当事人或其法定代理人的委托,指派律师为其担任仲裁代理人。

律师事务所应当尽可能满足委托人指名委托的要求。

第十条 律师事务所受理仲裁案件,应与委托人签订委托代理协议,办理委托授权手续,并应由接待人员办理收案登记,编号后建立卷宗。

第十一条 律师接受委托后,无正当理由的,不得拒绝代理。但委托事项违法,委托人利用律师提供的服务从事违法活动或者委托人隐瞒重要事实的,律师有权拒绝代理,因此单方解除委托代理协议时应及时通知委托人。

第十二条 与委托人订立委托代理合同和办理授权委托书时,其代理权限应明确、具体。

第十三条 对于不符合法律规定条件不能申请仲裁或属于可以申请仲裁

但仲裁协议内容有瑕疵的案件,律师应向委托人做好解释工作,并根据不同情况,经与委托人协商后作出相应的处理。

第十四条 律师事务所受理仲裁案件时,应遵守《律师执业避免利益冲突规则》的规定,避免利益冲突。

第十五条 律师接受委托后不得私自联络办案的仲裁员讨论有关案情,也不得向其提供宴请、馈赠或其他利益,不得指使或诱导委托人行贿。

第十六条 律师事务所受理仲裁案件,应在与委托人签订的委托代理协议中约定收费标准。

因办案需要而实际发生的交通费、住宿费、鉴定费、翻译费和必要的伙食补助费等应由委托人承担。

第三章 调查取证与仲裁受理阶段

第十七条 律师经了解案情后,如认为事实不清,证据不足,应在征得委托人同意后进行调查。调查内容和目的可告知委托人,调查时可以请委托人提供线索和证人名单,委托人应积极配合并提供必要的帮助。

第十八条 律师调查时,须持律师事务所调查专用介绍信,由两人共同进行。如律师一人调查,应有与本案无利害关系的第三者在场。被调查人是未成年人的,应请其监护人或教师在场。

第十九条 对于律师难以取得的证据,可以申请仲裁庭收集、调取证据。仲裁庭同意收集、调取证据时,经仲裁庭同意,律师可以参加。

第二十条 对有可能灭失或以后难以取得的证据,在仲裁进行阶段,律师应向仲裁委员会提出申请,由人民法院进行证据保全。在仲裁的其他阶段,律师可向公证机关申请证据保全公证。

第二十一条 律师进行仲裁案件的调查取证时,应参照《律师办理民事经济诉讼案件规范》第三章调查和收集证据的有关规定办理。

第二十二条 律师起草的仲裁申请书或答辩书、反请求,特别是请求的事项和数额,应在提交仲裁委员会之前交委托人审阅和确认。提交仲裁委员会的文件应按照仲裁委员会规则要求的份数准备,附件和证据应齐全。

第二十三条 律师应了解仲裁程序中各环节的时效规定,以便及时提出申请或异议,维护委托人的合法权益。

第二十四条 仲裁申请被受理后,承办律师应协同委托人在规定期限内指定仲裁员。律师应建议委托人指定熟悉纠纷所涉及的专业领域及相关语言的仲裁员，并应避免出现仲裁规则规定的应回避的情况。

第二十五条 作为被申请人的代理人，承办律师还应注意能否就管辖权问题提出异议，或就仲裁争议提出反请求。

第二十六条 为充分维护委托人利益，承办律师有义务提醒和帮助委托人审查是否有仲裁员应回避的情况。

第二十七条 为避免裁决不能执行或难以执行给委托人造成损失，必要时，承办律师应建议委托人申请财产保全。

第四章 审理阶段

第二十八条 仲裁庭开庭审理前，承办律师应充分与委托人交换意见，熟悉案情，分析证据，说明举证责任，明确请求或反请求，以便庭审时律师与委托人相互配合。律师应熟悉有关法律法规、商业习惯和国际惯例与实践。律师应事先与委托人讨论调解的可能性及可能接受调解的方案。对于委托人非法和无理的主张，应耐心进行解释和说服工作。

第二十九条 律师应熟悉相关的仲裁规则和仲裁程序，特别是受理仲裁的仲裁机构的仲裁规则和仲裁员守则。为保证仲裁裁决的顺利执行，发现仲裁过程中任何不符合仲裁程序的做法应及时告知委托人，并及时向仲裁机构提出异议，充分维护委托人的权利。

第三十条 在涉外仲裁案件中代理外方当事人的律师在开庭前应了解委托人的出庭人员是否需要翻译，并提前与仲裁委员会秘书处联系安排翻译事宜或自行安排翻译人员。

第三十一条 承办律师应按照法律和仲裁规则的要求准备并向仲裁庭提交申请文件或答辩文件，并及时提交补充文件，拟好询问提纲，认真撰写代理词。代理词应叙述事实清楚，引用法律正确，证据确凿，理由充分。

第三十二条 书证应当提交或准备原件，物证应提交或准备原物，外文书证应附有中文译本。证据应当在开庭时出示或在仲裁庭规定的时间内提供。

第三十三条 在庭审期间，承办律师应按时出庭，遵守仲裁庭纪律，认真作笔录，充分阐述，积极辩论，引用法条或证据准确，避免不必要的重复和人身攻击，对对方提供的证据的合法性、真实性、关联性、完整性和可信度进行分析和质证，依法适时地提出异议或请求。

第三十四条 在仲裁庭主持调解或双方当事人希望庭外和解时，应帮助委托人分析调解方案和最终执行的可行性。在符合法律法规，不损害委托人利益并征得其同意的前提下达成和解。

第三十五条 仲裁庭只审理仲裁请求范围内的事项,如果在案件审理过程中涉及的问题超出仲裁请求的范围,承办律师应及时告知委托人,以便采取相应的对策,或补充提出仲裁请求,或向仲裁庭提出异议。

第三十六条 律师应注意在辩论终结时委托人一方有发表最后意见的权利。

第三十七条 补充的证据和其他材料,应在仲裁庭规定时间内及时提交。

第三十八条 律师对开庭记录应当认真阅读,发现有关自己的陈述的记录有遗漏或差错的,应申请补正。

第三十九条 收到仲裁裁决后,承办律师应认真阅读,如果发现文字或计算错误或遗漏事项,应及时告知当事人,并在当事人收到仲裁裁决书之日起三十日内向仲裁庭提出补正的请求。如经审查发现有《仲裁法》第五十八条规定情形之一的,可建议委托人申请法院撤销仲裁裁决。

第四十条 律师在代理委托人参加仲裁工作中,发现仲裁员或对方当事人及其律师有违反法律规定的行为的,应及时向仲裁委员会、仲裁庭或者相关管理部门反映。

第四十一条 律师承办的仲裁活动结束时,应写出办案总结,整理案卷归档。

第四十二条 办案中提前解除委托关系的,律师应写出办案总结,说明提前解除委托关系的原因,并附上相关解除委托关系的手续,整理案卷归档。

第五章 执行阶段

第四十三条 律师接受有关仲裁裁决执行的委托,应与委托人签订委托代理协议,审查仲裁裁决的效力和有关请求的时效,并在委托人的配合下准备有关法律文件。

第四十四条 当事人委托律师申请执行仲裁裁决书或调解书的,律师应依法确定该案的执行管辖法院,并依《民事诉讼法》的有关规定配合法院工作。

第四十五条 律师接受被申请执行方委托后,应审查该案是否属于受案法院管辖,发现法院管辖不当的,应及时以书面方式向法院提出,请求移送。

第四十六条 律师接受被申请执行方委托后,经审查发现有《民事诉讼法》第二百一十七条、第二百六十条规定之情形的,应及时写出书面材料,申请法院不予执行。

第四十七条 律师接受被申请执行方委托后，经审查发现有《仲裁法》第五十八条规定之情形的，应及时写出书面材料，申请法院撤销仲裁裁决（劳动仲裁除外）。

第四十八条 法院裁定撤销仲裁裁决或不予执行仲裁裁决书或调解书后，双方当事人重新达成仲裁协议，或者经人民法院通知仲裁庭重新仲裁的，同一律师继续接受委托代理仲裁活动的，应与委托人重新办理委托手续。

第四十九条 受委托的律师参与仲裁裁决的执行还应遵守《律师办理民事经济诉讼案件规范》第十一章执行程序中律师代理的有关规定。

第五十条 本规则自发布之日起施行。

律师法律顾问工作规则

（2003年3月26日第四届中华全国律师协会第六次常务理事会通过）

第一条 为了促进、保障律师法律顾问工作的发展，保证服务质量，并使法律顾问工作制度化、规范化，根据《律师法》等有关法律、法规的规定，特制定本规则。

第二条 法律顾问是指律师依法接受公民、法人或者其他组织的聘请，以自己的专业知识和技能为聘请方提供多方面的法律服务的专业性活动。

法律顾问的业务范围主要包括为聘请人就有关法律问题提供意见，草拟、审查法律文书，代理参加诉讼、调解或者仲裁活动，办理聘请人委托的其他法律事务。

第三条 律师事务所可受聘担任聘方的常年法律顾问，指派本所执业律师负责在聘期内为聘方提供综合性法律服务。

律师事务所可受聘担任聘方的临时法律顾问，指派本所执业律师负责为聘方提供所需的法律服务。律师事务所可受聘担任聘方的专项法律顾问，指派本所执业律师负责对聘方特定的项目提供法律服务。

第四条 受律师事务所指派担任法律顾问的律师必须是依《律师法》及有关规定取得了律师执业证并在律师事务所执业的执业律师。

未经律师事务所指派，律师个人不得以任何形式或名义担任法律顾问。

律师助理人员不得独立担任法律顾问，但可以协助律师完成法律顾问工作。

第五条 律师事务所可以接受下列聘请人的聘请，担任法律顾问：

1. 各级政府及其职能部门或其派出机构;

2. 公民;

3. 法人;

4. 其他组织。

第六条 聘方应就其所为的民事行为,所提供的法律事实及证据、文件的真实性承担法律责任;律师事务所及顾问律师应就其所提供的法律意见的合法性承担法律责任。

第七条 律师事务所及其指派的顾问律师在完成法律顾问工作中,应依法维护聘方的合法权益,遵守诚信原则,在授权委托范围内,依法独立提供法律服务。

第八条 律师事务所及其指派的顾问律师,有权拒绝聘方要求为其违法行为及违背事实、违背律师职业道德等的事项提供服务,有权拒绝任何单位、个人的非法干预。

第九条 律师事务所应结合本所的实际情况,在遵守本规则的基础上建立法律顾问工作制度,并根据实际情况予以充实和完善。

第十条 各级司法行政机关、律师协会应加强律师事务所担任法律顾问工作的监督、指导。

顾问律师在受指派提供法律顾问服务过程中对遇到的重大问题、参与重大项目、经济合同谈判应及时向律师事务所汇报。

律师事务所及顾问律师在提供法律服务过程中对有重大社会影响的事件、突发事件,在提供法律意见前,应向当地司法行政机关、律师协会报告。

第十一条 律师事务所受聘担任法律顾问前,应对聘方资信进行初步调查,调查内容包括但不限于:

1. 聘方为法人、其他组织时应调查:

(1) 是否依法成立,是否合法存续;

(2) 该法人目前的基本状况;

(3) 证照上所核准的经营范围;

(4) 实际上的主营业务范围;

(5) 聘请法律顾问的基本目的及要求。

2. 聘方为自然人时应调查:

(1) 国籍及居住地;

(2) 职业及其他自然状况;

(3) 聘请法律顾问的基本目的及要求。

第十二条 律师事务所受聘担任聘请人的法律顾问,必须签订法律顾问合同,法律顾问合同是法律顾问关系成立的唯一证明。

第十三条 法律顾问合同经双方签字或盖章后生效,包括但不限于如下条款:

1. 聘方及受聘方的名称(姓名)、住所、通讯方式;
2. 法律顾问的工作范围、工作方式、履行职责的权限;
3. 担任法律顾问的律师姓名、执业证号;
4. 聘期起止时间;
5. 聘方为保证法律顾问职责的履行提供的必要工作条件和物质保障;
6. 顾问律师应有的知情权;
7. 法律顾问费的支付标准和办法;
8. 合同的变更和解除;
9. 双方约定的其他权利、义务;
10. 违约责任;
11. 解决争议的方法。

第十四条 律师事务所及其指派的律师提供法律顾问服务时,包括但不限于如下方式:

1. 咨询;
2. 出具法律意见书、律师函;
3. 参与重大商务谈判;
4. 起草、审查、修改合同和规章制度;
5. 代办登记注册等法律事务;
6. 法制宣传、教育、培训;
7. 提供有关法律信息;
8. 经另行委托,代理各类诉讼、仲裁、行政复议案件,参与调解纠纷。

律师事务所受聘指派律师担任法律顾问的服务内容、范围、工作安排由双方在法律顾问合同中明确约定。

第十五条 法律顾问的报酬,由律师事务所统一收取,受律师事务所指派提供法律顾问服务的律师不得直接从聘请人处收取任何报酬。

律师事务所与聘请人应在法律顾问合同中约定法律顾问报酬的标准及计算依据。顾问律师在为聘方提供法律服务时,必要的交通费、差旅费等由聘方承担。

费用支付方式、支付时间及减免或增加条件均应在法律顾问合同中明确约定。

第十六条 律师事务所受聘担任法律顾问后,应及时指派本所执业律师提供法律顾问服务。聘方对所指派的律师有特别要求或明示希望指派特定律师的,应尽量满足。

第十七条 顾问律师应依法律顾问合同的规定或聘方的授权委托提供法律服务，不得超越委托权限；

担任各级政府及其派出机构的法律顾问，应根据合同规定和政府委托的权限履行义务，不得超越委托权限。

顾问律师不得从事与履行法律顾问职责无关的事务，不得利用担任各级政府及其派出机构法律顾问的便利进行不正当竞争，也不得利用政府法律顾问的身份代理他人办理法律事务。

不得以顾问律师身份从事任何盈利性活动谋取私利。

第十八条 受律师事务所指派担任顾问律师的执业律师，应尽快熟悉聘方情况，其中包括但不限于：

1. 聘方的性质、职能、经营范围、内部结构及负责人、隶属关系、主要关联方等；
2. 聘方的个人及家庭的自然情况、工作简况等；
3. 聘方近期的法律事务的性质、种类、有否特急事项；
4. 聘方中远期可能需要提供法律服务的性质、种类及应进行的前期准备；
5. 对聘方需提供法律服务的事项进行归类、整理。

第十九条 律师事务所及其所指派的顾问律师应对其提供法律服务过程中接触、了解到的国家秘密、商业秘密、不宜公开的情况及个人隐私负有保密的义务。

第二十条 担任聘方法律顾问的律师事务所，应依照《律师执业避免利益冲突规则》的规定，避免利益冲突。

第二十一条 顾问律师应当建立为聘方服务的工作日记，原则上做到一次一记，一事一记。顾问律师应对聘方实行一户一卷，办理具体的法律事务，要一事一档。

第二十二条 顾问律师应将聘方交与承办的重大的、疑难的或事关聘方重大利益的法律事务提交律师事务所讨论，以保证工作质量。

第二十三条 律师事务所要定期听取顾问律师的工作汇报，定期到聘方征求意见，不断提高服务质量。

第二十四条 受指派担任法律顾问的律师因故不能履行法律顾问职责时，受聘律师事务所应当与聘方协商另行指派顾问律师，以保证法律顾问工作的连续性。

第二十五条 在聘期内提前解除法律顾问合同时，双方应签订解聘协议，并就善后事宜的处理予以书面约定。

顾问律师应就解聘原因，善后处理应注意的问题及法律顾问报酬是否退还，退还比例等向律事事务所提交书面报告。

律师事务所与顾问律师应及时进行总结,对善后事宜作出预案。必要时向司法行政部门、律师协会进行汇报。律师事务所应及时归卷备查。

第二十六条 法律顾问合同期满或终止前,律师事务所及顾问律师应主动就是否续聘征询聘方意见,若聘方有意续聘,应及时就续聘条件进行磋商,以保证法律服务的连续性。法律顾问合同因期满或法律服务事项完成而终止后,顾问律师要及时写出总结报告,律师事务所应及时归卷备查。

第二十七条 本规则自发布之日起施行。

律师从事证券法律业务规范(试行)

(2003年4月22日第五届中华全国律师协会第五次常务理事会审议通过,〔2003〕律发字第18号)

第一章 总 则

第一条 为了规范律师事务所和律师从事证券法律业务的执业行为,保证服务质量,明确执业责任,根据《中华人民共和国律师法》《中华人民共和国证券法》《律师职业道德和执业纪律规范》和证券监管机构关于律师从事证券法律业务管理的相关规定及其他有关法律、法规和规范性文件的规定,制定本规范。

第二条 本规范所称证券法律业务是指律师事务所依法接受委托,为有价证券的发行、上市或交易以及相关业务提供的法律服务,或者依照有关法律法规和有关部门的规定应当由律师承办的其他证券法律业务。

第三条 律师事务所和律师从事证券法律业务,接受律师监管机构的指导和监督,证券监管机构的监督和管理。

第四条 律师事务所和律师从事证券法律业务,除应当遵守国家法律法规外,还应当遵守本规范。

第二章 基本规范

第五条 律师从事证券法律业务,应当坚持以事实为根据,以法律为准绳,自觉遵守证券监管机构的有关规定,恪守律师职业道德和执业纪律规范,诚实守信,审慎严谨,勤勉尽责。

第六条 律师从事证券法律业务,应当在受委托范围内依法履行职责,保护委托人和投资者的合法权益,同时维护证券市场的正常秩序。

第七条 律师从事证券法律业务,应当具备为委托人提供相应服务的专业能力,包括必备的法律专业素质和公司运作、财务会计、金融证券等方面的基础知识。

第八条 律师事务所接受证券法律业务委托,不得指派不具备证券法律服务专业能力的人员办理。律师助理不得独立承办证券法律业务,但可以协助律师完成相关的辅助工作。

第九条 律师从事证券法律业务,应当保证有足够的时间和精力承办具体业务,以使法律服务质量符合国家法律、法规和有关规范性文件的规定以及专业化要求和律师行业惯例。

第十条 律师从事证券法律业务,应当坚持其独立性,在受托范围内依法履行其职责,不受其他单位或个人的影响和干预。

第十一条 律师从事证券法律业务,应当始终坚持诚实守信原则,并应遵守以下要求:

1. 不得建议或协助委托人从事违法活动或实施虚构事实的行为,但对于委托人要求解决的法律问题,可以协助委托人进行法律分析并提出合法的解决方案;

2. 对于委托人要求提供违反法律法规以及律师职业道德和执业纪律规范的服务,应当拒绝并向委托人说明情况;

3. 不得协助或诱导委托人弄虚作假,伪造、变造文件资料,更不得为了委托人的利益或自身利益,自己弄虚作假,伪造或变造证明文件;

4. 不得向证券监管机构、证券交易所或其他机构提供律师经合理谨慎判断怀疑是伪造或虚假的文件资料;

5. 不得协助任何机构和人员实施与证券业务有关的违法行为。

第十二条 律师应当协助或督促委托人履行法定的信息披露义务,信息披露文件应当符合真实、准确、完整的要求,不得协助或支持委托人披露虚假信息或故意隐瞒、遗漏重要信息或作虚假陈述。

第十三条 除法律法规明确规定,证券监管机构或司法机关依法要求,或委托人同意之外,律师及其辅助人员对于在从事证券法律业务中知悉的商业秘密应当保密,并不得利用其为自己或他人谋取利益。

第十四条 律师从事证券法律业务,应当与保荐人、主承销商、注册会计师、资产评估师等中介机构密切配合,通过专业分工协作和充分的业务沟通,共同保障受托证券法律业务的顺利进行。

第十五条 律师不得以与法律法规和律师执业规范相违背的方式对证券监管机构人员施加影响。

第十六条 律师事务所应当建立健全项目管理制度、法律文件制作内部审核制度,以及有关证券法律业务内部质量保障和风险控制的其他制度。

第十七条 律师从事证券法律业务,应当及时、准确、真实、完整地就工作过程中形成的工作记录、在工作中获取的相关文件、会议纪要、谈话记录等资料制作工作底稿。

第十八条 律师应当对其在从事证券法律业务过程中重要的往来电子邮件和电子版的法律文件进行保存和书面备份。

第十九条 律师事务所应当建立完善的证券法律业务档案保管制度,以确保证券法律业务档案的安全和完整。证券法律业务档案从项目完成之日起应当至少保存十年,律师事务所发生合并、分立、注销以及承办律师调离等情况时,正在办理的证券法律业务及已经办理完结的证券法律业务档案应当按照律师监管机构的相关规定作出妥善安排。

第二十条 如果证券法律业务涉及其他司法管辖区域的法律事务,律师事务所和承办律师可以建议委托人聘请符合以下条件的境外律师事务所和律师提供法律服务:

1. 在该司法管辖区域具备相应资格;
2. 在特定的业务领域具有相应的经验和能力。

第三章 接受委托

第二十一条 律师承办证券法律业务必须由其所在的律师事务所指派,由律师事务所统一接受委托。律师个人不得以任何形式或名义私自接受任何证券法律业务的委托。

第二十二条 律师事务所接受委托,应当向委托人了解有关受托证券业务的情况并审查委托人提供的相关材料,经律师事务所负责人或授权代表同意后办理委托手续;接受委托后,如无正当理由,律师事务所不应中途解除委托。

第二十三条 律师事务所接受委托,应当与委托人签订书面委托协议;委托协议应当由律师事务所和委托人双方的法定代表人或授权代表签署,并加盖律师事务所和委托人的公章。

第二十四条 委托协议的内容由律师事务所和委托人约定,一般包括以下条款:协议双方的名称、住所、联系方式、委托事项的工作范围和工作方式、双方的权利义务、协议期限、律师费用、违约责任、合同的变更和解除、争议的解决。

第二十五条 律师事务所指派承办律师应当征得委托人的同意,委托人对承办律师有特别要求的,律师事务所应当尽可能满足委托人的要求。

接受证券法律业务委托后,律师事务所或承办律师发生变更时,应及时告知委托人和证券监管机构。

第二十六条 律师事务所向委托人收取的律师费应当合理,确定律师费数额时应当主要考虑以下因素:

1. 律师事务所和律师从事该证券法律业务所需要的时间、投入的精力和其他相应成本;
2. 受托业务的创新性和复杂程度;
3. 根据委托人的要求或实际情况确定的特殊时间限制;
4. 律师事务所和律师的经验、声誉和能力;
5. 律师的持续责任和风险;
6. 律师事务所的实际成本支出;
7. 律师费的支付方式;
8. 其他因素。

第二十七条 同一证券法律业务可以由两个或两个以上律师事务所受同一委托人的委托同时共同办理,相关责任、各自分工、各方权利义务以及律师费支付等事项应当通过签署书面协议确定。

第二十八条 出现以下情况之一,律师事务所可以拒绝或解除委托人对于证券法律业务的委托:

1. 委托人要求律师为其提供服务的事项违反法律规定、违背律师职业道德和执业纪律规范;
2. 委托人隐瞒重要事实;
3. 委托人利用律师提供的法律服务从事违法活动;
4. 其他合理理由。

出现上述情况,律师事务所和律师应当及时通知委托人,并整理卷宗、文件,撰写项目总结报告后存档。

第四章 尽职调查

第二十九条 律师应当根据受托证券业务的具体情况,通过收集文件资料、与委托人管理层或业务人员面谈、与相关方核对事实、实地考察等方式，对证券法律业务项目涉及的相关法律事项进行核查验证。

第三十条 律师应当客观、全面、及时地进行尽职调查，坚持尽职调查的独立性和完整性，做到调查内容真实、准确。

第三十一条 律师应当按照受托证券法律业务的具体情况编制尽职调查法律文件清单，并明确要求委托人或其他当事人严格按照客观真实的原则提供清单所列明的法律文件。

第三十二条 律师从事证券法律业务，在收集文件资料时应当遵循以下要求：

1. 要求委托人披露与受托证券法律业务有关的重要事实并提供相关法律文件，包括原件、传真件、复印件、副本和节录本等；

2. 应当收集文件资料的原件，如果收集原件确有困难，可以复制或收集副本、节录本。对复制件、副本和节录本等应当由委托人或文件提供人在文件上签字、加盖公章或以其他方式加以确认，以证明与原件或正本相一致；

3. 对于重要而又缺少相关资料支持的事实，应当取得委托人对该事实的书面确认，律师还应当在法律意见书中作出相应说明；

4. 对于需要进行公证、见证的法律文件，应当及时通知委托人办理。

第三十三条 律师对尽职调查中收集到的资料，应当从资料的来源、颁发的时间、内容和形式、资料之间的内在联系及资料要证明的事实等方面进行审查。

第三十四条 律师事务所和律师出具法律意见时，可以编制资料目录作为法律意见的附录备查；律师应当按照证券监管机构的要求提交有关文件资料。

律师向证券监管机构提交的文件资料应当是这些文件资料的复印件，但证券监管机构另有要求的除外；向证券监管机构提交文件资料原件的，律师应当提请证券监管机构的承办人员出具资料接收书面凭证。

第三十五条 律师应当对受托证券法律业务涉及的场地、设备等价值较大的实物资产进行必要的实地勘查，但这种勘查仅是确认该资产是否实际存在及相关权属关系，而该资产的价值以依法履行相关职责的机构出具的专业意见为依据。

第五章 证券法律文件的编制、审核及法律意见的出具

第三十六条 律师应当按照有关法律法规和委托人的要求编制或审核与

受托证券法律业务有关的法律文件，并就受托证券法律业务所涉及的重要法律问题或法律事项出具法律意见。

第三十七条 律师在编制或审核有关证券法律文件及出具法律意见的过程中，应当始终明确证券法律文件和法律意见是：

1. 投资者进行投资决策的重要依据；
2. 委托人持续信息披露的基础；
3. 有关机构进行行业监管和业务监管的重要依据。

第三十八条 律师编制或审核证券法律文件以及出具法律意见，应当以尽职调查的结果为依据，严格遵守国家现行有效的法律法规、证券监管机构公布实施的办法、规定、准则和规则。

第三十九条 律师不应当就证券法律文件和法律意见书中应由委托人、主承销商和其他相关方负责的专业性内容发表意见，也不因此承担相应的法律责任。

第四十条 对现有法律法规没有明确规定的事项或者律师已经勤勉尽责仍不能对其法律性质或其合法性作出准确判断的事项，律师应当出具保留意见。

第四十一条 律师出具法律意见，应当尽力核实相关传真件、复印件、副本和节录本等是否与原件一致；如果经过合理努力仍不能核实的，应当明确予以说明。

第四十二条 证券监管机构就有关证券法律文件和法律意见的内容和格式有特别要求的，律师编制、审核相关证券法律文件或出具法律意见应当符合有关要求。

第四十三条 律师出具法律意见书或准备其他证券法律文件，应当简洁、准确、条理清晰。

第四十四条 法律意见书应当由承办律师签字，并加盖律师事务所公章，证券监管机构就有关法律意见书的签署有特别要求的，律师事务所和律师应当根据相应的特别要求进行签署。

第四十五条 律师从事涉外证券法律业务，如果同时出具中文和外文文本，律师应当明确说明不同文本的效力及同等效力文本之间的表述发生冲突时的解决办法。

第六章 附 则

第四十六条 对于违反本规范的律师、律师事务所，由律师协会依照律师行业管理规则给予处分,情节严重的,由司法行政机关予以处罚。

第四十七条 律师在办理涉及证券业务的诉讼案件时,应当按照中华全国律师协会《律师办理民事诉讼案件规范》办理。

第四十八条 本规范由中华全国律师协会常务理事会负责解释、修订和补充。

第四十九条 本规范自二零零三年四月二十二日起试行。

全国优秀律师事务所评定办法

(2003 年 12 月 27 日第五届中华全国律师协会第七次常务理事会审议通过)

第一条 为了做好全国优秀律师事务所评定工作,保证评审质量,依据《中华人民共和国律师法》《律师协会章程》制定本办法。

第二条 凡在中华人民共和国境内,依据《中华人民共和国律师法》、司法部《律师事务所登记管理办法》成立的律师事务所均可申请参加评定。

第三条 中华全国律师协会常务理事会负责全国优秀律师事务所评定工作的审批、公告及颁发证书工作。

第四条 中华全国律师协会设立"全国优秀律师事务所评定委员会"(以下称"全国律协评定委员会"),负责全国优秀律师事务所评定标准的制定、评选活动的组织以及对优秀律师事务所的评定工作。

第五条 各省、自治区、直辖市律师协会设立优秀律师事务所评定机构,负责本地区初评、审核及向全国律协评定委员会的推荐工作。

第六条 全国优秀律师事务所评定依据中华全国律师协会《全国优秀律师事务所评定标准》进行。

第七条 全国优秀律师事务所评定工作每两年组织一次,实行限额制度。

第八条 全国律师优秀律师事务所的产生程序为"申报—初评—审核—公示—推荐—评定—公告"。

(1) 申报。律师事务所依据《全国优秀律师事务所评定标准》自评,认为符合标准的,可向当地律师协会或评定委员会申报;

(2) 初评。地市级律师协会对所辖律师事务所参加优秀律师事务所评选的申请进行初评并向省级律师协会提出推荐意见;省直律师事务所由省律师协会进行初评;

(3) 审核。各省、直辖市、自治区律师协会根据全国律协《全国优秀律师事务所评定标准》对下一级律师协会推荐或自荐的律师事务所进行审核。审核采取实地调查打分的方法进行；

（4）公示。省级律师协会评定委员会应对候选单位名单予以公示，可采取通过会刊、律师协会网站或简报等方式在本地区予以公示；

（5）推荐。省级律师协会评定委员会向全国律协优秀律师事务所评定委员会提交《全国优秀律师事务所推荐报告》；

（6）评定。全国律协评定委员会对推荐单位进行评定。采取派员考核或书面审核等方式对候选单位逐项进行验收和评定；

（7）公告。全国律协常务理事会批准授予"××年度全国优秀律师事务所"荣誉称号并予以公告。

第九条 凡已评定为全国优秀律师事务所的，全国律协评定委员会每两年复核一次。

第十条 复核工作由全国律协评定委员会统一组织，各省、自治区、直辖市律师协会依据《全国优秀律师事务所评定标准》实施。复核方式为全面复核与重点抽查相结合。

第十一条 各省、自治区、直辖市律师协会复核工作结束后，须向全国律协评定委员会提交《全国优秀律师事务所复核报告》。

第十二条 原"部级文明律师事务所"申请评定全国优秀律师事务所的，经各省、自治区、直辖市律师协会复核，全国律协评定委员会评定，符合《全国优秀律师事务所评定标准》的，全国律协常务理事会批准授予"全国优秀律师事务所"称号。

第十三条 经复核达不到要求的，全国律协评定委员会将做出如下决定：

（1）限期整改。整改期为6个月。整改后符合标准的保留其"全国优秀律师事务所"称号；

（2）整改后仍达不到"全国优秀律师事务所标准"的，取消其"全国优秀律师事务所"称号。

（3）被取消"全国优秀律师事务所"称号的，不得参加下一评选年度的评选。

第十四条 本办法由中华全国律师协会常务理事会负责解释。

第十五条 本规定自2004年4月1日起施行。

律师协会会员奖励办法

（2003 年 12 月 27 日第五届中华全国律师协会第七次常务理事会审议通过）

第一章 总 则

第一条 为了规范律师行业的奖励工作，保证律师协会会员奖励的评审质量，根据《律师法》及《中华全国律师协会章程》，制定本办法。

第二条 本办法适用于中华全国律师协会及地方各级律师协会对会员的奖励工作。

第三条 各级律师协会对会员奖励的推荐、评审、授奖，实行公开、公平、公正原则，保证律师行业奖励工作的科学性、公正性和权威性。

第四条 本办法适用于在律师行业发展、律师业务开拓等方面做出突出贡献的团体会员和个人会员。

第二章 奖励方式和评审标准

第五条 律师协会对会员的奖励方式为：

（一）通报表扬

（二）嘉奖

（三）授予荣誉称号

第六条 对于有以下表现的个人会员，应予以奖励：

（一）在执业中自觉贯彻执行党的路线、方针、政策，勇于探索创新，为完善社会主义法制建设和律师事业发展做出突出贡献的；

（二）严格依法执业，勤勉尽责，为当事人提供优质的法律服务，为国家、当事人挽回或避免重大损失，受到好评的；

（三）具有丰富的法律知识和较高的执业水平，成功办理在全国或本省有重大影响的法律事务的；

（四）积极参加法律援助工作和社会活动，受到社会好评的；

（五）常年坚持在律师工作中勤勤恳恳为当事人提供法律服务，忠于职守、廉洁自律、尽职尽责，取得较好社会效益的；

（六）获得省级以上荣誉称号的；

（七）积极参与人大、政协、立法咨询和其他社会活动，对律师社会形象提升做出突出贡献的。

第七条 对于有以下表现的律师事务所团体会员，应予以奖励：

（一）律师事务所管理水平高，各项规章制度健全，管理规范有序；律师事务所及在该律师事务所执业的律师连续三年未受到行业惩戒和行政处罚的；

（二）律师业务在某些法律专业领域形成优势，在本地区有较高知名度的；

（三）积极义务为社会提供法律服务，开展法律援助工作和参加社会公益活动，受到社会好评的；

（四）获得省级以上荣誉称号的。

第八条 对于有以下表现的律师协会团体会员，应予以奖励：

（一）注重律师队伍建设，较好的履行行业管理职责，在推进律师工作改革，加强行业管理中做出突出成绩的；

（二）加强对律师职业道德、执业纪律教育，建立良好的行业诚信制度和完善的纪律教育机制，律师队伍整体素质得到提高的；

（三）认真做好继续教育和培训工作，建立和形成律师培训、继续教育的综合体系，不断提高律师队伍执业水平的；

（四）建立和完善工作机制，制定行业规范和行业管理政策，有效地推动本地律师行业健康有序发展的；

（五）认真履行《律师法》和《律师协会章程》规定的其他职责。

第三章 评 审 机 构

第九条 各级律师协会常务理事会负责各级律师协会会员奖励工作的规则制定、奖励审批及公告；各级律师协会设立会员奖励工作专门机构，负责奖励工作的评审及有关工作；律师协会秘书处负责奖励工作日常事务。

第十条 律师协会会员奖励工作专门机构的建立由同级常务理事会决定。地市级律师协会5—7人；省级律师协会7—15人；中华全国律师协会9—15人。

主任委员1人，由律师协会会长担任；

副主任委员1—3人，由常务理事会推选的副会长、常务理事及秘书长或主管副秘书长担任。

委员由常务理事会从理事中推选人选和秘书处推荐的人选组成。

任期与律师协会理事会任期相同。

第十一条 中华全国律师协会设纪律（奖励）专门工作委员会，主要职责：

（1）负责全国律师行业会员奖励工作的指导与会员奖励规则的制定；

（2）依据全国律协常务理事会的决定，组织全国性律师行业的会员奖励活动；

（3）负责中华全国律师协会予以会员奖励的评审；

（4）发布中华全国律师协会常务理事会会员奖励决定。

第十二条 省、自治区、直辖市律师协会会员奖励工作专门机构主要职责：

（1）本地区律师协会会员奖励规则的制定及对下级律师协会会员奖励工作的指导；

（2）负责本地区律师协会会员奖励活动的组织与开展；

（3）负责省级律师协会予以会员奖励的评审；

（4）发布省级律师协会常务理事会的会员奖励决定；

（5）向中华全国律师协会纪律（奖励）专门工作委员会提交应在全国范围内对会员予以奖励的推荐意见；

（6）处理本地区会员奖励评审工作中出现的问题；

（7）提供进一步完善律师行业会员奖励工作建议。

第十三条 地市级律师协会开展会员奖励工作职责：

（1）对管辖内团体会员、个人会员的通报表扬的评审；

（2）发布本级律师协会常务理事会会员奖励决定；

（3）向上一级律师协会会员奖励工作专门机构提交对会员予以嘉奖、授予荣誉称号的推荐意见。

第四章 推 荐

第十四条 个人会员的奖励推荐工作由其律师事务所负责，向本地区律师协会推荐；律师事务所团体会员的奖励推荐工作由本地区律师协会负责；律师协会团体会员的推荐工作由上一级律师协会负责。

第十五条 中华全国律师协会授予会员荣誉称号实行限额推荐制度。限额可根据具体情况制定。

第十六条 符合第十四条规定的推荐单位，应当向本地区律师协会会员奖励工作专门机构提交会员奖励推荐书及相关材料。

第十七条 对于建议上一级律师协会予以奖励的，由本地区律师协会会员奖励工作专门机构进行初评，出具推荐书及相关材料，提交上一级律师协会会员奖励专门工作机构。

第十八条 各级律师协会认为应由本会直接予以奖励的，由秘书处向同级律师协会会员奖励专门机构提交推荐书及相关材料。

第十九条 推荐单位应征得候选人、候选单位的同意，并填写统一格式的《律师协会会员奖励推荐书》，推荐书应当完整、真实、可靠。

第五章 评 审

第二十条 律师协会会员奖励专门机构负责对推荐材料进行书面审查。对不符合规定的推荐材料，可以要求推荐单位在规定的时间内补正。逾期不补正或经补正仍不符合要求的，不参加评审并退回推荐材料。

第二十一条 评审规则

（一）各级律师协会对个人会员、团体会员予以通报表扬的，律师协会奖励工作专门机构可采用书面评审或召开会议评审方式进行；

（二）省、自治区、直辖市律师协会，中华全国律师协会对个人会员、团体会员予以嘉奖、授予荣誉称号的，律师协会会员奖励工作专门机构应当以会议评审方式进行；

（三）召开会员奖励工作专门机构评审会议应当有三分之二以上委员出席，会议表决应当经过半数委员通过有效。

第二十二条 会员奖励工作专门机构评审结果报同级常务理事会审批，由会长签署会员奖励决定予以公告。

第二十三条 被推荐予以奖励的个人会员、团体会员不得参加评审工作。

第六章 授 奖

第二十四条 对个人会员、团体会员通报表扬的，以律师协会文件形式公布“律师协会常务理事会奖励决定”，下发到所辖律师事务所；

第二十五条 对个人会员、团体会员嘉奖、授予荣誉称号的，省、自治区、直辖市律师协会，中华全国律师协会以文件形式公布“常务理事会奖励决定”，有会刊的律师协会于会刊上同时予以公布，没有会刊的律师协会可以在社会有关报刊上予以公布；

第二十六条 对会员予以嘉奖的颁发证书;授予荣誉称号的,颁发奖牌及证书;

第二十七条 律师协会对会员的奖励决定存入本人档案及律师协会诚信信息系统,作为律师、律师事务所考核依据。

第七章 附 则

第二十八条 本规定适用于全国各级律师协会,各省、自治区、直辖市律师协会可以根据本规则的基本原则制定相关规定,并报全国律协备案。

第二十九条 本规定由全国律协常务理事会负责解释。

第三十条 本规则自2004年4月1日起实施。

律师事务所内部管理规则(试行)

(2004年3月20日第五届中华全国律师协会第九次常务理事会审议通过)

第一章 总 则

第一条 为规范律师事务所的内部管理,根据《中华人民共和国律师法》,司法部《合伙律师事务所管理办法》《合作律师事务所管理办法》《国家出资设立的律师事务所管理办法》和中华全国律师协会《律师协会章程》,制定本规则。

第二条 《律师事务所内部管理规则(试行)》(以下简称"规则")适用于律师协会团体会员中依法设立的合伙律师事务所、合作律师事务所、国家出资设立的律师事务所(以下简称国资律师事务所)。

第三条 律师事务所章程的订立、变更,应当符合本规则。

律师事务所应当根据宪法、法律、法规、规章、行业规则,以及本所章程,健全内部管理制度,严格内部管理。

第四条 律师事务所应当依法保障律师及其他工作人员的合法权益,加强对律师执业行为的管理。

律师应当接受律师事务所的管理。

第二章　内部管理结构

第五条　律师事务所应当依法合理划分管理职责，建立健全日常管理制度，完善决策、执行和监督机构，保障律师事务所合法、有序运行。

第六条　律师事务所决策机构的职责如下：

（一）制定律师事务所的发展规划；

（二）修改章程和合伙协议；

（三）撤销、纠正日常管理机构违法、不当的行为；

（四）决定律师事务所的合并、分立、变更形式、解散和清算；

（五）吸收和辞退合伙人、合作人，推选律师事务所主任；

（六）决定律师事务所的分配、财务、业务等管理制度；

（七）决定律师事务所的其他重大事务。

第七条　合伙人、合作人会议为合伙、合作律师事务所的决策机构。合伙人、合作人会议的组成、具体职责和议事规则，由律师事务所章程规定。

合伙人、合作人应当定期召开会议，研究决定所内的重大事务。

第八条　律师事务所日常管理机构的职责是依照律师事务所章程及其内部管理制度，负责律师事务所的日常管理工作。

律师事务所的日常管理可以实行主任负责制，也可以设立管理委员会、管理部（室）等机构。

第九条　律师事务所主任对外代表律师事务所。合伙、合作律师事务所主任的产生方式及其职责，由律师事务所章程确定。

合伙、合作律师事务所主任不得由非专职律师担任。

第十条　国资律师事务所实行主任负责制。主任应当对设立该所的司法行政机关负责并报告工作。

律师事务所主任应当将所内重大事务，提交律师会议讨论。

第十一条　律师事务所应当建立民主管理和监督机制。

律师事务所内部管理机构在变更章程、制定内部管理制度、处理所内事务时，应当听取律师和其他工作人员的意见；并及时通报、披露必要的信息。

第十二条　律师事务所应当统一管理内部事务，不得对内设部（室）、分支机构及个人以收取固定费用的方式放弃管理。

第三章 人员管理

第十三条 律师事务所应当依法建立健全人员管理制度,加强对律师和其他工作人员的管理,监督律师恪守职业道德和执业纪律,不断提高律师执业水平,依法维护委托人的合法权益。

第十四条 律师事务所不得聘用下列人员从事律师业务:

(一)反对中华人民共和国宪法的;

(二)被开除公职或者被吊销律师执业证书的;

(三)受过刑事处罚的,但过失犯罪的除外;

(四)品德不良的;

(五)其他因生理、精神等方面的原因不适合从事律师职业的。

第十五条 国资律师事务所、合伙律师事务所、合作律师事务所聘用律师和其他工作人员,应当与其签订聘用合同。

聘用合同的内容,应当合法、公平、明确、完整。

第十六条 律师事务所的聘用人员享有以下权利:

(一)获得履行职责所必需的工作条件;

(二)获得劳动报酬,享受社会保险待遇和福利待遇;

(三)非因法定事由或者合同约定不被辞退;

(四)以合同约定提出辞职;

(五)提出申诉或者控告。

第十七条 聘用合同期满后,律师申请转所执业的,应当向律师事务所提交下列材料:

(一)保管的业务案卷;

(二)尚未办结案件的有关材料和证据,但委托人不同意移交的除外;

(三)未清结的财务凭证、现金、支票等;

(四)负责保管律师事务所的其他材料和物品。

律师事务所应当自收到上述材料之日起30日内,与律师进行清结,并出具转所执业所需的各种材料。

律师因聘用合同解除或被律师事务所辞退而离开律师事务所的,应按上述规定与律师事务所办理清结事项。

第十八条 律师事务所与律师就清结事项发生争议的,应当及时提请律师协会进行调解。

律师事务所不得无故拖延或者阻拦律师转所。

第十九条 律师事务所应当依法接受和管理实习人员学习。

律师事务所不得指派实习人员单独办理律师业务。

第二十条 律师事务所应当依照《律师法》等有关规定，对申领律师执业证人员的条件严格进行审查，如实出具实习鉴定材料或者相关证明材料。

第二十一条 律师事务所应当依法及时办理律师执业证书的年度注册，如实提供相关材料。

第二十二条 律师受到停止执业或者吊销执业证书的行政处罚的，律师事务所应当及时将该律师的执业证书逐级上交至发证机关。律师拒不交出律师执业证书的，律师事务所应当及时告知发证机关。

第二十三条 律师事务所应当建立所内业务学习与培训机制，定期组织律师和其他工作人员学习法律和国家政策，开展职业道德培训。

律师事务所应当支持律师和其他工作人员参加学历教育、进修和业务培训。

第二十四条 律师事务所应当建立投诉查处制度。

律师事务所根据章程及其内部管理制度对本所律师和其他工作人员实施警告、解除聘用合同或者开除等处分。对于依法应当实施行政处罚或者行业处分的，律师事务所应当及时将有关情况告知司法行政机关或者律师协会。

第四章 业务管理

第二十五条 律师事务所应当依法建立健全业务管理制度，保证律师事务所正常开展业务活动。

第二十六条 律师事务所应当统一接受委托，统一与委托人签订书面委托代理合同。

律师事务所应当建立业务登记簿，进行分类登记，编号管理。

第二十七条 律师事务所与委托人签订委托合同时，应当如实告知委托人收费标准、需办理的相关手续、办理委托中应当注意的事项、可能存在的风险和出现的后果。

第二十八条 律师事务所接受委托，应当进行利益冲突审查，避免利益冲突。

第二十九条 律师事务所办理重大案件以及其他社会影响较大的案件，应当及时告知律师协会和司法行政机关。

第三十条 律师事务所应当建立案件研究制度，组织律师对重大疑难、新型以及可能存在重大风险的案件进行集体研究。

律师事务所可以设立专门业务指导机构，对律师办理重大疑难案件进行指导。

第三十一条 律师事务所及其律师办理业务，应当遵守律师协会制定的业务操作规程。

第三十二条 律师事务所及其律师应当及时将案件进展情况告知委托人。

第三十三条 律师事务所应当监督律师妥善保管办理案件过程中收集到的证据材料、反映工作情况的各项材料，并及时归档入卷。

第三十四条 律师事务所应当建立服务质量管理制度，对律师的服务质量进行跟踪监督。

第三十五条 律师事务所应当建立保密制度。

第三十六条 律师事务所应当建立业务统计制度，及时向律师协会和司法行政机关报送各项业务报表。

律师事务所的负责人应当对报表内容进行审查，保证各项数据的真实性。

第三十七条 律师事务所应当对各类法律文书统一管理，分类登记，专人保管。

第三十八条 律师事务所应当根据有关规定建立健全档案管理制度。

律师事务所应当建立档案室或者配备档案柜，并指派专人负责管理。

第三十九条 律师事务所应当加强对本所印章的管理，指派专人保管。

律师事务所印章的使用，必须履行相应的批准手续，并在用印登记簿上注明，保存备查。

第五章 财务管理

第四十条 律师事务所应当依法建立健全财务管理制度，加强财务管理。

第四十一条 律师事务所应当依法设置会计科目和会计账簿，按照会计制度规定的记账规则记账。

会计凭证、会计账簿、会计报表和其他会计资料必须真实、准确、完整，并符合会计制度规定。

第四十二条 律师事务所应当聘用符合国家规定的会计人员，出纳和会计不得由一人兼任。

不具备上述条件的律师事务所，可以委托记账公司负责账务的处理。

第四十三条 律师事务所应当统一收取服务费用和办案费用,并给委托人出具合法票据。案件办结后,由律师事务所统一与委托人进行结算。

第四十四条 律师事务所应当依照国家有关规定,按照按劳分配,兼顾效率与公平的原则,合理确定分配制度。

第四十五条 律师事务所应当设立培训、职业责任保险等基金。

第四十六条 律师事务所应当依法开设银行账户。

律师事务所不得将本所收入以个人名义存入储蓄,不得向外单位或者个人出借本所账户,不得为外单位或者个人以代收代转转账支票等方式套现。

第四十七条 律师事务所应当设置专门机构或者确定专人负责发票的管理。

律师事务所应当使用国家税务机关核准使用的发票。

律师事务所应当禁止律师个人持有或者管理发票。

第四十八条 律师事务所应当由专人保管财务印章。

律师事务所使用财务印章,必须经律师事务所主管负责人或者其授权的人员批准,并在用印登记表上注明,保存备查。

第四十九条 律师事务所应当参加当地司法行政机关或者律师协会组织的执业责任保险。

第五十条 律师事务所对于代扣代缴的律师个人所得税,必须足额代扣并上缴税务部门。

第五十一条 合伙律师事务所、合作律师事务所的财务应当向合伙人、合作人公开。国资律师事务所的财务应当向全体律师及工作人员公开。

第六章 附 则

第五十二条 正在试点的个人律师事务所及其他形式的律师事务所参照本规则执行。

第五十三条 本规则自 2004 年 3 月 20 日起试行。

第五十四条 本规则由全国律协常务理事会负责解释。

附件：

司法部关于转发《律师事务所内部管理规则(试行)》的通知

(2004 年 3 月 21 日 司发通〔2004〕32 号)

各省、自治区、直辖市司法厅(局),新疆生产建设兵团司法局:

为进一步规范律师事务所的内部管理,加强律师队伍建设,全国律师协会常务理事会于 2004 年 3 月 20 日通过了《律师事务所内部管理规则(试行)》,现转发你们。

规范律师事务所的内部管理是搞好律师队伍建设的基础环节,对于进一步完善律师事务所的运行机制,规范律师事务所的执业行为,充分发挥律师事务所对律师的管理作用有着十分重要的意义。各地要把《律师事务所内部管理规则(试行)》的实施与律师队伍教育整顿活动结合起来,组织律师事务所进行对照检查,完善内部管理制度,改进管理方式方法。要加强监督检查,开展经常性的律师事务所内部管理检查活动,及时解决存在的问题。执行中遇到的问题请及时报部

中华全国律师协会律师执业行为规范

(2004 年 3 月 20 日第五届中华全国律师协会第九次常务理事会审议通过,2009 年 12 月 27 日第七届中华全国律师协会第二次常务理事会修订,律发通〔2011〕35 号)

第一章　总　　则

第一条　为规范律师执业行为,保障律师执业权益,根据《中华人民共和国律师法》和《中华全国律师协会章程》制定本规范。

第二条　本规范是律师规范执业行为的指引,是评判律师执业行为的行业标准,是律师自我约束的行为准则。

第三条　律师执业行为违反本规范中强制性规范的,将依据相关规范性文件给予处分或惩戒。本规范中的任意性规范,律师应当自律遵守。

第四条　本规范适用于作为中华全国律师协会会员的律师和律师事务所,

律师事务所其他从业人员参照本规范执行。

第二章 律师执业基本行为规范

第五条 律师应当忠于宪法、法律,恪守律师职业道德和执业纪律。

第六条 律师应当诚实守信、勤勉尽责,依据事实和法律,维护当事人合法权益,维护法律正确实施,维护社会公平和正义。

第七条 律师应当注重职业修养,自觉维护律师行业声誉。

第八条 律师应当保守在执业活动中知悉的国家秘密、商业秘密,不得泄露当事人的隐私。

律师对在执业活动中知悉的委托人和其他人不愿泄露的情况和信息,应当予以保密。但是,委托人或者其他人准备或者正在实施的危害国家安全、公共安全以及其他严重危害他人人身、财产安全的犯罪事实和信息除外。

第九条 律师应当尊重同行,公平竞争,同业互助。

第十条 律师协会倡导律师关注、支持、积极参加社会公益事业。

第十一条 律师在执业期间不得以非律师身份从事法律服务。

律师只能在一个律师事务所执业。

律师不得在受到停止执业处罚期间继续执业,或者在律师事务所被停业整顿期间、注销后继续以原所名义执业。

第十二条 律师不得在同一案件中为双方当事人担任代理人,不得代理与本人或者其近亲属有利益冲突的法律事务。

第十三条 律师担任各级人民代表大会常务委员会组成人员的,任职期间不得从事诉讼代理或者辩护业务。

第十四条 律师不得为以下行为:

(一)产生不良社会影响,有损律师行业声誉的行为;

(二)妨碍国家司法、行政机关依法行使职权的行为;

(三)参加法律所禁止的机构、组织或者社会团体;

(四)其他违反法律、法规、律师协会行业规范及职业道德的行为。

(五)其他违反社会公德,严重损害律师职业形象的行为。

第三章　律师业务推广行为规范

第一节　业务推广原则

第十五条　律师和律师事务所推广律师业务，应当遵守平等、诚信原则，遵守律师职业道德和执业纪律，遵守律师行业公认的行业准则，公平竞争。

第十六条　律师和律师事务所应当通过提高自身综合素质、提高法律服务质量、加强自身业务竞争能力的途径，开展、推广律师业务。

第十七条　律师和律师事务所可以依法以广告方式宣传律师和律师事务所以及自己的业务领域和专业特长。

第十八条　律师和律师事务所可以通过发表学术论文、案例分析、专题解答、授课、普及法律等活动，宣传自己的专业领域。

第十九条　律师和律师事务所可以通过举办或者参加各种形式的专题、专业研讨会，宣传自己的专业特长。

第二十条　律师可以以自己或者其任职的律师事务所名义参加各种社会公益活动。

第二十一条　律师和律师事务所在业务推广中不得为不正当竞争行为。

第二节　律师业务推广广告

第二十二条　律师和律师事务所为推广业务，可以发布使社会公众了解律师个人和律师事务所法律服务业务信息的广告。

第二十三条　律师发布广告应当遵守国家法律、法规、规章和本规范。

第二十四条　律师发布广告应当具有可识别性，应当能够使社会公众辨明是律师广告。

第二十五条　律师广告可以以律师个人名义发布，也可以以律师事务所名义发布。以律师个人名义发布的律师广告应当注明律师个人所任职的执业机构名称，应当载明律师执业证号。

第二十六条　具有下列情况之一的，律师和律师事务所不得发布律师广告：

（一）没有通过年度考核的；

（二）处于停止执业或停业整顿处罚期间的；

（三）受到通报批评、公开谴责未满一年的。

第二十七条 律师个人广告的内容，应当限于律师的姓名、肖像、年龄、性别，学历、学位、专业、律师执业许可日期、所任职律师事务所名称、在所任职律师事务所的执业期限；收费标准、联系方法；依法能够向社会提供的法律服务业务范围；执业业绩。

第二十八条 律师事务所广告的内容应当限于律师事务所名称、住所、电话号码、传真号码、邮政编码、电子信箱、网址；所属律师协会；所内执业律师及依法能够向社会提供的法律服务业务范围简介；执业业绩。

第二十九条 律师和律师事务所不得以有悖律师使命、有损律师形象的方式制作广告，不得采用一般商业广告的艺术夸张手段制作广告。

第三十条 律师广告中不得出现违反所属律师协会有关律师广告管理规定的内容。

第三节 律师宣传

第三十一条 律师和律师事务所不得进行歪曲事实和法律，或者可能使公众对律师产生不合理期望的宣传。

第三十二条 律师和律师事务所可以宣传所从事的某一专业法律服务领域，但不得自我声明或者暗示其被公认或者证明为某一专业领域的权威或专家。

第三十三条 律师和律师事务所不得进行律师之间或者律师事务所之间的比较宣传。

第四章 律师与委托人或当事人的关系规范

第一节 委托代理关系

第三十四条 律师应当与委托人就委托事项范围、内容、权限、费用、期限等进行协商，经协商达成一致后，由律师事务所与委托人签署委托协议。

第三十五条 律师应当充分运用专业知识，依照法律和委托协议完成委托事项，维护委托人或者当事人的合法权益。

第三十六条 律师与所任职律师事务所有权根据法律规定、公平正义及律师执业道德标准，选择实现委托人或者当事人目的的方案。

第三十七条 律师应当严格按照法律规定的期间、时效以及与委托人约定的时间办理委托事项。对委托人了解委托事项办理情况的要求，应当及时给予答复。

第三十八条 律师应当建立律师业务档案，保存完整的工作记录。

第三十九条 律师应谨慎保管委托人或当事人提供的证据原件、原物、音像资料底版以及其他材料。

第四十条 律师接受委托后，应当在委托人委托的权限内开展执业活动，不得超越委托权限。

第四十一条 律师接受委托后，无正当理由不得拒绝辩护或者代理、或以其他方式终止委托。委托事项违法、委托人利用律师提供的服务从事违法活动或者委托人故意隐瞒与案件有关的重要事实的，律师有权告知委托人并要求其整改，有权拒绝辩护或者代理、或以其他方式终止委托，并有权就已经履行事务取得律师费。

第四十二条 律师在承办受托业务时，对已经出现的和可能出现的不可克服的困难、风险，应当及时通知委托人，并向律师事务所报告。

第二节 禁止虚假承诺

第四十三条 律师根据委托人提供的事实和证据，依据法律规定进行分析，向委托人提出分析性意见。

第四十四条 律师的辩护、代理意见未被采纳，不属于虚假承诺。

第三节 禁止非法牟取委托人权益

第四十五条 律师和律师事务所不得利用提供法律服务的便利，牟取当事人争议的权益。

第四十六条 律师和律师事务所不得违法与委托人就争议的权益产生经济上的联系，不得与委托人约定将争议标的物出售给自己；不得委托他人为自己或为自己的近亲属收购、租赁委托人与他人发生争议的标的物。

第四十七条 律师事务所可以依法与当事人或委托人签订以回收款项或标的物为前提按照一定比例收取货币或实物作为律师费用的协议。

第四节 利益冲突审查

第四十八条 律师事务所应当建立利益冲突审查制度。律师事务所在接受委托之前,应当进行利益冲突审查并作出是否接受委托决定。

第四十九条 办理委托事务的律师与委托人之间存在利害关系或利益冲突的,不得承办该业务并应当主动提出回避。

第五十条 有下列情形之一的,律师及律师事务所不得与当事人建立或维持委托关系:

(一)律师在同一案件中为双方当事人担任代理人,或代理与本人或者其近亲属有利益冲突的法律事务的;

(二)律师办理诉讼或者非诉讼业务,其近亲属是对方当事人的法定代表人或者代理人的;

(三)曾经亲自处理或者审理过某一事项或者案件的行政机关工作人员、审判人员、检察人员、仲裁员,成为律师后又办理该事项或者案件的;

(四)同一律师事务所的不同律师同时担任同一刑事案件的被害人的代理人和犯罪嫌疑人、被告人的辩护人,但在该县区域内只有一家律师事务所且事先征得当事人同意的除外;

(五)在民事诉讼、行政诉讼、仲裁案件中,同一律师事务所的不同律师同时担任争议双方当事人的代理人,或者本所或其工作人员为一方当事人,本所其他律师担任对方当事人的代理人的;

(六)在非诉讼业务中,除各方当事人共同委托外,同一律师事务所的律师同时担任彼此有利害关系的各方当事人的代理人的;

(七)在委托关系终止后,同一律师事务所或同一律师在同一案件后续审理或者处理中又接受对方当事人委托的;

(八)其他与本条第(一)至第(七)项情形相似,且依据律师执业经验和行业常识能够判断为应当主动回避且不得办理的利益冲突情形。

第五十一条 有下列情形之一的,律师应当告知委托人并主动提出回避,但委托人同意其代理或者继续承办的除外:

(一)接受民事诉讼、仲裁案件一方当事人的委托,而同所的其他律师是该案件中对方当事人的近亲属的;

(二)担任刑事案件犯罪嫌疑人、被告人的辩护人,而同所的其他律师是该案件被害人的近亲属的;

(三)同一律师事务所接受正在代理的诉讼案件或者非诉讼业务当事人的对方当事人所委托的其他法律业务的;

(四)律师事务所与委托人存在法律服务关系,在某一诉讼或仲裁案件中该委托人未要求该律师事务所律师担任其代理人,而该律师事务所律师担任该委托人对方当事人的代理人的;

(五)在委托关系终止后一年内,律师又就同一法律事务接受与原委托人有利害关系的对方当事人的委托的；

（六）其他与本条第（一）至第（五）项情况相似，且依据律师执业经验和行业常识能够判断的其他情形。

律师和律师事务所发现存在上述情形的，应当告知委托人利益冲突的事实和可能产生的后果，由委托人决定是否建立或维持委托关系。委托人决定建立或维持委托关系的，应当签署知情同意书，表明当事人已经知悉存在利益冲突的基本事实和可能产生的法律后果，以及当事人明确同意与律师事务所及律师建立或维持委托关系。

第五十二条　委托人知情并签署知情同意书以示豁免的，承办律师在办理案件的过程中应对各自委托人的案件信息予以保密，不得将与案件有关的信息披露给相对人的承办律师。

第五节　保管委托人财产

第五十三条　律师事务所可以与委托人签订书面保管协议，妥善保管委托人财产，严格履行保管协议。

第五十四条　律师事务所受委托保管委托人财产时，应当将委托人财产与律师事务所的财产、律师个人财产严格分离。

第六节　转　委　托

第五十五条　未经委托人同意，律师事务所不得将委托人委托的法律事务转委托其他律师事务所办理。但在紧急情况下，为维护委托人的利益可以转委托，但应当及时告知委托人。

第五十六条　受委托律师遇有突患疾病、工作调动等紧急情况不能履行委托协议时，应当及时报告律师事务所，由律师事务所另行指定其他律师继续承办，并及时告知委托人。

第五十七条　非经委托人的同意，不能因转委托而增加委托人的费用支出。

第七节　委托关系的解除与终止

第五十八条　有下列情形之一的，律师事务所应当终止委托关系：

（一）委托人提出终止委托协议的；

（二）律师受到吊销执业证书或者停止执业处罚的，经过协商，委托人不同意更换律师的；

（三）当发现有本规范第五十条规定的利益冲突情形的；

（四）受委托律师因健康状况不适合继续履行委托协议的，经过协商，委托人不同意更换律师的；

（五）继续履行委托协议违反法律、法规、规章或者本规范的。

第五十九条 有下列情形之一，经提示委托人不纠正的，律师事务所可以解除委托协议：

（一）委托人利用律师提供的法律服务从事违法犯罪活动的；

（二）委托人要求律师完成无法实现或者不合理的目标的；

（三）委托人没有履行委托合同义务的；

（四）在事先无法预见的前提下，律师向委托人提供法律服务将会给律师带来不合理的费用负担，或给律师造成难以承受的、不合理的困难的；

（五）其他合法的理由的。

第六十条 律师事务所依照本规范第五十八条、五十九条的规定终止代理或者解除委托的，委托人与律师事务所协商解除协议的，委托人单方终止委托代理协议的，律师事务所有权收取已提供服务部分的费用。

第六十一条 律师事务所与委托人解除委托关系后，应当退还当事人提供的资料原件、物证原物、视听资料底版等证据，并可以保留复印件存档。

第五章 律师参与诉讼或仲裁规范

第一节 调查取证

第六十二条 律师应当依法调查取证。

第六十三条 律师不得向司法机关或者仲裁机构提交明知是虚假的证据。

第六十四条 律师作为证人出庭作证的，不得再接受委托担任该案的辩护人或者代理人出庭。

第二节 尊重法庭与规范接触司法人员

第六十五条 律师应当遵守法庭、仲裁庭纪律，遵守出庭时间、举证时限、提交法律文书期限及其他程序性规定

第六十六条 在开庭审理过程中，律师应当尊重法庭、仲裁庭。

第六十七条 律师在执业过程中，因对事实真假、证据真伪及法律适用是否正确而与诉讼相对方意见不一致的，或者为了向案件承办人提交新证据的，与案件承办人接触和交换意见应当在司法机关内指定场所。

第六十八条 律师在办案过程中，不得与所承办案件有关的司法、仲裁人员私下接触。

第六十九条 律师不得贿赂司法机关和仲裁机构人员，不得以许诺回报或者提供其他利益（包括物质利益和非物质形态的利益）等方式，与承办案件的司法、仲裁人员进行交易。

律师不得介绍贿赂或者指使、诱导当事人行贿。

第三节 庭审仪表和语态

第七十条 律师担任辩护人、代理人参加法庭、仲裁庭审理，应当按照规定穿着律师出庭服装，佩戴律师出庭徽章，注重律师职业形象。

第七十一条 律师在法庭或仲裁庭发言时应当举止庄重、大方，用词文明、得体。

第六章 律师与其他律师的关系规范

第一节 尊重与合作

第七十二条 律师与其他律师之间应当相互帮助、相互尊重。

第七十三条 在庭审或者谈判过程中各方律师应当互相尊重，不得使用挖苦、讽刺或者侮辱性的语言。

第七十四条 律师或律师事务所不得在公众场合及媒体上发表恶意贬低、诋毁、损害同行声誉的言论。

第七十五条 律师变更执业机构时应当维护委托人及原律师事务所的利益；律师事务所在接受转入律师时，不得损害原律师事务所的利益。

第七十六条 律师与委托人发生纠纷的，律师事务所的解决方案应当充分尊重律师本人的意见，律师应当服从律师事务所解决纠纷的决议。

第二节 禁止不正当竞争

第七十七条 律师和律师事务所不得采用不正当手段进行业务竞争，损害其他律师及律师事务所的声誉或者其他合法权益。

第七十八条 有下列情形之一的，属于律师执业不正当竞争行为：

（一）诋毁、诽谤其他律师或者律师事务所信誉、声誉；

（二）无正当理由，以低于同地区同行业收费标准为条件争揽业务，或者采用承诺给予客户、中介人、推荐人回扣、馈赠金钱、财物或者其他利益等方式争揽业务；

（三）故意在委托人与其代理律师之间制造纠纷；

（四）向委托人明示或者暗示自己或者其属的律师事务所与司法机关、政府机关、社会团体及其工作人员具有特殊关系；

（五）就法律服务结果或者诉讼结果作出虚假承诺；

（六）明示或者暗示可以帮助委托人达到不正当目的，或者以不正当的方式、手段达到委托人的目的。

第七十九条 律师和律师事务所在与行政机关、行业管理部门以及企业的接触中，不得采用下列不正当手段与同行进行业务竞争：

（一）通过与某机关、某部门、某行业对某一类的法律服务事务进行垄断的方式争揽业务；

（二）限定委托人接受其指定的律师或者律师事务所提供法律服务，限制其他律师或律师事务所正当的业务竞争。

第八十条 律师和律师事务所在与司法机关及司法人员接触中，不得采用利用律师兼有的其他身份影响所承办业务正常处理和审理的手段进行业务竞争。

第八十一条 依照有关规定取得从事特定范围法律服务的律师或律师事务所不得采取下列不正当竞争的行为：

（一）限制委托人接受经过法定机构认可的其他律师或律师事务所提供法律服务；

（二）强制委托人接受其提供的或者由其指定的律师提供的法律服务；

（三）对抵制上述行为的委托人拒绝、中断、拖延、削减必要的法律服务或者滥收费用。

第八十二条 律师或律师事务所相互之间不得采用下列手段排挤竞争对手的公平竞争：

（一）串通抬高或者压低收费；

（二）为争揽业务，不正当获取其他律师和律师事务所收费报价或者其他提供法律服务的条件；

（三）泄露收费报价或者其他提供法律服务的条件等暂未公开的信息，损害相关律师事务所的合法权益。

第八十三条 律师和律师事务所不得擅自或者非法使用社会专有名称或者知名度较高的名称以及代表其名称的标志、图形文字、代号以混淆误导委托人。

本规范所称的社会特有名称和知名度较高的名称是指：

（一）有关政党、司法机关、行政机关、行业协会名称；

（二）具有较高社会知名度的高等法学院校或者科研机构的名称；

（三）为社会公众共知、具有较高知名度的非律师公众人物名称；

（四）知名律师以及律师事务所名称。

第八十四条 律师和律师事务所不得伪造或者冒用法律服务荣誉称号。使用已获得的律师或者律师事务所法律服务荣誉称号的，应当注明获得时间和期限。律师和律师事务所不得变造已获得的荣誉称号用于广告宣传。律师事务所已撤销的，其原取得的荣誉称号不得继续使用。

第七章 律师与所任职的律师事务所关系规范

第八十五条 律师事务所是律师的执业机构。律师事务所对本所执业律师负有教育、管理和监督的职责。

第八十六条 律师事务所应当建立健全执业管理、利益冲突审查、收费与财务管理、投诉查处、年度考核、档案管理、劳动合同管理等制度，对律师在执业活动中遵守职业道德、执业纪律的情况进行监督。

第八十七条 律师事务所应当依法保障律师及其他工作人员的合法权益，为律师执业提供必要的工作条件。

第八十八条 律师承办业务，由律师事务所统一接受委托，与委托人签订书面委托合同，按照国家规定统一收取费用。

第八十九条 律师及律师事务所必须依法纳税。

第九十条 律师事务所应当定期组织律师开展时事政治、业务学习，总结交流执业经验，提高律师执业水平。

第九十一条 律师事务所应当认真指导申请律师执业实习人员实习，如实出具实习鉴定材料和相关证明材料。

第九十二条 律师事务所不得从事法律服务以外的经营活动。

第九十三条 律师和律师事务所应当按照国家规定履行法律援助义务,为受援人提供法律服务,维护受援人的合法权益。

第九十四条 律师事务所不得指派没有取得律师执业证书的人员或者处于停止执业处罚期间的律师以律师名义提供法律服务。

第九十五条 律师事务所对受其指派办理事务的律师辅助人员出现的错误,应当采取制止或者补救措施,并承担责任。

第九十六条 律师事务所有义务对律师、申请律师执业实习人员在业务及职业道德等方面进行管理。

第八章 律师与律师协会关系规范

第九十七条 律师和律师事务所应当遵守律师协会制定的律师行业规范和规则。律师和律师事务所享有律师协会章程规定的权利,承担律师协会章程规定的义务。

第九十八条 律师应当参加、完成律师协会组织的律师业务学习及考核。

第九十九条 律师参加国际性律师组织并成为其会员的,以及以中国律师身份参加境外会议等活动的,应当报律师协会备案。

第一百条 律师和律师事务所因执业行为成为刑、民事被告,或者受到行政机关调查、处罚的,应当向律师协会书面报告。

第一百零一条 律师应当积极参加律师协会组织的律师业务研究活动,完成律师协会布置的业务研究任务,参加律师协会组织的公益活动。

第一百零二条 律师应当妥善处理律师执业中发生的纠纷,履行经律师协会调解达成的调解协议。

第一百零三条 律师应当执行律师协会就律师执业纠纷作出的处理决定。

律师应当履行律师协会依照法律、法规、规章及律师协会章程、规则作出的处分决定。

第一百零四条 律师应当按时缴纳会费。

第九章 附 则

第一百零五条 律师和律师事务所违反本《规范》的,律师协会应当依据

《律师协会会员违规行为惩戒规则》和相关行业规范性文件实施处分。

第一百零六条 地方律师协会可以依据本规范,结合本地区情况制定实施细则。该实施细则与本规范不得冲突,并报全国律师协会备案后实施。

第一百零七条 本规范自颁布之日起施行。本规范以修正案的方式进行修改,修正案由常务理事会通过后试行,理事会通过后正式实施。

第一百零八条 本规范由中华全国律师协会常务理事会解释。

中华全国律师协会律师行业规则制定规程(试行)

(2004 年 8 月 11 日第五届中华全国律师协会
第十一次常务理事会审议通过,〔2004〕律发字第 72 号)

第一章 总 则

第一条 根据中华全国律师协会章程制定本规程。

第二条 中华全国律师协会制定、修改和废止行业规则,适用本规程。

第三条 全国律师协会行业规则委员会是中华全国律师协会的工作机构,负责中华全国律师协会行业规则制订的规划和实施,并负责行业规则的起草、修改和审查;负责地方律师协会制定行业规则的备案及审查工作。

第四条 中华全国律师协会进行行业规则的起草、修改工作,应当充分发扬民主,保障会员通过多种途径参与行业规则的制定活动。

第五条 中华全国律师协会制定行业规则应当依照本规程规定的权限和程序,从行业的整体利益出发,维护行业规则的统一。

第六条 中华全国律师协会制定行业规则应当从实际出发,科学合理地规定个人会员和团体会员的权利、义务与责任。

第七条 中华全国律师协会行业规则分别采用“规则”“规范”“规程”“纲要”“指引”“指南”等形式。

行业规则标题的题注应当载明制定机关、通过日期。

第八条 中华全国律师协会制定行业规则,根据内容可分章、节、条、款、项、目。

第二章　制定行业规则的权限和议案的提出

第一节　制定行业规则的权限

第九条　全国律师代表大会、全国律师协会理事会、常务理事会行使行业规则制定权。

第十条　全国律师代表大会决定律师协会章程、全行业重要行业规则的制定、修改和废止。

第十一条　由全国律师代表大会决定制定的行业规则以外的行业规则的制定、修改和废止,由全国律师协会理事会决定。

全国律师代表大会可以通过决议将其负责制定、修改的行业规则委托理事会制定和修改。

第十二条　全国律师代表大会理事会闭会期间,由常务理事会负责理事会权限范围内的行业规则的制定和修改。常务理事会审议通过的行业规则为试行的行业规则,经全国律师代表大会理事会审议通过后方可正式实施。

第二节　议案的提出

第十三条　制定、修改行业规则的议案可由下列机构提出:

(一) 理事会;

(二) 常务理事会;

(三) 各专门委员会;

(四) 各专业委员会;

(五) 全国律师协会理事 10 人以上联名;

(六) 团体会员 5 个以上联名,个人会员 100 人以上联名;

(七) 全国律师代表大会代表 30 人以上联名在全国律师代表大会以提案的方式提出。

第十四条　议案的提出,必须用书面形式,写明议题、理由和解决的方案。可附行业规则草案及说明。

第三章 制定行业规则的程序

第一节 议案的立项

第十五条 制定、修改行业规则的议案，由全国律师协会行业规则委员会整理后提交常务理事会会议决定是否制定、修改行业规则。由理事会或常务理事会提出的议案直接进入制定、修改行业规则的程序。

第十六条 全国律师协会行业规则委员会依据常务理事会关于制定、修改行业规则的决定，编制制定、修改行业规则的计划，并下达到相关的专门委员会、专业委员会实施，或组成专门工作组实施。

第十七条 中华全国律师协会章程的起草、修改由专门的工作机构负责，该专门机构的组成由常务理事会确定。

第二节 起 草

第十八条 行业规则制定、修改的最初草案分不同情况，由常务理事会指定以下机构或人员起草：

（一）提出议案的人或机构；

（二）与提案内容相关的专门委员会或专业委员会；

（三）秘书处专门起草小组；

（四）临时性的专门起草小组；

（五）律师协会以外的专业研究机构或专家；

（六）行业规则委员会。

第十九条 负责最初草案起草的机构或人员，经论证、起草、修改定稿后，将最初草案提交全国律师协会行业规则委员会审查。

第二十条 全国律师协会行业规则委员会对行业规则草案作技术性审查，保证行业规则之间相互协调，避免行业规则的矛盾、冲突和用语的不一致。

第二十一条 全国律师协会行业规则委员会对行业规则的最初草案审查后，可作如下处理：

（一）提出修改意见，退回原起草机构或个人作进一步修改；

（二）会同原起草机构或个人对行业规则的最初草案作进一步修改；

（三）直接对行业规则的最初草案作修改。

第二十二条 行业规则的最初草案经全国律师协会行业规则委员会审查通过后，应附书面起草或修改说明提交常务理事会，由常务理事会决定按批准权限提交有关机构审议通过。

第二十三条 全国律师协会行业规则委员会向常务理事会提交行业规则草案，应经到会全体人员过半数通过。对有较大争议的问题，可同时将不同意见一并提交。

第三节 征询意见

第二十四条 重要的、涉及全行业的行业规则草案，由全国律师协会行业规则委员会主持，会同原起草机构向有关各方征求意见。征求意见的方式是：

（一）座谈会；

（二）听证会；

（三）论证会；

（四）通过网络报刊征求意见。

征求意见的范围，根据行业规则内容的需要，可包括：律师协会会员、专家学者、司法机关、政府有关部门、社会团体和社会群众代表。

第四节 审　议

第二十五条 理事会、常务理事会审议行业规则草案，按照理事会、常务理事会议事规则进行审议。

第二十六条 全国律师代表大会审议行业规则草案，以到会人数过三分之二同意通过。

第二十七条 全国律师代表大会或理事会、常务理事会审议行业规则时，行业规则委员会应作解释，并听取意见。

第二十八条 全国律师代表大会或理事会、常务理事会审议行业规则草案，提出修改意见的，由行业规则委员会依本规程第二十一条处理。

第五节 颁　布

第二十九条 全国律师代表大会通过的行业规则以全国律师代表大会决议的方式予以公布实施。

第三十条 理事会、常务理事会通过的行业规则以理事会、常务理事会决议的方式予以公布实施。

第六节 解　　释

第三十一条 对全国律师协会行业规则进行解释的提议由省级律师协会提出。

第三十二条 试行和正式实施的行业规则由常务理事会负责解释。

第三十三条 行业规则的解释,以常务理事会决议的形式予以公布。

第七节 适　　用

第三十四条 全国律师代表大会制定的行业规则,在全行业具有最高效力。

第三十五条 全国律师协会制定的行业规则,是其团体会员——地方律师协会制定行业规则的上位规则。

第三十六条 行业规则的特别性规定,效力优于一般性规定。

第三十七条 行业规则的效力始于颁布实施(包括试行),没有溯及力。

第四章 地方性行业规则的备案与审查

第一节 地方性行业规则

第三十八条 各省、自治区、直辖市律师协会制订章程和行业规则的依据是中华全国律师协会章程和行业规则,本省、自治区、直辖市律师协会章程。

第三十九条 省、自治区、直辖市律师协会制订的章程和行业规则,在其管辖区域内有效。

第二节 备案与审查

第四十条 省、自治区、直辖市律师协会的章程及行业规则,自通过后30日内,报全国律师协会行业规则委员会备案。

第四十一条 省、自治区、直辖市律师协会报送行业规则备案,应当提交备案报告、行业规则文本及说明,一式两份。具备条件的,应当同时提交电子文本。

第四十二条 全国律师协会行业规则委员会在会员对地方性行业规则提出异议时，有权对备案的省级律师协会章程及其他行业规则进行审查，需要省级律师协会作说明的，应当限期要求省级律师协会做出说明。

第四十三条 全国律师协会行业规则委员会对省级律师协会的章程及行业规则审查中发现问题的，经常务理事会批准，向省级律师协会提出修改意见。

第四十四条 全国律师协会行业规则委员会对备案的省、自治区、直辖市律师协会行业规则定期公布目录。

第五章 附 则

第四十五条 本规程由全国律协常务理事会负责解释。

第四十六条 本规程由全国律协常务理事会通过后试行，自理事会通过之日起正式施行。

中华全国律师协会理事会议议事规则（试行）

（2004 年 8 月 11 日第五届中华全国律师协会
第十一次常务理事会审议通过，〔2004〕律发字第 72 号）

第一条 根据中华全国律师协会章程制定本规则。

第二条 理事会会议每年至少举行一次。经常务理事会决定或三分之一以上理事提议，可以举行理事会临时会议。

第三条 理事有按时出席理事会会议和参与表决的义务。因故不能参加会议的应按规定请假。

第四条 理事会会议由会长召集和主持，会长因特殊原因不能履行职务的，由会长指定的副会长召集和主持。

第五条 理事会可邀请司法行政机关的相关领导出席会议，也可邀请省、自治区、直辖市的律师协会秘书长和全国律协机关相关工作人员列席会议。

第六条 理事会的召开，应由全国律协秘书处提前三十天向理事发出书面通知。

理事会会议应只对会议通知中列明的议题进行审议。理事会会议议题经常务理事会审查做出决议后，提交理事会审议。

第七条 常务理事会可以向理事会会议提出临时议题；三十名以上理事联名可以向理事会会议提出临时议题，临时议题应于理事会召开前十天向秘书处提出，经常务理事会按照议事规则表决后列入会议议题，提交理事会会议审议和表决。

第八条 理事会会议应有理事人数三分之二以上的理事出席方可召开。参会理事二分之一以上的一致意见方可形成理事会决议。

第九条 理事会议题的审议和表决实行民主集中制的原则。理事会会议应安排理事对相关事宜进行讨论和审议，并将讨论和审议的结果和意见向理事会会议公布。

第十条 理事会会议的决议由理事表决通过。表决可采用书面及其他方式通过。

在理事会召开期间讨论和审议的事项，应当采取投票或举手方式表决。理事会的表决应由出席理事过半数同意方为通过。对专门制定表决办法事项的通过按专门办法规定办理。

第十一条 理事会会议闭会期间，出现需要由理事会决定的事项，常务理事会有权决定采用通讯表决的方式作出决议。

全国律协秘书处根据常务理事会决定，将需要表决事项的相关资料和发表审议意见的表格及表决票书面提交每位理事进行审议和表决，常务理事会应安排专人就理事的提问进行解答。表决以参与表决的理事过二分之一同意方为通过。参与表决的理事应达理事总人数的三分之二。

以通讯表决通过的决议与理事会会议通过的决议具有同等效力。

第十二条 理事会通过的决议应书面和上网公布。

第十三条 本议事规则由常务理事会通过后试行，由理事会通过后正式实施。

第十四条 本议事规则由全国律协常务理事会负责解释。

中华全国律师协会关于律师办理群体性案件指导意见

（2006 年 3 月 20 日第六届中华全国律师协会第四次常务理事会通过并试行）

当前及今后一段时间我国处于建设社会主义和谐社会的重要时期，正确处理群体性案件对建设和谐社会至关重要。群体性案件较多发生在土地征用征收、房屋拆迁、库区移民、企业改制、环境污染以及农民工权益保障等方面。群体性案件通常有着较为复杂的社会、经济、政治等原因，对国家、社会有着不容忽视和不同程度的影响。为发挥律师在群体性案件中维护社会稳定，促进社会主义法制建设的积极作用，保障律师的执业权利，更好地维护当事人合法权益，提出以下工作指导意见（以下简称《指导意见》）。

一

（一）本《指导意见》所说的群体性案件，是指一方当事人众多（十人以上）、基于同一或类似的事实问题或法律问题而引发的共同诉讼或非诉讼（包括调解、裁决、仲裁、复议等）案件。律师应依法接受委托，在其受托范围内为群体性案件的委托人提供法律服务。

在群体性案件中，律师可以接受群体当事人的委托，为其提供法律咨询，参与诉讼或非诉讼；也可以作为有关机关、企事业的法律顾问提供咨询服务，协助处理和解决群体性纠纷，代理诉讼或非诉讼法律事务。

律师办理群体性案件，应当通过法律途径，就法律问题履行职责。

律师从个案入手，进行分析探讨，提出法律意见和建议，有助于推动司法、立法活动和依法行政。律师办理群体性案件，应当依照法律，恪守职业道德和执业纪律，在其专业职责范围内为当事人服务。

（二）律师应该以高度的社会责任感，积极参与和促成群体性案件的妥善解决。律师在办理群体性案件时，应当忠于宪法，忠于法律，忠于职守，坚持原则，尽职尽责地维护委托人的合法权益，维护法律与社会公平正义，维护国家稳定，保障经济发展，促进社会和谐。

律师办理群体性案件，应着力于化解矛盾纠纷，帮助争议各方选择合法、适当、平和与稳妥的争议解决路径和方式。倡导调解解决纠纷。

律师可从个案入手，进行分析研究，向有关单位和部门提出法律意见和建议，进而推动国家的法制建设。

（三）律师办理群体性案件，必须遵守宪法与法律，恪守职业道德和执业纪律，还应遵循本《指导意见》和其他行业规则。

律师办理群体性案件应接受国家、社会和当事人监督。

律师依法办理群体性案件受法律保护。律师协会有保护律师依法办理群体性案件之责。

二

律师办理群体性案件,应处理好与当事人、司法机关、政府、媒体和公众等方面的关系。

(一)律师与当事人的关系

1. 律师应当协助、督促委托人真实地陈述案情,不得支持或协助委托人故意隐瞒、遗漏重要证据或作虚假陈述。

2. 律师发现因部分委托人或代表人作虚假陈述或歪曲案情,致使群体情绪不稳定可能发生影响社会稳定的情况时,应当对当事人指出,必要时可向本所负责人或司法行政机关报告。

3. 律师对当事人或其代表人、代理人提出的违法或明显不合理的要求应予以拒绝。

4. 律师不鼓动、不参与群体性案件当事人或其代表人、代理人的违法上访活动。不得参与或建议当事人以违反社会治安、干扰国家机关正常工作等手段促使案件的解决。

5. 有下列情形,律师事务所可以解除委托代理协议,终止代理关系:

① 委托人坚持违法要求的;

② 委托人隐瞒、歪曲重要事实的;

③ 委托人利用律师服务从事违法活动的;

④ 其他客观原因导致律师难以正常履行职责的。

(二)律师与司法机关的关系

律师受理群体性案件后,要及时与有关司法部门充分沟通,实事求是反映情况,以引起应有的重视。要积极协助司法机关查明事实。如果需要,可通过律师协会向司法机关反映问题。

(三)律师与政府的关系

律师受理群体性案件后,应通过正当渠道及时向政府相关部门反映情况。担任政府法律顾问的律师,应当从依法行政的角度给政府提出意见和建议;发现有可能激化矛盾扩大事态的问题和苗头时,有权立即报告司法行政主管机关。

(四)律师与媒体的关系

律师和律师事务所要恰当把握与媒体的关系,实事求是,谨慎评论。不炒作新闻,不搞有偿新闻。应慎重对待与境外组织和境外媒体的接触。

三

律师办理群体性案件，应遵守以下要求：

1. 备案制度。律师事务所接受群体性案件委托后，应当及时向所属律师协会备案。多个律师事务所承办就同一诉求不同当事人案件，可协商确定一家律师事务所负责向律师协会报告。不同地区的律师事务所受理同一案件，应分别报告各自所属律师协会。

2. 集体讨论，加强督导。承接群体性案件，应由律师事务所统一接受委托，指定专人承办，共同研究工作方案。律师事务所对律师办理群体性案件应尽督导把关之责，发现律师在办案中有违规行为，应及时制止并采取补救措施。

3. 做好咨询接待工作。律师事务所应安排政治和业务素质好、经验丰富的律师接待群体性案件的来访咨询，做好接待笔录。对来访人员要耐心细致，解答详尽，不宜轻率发表意见。律师事务所决定收案的，应全面做好收案笔录。

4. 律师应政府有关部门要求参与上访接待工作，应处理好维护社会稳定与维护群体当事人的合法权益的关系。律师应在自己职责范围内，努力配合有关部门开展工作，引导当事人依法行事。尽可能劝解当事人不越级或群体上访。

5. 根据群体性案件的具体情况，律师事务所可以依法与当事人签订委托代理协议，也可以与其授权的代表人、代理人签订委托代理协议。

6. 群体性案件结案后，承办律师应及时向律师事务所负责人报告结案情况，具有重大社会影响的还应向所属律师协会报告。

7. 律师事务所应当保证办理群体性案件档案的完整、详尽、有序和整齐。

四

律师依法办理群体性案件，律师协会应当予以支持、指导和监督：

1. 律师协会有权了解律师办理案件的情况，提出建议；

2. 根据律师事务所的请求，律师协会可以组织对个案论证研讨，也可以自己决定召集论证研讨会，提出意见；

3. 对影响大的群体性案件，律师协会应及时与有关部门沟通、协调。律师协会可以根据需要就案件相关问题向公众表达意见，以支持律师依法办案；

4. 律师的人身和执业权益受到损害时，律师协会应当及时向有关部门反映情况，督促相关部门采取措施，维护律师合法权利；

5. 律师异地执业权利受到损害，其所属律师协会请求予以支持的，接受请求的律师协会应当予以配合，全国律协根据需要可以对律师维权活动进行组织协调；

6. 律师协会可以根据律师事务所的请求或基于妥善处理问题的判断，提议或提醒当事人各方律师进行调解谈判，化解纠纷；

7. 对于影响大的群体性案件，律师协会在收到律师事务所的备案后应及时向同级司法行政机关通报；

8. 律师和律师事务所办理群体性案件成绩突出或经验可鉴的，律师协会应当予以表彰、宣传和推广，或提请司法行政机关予以奖励；

9. 律师和律师事务所未按本《指导意见》要求办理群体性案件，造成恶劣影响的，律师协会可以根据相关行业规则予以惩戒，或提请司法行政机关予以处罚；

10. 律师协会应加强对律师办理群体性案件业务的培训，在形势政策、办案策略和工作要求等方面进行普遍指导。

五

律师在接办人数虽然未达本《指导意见》第一条所指群体性标准，但为国内外关注、具有重大社会影响或重大敏感性案件时应遵循本《指导意见》。

各地律师协会制定的相关规范、细则有与本《指导意见》相冲突的，应以本《指导意见》的精神进行修订。

本《指导意见》由全国律师协会负责解释、修订。

本《指导意见》依据《律师协会章程》制定。报司法行政机关备案。

本《指导意见》自发布之日起试行。

申请律师执业人员实务训练指南(试行)

（2007 年 1 月 25 日第六届中华全国律师协会
第七次常务理事会审议通过并试行）

第一编　总　　则

第一条　为规范申请律师执业人员的实习活动，保证实习质量，提高新执业律师的整体素质，根据《中华人民共和国律师法》《律师协会章程》《律师执业行为规范（试行）》和《申请律师执业人员实习管理规则（试行）》的规定，制定本指南。

第二条 本指南所称申请律师执业人员，是指依法取得中华人民共和国《法律职业资格证书》或者《律师资格证书》，首次申请领取律师执业证的人员（以下简称“实习人员”）。

本指南所称实务训练，是指按照《申请律师执业人员实习管理规则（试行）》和本指南的要求，在指导律师的指导下，实习人员通过直接参与实践的方式，培养实际事务处理能力，学习工作技巧，为正式执业打下基础的过程。

第三条 通过实务训练，实习人员应当熟练掌握律师业务基本技能，初步具备独立执业的能力。

第四条 实习人员的实务训练，由接收实习人员实习的律师事务所负责安排。

接收实习人员实习的律师事务所应当按照《申请律师执业人员实习管理规则（试行）》和本指南的规定，指定专门指导律师，结合具体法律问题，指导实习人员进行律师业务基础技能训练，并为实习人员的实务训练活动提供必要的条件和保障。

第五条 指导律师应当符合下列条件：

（一）具有五年以上执业经历；

（二）具有较高的业务素质和执业水平；

（三）具有较高的职业道德素养，无不良执业记录；

（四）全国律协和省、自治区、直辖市律师协会规定的其他条件。

指导律师同时指导的实习人员不得超过二名。

第六条 实习人员应当在指导律师的指导下，协助办理律师业务，接受刑事案件辩护及代理、民事和行政案件代理、非诉事务代理、担任法律顾问、法律咨询以及代书法律文书等技能训练，掌握律师业务基本程序和执业规则，了解律师事务所的战略计划、市场营销、财务管理、人事管理、信息管理等内部管理机制。

指导律师应当根据有关法律、法规、司法解释及其他规范性文件，参考中华全国律师协会颁布的律师业务指引，具体指导实习人员遵守律师职业道德和执业行为规范，指导实习人员掌握律师业务的基本程序和执业规则，了解律师事务所的内部管理机制。

第二编　分　　则

第一章　委托代理关系建立和维护

第七条　指导律师在指导实习人员接待当事人时，应当使实习人员掌握以下技能：

（一）庄重、耐心、礼貌地对待当事人，以关注与合作的姿态取得当事人的信任；

（二）营造适宜的谈话气氛，促使当事人详细表述解决争议所需要的事实；

（三）全面了解当事人的主要情况和真实意愿，了解相关事实情况，运用相关法律，解释、分析有关事实；

（四）使当事人知晓律师的分析和建议是基于当事人陈述的事实和相关法律规定所作出，并非必然发生的结果；

（五）以适当方式考虑道德、经济、社会、政治以及其他与当事人的状况相关的因素。

第八条　指导律师在指导实习人员接待当事人时，应当告诫实习人员遵守相关法律法规、律师职业道德和执业行为规范，不得向当事人明示或暗示其具有可能不恰当地影响司法、行政机关作出某种决定或者改变既定决定的能力。

实习期间，每名实习人员至少应当在指导律师的指导下参与10次接待当事人的活动。接待活动结束后，指导律师应当对实习人员的表现作出点评。

第九条　实习人员进行实务训练，指导律师应当就当事人与律师事务所建立委托关系，告知实习人员注意下列事项：

（一）在接受委托之前应当注意利益冲突查证，避免出现律师执业规范所禁止的利益冲突代理行为；

（二）应当以律师事务所的名义接受委托，建立委托代理关系，律师不得以个人名义私自接受委托；

（三）不得为建立委托代理关系而对委托人进行误导，不得为谋取代理或者辩护业务而向委托人作虚假承诺；

（四）接受委托时必须与委托人明确约定委托权限。需要特别授权的，应当事先取得委托人的书面确认；

（五）律师应当根据委托人提供的事实和证据，依据法律对案件进行分析，向委托人提出预见性、分析性的结论意见，但不得作虚假承诺。律师依据事实证据和现行法律对某一案件作出某种判断时，应当向委托人表明作出的此种判断仅代表个人意见；

（六）遇有委托人拟委托的事项或者提出的要求属于法律或律师执业规范所禁止的情况时，律师应当明确告知委托人，并提出修改建议或者予以拒绝。

实习期间，每名实习人员至少应当在指导律师的指导下参加3次签订委托代理合同的活动。活动结束后指导律师应当对实习人员的表现作出点评。

第十条 与当事人的委托代理关系建立之后，指导律师应当告诫实习人员注意下列事项：

（一）律师接受律师事务所指派后，不得违背事实和法律规定向当事人作出虚假承诺；

（二）律师应当谨慎、诚实、客观地告知委托人拟委托事项存在的或者可能出现的法律风险；

（三）委托代理关系建立后，律师只能在委托权限内开展执业活动，不得擅自超越委托权限。委托权限不明确的，律师应当主动提示委托人；

（四）律师在办理受托事务过程中，发现委托人所授权限不能适应需要的，应当及时告知委托人，在未经委托人同意或者办理有关的授权委托手续之前，律师只能在授权范围内办理法律事务，法律另有规定的除外；

（五）律师应当谨慎保管委托人提供的证据和其他法律文件，确保其不遭灭失或毁损；

（六）律师不得泄露国家秘密、商业秘密或者个人隐私，以及其他保密信息，但有下列情形之一时，律师可以依法公开相关信息：

1. 委托人授权同意披露的信息；

2. 律师在代理过程中被牵涉到委托人的犯罪行为，为保护自己的合法权益而公开；

3. 保密可能导致国家或公共利益受到严重损害，或者可能导致人身伤亡等严重事件发生；

4. 依法可以公开的其他情形。

（七）律师不得向委托人就某一案件的判决结果作出承诺；

（八）律师不得利用提供法律服务的便利，非法牟取委托人的利益：

1. 不得向委托人索取财物，不得获得其他不利于委托人的经济利益；

2. 非经委托人同意，不得运用来自于向委托人提供法律服务时所得到的信息牟取对委托人有损害的利益；

3. 除依照相关规定收取法律服务费用之外，不得与委托人争议的权益产生经济上的联系，不得与委托人约定胜诉后将争议标的物以出售等形式归自己所有，不得委托他人为自己或者为自己的亲属收购、租赁委托人与他人发生争议的诉讼标的物。

（九）委托代理关系建立后，律师无正当理由不得拒绝履行协议约定的职责、不得拒绝辩护或代理；

（十）非经委托人同意，律师不得将委托人所委托的法律事务转委托他人办理；

（十一）非经委托人同意，不得因转委托而增加委托人的经济负担；

（十二）律师在办理受托法律事务过程中，应当主动将工作情况向委托人通报；受托关系结束后，律师应当及时把委托事务的完成情况告知委托人；

（十三）遇有特殊情况，需提前解除委托关系的，律师应当采取合理可行的措施保护委托人利益，并积极向委托人交还材料、证据原件或复印件。委托代理协议有约定的，按照约定返还委托人预付的律师费用；

（十四）委托代理关系结束后，律师不得再以被委托人的名义进行活动；

（十五）委托代理关系结束后，律师仍然负有相应的保密义务。

第十一条 实习人员应当掌握律师事务所终止委托代理关系的几种情形：

（一）与委托人协商一致，达成协议；

（二）律师事务所被责令停业整顿或者吊销律师事务所执业证书；

（三）发现不可克服的利益冲突；

（四）律师因健康状况或者其他原因不适合继续代理，另更换承办律师的建议不被委托人认可；

（五）继续代理将违反法律或者律师执业规范。

出现上述情形时，律师应当立即向委托人发出通知，并协商对相关事宜作出安排。

终止委托关系的，应当制作备忘录，注明解除委托关系的原因，并整理案卷归档。

第十二条 实习人员应当掌握律师事务所可以拒绝辩护或代理的几种情形：

（一）委托人利用律师提供的法律服务从事违法犯罪活动；

（二）委托人坚持追求律师基于职业经验判断无法实现的代理目标；

（三）经合理催告，委托人仍未履行其在委托代理协议中的义务；

（四）律师向委托人继续提供法律服务将会给律师带来不合理的费用负担，或者给律师造成难以承受的、不合理的困难；

（五）委托人提供的证据材料不具有客观真实性、关联性与合法性，或者经司法机关审查认为存在伪证嫌疑；

（六）法律、法规规定的其他可以拒绝辩护或代理的情形。

遇有上述情形时，律师应当向委托人说明理由。

因拒绝辩护、代理而解除委托关系的，律师可以保留与委托人有关的法律事务文件的复印件，并应当制作备忘录，注明解除委托关系的原因，并附上相关解除委托关系的手续，整理案卷归档。

第十三条 指导律师应当告知实习人员在办理受托法律事务时，注意相关资料的收集、整理和妥善保管。在审判程序结束时，应当写出结案报告或者其他结案文书，依照司法部《律师业务档案立卷归档办法》整理案卷归档。

实习期间，每名实习人员都应当在指导律师的指导下进行整理案卷归档的实际操作。指导律师应当对实习人员的表现作出点评。

第二章 诉讼与仲裁

第十四条 指导律师应当根据有关法律法规、司法解释及其他规范性文件的规定，并参考中华全国律师协会颁布的律师业务指引，指导实习人员掌握诉讼与仲裁的基本程序和技巧。

第十五条 指导律师在指导实习人员协助进行调查取证时，应当要求实习人员遵守合法、客观、全面、及时的基本原则：

（一）不得伪造证据。严禁为达到诉讼意图或目的，改变证据的内容、形式或者属性；

（二）在收集证据过程中，应当以客观求实的态度对待证据材料，不得以本人的好恶选择证据，不得以自己的主观想象去改变证据原有的形态及内容；

（三）不得威胁、利诱他人提供虚假证据；

（四）不得妨碍他人合法取得证据；

（五）不得向司法机关或者仲裁机构提交明知是虚假的证据；

（六）作为证人出庭作证的律师，不得接受该案委托或者继续担任该案的辩护人或代理人。

指导律师应当结合法律规定和律师执业规范的要求，系统地向实习人员讲解并示范调查取证工作的重点和要求，必要时可以要求实习人员撰写学习体会或者学习心得。

第十六条 在调查取证时，指导律师应当告诫实习人员注意下列工作规范：

（一）调查取证，应当执有律师事务所出具的介绍信，并出示律师执业证，表明身份。向证人调查取证时，以两人以上共同进行为宜；

（二）对涉及国家秘密、商业秘密和个人隐私的证据应当保密，需要在法庭出示的，应当事先告知法庭，以不公开方式举行，不得在公开开庭时出示；

（三）收集书证、物证应当收集原件、原物。收集原件、原物有困难的，可以

复制、照相,或者收集副本、节录本,但对复制件、照片、副本、节录本应当附证词或说明;

(四)证据的收集,应当明确其来源;

(五)告知证人应当如实表述与本案有关的事实情况,并向其讲明作伪证应负的法律责任;

(六)向证人调查、收集证据时,需要录音、录像的,应当取得证人的同意;

(七)制作调查笔录,应当全面、准确地记录谈话内容,并交由被调查人阅读或者向其宣读;有修改补充的,应当由被调查人在修改、补充处加盖印章或者按指纹确认;经确认无误后,由调查人、被调查人、记录人签名、盖章或者按指纹确认;

(八)因客观原因不能自行收集的证据,应当及时申请人民法院调查、收集;

(九)在证据可能灭失的情形下,征得委托人同意后,代理其向公证机关或者人民法院申请保全证据;

(十)应当从证据的来源、证据形成的时间、地点及周围环境、证据的种类、证据的内容和形式、证据要证明的事实及其与本案的关联性、证据间的关系、证据提供者的基本情况、证据提供者与本案或者本案当事人的关系、证据的合法性和客观性、证据的证明力等诸方面对收集到的证据材料进行审查。

第十七条 指导律师应当向实习人员告知参加法庭审理应当遵守法庭、仲裁庭纪律,遵守出庭时间、举证时限、提交法律文书期限及其他程序性规定,注意庭审仪表、体态和语态。

第十八条 在诉讼和仲裁阶段,指导律师应当告诫实习人员注意下列事项:

(一)不得提供或者散布与司法人员及仲裁人员任职资格和品行有关的轻率言论;

(二)在诉讼或者仲裁案件终审前,不得通过传媒或者在公开场合发布任何可能被合理地认为有损司法公正的言论;

(三)在开庭审理过程中,应当尊重法庭、仲裁庭,服从审判长、首席仲裁员主持,不得当庭评论(包括批评和颂扬)审判人员、仲裁人员言论。对于庭审中存在的问题,可以在休庭后向法官、仲裁员或者其主管部门口头或书面提出;

(四)在诉讼过程中,因事实真假、证据真伪及法律适用是否正确而与诉讼相对方意见不一的,或者为了向案件承办人提交新证据的,可以与案件承办人在司法机关内指定场所接触和交换意见;

(五)不得以不正当动机与司法、仲裁人员接触;

(六)不得向司法机关和仲裁机构人员馈赠财物,严禁以许诺回报或者提供其他便利(包括物质利益和非物质形态的利益)等方式,与承办案件的司法或者仲裁人员进行交易。

第十九条 办理民事诉讼案件时，指导律师应当指导实习人员掌握下列诉讼程序中涉及的律师业务基本技能：

（一）一审普通程序中，审查诉讼时效、确定案件管辖法院、代理原告起诉、代理被告应诉和反诉、代理申请财产保全及先予执行、整理和提交证据、阅卷、告知己方证人出庭、准备法庭调查提纲、撰写代理词等庭前准备活动，参与法庭调查、法庭辩论、调解、和解等诉讼活动；

（二）简易程序转为普通程序；

（三）二审程序中，代书上诉状或者上诉答辩状、阅卷、庭审等诉讼活动；

（四）特别程序中，担任选民资格案件的代理人，担任宣告失踪、宣告死亡案件的代理人，担任认定公民无民事行为能力、限制民事行为能力案件的代理人，担任认定财产无主案件申请人的代理人；

（五）审判监督程序和再审程序中，代书申诉状，提出申诉和申请再审；

（六）公示催告程序中，担任票据持有人的代理人；

（七）破产程序中，接受委托提供法律服务，代理进行有关事务；

（八）接受当事人的委托，在执行程序中担任代理人。

第二十条 办理刑事诉讼案件时，指导律师应当指导实习人员掌握下列诉讼程序中涉及的律师业务基本技能：

（一）侦查阶段会见犯罪嫌疑人，为犯罪嫌疑人提供法律咨询，为犯罪嫌疑人申请取保候审，代理申诉和控告；

（二）审查起诉阶段担任犯罪嫌疑人的辩护人时，查阅、摘抄、复制案件有关材料，会见犯罪嫌疑人，与犯罪嫌疑人通信，调查和收集案件有关材料，向人民检察院提出关于案件的辩护意见；

（三）担任公诉案件一审被告人的辩护人时，审查管辖、阅卷、会见被告人、出庭准备、法庭调查、法庭辩论以及休庭后的必要工作等诉讼活动；

（四）担任公诉案件二审被告人的辩护人，代书上诉状、阅卷、会见被告人、出庭准备、法庭调查、法庭辩论等诉讼活动；

（五）担任公诉案件被害人的诉讼代理人时，为委托人提供法律咨询、参加法庭审理、撰写代理词及其他法律服务；

（六）担任自诉案件当事人的诉讼代理人或辩护人时，确定被告人和管辖法院、调查了解有关事实和证据、代书刑事起诉状、协助制作刑事附带民事起诉状、代理申请复议、提起反诉、做好开庭前准备工作、参加庭审和法庭调解等诉讼活动；

（七）担任附带民事诉讼当事人的诉讼代理人时，代书附带民事起诉状或者答辩状、指导和协助委托人收集证据、展开调查、申请鉴定、参加庭审、举证质证、进行辩论、发表代理意见、指导委托人参加调解等诉讼活动；

（八）适用简易程序时，举证质证、发表代理和辩护意见、建议法庭中止审理转为普通程序等诉讼活动；

（九）担任申诉案件的代理人时，依法要求人民法院重新审判，或者依法提请人民检察院抗诉等诉讼活动。

第二十一条 指导律师指导实习人员掌握行政诉讼或者行政复议工作的基本技能，参照第十九条办理民事案件的内容和相关法律规定。

第二十二条 参与仲裁工作时，指导律师应当指导实习人员掌握下列程序中涉及的律师业务基本技能：

（一）接受委托和调查取证；

（二）受理阶段提出仲裁申请、管辖异议，就仲裁争议提出反请求，协同委托人在规定期限内指定仲裁员，提醒和帮助委托人审查仲裁员是否应当回避，建议委托人申请财产保全等；

（三）审理阶段，按照法律和仲裁规则的要求准备并向仲裁庭提交申请文件或者答辩文件，撰写代理词，准备证据，参加庭审；

（四）执行阶段，确定案件执行的管辖法院，申请执行；或者接受被申请执行方委托后，依法申请法院不予执行或撤销仲裁裁决。

第二十三条 实习期间，实习人员原则上应当被安排一次跟随指导律师参与出庭活动，活动结束后指导律师应当对实习人员的表现作出点评。

第三章 法律顾问

第二十四条 指导律师应当指导实习人员掌握签订法律顾问合同时须注意的下列事项：

（一）法律顾问分常年法律顾问和专项法律顾问两种。律师应当根据聘用单位情况及拟接受委托内容，确定选择何种方式；

（二）法律顾问合同应当明确服务内容、服务期限、收费方式、服务方式、与委托人的联系方式等内容，明确合同中所列明的收费标准是否包括聘用单位在服务期限内发生的诉讼、仲裁案件或者重大项目，未包括的，应当确定另外的收费方式；

（三）签订专项法律顾问合同时，一般应当明确服务的有效期限、服务内容、风险承担、权利义务等内容。

第二十五条 指导律师应当指导实习人员，在律师担任法律顾问期间，需要遵守下列工作规范：

（一）在接受委托担任法律顾问后，应当对聘用单位进行详细的调查了解，建立客户档案；

（二）就有关问题向聘用单位出具法律意见书时，应当要求委托人就其提供的材料作出承诺；

（三）法律顾问合同是由客户与律师事务所之间签订，遇有疑难问题的话，应当提交律师事务所研究；

（四）担任法律顾问期间和解除法律顾问合同后，都必须保守客户的商业秘密；

（五）应当定期向客户通报法律服务情况。

第四章 其他业务

第二十六条 指导律师在指导实习人员起草法律咨询文书和合同时，应当强调掌握下列技能：

（一）起草法律文件前，应当清楚了解当事人的要求，了解法律文件所面向的对象，进行相应的调研，制订文件大纲；

（二）起草咨询文书时，应当注意咨询文书的结构设计，以及前期准备、草拟、定稿和确认等工作过程；

（三）起草商务合同时，应当注意合同结构的严谨性，熟悉合同起草的工作过程，注意保证合同条款合法有效，各方权利义务约定具体、明确，合同内容便于履行，最大限度地为当事人控制法律风险，确保其实现预期的合法利益；同时要注重文本版面整洁美观，文字通顺规范，标点符号准确无误。

第二十七条 指导律师在指导实习人员参与商务谈判时，应当强调掌握下列技能：

（一）谈判前应当对谈判事项背景和当事人期望值进行了解，掌握本方谈判的基本情况，确定工作分工、谈判基本方向，进行谈判内容的准备；

（二）律师参与谈判时，应当基于本方委托人的立场，维护其合法权益，确保达成的协议不偏离合法的轨道；坚持原则，适当灵活；非经委托人明确授权不对谈判事项作出承诺、接受或者否定的意思表示；避免将个人好恶带入谈判。

第二十八条 指导律师应当根据其所在律师事务所及其本人的专业特长，指导实习人员掌握下列律师业务中的一项或者几项，为实习人员执业做好充分准备：

（一）公司法律业务；

（二）金融、证券法律业务；
（三）房地产法律业务；
（四）建筑工程法律业务；
（五）国际贸易法律业务；
（六）反倾销法律业务；
（七）海商、海事法律业务；
（八）劳动争议法律业务；
（九）知识产权法律业务；
（十）医疗纠纷法律业务；
（十一）其他法律业务。

第二十九条 指导律师及其所在律师事务所应当根据我国律师行业发展的动态和趋势，培养实习人员开发新业务的能力，指导实习人员掌握新业务所需的理论知识和实践技巧。

第三编 附 则

第三十条 本指南为各地律师协会开展申请律师执业人员实务训练的指导性文件。省、自治区、直辖市律师协会可以根据本地区实际情况，在不违背本指南基本原则的基础上制定本地区的实施办法。

中华全国律师协会将根据律师业务的发展，适时对本指南进行修订。

第三十一条 本指南由中华全国律师协会常务理事会解释。

第三十二条 本指南自颁布之日起施行。

申请律师执业人员实习管理规则

（2009年12月25日第七届中华全国律师协会
常务理事会第五次常务理事会审议通过）

第一章 总 则

第一条 为了规范申请律师执业人员的实习活动，完善律师执业准入制度，确保为律师队伍培养、输送合格人才，根据《中华人民共和国律师法》、司法部《律师执业管理办法》以及《中华全国律师协会章程》的有关规定，制定本规则。

第二条 为申请律师执业依法需要参加实习的人员（以下简称“实习人员”），其实习活动的管理适用本规则。

第三条 申请律师执业人员的实习期为一年。

实习人员在实习期间应当参加律师协会组织的集中培训和律师事务所安排的实务训练，遵守实习管理规定，实习期满接受律师协会的考核。

第四条 律师协会应当根据律师是中国特色社会主义法律工作者的定位，按照“政治坚定、法律精通、维护正义、恪守诚信”的培养目标和本规则的规定，组织管理申请律师执业人员的实习活动，指导律师事务所做好实习人员的教育、训练和管理工作，严格实施实习考核标准和考核程序，确保实习质量。

律师协会对实习活动的管理，应当接受司法行政机关的指导和监督。

第二章 实习登记

第五条 申请实习人员应当符合下列条件：

（一）拥护中华人民共和国宪法；

（二）取得法律职业资格证书或者律师资格证书；

（三）品行良好；

（四）具有完全民事行为能力；

（五）未因故意犯罪受过刑事处罚；

（六）未曾被开除公职或者被吊销律师执业证书。

第六条 实习人员应当在拟申请律师执业的省、自治区、直辖市进行实习；司法部或者省、自治区、直辖市司法行政机关另有规定的，从其规定。

第七条 拟申请实习的人员，应当通过拟接收其实习的律师事务所向住所地设区的市级律师协会申请实习登记，并提交下列材料：

（一）《实习申请表》；

（二）申请实习人员与律师事务所签订的《实习协议》；

（三）申请实习人员法律职业资格证书或者律师资格证书复印件、学历证书复印件；

（四）申请实习人员身份证复印件，非实习地户籍人员应当提交实习地公安机关核发的居住证或者暂住证复印件；

（五）申请实习人员出具的本人符合本规则第五条规定的申请实习条件的书面承诺；

（六）申请实习人员户籍所在地公安机关为其出具的未受过刑事处罚的证明材料；

（七）申请实习人员的人事档案存放证明以及本人能够参加全部实习活动的保证书；

（八）申请实习人员近期一寸免冠照片一张；

（九）拟接收申请实习人员实习的律师事务所出具的本所不具有本规则第八条规定情形的说明。

拟兼职律师执业的人员申请实习登记的，除提交前款规定的相关材料外，还应当提交所在高等院校、科研机构为其出具的从事法学教育、研究工作的证明和同意其实习的证明。

第八条 律师事务所有下列情形之一的，不得接收实习人员实习：

（一）无符合规定条件的实习指导律师的；

（二）受到停业整顿以下行政处罚或者行业惩戒，自被处罚或者惩戒之日起未满一年的；

（三）受到停业整顿行政处罚，处罚期未满或者期满后未逾三年的；

（四）受到禁止接收实习人员实习的行业惩戒，惩戒期限未满的。

第九条 申请实习人员与拟接收其实习的律师事务所签订的《实习协议》，应当包括下列主要内容：

（一）申请实习人员姓名；

（二）律师事务所名称、住所；

（三）实习指导律师的姓名、律师执业证号、执业年限；

（四）拟安排实习的起止日期；

（五）申请实习人员和律师事务所双方的权利、义务及违约责任；

（六）实习人员实习期间相关费用的安排。

《实习协议》自设区的市级律师协会准予实习登记之日起生效。

第十条 设区的市级律师协会应当自收到申请实习登记材料之日起二十日内予以审核，对于符合规定条件的，准予实习登记，并向申请实习人员颁发《申请律师执业人员实习证》；对于不符合规定条件的，不准予实习登记，并书面告知申请实习人员和拟接收其实习的律师事务所不准予实习登记的理由，同时将不准予实习登记的决定报省、自治区、直辖市律师协会备案，抄送当地设区的市级或者直辖市区（县）司法行政机关。

申请实习人员对不准予实习登记决定有异议的，可以自收到书面通知之日起十五日内，向作出决定的律师协会或者省、自治区、直辖市律师协会申请复核。律师协会应当自收到复核申请之日起十五日内进行复核,并将复核结果通知申请人。

第十一条 申请实习人员有下列情形之一的,不准予其实习登记:

(一)有公开发表反对中华人民共和国宪法言论的;

(二)受过刑事处罚的,但过失犯罪的除外;

(三)被开除公职或者被吊销律师执业证书的;

(四)无民事行为能力或者限制民事行为能力的;

(五)有不宜从事律师职业的不良品行的;

(六)受到不得再次申请实习的处分,处分期限未满的。

因律师事务所或者实习指导律师不符合本规则规定条件而不准予实习登记的,律师协会应当告知申请实习人员另行选择接收其实习的律师事务所或者实习指导律师。

申请实习人员因涉嫌违法犯罪被立案查处的,应当暂缓实习登记,待案件查处有结果后再决定是否准予其实习登记。

第十二条 本规则第十一条第一款第(五)项所称“不宜从事律师职业的不良品行”,包括下列情形:

(一)因故意犯罪但依照刑法规定不需要判处刑罚或者免除刑罚,被人民检察院决定不起诉或者被人民法院免除刑罚的;

(二)因违法违纪行为被国家机关、事业单位辞退的;

(三)因违法违规行为被相关行业主管机关或者行业协会吊销职业资格或者执业证书的;

(四)因涉及道德品行等违法行为被处以治安行政拘留或者采取强制性教育矫治措施的;

(五)因弄虚作假、欺诈等失信行为被追究法律责任的;

(六)有其他产生严重不良社会影响的行为的。

前款所列不良品行发生在申请实习人员十八周岁以前或者发生在申请实习登记五年以前,且申请实习人员证明其不良品行确已改正的,应当提交相关证明材料以及至少二名执业十年以上、未受过行政处罚或者行业惩戒的当地资深律师为其出具的品行评价和推荐书,经律师协会设立的品行审核委员会审核同意,可以准予实习登记。

第十三条 有下列情形之一的,由准予实习登记的律师协会撤销实习登记,收缴实习证,已进行的实习无效:

(一)申请实习人员以欺诈、贿赂等不正当手段取得实习登记的;

(二)对不符合条件的申请实习人员准予实习登记或者违反规定程序准予实习登记的。

申请实习人员因有前款第(一)项情形被撤销实习登记的,应当同时给予其二年内不得再次申请实习的处分;情节严重的,给予其五年内不得再次申请实习的处分。

省、自治区、直辖市律师协会发现有本条第一款规定情形的,可以责令准予实习登记的律师协会撤销实习登记。

第三章　集 中 培 训

第十四条　实习人员的集中培训,由省、自治区、直辖市律师协会或者设区的市级律师协会组织进行。每期集中培训的时间不得少于一个月。

集中培训大纲由中华全国律师协会制定。集中培训教材,由中华全国律师协会组织编写或者指定。

第十五条　集中培训包括下列内容:

(一)中国特色社会主义基本理论和社会主义法治理念;

(二)律师制度和律师的定位及其职业使命;

(三)律师执业管理规定;

(四)律师职业道德和执业纪律;

(五)律师实务知识和执业技能。

组织集中培训的律师协会可以根据本地实际情况增加有关的培训内容。

第十六条　律师协会可以自行组织集中培训,也可以与当地司法行政机关的培训机构或者高等法学院校合作组织集中培训。律师协会自行组建培训机构或者与其他单位合作组建培训机构的,应当报中华全国律师协会备案。

中华全国律师协会可以组织示范性集中培训,实习人员参加培训取得的结业证书在全国范围内有效。

第十七条　律师协会组织集中培训,应当选聘有较高职业道德素养、业务素质和丰富实务经验的执业律师担任授课教师,也可以根据培训需要选聘有关专家、学者、司法工作人员和律师管理工作人员担任授课教师。

中华全国律师协会可以推荐授课教师人选名单,供组织集中培训的律师协会选聘。

第十八条　集中培训结束时,应当对参加集中培训的实习人员进行考核。考核可以采取笔试结合面试的方式进行,考核内容根据集中培训大纲确定。

实习人员经考核合格的,由组织培训的律师协会颁发《实习人员集中培训结业证书》;考核不合格的,应当参加律师协会为其再次安排的集中培训,所需时间不计入实习时间。

第四章 实务训练

第十九条 实习人员的实务训练，由接收其实习的律师事务所负责组织实施。

律师事务所应当按照中华全国律师协会制定的实务训练指南，指派符合条件的律师指导实习人员进行实务训练，并为实习人员进行实务训练提供必要的条件和保障。

第二十条 实习指导律师应当符合下列条件：

（一）具有五年以上的执业经历；

（二）热爱律师事业，忠实履行律师职责，具有较高的职业道德素养；

（三）具有较高的业务素质和丰富的实务经验；

（四）三年内未受过行政处罚或者行业惩戒。

一名实习指导律师同时指导的实习人员不得超过二名；司法部另有规定的，从其规定。

第二十一条 实习指导律师应当履行下列职责：

（一）对实习人员进行律师职业道德和执业纪律教育；

（二）指导实习人员学习掌握律师执业管理规定；

（三）指导实习人员学习掌握律师执业业务规则；

（四）指导实习人员进行律师执业基本技能训练；

（五）监督实习人员的实习表现，定期记录并作出评估，发现问题及时纠正；

（六）在实习结束时对实习人员的政治素质、道德品行、业务素质、遵守律师职业道德和实习纪律的情况出具考评意见。

第二十二条 律师事务所应当对实习活动履行下列管理职责：

（一）定期或者适时召开会议，通报实习人员的实习情况，研究改进实习工作的措施；

（二）对实习指导律师履行职责的情况进行监督，发现问题及时纠正，对严重违背规定职责的，应当停止其指导实习的工作；

（三）对实习人员在实习期间的表现及实习效果进行监督和考查，并在实习结束时为其出具《实习鉴定书》。

第二十三条 律师事务所及实习指导律师不得指使或者放任实习人员有

下列行为：

（一）独自承办律师业务；

（二）以律师名义在委托代理协议或者法律顾问协议上签字，对外签发法律文书；

（三）以律师名义在法庭、仲裁庭上发表辩护或者代理意见；

（四）以律师名义洽谈、承揽业务；

（五）以律师名义印制名片及其他相关资料；

（六）其他依法应以律师名义从事的活动。

第二十四条 实习人员在实习期间有下列行为之一的，律师事务所应当给予批评教育，责令改正，并报告当地的律师协会。律师协会应当给予该实习人员警告处分；情节严重的，责令其停止实习，收缴实习证，并给予其二年内不得再次申请实习的处分：

（一）私自以律师名义从事本规则第二十三条所列违规行为的；

（二）不服从律师事务所及实习指导律师监督管理的；

（三）不能按规定完成集中培训和实务训练项目的；

（四）擅自中断实习活动的；

（五）有其他违反实习管理规定或者损害律师职业形象行为的。

第二十五条 实习人员在实习期间发生本规则第十一条第一款第（一）项至第（五）项、第十二条第一款规定情形之一的，律师事务所应当及时向当地的律师协会报告。经查证属实的，律师协会应当责令其停止实习，收缴实习证，并区别下列情况给予相应的处理：

（一）实习人员因有本规则第十一条第一款第（一）项至第（三）项规定情形之一被停止实习的，不得再次申请实习；

（二）实习人员因有本规则第十一条第一款第（四）项规定情形被停止实习的，在其具有完全民事行为能力之前，不得再次申请实习；

（三）实习人员因有本规则第十一条第一款第（五）项、第十二条第一款规定情形之一被停止实习的，应当给予其五年内不得再次申请实习的处分。

实习人员对律师协会依据本规则规定作出的停止其实习的决定有异议的，可以自收到处分决定之日起十五日内，向作出决定的律师协会或者省、自治区、直辖市律师协会申请复核。律师协会应当自收到复核申请之日起十五日内进行复核，并将复核结果通知申请人。

第二十六条 实习人员应当妥善保管、依规使用《申请律师执业人员实习证》。实习证损毁或者遗失的，应当通过律师事务所向准予其实习登记的律师协会申请换领或者补发。

第二十七条 实习人员因接收其实习的律师事务所未能履行实习协议而

被中断实习,或者因律师事务所发生本规则第八条规定的情形而被中断实习的,可以在六十日内向律师协会申请转到另一家律师事务所实习,已进行的实习有效。

律师协会同意实习人员转所实习的,应当为其办理实习变更登记。原律师事务所应当将转所人员的实习情况记录及评估意见移交新接收其实习的律师事务所。

第五章 实习考核

第二十八条 实习人员实习期满后,应当通过律师事务所向准予其实习登记的律师协会提出实习考核申请,并提交下列材料:

(一)实习人员撰写的实习总结;

(二)实习指导律师出具的考评意见;

(三)律师事务所出具的《实习鉴定书》;

(四)律师协会颁发的《实习人员集中培训结业证书》;

(五)实习人员完成实务训练项目的证明材料;

(六)申请律师执业人员实习证;

(七)省、自治区、直辖市律师协会规定的其他材料。

考评意见和《实习鉴定书》应当对实习人员的政治素质、道德品行、业务素质、遵守律师职业道德和实习纪律等方面的情况如实作出评价。

本条第一款第(五)项要求提供的证明材料,是指不少于10份的实习人员参加主要实务训练项目形成的工作文书、操作记录、训练心得以及指导律师的点评意见。

第二十九条 律师协会应当自收到律师事务所提交的实习考核申请材料之日起六十日内,组织对实习人员进行考核。

因同一时期申请考核的人员过多或者有其他特殊情况的,律师协会可以适当延长考核时间,但延长的时间不得超过三十日。

实习人员因涉嫌违法犯罪被立案查处的,实习考核应当暂停,待案件查处有结果后再决定是否继续进行考核。

第三十条 律师协会应当设立申请律师执业人员实习考核委员会,具体组织实施对实习人员的考核工作。

实习考核委员会由律师协会工作人员、司法行政机关工作人员和执业律师代表组成。具体人员构成比例由省、自治区、直辖市律师协会根据本地实际情况规定。

第三十一条 律师协会对实习人员进行考核,应当坚持依法、客观、公正的原则,实行材料审查与素质测评相结合的方法,对实习人员的政治素质、道德品行、业务素质以及完成实习项目的情况和遵守律师职业道德、实习纪律的情况进行全面考核,据实出具考核意见。

第三十二条 对实习人员的考核,按照下列程序和方法进行:

(一)审查实习人员及律师事务所提交的实习考核申请材料,发现材料不真实、不齐全或者有疑义的,应当要求实习人员及律师事务所作出说明或者予以补正;

(二)根据审查情况,可以采用笔试或者面试的方式,对实习人员的政治素质、道德品行、业务素质和掌握律师职业道德、律师执业管理制度的情况进行综合素质测评;

(三)对经审查、测评合格的实习人员,应当以适当方式将其名单、基本情况及审查、测评的结果予以公示,公示期不得少于五日,接到有问题的举报应当立即调查核实;

(四)对通过前三项考核程序的实习人员,由实习考核委员会进行集体评议,形成最终考核意见,并由律师协会负责人签字确认。

第三十三条 经考核,实习人员符合下列条件的,律师协会应当为其出具考核合格意见:

(一)完成集中培训项目并取得《实习人员集中培训结业证书》;

(二)完成实务训练项目并被实习指导律师和律师事务所考评、鉴定合格;

(三)通过综合素质测评被评定为具备律师执业基本素质;

(四)遵守律师职业道德和实习纪律,没有发生违反本规则规定的违法违规行为。

对考核合格的,律师协会应当将考核合格意见填入《实习人员登记表》,并在十五日内书面通知被考核的实习人员及接收其实习的律师事务所,同时将考核结果报省、自治区、直辖市律师协会备案,抄送当地设区的市级或者直辖市区(县)司法行政机关。

第三十四条 经考核,实习人员不符合本规则第三十三条规定条件的,律师协会应当对其出具考核不合格的意见,并区别下列情况给予相应的处理:

(一)有本规则第十一条第一款第(一)项至第(四)项规定情形之一的,应当出具该实习人员不符合法定律师执业条件的考核意见;

(二)有本规则第十一条第一款第(五)项及第十二条第一款所列不良品行情形之一的,应当出具考核不合格的意见,并给予五年内不得再次申请实习的处分;

（三）有本规则第二十四条规定的严重违反实习纪律的行为之一的，应当出具考核不合格的意见，并给予二年内不得再次申请实习的处分；

（四）有不符合本规则第三十三条第一款第（一）项至第（三）项规定条件情形之一的，应当区别情况要求实习人员补足或者完成相关实习项目，待其完成实习项目后重新进行考核，所需时间不计入实习时间。

对考核不合格的，律师协会应当将考核不合格的意见、理由及处理结果填入《实习人员登记表》，并在十五日内书面通知被考核的实习人员及接收其实习的律师事务所，同时将考核结果报省、自治区、直辖市律师协会备案，抄送当地设区的市级或者直辖市区（县）司法行政机关。

实习人员对考核不合格的意见及处理结果有异议的，可以自收到书面通知之日起十五日内，向组织考核的律师协会或者省、自治区、直辖市律师协会申请复核。律师协会应当自收到复核申请之日起十五日内进行复核，并将复核结果通知申请人。

省、自治区、直辖市律师协会发现考核工作有违反规定情形的，应当责令组织考核的律师协会对实习人员重新进行考核。

第三十五条　律师协会出具的考核合格意见，是实习人员符合申请律师执业条件的有效证明文件。

经律师协会考核合格的人员，应当自收到考核合格通知之日起一年内向司法行政机关申请律师执业。超过一年申请律师执业的，应当由律师协会重新对其进行考核。

按照前款规定重新进行考核，应当重点考核申请律师执业人员自实习期满至申请律师执业之前的期间是否有本规则第十一条第一款第（一）项至第（五）项及第十二条第一款所规定的情形，并据实出具考核意见。

第六章　实习监督

第三十六条　律师事务所有下列情形之一的，由设区的市级律师协会给予训诫、通报批评或者公开谴责；情节严重的，停止其实习指导工作，并给予二年内禁止接收实习人员实习的行业惩戒：

（一）不履行或者懈怠履行实习指导、管理职责的；

（二）指使或者放任实习人员违反实习纪律或者从事其他违法违规行为的；

（三）无正当理由拒绝为实习人员出具《实习鉴定书》、考评意见或者其他有关证明材料的；

（四）为实习人员出具不实、虚假的《实习鉴定书》、考评意见或者其他有关证明材料的；

（五）有其他违反实习管理规定行为的。

实习指导律师有前款规定情形，律师事务所不按规定给予处理的，律师协会可以责令停止该律师的实习指导工作。

第三十七条 实习人员凭不实、虚假的《实习鉴定书》、考评意见或者其他有关证明材料，或者采取欺诈、贿赂等不正当手段通过律师协会考核的，由设区的市级律师协会撤销对该实习人员出具的考核合格意见，该实习人员已进行的实习无效，并给予二年内不得再次申请实习的处分；情节严重的，给予五年内不得再次申请实习的处分。处理决定应当在十五日内报省、自治区、直辖市律师协会备案，并抄送当地设区的市级或者直辖市区（县）司法行政机关。

前款规定情形的处理发生在实习人员已获准律师执业之后的，律师协会应当同时将处理决定通报准予其执业的省、自治区、直辖市司法行政机关。

第三十八条 律师协会及其工作人员在实习组织、管理、考核工作中有违反本规则规定，滥用职权、玩忽职守行为的，应当追究主管负责人和直接责任人员的责任。

实习人员认为律师协会及其工作人员有前款规定情形的，或者对律师协会不准予实习登记、给予实习管理处分、出具实习考核不合格意见的复核结果不服的，可以向实习所在地设区的市级司法行政机关、直辖市区（县）司法行政机关或者省、自治区、直辖市司法行政机关投诉。

第三十九条 设区的市级律师协会应当建立申请律师执业人员的实习档案，按照本规则的规定将实习人员的实习登记、实习考核、实习违规处理等有关材料报省、自治区、直辖市律师协会备案，并于每年 1 月底前将上一年度开展实习管理工作的情况书面报告省、自治区、直辖市律师协会。

第四十条 省、自治区、直辖市律师协会应当于每年 3 月 31 日前将本地区上一年度开展实习管理工作的情况书面报告中华全国律师协会，并抄报省、自治区、直辖市司法行政机关。

中华全国律师协会将上一年度各地律师协会开展实习管理工作的情况汇总后，书面报告司法部。

第七章 附 则

第四十一条 本规则所称的设区的市级律师协会，包括地区、州、不设区的地级市以及直辖市的区(县)设立的律师协会。

设区的市以及前款规定的地方尚未建立律师协会或者有其他特殊情况的,申请律师执业人员实习的组织、管理和考核工作由省、自治区、直辖市律师协会承办。

第四十二条 香港、澳门、台湾地区居民在内地(大陆)申请律师执业的实习组织管理工作,依据本规则执行;司法部另有规定的,从其规定。

拟担任法律援助律师、公职律师和公司律师人员的实习管理,参照本规则执行。

第四十三条 《申请律师执业人员实习证》由中华全国律师协会统一印制。《实习人员登记表》《实习申请表》《实习鉴定书》《实习人员集中培训结业证书》的样式,以及《实习协议》的示范文本,由中华全国律师协会规定。

第四十四条 省、自治区、直辖市律师协会可以依据本规则,结合本地实际情况,制定具体实施办法,报中华全国律师协会备案。

第四十五条 本规则由中华全国律师协会常务理事会解释。

第四十六条 本规则自2010年8月1日起施行。中华全国律师协会2006年11月28日发布的《申请律师执业人员实习管理规则(试行)》同时废止。

附件1:

中华全国律师协会关于切实做好申请律师执业人员实习管理工作的意见

(2010年6月12日〔2010〕律发第06号)

各省、自治区、直辖市律师协会:

根据2008年6月1日起施行的《中华人民共和国律师法》,七届全国律协第五次常务理事会审议通过了修订后的《申请律师执业人员实习管理规则》(以下简称《实习管理规则》)。现就贯彻实施修订后《实习管理规则》,切实做好申请律师执业人员实习组织管理工作,提出如下意见:

一、统一思想,深刻认识做好实习组织管理工作的重要意义

各地律协要深刻认识贯彻落实修订后《实习管理规则》是落实中央司法体制改革精神、改革和完善律师制度的一项重要内容,是加强律师队伍建设、强化律师协会行业自律的一件大事,是律师协会深入学习实践科学发展观、依法履行职责的重要举措。各地律协必须把切实做好实习组织管理工作列入重要议

事日程，加强监督管理，确保工作取得良好实效。

（一）切实做好实习组织管理工作，是认真贯彻落实党的十七大精神、深入学习实践科学发展观的重要体现。加强对实习人员的教育管理，引导其牢固树立社会主义法治理念，坚定不移地做中国特色社会主义的法律工作者、做经济社会又好又快发展的服务者、做当事人合法权益的维护者、做社会公平正义的保障者、做社会和谐稳定的促进者，促进其全面发展，是建设一支政治坚定、法律精通、维护正义、恪守诚信的律师队伍，大力培养中国特色社会主义事业的建设者、捍卫者，促进律师事业全面协调可持续发展的根本保证，是充分发挥律师队伍职能作用，不断提高服务经济社会发展能力和水平，为科学发展提供优质高效法律服务的重要体现。

（二）切实做好实习组织管理工作，是律师队伍建设关口前移的重要手段和保障。完善律师行业准入制度，严把律师准入关，是将律师队伍建设关口前移的一项重要措施。建设一支高素质的律师队伍，促进律师事业持续、稳定、健康发展，要求必须从入门开始，保证进入律师队伍的人员政治、业务和职业道德素质合格。加强申请律师执业人员实习活动的管理及考核，是实现律师队伍建设关口前移的重要手段和保障。通过加强实习人员的思想政治教育、律师职业道德和执业纪律教育、律师业务技能培训，强化律师事务所和实习指导律师的教育管理职责，严格实习考核标准和考核程序，可以筛选符合条件的人员进入律师队伍，将品行不良的人拒之门外，从而有效保证律师队伍的整体素质，完善中国特色社会主义律师制度。

（三）切实做好实习组织管理工作，是强化律师协会行业自律、完善两结合管理体制的重要环节。新修订的《中华人民共和国律师法》明确赋予了律师协会"组织管理申请律师执业人员的实习活动，对实习人员进行考核"的职责，这是国家对律师行业发展的高度信任与殷切期待，更是推进律师行业自律建设的重要契机。由律师协会负责实习组织管理工作，可以充分发挥行业自律管理的优势，直接体现律师行业对实习人员各项素质的基本要求，从入门开始，严把质量关，确保律师队伍后备人才的高素质。各地律协应从律师事业长远发展出发，积极探索，总结经验，切实加强实习组织管理工作，加大对后备人才的培养力度，提高律师队伍整体素质，推进律师事业又好又快发展。

二、认真领会，准确把握做好实习组织管理工作的指导思想和基本原则

根据深入学习实践科学发展观、全面建设小康社会以及完善中国特色社会主义律师制度、建设中国特色社会主义法治国家的要求，结合当前我国律师行业管理工作的实际，做好实习组织管理工作的指导思想是：根据律师是中国特色社会主义法律工作者的定位，按照"政治坚定、法律精通、维护正义、恪守诚

信"的培养目标,切实加强实习人员的思想政治教育、律师业务技能培训、律师职业道德和执业纪律教育,强化律师事务所和实习指导律师的教育管理职责,严格规范实习人员的实习行为,有效增强其大局意识、服务意识,提高其业务能力,为我国律师事业发展提供源源不断的高素质人才,推进律师事业持续、稳定、健康发展。

根据上述指导思想,在实习组织管理工作中必须坚持依法、依规的基本原则。即大力整改一切随意、不负责任的做法,采取有效措施,严格按照《律师法》和律师协会实习管理规范所确定的目标、方针、标准和程序,有序开展工作,进一步完善实习管理规程,逐步健全律师协会、律师事务所、实习指导律师有机结合的实习管理模式,明确各自的管理责任,发挥各自的职能作用,使实习人员真正感受到律师协会的关怀,感受到实习指导律师的言传身教,感受到律师工作是推动民主法制建设的一项崇高事业。

三、严格实施,充分贯彻做好实习组织管理工作的基本要求

各地律协要明确《实习管理规则》的各项基本要求,准确把握当前工作的主要任务,严格规范实习人员的实习行为,确保实习质量。

(一)要培养实习人员具有良好的政治素质、业务素质和职业道德素质,特别是要重视政治素质和职业道德素质的提高。在实习期间要对实习人员的思想政治、业务技能、职业道德进行全方位的教育,并且要把思想政治和职业道德教育放到首位。要教育实习人员自觉坚持中国特色社会主义法律工作者的本质属性,坚持党的事业至上、人民利益至上、宪法法律至上,切实做到拥护党的领导、拥护社会主义制度、拥护宪法,牢固树立维护当事人合法权益、维护法律正确实施、维护社会公平和正义的责任意识,坚定不移地做中国特色社会主义事业的建设者、捍卫者。

(二)要严格审查实习人员的道德品行,坚决不能让品行不良的人进入律师队伍。申请实习人员曾有严重违法违纪行为、社会影响极其恶劣的,不得准予其实习登记;曾有违法违纪行为,但在申请实习登记时隐瞒不报、向律师协会作虚假承诺的,不得准予其实习登记。曾有一般违法违纪行为,该行为发生在申请实习人员十八周岁以前或者自受到处罚之日起已至少经过五年,其本人能够提供相应证据证明确已改正的,受理实习登记申请的律师协会应当组织具有较高思想政治素质、职业道德素质的执业律师及律师协会、司法行政机关的工作人员组成品行审核委员会,对申请实习人员违法违纪行为的发生时间、行为性质、受到处罚后的表现等进行审核,并要求其提交至少二名执业十年以上、未受过行政处罚或者行业惩戒的当地资深律师就其品行改正情况作出的评价及出具的推荐书。品行审核委员会确认该申请实习人员违法违纪行为所产生的不良社会影响并非特别重大,受到处罚后一贯表现较好的,才能准予其实习登记。

(三)要强化律师协会、律师事务所和实习指导律师的教育管理职责,健全三者有机结合的实习管理模式。律师协会发现实习人员违反实习管理规定的,应当给予批评教育,责令改正;实习人员有严重违法违规行为的,应当责令其立即停止实习,并要求接收其实习的律师事务所解除与该实习人员的实习关系;律师协会发现律师事务所或者实习指导律师违反实习管理规定的,要给予相应的行业惩戒。律师事务所对本所实习人员的实务训练,要有切实可行的工作规划;发现实习人员违反实习纪律的,律师事务所和实习指导律师应当给予批评教育;发现实习人员有严重违法违规行为、不符合申请律师执业条件的,律师事务所要及时、主动向律师协会报告,经律师协会查证属实后,解除与该实习人员的实习关系。律师事务所要督促实习指导律师切实履行职责,实习指导律师严重违背职责的,应当终止其指导实习的工作。

(四)要严格实习考核标准与考核程序,确保通过考核的实习人员具有良好的综合素质。要遵循依法、客观、公正的原则,实行材料审查与素质测评相结合的方法,按照规定的条件、标准和程序,对实习人员的政治素质、道德品行、业务素质、遵守律师职业道德和实习纪律的情况、完成集中培训和实务训练的情况等内容进行全面考核。考核内容不仅要包括实习人员的业务素质和能力,更要突出对其政治素质、道德品行的审查,以保证申请律师执业人员的综合素质。在完善书面审查的基础上,各地律协可以根据具体情况,采取笔试或者面试答辩的方式对实习人员进行综合素质测评,为今后更好地完善实习考核工作积累经验。

四、全面落实,切实做好各项组织管理与监督保障工作

各地律协要有强烈的责任感和使命感,切实加强组织管理与监督保障,确保各项工作落到实处。省(区、市)律师协会要结合本地区实际情况,及时制定或者修订相应的实施办法,制定、完善实习管理工作的各项程序和要求;各地律协要尽快做好各项前期准备工作,完成品行审核委员会、实习考核委员会组成人员的遴选,建立健全可接收实习人员实习的律师事务所、实习指导律师、集中培训授课教师数据库。要本着节约资源、合理利用师资、注重效果的原则,组织好集中培训工作;要科学设置集中培训内容,注意加强中国特色社会主义基本理论和社会主义法治理念的学习,加强律师职业道德和执业纪律培训,加强律师执业基本技能培训;要做好集中培训教材的征订工作,及时反馈教材使用过程中出现的问题;要逐步健全实习人员实习档案管理制度和实习报告制度,努力促进实习组织管理工作日益规范化、制度化、科学化;要定期向当地司法行政机关报告组织开展申请律师执业人员实习组织管理工作的情况，争取工作指导。

各地律协要对实习人员、接收实习人员实习的律师事务所和实习指导律师加强监督，督促律师事务所和实习指导律师切实履行教育管理职责，要求实习人员严格遵守实习纪律，切实提高政治素质、职业道德素质，掌握律师执业基本技能。要鼓励先进典型，对实习组织管理工作中作出特殊贡献的律师事务所和律师，要给予适当表彰。要定期开展检查，及时发现和认真解决工作中遇到的问题，注意发掘、推广创新性的工作措施和工作方法，加强经验交流与总结，强化工作成果，推动实习组织管理工作进一步完善。

二〇一〇年六月十二日

附件2：

司法部关于指导律师协会做好申请律师执业人员实习管理考核工作的通知

（2010年7月5日 司发通〔2010〕115号）

各省、自治区、直辖市司法厅（局），新疆生产建设兵团司法局：

加强对申请律师执业人员实习活动的组织管理及考核，是健全完善律师执业准入制度的重要方面，是把好入口关，确保进入律师队伍的人员具有良好的思想政治素质、职业道德素质和业务素质的重要举措，是确保律师做中国特色社会主义法律工作者，促进律师队伍健康发展的重要保证。根据新修订的《律师法》，第七届中华全国律师协会第五次常务理事会审议通过了修订后的《申请律师执业人员实习管理规则》，经司法部审核同意后，已由中华全国律师协会发布（律发通〔2010〕19号），自今年8月1日起施行。各省（区、市）司法厅（局）要高度重视该《规则》的贯彻实施工作，指导律师协会切实做好申请律师执业人员实习管理和考核工作。

要指导律师协会结合本地实际，依据新的管理规则抓紧制定具体实施办法，对组织开展申请律师执业人员实习工作做出部署。指导律师协会依法履行实习管理职责，建立健全相关工作制度，完善各项管理措施，严格对申请实习人员的资格和实习登记工作进行审查，进一步改进和提高实习集中培训和实务训练工作的质量，加强对律师事务所实习组织指导工作的监督，规范实习活动，确保实习质量。指导律师协会按照新的管理规则要求，严格执行考核原则和考核程序,对实习人员的政治素质、道德品行、业务素质以及完成实习项目的情况和表现进行全面考核,据实出具实习考核意见。要及时掌握本地申请律师执业人员的实习情况,对律师协会出具的申请人实习考核合格的意见和材料进行认真审查,做好申请律师执业实习考核与律师执业许可的衔接工作。对发现的实习管理考核工作中的重要问题要及时指导律师协会予以研究和解决。

各地在执行本通知过程中遇到的问题,请及时报部。

附件:中华全国律师协会关于印发《申请律师执业人员实习管理规则》的通知(略)

司法部

二〇一〇年七月五日

附件3:

司法部关于印发《中华全国律师协会关于进一步加强和改进申请律师执业人员实习管理工作的意见》的通知

(2012年8月20日 司复〔2012〕57号)

各省、自治区、直辖市律师协会,新疆生产建设兵团律师协会:

组织管理申请律师执业人员的实习活动并对实习人员进行考核,是律师协会一项重要的法定职责。为进一步加强实习管理工作,提高实习质量,促进律师队伍建设,全国律协制定了《关于进一步加强和改进申请律师执业人员实习管理工作的意见》,现印发你们,请认真贯彻执行。

各地律师协会要进一步提高思想认识,充分发挥律师协会在实习管理工作中的指导作用,按照《意见》及全国律协《申请律师执业人员实习管理规则》的规定,严格实习人员的品行审查,完善实习考核工作机制,足时、足量、足效地做好集中培训和实务训练工作,规范实习行为,严肃实习纪律,保证实习管理工作取得明显成效。要认真总结实践工作中好的做法、经验及执行中遇到的问题,并及时报全国律协。

中华全国律师协会关于进一步加强和改进申请律师执业人员实习管理工作的意见

（律发通〔2012〕57号）

为进一步完善申请律师执业人员实习管理工作制度，提高实习管理工作水平，有效实现律师队伍建设关口前移，促进律师队伍整体素质不断提升，现就进一步加强和改进申请律师执业人员实习管理工作提出如下意见。

一、切实增强做好实习管理工作的紧迫感和责任感

当前，我国律师队伍建设已经由数量规模型向质量素质型转变，进一步加强律师队伍建设、提高律师队伍整体素质，已经成为律师行业自律管理工作的重心。加强申请律师执业人员实习活动的组织管理与考核，是实现律师队伍建设关口前移的重要手段和保障。自全国律协《申请律师执业人员实习管理规则》（以下简称"《实习管理规则》"）颁布实施以来，各地律协严格实习登记，重视品行审查，精心组织培训，强化实务训练，严肃实习纪律，严把实习考核，比较好地履行了各项管理职责，实习人员综合素质明显提高。但是，实习管理工作目前也存在着一些问题，主要表现为：实习考核方式仍未统一，宽严尺度存在差异；欠发达、交通不便的地区开展为期一个月的集中培训面临较大困难；部分实习人员缺乏指导律师的有效指导，实务训练内容不够全面；实习人员的生活保障问题有待进一步解决。这些问题的存在，制约了实习管理制度发挥更大作用，实习质量也难以保证，需要采取切实可行的工作措施加以解决。

实习人员是律师队伍的后备人才，是律师事业的未来。对实习人员的实习活动进行组织管理与考核，是律师制度的一项重要内容和律师协会的一项法定职责。各地律师协会、各律师事务所和广大律师要从律师事业的长远发展出发，深刻理解进一步加强和改进实习管理工作的重要意义，充分认识做好实习管理工作是完善律师行业准入制度的重要内容，是加强律师队伍建设的基础工作，是强化律师协会行业自律管理的关键举措。要切实增强紧迫感和责任感，不断改进和完善实习管理工作体制机制，筛选出真正符合行业要求、胜任律师工作的人员进入律师队伍，从源头上确保新入行律师的政治素质、业务素质和职业道德素质，完善中国特色社会主义律师制度，促进律师事业持续、稳定、健康发展。

二、进一步明确做好实习管理工作的指导思想和工作目标

加强和改进实习管理工作，要始终坚持以邓小平理论和"三个代表"重要思

想为指导,深入贯彻落实科学发展观,认真贯彻实施《律师法》和律师管理法律法规及行业规范,以保证实习质量、提高实习人员综合素质为核心,以严格品行审查和完善实习考核工作机制为切入点,以不断强化律师事务所和实习指导律师的教育管理职责为着力点,以全面充实思想政治教育和职业道德教育内容为关键点,进一步增强实习人员的大局意识、服务意识和社会责任意识,提高执业能力和执业素养,努力培养“政治坚定、法律精通、维护正义、恪守诚信”的中国特色社会主义法律工作者,为进一步完善律师行业准入制度,促进律师队伍整体素质不断提升打好基础。

加强和改进实习管理工作的目标是:实习管理工作制度建设有新突破,工作措施有创新,教育培训和执业技能训练内容更全面、重点更突出、标准更规范,实习考核工作机制更顺畅,考核标准更统一,考核成效更显著,建设一个更科学、更严谨、更高效的实习管理工作体系。

三、努力实现实习管理工作的标准化、规范化,确保实习质量

1. 扎实开展品行审查工作,确保律师队伍具有较高的道德品行水准。建立严格的品行审查准入门槛,可以有效保证律师队伍的整体素质,真正承担起维护当事人合法权益、维护法律正确实施、维护社会公平正义的职责使命。各地律师协会要认真落实《实习管理规则》的有关规定,严格把握品行审查的标准,教育和引导实习人员做诚实守信、谨言慎行、模范遵守各项行为规范的表率,从源头上确保我国律师行业应有的道德品行水准。在实习登记阶段,要注意收集公安、教育、人事等有关部门的信息资料,在综合考察的基础上对申请实习人员的道德品行作出准确判断,为保证律师队伍整体素质建立第一道屏障。在实习考核工作中,要积极走访实习人员实习的律师事务所,与实习指导律师等相关人员进行访谈,调查评估实习人员的品行情况,坚决不让有欺诈、弄虚作假等失信行为及其他严重违反社会公德和损害社会公共利益的行为的品行不良人员进入律师队伍。对初步通过考评的实习人员名单,要在有关报刊上予以公示,接受社会公众的有效监督,维护律师队伍的良好声誉。

2. 完善集中培训工作机制,提高实习人员思想政治及职业道德素质。集中培训是提高实习人员综合素质特别是思想政治素质、职业道德素质的重要手段。各地律师协会要进一步采取有效措施,认真组织开展实习人员集中培训工作。要科学规划培训课程,保证集中培训的时间不少于一个月,保证社会主义法治理念教育、律师职业道德教育的课时比例不少于20%,增强实习人员做中国特色社会主义法律工作者的自觉性和职业荣誉感,端正执业理念。要加强师资队伍建设,重视行业内部挖潜和外部引进,积极发挥执业律师的作用,择优确定培训师资。要重视集中培训指定教材的征订和使用工作,及时反馈意见和建

议。要不断创新培训模式，积极探索面授培训与远程教育、社会实践活动等相结合的集中培训形式，指导实习人员参与法律援助等公益活动，培养社会责任感，特别是完成一个月面授集中培训有困难的地区，要充分利用中国律师培训网等远程培训系统，将面授培训与远程教育相结合，开展高质量、低成本、多途径、多形式的实习人员集中培训活动，扩大高质量培训课程的受众面，实现优质教学资源共享。

3. 充分发挥律师事务所基础管理作用和实习指导律师“传帮带”作用，帮助实习人员尽快成长。实习人员的实习活动主要体现在律师事务所的日常工作中，发挥律师事务所和实习指导律师的作用至关重要。各地律师协会要在符合全国律协《实习管理规则》规定的基础上，进一步提高接收实习人员实习的律师事务所和实习指导律师的任教标准，加强律师实习基地建设，规范资质认定工作，强化广大律师的思想认识，提升开展实习管理工作的荣誉感和责任感，切实履行教育管理职责，充分发挥“师徒相授”律师培养机制的优点。各律师事务所要进一步健全管理制度，履行管理职责，制定实习指导计划，组织实习人员参加事务所内部政治、业务学习、案件分析讨论会及社会实践、法律援助等活动，教育和引导实习人员正确处理好竞争与协作、效率与公平、经济效益与社会效益的关系。实习指导律师要有针对性地指导和监督实习人员开展实务训练，在传授执业技能时，首先要注重职业道德和执业纪律方面的教育引导，规范实习人员的实习行为，端正其执业理念。有条件的地方律师协会和律师事务所，要积极研究探索实习指导律师轮换制，促进实习人员掌握综合业务知识，提高执业技能。申请专职律师执业的实习人员为中共党员的，要在实习期间将组织关系转入或者临时转入律师事务所党组织，确保他们能够参加正常的组织生活，行使党员权利，履行党员义务。

4. 加大宣传、奖励、惩戒工作力度，严肃实习纪律，规范实习行为。健全监督激励制度，是推动实习管理工作良好发展的重要动力。各地律师协会要进一步建立健全相关工作制度，对实习管理规范的律师事务所和优秀指导律师给予表彰奖励，对律师事务所、指导律师中的先进典型及成长进步较快、积极参与法律援助工作等公益事业的实习人员给予大力宣传，鼓励律师事务所和实习指导律师积极培养后备人才，鼓励实习人员认真学习，尽快掌握律师执业所需的各项基本素质。同时，对违反实习管理规定的行为要及时予以查处、纠正，对违纪者、工作效果差的律师事务所和实习指导律师予以督促、惩戒，以有效维护实习秩序，确保实习质量，为律师行业不断输送合格的执业人员。

5. 严格实习考核，杜绝不合格人员进入律师队伍。科学、高效的实习考核工作机制，是检验实习管理工作成效、确保实习质量的根本保证。无有效的考核机制，即无真正的实习工作成果。各地律师协会要在不断总结前期工作经验的基础上，锐意进取，努力构建一个全国统一、科学严谨、公平公正的实习考核评价体系，以考核促建设、促发展，引导实习人员树立正确的执业观，有效发挥行业评价的激励和约束作用。已经采取面试考核的律师协会，要精益求精，严格规范考核程序与考核标准，科学设定考核指标，细化考核内容，重点考察实习人员的思想政治素质、执业理念及律师职业道德、实习纪律遵守情况，审查其是否具备从事律师工作所必需的执业精神、执业素养、职业道德和执业技能，确保进入律师队伍的人员思想政治合格、工作作风合格、基本执业技能合格。尚未开展面试考核工作的律师协会，要在全面查验实习人员工作日志、周记、实习报告、指导律师点评等材料的基础上，尽快引入面试考核机制，增强考核工作的针对性、操作性和可行性，以有效考察实习人员的基本素质和工作能力，包括职业道德和仪表仪态、逻辑思维、语言表达、沟通协调和临场应变能力、律师实务等内容，保证实习考核的权威性、严肃性和有效性。

6. 努力解决实习人员的待遇保障问题，吸引优秀人才进入律师队伍。生活保障问题得到有效解决，能够确保实习人员安心学习。各地律师协会要积极建立培训基金，用于补助贫困地区的优秀实习人员参加集中培训。要进一步理顺律师事务所与实习人员之间的实习关系，《实习协议》中应当明确实习人员实习期间的相关待遇保障，律师事务所应当为实习人员投保意外伤害保险；实习期间，律师事务所不得借机向实习人员收取费用，不得对实习人员设定创收考核指标。要求律师事务所必须与实习人员签订劳动合同的地方律师协会，应当加强对劳动合同履行情况的监督检查，切实保障实习人员合法权益；要求律师事务所在实习期间为实习人员提供生活补助的地方律师协会，应当明确生活补助的标准不得低于当地最低工资标准，并要对生活补助的发放情况进行有效监督。

7. 加强组织保障，充分发挥律师协会在实习管理工作中的指导作用。组织管理实习人员的实习活动并对实习人员进行考核，是《律师法》赋予律师协会的法定职责。各地律师协会要进一步提高思想认识，深刻理解做好此项工作的重要性，不断加强组织建设，充实品行审核委员会、实习考核委员会等专门委员会及有关工作部门的力量，提供相应的经费保障，保证相关规范政策能够得到有效贯彻落实。要加强对品行审查、集中培训、实务训练和实习考核工作的评估，研究建立标准化的工作流程，实现实习登记、集中培训、实务训练、实习考核、奖励惩戒等各项工作的标准化、规范化。要建立健全实习档案管理制度，从受理实习申请开始，全面登记实习人员的各项基本信息，并对实习人员整个实习期间的实习活动进行跟踪记载。全国律协将研究建设一个统一的实习管理信息平台，实现全国各地律师协会共享管理信息的目标，贯彻落实科学发展观念，促进实习管理工作的科学化、系统化和信息化。

律师执业年度考核规则

（2010年4月25日第七届中华全国律师协会
常务理事会第六次常务理事会审议通过）

第一章　总　　则

第一条　为了规范律师执业年度考核工作，加强对律师执业活动的监督，根据《中华人民共和国律师法》《律师事务所年度检查考核办法》《中华全国律师协会章程》的规定，结合律师行业自律实际，制定本规则。

第二条　律师执业年度考核，是指律师协会在律师事务所对本所律师上一年度执业活动进行考核的基础上，对律师的执业表现做出评价，并将考核结果报司法行政机关备案，记入律师执业档案。

律师执业年度考核，应当教育、引导和监督律师遵守宪法和法律，遵守律师职业道德和执业纪律，依法、诚信、尽责执业，忠实履行中国特色社会主义法律工作者的职业使命，维护当事人合法权益，维护法律正确实施，维护社会公平和正义。

第三条　对律师执业活动进行年度考核，应当坚持依法、公正、公开的原则。

第四条　律师执业年度考核，由设区的市级律师协会和直辖市律师协会负责组织实施；设区的市未建立律师协会的，可以由所在的省、自治区律师协会负责组织实施。

省、自治区、直辖市律师协会指导、监督本区域的律师执业年度考核工作。

第五条　律师事务所应当建立律师执业年度考核制度，负责组织对本所律师上一年度执业活动进行考核评议，出具考核意见。

律师协会应当建立律师执业年度考核结果评定机制，负责确定律师执业年度考核结果。

第六条　律师协会组织实施律师执业年度考核的工作，应当接受司法行政机关的指导、监督。

第二章 考核对象和考核内容

第七条 所有身为律师协会会员的执业律师,均应当按照本规则参加律师执业年度考核。但参加考核的律师有下列情形之一的,不评定考核等次:

(一)获准执业不满三个月的;

(二)上一年度参加脱产学习、培训的;

(三)上一年度因病暂停执业的。

第八条 律师执业年度考核,主要考核下列内容:

(一)律师在执业活动中遵守宪法、法律、法规和规章,遵守职业道德、执业纪律和行业规范,履行法定职责的情况;

(二)律师遵守律师协会章程,履行会员义务的情况;

(三)律师办理法律服务业务的数量、类别和服务质量,办理重大案件、群体性案件的情况;

(四)律师履行法律援助义务,参加社会服务及其他社会公益活动的情况;

(五)律师受行政奖惩、行业奖惩的情况;

(六)省、自治区、直辖市律师协会根据需要要求考核的其他事项。

第三章 考核等次和评定标准

第九条 律师执业年度考核结果分为"称职""基本称职""不称职"三个等次。

考核等次是律师协会对律师上一年度执业表现的总体评价。

第十条 律师执业活动符合下列标准的,考核等次为"称职":

(一)能够遵守宪法和法律,遵守职业道德、执业纪律和行业规范,较好地履行法定职责;

(二)能够依法、诚信、尽责地为当事人提供法律服务,未因执业违法违规行为受到行政处罚或者行业惩戒;

(三)能够履行法律援助义务,参加社会服务及其他社会公益活动;

(四)能够遵守律师协会章程、履行会员义务,遵守本所章程及管理制度。

第十一条 律师执业活动有下列情形之一的,考核等次为"基本称职":

（一）因执业不尽责、不诚信、不规范等行为受到律师事务所重点指导、监督或者受到当事人投诉被查实的；

（二）因违反职业道德、执业纪律或者行业规范受到行业惩戒，但已按要求改正的；

（三）因执业违法行为受到停止执业以下行政处罚的。

第十二条 律师执业活动有下列情形之一的，考核等次为“不称职”：

（一）因违反职业道德、执业纪律或者行业规范受到行业惩戒，未按要求改正的；

（二）因执业违法行为受到停止执业行政处罚的；

（三）参加执业年度考核有弄虚作假行为或者拒不参加执业年度考核的；

（四）有其他违法违规、违反会员义务行为，造成恶劣社会影响的。

第四章 考核程序

第十三条 律师执业年度考核，应当在每年第一个季度集中办理，并与司法行政机关对律师事务所的年度检查考核工作相衔接。具体工作流程和时间安排，由省、自治区、直辖市律师协会规定。

第十四条 律师参加执业年度考核，应当按照规定的时间向律师事务所提交本人上一年度执业情况总结，并填报、提交下列材料：

（一）律师执业年度考核登记表；

（二）获得行政或者行业表彰奖励、受到行政处罚或者行业惩戒的证明材料；

（三）履行律师协会会员义务的证明材料；

（四）省、自治区、直辖市律师协会要求提供的其他材料。

上一年度因变更执业机构新转入的律师，应当同时提交变更前所在律师事务所对其执业表现的鉴定意见。

第十五条 律师事务所应当召开律师执业年度考核工作会议，听取律师个人总结，组织进行民主评议。根据考核评议情况，由律师事务所依据本规则规定的考核内容、考评标准，对律师上一年度的执业表现出具考核意见。

律师事务所的考核意见应当送交律师本人阅签意见。

规模较大的律师事务所可以成立律师执业年度考核工作委员会，负责组织开展律师执业年度考核工作。

第十六条 律师事务所完成律师执业年度考核工作后，应当按照规定的时间将对律师执业的年度考核意见及律师执业情况总结等相关材料报送所在地设区的市级律师协会或者直辖市律师协会。

第十七条 设区的市级律师协会和直辖市律师协会应当依据本规则规定的考核内容、考评标准，对律师事务所提交的律师执业年度考核意见及律师执业情况总结等相关材料进行审查，确定律师执业的年度考核结果。

在审查中发现律师执业年度考核意见与实际情况不符，或者收到相关投诉、举报的，可以进行调查核实，或者责成律师事务所对该律师重新进行考核。

第十八条 律师执业年度考核结果确定后，设区的市级律师协会和直辖市律师协会应当将考核结果在本地律师协会网站上予以公示。公示期不少于七日。

律师对考核结果有异议的，可以向出具考核结果的律师协会申请复核。出具考核结果的律师协会应当自收到申请之日起十日内进行复核，并将复核结果书面告知申请人及其所在的律师事务所。

第十九条

设区的市级律师协会和直辖市律师协会应当按照当地司法行政机关规定的时间将律师执业年度考核结果报所在地设区的市级或者直辖市区（县）司法行政机关备案；由其通过备案审查后，在律师执业证书上加盖“律师年度考核备案”专用章。

第二十条 律师因涉嫌违法违规正在接受查处的，或者律师所在的律师事务所受到停业整顿处罚且处罚期未满的，设区的市级律师协会和直辖市律师协会应当暂缓确定律师执业年度考核结果，待有查处结果或者停业整顿处罚期满后再予审查确定。

第二十一条 律师不按规定参加执业年度考核的，律师事务所应当如实报告，由设区的市级律师协会或者直辖市律师协会责令其限期参加执业年度考核；逾期仍不参加考核的，由律师协会直接出具“不称职”的考核结果。

第二十二条 律师经年度考核被评定为“不称职”的，设区的市级律师协会或者直辖市律师协会应当根据其存在的问题，书面责令其改正，并安排其参加律师协会组织的培训教育。律师连续两年被评定为“不称职”的，由律师协会给予通报批评或者公开谴责的行业惩戒；情节严重的，建议司法行政机关依法给予相应的行政处罚，也可以建议律师事务所与其解除聘用关系或者经合伙人会议通过将其除名。

第二十三条 在律师执业年度考核中，设区的市级律师协会或者直辖市律师协会发现律师有违反职业道德、执业纪律或者行业规范行为的，应当依照规定给予相应的行业惩戒；发现律师有违法行为的，应当移交司法行政机关依法给予相应的行政处罚。

第二十四条 设区的市级律师协会组织完成本区域律师执业年度考核工作后，应当将开展律师执业年度考核的情况总结及考核结果报省、自治区律师协会备案，同时抄送所在设区的市级司法行政机关。

省、自治区、直辖市律师协会应当于每年的4月30日前将本区域开展律师执业年度考核的情况总结报告中华全国律师协会，同时抄送省、自治区、直辖市司法行政机关。

中华全国律师协会按年度编制全国律师执业年度考核工作报告，报司法部备案。

第五章 附 则

第二十五条 律师事务所分所的律师，参加分所所在地设区的市级律师协会或者直辖市律师协会组织实施的执业年度考核。考核结果应当抄送设立分所的律师事务所及其所在地设区的市级律师协会或者直辖市律师协会。

第二十六条 省、自治区、直辖市律师协会可以根据本规则制定实施细则，报中华全国律师协会备案。

第二十七条 本规则自2011年1月1日起施行。

中华全国律师协会关于进一步加强青年律师培养工作的指导意见

（2012年7月24日）

为贯彻落实中办发〔2010〕30号文件精神，促进青年律师队伍建设，推动律师行业健康和可持续发展，提出如下意见。

一、充分认识加强青年律师培养工作的重要意义

青年律师是律师队伍的未来。培养一支政治坚定、法律精通、维护正义、恪守诚信的青年律师队伍，关系到我国律师事业的健康和持续发展，也关系到我国民主法制建设进程。近年来，青年律师逐渐成为律师行业的主力。广大青年律师忠实履行中国特色社会主义法律工作者职责使命，为经济社会发展和国家

民主法制建设做出了重要贡献，展示了律师行业开拓奋进、蓬勃向上的良好形象。但是也应当看到，当前青年律师工作还存在一些问题，极少数青年律师理想信念模糊，对中国特色社会主义缺乏深刻认识；个别青年律师职业道德水平不高，诚信观念不强；青年律师教育培训的不足，整体业务能力还需要提高；大部分青年律师生存和发展面临不少困难等等。这些问题都制约着青年律师成长，阻碍律师行业的健康和可持续发展。各地律师协会和律师事务所要从全局的高度认识加强青年律师培养工作的重要性和紧迫性，把青年律师培养作为一项战略任务，制定实施培养规划，建立健全培养体系，采取有效措施，大力扶持和帮助青年律师，切实提高青年律师业务素质和职业道德水平，为青年律师成长创造有利条件，促进律师行业又好又快发展。

二、指导思想和工作目标

开展青年律师培养工作要以邓小平理论和“三个代表”重要思想为指导，深入贯彻落实科学发展观，认真贯彻党的十七大和十七届三中、四中、五中、六中全会精神，认真贯彻周永康同志在与第八届全国律协理事会成员座谈会上的讲话精神，全面贯彻落实中办发〔2010〕30号文件精神，以培养一支与我国经济社会发展和民主法制建设需求相适应的高素质青年律师人才队伍为目标，着力提高青年律师思想政治素质、职业道德素质和服务能力，强化执业技能培训，拓宽青年律师培养渠道，增强支持青年律师成才的服务保障能力，使青年律师整体素质得到进一步提升，成长环境进一步优化，发挥职能作用更加明显，推动青年律师为中国特色社会主义建设事业做出更大贡献。

三、坚持培养方向，全面提升青年律师综合素质

（一）切实加强青年律师思想政治教育，树立正确的理想信念。深入开展社会主义法治理念教育、创先争优和社会实践教育活动，牢固树立并自觉践行社会主义法治理念，忠实履行中国特色社会主义法律工作者的职责使命。把青年律师作为社会主义律师事业的接班人来培养，强化中国特色社会主义理论体系和理想信念教育，引导青年律师了解国情，熟悉社会，增强青年律师对中国特色社会主义的政治认同、理论认同、感情认同。教育广大青年律师树立远大理想，把执业活动与国家的发展、民族的命运和人民幸福紧密结合在一起，增强责任感和使命感，增强把律师职业作为一项事业追求的自觉性和坚定性，切实维护当事人合法权益，维护法律正确实施，维护社会公平正义。

（二）大力加强青年律师职业道德和执业纪律教育，不断提高职业道德水平。在青年律师中大力加强以“严格依法、恪守诚信、勤勉尽责、维护正义”为核心的律师职业道德和执业纪律教育，引导青年律师树立正确的执业观念，弘扬

律师执业精神。指导青年律师正确处理与司法工作人员、当事人的相互关系，做律师行业诚信建设的倡导者、推动者和实践者，树立律师队伍的良好形象。教育引导青年律师坚持执业为民，正确处理经济利益和社会效益的关系，真正做到依法、诚信、尽责执业，为实现好、维护好、发展好人民群众根本利益提供优质高效的法律服务。

（三）进一步加强青年律师执业技能培训，努力提高执业能力。全国律协将编撰新律师执业入门指引，为新入行的青年律师依法执业提供指导和服务。深入开展青年律师讲师团工作，使青年律师讲师团工作进一步常态化。完善以职业道德和执业技能培训为重点的青年律师培训工作机制，制定青年律师系统化、系列化的培训计划，结合青年律师特点，以不断创新教育培训内容，改进教育培训方式方法，增强律师继续教育的系统性、针对性和有效性。充分利用各种教育资源，拓宽继续教育渠道，帮助青年律师通过连续的分期培训，系统、全面地掌握专业执业技能，特别是掌握依法参与刑事诉讼辩护、行政及国家赔偿诉讼代理的执业规范，推动青年律师向专业化方向发展。注重发挥律师事务所培养青年律师的成长和发展中的基础作用，完善律师事务所内部的“传、帮、带”制度，建立完善实习律师带教制度，理顺实习律师和带教的关系，探索实习律师、新执业律师学习资深律师丰富执业经验的方法，促进青年律师扎实掌握实务操作技能，扎实提升业务能力。

（四）加大培养使用力度，促进青年律师锻炼成才。努力为青年律师提供锻炼机会，搭建青年律师成长平台。组织青年律师参与社会实践活动、社会公益活动，定期深入社区、乡村、企业开展普法宣传和法律咨询，为基层群众提供法律服务，增强青年律师的社会责任感。推动青年律师到边疆和偏远地区基层律师事务所执业，依托律师事务所建立的农民工、青少年法律援助工作站，建立青年律师为困难群体服务的平台，鼓励青年律师为民服务。将优秀青年律师纳入政府法律顾问团和企业法律顾问团，让青年律师在为民服务中锻炼成长。切实加强涉外律师人才培养工作，有组织、有计划地选派一批青年律师到国外培训学习，提高青年律师涉外法律服务能力和水平。

（五）实施青年律师对口交流培养“千人计划”，促进西部青年律师发展。2012 年到 2015 年，全国律协将组织东部地区律师协会和西部地区律师协会开展青年律师对口交流培养工作。拟组织 2 000 名西部青年律师到东部地区和大城市律师事务所进行交流培养，通过专项业务培训、事务所跟班锻炼等形式，提高西部青年律师综合素质和执业水平。西部地区律师协会负责组织选派青年律师。东部地区和大城市律师协会、律师事务所要为西部青年律师的培养提供条件，给予必要的补贴和经费支持。同时，鼓励东部地区的青年律师服务西部，为西部地区的法制建设作贡献。

四、完善工作机制,为青年律师成长创造良好环境

（一）完善青年律师执业保障机制。全国律协将设立青年律师培养基金,为培养骨干青年律师提供经费支持。制定对青年律师执行最低工资保障的指导意见,保障青年律师执业合法权益。各地律师协会要结合本地区实际情况规范律师事务所劳动用工制度,严格要求律师事务所为青年律师依法缴纳各项社会保险,适当减免青年律师执业初期的会费,营造扶持青年律师成长的良好氛围。律师事务所要更加重视青年律师培养工作,建立完善扶持青年律师执业相关制度,切实发挥律师事务所在青年律师培养的基础性作用。

（二）完善青年律师成才激励机制。开展优秀青年律师评选表彰活动,挖掘、树立一批思想素质高、业务能力强、群众基础好的优秀青年律师,展现青年律师队伍的良好风貌。组织优秀青年律师事迹的宣讲活动,在青年律师队伍中形成学先进、争先进的良好氛围,激励青年律师自强不息,奋发向上,增强荣誉感和使命感,充分调动青年律师成长成才的积极性。

（三）完善青年律师交流提高机制。组织经验丰富的律师定期为青年律师答疑解惑,切实解决青年律师成长中遇到的难题,引导青年律师树立正确的职业理想,指导青年律师规划职业,规划人生。建立青年律师沙龙,组织青年律师相互交流,共同探讨业务经验、执业困惑和社会热点等问题,加强青年律师的沟通和合作,强化青年律师职业归属感和荣誉感。要进一步加强与有关部门和社会各界的沟通,搭建青年律师与公、检、法等业务相关部门及工商联、总工会、青联、妇联等相关组织良好的沟通平台,建立青年律师与相关社会组织良好的交流渠道,帮助青年律师拓宽视野,全面认识社会,形成良好的社会关系。

（四）完善在青年律师中发展党员的工作机制。建立和落实党内激励、关怀、帮扶机制,坚持以党建带团建,切实解决青年律师面临的实际困难和问题,进一步增强律师行业党组织的凝聚力和感召力。大力做好在优秀青年律师中发展党员的工作,有计划地吸收青年骨干律师入党,使在青年律师中发展党员工作取得明显成效。进一步关心青年律师党员的政治进步,为优秀青年律师党员交流学习和参政议政创造条件。

五、进一步加强青年律师培养的组织领导工作

（一）加强组织领导。各地律师协会和律师事务所要高度重视青年律师培养工作,真正关心青年律师的成长,把青年律师培养工作作为一项全局性、基础性、长期性的任务,摆上重要议事日程。要成立青年律师工作委员会,结合本地区实际,制定青年律师培养计划,指导本地区青年律师的培养工作。要建立过程跟踪、执行监督、信息反馈和定期评估机制,及时解决计划实施中遇到的困难和问题,适时调整工作方式方法,确保各项措施落实。

（二）加强工作保障。要加大对青年律师培训工作的投入。充分利用各种教育资源承担青年律师培养任务,选聘国内外一流专家、学者和富有经验的律师担任教师,完善以提高青年律师综合素质和执业能力为重点的培训大纲和教材,运用现代化手段拓展青年律师培训空间,切实提高培训的效率和质量。健全青年律师培养经费保障制度。采用申请政府专项经费和自筹经费相结合的方式,积极筹措青年律师培养经费。指导律师事务所建立青年律师培养的保障制度,落实律师事务所合伙人责任,为青年律师健康成长创造条件。

（三）加大宣传力度。要重视青年律师培养的宣传工作。充分利用广播电视、报刊杂志、互联网等媒体,大力宣传青年律师培养的作用和意义,宣传培养青年律师人才的做法、经验和成效。要充分利用多种形式推出一批具有代表性的青年律师,制度化评选优秀青年律师,宣传青年律师先进典型、先进事迹,树立青年律师成才榜样,促进青年律师进步,形成全行业鼓励和扶持青年律师成才的良好氛围

律师协会参与立法工作规则

（2013 年 3 月 29 日）

第一条 为引导和促进律师行业参与立法,提高律师参与立法的工作质量,完善工作程序,及时、有效地向立法机关反映律师行业的立法建议,制定本规则。

第二条 本规则规范全国律协和各地律师协会参与立法工作,并以律师协会名义向立法机关提交立法意见。

本规则所称参与立法,包括参与法律制定、修改等活动;所称法律法规,包括法律、行政法规、地方性法规等;所称立法意见,包括立法、修法意见和建议等。

第三条 律师协会参与立法,所提立法意见应从国家和社会整体利益出发,着眼于维护公民权利、促进经济社会发展、拓展律师业务和保障律师执业权利,并具有可操作性。

第四条 律师协会应与立法机关建立工作联系机制,关注立法动态和进程,支持和推进律师行业参与立法工作。

第五条 律师协会参与立法,应当主要依托专业委员会进行。专业委员会

应注重发挥专业人才优势，并广泛征集律师意见。

第六条 律师协会可以通过以下方式参与立法：

（一）按照立法机关相关要求，组织专业委员会和专业律师对法律法规草案进行研究，及时提出修改意见和建议；

（二）受立法机关邀请，指派律师参加立法机关的相关工作；

（三）接受立法机关委托，承担法律法规制订、修订的课题研究，组织起草法律法规制定、修订的律师协会建议稿；

（四）对立法机关公开征求意见的法律法规，主动组织律师开展研究，汇集行业意见、建议；

（五）就律师执业活动中发现的法律法规制定或实施中的问题，向立法机关反映律师意见，并提出解决建议和方案；

（六）委托担任中共党代会代表、人大代表、政协委员的律师向立法机关提出立法建议。

第七条 律师协会应积极为律师参与立法提供便利条件，必要时提供经费和其他条件的支持；可以邀请立法机关人员为律师介绍立法背景和争论焦点。

第八条 对全国人大、国务院重大法律法规的征集意见工作，全国律协将视情征集地方律师协会的意见。

第九条 律师协会对涉密的法律法规草案征求意见，应当根据立法机关的要求，对草案和修改意见等做好保密工作。

第十条 律师协会应重视立法意见的汇集和整理，指定具有较高理论和业务水平的委员执笔起草或汇总。立法意见应归纳重点，阐明理由和依据，必要的，可以提供建议条款。

第十一条 律师协会对专业委员会提交的汇总意见应进行审核把关，确保立法意见的质量和水平。

第十二条 汇总完成的立法意见，由律师协会行文报送立法机关。涉及重大行业发展的立法意见，律师协会在意见形成过程中，要与同级司法行政机关协调。意见形成后，应当抄报同级司法行政机关。

第十三条 专业委员会未经律师协会授权和审批，不能以律师协会名义和本委员会名义向立法机关提交立法意见。

第十四条 律师协会对律师、律师事务所接受立法机关直接委托参与立法工作的情况应当及时掌握。

第十五条 法律法规颁布实施后，律师协会应尽可能收集律师意见采纳情况，并反馈专业委员会、律师事务所和专业律师，以提高其参与立法的积极性。

第十六条 对参与立法工作贡献突出的律师、律师事务所和专业委员会，律师协会应当予以表彰。

第十七条　律师协会参与国家机关规范性文件、司法解释的制定、修改，参照本规则执行。

第十八条　本规则由中华全国律师协会八届八次常务理事会审议通过，自2013年3月25日起实施。

中华全国律师协会关于进一步加强和改进律师行业惩戒工作的意见

（2013年3月29日）

为认真贯彻中办发〔2010〕30号文件精神，大力加强“严格执法、恪守诚信、勤勉尽职、维护正义”为核心要求的职业道德和执业纪律教育，切实履行行业协会自律管理职责，现就进一步加强和改进律师行业惩戒工作提出如下意见。

一、充分认识进一步加强和改进律师行业惩戒工作的重要意义

做好律师行业惩戒工作是律师协会的一项法定职责，也是实现行业自律管理的重要手段，对于维护律师行业整体利益，保障律师依法执业和律师队伍健康发展具有十分重要的意义。近些年来，全国律协和各地律师协会不断强化行业自律管理职能作用，严肃查处律师和律师事务所违规违纪行为，依法维护了当事人的权益和广大律师的执业权利，维护了社会的和谐与稳定，律师依法执业、诚信执业、诚信为民的观念得到增强，律师队伍的整体素质和社会形象得到进一步提升。随着律师事业的发展，广大人民群众对律师的政治思想素质、职业道德水平和业务能力的要求也越来越高。目前，律师行业惩戒工作中还存在着一些问题和不足，主要表现在：一是一些地方律师协会思想认识上存在着“家丑不外扬”的想法和“从轻处罚就是保护律师”的认识，因此，对违规行为能从轻就从轻，能不追究就不追究，大事化小，小事化了，使违规违纪行为得不到应有的惩戒，惩戒工作失之于宽，失之于软；二是一些地方律师协会特别是地市（区）律师协会管理力量严重不足，人力财力缺乏，工作开展困难；三是惩戒制度不够完善，工作机制不健全，工作开展遭遇瓶颈；四是律师违规违纪案件时有发生，律师队伍整体形象受到严重损害。这些问题的存在严重制约了律师事业的健康发展和律师工作职能作用的发挥，因此，如何适应形势发展的需要，进一步加强和改进律师行业惩戒工作，维护律师行业整体利益，维护律师行业诚信形象，是摆在我们面前一项十分紧迫的任务。加强和改进律师行业惩戒工作，就是要

深入贯彻落实十八大精神，教育和引领广大律师进一步增强做中国特色社会主义法律工作者的自觉性和坚定性，确保做中国特色社会主义事业的建设者和捍卫者，维护正常的法治秩序和司法秩序，使律师在诉讼和非诉讼活动中能够充分、严格、依法有效的行使职责。各地律师协会一定要从全面推进依法治国、从律师事业发展大局的高度，增强做好律师行业惩戒工作的责任感和使命感，进一步提高思想认识，不断加强和改进律师行业惩戒工作，努力提高行业自律管理水平，推进律师事业又好又快发展。

二、完善律师行业惩戒工作机制

坚持公正、公开、公平的原则，进一步完善投诉受理、立案、调查、听证和处分工作机制，依法依规查处律师和律师事务所违规违纪行为。

（一）完善投诉查处工作程序。完善投诉接待受理程序。要认真制作投诉接待记录，妥善保管投诉材料并做好登记；对司法行政机关委托办理的投诉案件要做好移交手续。接待要礼貌、耐心，遇到紧急或突发情况要做到冷静处理，不激化矛盾。完善投诉立案程序。受理投诉后要在规定的期限内做出是否立案的决定。构成立案条件的，律师协会要在规定期限内向投诉双方发书面立案通知书。不予立案的要向投诉人书面说明理由。完善投诉调查程序。要尊重客观事实，在案件调查过程中认真听取意见，准确、真实反映调查情况，并在规定时限内完成调查工作。完善投诉听证程序。要充分保证被投诉律师或律师事务所享有申辩的权利。做出处分决定前，要依照听证程序，告知被投诉律师或律师事务所有要求听证的权利，并在规定期限内通知投诉双方听证会召开的时间和地点。完善处分决定程序。要严格处分决定作出程序，处分决定应由纪律委员会集体作出。处分决定的作出应按照规定的人数表决通过，由纪律委员会主任审核后由律师协会会长或主管副会长签发，同时将决定书报上一级律师协会备案。处分决定书应在规定的时间内送达。完善复查程序。要切实保证被处分的律师或律师事务所享有复查权。对律师或律师事务所不服律师协会处分决定提出复查申请的，应在规定的时间内做出是否受理复查决定。对符合条件决定受理的要在规定时间内通知申请的律师或律师事务所，不符合条件的要说明理由。

（二）完善投诉案件督办制度。上一级律师协会对下一级律师协会实行投诉案件督办制度。各省（区、市）律师协会接到全国律协督办案件 30 个工作日内，应将案件处理进展情况通报全国律协。案件办结后 10 个工作日内将案件处理结果书面报全国律协。地市（区）律师协会接到省（区、市）律师协会督办的投诉案件，应在 30 个工作日内，将督办案件进展情况报省（区、市）律师协会，案件办结后 10 个工作日内应将案件处理结果书面报省（区、市）律师协会。省直律师协会直接处理的投诉或接受移交的投诉要严格按照督办程序和时间要求办理。

（三）严肃查处违规违纪行为。对违规违纪行为特别恶劣，在社会上造成严重不良影响，依照处分规则从重或加重处分的律师，应予以从重或加重处分，律师事务所应予以辞退或除名。对极个别严重违反法律法规的律师或律师事务所，除依法依规给予严肃处理外，要暂停会员应享有的一切权利，加大其违规违纪成本。在处理违规律师个人时，要坚持与律师事务所管理相结合，对由于律师事务所疏于管理、导致律师严重违规违纪的，除对律师个人进行惩戒外，要对其所在的律师事务所予以惩戒。律师协会认为违规违纪行为应依法给予行政处罚的，应及时移送有管辖权的司法行政机关，提出处罚建议并制作处罚建议决定书。

（四）完善惩戒通报制度。各地律师协会要建立惩戒通报制度。对受到行业处分的律师或律师事务所，律师协会要根据处分的轻重分别在业内或社会予以公布。对受到训诫、公开批评处分的要在本地区业内进行通报。对严重违规违纪行为并取消会员资格等行业处分的，可以采取通过网络、报刊、新闻发布会等形式予以公开通报。各省（区、市）律师协会要定期将本地区惩戒通报情况报全国律协备案。

（五）完善投诉案件受理统计报告制度。健全完善投诉案件受理和惩戒工作开展情况的信息统计报告制度。要从投诉接待的具体数字，违规违纪行为分类以及给予行业处分的种类、具体数字等全面了解和掌握本地区律师或律师事务所违规查处的具体情况，增强统计工作的全面性和准确性。要加强对统计数据的分析研究和实际运用，加强对惩戒典型案例的分析、总结、归纳，摸索违规行为发生的规律和特点，及时规范律师执业行为。

三、不断提高律师行业惩戒工作水平

加强和改进行业惩戒工作是一项系统工程，要综合施策，不断提高律师行业惩戒工作水平。

（一）坚持惩戒工作与奖励工作相结合。各地律师协会要在严肃查处违规违纪律师的同时，注意加大对律师行业先进典型事迹的表彰、奖励和宣传，通过典型示范作用，引领广大律师依法执业、规范执业、诚信执业。

（二）坚持惩戒工作与维权工作相结合。惩戒工作与维权工作是律师协会的两项主要职责，工作上既有独立性又有关联性。在维权过程中，发现律师涉嫌违规违纪的，要按照相关程序进行立案调查。经查实确有违规违纪行为的，给予行业处分，切实维护广大律师执业的合法权益。

（三）坚持惩戒工作与考核工作相结合。对律师进行执业年度考核是律师协会的一项重要职能,加强惩戒工作与考核工作相结合,既是健全惩戒工作机制的新途径,也是对考核工作制度的补充和完善。对律师受到行业处分或对被投诉事实明显存在尚未处理结案的,要与年度考核工作内容挂钩,给予暂缓年度考核。对严重违规违纪或屡次违规律师,律师协会应提请司法行政机关对其所在的律师事务所采取暂缓年度考核的措施。

(四)坚持惩戒工作与预警防范工作相结合。在严肃查处律师和律师事务所违规违纪行为的同时,要注重预防和制度建设,从源头上抑制违规违纪行为的发生。加强对典型意义案例的分析、总结、归纳,摸索违规行为发生的规律和特点,举一反三,适时发出预警,规范律师执业行为。要通过对典型性违规违纪案例的剖析,既为类似案件查处提供示范,又为预防违规违纪行为的发生提供依据。

(五)坚持惩戒工作与社会监督相结合。加强社会监督是保障律师事业健康发展的重要手段。要积极引进社会监督力量,有效约束、指导、规范律师队伍,进一步提高律师行业诚信度。律师协会要设立举报、投诉热线,设专人负责投诉热线的咨询、受理和案件的落实工作,确保投诉热线反映的案件件件有登记、件件有回音、件件有落实。对律师协会转来的投诉热线案件,律师事务所要积极配合,及时解决。全国律协和各地律师协会要建立完善行风监督员制度。聘请人大、政协、民主党派及公检法机关人员担任行风监督员,提高律师行业监督的影响力和权威性。要通过约谈、座谈会或通报等形式,及时听取监督员的意见或建议。可采取邀请监督员走访律师事务所、参与行业重大活动等形式,让广大律师充分了解监督员的职责和作用,自觉接受监督,在律师行业内牢固树立"诚信光荣、失信可耻"的理念。

四、切实加强律师行业惩戒工作的监督指导

做好行业惩戒工作是法律赋予律师协会的一项重要责任,各地律师协会要高度重视行业惩戒工作,切实摆上工作日程,认真研究解决当前行业惩戒工作中存在的突出问题,进一步加强组织领导和工作指导。

(一)加强与司法行政机关工作的协调配合。进一步加强行业惩戒与司法行政机关行政处罚工作的衔接配合,接受司法行政机关的监督指导。切实解决与司法行政机关投诉受理统一入口问题,进一步细化、明确责任分工,确保投诉渠道的畅通和统一。对司法行政机关委托办理的投诉案件,要做好前期调查等工作。认为构成行政处罚的要按照程序做好移交工作,确保委托案件及时处理。对司法行政机关吊销律师执业证书或律师事务所执业证的,律师协会要积极配合处罚决定的实施。

(二)加强与司法机关信息交流与沟通。进一步与司法、执法机关建立畅通的沟通渠道和交流平台，及时了解掌握律师执业动态，扩大律师失信行为信息的来源渠道，确保律师日常执业行为都在行业监督范围内。

（三）加强律师协会惩戒队伍建设。加大惩戒工作社会力量与行业力量的结合，建立专群结合的惩戒机制，注重增强行业惩戒的权威性、专业性，增强违规行为查处的公正、公开、公平。各地律师协会要选调责任心强、善于沟通人员充实到惩戒工作岗位，落实责任，强化管理，切实做到“事有人做，责有人负”。要从律师队伍中选拔出政治素质高、责任心强，具有较高专业理论水平和丰富实践经验的律师充实到纪律委员会。要从公检法队伍中聘请业务精、能力强、熟悉律师工作的人员进入惩戒机构，参与行业惩戒工作的实施。

（四）加强对地市（区）律师协会惩戒工作监督指导。进一步加强对地市（区）律师协会惩戒工作的监督和指导，对没有成立惩戒机构的，要因势利导，积极创造条件，推动尽快建立。对没有条件成立惩戒机构的，要协助建立惩戒工作联络站，设置联络员，具体负责投诉接待、受理等日常工作，定期将投诉案件报送上一级律师协会审理，负责将案件处理结果反馈投诉双方。对惩戒机构不健全、制度不完善的要给予具体指导和帮助。对人员不足、工作力量薄弱的要给予适当的人力、财力的扶持，全力协助惩戒工作开展。要加强经常性的检查和监督，对工作失之过软、失之过宽的，要及时提醒、督促改进，并检查改进效果。

（五）加强对律师事务所执业活动的监督指导。加强对律师事务所日常执业活动的监督指导，建立律师事务所负责人谈话提醒制度。加强对律师事务所投诉制度落实情况的检查，使律师事务所自查自纠制度进一步得到完善。积极推进律师事务所建立和完善辞退和除名制度，加大律师违规违纪行成本。要加强专项检查和评查，定期组织开展对律师和律师事务所遵守职业道德和执业纪律情况的专项检查和评查工作。建立不良信息档案，对律师或律师事务所有不良信息的要记录在案，加大对律师日常执业活动的监督力度。

中华全国律师协会关于实施“律师服务经济社会发展业务创新拓展工程”的意见

（2013年3月29日）

为深入学习贯彻党的十八大精神，根据中办发〔2010〕30号文件精神和《服务业发展“十二五”规划》的要求，推动律师行业服务创新，拓展律师服务领域，全国律协决定实施“律师服务经济社会发展业务创新拓展工程”。现提出意见如下。

一、实施“律师服务经济社会发展业务创新拓展工程”的重要性

当前，律师事业发展进入了一个新的历史时期，面临着新的历史机遇。党的十八大提出全面建成小康社会的宏伟目标，为律师事业发展提供了更加广阔的空间。全国政法工作会议强调全面推进平安中国、法治中国、过硬队伍建设，对律师队伍专业服务能力提出了新的更高的要求。中办发〔2010〕30号文件也提出了要加强律师业务素质建设，拓展律师业务领域，推动律师业务转型和升级的要求。国务院制定的《服务业发展“十二五”规划》，首次把以律师为主体的法律服务业发展单列一节进行阐述，明确了“十二五”期间律师工作在扩大服务领域，加快专业化分工，提升服务质量和国际竞争力等方面的目标、任务和措施。

服务经济社会发展是律师的职责使命，也是律师行业的价值所在。近年来，律师队伍不断发展壮大，服务能力不断提高，律师服务经济社会发展取得显著成绩，国内国际影响力不断增强，在促进经济社会发展中发挥着越来越重要的作用。但同时，与新形势、新任务的要求相比，律师行业服务经济社会发展的任务很繁重，还存在着一些不适应：律师服务能力和服务水平有待提高，服务空间开拓不足，新业务领域介入不够，法定业务范围过少，一些青年律师由于案源不足面临生存困难等。这些问题迫切需要采取更加有力的措施加以解决。因此，实施“律师服务经济社会发展业务创新拓展工程”关系到律师服务经济社会发展作用的发挥，也关系律师事业长远发展，对于完善新时期律师法律服务体系，促进经济社会发展，促进法治建设和社会进步具有十分重要的意义。

各地律师协会和广大律师必须充分认识实施“律师服务经济社会发展业务创新拓展工程”的重要意义，切实增强责任感和使命感，把实施这项工程作为律师行业深入学习贯彻党的十八大精神重要工作来抓，作为推动律师事业科学发展的重要工作来做，积极适应形势的发展变化，紧紧围绕党和国家工作的大局，在推进律师行业服务创新上下功夫，在拓展律师服务领域和服务方式上做文章，在提高律师服务能力和水平方面见成效，努力满足经济社会发展中多层次、宽领域的法律服务需求。

二、指导思想和工作任务

指导思想：全面贯彻落实党的十八大精神，以邓小平理论、“三个代表”重要思想、科学发展观为指导，深入贯彻落实中办发〔2010〕30号文件精神和《服务业发展“十二五”规划》，紧紧围绕中国特色社会主义事业“五位一体”总布局

和平安中国、法治中国建设对律师行业优质服务、宽领域服务的要求,以律师事务所为主体,以创新服务为导向,以拓展服务领域为重点,统筹法律服务资源,引导广大律师充分发挥职能作用,为全面建成小康社会提供优质高效的法律服务。

工作任务:巩固深化传统业务,提高服务水平,创新服务方式,保持传统业务稳定增长;新业务持续开拓,争取相关业务部门的理解与合作,使创新业务逐步成型和固化;法定业务范围进一步扩大,服务能力显著提高,努力争取在"十二五"时期,建立起符合我国国情、适应我国经济社会发展和民主法治建设要求、较为成熟的法律服务体系,实现律师法律服务在经济社会发展各领域更广泛、更有效的参与,更加彰显律师的法治功能。

三、工作重点

(一)巩固深化提升刑事辩护业务。要以修改后刑事诉讼法的实施为契机,适应新要求,研究和推进律师刑事辩护工作。重点是充分发挥律师在刑事诉讼活动中的职能作用,提高律师刑事辩护工作参与度。全国律协要配合司法行政机关,制定关于律师刑事辩护若干问题的规定,推动与公安机关制定律师会见的具体规定,为保障律师依法履责提供有力的法律保障和政策支持。各地律师协会要加强与公检法等机关的沟通协调,及时反映和推动解决律师在刑事辩护工作中遇到的困难和问题。要从小处着眼,从具体问题入手,比如推动解决律师出庭安检问题、会见场所问题及阅卷问题。针对新刑事诉讼法增设未成年人案件特别程序专章,加强律师办理未成年人案件的培训和指导。对开展刑事辩护业务的律师和律师事务所给予必要的政策倾斜,为律师从事刑事辩护业务提供有力支持。开展刑事辩护律师事务所评优活动。

(二)做专做细传统民商业务。鼓励律师和律师事务所办理企业登记代理业务,通过源头服务,拓展更多的企业延伸业务。拓宽传统婚姻家庭业务,开展家庭理财、个人资产管理、财富传承等法律服务。推动律师对婚姻法与公司法交叉业务、婚姻法与信托法交叉业务、离婚与股权分割业务等新型业务进行深入研讨,从传统业务中研发新的业务增长点。开展公司秘书业务,为大量中小公司正常运营提供服务。巩固银行贷款业务,逐步固化个人房贷、企业信贷等贷款合同由律师出具法律意见。

(三)拓展提升政府法律顾问业务。完善三级政府法律顾问架构,扩大政府法律顾问工作的覆盖面。重点围绕将政府法律工作由事后处理,推进到事前预防。将为政府法规规章制定、宏观调控、社会管理、社会稳定风险评估、执法监督等各项工作提供咨询和服务纳入法律顾问工作内容。促成政府主管部门发文,政府投资重大建设项目由律师提供全过程专项法律服务。推动广大律师真正参与政府决策流程，在促进法治政府建设中实实在在发挥作用。全国律协要举办律师服务政府法治建设论坛，制定法治中国建设中律师角色及作用发挥的报告。举办服务法治政府表彰活动，对各地在服务政府依法行政中作出突出贡献的律师和律师事务所给予奖励。各地律师协会要积极组织推广律师为政府提供法律服务。

（四）创新拓展知识产权法律服务。促进国家知识产权战略实施，全面创新拓展知识产权法律服务。以贯彻落实《律师事务所从事商标代理业务管理办法》为契机，全国律协研究制定律师办理商标业务规范，举办律师代理商标业务培训班，促进律师办理商标代理业务的标准化、规范化。积极引导律师参与企业品牌化经营，提升民族品牌的国际影响力。引导律师做好农产品商标和地理标志证明商标的保护工作，增加农产品附加值。组织编写律师办理专利业务操作指引，指导和规范律师办理业务流程。力争与国家知识产权局联合发文，打破专利复审和专利无效业务对律师的限制，推动律师办理专利代理业务门槛问题有效解决。组织编写律师服务企业知识产权运用工作指引，引导律师服务新兴行业、高新技术企业的知识产权运用和管理，举办“高新技术产业知识产权运用研讨会”，有效整合律师知识产权服务资源，提高综合服务能力，形成律师服务知识产权战略的全流程。

（五）创新拓展服务文化建设业务。重点是推动律师在影视、传媒、演出、展览、出版、印刷、动漫、教育培训等文化产业领域提供法律服务。探讨文化产业领域的法律服务模式、方式、标准，推动完善文化体制和文化生产机制。针对较成熟的影视法律服务，特别是其中的文化产业投融资法律服务，制定律师操作指引。在中国国际动漫节期间举办动漫产业权益保护论坛。与政府文化主管部门、演出行业协会联合发文，通报社会影响较大的演出合同纠纷案例，要求各演出团体、经纪机构、演出场所和从业人员提高法律意识，积极防范经营过程中的法律风险。

（六）探索创新服务生态文明建设业务。全国律协要制定律师服务生态文明建设指导意见，举办服务生态文明建设高级研修班，实施“碧水蓝天法律保障行动”，指导推动律师服务生态文明建设。组织律师参与能源、环境领域的立法、修法工作，为污染总量控制、饮水源保护、环境污染损害赔偿等法律法规制定建言献策；组织律师参与排污权交易制度建设，为推动建立跨行政区域统一水污染物排污权交易市场提供相应法律服务；为律师进入环境评价机制，服务能源、环境领域的项目开发建设、技术开发应用及投融资等提供合法性论证咨询、出具法律意见书创造条件。推动项目开发建设应当聘请律师出具法律意见，评估环境、资源、安全、维稳等方面的风险，促进企业积极引进新技术、新方法，进行清洁生产、循环利用，以实现节能、减排、降耗目标，减少对环境的损害。

针对公众诉企业或政府环境污染索赔案件的不断增多，应积极为企业和政府提供相应的法律风险管理管控服务。贯彻中央把生态文明建设理念和原则全面融入城镇化建设全过程的要求，研究加快推进城镇化衍生的环境法律服务。积极参与环保公益诉讼，支持律师为食品安全和环境污染受害人提供法律帮助。积极参与全民环境教育行动，宣传环境保护法规政策，推动重大环境信息公开制度的建立和完善。

（七）拓展提升服务对外开放和“走出去”战略法律服务。重点是通过政府相关部门、司法行政机关和律师协会的共同努力，推动中国企业在境外投资和经营活动，聘请中国律师，境外投资项目审查由中国律师出具法律意见书，更好地维护我国企业利益。组织开展选择法律服务机构程序设计，方便中国企业境外投资和经营选择优秀律师事务所。全国律协要推动相关法律法规和政策的制定和修改，完善相关法律规定，拓展我国律师参与国际贸易法律服务的业务范围，比如，农业协定、动植物检验检疫、关税壁垒以及市场准入等，为我国律师拓展国际贸易业务创造制度性条件。推荐具备丰富国际贸易诉讼经验的涉外律师进入国际经济、贸易组织的专家机构、评审机构和争端解决机构，增强我在国际组织中的影响力。通过制定实施相关优惠政策，扶持国内律师事务所通过新设、收购、协议等方式在境外设立分所、代表处、业务部，进一步提高我国律师在国际法律业务领域的竞争力。实施涉外律师领军人才培养计划，各地律师协会要结合本地区实际，制定本地区人才培养计划，并与全国律协涉外律师领军人才培养计划相衔接，纳入地方政府有关人才培养的规划。

（八）创新拓展“三农”法律服务。重点要拓展律师参与农村立法、发展农村经济、深化农村改革、维护农村和谐稳定的法律服务形式和内容，切实为农村、农业、农民提供优质法律服务。全国律协要继续实施县域律师培养“千人计划”，举办县域律师事务所主任示范培训班，进一步提高县域律师服务基层、服务农村法治建设的能力。总结推广浙江嘉兴、四川成都等地政府购买服务为农村配备法律顾问的做法，力争在各地予以推广。推动律师服务城镇化建设，总结参与路径、服务方式和服务内容。

（九）创新拓展金融财税保险领域的法律业务。与中国注册会计师协会、中国注册税务师协会、中国注册评估师协会加强业务交流，建立战略合作伙伴关系，加强行业的融合与协作，在国际税收、境外投资税收、税收协定安排、非居民企业税收、合法税务策划、涉税诉讼、涉税刑事辩护、涉税审计等业务领域，本着与注册会计师、税务师、评估师优势互补的原则，共同推进业务的合作与开展，为更好的拓展律师行业税务法律服务的业务范围及影响力，促进我国税务律师的兴起和发展。与证监会、商务部、证券业协会、上市公司协会、注册会计师协会等相关部门加强工作上、业务上的合作，创造更多的律师执业机会，推进律师为B股上市公司转为H股上市公司提供服务，推进律师为中国公司走向国际资本市场发行H股提供服务，对律师从事国际证券业务提供培训，提高执业能力。积极与银监会、保监会沟通合作，拓展律师服务金融保险机构法律业务。推出律师从事保险公司资产管理业务工作指引，开展专业培训，为律师介入相关领域提供支持。推进律师参与重大资产重组和并购、新型资产管理、金融衍生品交易等市场热点、重点业务。

（十）创新拓展劳动与社会保障法律服务。推进律师参与用人单位与劳动者工资集体谈判实务，为企业和工会工资集体谈判提供法律服务。与工会部门协商或发文，在企业与工会集体谈判时接受律师指导。采取组建律师法律服务团队、建立劳动关系维权法律援助基金等方式，支持和帮助律师有效开展活动。

（十一）研究拓展海洋领域法律服务。实施国家建设海洋强国战略，组织律师研究海洋法等公法领域法律问题，为相关部门实施国家海洋战略提供咨询和分析；指导律师介入国有企在近海和远洋进行的资源开发和利用项目；推动国有企业签订船舶建造合同、战略物资运输合同必须由律师出具法律意见或风险控制意见；介入即将生效的2006年海事劳工公约项目研究，协助劳动部、交通部、海事局等开展调研，对公约涉及的海事劳工工作制度、福利待遇、投诉机制、投诉程序等，提供海事律师的实际案例和解决具体问题的思路，为公约在我国实施及国内法的制定发挥积极作用。开展航运金融衍生品交易（集装箱运价指数等）的法律研究，扭转国内航运企业参与FFA交易和争议处理由于认识不足导致严重亏损的局面。

（十二）创新拓展信息网络领域法律服务。配合新民事诉讼法和新刑事诉讼法的实施，由全国律协发布《律师办理电子数据证据业务操作指引》并加强宣传，举办“电子数据证据法务高级研修班”，加快提升律师办理电子数据证据业务能力，并推进与公检法机关、司法鉴定机构、公证机构等的合作，拓展律师的电子数据证据业务。与地方律协合作，在全国主要城市和中西部地区开办不同专题的“信息网络业务研修班”，加快提升中西部地区律师从事信息网络领域业务的能力。

（十三）创新拓展西部业务、边贸业务。围绕西部大开发、边疆地区扶持等国家发展战略，对西部开发所涉及的建设工程、交通、能源、通讯等基础设施建设和城镇化建设提供法律保障，为西部招商引资提供风险防范；积极开拓涉及中亚、南亚、东南亚、东盟、蒙古国等法律服务业务，在我国与邻国的经济合作和贸易交往中，为政府部门、相关企业提供法律政策咨询，积极为项目投融资、边境贸易和税收、国际工程承包、矿产资源开发等经济活动提供法律服务。

四、工作措施

（一）健全政策制度。确立加强法律服务的制度框架，制定相关配套政策和指导意见，稳步推进“律师服务经济社会发展业务创新拓展工程”。

全国律协与各地律师协会要加强与立法部门沟通协调，积极参与涉及律师业务的相关法律法规和规章制度制定，为律师从事新业务提供法律和政策支持。同时，加大政策制度保障，根据业务创新拓展过程中出现的需求，及时总结和固化律师业务创新拓展成果，逐步推进重点领域律师业务法定化。

要扩充完善《律师业务指导目录》，并根据工作重点，制定业务规范和指引的制定规划，确保这项工程实施过程得到相应的指导和支持，保证执业水平和服务质量。各地律协要组织相关专业委员会，制定意见和指引，指导律师事务所和律师开展业务创新和拓展工作。

（二）创新工作机制。建立和完善以全国律协为龙头，以各地律师协会为纽带，注重发挥专业委员会、律师事务所以及广大律师的主动性和创造性，形成各地律师协会、律师事务所和广大律师协同作战，互相支持，互相配合，互相联动的工作机制。鼓励各地律师协会、律师事务所之间联合合作、资源整合、优势互补。要加强沟通协调，因地制宜，以点带面，逐步推动律师业务创新拓展的工作机制。

建立与政府有关部门、行业协会、行业组织的沟通合作机制。通过组织架构创新、业务合作、战略联盟等形式，与相关行业协会、行业组织建立紧密合作关系，签署合作框架协议，拓宽律师服务领域，实现优势互补，融合发展。

（三）创新服务方式。鼓励律师事务所转变观念，以法律服务需求为导向，提升服务意识和服务能力，创新服务方式和技术手段，对重点战略、重点区域、重点产业、重点企业提供综合性、多元化服务，开发延伸服务，不断研发服务新产品。鼓励律师事务所采用网上服务等新形式，为中小企业、公司和社会组织提供便捷、高效、优质法律服务。

（四）搭建创新平台。在深入研究我国经济社会发展战略、区域发展战略和产业结构调整，以及“走出去”战略的实施基础上，探索推动律师服务经济社会发展的新模式、新平台。

密切关注国家经济发展战略的实施、省域或跨区域发展规划的制定以及本地区重大项目和重大经济政策的规划，引导各地开展系列活动，通过推介会、洽谈会和签约会等多种方式，组织推动广大律师为实施国家和地方区域发展战略（如浙江、山东的海洋经济区，上海的金融中心、贸易中心、航运中心，河南的中原经济区）以及国家重大工程、重点项目建设提供优质专项法律服务。为边境省区“桥头堡”建设提供法律支持，对中国—东盟自贸区和云南、东北、内蒙古、新疆等地区与周边国家的投资与贸易提供法律服务。

探索律师服务创新示范基地，作为拓展律师业务领域的重要载体和平台，增强法律服务的系统性、针对性、有效性，孕育和孵化新业务，示范规范化、标准化的律师服务。建立30家律师服务创新示范试点项目，组建律师团队或推荐执业质量好、专业素质强的律师事务所为国家级和省级经济开发区、统筹城乡配套改革试验区、金融核心区、高新技术园区、重点企业等提供系统、完整、细致的法律服务。

（五）强化服务保障。各地律师协会要配合司法行政机关，积极推动律师业纳入本地区服务业"十二五"规划，积极争取律师行业享受现代服务业的鼓励和扶持政策措施，为律师业务发展创造有利条件。推动完善政府购买法律服务制度，力争将法律服务列入政府采购目录，已经将列入的地方要积极推动专项资金落实。

全国律协要根据工作重点，举办业务创新论坛、高级研修班、经验交流会和研讨会等，对市场经济前沿领域新业务进行培训、交流和研讨，提升律师服务意识和服务能力。在中国律师网开通创新服务工作平台，促进创新工作经验交流与推广。在相关媒体建立律师服务经济社会发展信息平台，扩大行业推介力度。

研究出台行业鼓励和扶持政策，包括奖励等措施，对在业务创新拓展中有突出表现的要给予奖励，激发律师参与行业创新拓展业务的热情。

五、具体工作要求

（一）加强组织领导。要把实施"律师服务经济社会发展业务创新拓展工程"放在重要位置，切实加强组织领导。要成立领导小组或相关创新拓展委员会，会长亲自负责，研究、设计业务创新拓展的总体规划。要主动走访政府部门、公司企业等相关方面，听取需求和建议，为更好地开展业务创新拓展营造良好氛围。要强化组织、协调、指挥能力，进行广泛深入的动员、发动，激发和调动律师事务所和广大律师的工作热情。

（二）扎实推进工作。要制定符合本地区实际情况的工作计划和具体措施，指导本地区落实好这项工程。要及时掌握业务创新拓展的具体进展，做好督促检查工作。要及时总结推广好的做法和经验，强化薄弱环节，解决存在问题，真正抓好落实。

（三）加大宣传力度。要根据"律师服务经济社会发展业务创新拓展工程"推进的整体部署，加强新闻宣传策划，把日常宣传和集中宣传结合起来，强化宣传报道力度，形成声势。要认真总结、挖掘、宣传活动中涌现出的好做法、好经验、好成效以及典型案例，对涌现出来的优秀案例和先进典型进行重点宣传。

中华全国律师协会关于进一步加强和改进维护律师执业合法权益工作的意见

(2013 年 3 月 29 日)

保障律师依法执业,维护律师的合法权益是《律师法》赋予律师协会的重要职责,也是律师行业健康发展的重要保障。近年来,全国律协和各地方律师协会在司法部和各级司法行政机关的领导下,坚持正确的行业维权工作指导思想,积极探索和改进维权工作方式方法,研究解决带有普遍性的维权工作重点问题和典型个案,为完善和保障律师执业合法权益做了大量工作,为创造良好的律师执业环境做出了积极努力并取得一定成效。但是也要看到,当前维权工作还存在着不少问题,突出表现在:一是维权机制不健全,维权渠道不畅通;二是全国和地方律师协会维权工作职责不明,致使维权工作效率不高;三是一些地方律师协会对维权工作重要性认识不足,未能充分发挥职能作用;四是侵犯律师执业合法权益案件仍然时有发生。

为进一步加强和改进维护律师执业合法权益工作,充分发挥律师队伍在全面推进依法治国中的重要作用,现提出如下意见。

一、深刻认识维护律师执业合法权益工作的重要意义

1. 维护律师执业合法权益是维护宪法和法律统一正确实施的客观要求。律师作为中国特色社会主义法律工作者,担负着履行宪法和法律赋予的职责,保障宪法和法律统一正确实施的重要历史使命和社会责任。切实维护律师执业合法权益,保障律师充分履行在诉讼和非诉讼法律服务中的工作职责,能够有效促进司法机关准确适用法律,维护司法公正,树立司法公信力,防止司法不公;能够促进依法行政,严格规范公正文明执法;全面推进全民守法,在全社会进一步树立宪法意识,维护社会主义法治的统一、尊严和权威,促进依法治国方略的落实。

2. 维护律师执业合法权益是确保律师依法履行职责,充分发挥职能作用的必然要求。当前,我国律师事业进入了改革发展的新阶段。随着经济社会加快发展和社会主义民主法治不断推进,整个社会和广大人民群众对法律服务的需求日益增长。目前,我国律师队伍发展迅速,律师人数已达 23 万多人,律师事务所近 2 万家,律师执业活动已涵盖国家政治、经济、文化、社会和生态文明建设的方方面面,能否保障律师依法执业,关系到律师社会作用能否充分发挥,关系到律师事业的健康发展,更关系到社会公众对律师的信任度。因此切实维护

律师执业合法权益，对律师充分履行职责和发挥作用意义重大。

3. 维护律师执业合法权益是促进法治文明建设和社会和谐稳定的具体措施。律师执业权利的首要价值在于对基本人权的有效保障和对社会公平与正义的不懈追求，这也正是法治文明的精神实质。律师执业权利的实现程度不仅是现代社会文明进步的标志、司法制度健全和完善的体现，更是从一个侧面反映出一个国家律师职业化水平和法治文明建设的程度。律师执业权益得到有效维护和充分行使，有利于维护委托人的合法权益和国家、社会的整体利益，对社会矛盾化解以及实现社会的和谐与稳定也起着至关重要的作用，是实现国家法治文明建设的具体措施之一。

二、进一步加强和改进维护律师执业合法权益工作的指导思想、主要任务和基本原则

指导思想：坚持以邓小平理论、“三个代表”重要思想、科学发展观为指导，深入贯彻落实党的十八大精神，着眼于服务党和国家工作大局，着眼于依法、充分、有效地发挥律师协会维护律师执业合法权益的任务和职责，保障律师能够真正、全面地维护当事人的合法权益，维护法律正确实施，维护社会公平和正义。

主要任务：进一步完善维护律师执业合法权益工作的规章、制度和政策措施，建立健全新形势下维权工作机制；加强全国和地方律师协会维权工作组织机构和队伍建设，切实为维权工作提供组织保障；进一步明确全国和地方律师协会工作职责，切实增强律师协会维权工作的能力和水平；通过加强和改进维权工作，创造律师依法履行职责的良好条件和环境。

基本原则：

1. 依法维权原则。律师协会维权工作要在法律、法规、制度和政策允许的框架下进行，做到有法可依、有章可循。要引导广大律师以律师协会为主渠道和主阵地，依法有序地开展维权工作。

2. 规范维权原则。律师协会要把政策维权、制度维权和个案维权紧密结合，在注重对律师执业权益和人身权益维护的同时，积极参与各项法律、法规、制度和政策的制定，为更好地维护律师执业合法权益提供政策支持和法律保障。

3. 理性维权原则。律师协会和律师的维权行为要注意方式方法，坚持理性、平和、文明、规范，防止过激行为甚至是引起不稳定、不和谐情况发生。

4. 有效维权原则。律师协会维权工作要讲求实效。要认真分析当前经济社会的发展形势，找准协会维权工作的着力点和切入点，集中精力逐步加以解决。要从一件一件实事做起，逐步提高维权工作的整体效果。

三、进一步明确全国律协和地方律师协会维护律师执业合法权益工作职责

全国律协主要职责是：

1. 研究制定维权工作的基本规章、制度及政策措施；

2. 负责涉及中央有关部门协调的和在全国具有重大影响的维权个案的处理；

3. 配合司法部建立健全维护律师依法执业的相关制度和工作机制；

4. 对地方律师协会遇到的重大维权事项进行指导。

省(区、市)律师协会主要职责是：

1. 依据全国律协制定的维权工作基本规章、制度及政策措施，结合本地区实际情况制定实施细则；

2. 负责全国律协督办的维权案件及本地区重大和有影响维权案件的受理、立案与处理；

3. 针对在维权工作中发现的问题，向有关部门提出切实保护律师执业合法权益的意见、建议；

4. 负责就承办的维权事项，推动、配合、协调有关部门工作；

5. 及时总结维权工作开展情况，定期向全国律协报送维权工作报告，就维权工作提出政策性建议或研究报告；

6. 协助和指导地市级律师协会开展维权工作。

地市级律师协会主要职责是：

1. 接受省(区、市)律师协会交办的维权事项；

2. 负责本地区维权案件的受理、立案和处理；

3. 及时反映、报告辖区内维权工作情况，积极组织开展维权工作；

4. 做好维权信息统计报告工作。

四、建立健全维护律师执业合法权益工作机制

1. 建立公、检、法机关和律师协会信息交流和协调联动机制。做好律师维权工作要得到各级党政机关、相关司法、执法机关以及政府职能部门的支持和配合，律师协会要积极作为，发挥协调和纽带的作用，与相关部门建立畅通的沟通体制和对话平台。特别要加强与公检法机关的工作联系，建立多层次、经常性的沟通机制，互相听取工作意见和建议；对律师维权突出问题进行调研；对典型侵权案件联合督办，共同处置。

2. 建立健全与司法行政机关协调、配合机制。律师协会维权工作要与司法行政机关加强协调和配合，建立健全信息通报、工作会商和重要情况沟通等工作机制，形成工作合力，提高维权工作水平。

3. 建立维权工作突发事件应急机制。研究制定律师协会维护律师执业合法权益工作应急预案,确保律师协会能在案件发生的第一时间赶到第一现场开展维权工作。要强化突发事件的汇报程序、汇报制度和沟通机制,提高对突发事件的掌控和处理能力。要建立快速调查、快速决策、快速落实的应急快速反应通道,充分发挥律师协会三级架构整体维权的合力,切实保障维权案件得到及时高效的解决。要把快速处置工作与从源头上解决问题相结合,与加强舆论引导相结合,提高对重大、敏感案件的快速处置能力和水平。当前,重点要加强省(区、市)律师协会"枢纽型"特别是应急联动型综合服务管理机制建设,及时高效地完成快速调查核实,上报下达和回应媒体及当事人问询等问题。

4. 建立健全律师协会之间协作机制。各地方律师协会之间应当坚持互相协作,互相配合,建立健全律师协会之间维护律师执业合法权益协作机制,进一步畅通维权渠道,为切实维护律师执业合法权益提供有力保障。对于跨区域律师申请维权的案件,侵权行为发生地律师协会要在第一时间进行妥善处理,并协助被侵权律师执业注册地律师协会开展维权工作。

5. 建立维权案件信息统计报告机制。要健全完善维权案件和维权工作开展情况的信息统计报告制度。要从侵犯律师执业合法权益案件的具体数字、侵权主体以及被侵权方式等方面全面了解和掌握本地区律师执业合法权益受侵害的具体状况,增强统计工作的全面性和准确性。要在扎实的数据统计基础上,及时总结分析本地区律师执业权益保障工作开展情况以及进一步加强和改进维权工作的措施和建议,形成年度维权工作报告,定期向全国律协报送。对发生的重大、敏感侵犯律师执业合法权益事件以及重大律师违法违纪案件等要及时向同级司法行政机关及全国律协通报。

五、进一步提高维护律师执业合法权益工作水平

1. 要进一步提高做好维权工作的思想认识,增强维权工作主动性。各地律师协会要高度重视维护律师执业合法权益工作,进一步统一思想,提高认识,始终站在服从服务于党和国家工作大局的高度,进一步增强做好协会维权工作的紧迫感和责任感;要以更加强烈的政治意识、大局意识和责任意识,积极主动地履行职能、发挥优势;要克服长期存在的"维权难、难维权"的思想,始终以攻坚克难、勇于实践的精神,在实际工作中自觉主动地做好维权工作,更好地凝聚广大律师为中国特色社会主义事业发展和全面建成小康社会做出新的贡献。

2. 要充分发挥律师协会维权工作的组织优势。各地律师协会在年度工作安排上要突出协会维权职能,在资源调配上要尽量向维权工作倾斜。要进一步加强地市级律师协会维权机构和队伍建设,打好维权工作的基础。建立并严格执行个案维权的立案、结案及报送制度,将维权工作经常化、制度化。要进一步

强化维权委员会的职能和作用，在人员组成上吸纳人大、政协、地区政府、政法委、公检法、司法行政等部门人员以及专家学者进入维权委员会，增强维权工作的专业性和权威性，提高维权工作实效。律师协会会长和分管维权工作的副会长、秘书长要定期听取维权委员会维权工作汇报，对影响较大的侵权案件要进行专题研究，提出解决办法，支持、引导行业维权工作健康开展。

3. 要创新维权工作方式方法。建立维权基金和维权网络热线。全国律协在中国律师网设立维权热线，各地律师协会要在本地区内建立维权热线，与中国律师网连接，形成覆盖全国的维权网络系统。各省（区、市）律师协会要做好网络申请维权案件的调查核实工作，遇有重大疑难案件，可在形成调查意见后报送全国律协，申请支持和协助维权工作。全国律协和地方律师协会要设立维权专项基金，用于维权工作支出，专款专用。要充分发挥律师界人大代表、政协委员的作用，通过积极参与立法、修法工作、提交议案等方式，从源头上切实改善律师执业环境，保障律师执业合法权益；要更好地发挥政府法律顾问律师的作用，及时有效地向党政机关反映律师诉求。

4. 要教育引导律师增强执业风险防范能力。通过业务培训，提高律师风险防范的意识和技能。各地律师协会在每年的新执业律师培训和律师专项业务培训中，要聘请专家或经验丰富的资深律师，讲解办理各类案件应注意的事项、应防范的问题、从业技巧及律师侵权事件的特点、动向等，提高广大律师防范风险的意识和技能，从根本上预防案件的发生；加强对律师代理重大、敏感案件和群体性案件的指导工作，进一步规范律师执业行为。

5. 要加强舆论正面的宣传和引导。注意加强与新闻媒体的合作，通过新闻媒体大力宣传律师队伍的先进人物、先进事迹；宣传广大律师在促进经济社会发展和法治建设、保障改善民生、维护社会稳定等方面所发挥的重要作用，让社会更加客观、全面地了解律师制度和律师工作。建立统一、规范的信息发布制度，针对一些涉及律师权益维护的重要案件，各地律师协会要在司法行政机关的监督指导下，及时与主流媒体沟通协调，争取在第一时间，通过主流媒体向社会发布客观、公正的信息。要通过舆论宣传，加强媒体对律师服务质量的有效监督。

6. 要坚持维权和惩戒工作相结合。查处惩戒少数违规违纪律师，就是对绝大多数遵纪守法律师合法权益的最大保护。各地律师协会要一手抓律师维权工作，一手抓依法严肃查处工作，在维权中发现律师有违规违纪行为的，要坚决予以查处，决不护短。

7. 要加强维权工作的调查与研究。各地律师协会要关注和重视广大律师的呼声和要求，紧贴行业实际发展，针对不同时期存在的突出问题，积极主动地开展调研，为创新加强维权工作打下坚实的基础。

中华全国律师协会关于进一步加强以诚信建设为重点的律师行风建设的意见

（2013 年 4 月 27 日）

各省、自治区、直辖市律师协会，新疆生产建设兵团律师协会：

为深入学习贯彻党的十八大精神和中纪委十八届二次会议精神，认真落实中办发〔2010〕30 号文件精神，全面推进律师队伍建设，更好地发挥律师工作在国家经济建设和法治中国建设中的职能作用，现就进一步加强以诚信建设为重点的律师行风建设提出如下意见。

一、充分认识进一步加强以诚信建设为重点的律师行风建设的重要性和必要性

党的十八大强调要全面推进依法治国，中纪委十八届二次会议指出要努力开创党风廉政和反腐败斗争的新局面，加强行风建设，下大力气改进工作作风。习近平总书记在中央政治局第四次集体学习时强调指出："我们提出要努力让人民群众在每一个司法案件中都感受到公平正义，所有司法机关都要紧紧围绕这个目标来改进工作，重点解决影响司法公正和制约司法能力的深层次问题。"律师队伍行风如何，关系到社会风气的根本好转，也关系到公正司法的成效。当前，律师行风建设最突出的问题是诚信问题。诚信执业是律师工作的生命线，是律师行业的立业之本、执业之基。能否诚信执业，直接影响着律师工作维护当事人的合法权益、维护法律的正确实施、维护社会公平正义职能作用的发挥。面对新形势下社会发展对律师工作的新要求，我们必须高举律师诚信旗帜，注重诚信为本，以对法律的诚信、对人民的诚信、对国家和社会的诚信，全社会彰显律师行业依法公正执业和维护公正司法的形象。近年来，各地律师协会在司法行政机关的正确领导下，积极开展创先争优和律师事务所规范化建设等活动，队伍建设和行业作风发生了可喜的变化。但是必须清醒地认识到，影响队伍健康发展的诚信意识薄弱、诚信制度和诚信体系不完善等问题依然存在。各地律师协会和广大律师要认真学习贯彻党的十八大精神、中纪委十八届二次会议精神和习近平总书记的一系列重要讲话精神，统一思想，提高认识。要以踏石留印、抓铁有痕的劲头，采取有效措施，加强律师诚信建设，真正在社会主义法律工作者和"法律商人"之间设立隔离墙，不断提高律师行业的社会诚信度，促进公正司法，树立律师队伍良好行风。

二、律师行风建设要着力解决的重点问题

进一步加强以诚信建设为重点的律师行风建设，要着力解决当前律师队伍诚信方面存在的重点问题，主要包括以下几个方面：一是对当事人诚信方面，要着力解决少数律师责任意识薄弱，忽视当事人利益，对当事人委托事项敷衍塞责、不尽职尽责服务，不负责任地乱许诺、包打官司，违反行规、所规，私自收案等问题；二是对司法机关诚信方面，要着力解决少数律师办关系案、金钱案，与司法人员搞不正当交往和极个别律师违反法庭纪律、扰乱法庭秩序等影响公正司法的问题；三是对律师同行方面，要着力解决少数律师搞不正当竞争，扰乱法律服务秩序等问题；四是在对社会诚信方面，要着力解决少数律师片面追求经济利益，出具虚假法律意见书等问题。

三、进一步加强以诚信建设为重点的律师行风建设的主要措施

1. 加强律师队伍诚信教育。加强律师队伍诚信教育是转变队伍行风的关键。各地律师协会、律师事务所要把诚信教育作为律师行风建设的重中之重，认真落实。一是要认真组织学习党的十八大报告精神，深刻认识律师工作在依法治国、建设法治中国中的重要地位和作用，引导广大律师正确理解加强律师诚信与政务诚信、商务诚信、社会诚信和司法公信的相互关系与相互作用，从服务全面建成小康社会的大局出发，自觉提高诚信意识；要引导广大律师把辩护代理工作作为忠实履行中国特色社会主义法律工作者职责的重要途径，真正做到执业为民、取信于民。引导广大律师坚持正确的辩护代理工作立场，既要对当事人负责，依法维护当事人合法权益，又要对法律负责，促进司法机关正确适用法律；既要引导当事人在法律范围内维护自己的合法权益，又要引导当事人接受法律的规范和约束，维护法制的统一和尊严。要进一步深化社会主义法治理念教育。帮助广大律师树立正确的执业理念，努力使社会主义核心价值成为律师队伍的共识。二是加强对《律师执业行为规范》《律师协会会员违规行为处分规则》的学习、宣传和培训，加大贯彻执行力度，严格行业纪律，促进律师依法依规执业。各地律师协会、律师事务所要把确保每一位律师熟悉掌握、认真执行各类律师行业规则作为诚信教育工作成果的检验标准，使诚信教育有目标、有成效。三是要加强诚信教育的分类指导。注重发挥老律师、优秀律师的传帮带作用，把律师队伍业已形成的优秀品质、良好作风发扬光大并一代代传下去。要把新执业律师、实习律师作为诚信教育工作的重点，切实加强和改进对新执业律师、实习律师教育培养工作。律师事务所和指导律师不仅要帮助他们在执业中或实习期内学习掌握执业技能，更要注重对他们诚信执业理念的培养，灌输正确的执业思想，努力为律师队伍输送合格人才。

2. 加快律师队伍诚信体系建设。律师队伍诚信体系建设是一项重大、复杂的工程,需要建立完善教育系统、监控系统、公示系统、考评系统、奖惩系统、救济系统以及诚信文化建设系统等一系列保障系统,实现诚信系统的正常和有效的运转。一是要建立完善运作教育系统,解决律师执业理念和执业素养问题。二是要建立完善运作监控系统,检验律师的服务质量。三是要建立完善运作公示系统,根据全国市场中介组织突出问题专项治理工作的要求,建立全国互联互通的律师行业诚信信息系统,对有关信用信息实施分类管理。实现律师事务所、律师基本信息公开和诚信状况的披露,接受公众查询和监督,建立律师事务所和律师诚信档案,健全等级评估机制。四是要建立完善运作考评系统,增强律师责任意识,努力改进执业水平,纠正不良行为。建立律师事务所和律师诚信档案,健全等级评估机制。五是要建立完善运作奖惩系统,树立律师良好形象,加大违规违纪等不诚信行为的成本。六是要建立完善运作救济系统,推行律师执业责任保险,最大可能地减少律师执业失信行为给当事人造成的损失和对律师行业造成侵害。七是建立完善诚信文化建设系统,扎实有效地推进律师文化建设,积极引导律师培养正确的价值取向、职业操守、行为方式、工作信念和生活情趣,尽快培育形成中国特色社会主义律师执业精神。各地律师协会既要注重律师诚信体系的建设,更要注重发挥诚信体系的功能,既要有制度,又要抓制度的落实。同时,要把握诚信体系各项系统间的相互作用,形成合力,使诚信建设体系在队伍诚信建设和行风建设中发挥更大作用。

3. 加强行风评查和专项治理工作。行风评查是行风建设的重要环节。要将行业内部评查与听取社会对律师工作意见的外部评查相结合,广泛听取人民群众、司法机关对律师工作的意见和建议,防止关门评查、自弹自唱,走过场、搞形式;要将针对突出问题开展的专项评查与律师事务所年度检查考核、律师执业年度考核相结合,努力使评查工作有收获、有效果;要将查找问题与发现先进典型相结合,注重发掘律师执业中诚实守信、服务为民的好典型加以总结和宣传,树立形象,鼓舞士气。要根据中纪委十八届二次会议精神和中央纠风办有关开展行业组织突出问题专项治理工作的部署,开展全国律师行业行风建设突出问题专项治理工作。

4. 加大行业违规行为处分力度。各地律师协会、律师事务所要从保护律师队伍整体利益出发,克服对违规行为不敢管、不愿管的消极思想,纠正"家丑不外扬"等片面认识,树立律师行业不护短的形象。要加强律师协会行业惩戒委员会建设,加大惩戒工作人员培训力度,进一步提高律师协会惩戒工作水平和质量。要充实惩戒委员会工作力量,吸收司法机关、社会公众参与惩戒工作。要适时调整委员会人员组成,增强活力。开展委员会集中学习、集体讨论活动,统一思想认识,树立"有案必查、违规必惩"的意识。要进一步完善惩戒工作程序,规范投诉受理、立案、调查、听证和作出处分每一环节,严肃查处违法违规行为。要建立健全重大案件通报制度,剖析重大违规案件,加大违规惩戒的警示作用,促使律师自觉遵守行业规范。要加强与司法行政机关、纪检监察、公安、司法、审计等部门的协作配合,完善情况通报、案件线索移送、案件协查、信息共享机制,形成工作合力。要加强与司法行政机关行政处罚工作的衔接与配合。切实做到行业处分与年度考核、表彰评优挂钩。全国律协将积极探索统一对违规律师惩戒的标准和工作程序。

5. 加强行风监督工作。加强行风监督需要内部监督与外部监督相结合。各地律师协会、律师事务所开展内部监督工作时要抓住重点,一是检查对律师协会各项行业规则的执行落实情况,对律师事务所内部规章的实施情况;二是重点检查律师事务所签订、履行与当事人服务合同情况。要紧紧抓住这两个关键点,确保监督有的放矢,抓出实效。各地律师协会要充分履行《律师法》赋予协会对律师执业活动进行考核的职责,采取不定期、专项考核的形式,对影响行风建设、有损律师队伍信誉的重点环节、重点领域进行监督检查。要充分利用网络平台,要求律师事务所面向社会公示除商业秘密外的律师事务所信息,特别是律师协会的相关规定、律师事务所的内部规定、对当事人的承诺以及律师事务所信用情况和违规查处情况等等,必须向社会公示,接受社会的监督。要进一步畅通举报渠道,公布举报电话和举报网站,充分发挥律师协会举报系统的作用。全国律协将成立律师行风监督委员会。各地律师协会要进一步完善行风监督制度,聘请党政机关、司法机关、人大代表、政协委员、社会知名人士担任行风监督员,定期开展活动,检查工作,听取意见。对行风监督员提出的意见和建议,要认真研究落实。要重视和发挥新闻媒体对行风的监督作用,加强与媒体的沟通,正确引导新闻媒体对律师行风的监督。

四、加强以诚信建设为重点的律师行风建设的组织领导

1. 各地律师协会要对加强律师行风建设高度重视,召开专门会议,统一思想,提高认识。要根据本意见的要求,制定符合本地实际情况的实施方案。实施方案要具体,有针对性和可操作性,避免走过场,流于形式。各地制定的实施方案请报全国律协。

2. 要明确职责,齐抓共管。以诚信建设为核心的律师行风建设是律师协会行业管理工作中一项长期而艰巨的任务,必须常抓不懈,并形成齐抓共管的合力。在开展律师行风建设工作中,全国律协的主要职责:一是掌握全国律师行风建设总体状况,有针对性地制定改进和加强律师行风建设相关措施和办法;二是制定全国律师行风建设方面的行业规则;三是开展全国律协行风监督委员会工作,指导各地加强地方律协行风监督委员会和行风监督员开展工作;四是

建立和完善全国性律师诚信信息体系和诚信监督体系。各省(区、市)律师协会的主要职责:一是及时掌握本地律师行风建设工作新动向,研究影响行风建设的突出问题;二是探索解决本地律师行风建设突出问题新的方式方法,交流行风建设工作成功经验;三是建立健全本地区行风监督和律师信息披露制度;四是加大对违规律师的行业惩戒工作力度;五是加强对本地优秀律师的正面宣传工作。要积极采取措施,发挥全国律协和地方律协各自优势,履行各自职责,力争使行风建设工作取得实效。

3. 要加强对行风建设的宣传。注重发挥协会期刊、协会网站以及社会新闻媒体的作用,对行风建设中涌现出的先进典型以及好的做法和经验进行广泛宣传。

中华全国律师协会

2013 年 4 月 27 日

附录一

中华全国律师协会律师业务操作指引存目

中华全国律师协会律师业务操作指引存目

1. 律师办理国有企业改制与相关公司治理业务操作指引
2. 律师办理有限责任公司收购业务操作指引
3. 律师办理风险投资与股权激励业务操作指引
4. 律师担任破产管理人业务操作指引
5. 律师办理农民专业合作社设立及相关治理业务操作指引
6. 律师办理合同审查业务操作指引
7. 律师办理土地法律业务操作指引
8. 律师办理拆迁法律业务操作指引
9. 律师办理建设工程法律业务操作指引
10. 律师为买受人提供商品房买卖合同法律服务操作指引
11. 律师为开发商提供商品房买卖合同法律服务操作指引
12. 律师办理二手房买卖合同业务操作指引
13. 律师办理物业管理法律业务操作指引
14. 律师办理基础设施特许经营法律业务操作指引
15. 律师办理婚姻家庭法律业务操作指引
16. 律师承办海商海事案件业务操作指引
17. 关于律师办理群体性案件指导意见
18. 关于为应对国际金融危机、保持经济平稳较快发展提供优质法律服务的指导意见
19. 关于律师为“三农”提供优质法律服务、促进农村经济、社会和谐发展的指导意见
20. 律师办理国有企业改制与相关公司治理业务操作指引
21. 律师办理企业法律风险管理业务操作指引
22. 律师承办公司治理业务操作指引
23. 律师办理公司诉讼业务操作指引
24. 律师提供房屋租赁合同诉讼和仲裁法律服务操作指引
25. 律师提供房屋租赁合同非诉讼法律服务操作指引
26. 律师办理城中村改造法律业务操作指引
29. 律师从事劳动法律服务业务操作指引

30. 律师参与工资集体协商业务指引
31. 律师承办事业单位分类改革与相关法人治理业务操作指引
32. 律师办理建筑物区分所有权法律业务操作指引
33. 律师承办继承业务操作指引
34. 律师办理商业秘密法律业务操作指引
35. 律师办理专利侵权业务操作指引
36. 律师办理电子数据证据业务操作指引
37. 律师承办食品安全法律风险管理项目操作指引
38. 律师参与矿业并购业务操作指引
39. 律师承办环境行政案件业务操作指引
40. 律师参与石油勘探、开发业务操作指引
41. 律师参与未成年人法律援助工作指引

附录二

律师业税收管理制度

（一）所得税

中华人民共和国个人所得税法

（1980年9月10日第五届全国人民代表大会第三次会议通过，1980年9月10日全国人大常委会委员长令第11号公布；根据1993年10月31日第八届全国人民代表大会常务委员会第四次会议通过、1993年10月31日中华人民共和国主席令第十二号公布，1994年1月1日施行的《关于修改〈中华人民共和国个人所得税法〉的决定》第一次修正；根据1999年8月30日第九届全国人民代表大会常务委员会第十一次会议通过、1999年8月30日中华人民共和国主席令第二十二号公布，公布之日起施行的《关于修改〈中华人民共和国个人所得税法〉的决定》第二次修正；根据2005年10月27日第十届全国人民代表大会常务委员会第十八次会议通过、2005年10月27日中华人民共和国主席令第四十四号公布，2006年1月1日起施行的《关于修改〈中华人民共和国个人所得税法〉的决定》第三次修正；根据2007年6月29日第十届全国人民代表大会常务委员会第二十八次会议通过、2007年6月29日中华人民共和国主席令第六十六号公布、公布之日起施行的《关于修改〈中华人民共和国个人所得税法〉的决定》第四次修正；根据2007年12月29日第十届全国人民代表大会常务委员会第三十一次会议通过、2007年12月29日中华人民共和国主席令第八十五号公布、2008年3月1日起施行的《关于修改〈中华人民共和国个人所得税法〉的决定》第五次修正；根据2011年6月30日第十一届全国人民代表大会常务委员会第二十一次会议通过、2011年6月30日中华人民共和国主席令第四十八号公布，2011年9月1日起施行的《关于修改〈中华人民共和国个人所得税法〉的决定》第六次修正）

第一条　在中国境内有住所，或者无住所而在境内居住满一年的个人，从中国境内和境外取得的所得，依照本法规定缴纳个人所得税。

在中国境内无住所又不居住或者无住所而在境内居住不满一年的个人，从中国境内取得的所得，依照本法规定缴纳个人所得税。

第二条　下列各项个人所得，应纳个人所得税：

一、工资、薪金所得；

二、个体工商户的生产、经营所得；

三、对企事业单位的承包经营、承租经营所得；

四、劳务报酬所得；

五、稿酬所得；

六、特许权使用费所得；

七、利息、股息、红利所得；

八、财产租赁所得；

九、财产转让所得；

十、偶然所得；

十一、经国务院财政部门确定征税的其他所得。

第三条 个人所得税的税率：

一、工资、薪金所得，适用超额累进税率，税率为百分之三至百分之四十五（税率表附后）。

二、个体工商户的生产、经营所得和对企事业单位的承包经营、承租经营所得，适用百分之五至百分之三十五的超额累进税率（税率表附后）。

三、稿酬所得，适用比例税率，税率为百分之二十，并按应纳税额减征百分之三十。

四、劳务报酬所得，适用比例税率，税率为百分之二十。对劳务报酬所得一次收入畸高的，可以实行加成征收，具体办法由国务院规定。

五、特许权使用费所得，利息、股息、红利所得，财产租赁所得，财产转让所得，偶然所得和其他所得，适用比例税率，税率为百分之二十。

第四条 下列各项个人所得，免纳个人所得税：

一、省级人民政府、国务院部委和中国人民解放军军以上单位，以及外国组织、国际组织颁发的科学、教育、技术、文化、卫生、体育、环境保护等方面的奖金；

二、国债和国家发行的金融债券利息；

三、按照国家统一规定发给的补贴、津贴；

四、福利费、抚恤金、救济金；

五、保险赔款；

六、军人的转业费、复员费；

七、按照国家统一规定发给干部、职工的安家费、退职费、退休工资、离休工资、离休生活补助费；

八、依照我国有关法律规定应予免税的各国驻华使馆、领事馆的外交代表、领事官员和其他人员的所得；

九、中国政府参加的国际公约、签订的协议中规定免税的所得；

十、经国务院财政部门批准免税的所得。

第五条 有下列情形之一的，经批准可以减征个人所得税：

一、残疾、孤老人员和烈属的所得；

二、因严重自然灾害造成重大损失的；

三、其他经国务院财政部门批准减税的。

第六条 应纳税所得额的计算：

一、工资、薪金所得，以每月收入额减除费用三千五百元后的余额，为应纳税所得额。

二、个体工商户的生产、经营所得，以每一纳税年度的收入总额减除成本、费用以及损失后的余额，为应纳税所得额。

三、对企事业单位的承包经营、承租经营所得，以每一纳税年度的收入总额，减除必要费用后的余额，为应纳税所得额。

四、劳务报酬所得、稿酬所得、特许权使用费所得、财产租赁所得，每次收入不超过四千元的，减除费用八百元；四千元以上的，减除百分之二十的费用，其余额为应纳税所得额。

五、财产转让所得，以转让财产的收入额减除财产原值和合理费用后的余额，为应纳税所得额。

六、利息、股息、红利所得，偶然所得和其他所得，以每次收入额为应纳税所得额。

个人将其所得对教育事业和其他公益事业捐赠的部分，按照国务院有关规定从应纳税所得中扣除。

对在中国境内无住所而在中国境内取得工资、薪金所得的纳税义务人和在中国境内有住所而在中国境外取得工资、薪金所得的纳税义务人，可以根据其平均收入水平、生活水平以及汇率变化情况确定附加减除费用，附加减除费用适用的范围和标准由国务院规定。

第七条 纳税义务人从中国境外取得的所得，准予其在应纳税额中扣除已在境外缴纳的个人所得税税额。但扣除额不得超过该纳税义务人境外所得依照本法规定计算的应纳税额。

第八条 个人所得税，以所得人为纳税义务人，以支付所得的单位或者个人为扣缴义务人。个人所得超过国务院规定数额的，在两处以上取得工资、薪金所得或者没有扣缴义务人的，以及具有国务院规定的其他情形的，纳税义务人应当按照国家规定办理纳税申报。扣缴义务人应当按照国家规定办理全员全额扣缴申报。

第九条 扣缴义务人每月所扣的税款，自行申报纳税人每月应纳的税款，都应当在次月十五日内缴入国库，并向税务机关报送纳税申报表。

工资、薪金所得应纳的税款，按月计征，由扣缴义务人或者纳税义务人在次月十五日内缴入国库，并向税务机关报送纳税申报表。特定行业的工资、薪金所得应纳的税款，可以实行按年计算、分月预缴的方式计征，具体办法由国务院规定。

个体工商户的生产、经营所得应纳的税款，按年计算，分月预缴，由纳税义务人在次月十五日内预缴，年度终了后三个月内汇算清缴，多退少补。

对企事业单位的承包经营、承租经营所得应纳的税款，按年计算，由纳税义务人在年度终了后三十日内缴入国库，并向税务机关报送纳税申报表。纳税义务人在一年内分次取得承包经营、承租经营所得的，应当在取得每次所得后的十五日内预缴，年度终了后三个月内汇算清缴，多退少补。

从中国境外取得所得的纳税义务人，应当在年度终了后三十日内，将应纳的税款缴入国库，并向税务机关报送纳税申报表。

第十条 各项所得的计算，以人民币为单位。所得为外国货币的，按照国家外汇管理机关规定的外汇牌价折合成人民币缴纳税款。

第十一条 对扣缴义务人按照所扣缴的税款，付给百分之二的手续费。

第十二条 对储蓄存款利息所得开征、减征、停征个人所得税及其具体办法，由国务院规定。

第十三条 个人所得税的征收管理，依照《中华人民共和国税收征收管理法》的规定执行。

第十四条 国务院根据本法制定实施条例。

第十五条 本法自公布之日起施行。

个人所得税税率表一（工资、薪金所得适用）

级数 全月应纳税所得额	税率（%）
1. 不超过1 500元的	3
2. 超过1 500元至4 500元的部分	10
3. 超过4 500元至9 000元的部分	20
4. 超过9 000元至35 000元的部分	25
5. 超过35 000元至55 000元的部分	30
6. 超过55 000元至80 000元的部分	35
7. 超过80 000元的部分	45

（注：本表所称全月应纳税所得额是指依照本法第六条的规定，以每月收入额减除费用三千五百元以及附加减除费用后的余额。）

个人所得税税率表二（个体工商户的生产、经营所得和对企事业单位的承包经营、承租经营所得适用）

级数 全年应纳税所得额	税率（%）
1. 不超过15 000元的	5
2. 超过15 000元至30 000元的部分	10

3．超过 30 000 元至 60 000 元的部分	20
4．超过 60 000 元至 100 000 元的部分	30
5．超过 100 000 元的部分	35

（注：本表所称全年应纳税所得额是指依照本法第六条的规定，以每一纳税年度的收入总额减除成本、费用以及损失后的余额。）

中华人民共和国个人所得税法实施条例

（1994 年 1 月 28 日中华人民共和国国务院令第 142 号发布；根据 2005 年 12 月 19 日中华人民共和国国务院令第 452 号公布、2006 年 1 月 1 日起施行的《国务院关于修改〈中华人民共和国个人所得税法实施条例〉的决定》第一次修订；根据 2008 年 2 月 18 日中华人民共和国国务院令第 519 号公布、2008 年 3 月 1 日起施行的《国务院关于修改〈中华人民共和国个人所得税法实施条例〉的决定》第二次修订；根据 2011 年 7 月 19 日中华人民共和国国务院令第 600 号公布、2011 年 9 月 1 日起施行的《国务院关于修改〈中华人民共和国个人所得税法实施条例〉的决定》第三次修订）

第一条 根据《中华人民共和国个人所得税法》（以下简称税法）的规定，制定本条例。

第二条 税法第一条第一款所说的在中国境内有住所的个人，是指因户籍、家庭、经济利益关系而在中国境内习惯性居住的个人。

第三条 税法第一条第一款所说的在境内居住满一年，是指在一个纳税年度中在中国境内居住 365 日。临时离境的，不扣减日数。

前款所说的临时离境，是指在一个纳税年度中一次不超过 30 日或者多次累计不超过 90 日的离境。

第四条 税法第一条第一款、第二款所说的从中国境内取得的所得，是指来源于中国境内的所得；所说的从中国境外取得的所得，是指来源于中国境外的所得。

第五条 下列所得，不论支付地点是否在中国境内，均为来源于中国境内的所得：

（一）因任职、受雇、履约等而在中国境内提供劳务取得的所得；

（二）将财产出租给承租人在中国境内使用而取得的所得；

（三）转让中国境内的建筑物、土地使用权等财产或者在中国境内转让其他财产取得的所得；

（四）许可各种特许权在中国境内使用而取得的所得；

（五）从中国境内的公司、企业以及其他经济组织或者个人取得的利息、股息、红利所得。

第六条 在中国境内无住所，但是居住一年以上五年以下的个人，其来源于中国境外的所得，经主管税务机关批准，可以只就由中国境内公司、企业以及其他经济组织或者个人支付的部分缴纳个人所得税；居住超过五年的个人，从第六年起，应当就其来源于中国境外的全部所得缴纳个人所得税。

第七条 在中国境内无住所，但是在一个纳税年度中在中国境内连续或者累计居住不超过90日的个人，其来源于中国境内的所得，由境外雇主支付并且不由该雇主在中国境内的机构、场所负担的部分，免予缴纳个人所得税。

第八条 税法第二条所说的各项个人所得的范围：

（一）工资、薪金所得，是指个人因任职或者受雇而取得的工资、薪金、奖金、年终加薪、劳动分红、津贴、补贴以及与任职或者受雇有关的其他所得。

（二）个体工商户的生产、经营所得，是指：

1. 个体工商户从事工业、手工业、建筑业、交通运输业、商业、饮食业、服务业、修理业以及其他行业生产、经营取得的所得；

2. 个人经政府有关部门批准，取得执照，从事办学、医疗、咨询以及其他有偿服务活动取得的所得；

3. 其他个人从事个体工商业生产、经营取得的所得；

4. 上述个体工商户和个人取得的与生产、经营有关的各项应纳税所得。

（三）对企事业单位的承包经营、承租经营所得，是指个人承包经营、承租经营以及转包、转租取得的所得，包括个人按月或者按次取得的工资、薪金性质的所得。

（四）劳务报酬所得，是指个人从事设计、装潢、安装、制图、化验、测试、医疗、法律、会计、咨询、讲学、新闻、广播、翻译、审稿、书画、雕刻、影视、录音、录像、演出、表演、广告、展览、技术服务、介绍服务、经纪服务、代办服务以及其他劳务取得的所得。

（五）稿酬所得，是指个人因其作品以图书、报刊形式出版、发表而取得的所得。

（六）特许权使用费所得，是指个人提供专利权、商标权、著作权、非专利技术以及其他特许权的使用权取得的所得；提供著作权的使用权取得的所得，不包括稿酬所得。

（七）利息、股息、红利所得，是指个人拥有债权、股权而取得的利息、股息、红利所得。

（八）财产租赁所得，是指个人出租建筑物、土地使用权、机器设备、车船以及其他财产取得的所得。

（九）财产转让所得，是指个人转让有价证券、股权、建筑物、土地使用权、机器设备、车船以及其他财产取得的所得。

（十）偶然所得，是指个人得奖、中奖、中彩以及其他偶然性质的所得。

个人取得的所得，难以界定应纳税所得项目的，由主管税务机关确定。

第九条 对股票转让所得征收个人所得税的办法，由国务院财政部门另行制定，报国务院批准施行。

第十条 个人所得的形式，包括现金、实物、有价证券和其他形式的经济利益。所得为实物的，应当按照取得的凭证上所注明的价格计算应纳税所得额；无凭证的实物或者凭证上所注明的价格明显偏低的，参照市场价格核定应纳税所得额。所得为有价证券的，根据票面价格和市场价格核定应纳税所得额。所得为其他形式的经济利益的，参照市场价格核定应纳税所得额。

第十一条 税法第三条第四项所说的劳务报酬所得一次收入畸高，是指个人一次取得劳务报酬，其应纳税所得额超过 2 万元。

对前款应纳税所得额超过 2 万元至 5 万元的部分，依照税法规定计算应纳税额后再按照应纳税额加征五成；超过 5 万元的部分，加征十成。

第十二条 税法第四条第二项所说的国债利息，是指个人持有中华人民共和国财政部发行的债券而取得的利息；所说的国家发行的金融债券利息，是指个人持有经国务院批准发行的金融债券而取得的利息。

第十三条 税法第四条第三项所说的按照国家统一规定发给的补贴、津贴，是指按照国务院规定发给的政府特殊津贴、院士津贴、资深院士津贴，以及国务院规定免纳个人所得税的其他补贴、津贴。

第十四条 税法第四条第四项所说的福利费，是指根据国家有关规定，从企业、事业单位、国家机关、社会团体提留的福利费或者工会经费中支付给个人的生活补助费；所说的救济金，是指各级人民政府民政部门支付给个人的生活困难补助费。

第十五条 税法第四条第八项所说的依照我国法律规定应予免税的各国驻华使馆、领事馆的外交代表、领事官员和其他人员的所得，是指依照《中华人民共和国外交特权与豁免条例》和《中华人民共和国领事特权与豁免条例》规定免税的所得。

第十六条 税法第五条所说的减征个人所得税，其减征的幅度和期限由省、自治区、直辖市人民政府规定。

第十七条 税法第六条第一款第二项所说的成本、费用，是指纳税义务人从事生产、经营所发生的各项直接支出和分配计入成本的间接费用以及销售费用、管理费用、财务费用；所说的损失，是指纳税义务人在生产、经营过程中发生的各项营业外支出。

从事生产、经营的纳税义务人未提供完整、准确的纳税资料，不能正确计算应纳税所得额的，由主管税务机关核定其应纳税所得额。

第十八条 税法第六条第一款第三项所说的每一纳税年度的收入总额，是指纳税义务人按照承包经营、承租经营合同规定分得的经营利润和工资、薪金性质的所得；所说的减除必要费用，是指按月减除3 500元。

第十九条 税法第六条第一款第五项所说的财产原值，是指：

（一）有价证券，为买入价以及买入时按照规定交纳的有关费用；

（二）建筑物，为建造费或者购进价格以及其他有关费用；

（三）土地使用权，为取得土地使用权所支付的金额、开发土地的费用以及其他有关费用；

（四）机器设备、车船，为购进价格、运输费、安装费以及其他有关费用；

（五）其他财产，参照以上方法确定。

纳税义务人未提供完整、准确的财产原值凭证，不能正确计算财产原值的，由主管税务机关核定其财产原值。

第二十条 税法第六条第一款第五项所说的合理费用，是指卖出财产时按照规定支付的有关费用。

第二十一条 税法第六条第一款第四项、第六项所说的每次，按照以下方法确定：

（一）劳务报酬所得，属于一次性收入的，以取得该项收入为一次；属于同一项目连续性收入的，以一个月内取得的收入为一次。

（二）稿酬所得，以每次出版、发表取得的收入为一次。

（三）特许权使用费所得，以一项特许权的一次许可使用所取得的收入为一次。

（四）财产租赁所得，以一个月内取得的收入为一次。

（五）利息、股息、红利所得，以支付利息、股息、红利时取得的收入为一次。

（六）偶然所得，以每次取得该项收入为一次。

第二十二条 财产转让所得，按照一次转让财产的收入额减除财产原值和合理费用后的余额，计算纳税。

第二十三条 两个或者两个以上的个人共同取得同一项目收入的，应当对每个人取得的收入分别按照税法规定减除费用后计算纳税。

第二十四条 税法第六条第二款所说的个人将其所得对教育事业和其他公益事业的捐赠，是指个人将其所得通过中国境内的社会团体、国家机关向教育和其他社会公益事业以及遭受严重自然灾害地区、贫困地区的捐赠。

捐赠额未超过纳税义务人申报的应纳税所得额30%的部分，可以从其应纳税所得额中扣除。

第二十五条 按照国家规定，单位为个人缴付和个人缴付的基本养老保险费、基本医疗保险费、失业保险费、住房公积金，从纳税义务人的应纳税所得额中扣除。

第二十六条 税法第六条第三款所说的在中国境外取得工资、薪金所得，是指在中国境外任职或者受雇而取得的工资、薪金所得。

第二十七条 税法第六条第三款所说的附加减除费用，是指每月在减除3 500 元费用的基础上，再减除本条例第二十九条规定数额的费用。

第二十八条 税法第六条第三款所说的附加减除费用适用的范围，是指：

（一）在中国境内的外商投资企业和外国企业中工作的外籍人员；

（二）应聘在中国境内的企业、事业单位、社会团体、国家机关中工作的外籍专家；

（三）在中国境内有住所而在中国境外任职或者受雇取得工资、薪金所得的个人；

（四）国务院财政、税务主管部门确定的其他人员。

第二十九条 税法第六条第三款所说的附加减除费用标准为 1 300 元。

第三十条 华侨和香港、澳门、台湾同胞，参照本条例第二十七条、第二十八条、第二十九条的规定执行。

第三十一条 在中国境内有住所，或者无住所而在境内居住满一年的个人，从中国境内和境外取得的所得，应当分别计算应纳税额。

第三十二条 税法第七条所说的已在境外缴纳的个人所得税税额，是指纳税义务人从中国境外取得的所得，依照该所得来源国家或者地区的法律应当缴纳并且实际已经缴纳的税额。

第三十三条 税法第七条所说的依照税法规定计算的应纳税额，是指纳税义务人从中国境外取得的所得，区别不同国家或者地区和不同所得项目，依照税法规定的费用减除标准和适用税率计算的应纳税额；同一国家或者地区内不同所得项目的应纳税额之和，为该国家或者地区的扣除限额。

纳税义务人在中国境外一个国家或者地区实际已经缴纳的个人所得税税额，低于依照前款规定计算出的该国家或者地区扣除限额的，应当在中国缴纳差额部分的税款；超过该国家或者地区扣除限额的，其超过部分不得在本纳税年度的应纳税额中扣除，但是可以在以后纳税年度的该国家或者地区扣除限额的余额中补扣。补扣期限最长不得超过五年。

第三十四条 纳税义务人依照税法第七条的规定申请扣除已在境外缴纳的个人所得税税额时，应当提供境外税务机关填发的完税凭证原件。

第三十五条 扣缴义务人在向个人支付应税款项时，应当依照税法规定代扣税款，按时缴库，并专项记载备查。

前款所说的支付,包括现金支付、汇拨支付、转账支付和以有价证券、实物以及其他形式的支付。

第三十六条 纳税义务人有下列情形之一的,应当按照规定到主管税务机关办理纳税申报:

(一)年所得12万元以上的;

(二)从中国境内两处或者两处以上取得工资、薪金所得的;

(三)从中国境外取得所得的;

(四)取得应纳税所得,没有扣缴义务人的;

(五)国务院规定的其他情形。

年所得12万元以上的纳税义务人,在年度终了后3个月内到主管税务机关办理纳税申报。

纳税义务人办理纳税申报的地点以及其他有关事项的管理办法,由国务院税务主管部门制定。

第三十七条 税法第八条所说的全员全额扣缴申报,是指扣缴义务人在代扣税款的次月内,向主管税务机关报送其支付所得个人的基本信息、支付所得数额、扣缴税款的具体数额和总额以及其他相关涉税信息。

全员全额扣缴申报的管理办法,由国务院税务主管部门制定。

第三十八条 自行申报的纳税义务人,在申报纳税时,其在中国境内已扣缴的税款,准予按照规定从应纳税额中扣除。

第三十九条 纳税义务人兼有税法第二条所列的两项或者两项以上的所得的,按项分别计算纳税。在中国境内两处或者两处以上取得税法第二条第一项、第二项、第三项所得的,同项所得合并计算纳税。

第四十条 税法第九条第二款所说的特定行业,是指采掘业、远洋运输业、远洋捕捞业以及国务院财政、税务主管部门确定的其他行业。

第四十一条 税法第九条第二款所说的按年计算、分月预缴的计征方式,是指本条例第四十条所列的特定行业职工的工资、薪金所得应纳的税款,按月预缴,自年度终了之日起30日内,合计其全年工资、薪金所得,再按12个月平均并计算实际应纳的税款,多退少补。

第四十二条 税法第九条第四款所说的由纳税义务人在年度终了后30日内将应纳的税款缴入国库,是指在年终一次性取得承包经营、承租经营所得的纳税义务人,自取得收入之日起30日内将应纳的税款缴入国库。

第四十三条 依照税法第十条的规定,所得为外国货币的,应当按照填开完税凭证的上一月最后一日人民币汇率中间价,折合成人民币计算应纳税所得额。依照税法规定,在年度终了后汇算清缴的,对已经按月或者按次预缴税款的外国货币所得,不再重新折算;对应当补缴税款的所得部分,按照上一纳税年度最后一日人民币汇率中间价，折合成人民币计算应纳税所得额。

第四十四条 税务机关按照税法第十一条的规定付给扣缴义务人手续费时，应当按月填开收入退还书发给扣缴义务人。扣缴义务人持收入退还书向指定的银行办理退库手续。

第四十五条 个人所得税纳税申报表、扣缴个人所得税报告表和个人所得税完税凭证式样，由国务院税务主管部门统一制定。

第四十六条 税法和本条例所说的纳税年度，自公历1月1日起至12月31日止。

第四十七条 1994纳税年度起，个人所得税依照税法以及本条例的规定计算征收。

第四十八条 本条例自发布之日起施行。1987年8月8日国务院发布的《中华人民共和国国务院关于对来华工作的外籍人员工资、薪金所得减征个人所得税的暂行规定》同时废止。

国家税务总局关于印发《个体工商户个人所得税计税办法（试行）》的通知

（1997年3月26日 国税发〔1997〕43号）

为了贯彻落实《国务院关于批转国家税务总局加强个体私营经济税收征管强化查账征收工作意见的通知》（国发［1997］12号）精神，加强对个体工商户的个人所得税征收管理，我局制定了《个体工商户个人所得税计税办法（试行）》，请认真贯彻执行。

个体工商户个人所得税计税办法（试行）

第一条 为适应对个体工商户（以下简称个体户）税收实行查账征收的需要，加强个人所得税的征收管理，根据国家有关税收法律、法规的规定制定本办法。

第二条 凡实行查账征收的个体户，均应当按本办法的规定计算并申报缴纳个人所得税。

第三条 个体户每一纳税年度的收入总额减除成本、费用以及损失后的余额为应纳税所得额，据此计算应纳个人所得税额。其计算公式为：

应纳税所得额＝收入总额－成本、费用及损失

应纳个人所得税额 = 应纳税所得额 × 适用税率

第四条 个体户的收入总额是指个体户从事生产经营以及与生产经营有关的活动所取得的各项收入，包括商品（产品）销售收入、营运收入、劳务服务收入、工程价款收入、财产出租或转让收入、利息收入、其他业务收入和营业外收入。

第五条 个体户的各项收入应当按权责发生制原则确定。

第六条 成本、费用是指个体户从事生产经营所发生的各项直接支出和分配计入成本的间接费用以及销售费用、管理费用、财务费用；损失是指个体户在生产经营过程中发生的各项营业外支出。

第七条 直接支出和分配计入成本的间接费用是指个体户在生产经营过程中实际消耗的各种原材料、辅助材料、备品配件、外购半成品、燃料、动力、包装物等直接材料和发生的商品进价成本、运输费、装卸费、包装费、折旧费、修理费、水电费、差旅费、租赁费（不包括融资租赁费）、低值易耗品等以及支付给生产经营从业人员的工资。

第八条 销售费用是指个体户在销售产品、自制半成品和提供劳务过程中发生的各项费用，包括：运输费、装卸费、包装费、委托代销手续费、广告费、展览费、销售服务费用以及其他销售费用。

第九条 管理费用是指个体户为管理和组织生产经营活动而发生的各项费用，包括：劳动保险费、咨询费、诉讼费、审计费、土地使用费、低值易耗品摊销、无形资产摊销、开办费摊销、无法收回的账款（坏账损失）、业务招待费、缴纳的税金以及其他管理费用。

第十条 财务费用是指个体户为筹集生产经营资金而发生的各项费用，包括：利息净支出、汇兑净损失、金融机构手续费以及筹资中的其他财务费用等。

第十一条 个体户的营业外支出包括：固定资产盘亏、报废、毁损和出售的净损失，自然灾害或者意外事故损失，公益救济性捐赠，赔偿金、违约金等。

第十二条 上述各项直接支出、间接费用和销售费用、管理费用、财务费用以及营业外支出准予扣除的项目和标准，依照税收法律、法规及本办法的规定确定。

第十三条 个体户业主的费用扣除标准和从业人员的工资扣除标准，由各省、自治区、直辖市地方税务局根据当地实际情况确定，并报国家税务总局备案。①

个体户业主的工资不得扣除。

第十四条 个体户自申请营业执照之日起至开始生产经营之日止所发生

① 第 13 条第 1 款已先后被《财政部、国家税务总局关于调整个体工商户业主个人独资企业和合伙企业投资者个人所得税费用扣除标准的通知》（财税〔2006〕44 号）《财政部、国家税务总局关于调整个体工商户个人独资企业和合伙企业个人所得税税前扣除标准有关问题的通知》（财税〔2008〕65 号）《财政部、国家税务总局关于调整个体工商户业主、个人独资企业和合伙企业自然人投资者个人所得税费用扣除标准的通知》（财税〔2011〕62 号）修改，为“个体户业主的费用扣除标准为 42000 元/年（3500 元/月）；个体户向其从业人员实际支付的合理的工资、薪金支出，允许在税前据实扣除。”

符合本办法规定的费用，除为取得固定资产、无形资产的支出以及应计入资产价值的汇兑损益、利息支出外，可作为开办费，并自开始生产经营之日起于不短于五年的期限分期均额扣除。

第十五条 个体户在生产经营过程中的借款利息支出，未超过按中国人民银行规定的同类、同期贷款利率计算的数额部分，准予扣除。

第十六条 个体户购入低值易耗品的支出，原则上一次摊销，但一次性购入价值较大的，应分期摊销。分期摊销的价值标准和期限由各省、自治区、直辖市地方税务局确定。

第十七条 个体户购置税控收款机的支出，应在二至五年内分期扣除。具体期限由各省、自治区、直辖市地方税务局确定。

第十八条 个体户发生的与生产经营有关的财产保险、运输保险以及从业人员的养老、医疗及其他保险费用支出，按国家有关规定的标准计算扣除。

第十九条 个体户发生的与生产经营有关的修理费用，可据实扣除。修理费用发生不均衡或数额较大的，应分期扣除。分期扣除标准和期限由各省、自治区、直辖市地方税务局确定。

第二十条 个体户按规定缴纳的消费税、营业税、城市维护建设税、资源税、土地使用税、土地增值税、房产税、车船使用税、印花税、耕地占用税以及教育费附加准予扣除。

第二十一条 个体户按规定缴纳的工商管理费、个体劳动者协会会费、摊位费，按实际发生数扣除。缴纳的其他规费，其扣除项目和标准，由各省、自治区、直辖市地方税务局根据当地实际情况确定。

第二十二条 个体户在生产经营过程中租入固定资产而支付的费用，分别按下列规定处理：

（一）以融资租赁方式（即出租人和承租人事先约定，在承租人付清最后一笔租金后，该固定资产即归承租人所有）租入固定资产而发生的租赁费，应计入固定资产价值，不得直接扣除。

（二）以经营租赁方式（即因生产经营需要临时租入固定资产，租赁期满后，该固定资产应归还出租人）租入固定资产的租赁费，可以据实扣除。

第二十三条 个体户研究开发新产品、新技术、新工艺所发生的开发费用，以及研究开发新产品、新技术而购置单台价值在5万元以下的测试仪器和试验性装置的购置费准予扣除；单台价值在5万元以上的测试仪器和试验性装置，以及购置费达到固定资产标准的其他设备，按固定资产管理，不得在当期扣除。

第二十四条 个体户在生产经营过程中发生的固定资产和流动资产盘亏及毁损净损失，由个体户提供清查盘存资料，经主管税务机关审核后，可以在当期扣除。

第二十五条 个体户在生产经营过程中发生的以外币结算的往来款项增减变动时，由于汇率变动而发生折合人民币的差额，作为汇兑损益，计入当期所得或在当期扣除。

第二十六条 个体户用于与取得固定资产有关的利息支出，在资产尚未交付使用之前发生的，应计入购建资产的价值，不得作为费用扣除。

第二十七条 个体户发生的与生产经营有关的无法收回的账款（包括因债务人破产或者死亡，以其破产财产或者遗产清偿后，仍然不能收回的应收账款，或者因债务人逾期未履行还债义务超过三年仍然不能收回的应收账款），应由其提供有效证明，报经主管税务机关审核后，按实际发生数扣除。

上述已予扣除的账款在以后年度收回时，应直接作收入处理。

第二十八条 个体户的年度经营亏损，经申报主管税务机关审核后，允许用下一年度的经营所得弥补，下一年度所得不足弥补的，允许逐年延续弥补，但最长不得超过五年。

第二十九条 个体户发生的与生产经营有关的业务招待费，由其提供合法凭证或单据，经主管税务机关审核后，在其收入总额5‰以内据实扣除。①

第三十条 个体户将其所得通过中国境内的社会团体、国家机关向教育和其他社会公益事业以及遭受严重自然灾害地区、贫困地区的捐赠，捐赠额不超过其应纳税所得额30%的部分可以据实扣除。纳税人直接给受益人的捐赠不得扣除。

第三十一条 个体户在生产经营过程中发生与家庭生活混用的费用，由主管税务机关核定分摊比例，据此计算确定的属于生产、经营过程中发生的费用，准予扣除。

第三十二条 个体户的下列支出不得扣除：

（一）资本性支出，包括：为购置和建造固定资产、无形资产以及其他资产的支出，对外投资的支出；

（二）被没收的财物、支付的罚款；

（三）缴纳的个人所得税、固定资产投资方向调节税，以及各种税收的滞纳金、罚金和罚款；

（四）各种赞助支出；

（五）自然灾害或者意外事故损失有赔偿的部分；

（六）分配给投资者的股利；

---

① 第29条已被《财政部、国家税务总局关于调整个体工商户个人独资企业和合伙企业个人所得税税前扣除标准有关问题的通知》（财税〔2008〕65号）“五、个体工商户、个人独资企业和合伙企业每一纳税年度发生的与其生产经营业务直接相关的业务招待费支出，按照发生额的60%扣除，但最高不得超过当年销售（营业）收入的5‰”所修改，并增加一条作为第三十条：“个体工商户拨缴的工会经费、发生的职工福利费、职工教育经费支出分别在工资薪金总额2%、14%、2.5%的标准内据实扣除。”同时对条文的顺序作相应调整。

（七）用于个人和家庭的支出；

（八）与生产经营无关的其他支出；

（九）国家税务总局规定不准扣除的其他支出。

第三十三条 个体户在生产经营过程中使用的期限超过一年且单位价值在1 000元以上的房屋、建筑物、机器、设备、运输工具及其他与生产经营有关的设备、工器具等为固定资产。

第三十四条 固定资产按以下方式计价：

（一）购入的，按实际支付的买价、包装费、运杂费和安装费等计价；

（二）自行建造的，按建造过程中实际发生的全部支出计价；

（三）实物投资的，按评估确认或者合同、协议约定的价值计价；

（四）在原有固定资产基础上进行改扩建的，按账面原价减去改扩建工程中发生的变价收入加上改扩建增加的支出计价；

（五）盘盈的，按同类固定资产的重估完全价值计价；

（六）融资租入的，按照租赁协议或者合同确定的租赁费加运输费、保险费、安装调试费等计价。

第三十五条 下列固定资产允许计提折旧：房屋和建筑物；在用机械设备，仪器仪表；各种工器具；季节性停用和修理停用的设备，以及以经营方式租出和以融资租赁方式租入的固定资产。

下列固定资产不计提折旧：房屋、建筑物以外的未使用、不需用的固定资产；以经营方式租入的固定资产；已提足折旧继续使用的固定资产。

第三十六条 固定资产在计算折旧前，应当估计残值，从固定资产原价中减除。残值按固定资产原价的5%确定。

第三十七条 个体户按规定计提的固定资产折旧允许扣除。固定资产折旧年限在不短于以下规定年限内，可根据不同情况，经主管税务机关审核后执行：

（一）房屋、建筑物，为二十年；

（二）轮船、机器、机械和其他生产设备，为十年；

（三）电子设备和轮船以外的运输工具以及与生产经营有关的器具、工具、家具等，为五年。

固定资产由于特殊原因需要缩短折旧年限的，如受酸、碱等强烈腐蚀的机器设备和简易或长年处于震撼、颤动状态的房屋和建筑物，以及技术更新变化快等原因，可由个体户提出申请，报省级税务机关审核批准后执行。

第三十八条 固定资产折旧按平均年限法和工作量法计算提取。

按平均年限法的固定资产折旧计算公式如下：

固定资产年折旧率 $=1-5\%$（残值率）/折旧年限 $\times 100\%$

月折旧率 $=$ 年折旧率 $\div 12$

月折旧额 = 固定资产原价 × 月折旧率

按工作量法的固定资产折旧计算公式如下：

单位里程（每工作小时）折旧额 = 原价 - 残值/总行驶里程（总工作小时）

第三十九条 个体户在生产经营过程中为销售或者耗用而储备的物资为存货，包括各种原材料、辅助材料、燃料、低值易耗品、包装物、在产品、外购商品、自制半成品、产成品等。存货应按实际成本计价。领用或发出存货的核算，原则上采用加权平均法。

第四十条 个体户在生产经营过程中长期使用但是没有实物形态的资产为无形资产，包括专利权、非专利技术、商标权、商誉、著作权、场地使用权等。无形资产的计价，应当按照取得的实际成本为准。具体是：

（一）作为投资的无形资产，以协议、合同规定的合理价格为原价；

（二）购入的无形资产按实际支付的价款为原价；

（三）接受捐赠的无形资产，按所附单据或参照同类无形资产市场价格确定原价；

非专利技术和商誉的计价应经法定评估机构评估后确认。

第四十一条 无形资产从开始使用之日起，在有效使用期内分期均额扣除。

作为投资或受让的无形资产，在法律、合同和协议中规定了使用年限的，可按该使用年限分期扣除；没有规定使用年限或是自行开发的无形资产，扣除期限不得少于十年。

第四十二条 本办法由国家税务总局负责解释。各省、自治区、直辖市地方税务局可以根据本办法规定的原则，结合本地实际，制定具体实施办法。

第四十三条 本办法从 1997 年 1 月 1 日起执行。

国家税务总局关于律师事务所从业人员取得收入征收个人所得税有关业务问题的通知

（2000 年 8 月 23 日 国税发〔2000〕149 号）

各省、自治区、直辖市和计划单列市地方税务局：

为了规范和加强律师事务所从业人员个人所得税的征收管理，现将有关问题明确如下：

一、律师个人出资兴办的独资和合伙性质的律师事务所的年度经营所得，从 2000 年 1 月 1 日起，停止征收企业所得税，作为出资律师的个人经营所得，按照有关规定，比照“个体工商户的生产、经营所得”应税项目征收个人所得税。在计算其经营所得时，出资律师本人的工资、薪金不得扣除。

二、合伙制律师事务所应将年度经营所得全额作为基数，按出资比例或者事先约定的比例计算各合伙人应分配的所得，据以征收个人所得税。

三、律师个人出资兴办的律师事务所，凡有《中华人民共和国税收征收管理法》第二十三条所列情形之一的，主管税务机关有权核定出资律师个人的应纳税额。①

四、律师事务所支付给雇员（包括律师及行政辅助人员，但不包括律师事务所的投资者，下同）的所得，按“工资、薪金所得”应税项目征收个人所得税。

五、作为律师事务所雇员的律师与律师事务所按规定的比例对收入分成，律师事务所不负担律师办理案件支出的费用（如交通费、资料费、通讯费及聘请人员等费用），律师当月的分成收入按本条第二款的规定扣除办理案件支出的费用后，余额与律师事务所发给的工资合并，按“工资、薪金所得”应税项目计征个人所得税。②

律师从其分成收入中扣除办理案件支出费用的标准，由各省级地方税务局根据当地律师办理案件费用支出的一般情况、律师与律师事务所之间的收入分成比例及其他相关参考因素，在律师当月分成收入的30%比例内确定。

六、兼职律师从律师事务所取得工资、薪金性质的所得，律师事务所在代扣代缴其个人所得税时，不再减除个人所得税法规定的费用扣除标准，以收入全额（取得分成收入的为扣除办理案件支出费用后的余额）直接确定适用税率，计算扣缴个人所得税。兼职律师应于次月7日内自行向主管税务机关申报两处或两处以上取得的工资、薪金所得，合并计算缴纳个人所得税。

兼职律师是指取得律师资格和律师执业证书，不脱离本职工作从事律师职业的人员。③

七、律师以个人名义再聘请其他人员为其工作而支付的报酬，应由该律师按“劳务报酬所得”应税项目负责代扣代缴个人所得税。为了便于操作，税款可由其任职的律师事务所代为缴入国库。

八、律师从接受法律事务服务的当事人处取得的法律顾问费或其他酬金，

---

① 第3条已被《国家税务总局公告2011年第2号——全文失效废止、部分条款失效废止的税收规范性文件目录》废止。

② 第5条第2款已被《国家税务总局关于律师事务所从业人员有关个人所得税问题的公告》（国家税务总局公告2012年第53号）修改。“一、《国家税务总局关于律师事务所从业人员取得收入征收个人所得税有关业务问题的通知》（国税发〔2000〕149号）第五条第二款规定的作为律师事务所雇员的律师从其分成收入中扣除办理案件支出费用的标准，由现行在律师当月分成收入的30%比例内确定，调整为35%比例内确定。”

③ 第8条已被《国家税务总局关于律师事务所从业人员有关个人所得税问题的公告》（国家税务总局公告2012年第53号）废止。

均按“劳务报酬所得”应税项目征收个人所得税，税款由支付报酬的单位或个人代扣代缴。

九、律师事务所从业人员个人所得税的征收管理，按照《中华人民共和国个人所得税法》及其实施条例、《中华人民共和国税收征收管理法》及其实施细则和《个人所得税代扣代缴暂行办法》《个人所得税自行申报纳税暂行办法》等有关法律、法规、规章的规定执行。

十、本通知第一条、第二条、第三条自2000年1月1日起执行，其余自2000年9月1日起执行。各地可根据本通知的规定精神，结合本地实际，制定具体的征管办法。

财政部 国家税务总局关于印发《关于个人独资企业和合伙企业投资者征收个人所得税的规定》的通知

（2000年9月19日 财税〔2000〕91号）

各省、自治区、直辖市和计划单列市财政厅（局）、地方税务局：

为了认真贯彻落实《国务院关于个人独资企业和合伙企业征收所得税问题的通知》（国发2000〔16〕号，以下简称通知）精神，切实做好个人独资企业和合伙企业投资者的个人所得税征管工作，财政部、国家税务总局制定了《关于个人独资企业和合伙企业投资者征收个人所得税的规定》（以下简称规定），现印发你们，并就有关事项通知如下：

一、各级领导要高度重视，确保政策调整和征收工作顺利进行。国务院通知对个人独资企业和合伙企业停征企业所得税，只对其投资者的经营所得征收个人所得税，是我国鼓励个人投资、公平税负和完善所得税制度的一次重大政策调整，既为个人独资企业和合伙企业的发展创造了条件，有利于国民经济持续、稳定、健康地发展，又是规范所得税制度的一项重要措施，有利于进一步加强所得税的征收管理。因此，各级税务机关的领导要予高度重视、精心组织，切实做好贯彻落实国务院通知精神的各项工作，掌握这项政策调整给征管和收入带来变化的有关情况，及时研究解决其中产生的有关问题，确保政策到位、征管到位。

二、做好政策调整的宣传解释工作。调整个人独资企业和合伙企业及其投资者的所得税政策，涉及面广，政策性强，社会关注程度高，因此，应认真做好宣传解释工作。从事所得税工作的人员要首先学习和理解国务院通知的精神和意义，领会规定的内容，在此基础上，向广大个人投资者广泛宣传国务院通知对支持和鼓励个人投资办企业的重要意义、所得税政策调整的具体规定和征收管理的具体办法，办贯彻落实国务院通知精神、做好征收管理各项工作打下良好基础。

三、准确掌握个人投资者情况和税源状况。各主管税务机关要及时与工商管理部门联系，尽快摸清现有独资、合伙性质的企业及其投资者的基本情况，建立经常联系渠道，随时掌握个人独资企业和合伙企业的登记情况；要对已成立的个人独资企业和合伙企业限定时间办理变更税务登记；做好内部的管理衔接工作，建立个人投资者档案，对查账征收、核定征收、税源大户和一般户的个人投资者，要区分情况分类管理；对实行核定征收所得税的个人独资企业和合伙企业，改征个人所得税后，原则上应保持原所得税定额水平。

四、做好所得税优惠的衔接工作。个人独资企业和合伙企业停止征收企业所得税后，原有按照企业所得税有关规定享受的税收优惠、尚未执行到期的，可在2000年12月31日前继续执行。从2001年1月1日起，停止执行企业所得税优惠政策，统一按照个人所得税法的有关规定执行。

五、做好2000年年终的个人所得税汇算清缴工作。2000年年度终了后投资者进行个人所得税汇算清缴时，个人独资企业和合伙企业2000年已预缴的企业所得税税款可以抵扣投资者应缴纳的个人所得税税额。汇算清缴需要退税的，先退预缴的企业所得税，不足部分再退预缴的个人所得税。

附件：1. 关于个人独资企业和合伙企业投资者征收个人所得税的规定
2. 个人独资企业和合伙企业投资者个人所得税申报表
3. 合伙企业投资者个人所得税汇总申报表
4.《个人独资企业和合伙企业投资者个人所得税申报表》填报说明
5.《合伙企业投资者个人所得税汇总申报表》填报说明

财政部
国家税务总局
二〇〇〇年九月十九日

附件1：

关于个人独资企业和合伙企业投资者征收个人所得税的规定

第一条 为了贯彻落实《国务院关于个人独资企业和合伙企业征收所得税

问题的通知》精神，根据《中华人民共和国个人所得税法》及其实施条例、《中华人民共和国税收征收管理法》及其实施细则的有关规定，特制定本规定。

第二条 本规定所称个人独资企业和合伙企业是指：

（一）依照《中华人民共和国个人独资企业法》和《中华人民共和国合伙企业法》登记成立的个人独资企业、合伙企业；

（二）依照《中华人民共和国私营企业暂行条例》登记成立的独资、合伙性质的私营企业；

（三）依照《中华人民共和国律师法》登记成立的合伙制律师事务所；

（四）经政府有关部门依照法律法规批准成立的负无限责任和无限连带责任的其他个人独资、个人合伙性质的机构或组织。

第三条 个人独资企业以投资者为纳税义务人，合伙企业以每一个合伙人为纳税义务人（以下简称投资者）。

第四条 个人独资企业和合伙企业（以下简称企业）每一纳税年度的收入总额减除成本、费用以下损失后的余额，作为投资者个人的生产经营所得，比照个人所得税法的“个体工商户的生产经营所得”应税项目，适用5%—35%的五级超额累进税率，计算征收个人所得税。

前款所称收入总额，是指企业从事生产经营以及与生产经营有关的活动所取得的各项收入，包括商品（产品）销售收入、营运收入、劳务服务收入、工程价款收入、财产出租或转让收入、利息收入、其他业务收入和营业外收入。

第五条 个人独资企业的投资者以全部生产经营所得为应纳税所得额；合伙企业的投资者按照合伙企业的全部生产经营所得和合伙协议约定的分配比例确定应纳税所得额，合伙协议没有约定分配比例的，以全部生产经营所得和合伙人数量平均计算每个投资者的应纳税所得额。

前款所称生产经营所得，包括企业分配给投资者个人的所得和企业当年留存的所得（利润）。

第六条 凡实行查账征税办法的，生产经营所得比照《个体工商户个人所得税计税办法（试行）》（国税发〔1997〕43号）的规定确定。但下列项目的扣除依照本办法的规定执行：

（一）投资者的费用扣除标准，由各省、自治区、直辖市地方税务局参照个人所得税法“工资、薪金所得”项目的费用扣除标准确定。投资者的工资不得在税前扣除。

（二）企业从业人员的工资支出按标准在税前扣除，具体标准由各省、自治区、直辖市地方税务局参照企业所得税计税工资标准确定。

（三）投资者及其家庭发生的生活费用不允许在税前扣除。投资者及其家庭发生的生活费用与企业生产经营费用混合在一起，并且难以划分的，全部视为投资者个人及其家庭发生的生活费用,不允许在税前扣除。

（四）企业生产经营和投资者及其家庭生活共用的固定资产,难以划分的,由主管税务机关根据企业的生产经营类型、规模等具体情况,核定准予在税前扣除的折旧费用的数额或比例。

（五）企业实际发生的工会经费、职工福利费、职工教育经费分别在其计税工资总额的2%、14%、1.5%的标准内据实扣除。

（六）企业每一纳税年度发生的广告和业务宣传费用不超过当年销售(营业)收入2%的部分,可据实扣除;超过部分可无限期向以后纳税年度结转。

（七）企业每一纳税年度发生的与其生产经营业务直接相关的业务招待费,在以下规定比例范围内,可据实扣除:全年销售(营业)收入净额在1 500万元及其以下的,不超过销售(营业)收入净额的5‰;全年销售(营业)收入净额超过1 500万元的,不超过该部分的3‰。

（八）企业计提的各种准备金不得扣除。

第七条 有下列情形之一的,主管税务机关应采取核定征收方式征收个人所得税:

（一）企业依照国家有关规定应当设置但未设置账簿的;

（二）企业虽设置账簿,但账目混乱或者成本资料、收入凭证、费用凭证残缺不全,难以查账的;

（三）纳税人发生纳税义务,未按照规定的期限办理纳税申报,经税务机关责令限期申报,逾期仍不申报的。

第八条 第七条所说核定征收方式,包括定额征收、核定应税所得率征收以及其他合理的征收方式。

第九条 实行核定应税所得率征收方式的,应纳所得税额的计算公式如下:

应纳所得税额 = 应纳税所得额 × 适用税率

应纳税所得额 = 收入总额 × 应税所得率

或 = 成本费用支出额 ÷ (1 - 应税所得率) × 应税所得率

应税所得率应按下表规定的标准执行:

应税所得率表

行业	应税所得率(%)
工业、交通运输业、商业	5—20
建筑业、房地产开发业	7—20
饮食服务业	7—25
娱乐业	20—40
其他行业	10—30

企业经营多业的，无论其经营项目是否单独核算，均应根据其主营项目确定其适用的应税所得率。

第十条 实行核定征税的投资者，不能享受个人所得税的优惠政策。

第十一条 企业与其关联企业之间的业务往来，应当按照独立企业之间的业务往来收取或者支付价款、费用。不按照独立企业之间的业务往来收取或者支付价款、费用，而减少其应纳税所得额的，主管税务机关有权进行合理调整。

前款所称关联企业，其认定条件及税务机关调整其价款、费用的方法，按照《中华人民共和国税收征收管理法》及其实施细则的有关规定执行。

第十二条 投资者兴办两个或两个以上企业的（包括参与兴办，下同），年度终了时，应汇总从所有企业取得的应纳税所得额，据此确定适用税率并计算缴纳应纳税款。

第十三条 投资者兴办两个或两个以上企业的，根据本规定第六条第一款规定准予扣除的个人费用，由投资者选择在其中一个企业的生产经营所得中扣除。

第十四条 企业的年度亏损，允许用本企业下一年度的生产经营所得弥补，下一年度所得不足弥补的，允许逐年延续弥补，但最长不得超过5年。

投资者兴办两个或两个以上企业的，企业的年度经营亏损不能跨企业弥补。

第十五条 投资者来源于中国境外的生产经营所得，已在境外缴纳所得税的，可以按照个人所得税法的有关规定计算扣除已在境外缴纳的所得税。

第十六条 企业进行清算时，投资者应当在注销工商登记之前，向主管税务机关结清有关税务事宜。企业的清算所得应当视为年度生产经营所得，由投资者依法缴纳个人所得税。

前款所称清算所得，是指企业清算时的全部资产或者财产的公允价值扣除各项清算费用、损失、负债、以前年度留存的利润后，超过实缴资本的部分。

第十七条 投资者应纳的个人所得税税款，按年计算，分月或者分季预缴，由投资者在每月或者每季度终了后7日内预缴，年度终了后3个月内汇算清缴，多退少补。

第十八条 企业在年度中间合并、分立、终止时，投资者应当在停止生产经营之日起60日内，向主管税务机关办理当期个人所得税汇算清缴。

第十九条 企业在纳税年度的中间开业，或者由于合并、关闭等原因，使该纳税年度的实际经营期不足12个月的，应当以其实际经营期为一个纳税年度。

第二十条 投资者应向企业实际经营管理所在地主管税务机关申报缴纳

个人所得税。投资者从合伙企业取得的生产经营所得，由合伙企业向企业实际经营管理所在地主管税务机关申报缴纳投资者应纳的个人所得税，并将个人所得税申报表抄送投资者。

投资者兴办两个或两个以上企业的，应分别向企业实际经营管理所在地主管税务机关预缴税款。年度终了后办理汇算清缴时，区别不同情况分别处理：

（一）投资者兴办的企业全部是个人独资性质的，分别向各企业的实际经营管理所在地主管税务机关办理年度纳税申报，并依所有企业的经营所得总额确定适用税率，以本企业的经营所得为基础，计算应缴税款，办理汇算清缴；

（二）投资者兴办的企业中含有合伙性质的，投资者应向经常居住地主管税务机关申报纳税，办理汇算清缴，但经常居住地与其兴办企业的经营管理所在地不一致的，应选定其参与兴办的某一合伙企业的经营管理所在地为办理年度汇算清缴所在地，并在5年内不得变更。5年后需要变更的，须经原主管税务机关批准。

第二十一条 投资者在预缴个人所得税时，应向主管税务机关报送《个人独资企业和合伙企业投资者个人所得税申报表》，并附送会计报表。

年度终了后30日内，投资者应向主管税务机关报送《个人独资企业和合伙企业投资者个人所得税申报表》，并附送年度会计决算报表和预缴个人所得税纳税凭证。

投资者兴办两个或两个以上企业的，向企业实际经营管理所在地主管税务机关办理年度纳税申报时，应附注从其他企业取得的年度应纳税所得额；其中含有合伙企业的，应报送汇总从所有企业取得的所得情况的《合伙企业投资者个人所得税汇总申报表》，同时附送所有企业的年度会计决算报表和当年度已缴个人所得税纳税凭证。

第二十二条 投资者的个人所得税征收管理工作由地方税务局负责。

第二十三条 投资者的个人所得税征收管理的其他事项，依照《中华人民共和国税收征收管理法》《中华人民共和国个人所得税法》的有关规定执行。

第二十四条 本规定由国家税务总局负责解释。各省、自治区、直辖市地方科中务局可以根据本规定规定的原则，结合本地实际，制定具体实施办法。

第二十五条 本规定从2000年1月1日起执行。

附件 2：

个人独资企业和合伙企业投资者个人所得税申报表

纳税人编码：　　　　申报期：　　年　月　日至　月　日　　　　金额单位：元

投资者姓名		投资者身份证号码			
企业名称		企业税务登记证号		企业电话	
企业地址		行业类别		企业银行账号	

项目	行次	本期数	累计数	补充资料
一、收入总额	1			1. 年平均职工人数______人 2. 工资总额______元 3. 从其他企业取得的生产经营所得 (1)（分配比例　%） (2)（分配比例　%） (3)（分配比例　%） (4)（分配比例　%）
减:成本	2			
费用、税金	3			
营业外支出	4			
二、企业利润总额	5			
三、纳税调整增加额	6			
1. 超过规定标准扣除的项目	7			
(1) 从业人员工资支出	8			
(2) 职工福利费	9			
(3) 职工教育经费	10			
(4) 工会经费	11			
(5) 利息支出	12			
(6) 广告费	13			
(7) 业务招待费	14			
(8) 教育和公益事业捐赠	15			
(9) 提取折旧费	16			
(10) 无形资产摊销	17			
(11) 其他	18			填表人签字：______ 纳税人签字：______
2. 不允许扣除的项目	19			
(1) 资本性支出	20			
(2) 无形资产受让、开发支出	21			
(3) 违法经营罚款和被没收财物损失	22			
(4) 税收滞纳金、罚金、罚款	23			
(5) 灾害事故损失赔偿	24			
(6) 非教育和公益事业捐赠	25			
(7) 各种赞助支出	26			
(8) 计提的各种准备金	27			
(9) 投资者的工资	28			

（续表）

（10）与收入无关的支出	29			（本栏目由税务机关填写） 收到日期： 接受人： 审核日期： 审核记录： 主管税务机关盖章 年 月 日 主管税务官员签字：
3. 应税收益项目	30			
（1）少计应税收益	31			
（2）未计应税收益	32			
四、纳税调整减少额	33			
1. 弥补亏损	34			
2. 国库券利息收入	35			
3. 投资者标准费用扣除额	36			
4. 其他	37			
五、经纳税调整后的生产经营所得	38			
六、应纳税所得额（分配比例%）	39			
七、适用税率	40			
八、应纳所得税额	41			
减：减、免所得税额	42			
九、应缴入库所得税额	43			
加：期初未缴所得税额	44			
减：实际已缴纳所得税额	45			
十、期末应补（退）所得税额	46			

附件3：

合伙企业投资者个人所得税汇总申报表

纳税人编码：　　　申报期：　　年　月　日至　月　日　　　金额单位：元

投资者姓名		投资者身份证号码		
投资者经常居住地住址			投资者电话	
项目	行次	数额	补充资料	
一、应汇总申报的应纳税所得额	1		填表人签字：________ 纳税人签字：________	
1.	2			
2.	3			
3.	4			
4.	5			

（续表）

<table>
<tr><td>5.</td><td>6</td><td></td><td rowspan="10">（本栏目由税务机关填写）
收到日期：
接受人：
审核日期：
审核记录：
主管税务机关盖章
年　月　日
主管税务官员签字：</td></tr>
<tr><td>6.</td><td>7</td><td></td></tr>
<tr><td>二、适用税率</td><td>8</td><td></td></tr>
<tr><td>三、应纳所得税额</td><td>9</td><td></td></tr>
<tr><td>减：减、免所得税额</td><td>10</td><td></td></tr>
<tr><td>四、应缴入库所得税额</td><td>11</td><td></td></tr>
<tr><td>加：期初未缴所得税额</td><td>12</td><td></td></tr>
<tr><td>减：实际已缴纳所得税额</td><td>13</td><td></td></tr>
<tr><td>五、期末应补（退）所得税额</td><td>14</td><td></td></tr>
</table>

附件4：

《个人独资企业和合伙企业投资者个人所得税申报表》填报说明

一、适用范围

（一）本表适用于个人独资企业和合伙企业投资者年度申报纳税及月、季度申报纳税。本着求实、简便的原则，在月、季度申报纳税时，可对本表有关项目进行精简，具体由各地税务机关根据实际情况确定。

（二）对从事一些特殊行业的投资者，根据这些特殊行业的需求，需要增减、调整本表有关项目的，可由省级地方税务局在本表基础上自行修改。

二、主要项目填报说明

（一）表头项目

1. 纳税人编码：按税务机关编排的代码填写。

2. 申报期：填写申报纳税所属时期的起止日期。

3. 金额单位：以人民币元为单位。

4. 行业类别：按纳税人主管项目确定。

5. 企业地址：填写企业经营管理机构的所在地。

（二）表中项目

1. 表中第7栏“超过规定标准扣除的项目”，是指企业超过《个人独资企业和合伙投资者征收个人所得税的规定》和其他有关税收规定（以下简称规定）的扣除标准，扣除的各种成本、费用和损失，应予调增应纳税所得额的部分。上述扣除标准，包括规定中列明的扣除标准，以及规定中虽未列明，但与国家统一财务会计制度规定标准兼容的部分。

2. 表中第 19 栏“不允许扣除的项目”，是指规定不允许扣除，但企业已将其扣除的各项成本、费用和损失，应予调增应纳税所得额的部分。

3. 表中第 30 栏“应税收益项目”，是指企业未计入应纳税所得额而应补报的收益。对属于计算上的差错或其他特殊原因而多报的收益，可以用负号表示。

4. 表中第 34 栏“弥补亏损”，是指企业根据规定，以前年度亏损允许在税前弥补而相应调减的应纳税所得额。

5. 表中第 35 栏“国库券利息收入”，是指企业将免于纳税、但已计入收入的因购买国库券而取得的利息。

6. 表中第 36 栏“投资者标准费用扣除额”，是指省、自治区、直辖市地方税务局规定允许扣除的投资者个人的费用扣除数额。

7. 表中第 39 栏“应纳税所得额”，就个人独资企业的投资者而言，等于表中第 38 栏“经纳税调整后的生产经营所得”；就合伙企业的投资者而言，等于表中第 38 栏“经纳税调整后的生产经营所得”乘以依照规定的分配比例计算的应纳税所得额；投资者兴办两个或两个以上个人独资企业的，年终申报时，该栏应等于第 38 栏“经纳税调整后的生产经营所得”和“补充资料”中“3. 从其他企业取得的生产经营所得”的合计数。

8. 表中主要栏次的逻辑关系：

（1）5 = 1 - 2 - 3 - 4

（2）6 = 7 + 9 + 30

（3）33 = 34 + 35 + 36 + 37

（4）38 = 5 + 6 - 33

（5）41 = 39 × 40

（6）43 = 41 - 42

（7）46 = 43 + 44 - 45

附件 5：

《合伙企业投资者个人所得税汇总申报表》填报说明

一、适用范围

本表只适用于投资兴办两个或两个以上企业，并且其中含有合伙企业的投资者的年度汇总申报纳税。

二、主要项目填报说明

（一）表头项目

1. 纳税人编码：按投资者申报地主管税务机关编排的代码填写。

2. 申报期：填写申报纳税所属时期的起止日期。

3. 金额单位：以人民币元为单位。

（二）表中项目

1. 第2—7栏分别填写纳税人从各个合伙企业或个人独资企业取得的应纳税所得额，“项目”栏填写企业名称。

2. 表中主要栏次的逻辑关系：1 = 2 + 3 + 4 + 56 + 7；9 = 1 × 8 - 速算扣除数；11 = 9 - 10；14 = 11 + 12 - 13。

国家税务总局关于《关于个人独资企业和合伙企业投资者征收个人所得税的规定》执行口径的通知

（2001年1月17日 国税函〔2001〕84号）

各省、自治区、直辖市和计划单列市地方税务局：

为更好地贯彻落实财政部、国家税务总局《关于印发〈关于个人独资企业和合伙企业投资者征收个人所得税的规定〉的通知》（财税〔2000〕91号）（以下简称《通知》）精神，切实做好个人独资企业和合伙企业投资者个人所得税的征收管理工作，现对《通知》中有关规定的执行口径明确如下：

一、关于投资者兴办两个或两个以上企业，并且企业全部是独资性质的，其年度终了后汇算清缴时应纳税款的计算问题

投资者兴办两个或两个以上企业，并且企业性质全部是独资的，年度终了后汇算清缴时，应纳税款的计算按以下方法进行：汇总其投资兴办的所有企业的经营所得作为应纳税所得额，以此确定适用税率，计算出全年经营所得的应纳税额，再根据每个企业的经营所得占所有企业经营所得的比例，分别计算出每个企业的应纳税额和应补缴税额。计算公式如下：

应纳税所得额 = ∑各个企业的经营所得

应纳税额 = 应纳税所得额 × 税率 - 速算扣除数

本企业应纳税额 = 应纳税额 × 本企业的经营所得/∑各个企业的经营所得

本企业应补缴的税额 = 本企业应纳税额 − 本企业预缴的税额

二、关于个人独资企业和合伙企业对外投资分回利息、股息、红利的征税问题

个人独资企业和合伙企业对外投资分回的利息或者股息、红利，不并入企业的收入，而应单独作为投资者个人取得的利息、股利、红利所得，按“利息、股息、红利”所得，按“利息、股利、红利所得”应税项目计算缴纳个人所得税。以合伙企业名义对外投资分回利息或者股利、红利的，应按《通知》所附规定的第五条精神确定各个投资者的利息、股利、红利所得，分别按“利息、股息、红利所得”应税项目计算缴纳个人所得税。

三、关于个人独资企业和合伙企业由实行查账征税方式改为核定征税方式后，未弥补完的年度经营亏损是否允许继续弥补的问题

实行查账征税方式的个人独资企业和合伙企业改为核定征税方式后，在查账征税方式下认定的年度经营亏损未弥补完的部分，不得再继续弥补。

四、关于残疾人员兴办或参与兴办个人独资企业和合伙企业的税收优惠问题

残疾人员投资兴办或参与投资兴办个人独资企业和合伙企业的，残疾人员取得的生产经营所得，符合各省、自治区、直辖市人民政府规定的减征个人所得税条件的，经本人申请、主管税务机关审核批准，可按各省、自治区、直辖市人民政府规定减征的范围和幅度，减征个人所得税。

国家税务总局关于强化律师事务所等中介机构投资者个人所得税查账征收的通知

（2002 年 9 月 29 日 国税发〔2002〕123 号）

各省、自治区、直辖市和计划单列市地方税务局：

最近一段时间以来，个别地区在律师事务所全行业实行核实征收个人所得税的办法，其核定的税负明显低于法定税负。这种做法不符合《国务院关于批转国家税务总局加强个体私营经济税收征管强化查账征收工作意见的通知》（国发〔1997〕12 号）精神，容易造成税负不公，不利于发挥个人所得税调节高收入者的作用。为强化律师事务所等中介机构投资者个人所得税征收管理，现通知如下：

一、任何地区均不得对律师事务所实行全行业核定征税办法。要按照税收征管法和国发〔1997〕12 号文件的规定精神，对具备查账征收条件的律师事务所，实行查账征收个人所得税。

二、已经对律师事务所实行全行业核定征税办法的地区，必须在年底前自行纠正，并在 2003 年 3 月底前将纠正情况报告总局。

三、对按照税收征管法第 35 条的规定确实无法实行查账征收的律师事务所，经地市级地方税务局批准，应根据《财政部 国家税务总局关于印发〈关于个人独资企业和合伙企业投资者征收个人所得税的规定〉的通知》（财税〔2000〕91 号）中确定的应税所得率来核定其应纳税额。各地要根据其雇员人数、营业规模等情况核定其营业额，并根据当地同行业的盈利水平从高核定其应税所得率，应税所得率不得低于 25%。对实行核定征税的律师事务所，应督促其建账建制，符合查账征税条件后，应尽快转为查账征税。

四、各地要严格贯彻执行《国家税务总局关于律师事务所从业人员取得收入征收个人所得税有关业务问题的通知》（国税发〔2000〕149 号），对律师事务所的个人所得税加强征收管理。对作为律师事务所雇员的律师，其办案费用或其他个人费用在律师事务所报销的，在计算其收入时不得再扣除国税发〔2000〕149 号第 5 条第 2 款规定的其收入 30% 以内的办理案件支出费用。

五、会计师事务所、税务师事务所、审计师事务所以及其他中介机构的个人所得税征收管理，也应按照上述有关原则进行处理。

财政部 国家税务总局关于调整个体工商户、个人独资企业和合伙企业个人所得税税前扣除标准有关问题的通知

（2008 年 6 月 3 日 财税〔2008〕65 号）

各省、自治区、直辖市、计划单列市财政厅（局）、地方税务局，西藏、宁夏、青海省（自治区）国家税务局，新疆生产建设兵团财务局：

根据现行个人所得税法及其实施条例和相关政策规定，现将个体工商户、个人独资企业和合伙企业个人所得税税前扣除标准有关问题通知如下：

一、对个体工商户业主、个人独资企业和合伙企业自然人投资者的生产经

营所得依法计征个人所得税时，个体工商户业主、个人独资企业和合伙企业自然人投资者本人的费用扣除标准统一确定为42 000元/年（3 500元/月）。

二、个体工商户、个人独资企业和合伙企业向其从业人员实际支付的合理的工资、薪金支出，允许在税前据实扣除。

三、个体工商户、个人独资企业和合伙企业拨缴的工会经费、发生的职工福利费、职工教育经费支出分别在工资薪金总额2%、14%、2.5%的标准内据实扣除。

四、个体工商户、个人独资企业和合伙企业每一纳税年度发生的广告费和业务宣传费用不超过当年销售（营业）收入15%的部分，可据实扣除；超过部分，准予在以后纳税年度结转扣除。

五、个体工商户、个人独资企业和合伙企业每一纳税年度发生的与其生产经营业务直接相关的业务招待费支出，按照发生额的60%扣除，但最高不得超过当年销售（营业）收入的5‰。

六、上述第一条规定自2008年3月1日起执行，第二、三、四、五条规定自2008年1月1日起执行。

七、《国家税务总局关于印发〈个体工商户个人所得税计税办法（试行）〉的通知》（国税发〔1997〕43号）第十三条第一款、第二十九条根据上述规定作相应修改；增加一条作为第三十条：“个体工商户拨缴的工会经费、发生的职工福利费、职工教育经费支出分别在工资薪金总额2%、14%、2.5%的标准内据实扣除。”同时对条文的顺序作相应调整。

《财政部 国家税务总局关于印发〈关于个人独资企业和合伙企业投资者征收个人所得税的规定〉的通知》（财税〔2000〕91号）附件1第六条第（一）（二）（五）（六）（七）项根据上述规定作相应修改。

《财政部 国家税务总局关于调整个体工商户业主 个人独资企业和合伙企业投资者个人所得税费用扣除标准的通知》（财税〔2006〕44号）停止执行。

二〇〇八年六月三日

财政部 国家税务总局关于合伙企业合伙人所得税问题的通知

（2008年12月23日 财税〔2008〕159号）

各省、自治区、直辖市、计划单列市财政厅（局）、国家税务局、地方税务局，新疆生产建设兵团财务局：

根据《中华人民共和国企业所得税法》及其实施条例和《中华人民共和国个人所得税法》有关规定，现将合伙企业合伙人的所得税问题通知如下：

一、本通知所称合伙企业是指依照中国法律、行政法规成立的合伙企业。

二、合伙企业以每一个合伙人为纳税义务人。合伙企业合伙人是自然人的，缴纳个人所得税；合伙人是法人和其他组织的，缴纳企业所得税。

三、合伙企业生产经营所得和其他所得采取“先分后税”的原则。具体应纳税所得额的计算按照《关于个人独资企业和合伙企业投资者征收个人所得税的规定》（财税〔2000〕91 号）及《财政部 国家税务总局关于调整个体工商户个人独资企业和合伙企业个人所得税税前扣除标准有关问题的通知》（财税〔2008〕65 号）的有关规定执行。

前款所称生产经营所得和其他所得，包括合伙企业分配给所有合伙人的所得和企业当年留存的所得（利润）。

四、合伙企业的合伙人按照下列原则确定应纳税所得额：

（一）合伙企业的合伙人以合伙企业的生产经营所得和其他所得，按照合伙协议约定的分配比例确定应纳税所得额。

（二）合伙协议未约定或者约定不明确的，以全部生产经营所得和其他所得，按照合伙人协商决定的分配比例确定应纳税所得额。

（三）协商不成的，以全部生产经营所得和其他所得，按照合伙人实缴出资比例确定应纳税所得额。

（四）无法确定出资比例的，以全部生产经营所得和其他所得，按照合伙人数量平均计算每个合伙人的应纳税所得额。

合伙协议不得约定将全部利润分配给部分合伙人。

五、合伙企业的合伙人是法人和其他组织的，合伙人在计算其缴纳企业所得税时，不得用合伙企业的亏损抵减其盈利。

六、上述规定自 2008 年 1 月 1 日起执行。此前规定与本通知有抵触的，以本通知为准。

财政部

国家税务总局

二〇〇八年十二月二十三日

国家税务总局关于进一步加强高收入者个人所得税征收管理的通知

（2010 年 5 月 31 日 国税发〔2010〕54 号）

各省、自治区、直辖市和计划单列市地方税务局，西藏、宁夏、青海省（自治区）国家税务局：

近年来，随着我国经济的快速发展，城乡居民收入水平不断提高，个人收入差距扩大的矛盾也日益突出。为强化税收征管，充分发挥税收在收入分配中的调节作用，现就进一步加强高收入者个人所得税征收管理有关问题通知如下：

一、认真做好高收入者应税收入的管理和监控

各地税务机关要继续深入贯彻落实国家税务总局关于加强个人所得税管理的工作思路，夯实高收入者个人所得税征管基础。

（一）摸清本地区高收入者的税源分布状况

各地要认真开展个人所得税税源摸底工作，结合本地区经济总体水平、产业发展趋势和居民收入来源特点，重点监控高收入者相对集中的行业和高收入者相对集中的人群，摸清高收入行业的收入分配规律，掌握高收入人群的主要所得来源，建立高收入者所得来源信息库，完善税收征管机制，有针对性地加强个人所得税征收管理工作。

（二）全面推进全员全额扣缴明细申报管理

1. 要认真贯彻落实税务总局关于推进全员全额扣缴明细申报的部署和要求，并将全员全额扣缴明细申报管理纳入税务机关工作考核体系。税务总局将不定期进行抽查、考评和通报相关情况。

2. 要督促扣缴义务人按照《个人所得税法》第八条、《个人所得税法实施条例》第三十七条和《国家税务总局关于印发〈个人所得税全员全额扣缴申报管理暂行办法〉的通知》（国税发〔2005〕205 号）的规定，实行全员全额扣缴申报。

扣缴义务人已经实行全员全额扣缴明细申报的，主管税务机关要促使其提高申报质量，特别是要求其如实申报支付工薪所得以外的其他所得（如劳务报酬所得等）、非本单位员工的支付信息和未达到费用扣除标准的支付信息。

扣缴义务人未依法实行全员全额扣缴明细申报的，主管税务机关应按照税收征管法有关规定对其进行处罚。

（三）加强年所得 12 万元以上纳税人自行纳税申报管理

年所得 12 万元以上纳税人自行纳税申报是纳税人的法定义务，是加强高

收入者征管的重要措施。各地税务机关要健全自行纳税申报制度，优化申报流程，将自行纳税申报作为日常征管工作，实行常态化管理。通过对高收入者税源分布状况的掌握、扣缴义务人明细申报信息的审核比对，以及加强与工商、房管、人力资源和社会保障、证券机构等部门的协作和信息共享，进一步促进年所得12万元以上纳税人自行纳税申报。要注重提高自行纳税申报数据质量。采取切实措施，促使纳税人申报其不同形式的所有来源所得，不断提高申报数据的真实性和完整性。对未扣缴税款或扣缴不足的，要督促纳税人补缴税款；纳税人应申报未申报、申报不实少缴税款的，要按照税收征管法相关规定进行处理。

（四）积极推广应用个人所得税信息管理系统

没有推广应用个人所得税信息管理系统和推广面较小的地区，省级税务机关要加大工作力度，按照税务总局工作部署和要求，确保个人所得税管理系统推广到所有实行明细申报的扣缴义务人。已经全面推广应用个人所得税信息管理系统的地区，要按照要求，尽快将个人所得税明细数据向税务总局集中。

二、切实加强高收入者主要所得项目的征收管理

（一）加强财产转让所得征收管理。

1. 加强限售股转让所得征收管理。要加强与证券机构的联系，主动掌握本地区上市公司和即将上市公司的股东构成情况，做好限售股转让所得个人所得税征收工作。

2. 加强非上市公司股权转让所得征收管理。要继续加强与工商行政管理部门的合作，探索建立自然人股权变更登记的税收前置措施或以其他方式及时获取股权转让信息。对平价或低价转让的，要按照《国家税务总局关于加强股权转让所得征收个人所得税管理的通知》（国税函〔2009〕285号）的规定，依法核定计税依据。

3. 加强房屋转让所得征收管理。要切实按照《国家税务总局关于个人住房转让所得征收个人所得税有关问题的通知》（国税发〔2006〕108号）《国家税务总局关于个人转让房屋有关税收征管问题的通知》（国税发〔2007〕33号）等相关文件规定，继续做好房屋转让所得征收个人所得税管理工作。

4. 加强拍卖所得征收管理。主管税务机关应及时了解拍卖相关信息，严格执行《国家税务总局关于加强和规范个人取得拍卖收入征收个人所得税有关问题的通知》（国税发〔2007〕38号）的规定，督促拍卖单位依法扣缴个人所得税。

（二）加强利息、股息、红利所得征收管理

1. 加强股息、红利所得征收管理。重点加强股份有限公司分配股息、红利时的扣缴税款管理，对在境外上市公司分配股息红利，要严格执行现行有关征

免个人所得税的规定。加强企业转增注册资本和股本管理，对以未分配利润、盈余公积和除股票溢价发行外的其他资本公积转增注册资本和股本的，要按照“利息、股息、红利所得”项目，依据现行政策规定计征个人所得税。

2．加强利息所得征收管理。要通过查阅财务报表相关科目、资产盘查等方式，调查自然人、企业及其他组织向自然人借款及支付利息情况，对其利息所得依法计征个人所得税。

3．加强个人从法人企业列支消费性支出和从投资企业借款的管理。对投资者本人、家庭成员及相关人员的相应所得，要根据《财政部 国家税务总局关于规范个人投资者个人所得税征收管理的通知》（财税〔2003〕158 号）规定，依照“利息、股息、红利所得”项目计征个人所得税。

（三）加强规模较大的个人独资企业、合伙企业和个体工商户的生产、经营所得征收管理

1．加强建账管理。主管税务机关应督促纳税人依照法律、行政法规的规定设置账簿。对不能设置账簿的，应按照税收征管法及其实施细则和《财政部 国家税务总局关于印发〈关于个人独资企业和合伙企业投资者征收个人所得税的规定〉的通知》（财税〔2000〕91 号）等有关规定，核定其应税所得率。税务师、会计师、律师、资产评估和房地产估价等鉴证类中介机构不得实行核定征收个人所得税。

2．加强非法人企业注销登记管理。企业投资者在注销工商登记之前，应向主管税务机关结清有关税务事宜，未纳税所得应依法征收个人所得税。

3．加强个人消费支出与非法人企业生产经营支出管理。对企业资金用于投资者本人、家庭成员及其相关人员消费性和财产性支出的部分，应按照《财政部 国家税务总局关于规范个人投资者个人所得税征收管理的通知》（财税〔2003〕158 号）等有关规定，依照“个体工商户的生产、经营所得”项目计征个人所得税。

（四）加强劳务报酬所得征收管理和工资、薪金所得比对管理

各地税务机关要与有关部门密切合作，及时获取相关劳务报酬支付信息，切实加强对各类劳务报酬，特别是一些报酬支付较高项目（如演艺、演讲、咨询、理财、专兼职培训等）的个人所得税管理，督促扣缴义务人依法履行扣缴义务。

对高收入行业的企业，要汇总全员全额明细申报数据中工资、薪金所得总额，与企业所得税申报表中工资费用支出总额比对，规范企业如实申报和扣缴个人所得税。

（五）加强外籍个人取得所得的征收管理

要积极与公安出入境管理部门协调配合，掌握外籍人员出入境时间及相关信息，为实施税收管理和离境清税等提供依据；积极与银行及外汇管理部门协

调配合，加强对外支付税务证明管理，把住资金转移关口。各级国税局、地税局要密切配合，建立外籍个人管理档案，掌握不同国家外派人员的薪酬标准，重点加强来源于中国境内、由境外机构支付所得的管理。

三、扎实开展高收入者个人所得税纳税评估和专项检查

各地税务机关要将高收入者个人所得税纳税评估作为日常税收管理的重要内容，充分利用全员全额扣缴明细申报数据、自行纳税申报数据和从外部门获取的信息，科学设定评估指标，创新评估方法，建立高收入者纳税评估体系。对纳税评估发现的疑点，要进行跟踪核实、约谈和调查，督促纳税人自行补正申报、补缴税款。发现纳税人有税收违法行为嫌疑的，要及时移交税务稽查部门立案检查。

稽查部门要将高收入者个人所得税检查列入税收专项检查范围，认真部署落实。在检查中，要特别关注高收入者的非劳动所得是否缴纳税款和符合条件的高收入者是否办理自行纳税申报。对逃避纳税、应申报未申报、申报不实等情形，要严格按照税收征管法相关规定进行处理。对典型案例，要通过媒体予以曝光。

四、不断改进纳税服务，引导高收入者依法诚信纳税

各地税务机关在加强高收入者个人所得税征收管理的同时，要切实做好纳税服务工作。要有针对性地对高收入者开展个人所得税法宣传和政策辅导，引导高收入者主动申报、依法纳税，形成诚信纳税的良好氛围；要推进“网上税务局”建设，建立多元化的申报方式，为纳税人包括高收入者提供多渠道、便捷化的申报纳税服务；要积极了解纳税人的涉税诉求，拓展咨询渠道，提高咨询回复质量和效率；要做好为纳税人开具完税证明和纳税人的收入、纳税信息保密管理工作，切实维护纳税人合法权益。

国家税务总局

二〇一〇年五月三十一日

财政部 国家税务总局关于调整个体工商户业主、个人独资企业和合伙企业自然人投资者个人所得税费用扣除标准的通知

（2011年7月29日 财税〔2011〕62号）

各省、自治区、直辖市、计划单列市财政厅（局）、地方税务局，西藏、宁夏、青海省（自治区）国家税务局、新疆生产建设兵团财务局：

根据新修订的个人所得税法及其实施条例和相关政策规定，现对个体工商户业主、个人独资企业和合伙企业自然人投资者个人所得税费用扣除标准问题通知如下：

一、对个体工商户业主、个人独资企业和合伙企业自然人投资者的生产经营所得依法计征个人所得税时，个体工商户业主、个人独资企业和合伙企业自然人投资者本人的费用扣除标准统一确定为42 000元/年（3 500元/月）。

二、《国家税务总局关于印发〈个体工商户个人所得税计税办法（试行）〉的通知》（国税发〔1997〕43号）第十三条第一款修改为："个体户业主的费用扣除标准为42 000元/年（3 500元/月）；个体户向其从业人员实际支付的合理的工资、薪金支出，允许在税前据实扣除。"

三、《财政部 国家税务总局关于印发〈关于个人独资企业和合伙企业投资者征收个人所得税的规定〉的通知》（财税〔2000〕91号）附件1第六条（一）修改为："投资者的费用扣除标准为42 000元/年（3 500元/月）。投资者的工资不得在税前扣除。"

四、《财政部 国家税务总局关于调整个体工商户 个人独资企业和合伙企业个人所得税税前扣除标准有关问题的通知》（财税〔2008〕65号）第一条停止执行。

五、本通知自2011年9月1日起执行。

财政部

国家税务总局

二〇一一年七月二十九日

国家税务总局关于律师事务所从业人员有关个人所得税问题的公告

（2012 年 12 月 7 日 国家税务总局公告 2012 年第 53 号）

现对律师事务所从业人员有关个人所得税问题公告如下：

一、《国家税务总局关于律师事务所从业人员取得收入征收个人所得税有关业务问题的通知》（国税发〔2000〕149 号）第五条第二款规定的作为律师事务所雇员的律师从其分成收入中扣除办理案件支出费用的标准，由现行在律师当月分成收入的 30% 比例内确定，调整为 35% 比例内确定。

实行上述收入分成办法的律师办案费用不得在律师事务所重复列支。前款规定自 2013 年 1 月 1 日至 2015 年 12 月 31 日执行。

二、废止国税发〔2000〕149 号第八条的规定，律师从接受法律事务服务的当事人处取得法律顾问费或其他酬金等收入，应并入其从律师事务所取得的其他收入，按照规定计算缴纳个人所得税。

三、合伙人律师在计算应纳税所得额时，应凭合法有效凭据按照个人所得税法和有关规定扣除费用；对确实不能提供合法有效凭据而实际发生与业务有关的费用，经当事人签名确认后，可再按下列标准扣除费用：个人年营业收入不超过 50 万元的部分，按 8% 扣除；个人年营业收入超过 50 万元至 100 万元的部分，按 6% 扣除；个人年营业收入超过 100 万元的部分，按 5% 扣除。

不执行查账征收的，不适用前款规定。前款规定自 2013 年 1 月 1 日至 2015 年 12 月 31 日执行。

四、律师个人承担的按照律师协会规定参加的业务培训费用，可据实扣除。

五、律师事务所和律师个人发生的其他费用和列支标准，按照《国家税务总局关于印发〈个体工商户个人所得税计税办法（试行）〉的通知》（国税发〔1997〕43 号）等文件的规定执行。

六、本公告自 2013 年 1 月 1 日起执行。

特此公告。

国家税务总局

2012 年 12 月 7 日

（二）流转税

中华人民共和国增值税暂行条例

（1993 年 12 月 13 日中华人民共和国国务院令第 134 号发布，2008 年 11 月 5 日国务院第 34 次常务会议修订通过，中华人民共和国国务院令第 538 号公布）

第一条 在中华人民共和国境内销售货物或者提供加工、修理修配劳务以及进口货物的单位和个人，为增值税的纳税人，应当依照本条例缴纳增值税。

第二条 增值税税率：

（一）纳税人销售或者进口货物，除本条第（二）项、第（三）项规定外，税率为 17%。

（二）纳税人销售或者进口下列货物，税率为 13%：

1. 粮食、食用植物油；

2. 自来水、暖气、冷气、热水、煤气、石油液化气、天然气、沼气、居民用煤炭制品；

3. 图书、报纸、杂志；

4. 饲料、化肥、农药、农机、农膜；

5. 国务院规定的其他货物。

（三）纳税人出口货物，税率为零；但是，国务院另有规定的除外。

（四）纳税人提供加工、修理修配劳务（以下称应税劳务），税率为 17%。

税率的调整，由国务院决定。

第三条 纳税人兼营不同税率的货物或者应税劳务，应当分别核算不同税率货物或者应税劳务的销售额；未分别核算销售额的，从高适用税率。

第四条 除本条例第十一条规定外，纳税人销售货物或者提供应税劳务（以下简称销售货物或者应税劳务），应纳税额为当期销项税额抵扣当期进项税额后的余额。应纳税额计算公式：

应纳税额 = 当期销项税额 − 当期进项税额

当期销项税额小于当期进项税额不足抵扣时，其不足部分可以结转下期继续抵扣。

第五条 纳税人销售货物或者应税劳务，按照销售额和本条例第二条规定的税率计算并向购买方收取的增值税额，为销项税额。销项税额计算公式：

销项税额 = 销售额 × 税率

第六条 销售额为纳税人销售货物或者应税劳务向购买方收取的全部价款和价外费用，但是不包括收取的销项税额。

销售额以人民币计算。纳税人以人民币以外的货币结算销售额的，应当折合成人民币计算。

第七条 纳税人销售货物或者应税劳务的价格明显偏低并无正当理由的，由主管税务机关核定其销售额。

第八条 纳税人购进货物或者接受应税劳务（以下简称购进货物或者应税劳务）支付或者负担的增值税额，为进项税额。

下列进项税额准予从销项税额中抵扣：

（一）从销售方取得的增值税专用发票上注明的增值税额。

（二）从海关取得的海关进口增值税专用缴款书上注明的增值税额。

（三）购进农产品，除取得增值税专用发票或者海关进口增值税专用缴款书外，按照农产品收购发票或者销售发票上注明的农产品买价和13%的扣除率计算的进项税额。进项税额计算公式：

进项税额 = 买价 × 扣除率

（四）购进或者销售货物以及在生产经营过程中支付运输费用的，按照运输费用结算单据上注明的运输费用金额和7%的扣除率计算的进项税额。进项税额计算公式：

进项税额 = 运输费用金额 × 扣除率

准予抵扣的项目和扣除率的调整，由国务院决定。

第九条 纳税人购进货物或者应税劳务，取得的增值税扣税凭证不符合法律、行政法规或者国务院税务主管部门有关规定的，其进项税额不得从销项税额中抵扣。

第十条 下列项目的进项税额不得从销项税额中抵扣：

（一）用于非增值税应税项目、免征增值税项目、集体福利或者个人消费的购进货物或者应税劳务；

（二）非正常损失的购进货物及相关的应税劳务；

（三）非正常损失的在产品、产成品所耗用的购进货物或者应税劳务；

（四）国务院财政、税务主管部门规定的纳税人自用消费品；

（五）本条第（一）项至第（四）项规定的货物的运输费用和销售免税货物的运输费用。

第十一条 小规模纳税人销售货物或者应税劳务，实行按照销售额和征收率计算应纳税额的简易办法，并不得抵扣进项税额。应纳税额计算公式：

应纳税额 = 销售额 × 征收率

小规模纳税人的标准由国务院财政、税务主管部门规定。

第十二条 小规模纳税人增值税征收率为3%。

征收率的调整，由国务院决定。

第十三条 小规模纳税人以外的纳税人应当向主管税务机关申请资格认定。具体认定办法由国务院税务主管部门制定。

小规模纳税人会计核算健全，能够提供准确税务资料的，可以向主管税务机关申请资格认定，不作为小规模纳税人，依照本条例有关规定计算应纳税额。

第十四条 纳税人进口货物，按照组成计税价格和本条例第二条规定的税率计算应纳税额。组成计税价格和应纳税额计算公式：

组成计税价格 = 关税完税价格 + 关税 + 消费税

应纳税额 = 组成计税价格 × 税率

第十五条 下列项目免征增值税：

（一）农业生产者销售的自产农产品；

（二）避孕药品和用具；

（三）古旧图书；

（四）直接用于科学研究、科学试验和教学的进口仪器、设备；

（五）外国政府、国际组织无偿援助的进口物资和设备；

（六）由残疾人的组织直接进口供残疾人专用的物品；

（七）销售的自己使用过的物品。

除前款规定外，增值税的免税、减税项目由国务院规定。任何地区、部门均不得规定免税、减税项目。

第十六条 纳税人兼营免税、减税项目的，应当分别核算免税、减税项目的销售额；未分别核算销售额的，不得免税、减税。

第十七条 纳税人销售额未达到国务院财政、税务主管部门规定的增值税起征点的，免征增值税；达到起征点的，依照本条例规定全额计算缴纳增值税。

第十八条 中华人民共和国境外的单位或者个人在境内提供应税劳务，在境内未设有经营机构的，以其境内代理人为扣缴义务人；在境内没有代理人的，以购买方为扣缴义务人。

第十九条 增值税纳税义务发生时间：

（一）销售货物或者应税劳务，为收讫销售款项或者取得索取销售款项凭据的当天；先开具发票的，为开具发票的当天。

（二）进口货物，为报关进口的当天。

增值税扣缴义务发生时间为纳税人增值税纳税义务发生的当天。

第二十条 增值税由税务机关征收,进口货物的增值税由海关代征。

个人携带或者邮寄进境自用物品的增值税,连同关税一并计征。具体办法由国务院关税税则委员会会同有关部门制定。

第二十一条 纳税人销售货物或者应税劳务,应当向索取增值税专用发票的购买方开具增值税专用发票,并在增值税专用发票上分别注明销售额和销项税额。

属于下列情形之一的,不得开具增值税专用发票:

(一)向消费者个人销售货物或者应税劳务的;

(二)销售货物或者应税劳务适用免税规定的;

(三)小规模纳税人销售货物或者应税劳务的。

第二十二条 增值税纳税地点:

(一)固定业户应当向其机构所在地的主管税务机关申报纳税。总机构和分支机构不在同一县(市)的,应当分别向各自所在地的主管税务机关申报纳税;经国务院财政、税务主管部门或者其授权的财政、税务机关批准,可以由总机构汇总向总机构所在地的主管税务机关申报纳税。

(二)固定业户到外县(市)销售货物或者应税劳务,应当向其机构所在地的主管税务机关申请开具外出经营活动税收管理证明,并向其机构所在地的主管税务机关申报纳税;未开具证明的,应当向销售地或者劳务发生地的主管税务机关申报纳税;未向销售地或者劳务发生地的主管税务机关申报纳税的,由其机构所在地的主管税务机关补征税款。

(三)非固定业户销售货物或者应税劳务,应当向销售地或者劳务发生地的主管税务机关申报纳税;未向销售地或者劳务发生地的主管税务机关申报纳税的,由其机构所在地或者居住地的主管税务机关补征税款。

(四)进口货物,应当向报关地海关申报纳税。

扣缴义务人应当向其机构所在地或者居住地的主管税务机关申报缴纳其扣缴的税款。

第二十三条 增值税的纳税期限分别为 1 日、3 日、5 日、10 日、15 日、1 个月或者 1 个季度。纳税人的具体纳税期限,由主管税务机关根据纳税人应纳税额的大小分别核定;不能按照固定期限纳税的,可以按次纳税。

纳税人以 1 个月或者 1 个季度为 1 个纳税期的,自期满之日起 15 日内申报纳税;以 1 日、3 日、5 日、10 日或者 15 日为 1 个纳税期的,自期满之日起 5 日内预缴税款,于次月 1 日起 15 日内申报纳税并结清上月应纳税款。

扣缴义务人解缴税款的期限,依照前两款规定执行。

第二十四条 纳税人进口货物,应当自海关填发海关进口增值税专用缴款书之日起15日内缴纳税款。

第二十五条 纳税人出口货物适用退（免）税规定的，应当向海关办理出口手续，凭出口报关单等有关凭证，在规定的出口退（免）税申报期内按月向主管税务机关申报办理该项出口货物的退（免）税。具体办法由国务院财政、税务主管部门制定。

出口货物办理退税后发生退货或者退关的，纳税人应当依法补缴已退的税款。

第二十六条 增值税的征收管理，依照《中华人民共和国税收征收管理法》及本条例有关规定执行。

第二十七条 本条例自2009年1月1日起施行。

增值税一般纳税人资格认定管理办法

（2010年2月10日 国家税务总局令第22号）

第一条 为加强增值税一般纳税人（以下简称一般纳税人）资格认定管理，根据《中华人民共和国增值税暂行条例》及其实施细则，制定本办法。

第二条 一般纳税人资格认定和认定以后的资格管理适用本办法。

第三条 增值税纳税人（以下简称纳税人），年应税销售额超过财政部、国家税务总局规定的小规模纳税人标准的，除本办法第五条规定外，应当向主管税务机关申请一般纳税人资格认定。

本办法所称年应税销售额，是指纳税人在连续不超过12个月的经营期内累计应征增值税销售额，包括免税销售额。

第四条 年应税销售额未超过财政部、国家税务总局规定的小规模纳税人标准以及新开业的纳税人，可以向主管税务机关申请一般纳税人资格认定。

对提出申请并且同时符合下列条件的纳税人，主管税务机关应当为其办理一般纳税人资格认定：

（一）有固定的生产经营场所；

（二）能够按照国家统一的会计制度规定设置账簿，根据合法、有效凭证核算，能够提供准确税务资料。

第五条 下列纳税人不办理一般纳税人资格认定：

（一）个体工商户以外的其他个人；

（二）选择按照小规模纳税人纳税的非企业性单位；

（三）选择按照小规模纳税人纳税的不经常发生应税行为的企业。

第六条 纳税人应当向其机构所在地主管税务机关申请一般纳税人资格认定。

第七条 一般纳税人资格认定的权限，在县（市、区）国家税务局或者同级别的税务分局（以下称认定机关）。

第八条 纳税人符合本办法第三条规定的，按照下列程序办理一般纳税人资格认定：

（一）纳税人应当在申报期结束后40日（工作日，下同）内向主管税务机关报送《增值税一般纳税人申请认定表》（见附件1，以下简称申请表），申请一般纳税人资格认定。

（二）认定机关应当在主管税务机关受理申请之日起20日内完成一般纳税人资格认定，并由主管税务机关制作、送达《税务事项通知书》，告知纳税人。

（三）纳税人未在规定期限内申请一般纳税人资格认定的，主管税务机关应当在规定期限结束后20日内制作并送达《税务事项通知书》，告知纳税人。

纳税人符合本办法第五条规定的，应当在收到《税务事项通知书》后10日内向主管税务机关报送《不认定增值税一般纳税人申请表》（见附件2），经认定机关批准后不办理一般纳税人资格认定。认定机关应当在主管税务机关受理申请之日起20日内批准完毕，并由主管税务机关制作、送达《税务事项通知书》，告知纳税人。

第九条 纳税人符合本办法第四条规定的，按照下列程序办理一般纳税人资格认定：

（一）纳税人应当向主管税务机关填报申请表，并提供下列资料：

1.《税务登记证》副本；

2. 财务负责人和办税人员的身份证明及其复印件；

3. 会计人员的从业资格证明或者与中介机构签订的代理记账协议及其复印件；

4. 经营场所产权证明或者租赁协议，或者其他可使用场地证明及其复印件；

5. 国家税务总局规定的其他有关资料。

（二）主管税务机关应当当场核对纳税人的申请资料，经核对一致且申请资料齐全、符合填列要求的，当场受理，制作《文书受理回执单》，并将有关资料的原件退还纳税人。

对申请资料不齐全或者不符合填列要求的，应当当场告知纳税人需要补正的全部内容。

（三）主管税务机关受理纳税人申请以后，根据需要进行实地查验，并制作查验报告。

查验报告由纳税人法定代表人（负责人或者业主）、税务查验人员共同签字（签章）确认。

实地查验时，应当有两名或者两名以上税务机关工作人员同时到场。

实地查验的范围和方法由各省税务机关确定并报国家税务总局备案。

（四）认定机关应当自主管税务机关受理申请之日起20日内完成一般纳税人资格认定，并由主管税务机关制作、送达《税务事项通知书》，告知纳税人。

第十条 主管税务机关应当在一般纳税人《税务登记证》副本“资格认定”栏内加盖“增值税一般纳税人”戳记（附件3）。

“增值税一般纳税人”戳记印色为红色，印模由国家税务总局制定。

第十一条 纳税人自认定机关认定为一般纳税人的次月起（新开业纳税人自主管税务机关受理申请的当月起），按照《中华人民共和国增值税暂行条例》第四条的规定计算应纳税额，并按照规定领购、使用增值税专用发票。

第十二条 除国家税务总局另有规定外，纳税人一经认定为一般纳税人后，不得转为小规模纳税人。

第十三条 主管税务机关可以在一定期限内对下列一般纳税人实行纳税辅导期管理：

（一）按照本办法第四条的规定新认定为一般纳税人的小型商贸批发企业；

（二）国家税务总局规定的其他一般纳税人。

纳税辅导期管理的具体办法由国家税务总局另行制定。

第十四条 本办法自2010年3月20日起执行。《国家税务总局关于印发〈增值税一般纳税人申请认定办法〉的通知》（国税明电〔1993〕52号、国税发〔1994〕59号），《国家税务总局关于增值税一般纳税人申请认定办法的补充规定》（国税明电〔1993〕60号），《国家税务总局关于印发〈增值税一般纳税人年审办法〉的通知》（国税函〔1998〕156号），《国家税务总局关于使用增值税防伪税控系统的增值税一般纳税人资格认定问题的通知》（国税函〔2002〕326号）同时废止。

附件1：

增值税一般纳税人申请认定表

<table>
<tr><td>纳税人名称</td><td colspan="2"></td><td>纳税人识别号</td><td colspan="2"></td></tr>
<tr><td>法定代表人
（负责人、业主）</td><td></td><td>证件名称及号码</td><td></td><td>联系电话</td><td></td></tr>
<tr><td>财务负责人</td><td></td><td>证件名称及号码</td><td></td><td>联系电话</td><td></td></tr>
<tr><td>办税人员</td><td></td><td>证件名称及号码</td><td></td><td>联系电话</td><td></td></tr>
<tr><td>生产经营地址</td><td colspan="5"></td></tr>
<tr><td>核算地址</td><td colspan="5"></td></tr>
<tr><td colspan="6">纳税人类别：企业、企业性单位□　非企业性单位□　个体工商户□　其他□</td></tr>
<tr><td colspan="6">纳税人主业：工业□　商业□　其他□</td></tr>
<tr><td colspan="3">认定前累计应税销售额
（连续不超过12个月的经营期内）</td><td colspan="3">年　月至　年　月共　元。</td></tr>
<tr><td>纳税人
声明</td><td colspan="5">上述各项内容真实、可靠、完整。如有虚假，本纳税人愿意承担相关法律责任。
（签章）：
年　月　日</td></tr>
<tr><td colspan="6">税务机关</td></tr>
<tr><td>受理
意见</td><td colspan="5">受理人签名：
年　月　日</td></tr>
<tr><td>查验
意见</td><td colspan="5">查验人签名：
年　月　日</td></tr>
<tr><td>主管
税务
机关
意见</td><td colspan="5">（签章）
年　月　日</td></tr>
<tr><td>认定
机关
意见</td><td colspan="5">（签章）
年　月　日</td></tr>
</table>

注：本表1式2份，主管税务机关和纳税人各留存1份。

附件 2：

不认定增值税一般纳税人申请表

<table>
<tr><td>纳税人名称</td><td></td><td>纳税人识别号</td><td></td></tr>
<tr><td>纳税人意见</td><td colspan="3">（签章）：
年　月　日</td></tr>
<tr><td>主管税务机关意见</td><td colspan="3">（签章）
年　月　日</td></tr>
<tr><td>认定机关意见</td><td colspan="3">（签章）
年　月　日</td></tr>
</table>

注：本表 1 式 2 份，主管税务机关和纳税人各留存 1 份。

附件3：

“增值税一般纳税人”（印模式样）

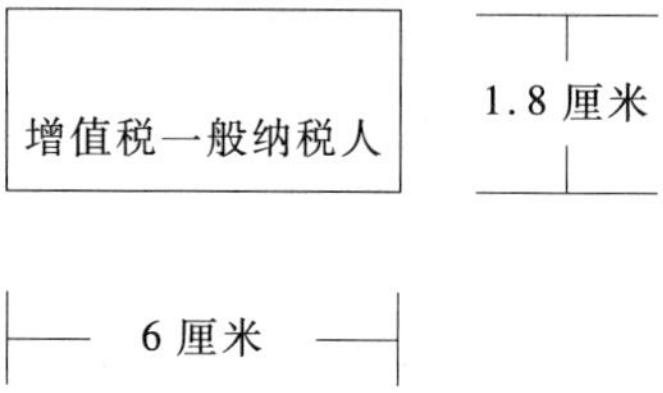

说明：

①“增值税一般纳税人”（印模）规格为6厘米（长）×1.8厘米（宽）；

②采用2号标准宋体字刻写。

国家税务总局关于明确《增值税一般纳税人资格认定管理办法》若干条款处理意见的通知

（2010年4月7日 国税函〔2010〕139号）

各省、自治区、直辖市和计划单列市国家税务局：

为便于各地税务机关更好地贯彻执行《增值税一般纳税人资格认定管理办法》（以下简称认定办法），总局明确了认定办法若干条款的处理意见，现通知如下，请遵照执行。

一、认定办法第三条所称年应税销售额，包括纳税申报销售额、稽查查补销售额、纳税评估调整销售额、税务机关代开发票销售额和免税销售额。稽查查补销售额和纳税评估调整销售额计入查补税款申报当月的销售额，不计入税款所属期销售额。

二、认定办法第三条所称经营期，是指在纳税人存续期内的连续经营期间，含未取得销售收入的月份。

三、认定办法第五条第（一）款所称其他个人，是指自然人。

四、认定办法第五条第（二）款所称非企业性单位，是指行政单位、事业单位、军事单位、社会团体和其他单位。

五、认定办法第五条第（三）款所称不经常发生应税行为的企业，是指非增值税纳税人；不经常发生应税行为是指其偶然发生增值税应税行为。

六、认定办法第八条第（一）款所称申报期，是指纳税人年应税销售额超过小规模纳税人标准的月份（或季度）的所属申报期。

七、认定办法第八条第（二）款规定主管税务机关制作的《税务事项通知书》中需明确告知：同意其认定申请；一般纳税人资格确认的时间。

八、认定办法第八条第（三）款第1项规定主管税务机关制作的《税务事项通知书》中需明确告知：其年应税销售额已超过小规模纳税人标准，应在收到《税务事项通知书》后10日内向主管税务机关报送《增值税一般纳税人申请认定表》或《不认定增值税一般纳税人申请表》；逾期未报送的，将按《中华人民共和国增值税暂行条例实施细则》第三十四条规定，按销售额依照增值税税率计算应纳税额，不得抵扣进项税额，也不得使用增值税专用发票。

纳税人在《税务事项通知书》规定的时限内仍未向主管税务机关报送《一般纳税人资格认定表》或者《不认定增值税一般纳税人申请表》的，应按《中华人民共和国增值税暂行条例实施细则》第三十四条规定，按销售额依照增值税税率计算应纳税额，不得抵扣进项税额，也不得使用增值税专用发票。直至纳税人报送上述资料，并经主管税务机关审核批准后方可停止执行。

九、认定办法第九条第（一）款第3项所称会计人员的从业资格证明，是指财政部门颁发的会计从业资格证书。

认定办法第九条第（三）款所称实地查验的范围，是指需要进行实地查验的企业范围及实地查验的内容。

十、认定办法第十一条所称新开业纳税人，是指自税务登记日起30日内申请一般纳税人资格认定的纳税人。

国家税务总局

二〇一〇年四月七日

中华人民共和国增值税暂行条例实施细则

（2008年12月18日财政部、国家税务总局令第50号公布；根据2011年10月28日《关于修改〈中华人民共和国增值税暂行条例实施细则〉和〈中华人民共和国营业税暂行条例实施细则〉的决定》修订，财政部令第65号公布，2011年11月1日起施行）

第一条 根据《中华人民共和国增值税暂行条例》（以下简称条例），制定本细则。

第二条 条例第一条所称货物，是指有形动产，包括电力、热力、气体在内。

条例第一条所称加工，是指受托加工货物，即委托方提供原料及主要材料，受托方按照委托方的要求，制造货物并收取加工费的业务。

条例第一条所称修理修配，是指受托对损伤和丧失功能的货物进行修复，使其恢复原状和功能的业务。

第三条 条例第一条所称销售货物，是指有偿转让货物的所有权。

条例第一条所称提供加工、修理修配劳务（以下称应税劳务），是指有偿提供加工、修理修配劳务。单位或者个体工商户聘用的员工为本单位或者雇主提供加工、修理修配劳务，不包括在内。

本细则所称有偿，是指从购买方取得货币、货物或者其他经济利益。

第四条 单位或者个体工商户的下列行为，视同销售货物：

（一）将货物交付其他单位或者个人代销；

（二）销售代销货物；

（三）设有两个以上机构并实行统一核算的纳税人，将货物从一个机构移送其他机构用于销售，但相关机构设在同一县（市）的除外；

（四）将自产或者委托加工的货物用于非增值税应税项目；

（五）将自产、委托加工的货物用于集体福利或者个人消费；

（六）将自产、委托加工或者购进的货物作为投资，提供给其他单位或者个体工商户；

（七）将自产、委托加工或者购进的货物分配给股东或者投资者；

（八）将自产、委托加工或者购进的货物无偿赠送其他单位或者个人。

第五条 一项销售行为如果既涉及货物又涉及非增值税应税劳务，为混合销售行为。除本细则第六条的规定外，从事货物的生产、批发或者零售的企业、企业性单位和个体工商户的混合销售行为，视为销售货物，应当缴纳增值税；其他单位和个人的混合销售行为，视为销售非增值税应税劳务，不缴纳增值税。

本条第一款所称非增值税应税劳务，是指属于应缴营业税的交通运输业、建筑业、金融保险业、邮电通信业、文化体育业、娱乐业、服务业税目征收范围的劳务。

本条第一款所称从事货物的生产、批发或者零售的企业、企业性单位和个体工商户，包括以从事货物的生产、批发或者零售为主，并兼营非增值税应税劳务的单位和个体工商户在内。

第六条 纳税人的下列混合销售行为，应当分别核算货物的销售额和非增值税应税劳务的营业额，并根据其销售货物的销售额计算缴纳增值税，非增值税应税劳务的营业额不缴纳增值税；未分别核算的，由主管税务机关核定其货物的销售额：

（一）销售自产货物并同时提供建筑业劳务的行为；

（二）财政部、国家税务总局规定的其他情形。

第七条 纳税人兼营非增值税应税项目的，应分别核算货物或者应税劳务的销售额和非增值税应税项目的营业额；未分别核算的，由主管税务机关核定货物或者应税劳务的销售额。

第八条 条例第一条所称在中华人民共和国境内（以下简称境内）销售货物或者提供加工、修理修配劳务，是指：

（一）销售货物的起运地或者所在地在境内；

（二）提供的应税劳务发生在境内。

第九条 条例第一条所称单位，是指企业、行政单位、事业单位、军事单位、社会团体及其他单位。

条例第一条所称个人，是指个体工商户和其他个人。

第十条 单位租赁或者承包给其他单位或者个人经营的，以承租人或者承包人为纳税人。

第十一条 小规模纳税人以外的纳税人（以下称一般纳税人）因销售货物退回或者折让而退还给购买方的增值税额，应从发生销售货物退回或者折让当期的销项税额中扣减；因购进货物退出或者折让而收回的增值税额，应从发生购进货物退出或者折让当期的进项税额中扣减。

一般纳税人销售货物或者应税劳务，开具增值税专用发票后，发生销售货物退回或者折让、开票有误等情形，应按国家税务总局的规定开具红字增值税专用发票。未按规定开具红字增值税专用发票的，增值税额不得从销项税额中扣减。

第十二条 条例第六条第一款所称价外费用，包括价外向购买方收取的手续费、补贴、基金、集资费、返还利润、奖励费、违约金、滞纳金、延期付款利息、赔偿金、代收款项、代垫款项、包装费、包装物租金、储备费、优质费、运输装卸费以及其他各种性质的价外收费。但下列项目不包括在内：

（一）受托加工应征消费税的消费品所代收代缴的消费税；

（二）同时符合以下条件的代垫运输费用：

1. 承运部门的运输费用发票开具给购买方的；

2. 纳税人将该项发票转交给购买方的。

（三）同时符合以下条件代为收取的政府性基金或者行政事业性收费：

1. 由国务院或者财政部批准设立的政府性基金，由国务院或者省级人民政府及其财政、价格主管部门批准设立的行政事业性收费；

2. 收取时开具省级以上财政部门印制的财政票据；

3. 所收款项全额上缴财政。

（四）销售货物的同时代办保险等而向购买方收取的保险费，以及向购买方收取的代购买方缴纳的车辆购置税、车辆牌照费。

第十三条 混合销售行为依照本细则第五条规定应当缴纳增值税的，其销售额为货物的销售额与非增值税应税劳务营业额的合计。

第十四条 一般纳税人销售货物或者应税劳务，采用销售额和销项税额合并定价方法的，按下列公式计算销售额：

销售额 = 含税销售额 ÷（1 + 税率）

第十五条 纳税人按人民币以外的货币结算销售额的，其销售额的人民币折合率可以选择销售额发生的当天或者当月 1 日的人民币汇率中间价。纳税人应在事先确定采用何种折合率，确定后 1 年内不得变更。

第十六条 纳税人有条例第七条所称价格明显偏低并无正当理由或者有本细则第四条所列视同销售货物行为而无销售额者，按下列顺序确定销售额：

（一）按纳税人最近时期同类货物的平均销售价格确定；

（二）按其他纳税人最近时期同类货物的平均销售价格确定；

（三）按组成计税价格确定。组成计税价格的公式为：

组成计税价格 = 成本 ×（1 + 成本利润率）

属于应征消费税的货物，其组成计税价格中应加计消费税额。

公式中的成本是指：销售自产货物的为实际生产成本，销售外购货物的为实际采购成本。公式中的成本利润率由国家税务总局确定。

第十七条 条例第八条第二款第（三）项所称买价，包括纳税人购进农产品在农产品收购发票或者销售发票上注明的价款和按规定缴纳的烟叶税。

第十八条 条例第八条第二款第（四）项所称运输费用金额，是指运输费用结算单据上注明的运输费用（包括铁路临管线及铁路专线运输费用）、建设基金，不包括装卸费、保险费等其他杂费。

第十九条 条例第九条所称增值税扣税凭证，是指增值税专用发票、海关进口增值税专用缴款书、农产品收购发票和农产品销售发票以及运输费用结算单据。

第二十条 混合销售行为依照本细则第五条规定应当缴纳增值税的，该混合销售行为所涉及的非增值税应税劳务所用购进货物的进项税额，符合条例第八条规定的，准予从销项税额中抵扣。

第二十一条 条例第十条第（一）项所称购进货物，不包括既用于增值税应税项目（不含免征增值税项目）也用于非增值税应税项目、免征增值税（以下简称免税）项目、集体福利或者个人消费的固定资产。

前款所称固定资产，是指使用期限超过 12 个月的机器、机械、运输工具以及其他与生产经营有关的设备、工具、器具等。

第二十二条 条例第十条第（一）项所称个人消费包括纳税人的交际应酬消费。

第二十三条 条例第十条第（一）项和本细则所称非增值税应税项目，是指提供非增值税应税劳务、转让无形资产、销售不动产和不动产在建工程。

前款所称不动产是指不能移动或者移动后会引起性质、形状改变的财产，包括建筑物、构筑物和其他土地附着物。

纳税人新建、改建、扩建、修缮、装饰不动产，均属于不动产在建工程。

第二十四条 条例第十条第（二）项所称非正常损失，是指因管理不善造成被盗、丢失、霉烂变质的损失。

第二十五条 纳税人自用的应征消费税的摩托车、汽车、游艇，其进项税额不得从销项税额中抵扣。

第二十六条 一般纳税人兼营免税项目或者非增值税应税劳务而无法划分不得抵扣的进项税额的，按下列公式计算不得抵扣的进项税额：

不得抵扣的进项税额＝当月无法划分的全部进项税额×当月免税项目销售额、非增值税应税劳务营业额合计÷当月全部销售额、营业额合计

第二十七条 已抵扣进项税额的购进货物或者应税劳务，发生条例第十条规定的情形的（免税项目、非增值税应税劳务除外），应当将该项购进货物或者应税劳务的进项税额从当期的进项税额中扣减；无法确定该项进项税额的，按当期实际成本计算应扣减的进项税额。

第二十八条 条例第十一条所称小规模纳税人的标准为：

（一）从事货物生产或者提供应税劳务的纳税人，以及以从事货物生产或者提供应税劳务为主，并兼营货物批发或者零售的纳税人，年应征增值税销售额（以下简称应税销售额）在 50 万元以下（含本数，下同）的；

（二）除本条第一款第（一）项规定以外的纳税人，年应税销售额在 80 万元以下的。

本条第一款所称以从事货物生产或者提供应税劳务为主，是指纳税人的年货物生产或者提供应税劳务的销售额占年应税销售额的比重在 50% 以上。

第二十九条 年应税销售额超过小规模纳税人标准的其他个人按小规模纳税人纳税；非企业性单位、不经常发生应税行为的企业可选择按小规模纳税人纳税。

第三十条 小规模纳税人的销售额不包括其应纳税额。

小规模纳税人销售货物或者应税劳务采用销售额和应纳税额合并定价方法的，按下列公式计算销售额：

销售额 = 含税销售额 ÷ (1 + 征收率)

第三十一条 小规模纳税人因销售货物退回或者折让退还给购买方的销售额，应从发生销售货物退回或者折让当期的销售额中扣减。

第三十二条 条例第十三条和本细则所称会计核算健全，是指能够按照国家统一的会计制度规定设置账簿，根据合法、有效凭证核算。

第三十三条 除国家税务总局另有规定外，纳税人一经认定为一般纳税人后，不得转为小规模纳税人。

第三十四条 有下列情形之一者，应按销售额依照增值税税率计算应纳税额，不得抵扣进项税额，也不得使用增值税专用发票：

（一）一般纳税人会计核算不健全，或者不能够提供准确税务资料的；

（二）除本细则第二十九条规定外，纳税人销售额超过小规模纳税人标准，未申请办理一般纳税人认定手续的。

第三十五条 条例第十五条规定的部分免税项目的范围，限定如下：

（一）第一款第（一）项所称农业，是指种植业、养殖业、林业、牧业、水产业。

农业生产者，包括从事农业生产的单位和个人。

农产品，是指初级农产品，具体范围由财政部、国家税务总局确定。

（二）第一款第（三）项所称古旧图书，是指向社会收购的古书和旧书。

（三）第一款第（七）项所称自己使用过的物品，是指其他个人自己使用过的物品。

第三十六条 纳税人销售货物或者应税劳务适用免税规定的，可以放弃免税，依照条例的规定缴纳增值税。放弃免税后，36 个月内不得再申请免税。

第三十七条 增值税起征点的适用范围限于个人。

增值税起征点的幅度规定如下：

（一）销售货物的，为月销售额 5 000—20 000 元；

（二）销售应税劳务的，为月销售额 5 000—20 000 元；

（三）按次纳税的，为每次（日）销售额 300—500 元。

前款所称销售额，是指本细则第三十条第一款所称小规模纳税人的销售额。

省、自治区、直辖市财政厅（局）和国家税务局应在规定的幅度内，根据实际情况确定本地区适用的起征点，并报财政部、国家税务总局备案。

第三十八条 条例第十九条第一款第（一）项规定的收讫销售款项或者取得索取销售款项凭据的当天，按销售结算方式的不同，具体为：

（一）采取直接收款方式销售货物，不论货物是否发出，均为收到销售款或者取得索取销售款凭据的当天；

（二）采取托收承付和委托银行收款方式销售货物，为发出货物并办妥托收手续的当天；

（三）采取赊销和分期收款方式销售货物，为书面合同约定的收款日期的当天，无书面合同的或者书面合同没有约定收款日期的，为货物发出的当天；

（四）采取预收货款方式销售货物，为货物发出的当天，但生产销售生产工期超过12个月的大型机械设备、船舶、飞机等货物，为收到预收款或者书面合同约定的收款日期的当天；

（五）委托其他纳税人代销货物，为收到代销单位的代销清单或者收到全部或者部分货款的当天。未收到代销清单及货款的，为发出代销货物满180天的当天；

（六）销售应税劳务，为提供劳务同时收讫销售款或者取得索取销售款的凭据的当天；

（七）纳税人发生本细则第四条第（三）项至第（八）项所列视同销售货物行为，为货物移送的当天。

第三十九条 条例第二十三条以1个季度为纳税期限的规定仅适用于小规模纳税人。小规模纳税人的具体纳税期限，由主管税务机关根据其应纳税额的大小分别核定。

第四十条 本细则自2009年1月1日起施行。

财政部 国家税务总局关于印发《营业税改征增值税试点方案》的通知

（2011年11月16日 财税〔2011〕110号）

各省、自治区、直辖市、计划单列市财政厅（局）、国家税务局、地方税务局，新疆生产建设兵团财务局：

《营业税改征增值税试点方案》已经国务院同意，现印发你们，请遵照执行。

附件：营业税改征增值税试点方案

财政部

国家税务总局

二〇一一年十一月十六日

附件:

营业税改征增值税试点方案

根据党的十七届五中全会精神,按照《中华人民共和国国民经济和社会发展第十二个五年规划纲要》确定的税制改革目标和2011年《政府工作报告》的要求,制定本方案。

一、指导思想和基本原则

(一)指导思想。

建立健全有利于科学发展的税收制度,促进经济结构调整,支持现代服务业发展。

(二)基本原则。

1. 统筹设计、分步实施。正确处理改革、发展、稳定的关系,统筹兼顾经济社会发展要求,结合全面推行改革需要和当前实际,科学设计,稳步推进。

2. 规范税制、合理负担。在保证增值税规范运行的前提下,根据财政承受能力和不同行业发展特点,合理设置税制要素,改革试点行业总体税负不增加或略有下降,基本消除重复征税。

3. 全面协调、平稳过渡。妥善处理试点前后增值税与营业税政策的衔接、试点纳税人与非试点纳税人税制的协调,建立健全适应第三产业发展的增值税管理体系,确保改革试点有序运行。

二、改革试点的主要内容

(一)改革试点的范围与时间。

1. 试点地区。综合考虑服务业发展状况、财政承受能力、征管基础条件等因素,先期选择经济辐射效应明显、改革示范作用较强的地区开展试点。

2. 试点行业。试点地区先在交通运输业、部分现代服务业等生产性服务业开展试点,逐步推广至其他行业。条件成熟时,可选择部分行业在全国范围内进行全行业试点。

3. 试点时间。2012年1月1日开始试点,并根据情况及时完善方案,择机扩大试点范围。

(二)改革试点的主要税制安排。

1. 税率。在现行增值税17%标准税率和13%低税率基础上,新增11%和

6%两档低税率。租赁有形动产等适用17%税率，交通运输业、建筑业等适用11%税率，其他部分现代服务业适用6%税率。

2. 计税方式。交通运输业、建筑业、邮电通信业、现代服务业、文化体育业、销售不动产和转让无形资产，原则上适用增值税一般计税方法。金融保险业和生活性服务业，原则上适用增值税简易计税方法。

3. 计税依据。纳税人计税依据原则上为发生应税交易取得的全部收入。对一些存在大量代收转付或代垫资金的行业，其代收代垫金额可予以合理扣除。

4. 服务贸易进出口。服务贸易进口在国内环节征收增值税，出口实行零税率或免税制度。

（三）改革试点期间过渡性政策安排。

1. 税收收入归属。试点期间保持现行财政体制基本稳定，原归属试点地区的营业税收入，改征增值税后收入仍归属试点地区，税款分别入库。因试点产生的财政减收，按现行财政体制由中央和地方分别负担。

2. 税收优惠政策过渡。国家给予试点行业的原营业税优惠政策可以延续，但对于通过改革能够解决重复征税问题的，予以取消。试点期间针对具体情况采取适当的过渡政策。

3. 跨地区税种协调。试点纳税人以机构所在地作为增值税纳税地点，其在异地缴纳的营业税，允许在计算缴纳增值税时抵减。非试点纳税人在试点地区从事经营活动的，继续按照现行营业税有关规定申报缴纳营业税。

4. 增值税抵扣政策的衔接。现有增值税纳税人向试点纳税人购买服务取得的增值税专用发票，可按现行规定抵扣进项税额。

三、组织实施

（一）财政部和国家税务总局根据本方案制定具体实施办法、相关政策和预算管理及缴库规定，做好政策宣传和解释工作。经国务院同意，选择确定试点地区和行业。

（二）营业税改征的增值税，由国家税务局负责征管。国家税务总局负责制定改革试点的征管办法，扩展增值税管理信息系统和税收征管信息系统，设计并统一印制货物运输业增值税专用发票，全面做好相关征管准备和实施工作。

国家税务总局关于上海市营业税改征增值税试点增值税一般纳税人资格认定有关事项的公告

（2011 年 12 月 2 日 国家税务总局公告 2011 年第 65 号）

根据《财政部 国家税务总局关于在上海市开展交通运输业和部分现代服务业营业税改征增值税试点的通知》（财税〔2011〕111 号），现就上海市试点纳税人有关增值税一般纳税人资格认定事项公告如下：

一、试点纳税人应税服务年销售额超过 500 万元的，除本公告第二、三条规定外，应当向主管税务机关申请增值税一般纳税人（以下简称一般纳税人）资格认定。

应税服务年销售额，是指试点纳税人在连续不超过 12 个月的经营期内，提供交通运输业和部分现代服务业服务的累计销售额，含免税、减税销售额。按《交通运输业和部分现代服务业营业税改征增值税试点有关事项的规定》（财税〔2011〕111 号印发）第一条第（三）项确定销售额的试点纳税人，其应税服务年销售额按未扣除之前的销售额计算。

二、已取得一般纳税人资格并兼有应税服务的试点纳税人，不需重新申请认定，由主管税务机关制作、送达《税务事项通知书》，告知纳税人。

三、2011 年年审合格的原公路、内河货物运输业自开票纳税人，其应税服务年销售额不论是否超过 500 万元，均应认定为一般纳税人。办理一般纳税人资格认定时，不需提交认定申请，由主管税务机关制作、送达《税务事项通知书》，告知纳税人。

四、应税服务年销售额未超过 500 万元以及新开业的试点纳税人，可以向主管税务机关申请一般纳税人资格认定。

提出申请并且同时符合下列条件的试点纳税人，主管税务机关应当为其办理一般纳税人资格认定：

（一）有固定的生产经营场所；

（二）能够按照国家统一的会计制度规定设置账簿，根据合法、有效凭证核算，能够提供准确税务资料。

五、试点纳税人取得一般纳税人资格后，发生增值税偷税、骗取退税和虚开增值税扣税凭证等行为的，主管税务机关可以对其实行不少于 6 个月的纳税辅导期管理。

六、试点纳税人一般纳税人资格认定具体程序由上海市国家税务局根据《增值税一般纳税人资格认定管理办法》（国家税务总局令第 22 号）和本公告确定，并报国家税务总局备案。

七、本公告自2012年1月1日起执行。

特此公告。

国家税务总局

二〇一一年十二月二日

国家税务总局关于营业税改征增值税试点有关税收征收管理问题的公告

（2011年12月26日 国家税务总局公告2011年第77号）

经国务院批准，自2012年1月1日起，在部分地区部分行业开展深化增值税制度改革试点，逐步将营业税改征增值税。为保障改革试点的顺利实施，现将税收征收管理有关问题公告如下：

一、关于试点地区发票使用问题

（一）自2012年1月1日起，试点地区增值税一般纳税人（以下简称一般纳税人）从事增值税应税行为（提供货物运输服务除外）统一使用增值税专用发票（以下简称专用发票）和增值税普通发票，一般纳税人提供货物运输服务统一使用货物运输业增值税专用发票（以下简称货运专用发票）和普通发票。

小规模纳税人提供货物运输服务，接受方索取货运专用发票的，可向主管税务机关申请代开货运专用发票。代开货运专用发票按照代开专用发票的有关规定执行。

（二）2012年1月1日以后试点地区纳税人不得开具公路、内河货物运输业统一发票。

（三）试点地区提供港口码头服务的一般纳税人可以选择使用定额普通发票。

（四）试点纳税人2011年12月31日前提供改征增值税的营业税应税服务并开具发票后，如发生服务中止、折让、开票有误等，且不符合发票作废条件的，应开具红字普通发票，不得开具红字专用发票。对于需重新开具发票的，应开具普通发票，不得开具专用发票（包括货运专用发票）。

（五）试点地区从事国际货物运输代理业务的一般纳税人，应使用六联增值税专用发票或五联增值税普通发票,其中第四联用作购付汇联;从事国际货物运输代理业务的小规模纳税人开具的普通发票第四联用作购付汇联。

(六)为保障改革试点平稳过渡,上海市试点纳税人发生增值税应税行为,需要开具除专用发票(包括货运专用发票)和增值税普通发票以外发票的,在2012年3月31日前可继续使用上海市地税局监制的普通发票。

二、税控系统使用有关问题

自2012年1月1日起,试点地区新认定的一般纳税人(提供货物运输服务的纳税人除外)使用增值税防伪税控系统,提供货物运输服务的一般纳税人使用货物运输业增值税专用发票税控系统。试点地区使用的增值税防伪税控系统专用设备为金税盘和报税盘。纳税人应当使用金税盘开具发票,使用报税盘领购发票、抄报税。

三、货运专用发票开具有关问题

(一)一般纳税人提供应税货物运输服务使用货运专用发票,提供其他应税项目、免税项目或非增值税应税项目不得使用货运专用发票。

(二)货运专用发票中"承运人及纳税人识别号"栏内容为提供货物运输服务、开具货运专用发票的一般纳税人信息;"实际受票方及纳税人识别号"栏内容为实际负担运输费用、抵扣进项税额的一般纳税人信息;"费用项目及金额"栏内容为应税货物运输服务明细项目不含增值税额的销售额;"合计金额"栏内容为应税货物运输服务项目不含增值税额的销售额合计;"税率"栏内容为增值税税率;"税额"栏为按照应税货物运输服务项目不含增值税额的销售额和增值税税率计算的增值税额;"价税合计(大写)(小写)"栏内容为不含增值税额的销售额和增值税额的合计;"机器编号"栏内容为货物运输业增值税专用发票税控系统税控盘编号。

(三)税务机关在代开货运专用发票时,货物运输业增值税专用发票税控系统在货运专用发票左上角自动打印"代开"字样;货运专用发票"费用项目及金额"栏内容为应税货物运输服务明细项目含增值税额的销售额;"合计金额"栏和"价税合计(大写)(小写)"栏内容为应税货物运输服务项目含增值税额的销售额合计;"税率"栏和"税额"栏均自动打印"＊＊＊";"备注"栏打印税收完税凭证号码。

(四)一般纳税人提供货物运输服务,开具货运专用发票后,发生应税服务中止、折让、开票有误以及发票抵扣联、发票联均无法认证等情形,且不符合发票作废条件的,需要开具红字货运专用发票的,实际受票方或承运人应向主管税务机关填报《开具红字货物运输业增值税专用发票申请单》(附件1),经主管税务机关审核后，出具《开具红字货物运输业增值税专用发票通知单》（附件 2，以下简称《通知单》）。承运方凭《通知单》在货物运输业增值税专用发票税控系统中以销项负数开具红字货运专用发票。《通知单》暂不通过系统开具和管理，其他事项按照现行红字专用发票有关规定执行。

四、货运专用发票管理有关问题

（一）货运专用发票暂不纳入失控发票快速反应机制管理。

（二）货运专用发票的认证结果、稽核结果分类暂与公路、内河货物运输业统一发票一致，认证、稽核异常货运专用发票的处理暂按照现行公路、内河货物运输业统一发票的有关规定执行。

（三）对稽核异常货运专用发票的审核检查暂按照现行公路、内河货物运输业统一发票的有关规定执行。

五、本公告自 2012 年 1 月 1 日起实施。

特此公告。

国家税务总局

二〇一一年十二月二十六日

附件：

1. 开具红字货物运输业增值税专用发票申请单

填开日期：　年　月　日

<table>
<tr><td rowspan="2">承运人</td><td colspan="2">名　称</td><td colspan="2"></td><td colspan="2" rowspan="2">实际受票方</td><td colspan="3">名　称</td><td colspan="2"></td></tr>
<tr><td colspan="2">税务登记代码</td><td colspan="2"></td><td colspan="3">税务登记代码</td><td colspan="2"></td></tr>
<tr><td rowspan="2">收货人</td><td colspan="2">名　称</td><td colspan="2"></td><td colspan="2" rowspan="2">发货人</td><td colspan="3">名　称</td><td colspan="2"></td></tr>
<tr><td colspan="2">税务登记代码</td><td colspan="2"></td><td colspan="3">税务登记代码</td><td colspan="2"></td></tr>
<tr><td rowspan="3">开具红字专用发票内容</td><td colspan="6">费用项目及金额</td><td colspan="6">运输货物信息</td></tr>
<tr><td colspan="6"></td><td colspan="6"></td></tr>
<tr><td>合计金额</td><td></td><td>税率</td><td></td><td>税额</td><td></td><td>机器编号</td><td></td><td>车种车号</td><td></td><td>车船吨位</td><td></td></tr>
</table>

（续表）

说明	一、购买方申请 □ 对应蓝字专用发票抵扣增值税销项税额情况： 1. 已抵扣□ 2. 未抵扣□ （1）无法认证□ （2）纳税人识别号认证不符□ （3）增值税专用发票代码、号码认证不符□ （4）所购货物不属于增值税扣税项目范围□ 对应蓝字专用发票的代码： 号码： 二、销售方申请 □ （1）因开票有误受票方拒收的□ （2）因开票有误等原因尚未交付的□ 对应蓝字专用发票的代码： 号码： 开具红字专用发票理由：

申明：我单位提供的《申请单》内容真实，否则将承担相关法律责任。

申请方经办人：　　　　联系电话：　　　　申请方名称（印章）：

注：本申请单一式两联：第一联，申请方留存；第二联，申请方所属主管税务机关留存。

2. 开具红字货物运输业增值税专用发票通知单

填开日期：　年　月　日　　　　　　　　　　NO.

<table>
<tr><td rowspan="2">承运人</td><td colspan="2">名　称</td><td colspan="3"></td><td colspan="2" rowspan="2">实际受票方</td><td colspan="3">名　称</td><td colspan="2"></td></tr>
<tr><td colspan="2">税务登记代码</td><td colspan="3"></td><td colspan="3">税务登记代码</td><td colspan="2"></td></tr>
<tr><td rowspan="2">收货人</td><td colspan="2">名　称</td><td colspan="3"></td><td colspan="2" rowspan="2">发货人</td><td colspan="3">名　称</td><td colspan="2"></td></tr>
<tr><td colspan="2">税务登记代码</td><td colspan="3"></td><td colspan="3">税务登记代码</td><td colspan="2"></td></tr>
<tr><td rowspan="3">开具红字专用发票内容</td><td colspan="6">费用项目及金额</td><td colspan="6">运输货物信息</td></tr>
<tr><td colspan="6"></td><td colspan="6"></td></tr>
<tr><td>合计金额</td><td></td><td>税率</td><td></td><td>税额</td><td></td><td>机器编号</td><td></td><td>车种车号</td><td></td><td>车船吨位</td><td></td></tr>
</table>

（续表）

说明	一、购买方申请 □ 对应蓝字专用发票抵扣增值税销项税额情况： 1．需要作进项税额转出□ 2．不需要作进项税额转出□ （1）无法认证□ （2）纳税人识别号认证不符□ （3）增值税专用发票代码、号码认证不符□ （4）所购货物不属于增值税扣税项目范围□ 对应蓝字专用发票的代码：________ 号码：________ 二、销售方申请 □ （1）因开票有误受票方拒收的□ （2）因开票有误等原因尚未交付的□ 对应蓝字专用发票的代码：________ 号码：________ 开具红字专用发票理由：

经办人：　　　　负责人：　　　　主管税务机关名称（印章）：

注：1．本通知单一式三联：第一联，申请方主管税务机关留存；第二联，申请方送交对方留存；第三联，申请方留存。

2．通知单应与申请单一一对应。

国家税务总局关于北京等8省市营业税改征增值税试点有关税收征收管理问题的公告

（2012年8月24日　国家税务总局公告2012年第42号）

为了认真贯彻落实《财政部 国家税务总局关于在北京等8省市开展交通运输业和部分现代服务业营业税改征增值税试点的通知》（财税〔2012〕71号）精神，保障改革试点的顺利实施，现将税收征收管理有关问题公告如下：

一、关于试点地区发票使用问题

（一）自本地区试点实施之日起，试点地区增值税一般纳税人（以下简称一般纳税人）从事增值税应税行为（提供货物运输服务除外）统一使用增值税专用发票（以下简称专用发票）和增值税普通发票，一般纳税人提供货物运输服务统一使用货物运输业增值税专用发票（以下简称货运专用发票）和普通发票。

小规模纳税人提供货物运输服务，接受方索取货运专用发票的，可向主管税务机关申请代开货运专用发票。代开货运专用发票按照代开专用发票的有关规定执行。

（二）自本地区试点实施之日起，试点地区纳税人不得开具公路、内河货物运输业统一发票。

（三）试点地区提供港口码头服务、货运客运场站服务、装卸搬运服务以及旅客运输服务的一般纳税人可以选择使用定额普通发票。

（四）试点地区从事国际货物运输代理业务的一般纳税人，应使用六联增值税专用发票或五联增值税普通发票，其中第四联用作购付汇联；从事国际货物运输代理业务的小规模纳税人开具的普通发票第四联用作购付汇联。

（五）纳税人于本地区试点实施之日前提供改征增值税的营业税应税服务并开具发票后，如发生服务中止、折让、开票有误等，且不符合发票作废条件的，应开具红字普通发票，不得开具红字专用发票和红字货运专用发票。对于需重新开具发票的，应开具普通发票，不得开具专用发票和货运专用发票。

二、关于税控系统使用问题

（一）自本地区试点实施之日起，试点地区新认定的一般纳税人（提供货物运输服务的纳税人除外）使用增值税防伪税控系统，提供货物运输服务的一般纳税人使用货物运输业增值税专用发票税控系统。试点地区使用的增值税防伪税控系统专用设备为金税盘和报税盘，纳税人应当使用金税盘开具发票，使用报税盘领购发票、抄报税。货物运输业增值税专用发票税控系统专用设备为税控盘和报税盘，纳税人应当使用税控盘开具发票，使用报税盘领购发票、抄报税。

（二）货物运输业增值税专用发票税控系统及专用设备管理按照现行增值税防伪税控系统有关规定执行，涉及的相关文书试点地区可在现有文书基础上适当调整。

（三）自试点实施之日起，北京市小规模纳税人可使用金税盘或税控盘开具普通发票，使用报税盘领购发票、抄报税。

三、关于货运专用发票开具问题

（一）一般纳税人提供应税货物运输服务使用货运专用发票，提供其他应税项目、免税项目或非增值税应税项目不得使用货运专用发票。

（二）货运专用发票中“承运人及纳税人识别号”栏内容为提供货物运输服务、开具货运专用发票的一般纳税人信息；“实际受票方及纳税人识别号”栏内容为实际负担运输费用、抵扣进项税额的一般纳税人信息；“费用项目及金额”栏内容为应税货物运输服务明细项目不含增值税额的销售额；“合计金额”栏内容为应税货物运输服务项目不含增值税额的销售额合计;“税率”栏内容为增值税税率;“税额”栏为按照应税货物运输服务项目不含增值税额的销售额和增值税税率计算的增值税额;“价税合计(大写)(小写)”栏内容为不含增值税额的销售额和增值税额的合计;“机器编号”栏内容为货物运输业增值税专用发票税控系统税控盘编号。

(三)税务机关在代开货运专用发票时,货物运输业增值税专用发票税控系统在货运专用发票左上角自动打印“代开”字样;货运专用发票“费用项目及金额”栏内容为应税货物运输服务明细项目含增值税额的销售额;“合计金额”栏和“价税合计(大写)(小写)”栏内容为应税货物运输服务项目含增值税额的销售额合计;“税率”栏和“税额”栏均自动打印“＊＊＊”;“备注”栏打印税收完税凭证号码。

(四)一般纳税人提供货物运输服务,开具货运专用发票后,发生应税服务中止、折让、开票有误以及发票抵扣联、发票联均无法认证等情形,且不符合发票作废条件,需要开具红字货运专用发票的,实际受票方或承运人应向主管税务机关填报《开具红字货物运输业增值税专用发票申请单》(附件1),经主管税务机关审核后,出具《开具红字货物运输业增值税专用发票通知单》(附件2,以下简称《通知单》)。承运方凭《通知单》在货物运输业增值税专用发票税控系统中以销项负数开具红字货运专用发票。《通知单》暂不通过系统开具和管理,其他事项按照现行红字专用发票有关规定执行。

四、关于货运专用发票管理问题

(一)货运专用发票暂不纳入失控发票快速反应机制管理。

(二)货运专用发票的认证结果、稽核结果分类暂与公路、内河货物运输业统一发票一致,认证、稽核异常货运专用发票的处理暂按照现行公路、内河货物运输业统一发票的有关规定执行。

(三)对稽核异常货运专用发票的审核检查暂按照现行公路、内河货物运输业统一发票的有关规定执行。

本公告所称试点实施之日是指财税〔2012〕71号文件规定的完成新旧税制转换之日。

特此公告。

附件:1. 开具红字货物运输业增值税专用发票申请单
　　2. 开具红字货物运输业增值税专用发票通知单

二〇一二年八月二十四日

附件1：

开具红字货物运输业增值税专用发票申请单

填开日期： 年 月 日

<table>
<tr><td rowspan="2">承运人</td><td colspan="2">名称</td><td colspan="2"></td><td rowspan="2">实际受票方</td><td colspan="2">名称</td><td colspan="2"></td></tr>
<tr><td colspan="2">税务登记代码</td><td colspan="2"></td><td colspan="2">税务登记代码</td><td colspan="2"></td></tr>
<tr><td rowspan="2">收货人</td><td colspan="2">名称</td><td colspan="2"></td><td rowspan="2">发货人</td><td colspan="2">名称</td><td colspan="2"></td></tr>
<tr><td colspan="2">税务登记代码</td><td colspan="2"></td><td colspan="2">税务登记代码</td><td colspan="2"></td></tr>
<tr><td rowspan="3">开具红字专用发票内容</td><td colspan="6">费用项目及金额</td><td colspan="6">运输货物信息</td></tr>
<tr><td colspan="6"></td><td colspan="6"></td></tr>
<tr><td>合计金额</td><td></td><td>税率</td><td></td><td>税额</td><td></td><td>机器编号</td><td></td><td>车种车号</td><td></td><td>车船吨位</td><td></td></tr>
<tr><td>说明</td><td colspan="12">一、购买方申请 □
对应蓝字专用发票抵扣增值税销项税额情况：
1. 已抵扣□
2. 未抵扣□
（1）无法认证□
（2）纳税人识别号认证不符□
（3）增值税专用发票代码、号码认证不符□
（4）所购货物不属于增值税扣税项目范围□
对应蓝字专用发票的代码：
号码：

二、销售方申请 □
（1）因开票有误受票方拒收的□
（2）因开票有误等原因尚未交付的□
对应蓝字专用发票的代码：
号码：
开具红字专用发票理由：</td></tr>
</table>

申明：我单位提供的《申请单》内容真实，否则将承担相关法律责任。

申请方经办人： 联系电话： 申请方名称（印章）：

注：本申请单一式两联：第一联，申请方留存；第二联，申请方所属主管税务机关留存。

附件 2：

开具红字货物运输业增值税专用发票通知单

填开日期：　年　月　日　　　　　　　　　　　　　　NO.

<table>
<tr><td rowspan="2">承运人</td><td colspan="3">名称</td><td colspan="3"></td><td rowspan="2">实际受票方</td><td colspan="2">名称</td><td colspan="3"></td></tr>
<tr><td colspan="3">税务登记代码</td><td colspan="3"></td><td colspan="2">税务登记代码</td><td colspan="3"></td></tr>
<tr><td rowspan="2">收货人</td><td colspan="3">名称</td><td colspan="3"></td><td rowspan="2">发货人</td><td colspan="2">名称</td><td colspan="3"></td></tr>
<tr><td colspan="3">税务登记代码</td><td colspan="3"></td><td colspan="2">税务登记代码</td><td colspan="3"></td></tr>
<tr><td rowspan="3">开具红字专用发票内容</td><td colspan="6">费用项目及金额</td><td colspan="6">运输货物信息</td></tr>
<tr><td colspan="6"></td><td colspan="6"></td></tr>
<tr><td>合计金额</td><td></td><td>税率</td><td></td><td>税额</td><td></td><td>机器编号</td><td></td><td>车种车号</td><td></td><td>车船吨位</td><td></td></tr>
<tr><td>说明</td><td colspan="12">一、购买方申请 □
对应蓝字专用发票抵扣增值税销项税额情况：
1．需要作进项税额转出□
2．不需要作进项税额转出□
（1）无法认证□
（2）纳税人识别号认证不符□
（3）增值税专用发票代码、号码认证不符□
（4）所购货物不属于增值税扣税项目范围□
对应蓝字专用发票的代码：
号码：

二、销售方申请 □
（1）因开票有误受票方拒收的□
（2）因开票有误等原因尚未交付的□
对应蓝字专用发票的代码：
号码：
开具红字专用发票理由：</td></tr>
</table>

经办人：　　　　　负责人：　　　　　主管税务机关名称（印章）：

注：1．本通知单一式三联：第一联，申请方主管税务机关留存；第二联，申请方送交对方留存；第三联，申请方留存。

2．通知单应与申请单一一对应。

国家税务总局关于北京等8省市营业税改征增值税试点增值税纳税申报有关事项的公告

（2012年8月27日 国家税务总局公告2012年第43号）

根据《财政部 国家税务总局关于在北京等8省市开展交通运输业和部分现代服务业营业税改征增值税试点的通知》（财税〔2012〕71号），现就北京等8个省（直辖市）（以下简称试点8省市）增值税纳税人增值税纳税申报有关事项公告如下：

一、试点8省市自营业税改征增值税试点实施之日税款所属期起，其所辖全部增值税纳税人均应按照本公告的规定进行增值税纳税申报。

二、纳税申报资料

纳税申报资料包括纳税申报表及其附列资料和纳税申报其他资料两类。

（一）纳税申报表及其附列资料

1. 增值税一般纳税人（以下简称一般纳税人）纳税申报表及其附列资料包括：

（1）《增值税纳税申报表（适用于增值税一般纳税人）》；

（2）《增值税纳税申报表附列资料（一）》（本期销售情况明细）；

（3）《增值税纳税申报表附列资料（二）》（本期进项税额明细）；

（4）《增值税纳税申报表附列资料（三）》（应税服务扣除项目明细）；

一般纳税人提供营业税改征增值税的应税服务，按照国家有关营业税政策规定差额征收营业税的，需填报《增值税纳税申报表附列资料（三）》。其他一般纳税人不填写该附列资料。

（5）《固定资产进项税额抵扣情况表》。

2. 增值税小规模纳税人（以下简称小规模纳税人）纳税申报表及其附列资料包括：

（1）《增值税纳税申报表（适用于增值税小规模纳税人）》；

（2）《增值税纳税申报表（适用于增值税小规模纳税人）附列资料》。

小规模纳税人提供营业税改征增值税的应税服务，按照国家有关营业税政策规定差额征收营业税的，需填报《增值税纳税申报表（适用于增值税小规模纳税人）附列资料》。其他小规模纳税人不填写该附列资料。

3. 上述纳税申报表及其附列资料表样和《填表说明》详见附件。

（二）纳税申报其他资料

1. 已开具的税控《机动车销售统一发票》和普通发票的存根联；

2. 符合抵扣条件且在本期申报抵扣的防伪税控《增值税专用发票》《货物运输业增值税专用发票》、税控《机动车销售统一发票》《公路、内河货物运输业统一发票》的抵扣联；

3. 符合抵扣条件且在本期申报抵扣的海关进口增值税专用缴款书、购进农产品取得的普通发票、运输费用结算单据的复印件；

4. 符合抵扣条件且在本期申报抵扣的代扣代缴增值税的税收通用缴款书及其清单，书面合同、付款证明和境外单位的对账单或者发票；

5. 已开具的农产品收购凭证的存根联或报查联；

6. 应税服务扣除项目的合法凭证及其清单；

7. 主管税务机关规定的其他资料。

（三）纳税申报表及其附列资料为必报资料。纳税申报其他资料的报备要求由试点8省市省国家税务局确定。

三、主管税务机关应做好增值税纳税申报的宣传、辅导和培训工作。

特此公告。

附件①

二〇一二年八月二十七日

① 本公告附件中的《增值税纳税申报表附列资料（一）》被国家税务总局公告2013年第22号废止，遂不收入。

附件 1：

增值税纳税申报表

（适用于增值税一般纳税人）

根据《中华人民共和国增值税暂行条例》和《交通运输业和部分现代服务业营业税改征增值税试点实施办法》的规定制定本表。纳税人不论有无销售额，均应按主管税务机关核定的纳税期限按期填报本表，并向当地税务机关申报。

税款所属时间：自　年　月　日至　年　月　日　　填表日期：　年　月　日　　金额单位：元至角分

纳税人识别号					所属行业：	
纳税人名称	（公章）	法定代表人姓名		注册地址	营业地址	
开户银行及账号		企业登记注册类型			电话号码	

项目		栏次	一般货物及劳务和应税服务		即征即退货物及劳务和应税服务	
			本月数	本年累计	本月数	本年累计
销售额	（一）按适用税率征税销售额	1				
	其中：应税货物销售额	2				
	应税劳务销售额	3				
	纳税检查调整的销售额	4				
	（二）按简易征收办法征税销售额	5				
	其中：纳税检查调整的销售额	6				
	（三）免、抵、退办法出口销售额	7			—	—
	（四）免税销售额	8			—	—
	其中：免税货物销售额	9			—	—
	免税劳务销售额	10			—	—

（续表）

税款计算	销项税额	11				
	进项税额	12				
	上期留抵税额	13				—
	进项税额转出	14				
	免、抵、退应退税额	15			—	—
	按适用税率计算的纳税检查应补缴税额	16			—	—
	应抵扣税额合计	17 = 12 + 13 − 14 − 15 + 16		—		—
	实际抵扣税额	18（如 17 < 11，则为 17，否则为 11）				
	应纳税额	19 = 11 − 18				
	期末留抵税额	20 = 17 − 18				—
	简易征收办法计算的应纳税额	21				
	按简易征收办法计算的纳税检查应补缴税额	22			—	—
	应纳税额减征额	23				
	应纳税额合计	24 = 19 + 21 − 23				
税款缴纳	期初未缴税额（多缴为负数）	25				
	实收出口开具专用缴款书退税额	26			—	—
	本期已缴税额	27 = 28 + 29 + 30 + 31				
	① 分次预缴税额	28		—		—
	② 出口开具专用缴款书预缴税额	29		—	—	—
	③ 本期缴纳上期应纳税额	30				
	④ 本期缴纳欠缴税额	31				
	期末未缴税额（多缴为负数）	32 = 24 + 25 + 26 − 27				
	其中：欠缴税额（≥0）	33 = 25 + 26 − 27		—		—
	本期应补（退）税额	34 = 24 − 28 − 29		—		—

（续表）

<table>
<tr><td rowspan="4">税款缴纳</td><td>即征即退实际退税额</td><td>35</td><td>—</td><td>—</td><td></td><td></td></tr>
<tr><td>期初未缴查补税额</td><td>36</td><td></td><td></td><td>—</td><td>—</td></tr>
<tr><td>本期入库查补税额</td><td>37</td><td></td><td></td><td>—</td><td>—</td></tr>
<tr><td>期末未缴查补税额</td><td>38 = 16 + 22 + 36 − 37</td><td></td><td></td><td>—</td><td>—</td></tr>
<tr><td>授权声明</td><td colspan="2">如果你已委托代理人申报，请填写下列资料：
为代理一切税务事宜，现授权
（地址）　　　　　　　为本纳税人的代理申报人，任何与本申报表有关的往来文件，都可寄予此人。
授权人签字：</td><td>申报人声明</td><td colspan="3">此纳税申报表是根据《中华人民共和国增值税暂行条例》的规定填报的，我相信它是真实的、可靠的、完整的。
声明人签字：</td></tr>
</table>

以下由税务机关填写：

收到日期：　　　　　　　　　　接收人：　　　　　　　　　　主管税务机关盖章：

增值税纳税申报表附列资料(二)

(本期进项税额明细)

税款所属时间: 年 月 日至 年 月 日

纳税人名称:(公章) 金额单位:元至角分

一、申报抵扣的进项税额				
项目	栏次	份数	金额	税额
(一) 认证相符的税控增值税专用发票	1 =2 +3			
其中:本期认证相符且本期申报抵扣	2			
前期认证相符且本期申报抵扣	3			
(二) 其他扣税凭证	4 =5 +6 +7 +8			
其中:海关进口增值税专用缴款书	5			
农产品收购发票或者销售发票	6			
代扣代缴税收通用缴款书	7		—	
运输费用结算单据	8			
	9	—	—	—
	10	—	—	—
(三)外贸企业进项税额抵扣证明	11	—	—	
当期申报抵扣进项税额合计	12 =1 +4 +11			

二、进项税额转出额		
项目	栏次	税额
本期进项税转出额	13 =14 至 23 之和	
其中:免税项目用	14	
非应税项目用、集体福利、个人消费	15	

（续表）

非正常损失	16			
简易计税方法征税项目用	17			
免抵退税办法不得抵扣的进项税额	18			
纳税检查调减进项税额	19			
红字专用发票通知单注明的进项税额	20			
上期留抵税额抵减欠税	21			
上期留抵税额退税	22			
其他应作进项税额转出的情形	23			
三、待抵扣进项税额				
项目	栏次	份数	金额	税额
（一）认证相符的税控增值税专用发票	24	—	—	—
期初已认证相符但未申报抵扣	25			
本期认证相符且本期未申报抵扣	26			
期末已认证相符但未申报抵扣	27			
其中：按照税法规定不允许抵扣	28			
（二）其他扣税凭证	29 = 30 至 33 之和			
其中：海关进口增值税专用缴款书	30			
农产品收购发票或者销售发票	31			
代扣代缴税收通用缴款书	32		—	
运输费用结算单据	33			
	34			
四、其他				
项目	栏次	份数	金额	税额
本期认证相符的税控增值税专用发票	35			
代扣代缴税额	36	—	—	

增值税纳税申报表附列资料(三)

(应税服务扣除项目明细)

税款所属时间： 年 月 日至 年 月 日

纳税人名称:(公章) 金额单位:元至角分

项目及栏次	本期应税服务价税合计额（免税销售额）	应税服务扣除项目				
		期初余额	本期发生额	本期应扣除金额	本期实际扣除金额	期末余额
	1	2	3	4 =2 +3	5(5≤1 且 5≤4)	6 =4 -5
17% 税率的有形动产租赁服务						
11% 税率的应税服务						
6% 税率的应税服务						
3% 征收率的应税服务						
免抵退税的应税服务						
免税的应税服务						

固定资产进项税额抵扣情况表

纳税人识别号：　　　　　　　　　　纳税人名称（公章）：

填表日期：　年　月　日　　　　　　　　　　金额单位：元至角分

项目	当期申报抵扣的固定资产进项税额	当期申报抵扣的固定资产进项税额累计
增值税专用发票		
海关进口增值税专用缴款书		
合计		

注：本表一式二份，一份纳税人留存，一份主管税务机关留存。

附件 2：

《增值税纳税申报表(适用于增值税一般纳税人)》及其附列资料填表说明

本申报表适用于增值税一般纳税人(以下简称纳税人)填报。

一、名词解释

（一）本申报表及本《填表说明》所称“货物”,是指增值税应税的货物。

（二）本申报表及本《填表说明》所称“劳务”,是指增值税应税的加工、修理、修配劳务。

（三）本申报表及本《填表说明》所称“应税服务”,是指营业税改征增值税的应税服务。

（四）本申报表及本《填表说明》所称“按适用税率征税”“按适用税率计算”和“一般计税方法”,均指按“应纳税额 = 销项税额 - 进项税额”公式计算增值税应纳税额的征税方法。

（五）本申报表及本《填表说明》所称“按简易征收办法征税”“按简易征收办法计算”和“简易计税方法”,均指按“应纳税额 = 销售额 × 征收率”公式计算增值税应纳税额的征税方法。

（六）本申报表及本《填表说明》所称“应税服务扣除项目”,是指按照国家现行营业税政策规定差额征收营业税的纳税人,营业税改征增值税后,允许其从取得的应税服务全部价款和价外费用中扣除的项目。

（七）本申报表及本《填表说明》所称“税控增值税专用发票”,具体包括以下三种:

1. 增值税防伪税控系统开具的防伪税控《增值税专用发票》;

2. 货物运输业增值税专用发票税控系统开具的《货物运输业增值税专用发票》;

3. 机动车销售统一发票税控系统开具的税控《机动车销售统一发票》。

二、《增值税纳税申报表(适用于增值税一般纳税人)》填表说明

（一）“税款所属时间”:指纳税人申报的增值税应纳税额的所属时间,应填写具体的起止年、月、日。

（二）“填表日期”:指纳税人填写本表的具体日期。

（三）“纳税人识别号”:填写税务机关为纳税人确定的识别号。即:税务登

记证号码。

（四）“所属行业”：按照国民经济行业分类与代码中的小类行业填写。

（五）“纳税人名称”：填写纳税人单位名称全称。

（六）“法定代表人姓名”：填写纳税人法定代表人的姓名。

（七）“注册地址”：填写纳税人税务登记证所注明的详细地址。

（八）“营业地址”：填写纳税人营业地的详细地址。

（九）“开户银行及账号”：填写纳税人开户银行的名称和纳税人在该银行的结算账户号码。

（十）“企业登记注册类型”：按税务登记证填写。

（十一）“电话号码”：填写可联系到纳税人的实际电话号码。

（十二）“即征即退货物及劳务和应税服务”列：反映纳税人按照税法规定享受增值税即征即退税收优惠政策的货物及劳务和应税服务的征（退）税数据。

（十三）“一般货物及劳务和应税服务”列：反映除享受增值税即征即退税收优惠政策以外的货物及劳务和应税服务的征（免）税数据。

（十四）“本年累计”列：除第13栏、第18栏“实际抵扣税额”“一般货物及劳务和应税服务”列、第20、25、32、36、38栏外，“本年累计”列中其他各栏次，均填写本年度内各月“本月数”之和。

（十五）第1栏“（一）按适用税率征税销售额”：反映纳税人本期按一般计税方法计算缴纳增值税的销售额。包含在财务上不作销售但按税法规定应缴纳增值税的视同销售和价外费用的销售额；外贸企业作价销售进料加工复出口货物的销售额；税务、财政、审计部门检查按一般计税方法计算调整的销售额。

营业税改征增值税的纳税人，应税服务有扣除项目的，本栏应填写扣除之前的不含税销售额。

本栏“一般货物及劳务和应税服务”列“本月数”=《附列资料（一）》第9列第1至5行之和－第9列第6、7行之和；本栏“即征即退货物及劳务和应税服务”列“本月数”=《附列资料（一）》第9列第6、7行之和。

（十六）第2栏“其中：应税货物销售额”：反映纳税人本期按适用税率缴纳增值税的应税货物的销售额。包含在财务上不作销售但按税法规定应缴纳增值税的视同销售货物和价外费用销售额，以及外贸企业作价销售进料加工复出口的货物。

（十七）第3栏“其中：应税劳务销售额”：反映纳税人本期按适用税率缴纳增值税的应税劳务的销售额。

（十八）第4栏“其中：纳税检查调整的销售额”：反映纳税人因税务、财政、审计部门检查，并按一般计税方法在本期计算调整的销售额。但享受即征即退税收优惠政策的货物及劳务和应税服务，经纳税检查发现偷税的，不填入“即征即退货物及劳务和应税服务”列，而应填入“一般货物及劳务和应税服务”列。

营业税改征增值税的纳税人，应税服务有扣除项目的，本栏应填写扣除之前的不含税销售额。

本栏“一般货物及劳务和应税服务”列“本月数”=《附列资料（一）》第7列第1至5行之和。

（十九）第5栏“按简易征收办法征税销售额”：反映纳税人本期按简易计税方法征收增值税的销售额。包含纳税检查调整按简易计税方法征收增值税的销售额。

营业税改征增值税的纳税人，应税服务有扣除项目的，本栏应填写扣除之前的不含税销售额。

本栏“一般货物及劳务和应税服务”列“本月数”≥《附列资料（一）》第9列第8至12行之和－第9列第13、14行之和；本栏“即征即退货物及劳务和应税服务”列“本月数”≥《附列资料（一）》第9列第13、14行之和。

（二十）第6栏“其中：纳税检查调整的销售额”：反映纳税人因税务、财政、审计部门检查，并按简易计税方法在本期计算调整的销售额。但享受即征即退税收优惠政策的货物及劳务和应税服务，经纳税检查发现偷税的，不填入“即征即退货物及劳务和应税服务”列，而应填入“一般货物及劳务和应税服务”列。

营业税改征增值税的纳税人，应税服务有扣除项目的，本栏应填写扣除之前的不含税销售额。

（二十一）第7栏“免、抵、退办法出口销售额”：反映纳税人本期执行免、抵、退税办法的出口货物、劳务和应税服务的销售额。

营业税改征增值税的纳税人，应税服务有扣除项目的，本栏应填写扣除之前的销售额。

本栏“一般货物及劳务和应税服务”列“本月数”=《附列资料（一）》第9列第15、16行之和。

（二十二）第8栏“免税销售额”：反映纳税人本期按照税法规定免征增值税的销售额和适用零税率的销售额，但零税率的销售额中不包括适用免、抵、退税办法的销售额。

营业税改征增值税的纳税人，应税服务有扣除项目的，本栏应填写扣除之前的免税销售额。

本栏“一般货物及劳务和应税服务”列“本月数”=《附列资料（一）》第9列第17、18行之和。

（二十三）第9栏“其中：免税货物销售额”：反映纳税人本期按照税法规定

免征增值税的货物的销售额及适用零税率的货物的销售额，但不包括适用免、抵、退办法出口货物的销售额。

（二十四）第10栏“其中：免税劳务销售额”：反映纳税人本期按照税法规定免征增值税的劳务的销售额及适用零税率的劳务的销售额，但不包括适用免、抵、退办法的劳务的销售额。

（二十五）第11栏“销项税额”：反映纳税人本期按一般计税方法征税的货物及劳务和应税服务的销项税额。

营业税改征增值税的纳税人，应税服务有扣除项目的，本栏应填写扣除之后的销项税额。

本栏“一般货物及劳务和应税服务”列“本月数”=《附列资料(一)》(第10列第1、3行之和 - 10列第6行) + (第14列第2、4、5行之和 - 14列第7行)；

本栏“即征即退货物及劳务和应税服务”列“本月数”=《附列资料(一)》第10列第6行 + 第14列第7行。

（二十六）第12栏“进项税额”：反映纳税人本期申报抵扣的进项税额。

本栏“一般货物及劳务和应税服务”列“本月数” + “即征即退货物及劳务和应税服务”列“本月数”=《附列资料(二)》第12栏“税额”。

（二十七）第13栏“上期留抵税额”

1. 上期留抵税额按规定须挂账的纳税人，按以下要求填写本栏的“本月数”和“本年累计”：

上期留抵税额按规定须挂账的纳税人是指试点实施之日前一个税款所属期的申报表第20栏“期末留抵税额”“一般货物及劳务”列“本月数”大于零，且兼有营业税改征增值税应税服务的纳税人。下同。其试点实施之日前一个税款所属期的申报表第20栏“期末留抵税额”“一般货物及劳务”列“本月数”，以下称为货物和劳务挂账留抵税额。

（1）本栏“一般货物及劳务和应税服务”列“本月数”：试点实施之日的税款所属期填写“0”；以后各期按上期申报表第20栏“期末留抵税额”“一般货物及劳务和应税服务”列“本月数”填写。

（2）本栏“一般货物及劳务和应税服务”列“本年累计”：反映货物和劳务挂账留抵税额本期期初余额。试点实施之日的税款所属期按试点实施之日前一个税款所属期的申报表第20栏“期末留抵税额”“一般货物及劳务”列“本月数”填写；以后各期按上期申报表第20栏“期末留抵税额”“一般货物及劳务和应税服务”列“本年累计”填写。

（3）本栏“即征即退货物及劳务和应税服务”列“本月数”：按上期申报表第20栏“期末留抵税额”“即征即退货物及劳务和应税服务”列“本月数”填写。

2. 其他纳税人，按以下要求填写本栏“本月数”和“本年累计”：

其他纳税人是指除上期留抵税额按规定须挂账的纳税人之外的纳税人。下同。

（1）本栏“一般货物及劳务和应税服务”列“本月数”：按上期申报表第 20 栏“期末留抵税额”“一般货物及劳务和应税服务”列“本月数”填写。

（2）本栏“一般货物及劳务和应税服务”列“本年累计”：填写“0”。

（3）本栏“即征即退货物及劳务和应税服务”列“本月数”：按上期申报表第 20 栏“期末留抵税额”“即征即退货物及劳务和应税服务”列“本月数”填写。

（二十八）第 14 栏“进项税额转出”：反映纳税人已经抵扣按税法规定本期应转出的进项税额。

本栏“一般货物及劳务和应税服务”列“本月数”+“即征即退货物及劳务和应税服务”列“本月数”=《附列资料(二)》第 13 栏“税额”。

（二十九）第 15 栏“免、抵、退应退税额”：反映税务机关退税部门按照出口货物、劳务和应税服务免、抵、退办法审批的增值税应退税额。

（三十）第 16 栏“按适用税率计算的纳税检查应补缴税额”：反映税务、财政、审计部门检查，按一般计税方法计算征税的纳税检查应补缴的增值税税额。

本栏“一般货物及劳务和应税服务”列“本月数”≤《附列资料(一)》第 8 列第 1 至 5 行之和 +《附列资料(二)》第 19 栏。

（三十一）第 17 栏“应抵扣税额合计”：反映纳税人本期应抵扣进项税额的合计数。按表中所列公式计算填写。

（三十二）第 18 栏“实际抵扣税额”

1. 上期留抵税额按规定须挂账的纳税人，按以下要求填写本栏的“本月数”和“本年累计”：

（1）本栏“一般货物及劳务和应税服务”列“本月数”：按表中所列公式计算填写。

（2）本栏“一般货物及劳务和应税服务”列“本年累计”：反映货物和劳务挂账留抵税额本期实际抵减一般货物和劳务应纳税额的数额。将“货物和劳务挂账留抵税额本期期初余额”与“一般计税方法的一般货物及劳务应纳税额”两个数据相比较，取二者中小的数据。

其中：货物和劳务挂账留抵税额本期期初余额 = 第 13 栏“上期留抵税额”“一般货物及劳务和应税服务”列“本年累计”；

其中：一般计税方法的一般货物及劳务应纳税额 =（第 11 栏“销项税额”“一般货物及劳务和应税服务”列“本月数” – 第 18 栏“实际抵扣税额”“一般货物及劳务和应税服务”列“本月数”）× 一般货物及劳务销项税额比例；

一般货物及劳务销项税额比例 =（《附列资料(一)》第 10 列第 1、3 行之和 – 第 10 列第 6 行）÷ 第 11 栏“销项税额”“一般货物及劳务和应税服务”列“本月数”×100%。

(3) 本栏“即征即退货物及劳务和应税服务”列“本月数”:按表中所列公式计算填写。

2. 其他纳税人,按以下要求填写本栏的“本月数”和“本年累计”:

(1) 本栏“一般货物及劳务和应税服务”列“本月数”:按表中所列公式计算填写。

(2) 本栏“一般货物及劳务和应税服务”列“本年累计”:填写“0”。

(3) 本栏“即征即退货物及劳务和应税服务”列“本月数”:按表中所列公式计算填写。

(三十三) 第19栏“应纳税额”:反映纳税人本期按一般计税方法计算并应缴纳的增值税额。按以下公式计算填写:

1. 本栏“一般货物及劳务和应税服务”列“本月数”=第11栏“销项税额”“一般货物及劳务和应税服务”列“本月数”-第18栏“实际抵扣税额”“一般货物及劳务和应税服务”列“本月数”-第18栏“实际抵扣税额”“一般货物及劳务和应税服务”列“本年累计”。

2. 本栏“即征即退货物及劳务和应税服务”列“本月数”=第11栏“销项税额”“即征即退货物及劳务和应税服务”列“本月数”-第18栏“实际抵扣税额”“即征即退货物及劳务和应税服务”列“本月数”。

(三十四) 第20栏“期末留抵税额”

1. 上期留抵税额按规定须挂账的纳税人,按以下要求填写本栏的“本月数”和“本年累计”:

(1) 本栏“一般货物及劳务和应税服务”列“本月数”:反映试点实施以后,一般货物及劳务和应税服务共同形成的留抵税额。按表中所列公式计算填写。

(2) 本栏“一般货物及劳务和应税服务”列“本年累计”:反映货物和劳务挂账留抵税额,在试点实施以后抵减一般货物和劳务应纳税额后的余额。按以下公式计算填写:

本栏“一般货物及劳务和应税服务”列“本年累计”=第13栏“上期留抵税额”“一般货物及劳务和应税服务”列“本年累计”-第18栏“实际抵扣税额”“一般货物及劳务和应税服务”列“本年累计”。

(3) 本栏“即征即退货物及劳务和应税服务”列“本月数”:按表中所列公式计算填写。

2. 其他纳税人,按以下要求填写本栏“本月数”和“本年累计”:

(1) 本栏“一般货物及劳务和应税服务”列“本月数”:按表中所列公式计算填写。

(2) 本栏“一般货物及劳务和应税服务”列“本年累计”:填写“0”。

(3) 本栏“即征即退货物及劳务和应税服务”列“本月数”：按表中所列公式计算填写。

（三十五）第 21 栏“简易征收办法计算的应纳税额”：反映纳税人本期按简易计税方法计算并应缴纳的增值税额，但不包括按简易计税方法计算的纳税检查应补缴税额。按以下公式计算填写：

本栏“一般货物及劳务和应税服务”列“本月数”=《附列资料（一）》（第 10 列第 8 至 11 行之和 - 10 列第 13 行）+（第 14 列第 12 行 - 14 列第 14 行）

本栏“即征即退货物及劳务和应税服务”列“本月数”=《附列资料（一）》10 列第 13 行 + 第 14 列第 14 行。

（三十六）第 22 栏“按简易征收办法计算的纳税检查应补缴税额”：反映纳税人本期因税务、财政、审计部门检查并按简易计税方法计算的纳税检查应补缴税额。

（三十七）第 23 栏“应纳税额减征额”：反映纳税人本期按照税法规定减征的增值税应纳税额。包含按税法规定可在增值税应纳税额中全额抵减的增值税税控系统专用设备费用以及技术维护费。

当本期减征额小于或等于第 19 栏“应纳税额”与第 21 栏“简易征收办法计算的应纳税额”之和时，按本期减征额实际填写；当本期减征额大于第 19 栏“应纳税额”与第 21 栏“简易征收办法计算的应纳税额”之和时，按本期第 19 栏与第 21 栏之和填写。本期减征额不足抵减部分结转下期继续抵减。

（三十八）第 24 栏“应纳税额合计”：反映纳税人本期应缴增值税的合计数。按表中所列公式计算填写。

（三十九）第 25 栏“期初未缴税额（多缴为负数）”：“本月数”按上一税款所属期申报表第 32 栏“期末未缴税额（多缴为负数）”“本月数”填写。“本年累计”按上年度最后一个税款所属期申报表第 32 栏“期末未缴税额（多缴为负数）”“本年累计”填写。

（四十）第 26 栏“实收出口开具专用缴款书退税额”：本栏不填写。

（四十一）第 27 栏“本期已缴税额”：反映纳税人本期实际缴纳的增值税额，但不包括本期入库的查补税款。按表中所列公式计算填写。

（四十二）第 28 栏“① 分次预缴税额”：反映纳税人本期已缴纳的准予在本期增值税应纳税额中抵减的税额。营业税改征增值税总机构试点纳税人，按照税法规定从本期增值税应纳税额中抵减的分支机构已缴纳的增值税和营业税税款，也填入本栏。

（四十三）第 29 栏“② 出口开具专用缴款书预缴税额”：本栏不填写。

（四十四）第 30 栏“③ 本期缴纳上期应纳税额”：反映纳税人本期缴纳上一税款所属期应缴未缴的增值税额。

（四十五）第31栏“④ 本期缴纳欠缴税额”：反映纳税人本期实际缴纳和留抵税额抵减的增值税欠税额，但不包括缴纳入库的查补增值税额。

（四十六）第32栏“期末未缴税额（多缴为负数）”：“本月数”反映纳税人本期期末应缴未缴的增值税额，但不包括纳税检查应缴未缴的税额。按表中所列公式计算填写。“本年累计”栏与“本月数”栏数据相同。

（四十七）第33栏“其中：欠缴税额（≥0）”：反映纳税人按照税法规定已形成欠税的增值税额。按表中所列公式计算填写。

（四十八）第34栏“本期应补（退）税额”：反映纳税人本期应纳税额中应补缴或应退回的数额。按表中所列公式计算填写。

（四十九）第35栏“即征即退实际退税额”：反映纳税人本期因符合增值税即征即退优惠政策规定，而实际收到的税务机关退回的增值税额。

（五十）第36栏“期初未缴查补税额”：“本月数”按上一税款所属期申报表第38栏“期末未缴查补税额”“本月数”填写。“本年累计”按上年度最后一个税款所属期申报表第38栏“期末未缴查补税额”“本年累计”填写。

（五十一）第37栏“本期入库查补税额”：反映纳税人本期因税务、财政、审计部门检查而实际入库的增值税额，包括按一般计税方法计算并实际缴纳的查补增值税额和按简易计税方法计算并实际缴纳的查补增值税额。

（五十二）第38栏“期末未缴查补税额”：“本月数”反映纳税人因纳税检查本期期末应缴未缴的增值税额。按表中所列公式计算填写。“本年累计”栏与“本月数”栏数据相同。

三、《增值税纳税申报表附列资料（一）》（本期销售情况明细）填表说明

（一）“税款所属时间”“纳税人名称”的填写同主表

（二）各列说明

1. 第1至2列“开具税控增值税专用发票”：反映本期开具防伪税控《增值税专用发票》、税控《机动车销售统一发票》和《货物运输业增值税专用发票》的情况。

2. 第3至4列“开具其他发票”：反映除上述三种发票以外本期开具的其他发票的情况。

3. 第5至6列“未开具发票”：反映本期未开具发票的销售情况。

4. 第7至8列“纳税检查调整”：反映经税务、财政、审计部门检查并在本期调整的销售情况。

5. 第9至11列“合计”：填写“开具税控增值税专用发票”列、“开具其他发票”列、“未开具发票”列和“纳税检查调整”列之和。

营业税改征增值税的纳税人，应税服务有扣除项目的，第1至11列应填写扣除之前的征（免）税销售额、销项（应纳）税额和价税合计额。

6. 第12列“应税服务扣除项目本期实际扣除金额”：营业税改征增值税的纳税人，应税服务有扣除项目的，按《附列资料（三）》第5列对应各行次数据填写；应税服务无扣除项目的，本列填写“0”。其他纳税人不填写。

7. 第13列“扣除后”“含税（免税）销售额”：营业税改征增值税的纳税人，发生应税服务的，本列各行次 = 第11列对应各行次 − 第12列对应各行次。其他纳税人不填写。

8. 第14列“扣除后”“销项（应纳）税额”：营业税改征增值税的纳税人发生应税服务，按以下要求填写本列，其他纳税人不填写。

（1）应税服务按照一般计税方法征税

本列各行次 = 第13列 ÷（100% + 对应行次税率）× 对应行次税率

本列第7行“按一般计税方法征税的即征即退应税服务”不按本列的说明填写。具体填写要求见“各行说明”第2条第（2）项第③点的说明。

（2）应税服务按照简易计税方法征税

本列各行次 = 第13列 ÷（100% + 对应行次征收率）× 对应行次征收率

（3）应税服务实行免抵退税或免税的，本列不填写。

（三）各行说明

1. 第1至5行“一、一般计税方法征税”“全部征税项目”各行：按不同税率和项目分别填写按一般计税方法计算增值税的全部征税项目。本部分反映的是按一般计税方法的全部征税项目。有即征即退征税项目的纳税人，本部分数据中既包括即征即退征税项目，又包括不享受即征即退政策的一般征税项目。

2. 第6至7行“一、一般计税方法征税”“其中：即征即退项目”各行：只反映按一般计税方法计算增值税的即征即退征税项目。按照税法规定不享受即征即退政策的纳税人，不填写本行。即征即退征税项目是全部征税项目的其中数。

（1）第6行“即征即退货物及加工修理修配劳务”：反映按一般计税方法征收增值税且享受即征即退政策的货物和加工修理修配劳务。本行不包括应税服务的内容。

① 本行第9列“合计”“销售额”栏：反映按一般计税方法征收增值税且享受即征即退政策的货物及加工修理修配劳务的不含税销售额。该栏不按第9列所列公式计算，应按照税法规定据实填写。

② 本行第10列“合计”“销项（应纳）税额”栏：反映按一般计税方法征收增值税且享受即征即退政策的货物及加工修理修配劳务的销项税额。该栏不按第10列所列公式计算，应按照税法规定据实填写。

（2）第7行“即征即退应税服务”：反映按一般计税方法征收增值税且享受

即征即退政策的应税服务。本行不包括货物及加工修理修配劳务的内容。

① 本行第9列"合计""销售额"栏:反映按一般计税方法征收增值税且享受即征即退政策的应税服务的不含税销售额。应税服务有扣除项目的,按扣除之前的不含税销售额填写。该栏不按第9列所列公式计算,应按照税法规定据实填写。

② 本行第10列"合计""销项(应纳)税额"栏:反映按一般计税方法征收增值税且享受即征即退政策的应税服务的销项税额。应税服务有扣除项目的,按扣除之前的销项税额填写。该栏不按第10列所列公式计算,应按照税法规定据实填写。

③ 本行第14列"扣除后""销项(应纳)税额"栏:反映按一般计税方法征收增值税且享受即征即退政策的应税服务实际应计提的销项税额。应税服务有扣除项目的,按扣除之后的销项税额填写;应税服务无扣除项目的,按本行第10列填写。该栏不按第14列所列公式计算,应按照税法规定据实填写。

3. 第8至12行"二、简易计税方法征税""全部征税项目"各行:按不同征收率和项目分别填写按简易计税方法计算增值税的全部征税项目。本部分反映的是简易计税方法的全部征税项目。有即征即退征税项目的纳税人,本部分数据中既包括即征即退征税项目,也包括不享受即征即退政策的一般征税项目。

4. 第13至14行"二、简易计税方法征税""其中:即征即退项目"各行:只反映按简易计税方法计算增值税的即征即退征税项目。按照税法规定不享受即征即退政策的纳税人,不填写本行。即征即退征税项目是全部征税项目的其中数。

(1) 第13行"即征即退货物及加工修理修配劳务":反映按简易计税方法计算增值税且享受即征即退政策的货物及加工修理修配劳务。本行不包括应税服务的内容。

① 本行第9列"合计""销售额"栏:反映按简易计税方法计算增值税且享受即征即退政策的货物及加工修理修配劳务的不含税销售额。该栏不按第9列所列公式计算,纳税人应依据税法规定据实填写。

② 本行第10列"合计""销项(应纳)税额"栏:反映按简易计税方法计算缴纳增值税且享受即征即退政策的货物及加工修理修配劳务的应纳税额。该栏不按第10列所列公式计算,应按照税法规定据实填写。

(2) 第14行"即征即退应税服务":反映按简易计税方法计算缴纳增值税且享受即征即退政策的应税服务。本行不包括货物及加工修理修配劳务的内容。

① 本行第9列"合计""销售额"栏:反映按简易计税方法计算增值税且享

受即征即退政策的应税服务的不含税销售额。应税服务有扣除项目的，按扣除之前的不含税销售额填写。该栏不按第9列所列公式计算，应按照税法规定据实填写。

② 本行第10列“合计”“销项（应纳）税额”栏：反映按简易计税方法计算增值税且享受即征即退政策的应税服务的应纳税额。应税服务有扣除项目的，按扣除之前的应纳税额填写。该栏不按第10列所列公式计算，应按照税法规定据实填写。

③ 本行第14列“扣除后”“销项（应纳）税额”栏：反映按简易计税方法计算增值税且享受即征即退政策的应税服务实际应计提的应纳税额。应税服务有扣除项目的，按扣除之后的应纳税额填写；应税服务无扣除项目的，按本行第10列填写。

5. 第15行“三、免抵退税”“货物及加工修理修配劳务”：反映适用免、抵、退税政策的出口货物、加工修理修配劳务。

6. 第16行“三、免抵退税”“应税服务”：反映适用免、抵、退税政策的应税服务。

7. 第17行“四、免税”“货物及加工修理修配劳务”：反映按照税法规定免征增值税的货物及劳务和适用零税率的出口货物、加工修理修配劳务，但不包括适用免、抵、退税办法的出口货物、加工修理修配劳务。

8. 第18行“四、免税”“应税服务”：反映按照税法规定免征增值税的应税服务和适用零税率的应税服务，但不包括适用免、抵、退税办法的应税服务。

四、《增值税纳税申报表附列资料（表二）》（本期进项税额明细）填表说明

（一）“税款所属时间”“纳税人名称”的填写同主表。

（二）第1至12栏“一、申报抵扣的进项税额”各栏：分别反映纳税人按税法规定符合抵扣条件，在本期申报抵扣的进项税额。

1. 第1栏“（一）认证相符的税控增值税专用发票”：反映纳税人取得的认证相符本期申报抵扣的防伪税控《增值税专用发票》、税控《机动车销售统一发票》和《货物运输业增值税专用发票》的情况。该栏应等于第2栏“本期认证相符且本期申报抵扣”与第3栏“前期认证相符且本期申报抵扣”数据之和。

（1）申报抵扣的防伪税控《增值税专用发票》、税控《机动车销售统一发票》和发票“税率”栏为“11%”的《货物运输业增值税专用发票》，均按发票票面“金额”填写本栏“金额”，按发票票面“税额”填写本栏“税额”。

（2）发票票面左上角注明“代开”字样且发票“税率”栏为“＊＊＊”的《货物运输业增值税专用发票》，按发票票面“价税合计”填写本栏“金额”，按发票票面“价税合计”乘以7%扣除率计算填写本栏“税额”。

2. 第2栏“其中:本期认证相符且本期申报抵扣”:反映本期认证相符且本期申报抵扣的防伪税控《增值税专用发票》、税控《机动车销售统一发票》和《货物运输业增值税专用发票》的情况。本栏是第1栏的其中数,本栏只填写本期认证相符且本期申报抵扣的部分。

3. 第3栏“前期认证相符且本期申报抵扣”:反映前期认证相符且本期申报抵扣的防伪税控《增值税专用发票》、税控《机动车销售统一发票》和《货物运输业增值税专用发票》的情况。辅导期纳税人依据税务机关告知的稽核比对结果通知书及明细清单注明的稽核相符的税控增值税专用发票填写本栏。本栏是第1栏的其中数,本栏只填写前期认证相符且本期申报抵扣的部分。

4. 第4栏“(二)其他扣税凭证”:反映本期申报抵扣的除税控增值税专用发票之外的其他扣税凭证的情况。具体包括:海关进口增值税专用缴款书、农产品收购发票或者销售发票(含农产品核定扣除的进项税额)、代扣代缴税收通用缴款书和运输费用结算单据(运输费用结算单据不包括《货物运输业增值税专用发票》)。该栏应等于第5至8栏之和。

5. 第5栏“海关进口增值税专用缴款书”:反映本期申报抵扣的海关进口增值税专用缴款书的情况。辅导期纳税人依据税务机关告知的稽核比对结果通知书及明细清单注明的稽核相符的海关进口增值税专用缴款书填写本栏。

6. 第6栏“农产品收购发票或者销售发票”:反映本期申报抵扣的农产品收购发票和农产品销售普通发票的情况。执行农产品增值税进项税额核定扣除办法的,填写当期允许抵扣的农产品增值税进项税额,不填写“份数”“金额”栏。

7. 第7栏“代扣代缴税收通用缴款书”:填写本期按税法规定准予抵扣的代扣代缴税收通用缴款书上注明的增值税额。

8. 第8栏“运输费用结算单据”:反映本期申报抵扣的交通运输费用结算单据的情况。运输费用结算单据不包括《货物运输业增值税专用发票》。本栏“税额”按运输费用结算单据中准予抵扣的金额乘以7%扣除率计算填写。辅导期纳税人取得的《公路、内河货物运输业统一发票》,依据税务机关告知的稽核比对结果通知书及明细清单注明的稽核相符的发票填写本栏。

9. 第11栏“(三)外贸企业进项税额抵扣证明”:填写本期申报抵扣的税务机关出口退税部门开具的《外贸企业出口视同内销征税货物进项税额抵扣证明》允许抵扣的进项税额。

10. 第12栏“当期申报抵扣进项税额合计”:反映本期申报抵扣进项税额的合计数。按表中所列公式计算填写。

(三)第13至23栏“二、进项税额转出额”各栏:分别反映纳税人已经抵扣按税法规定在本期应转出的进项税额明细情况。

1. 第13栏“本期进项税转出额”:反映已经抵扣按税法规定在本期应转出的进项税额合计数。按表中所列公式计算填写。

2. 第14栏“免税项目用”:反映用于免征增值税项目,按税法规定在本期应转出的进项税额。

3. 第15栏“非应税项目用、集体福利、个人消费”:反映用于非增值税应税项目、集体福利或者个人消费,按税法规定在本期应转出的进项税额。

4. 第16栏“非正常损失”:反映纳税人发生非正常损失,按税法规定在本期应转出的进项税额。

5. 第17栏“简易计税方法征税项目用”:反映用于按简易计税方法征税项目,按税法规定在本期应转出的进项税额。

6. 第18栏“免抵退税办法不得抵扣的进项税额”:反映按照免、抵、退税办法的规定,由于征税税率与退税税率存在税率差,在本期应转出的进项税额。

7. 第19栏“纳税检查调减进项税额”:反映税务、财政、审计部门检查而调减的进项税额。

8. 第20栏“红字专用发票通知单注明的进项税额”:填写主管税务机关开具的《开具红字增值税专用发票通知单》、《开具红字货物运输业增值税专用发票通知单》和《开具红字公路、内河货物运输业发票通知单》注明的在本期应转出的进项税额。

9. 第21栏“上期留抵税额抵减欠税”:填写本期经税务机关批准的抵减额。

10. 第22栏“上期留抵税额退税”:填写本期经税务机关批准的上期留抵税额退税额。

11. 第23栏“其他应作进项税额转出的情形”:反映除上述列明进项税额转出情形外,其他应在本期转出的进项税额。

（四）第24至34栏“三、待抵扣进项税额”各栏:分别反映纳税人已经取得,但按税法规定不符合抵扣条件,暂不予在本期申报抵扣的进项税额情况及按税法规定不允许抵扣的进项税额情况。

1. 第24至28栏均包括防伪税控《增值税专用发票》、税控《机动车销售统一发票》和《货物运输业增值税专用发票》。

（1）防伪税控《增值税专用发票》、税控《机动车销售统一发票》和发票“税率”栏为“11%”的《货物运输业增值税专用发票》,均按发票票面“金额”填写本栏“金额”,按发票票面“税额”填写本栏“税额”。

（2）发票票面左上角注明“代开”字样且发票“税率”栏为“＊＊＊”的《货物运输业增值税专用发票》,按发票票面“价税合计”填写本栏“金额”,按发票票面“价税合计”乘以7%扣除率计算填写本栏“税额”。

2. 第 25 栏“期初已认证相符但未申报抵扣”:反映前期认证相符,但按照税法规定暂不予抵扣及不允许抵扣,结存至本期的税控增值税专用发票情况。辅导期纳税人填写认证相符但未收到稽核比对结果的税控增值税专用发票期初余额数。

3. 第 26 栏“本期认证相符且本期未申报抵扣”:反映本期认证相符,但按税法规定暂不予抵扣及不允许抵扣,而未申报抵扣的税控增值税专用发票情况。辅导期纳税人填写本期认证相符但未收到稽核比对结果的税控增值税专用发票。

4. 第 27 栏“期末已认证相符但未申报抵扣”:反映截至本期期末,按照税法规定仍暂不予抵扣及不允许抵扣且已认证相符的税控增值税专用发票情况。辅导期纳税人填写截至本期期末已认证相符但未收到稽核比对结果的税控增值税专用发票期末余额数。

5. 第 28 栏“其中:按照税法规定不允许抵扣”:反映截至本期期末已认证相符但未申报抵扣的税控增值税专用发票中,按照税法规定不允许抵扣的税控增值税专用发票情况。

6. 第 29 栏“(二) 其他扣税凭证”:反映截至本期期末仍未申报抵扣的除税控增值税专用发票之外的其他扣税凭证情况。具体包括:海关进口增值税专用缴款书、农产品收购发票或者销售发票、代扣代缴税收通用缴款书和运输费用结算单据。该栏应等于第 30 至 33 栏之和。

7. 第 30 栏“海关进口增值税专用缴款书”:反映已取得但截至本期期末仍未申报抵扣的海关进口增值税专用缴款书情况。辅导期纳税人填写截至本期期末仍未收到稽核比对结果的海关进口增值税专用缴款书。

8. 第 31 栏“农产品收购发票或者销售发票”:反映已取得但截至本期期末仍未申报抵扣的农产品收购发票和农产品销售普通发票情况。

9. 第 32 栏“代扣代缴税收通用缴款书”:反映已取得但截至本期期末仍未申报抵扣的代扣代缴税收通用缴款书情况。

10. 第 33 栏“运输费用结算单据”:反映已取得但截至本期期末仍未申报抵扣的运输费用结算单据情况。辅导期纳税人填写截至本期期末未收到稽核比对结果的《公路、内河货物运输业统一发票》。

(五) 第 35 至 36 栏“四、其他”各栏

1. 第 35 栏“本期认证相符的税控增值税专用发票”:反映本期认证相符的防伪税控《增值税专用发票》、税控《机动车销售统一发票》和《货物运输业增值税专用发票》情况。

2. 第 36 栏“代扣代缴税额”:填写纳税人根据《中华人民共和国增值税暂行条例》第十八条扣缴的应税劳务的增值税额和根据《交通运输业和部分现代

服务业营业税改征增值税试点实施办法》第六条规定扣缴的应税服务增值税额之和。

五、《增值税纳税申报表附列资料（三）》（应税服务扣除项目明细）填表说明

（一）本表用于营业税改征增值税的应税服务有扣除项目的纳税人填写。其他纳税人不填写。

（二）“税款所属时间”“纳税人名称”的填写同主表。

（三）第1列“本期应税服务价税合计额（免税销售额）”：营业税改征增值税的应税服务属于征税项目的，填写扣除之前的本期应税服务价税合计额；营业税改征增值税的应税服务属于免抵退税或免税项目的，填写扣除之前的本期应税服务免税销售额。本列各行次等于《附列资料（一）》第11列对应行次。

（四）第2列“应税服务扣除项目”“期初余额”：填写应税服务扣除项目上期期末结存的金额，试点实施之日的税款所属期填写“0”。本列各行次等于上期《附列资料（三）》第6列对应行次。

（五）第3列“应税服务扣除项目”“本期发生额”：填写本期取得的按税法规定准予扣除的应税服务扣除项目凭证金额。

（六）第4列“应税服务扣除项目”“本期应扣除金额”：填写应税服务扣除项目本期应扣除的金额。

本列各行次＝第2列对应各行次＋第3列对应各行次

（七）第5列“应税服务扣除项目”“本期实际扣除金额”：填写应税服务扣除项目本期实际扣除的金额。本列各行次应小于或等于第4列对应各行次，且小于或等于第1列对应各行次。

（八）第6列“应税服务扣除项目”“期末余额”：填写应税服务扣除项目本期期末结存的金额。

本列各行次＝第4列对应各行次－第5列对应各行次

六、《固定资产进项税额抵扣情况表》填表说明

本表反映纳税人在《附列资料（二）》“一、申报抵扣的进项税额”中固定资产的进项税额。本表按增值税专用发票、海关进口增值税专用缴款书分别填写。税控《机动车销售统一发票》填入增值税专用发票栏内。

附件 3：

增值税纳税申报表

（适用于增值税小规模纳税人）

纳税人识别号：□□□□□□□□□□□□□□□□□□□□

纳税人名称（公章）：　　　　　　　　　　　　　　金额单位：元（列至角分）

税款所属期：　年　月　日至　年　月　日　　　　　填表日期：　年　月　日

	项目	栏次	本期数		本年累计	
			应税货物及劳务	应税服务	应税货物及劳务	应税服务
一、计税依据	（一）应征增值税不含税销售额	1				
	税务机关代开的增值税专用发票不含税销售额	2				
	税控器具开具的普通发票不含税销售额	3				
	（二）销售使用过的应税固定资产不含税销售额	4(4≥5)				
	其中：税控器具开具的普通发票不含税销售额	5				
	（三）免税销售额	6(6≥7)				
	其中：税控器具开具的普通发票销售额	7				
	（四）出口免税销售额	8(8≥9)				
	其中：税控器具开具的普通发票销售额	9				
二、税款计算	本期应纳税额	10				
	本期应纳税额减征额	11				
	应纳税额合计	12 = 10 - 11				
	本期预缴税额	13			—	—
	本期应补（退）税额	14 = 12 - 13			—	—

纳税人或代理人声明： 此纳税申报表是根据国家税收法律的规定填报的，我确定它是真实的、可靠的、完整的。	如纳税人填报，由纳税人填写以下各栏： 办税人员（签章）：　　　　财务负责人（签章）： 法定代表人（签章）：　　　联系电话： 如委托代理人填报，由代理人填写以下各栏： 代理人名称：　　经办人（签章）：　　联系电话： 代理人（公章）：

受理人：　　　　受理日期：　年　月　日　　　　受理税务机关（签章）：

本表为 A3 竖式一式三份，一份纳税人留存、一份主管税务机关留存、一份征收部门留存

增值税纳税申报表（适用于增值税小规模纳税人）附列资料

税款所属期：　　年　月　日至　　年　月　日　　　　　填表日期：　　年　月　日
纳税人名称（公章）：　　　　　　　　　　　　　　　　　金额单位：元（列至角分）

应税服务扣除额计算			
期初余额	本期发生额	本期扣除额	期末余额
1	2	3（3≤1+2之和，且3≤5）	4=1+2-3
应税服务计税销售额计算			
全部含税收入	本期扣除额	含税销售额	不含税销售额
5	6=3	7=5-6	8=7÷1.03

附件4：

《增值税纳税申报表（适用于增值税小规模纳税人）》及其附列资料填表说明

一、名词解释

（一）本申报表及本《填表说明》所称“应税货物”，是指增值税应税的货物。

（二）本申报表及本《填表说明》所称“应税劳务”，是指增值税应税的加工、修理、修配劳务。

（三）本申报表及本《填表说明》所称“应税服务”，是指营业税改征增值税的应税服务。

（四）本申报表及本《填表说明》所称“应税服务扣除项目”，是指按照国家现行营业税政策规定差额征收营业税的纳税人，营业税改征增值税后，允许其从取得的应税服务全部价款和价外费用中扣除的项目。

二、《增值税纳税申报表（适用于增值税小规模纳税人）》填表说明

（一）填报范围

本申报表适用于增值税小规模纳税人（以下简称纳税人）填报。本表“应税货物及劳务”与“应税服务”各项目应分别填写，不得合并计算。

应税服务有扣除项目的纳税人，应填报本表附列资料。

（二）填报项目

1. 本表“税款所属期”是指纳税人申报的增值税应纳税额的所属时间，应填写具体的起止年、月、日。

2. 本表“纳税人识别号”栏，填写税务机关为纳税人确定的识别号，即：税务登记证号码。

3. 本表“纳税人名称”栏，填写纳税人单位名称全称，不得填写简称。

4. 本表第1项“应征增值税不含税销售额”栏数据，填写应税货物及劳务、应税服务的不含税销售额，不包括销售使用过的应税固定资产和销售旧货的不含税销售额、免税销售额、出口免税销售额、稽查查补销售额。

对应税服务有扣除项目的纳税人，本栏数据为减除应税服务扣除额后计算的不含税销售额，其数据与当期《增值税纳税申报表（适用于增值税小规模纳税人）附列资料》第8栏数据一致。

5. 本表第2项“税务机关代开的增值税专用发票不含税销售额”栏数据，填写税务机关代开的增值税专用发票注明的金额合计。

6. 本表第3项“税控器具开具的普通发票不含税销售额”栏数据，填写税控器具开具的应税货物及劳务、应税服务的普通发票注明的金额换算的不含税销售额。本栏数据不包括销售使用过的应税固定资产和销售旧货、免税项目、出口免税项目数据。

7. 本表第4项“销售使用过的应税固定资产不含税销售额”栏数据，填写销售自己使用过的应税固定资产和销售旧货的不含税销售额，销售额 = 含税销售额/(1 + 3%)。

8. 本表第5项“税控器具开具的普通发票不含税销售额”栏数据，填写税控器具开具的销售自己使用过的应税固定资产和销售旧货的普通发票金额换算的不含税销售额。

9. 本表第6项“免税销售额”栏数据，填写销售免征增值税的应税货物及劳务、免征增值税的应税服务的销售额。

对应税服务有扣除项目的纳税人，本栏数据为未减除应税服务扣除额的销售额。

10. 本表第7项“税控器具开具的普通发票销售额”栏数据，填写税控器具开具的销售免征增值税的应税货物及劳务、免征增值税的应税服务的普通发票注明的金额。

11. 本表第8项“出口免税销售额”栏数据，填写出口免征增值税的应税货物及劳务、出口免征增值税的应税服务的销售额。

对应税服务有扣除项目的纳税人，本栏数据为未减除应税服务扣除额的销售额。

12. 本表第 9 项“税控器具开具的普通发票销售额”栏数据，填写税控器具开具的出口免征增值税的应税货物及劳务、出口免征增值税的应税服务的普通发票注明的金额。

13. 本表第 10 项“本期应纳税额”栏数据，填写本期按征收率计算缴纳的应纳税额。

14. 本表第 11 项“本期应纳税额减征额”栏数据，填写纳税人本期按照税法规定减征的增值税应纳税额。包含可在增值税应纳税额中全额抵减的增值税税控系统专用设备费用以及技术维护费，可在增值税应纳税额中抵免购置税控收款机的增值税税额。

当本期减征额小于或等于第 10 栏“本期应纳税额”时，按本期减征额实际填写；当本期减征额大于第 10 栏“本期应纳税额”时，按本期第 10 栏填写，本期减征额不足抵减部分结转下期继续抵减。

15. 本表第 13 项“本期预缴税额”栏数据，填写纳税人本期预缴的增值税额，但不包括稽查补缴的应纳增值税额。

三、《增值税纳税申报表（适用于增值税小规模纳税人）附列资料》填表说明

（一）填报范围

本附列资料适用于应税服务有扣除项目的增值税小规模纳税人填报。本附列资料各栏次申报项目均不包含免征增值税的应税服务数据。

（二）填报项目

1. 本附列资料“税款所属期”是指纳税人申报的增值税应纳税额的所属时间，应填写具体的起止年、月、日。

2. 本附列资料“纳税人名称”栏，填写纳税人单位名称全称，不得填写简称。

3. 本附列资料第 1 项“期初余额”栏数据，填写应税服务扣除项目上期期末结存的金额，试点实施之日的税款所属期填写“0”。

4. 本附列资料第 2 项“本期发生额”栏数据，填写本期取得的按税法规定准予扣除的应税服务扣除项目凭证金额。

5. 本附列资料第 3 项“本期扣除额”栏数据，填写应税服务扣除项目本期实际扣除的金额。

第 3 栏“本期扣除额”≤第 1 栏“期初余额”+第 2 栏“本期发生额”之和，且第 3 栏“本期扣除额”≤5 栏“全部含税收入”

6. 本附列资料第 4 项“期末余额”栏数据，填写应税服务扣除项目本期期末结存的金额。

第 4 栏“期末余额”=第 1 栏“期初余额”+第 2 栏“本期发生额”-第 3 栏“本期扣除额”

7. 本附列资料第 5 项“全部含税收入”栏数据,填写纳税人提供应税服务,取得的全部价款和价外费用数额。

8. 本附列资料第 6 项“本期扣除额”栏数据,填写本附列资料第 3 项“本期扣除额”栏数据。

第 6 栏“本期扣除额”=第 3 栏“本期扣除额”

9. 本附列资料第 7 项“含税销售额”栏数据,填写应税服务的含税销售额。

第 7 栏“含税销售额”=第 5 栏“全部含税收入”-第 6 栏“本期扣除额”

10. 本附列资料第 8 项“不含税销售额”栏数据,填写应税服务的不含税销售额。

第 8 栏“不含税销售额”=第 7 栏“含税销售额”÷1.03

第 8 项“不含税销售额”栏数据与《增值税纳税申报表(适用于小规模纳税人)》第 1 项“应征增值税不含税销售额”——“本期数”——“应税服务”栏数据一致。

国家税务总局关于营业税改征增值税总分机构试点纳税人增值税纳税申报有关事项的公告

(2013 年 5 月 7 日 国家税务总局公告 2013 年第 22 号)

根据《财政部 国家税务总局关于印发〈总分机构试点纳税人增值税计算缴纳暂行办法〉的通知》(财税〔2012〕84 号)《国家税务总局关于北京等 8 省市营业税改征增值税试点增值税纳税申报有关事项的公告》(国家税务总局公告 2012 年第 43 号)有关规定,现将营业税改征增值税试点期间总分机构试点纳税人增值税纳税申报有关事项公告如下:

一、经财政部和国家税务总局批准,适用财税〔2012〕84 号文件,计算缴纳增值税的总机构试点纳税人(以下简称总机构)及其试点地区分支机构,应按照本公告规定进行增值税纳税申报。

二、关于总机构纳税申报事项

(一)总机构按规定汇总计算的总机构及其分支机构应征增值税销售额、销项税额、进项税额,填报在《增值税纳税申报表(适用于增值税一般纳税人)》(以下简称申报表主表)及附列资料对应栏次。

（二）按规定可以从总机构汇总计算的增值税应纳税额中抵减的分支机构已纳增值税税额、营业税税额，总机构汇总后填报在申报表主表第28栏“分次预缴税额”中。当期不足抵减部分，可结转下期继续抵减，即：当期分支机构已纳增值税税额、营业税税额大于总机构汇总计算的增值税应纳税额时，在第28栏“分次预缴税额”中只填报可抵减部分。

（三）总机构应设立相应台账，记录税款抵减情况，以备查阅。

三、关于试点地区分支机构纳税申报事项

（一）试点地区分支机构将按预征率计算缴纳增值税的销售额填报在申报表主表第5栏“按简易征收办法征税销售额”中，按预征率计算的增值税应纳税额填报在申报表主表第21栏“简易征收办法计算的应纳税额”中。

（二）调整《增值税纳税申报表附列资料（一）》（附件）内容，在“简易计税方法征税”栏目中增设“预征率 %”栏，用于试点地区分支机构预征增值税销售额、应纳税额的填报。

（三）试点地区分支机构销售货物和提供加工修理修配劳务，按增值税暂行条例及相关规定就地申报缴纳增值税的销售额、销项税额，按原有关规定填报在申报表主表及附列资料对应栏次。

（四）试点地区分支机构抄报税、认证等事项仍按现行规定执行。当期进项税额应填报在申报表主表及附列资料对应栏次，其中由总机构汇总的进项税额，需在《增值税纳税申报表附列资料（二）》第17栏“简易计税方法征税项目用”中填报转出。

四、各地税务机关应做好总分机构试点纳税人增值税纳税申报的宣传和辅导工作。

五、本公告自2013年6月1日起施行。调整后的《增值税纳税申报表附列资料（一）》同时适用于营业税改征增值税试点地区增值税一般纳税人，国家税务总局公告2012年第43号附件1中的《增值税纳税申报表附列资料（一）》同时废止。

特此公告。

附件：增值税纳税申报表附列资料（一）

国家税务总局

2013年5月7日

附件：

增值税纳税申报表附列资料(一)

（本期销售情况明细）

税款所属时间：　年　月　日至　年　月　日

纳税人名称：(公章)　　　　金额单位：元至角分

项目及栏次				开具税控增值税专用发票		开具其他发票		未开具发票		纳税检查调整		合计			应税服务扣除项目本期实际扣除金额	扣除后	
				销售额	销项（应纳）税额	销售额	销项（应纳）税额	销售额	销项（应纳）税额	销售额	销项（应纳）税额	销售额	销项（应纳）税额	价税合计		含税（免税）销售额	销项（应纳）税额
				1	2	3	4	5	6	7	8	9 = 1 + 3 + 5 + 7	10 = 2 + 4 + 6 + 8	11 = 9 + 10	12	13 = 11 − 12	14 = 13 ÷ (100% + 税率或征收率) × 税率或征收率
一、一般计税方法征税	全部征税项目	17%税率的货物及加工修理修配劳务	1											—	—	—	—
		17%税率的有形动产租赁服务	2														
		13%税率	3											—	—	—	—
		11%税率	4														
		6%税率	5														
	其中：即征即退项目	即征即退货物及加工修理修配劳务	6	—	—	—	—	—	—	—	—			—	—	—	—
		即征即退应税服务	7	—	—	—	—	—	—	—	—						

（续表）

二、简易计税方法征税	全部征税项目	6%征收率	8							—	—			—	—	—	—
		5%征收率	9							—	—			—	—	—	—
		4%征收率	10							—	—			—	—	—	—
		3%征收率的货物及加工修理修配劳务	11							—	—			—	—	—	—
		3%征收率的应税服务	12							—	—						
		预征率 %	13							—	—						
	其中：即征即退项目	即征即退货物及加工修理修配劳务	14	—	—	—	—	—	—	—	—			—	—	—	—
		即征即退应税服务	15	—	—	—	—	—	—	—	—						
三、免抵退税	货物及加工修理修配劳务		16	—	—		—		—	—	—		—	—	—	—	—
	应税服务		17	—	—		—		—	—	—		—				—
四、免税	货物及加工修理修配劳务		18				—		—	—	—		—	—	—	—	—
	应税服务		19	—	—		—		—	—	—		—				—

财政部 国家税务总局关于在全国开展交通运输业和部分现代服务业营业税改征增值税试点税收政策的通知

（2013 年 5 月 24 日 财税〔2013〕37 号）

各省、自治区、直辖市、计划单列市财政厅（局）、国家税务局、地方税务局，新建生产建设兵团财务局：

根据国务院进一步扩大交通运输业和部分现代服务业营业税改征增值税（以下称营改增）试点的要求，现将有关事项通知如下：

一、经国务院批准，自 2013 年 8 月 1 日起，在全国范围内开展交通运输业和部分现代服务业营改增试点。现将有关规定印发你们，请遵照执行。

二、在全国开展交通运输业和部分现代服务业营改增试点，范围广、时间紧、任务重，各地要高度重视，切实加强试点工作的组织领导，精心组织、周密安排、明确责任，采取各种有效措施，做好试点前的各项准备以及试点过程中的监测分析和宣传解释等工作，确保改革的平稳、有序、顺利进行。遇到问题请及时向财政部和国家税务总局反映。

三、《财政部 国家税务总局关于在上海市开展交通运输业和部分现代服务业营业税改征增值税试点的通知》（财税〔2011〕111 号）《财政部 国家税务总局关于应税服务适用增值税零税率和免税政策的通知》（财税〔2011〕131 号）《财政部 国家税务总局关于交通运输业和部分现代服务业营业税改征增值税试点若干税收政策的通知》（财税〔2011〕133 号）《财政部 国家税务总局关于交通运输业和部分现代服务业营业税改征增值税试点若干税收政策的补充通知》（财税〔2012〕53 号）《财政部 国家税务总局关于在北京等 8 省市开展交通运输业和部分现代服务业营业税改征增值税试点的通知》（财税〔2012〕71 号）《财政部 国家税务总局关于交通运输业和部分现代服务业营业税改征增值税试点应税服务范围等若干税收政策的补充通知》（财税〔2012〕86 号）《财政部 国家税务总局关于营业税若干政策问题的通知》（财税〔2003〕16 号）第三条第（十六）和第（十八）项，自 2013 年 8 月 1 日起废止。

附件 1：交通运输业和部分现代服务业营业税改征增值税试点实施办法

附件 2：交通运输业和部分现代服务业营业税改征增值税试点有关事项的

规定

附件3:交通运输业和部分现代服务业营业税改征增值税试点过渡政策的规定

附件4:应税服务适用增值税零税率和免税政策的规定

财政部
国家税务总局
二〇一三年五月二十四日

附件1:

交通运输业和部分现代服务业营业税改征增值税试点实施办法

第一章　纳税人和扣缴义务人

第一条　在中华人民共和国境内(以下称境内)提供交通运输业和部分现代服务业服务(以下称应税服务)的单位和个人,为增值税纳税人。纳税人提供应税服务,应当按照本办法缴纳增值税,不再缴纳营业税。

单位,是指企业、行政单位、事业单位、军事单位、社会团体及其他单位。

个人,是指个体工商户和其他个人。

第二条　单位以承包、承租、挂靠方式经营的,承包人、承租人、挂靠人(以下称承包人)以发包人、出租人、被挂靠人(以下称发包人)名义对外经营并由发包人承担相关法律责任的,以该发包人为纳税人。否则,以承包人为纳税人。

第三条　纳税人分为一般纳税人和小规模纳税人。

应税服务的年应征增值税销售额(以下称应税服务年销售额)超过财政部和国家税务总局规定标准的纳税人为一般纳税人,未超过规定标准的纳税人为小规模纳税人。

应税服务年销售额超过规定标准的其他个人不属于一般纳税人;不经常提供应税服务的非企业性单位、企业和个体工商户可选择按照小规模纳税人纳税。

第四条　小规模纳税人会计核算健全,能够提供准确税务资料的,可以向主管税务机关申请一般纳税人资格认定,成为一般纳税人。

会计核算健全，是指能够按照国家统一的会计制度规定设置账簿，根据合法、有效凭证核算。

第五条 符合一般纳税人条件的纳税人应当向主管税务机关申请一般纳税人资格认定。具体认定办法由国家税务总局制定。

除国家税务总局另有规定外，一经认定为一般纳税人后，不得转为小规模纳税人。

第六条 中华人民共和国境外（以下称境外）的单位或者个人在境内提供应税服务，在境内未设有经营机构的，以其代理人为增值税扣缴义务人；在境内没有代理人的，以接受方为增值税扣缴义务人。

第七条 两个或者两个以上的纳税人，经财政部和国家税务总局批准可以视为一个纳税人合并纳税。具体办法由财政部和国家税务总局另行制定。

第二章 应税服务

第八条 应税服务，是指陆路运输服务、水路运输服务、航空运输服务、管道运输服务、研发和技术服务、信息技术服务、文化创意服务、物流辅助服务、有形动产租赁服务、鉴证咨询服务、广播影视服务。

应税服务的具体范围按照本办法所附的《应税服务范围注释》执行。

第九条 提供应税服务，是指有偿提供应税服务，但不包括非营业活动中提供的应税服务。

有偿，是指取得货币、货物或者其他经济利益。

非营业活动，是指：

（一）非企业性单位按照法律和行政法规的规定，为履行国家行政管理和公共服务职能收取政府性基金或者行政事业性收费的活动。

（二）单位或者个体工商户聘用的员工为本单位或者雇主提供应税服务。

（三）单位或者个体工商户为员工提供应税服务。

（四）财政部和国家税务总局规定的其他情形。

第十条 在境内提供应税服务，是指应税服务提供方或者接受方在境内。

下列情形不属于在境内提供应税服务：

（一）境外单位或者个人向境内单位或者个人提供完全在境外消费的应税服务。

（二）境外单位或者个人向境内单位或者个人出租完全在境外使用的有形动产。

（三）财政部和国家税务总局规定的其他情形。

第十一条 单位和个体工商户的下列情形，视同提供应税服务：

（一）向其他单位或者个人无偿提供交通运输业和部分现代服务业服务，但以公益活动为目的或者以社会公众为对象的除外。

（二）财政部和国家税务总局规定的其他情形。

第三章 税率和征收率

第十二条 增值税税率：

（一）提供有形动产租赁服务，税率为17%。

（二）提供交通运输业服务，税率为11%。

（三）提供现代服务业服务（有形动产租赁服务除外），税率为6%。

（四）财政部和国家税务总局规定的应税服务，税率为零。

第十三条 增值税征收率为3%。

第四章 应纳税额的计算

第一节 一般性规定

第十四条 增值税的计税方法，包括一般计税方法和简易计税方法。

第十五条 一般纳税人提供应税服务适用一般计税方法计税。

一般纳税人提供财政部和国家税务总局规定的特定应税服务，可以选择适用简易计税方法计税，但一经选择，36个月内不得变更。

第十六条 小规模纳税人提供应税服务适用简易计税方法计税。

第十七条 境外单位或者个人在境内提供应税服务，在境内未设有经营机构的，扣缴义务人按照下列公式计算应扣缴税额：

应扣缴税额＝接受方支付的价款÷（1＋税率）×税率

第二节　一般计税方法

第十八条　一般计税方法的应纳税额，是指当期销项税额抵扣当期进项税额后的余额。应纳税额计算公式：

应纳税额 = 当期销项税额 - 当期进项税额

当期销项税额小于当期进项税额不足抵扣时，其不足部分可以结转下期继续抵扣。

第十九条　销项税额，是指纳税人提供应税服务按照销售额和增值税税率计算的增值税额。销项税额计算公式：

销项税额 = 销售额 × 税率

第二十条　一般计税方法的销售额不包括销项税额，纳税人采用销售额和销项税额合并定价方法的，按照下列公式计算销售额：

销售额 = 含税销售额 ÷ (1 + 税率)

第二十一条　进项税额，是指纳税人购进货物或者接受加工修理修配劳务和应税服务，支付或者负担的增值税税额。

第二十二条　下列进项税额准予从销项税额中抵扣：

(一) 从销售方或者提供方取得的增值税专用发票(含货物运输业增值税专用发票、税控机动车销售统一发票，下同)上注明的增值税额。

(二) 从海关取得的海关进口增值税专用缴款书上注明的增值税额。

(三) 购进农产品，除取得增值税专用发票或者海关进口增值税专用缴款书外，按照农产品收购发票或者销售发票上注明的农产品买价和13%的扣除率计算的进项税额。计算公式为：

进项税额 = 买价 × 扣除率

买价，是指纳税人购进农产品在农产品收购发票或者销售发票上注明的价款和按照规定缴纳的烟叶税。

(四) 接受铁路运输服务，按照铁路运输费用结算单据上注明的运输费用金额和7%的扣除率计算的进项税额。进项税额计算公式：

进项税额 = 运输费用金额 × 扣除率

运输费用金额，是指铁路运输费用结算单据上注明的运输费用(包括铁路临管线及铁路专线运输费用)、建设基金，不包括装卸费、保险费等其他杂费。

(五) 接受境外单位或者个人提供的应税服务，从税务机关或者境内代理人取得的解缴税款的中华人民共和国税收缴款凭证(以下称税收缴款凭证)上注明的增值税额。

第二十三条　纳税人取得的增值税扣税凭证不符合法律、行政法规或者国家税务总局有关规定的，其进项税额不得从销项税额中抵扣。

增值税扣税凭证，是指增值税专用发票、海关进口增值税专用缴款书、农产品收购发票、农产品销售发票、铁路运输费用结算单据和税收缴款凭证。

纳税人凭税收缴款凭证抵扣进项税额的，应当具备书面合同、付款证明和境外单位的对账单或者发票。资料不全的，其进项税额不得从销项税额中抵扣。

第二十四条 下列项目的进项税额不得从销项税额中抵扣：

（一）用于适用简易计税方法计税项目、非增值税应税项目、免征增值税项目、集体福利或者个人消费的购进货物、接受加工修理修配劳务或者应税服务。其中涉及的固定资产、专利技术、非专利技术、商誉、商标、著作权、有形动产租赁，仅指专用于上述项目的固定资产、专利技术、非专利技术、商誉、商标、著作权、有形动产租赁。

（二）非正常损失的购进货物及相关的加工修理修配劳务和交通运输业服务。

（三）非正常损失的在产品、产成品所耗用的购进货物（不包括固定资产）、加工修理修配劳务或者交通运输业服务。

（四）接受的旅客运输服务。

第二十五条 非增值税应税项目，是指非增值税应税劳务、转让无形资产（专利技术、非专利技术、商誉、商标、著作权除外）、销售不动产以及不动产在建工程。

非增值税应税劳务，是指《应税服务范围注释》所列项目以外的营业税应税劳务。

不动产，是指不能移动或者移动后会引起性质、形状改变的财产，包括建筑物、构筑物和其他土地附着物。

纳税人新建、改建、扩建、修缮、装饰不动产，均属于不动产在建工程。

个人消费，包括纳税人的交际应酬消费。

固定资产，是指使用期限超过 12 个月的机器、机械、运输工具以及其他与生产经营有关的设备、工具、器具等。

非正常损失，是指因管理不善造成被盗、丢失、霉烂变质的损失，以及被执法部门依法没收或者强令自行销毁的货物。

第二十六条 适用一般计税方法的纳税人，兼营简易计税方法计税项目、非增值税应税劳务、免征增值税项目而无法划分不得抵扣的进项税额，按照下列公式计算不得抵扣的进项税额：

不得抵扣的进项税额 = 当期无法划分的全部进项税额 ×（当期简易计税方法计税项目销售额 + 非增值税应税劳务营业额 + 免征增值税项目销售额）÷

（当期全部销售额＋当期全部营业额）

主管税务机关可以按照上述公式依据年度数据对不得抵扣的进项税额进行清算。

第二十七条 已抵扣进项税额的购进货物、接受加工修理修配劳务或者应税服务，发生本办法第二十四条规定情形（简易计税方法计税项目、非增值税应税劳务、免征增值税项目除外）的，应当将该进项税额从当期进项税额中扣减；无法确定该进项税额的，按照当期实际成本计算应扣减的进项税额。

第二十八条 纳税人提供的适用一般计税方法计税的应税服务，因服务中止或者折让而退还给购买方的增值税额，应当从当期的销项税额中扣减；发生服务中止、购进货物退出、折让而收回的增值税额，应当从当期的进项税额中扣减。

第二十九条 有下列情形之一者，应当按照销售额和增值税税率计算应纳税额，不得抵扣进项税额，也不得使用增值税专用发票：

（一）一般纳税人会计核算不健全，或者不能够提供准确税务资料的。

（二）应当申请办理一般纳税人资格认定而未申请的。

第三节 简易计税方法

第三十条 简易计税方法的应纳税额，是指按照销售额和增值税征收率计算的增值税额，不得抵扣进项税额。应纳税额计算公式：

应纳税额＝销售额×征收率

第三十一条 简易计税方法的销售额不包括其应纳税额，纳税人采用销售额和应纳税额合并定价方法的，按照下列公式计算销售额：

销售额＝含税销售额÷（1＋征收率）

第三十二条 纳税人提供的适用简易计税方法计税的应税服务，因服务中止或者折让而退还给接受方的销售额，应当从当期销售额中扣减。扣减当期销售额后仍有余额造成多缴的税款，可以从以后的应纳税额中扣减。

第四节 销售额的确定

第三十三条 销售额，是指纳税人提供应税服务取得的全部价款和价外费用。

价外费用，是指价外收取的各种性质的价外收费，但不包括代为收取的政府性基金或者行政事业性收费。

第三十四条 销售额以人民币计算。

纳税人按照人民币以外的货币结算销售额的，应当折合成人民币计算，折合率可以选择销售额发生的当天或者当月1日的人民币汇率中间价。纳税人应当在事先确定采用何种折合率，确定后12个月内不得变更。

第三十五条 纳税人提供适用不同税率或者征收率的应税服务，应当分别核算适用不同税率或者征收率的销售额；未分别核算的，从高适用税率。

第三十六条 纳税人兼营营业税应税项目的，应当分别核算应税服务的销售额和营业税应税项目的营业额；未分别核算的，由主管税务机关核定应税服务的销售额。

第三十七条 纳税人兼营免税、减税项目的，应当分别核算免税、减税项目的销售额；未分别核算的，不得免税、减税。

第三十八条 纳税人提供应税服务，开具增值税专用发票后，发生提供应税服务中止、折让、开票有误等情形的，应当按照国家税务总局的规定开具红字增值税专用发票；未按照规定开具红字增值税专用发票的，不得按照本办法第二十八条和第三十二条的规定扣减销项税额或者销售额。

第三十九条 纳税人提供应税服务，将价款和折扣额在同一张发票上分别注明的，以折扣后的价款为销售额；未在同一张发票上分别注明的，以价款为销售额，不得扣减折扣额。

第四十条 纳税人提供应税服务的价格明显偏低或者偏高且不具有合理商业目的的，或者发生本办法第十一条所列视同提供应税服务而无销售额的，主管税务机关有权按照下列顺序确定销售额：

（一）按照纳税人最近时期提供同类应税服务的平均价格确定。

（二）按照其他纳税人最近时期提供同类应税服务的平均价格确定。

（三）按照组成计税价格确定。组成计税价格的公式为：

组成计税价格 = 成本 ×（1 + 成本利润率）

成本利润率由国家税务总局确定。

第五章 纳税义务、扣缴义务发生时间和纳税地点

第四十一条 增值税纳税义务发生时间为：

（一）纳税人提供应税服务并收讫销售款项或者取得索取销售款项凭据的当天；先开具发票的，为开具发票的当天。

收讫销售款项，是指纳税人提供应税服务过程中或者完成后收到款项。

取得索取销售款项凭据的当天，是指书面合同确定的付款日期；未签订书

面合同或者书面合同未确定付款日期的,为应税服务完成的当天。

(二)纳税人提供有形动产租赁服务采取预收款方式的,其纳税义务发生时间为收到预收款的当天。

(三)纳税人发生本办法第十一条视同提供应税服务的,其纳税义务发生时间为应税服务完成的当天。

(四)增值税扣缴义务发生时间为纳税人增值税纳税义务发生的当天。

第四十二条 增值税纳税地点为:

(一)固定业户应当向其机构所在地或者居住地主管税务机关申报纳税。总机构和分支机构不在同一县(市)的,应当分别向各自所在地的主管税务机关申报纳税;经财政部和国家税务总局或者其授权的财政和税务机关批准,可以由总机构合并向总机构所在地的主管税务机关申报纳税。

(二)非固定业户应当向应税服务发生地主管税务机关申报纳税;未申报纳税的,由其机构所在地或者居住地主管税务机关补征税款。

(三)扣缴义务人应当向其机构所在地或者居住地主管税务机关申报缴纳其扣缴的税款。

第四十三条 增值税的纳税期限分别为 1 日、3 日、5 日、10 日、15 日、1 个月或者 1 个季度。纳税人的具体纳税期限,由主管税务机关根据纳税人应纳税额的大小分别核定。以 1 个季度为纳税期限的规定适用于小规模纳税人以及财政部和国家税务总局规定的其他纳税人。不能按照固定期限纳税的,可以按次纳税。

纳税人以 1 个月或者 1 个季度为 1 个纳税期的,自期满之日起 15 日内申报纳税;以 1 日、3 日、5 日、10 日或者 15 日为 1 个纳税期的,自期满之日起 5 日内预缴税款,于次月 1 日起 15 日内申报纳税并结清上月应纳税款。

扣缴义务人解缴税款的期限,按照前两款规定执行。

第六章 税收减免

第四十四条 纳税人提供应税服务适用免税、减税规定的,可以放弃免税、减税,依照本办法的规定缴纳增值税。放弃免税、减税后,36 个月内不得再申请免税、减税。

纳税人提供应税服务同时适用免税和零税率规定的,优先适用零税率。

第四十五条 个人提供应税服务的销售额未达到增值税起征点的,免征增值税;达到起征点的,全额计算缴纳增值税。

增值税起征点不适用于认定为一般纳税人的个体工商户。

第四十六条 增值税起征点幅度如下：

（一）按期纳税的，为月应税销售额5 000—20 000元（含本数）。

（二）按次纳税的，为每次（日）销售额300—500元（含本数）。

起征点的调整由财政部和国家税务总局规定。省、自治区、直辖市财政厅（局）和国家税务局应当在规定的幅度内，根据实际情况确定本地区适用的起征点，并报财政部和国家税务总局备案。

第七章 征收管理

第四十七条 营业税改征的增值税，由国家税务局负责征收。

第四十八条 纳税人提供适用零税率的应税服务，应当按期向主管税务机关申报办理退（免）税，具体办法由财政部和国家税务总局制定。

第四十九条 纳税人提供应税服务，应当向索取增值税专用发票的接受方开具增值税专用发票，并在增值税专用发票上分别注明销售额和销项税额。

属于下列情形之一的，不得开具增值税专用发票：

（一）向消费者个人提供应税服务。

（二）适用免征增值税规定的应税服务。

第五十条 小规模纳税人提供应税服务，接受方索取增值税专用发票的，可以向主管税务机关申请代开。

第五十一条 纳税人增值税的征收管理，按照本办法和《中华人民共和国税收征收管理法》及现行增值税征收管理有关规定执行。

第八章 附 则

第五十二条 纳税人应当按照国家统一的会计制度进行增值税会计核算。

第五十三条 本办法自2013年8月1日起执行。

附：

应税服务范围注释

一、交通运输业

交通运输业，是指使用运输工具将货物或者旅客送达目的地，使其空间位置得到转移的业务活动。包括陆路运输服务、水路运输服务、航空运输服务和管道运输服务。

（一）陆路运输服务。

陆路运输服务，是指通过陆路（地上或者地下）运送货物或者旅客的运输业务活动，包括公路运输、缆车运输、索道运输及其他陆路运输，暂不包括铁路运输。

出租车公司向使用本公司自有出租车的出租车司机收取的管理费用，按陆路运输服务征收增值税。

（二）水路运输服务。

水路运输服务，是指通过江、河、湖、川等天然、人工水道或者海洋航道运送货物或者旅客的运输业务活动。

远洋运输的程租、期租业务，属于水路运输服务。

程租业务，是指远洋运输企业为租船人完成某一特定航次的运输任务并收取租赁费的业务。

期租业务，是指远洋运输企业将配备有操作人员的船舶承租给他人使用一定期限，承租期内听候承租方调遣，不论是否经营，均按天向承租方收取租赁费，发生的固定费用均由船东负担的业务。

（三）航空运输服务。

航空运输服务，是指通过空中航线运送货物或者旅客的运输业务活动。

航空运输的湿租业务，属于航空运输服务。

湿租业务，是指航空运输企业将配备有机组人员的飞机承租给他人使用一定期限，承租期内听候承租方调遣，不论是否经营，均按一定标准向承租方收取租赁费，发生的固定费用均由承租方承担的业务。

（四）管道运输服务。

管道运输服务，是指通过管道设施输送气体、液体、固体物质的运输业务活动。

二、部分现代服务业

部分现代服务业，是指围绕制造业、文化产业、现代物流产业等提供技术性、知识性服务的业务活动。包括研发和技术服务、信息技术服务、文化创意服务、物流辅助服务、有形动产租赁服务、鉴证咨询服务、广播影视服务。

（一）研发和技术服务。

研发和技术服务，包括研发服务、技术转让服务、技术咨询服务、合同能源管理服务、工程勘察勘探服务。

1. 研发服务，是指就新技术、新产品、新工艺或者新材料及其系统进行研究与试验开发的业务活动。

2. 技术转让服务，是指转让专利或者非专利技术的所有权或者使用权的业务活动。

3. 技术咨询服务，是指对特定技术项目提供可行性论证、技术预测、专题技术调查、分析评价报告和专业知识咨询等业务活动。

4. 合同能源管理服务，是指节能服务公司与用能单位以契约形式约定节能目标，节能服务公司提供必要的服务，用能单位以节能效果支付节能服务公司投入及其合理报酬的业务活动。

5. 工程勘察勘探服务，是指在采矿、工程施工以前，对地形、地质构造、地下资源蕴藏情况进行实地调查的业务活动。

（二）信息技术服务。

信息技术服务，是指利用计算机、通信网络等技术对信息进行生产、收集、处理、加工、存储、运输、检索和利用，并提供信息服务的业务活动。包括软件服务、电路设计及测试服务、信息系统服务和业务流程管理服务。

1. 软件服务，是指提供软件开发服务、软件咨询服务、软件维护服务、软件测试服务的业务行为。

2. 电路设计及测试服务，是指提供集成电路和电子电路产品设计、测试及相关技术支持服务的业务行为。

3. 信息系统服务，是指提供信息系统集成、网络管理、桌面管理与维护、信息系统应用、基础信息技术管理平台整合、信息技术基础设施管理、数据中心、托管中心、安全服务的业务行为。包括网站对非自有的网络游戏提供的网络运营服务。

4. 业务流程管理服务，是指依托计算机信息技术提供的人力资源管理、财务经济管理、金融支付服务、内部数据分析、呼叫中心和电子商务平台等服务的业务活动。

（三）文化创意服务。

文化创意服务，包括设计服务、商标和著作权转让服务、知识产权服务、广告服务和会议展览服务。

1. 设计服务，是指把计划、规划、设想通过视觉、文字等形式传递出来的业务活动。包括工业设计、造型设计、服装设计、环境设计、平面设计、包装设计、动漫设计、展示设计、网站设计、机械设计、工程设计、广告设计、创意策划、文印晒图等。

2. 商标和著作权转让服务,是指转让商标、商誉和著作权的业务活动。

3. 知识产权服务,是指处理知识产权事务的业务活动。包括对专利、商标、著作权、软件、集成电路布图设计的代理、登记、鉴定、评估、认证、咨询、检索服务。

4. 广告服务,是指利用图书、报纸、杂志、广播、电视、电影、幻灯、路牌、招贴、橱窗、霓虹灯、灯箱、互联网等各种形式为客户的商品、经营服务项目、文体节目或者通告、声明等委托事项进行宣传和提供相关服务的业务活动。包括广告代理和广告的发布、播映、宣传、展示等。

5. 会议展览服务,是指为商品流通、促销、展示、经贸洽谈、民间交流、企业沟通、国际往来等举办或者组织安排的各类展览和会议的业务活动。

(四)物流辅助服务。

物流辅助服务,包括航空服务、港口码头服务、货运客运场站服务、打捞救助服务、货物运输代理服务、代理报关服务、仓储服务和装卸搬运服务。

1. 航空服务,包括航空地面服务和通用航空服务。

航空地面服务,是指航空公司、飞机场、民航管理局、航站等向在我国境内航行或者在我国境内机场停留的境内外飞机或者其他飞行器提供的导航等劳务性地面服务的业务活动。包括旅客安全检查服务、停机坪管理服务、机场候机厅管理服务、飞机清洗消毒服务、空中飞行管理服务、飞机起降服务、飞行通讯服务、地面信号服务、飞机安全服务、飞机跑道管理服务、空中交通管理服务等。

通用航空服务,是指为专业工作提供飞行服务的业务活动,包括航空摄影,航空测量,航空勘探,航空护林,航空吊挂播洒、航空降雨等。

2. 港口码头服务,是指港务船舶调度服务、船舶通讯服务、航道管理服务、航道疏浚服务、灯塔管理服务、航标管理服务、船舶引航服务、理货服务、系解缆服务、停泊和移泊服务、海上船舶溢油清除服务、水上交通管理服务、船只专业清洗消毒检测服务和防止船只漏油服务等为船只提供服务的业务活动。

港口设施经营人收取的港口设施保安费按照“港口码头服务”征收增值税。

3. 货运客运场站服务,是指货运客运场站(不包括铁路运输)提供的货物配载服务、运输组织服务、中转换乘服务、车辆调度服务、票务服务和车辆停放服务等业务活动。

4. 打捞救助服务,是指提供船舶人员救助、船舶财产救助、水上救助和沉船沉物打捞服务的业务活动。

5. 货物运输代理服务，是指接受货物收货人、发货人、船舶所有人、船舶承租人或船舶经营人的委托，以委托人的名义或者以自己的名义，在不直接提供货物运输服务的情况下，为委托人办理货物运输、船舶进出港口、联系安排引航、靠泊、装卸等货物和船舶代理相关业务手续的业务活动。

6. 代理报关服务，是指接受进出口货物的收、发货人委托，代为办理报关手续的业务活动。

7. 仓储服务，是指利用仓库、货场或者其他场所代客贮放、保管货物的业务活动。

8. 装卸搬运服务，是指使用装卸搬运工具或人力、畜力将货物在运输工具之间、装卸现场之间或者运输工具与装卸现场之间进行装卸和搬运的业务活动。

（五）有形动产租赁服务。

有形动产租赁，包括有形动产融资租赁和有形动产经营性租赁。

1. 有形动产融资租赁，是指具有融资性质和所有权转移特点的有形动产租赁业务活动。即出租人根据承租人所要求的规格、型号、性能等条件购入有形动产租赁给承租人，合同期内设备所有权属于出租人，承租人只拥有使用权，合同期满付清租金后，承租人有权按照残值购入有形动产，以拥有其所有权。不论出租人是否将有形动产残值销售给承租人，均属于融资租赁。

2. 有形动产经营性租赁，是指在约定时间内将物品、设备等有形动产转让他人使用且租赁物所有权不变更的业务活动。

远洋运输的光租业务、航空运输的干租业务，属于有形动产经营性租赁。

光租业务，是指远洋运输企业将船舶在约定的时间内出租给他人使用，不配备操作人员，不承担运输过程中发生的各项费用，只收取固定租赁费的业务活动。

干租业务，是指航空运输企业将飞机在约定的时间内出租给他人使用，不配备机组人员，不承担运输过程中发生的各项费用，只收取固定租赁费的业务活动。

（六）鉴证咨询服务。

鉴证咨询服务，包括认证服务、鉴证服务和咨询服务。

1. 认证服务，是指具有专业资质的单位利用检测、检验、计量等技术，证明产品、服务、管理体系符合相关技术规范、相关技术规范的强制性要求或者标准的业务活动。

2. 鉴证服务，是指具有专业资质的单位，为委托方的经济活动及有关资料进行鉴证，发表具有证明力的意见的业务活动。包括会计鉴证、税务鉴证、法律鉴证、工程造价鉴证、资产评估、环境评估、房地产土地评估、建筑图纸审核、医疗事故鉴定等。

3. 咨询服务,是指提供和策划财务、税收、法律、内部管理、业务运作和流程管理等信息或者建议的业务活动。

代理记账按照“咨询服务”征收增值税。

(七)广播影视服务。

广播影视服务,包括广播影视节目(作品)的制作服务、发行服务和播映(含放映,下同)服务。

1. 广播影视节目(作品)制作服务,是指进行专题(特别节目)、专栏、综艺、体育、动画片、广播剧、电视剧、电影等广播影视节目和作品制作的服务。具体包括与广播影视节目和作品相关的策划、采编、拍摄、录音、音视频文字图片素材制作、场景布置、后期的剪辑、翻译(编译)、字幕制作、片头、片尾、片花制作、特效制作、影片修复、编目和确权等业务活动。

2. 广播影视节目(作品)发行服务,是指以分账、买断、委托、代理等方式,向影院、电台、电视台、网站等单位和个人发行广播影视节目(作品)以及转让体育赛事等活动的报道及播映权的业务活动。

3. 广播影视节目(作品)播映服务,是指在影院、剧院、录像厅及其他场所播映广播影视节目(作品),以及通过电台、电视台、卫星通信、互联网、有线电视等无线或有线装置播映广播影视节目(作品)的业务活动。

附件2:

交通运输业和部分现代服务业营业税改征增值税试点有关事项的规定

一、试点纳税人〔指按照《交通运输业和部分现代服务业营业税改征增值税试点实施办法》(以下称《试点实施办法》)缴纳增值税的纳税人〕有关政策

(一)混业经营。

试点纳税人兼有不同税率或者征收率的销售货物、提供加工修理修配劳务或者应税服务的,应当分别核算适用不同税率或征收率的销售额,未分别核算销售额的,按照以下方法适用税率或征收率:

1. 兼有不同税率的销售货物、提供加工修理修配劳务或者应税服务的,从高适用税率。

2. 兼有不同征收率的销售货物、提供加工修理修配劳务或者应税服务的,从高适用征收率。

3. 兼有不同税率和征收率的销售货物、提供加工修理修配劳务或者应税服务的，从高适用税率。

（二）油气田企业。

油气田企业提供的应税服务，适用《试点实施办法》规定的增值税税率，不再适用《财政部国家税务总局关于印发〈油气田企业增值税管理办法〉的通知》（财税〔2009〕8 号）规定的增值税税率。

（三）航空运输企业。

1. 航空运输企业提供的旅客利用里程积分兑换的航空运输服务，不征收增值税。

2. 航空运输企业根据国家指令无偿提供的航空运输服务，属于《试点实施办法》第十一条规定的以公益活动为目的的服务，不征收增值税。

3. 航空运输企业的应征增值税销售额不包括代收的机场建设费和代售其他航空运输企业客票而代收转付的价款。

4. 航空运输企业已售票但未提供航空运输服务取得的逾期票证收入，不属于增值税应税收入，不征收增值税。

（四）销售额。

经中国人民银行、商务部、银监会批准从事融资租赁业务的试点纳税人提供有形动产融资租赁服务，以取得的全部价款和价外费用（包括残值）扣除由出租方承担的有形动产的贷款利息（包括外汇借款和人民币借款利息）、关税、进口环节消费税、安装费、保险费的余额为销售额。

试点纳税人从全部价款和价外费用中扣除价款，应当取得符合法律、行政法规和国家税务总局有关规定的有效凭证。否则，不得扣除。

上述凭证是指：

1. 支付给境内单位或者个人的款项，以发票为合法有效凭证。

2. 缴纳的税款，以完税凭证为合法有效凭证。

3. 支付给境外单位或者个人的款项，以该单位或者个人的签收单据为合法有效凭证，税务机关对签收单据有疑义的，可以要求其提供境外公证机构的确认证明。

4. 国家税务总局规定的其他凭证。

（五）试点纳税人取得的 2013 年 8 月 1 日（含）以后开具的运输费用结算单据（铁路运输费用结算单据除外），不得作为增值税扣税凭证。

（六）一般纳税人资格认定。

《试点实施办法》第三条规定的应税服务年销售额标准为 500 万元（含本数）。

财政部和国家税务总局可以根据试点情况对应税服务年销售额标准进行

调整。

（七）计税方法。

1. 试点纳税人中的一般纳税人提供的公共交通运输服务，可以选择按照简易计税方法计算缴纳增值税。公共交通运输服务，包括轮客渡、公交客运、轨道交通（含地铁、城市轻轨）、出租车、长途客运、班车。其中，班车，是指按固定路线、固定时间运营并在固定站点停靠的运送旅客的陆路运输。

2. 试点纳税人中的一般纳税人，以该地区试点实施之日前购进或者自制的有形动产为标的物提供的经营租赁服务，试点期间可以选择适用简易计税方法计算缴纳增值税。

3. 试点纳税人中的一般纳税人兼有销售货物、提供加工修理修配劳务的，凡未规定可以选择按照简易计税方法计算缴纳增值税的，其全部销售额应一并按照一般计税方法计算缴纳增值税。

（八）试点前发生的业务。

1. 试点纳税人在本地区试点实施之日前签订的尚未执行完毕的租赁合同，在合同到期日之前继续按照现行营业税政策规定缴纳营业税。

2. 试点纳税人提供应税服务，按照国家有关营业税政策规定差额征收营业税的，因取得的全部价款和价外费用不足以抵减允许扣除项目金额，截至本地区试点实施之日尚未扣除的部分，不得在计算试点纳税人本地区试点实施之日后的销售额时予以抵减，应当向原主管地税机关申请退还营业税。

试点纳税人按照本条第（八）项中第1点规定继续缴纳营业税的有形动产租赁服务，不适用本项规定。

3. 试点纳税人提供应税服务在本地区试点实施之日前已缴纳营业税，本地区试点实施之日（含）后因发生退款减除营业额的，应当向主管税务机关申请退还已缴纳的营业税。

4. 试点纳税人本地区试点实施之日前提供的应税服务，因税收检查等原因需要补缴税款的，应按照现行营业税政策规定补缴营业税。

（九）销售使用过的固定资产。

按照《试点实施办法》和本规定认定的一般纳税人，销售自己使用过的本地区试点实施之日（含）以后购进或自制的固定资产，按照适用税率征收增值税；销售自己使用过的本地区试点实施之日以前购进或者自制的固定资产，按照4%征收率减半征收增值税。

使用过的固定资产，是指纳税人根据财务会计制度已经计提折旧的固定资产。

（十）扣缴增值税适用税率。

境内的代理人和接受方为境外单位和个人扣缴增值税的，按照适用税率扣缴增值税。

二、原增值税纳税人〔指按照《中华人民共和国增值税暂行条例》(以下称《增值税暂行条例》)缴纳增值税的纳税人〕有关政策

（一）进项税额。

1. 原增值税一般纳税人接受试点纳税人提供的应税服务,取得的增值税专用发票上注明的增值税额为进项税额,准予从销项税额中抵扣。

2. 原增值税一般纳税人自用的应征消费税的摩托车、汽车、游艇,其进项税额准予从销项税额中抵扣。

3. 原增值税一般纳税人接受境外单位或者个人提供的应税服务,按照规定应当扣缴增值税的,准予从销项税额中抵扣的进项税额为从税务机关或者代理人取得的解缴税款的中华人民共和国税收缴款凭证(以下称税收缴款凭证)上注明的增值税额。

上述纳税人凭税收缴款凭证抵扣进项税额的,应当具备书面合同、付款证明和境外单位的对账单或者发票。否则,进项税额不得从销项税额中抵扣。

4. 原增值税一般纳税人购进货物或者接受加工修理修配劳务,用于《应税服务范围注释》所列项目的,不属于《增值税暂行条例》第十条所称的用于非增值税应税项目,其进项税额准予从销项税额中抵扣。

5. 原增值税一般纳税人接受试点纳税人提供的应税服务,下列项目的进项税额不得从销项税额中抵扣:

（1）用于简易计税方法计税项目、非增值税应税项目、免征增值税项目、集体福利或者个人消费,其中涉及的专利技术、非专利技术、商誉、商标、著作权、有形动产租赁,仅指专用于上述项目的专利技术、非专利技术、商誉、商标、著作权、有形动产租赁。

（2）接受的旅客运输服务。

（3）与非正常损失的购进货物相关的交通运输业服务。

（4）与非正常损失的在产品、产成品所耗用购进货物相关的交通运输业服务。

上述非增值税应税项目,是指《增值税暂行条例》第十条所称的非增值税应税项目,但不包括《应税服务范围注释》所列项目。

6. 原增值税一般纳税人取得的2013年8月1日(含)以后开具的运输费用结算单据(铁路运输费用结算单据除外),不得作为增值税扣税凭证。

原增值税一般纳税人取得的试点小规模纳税人由税务机关代开的增值税专用发票,按增值税专用发票注明的税额抵扣进项税额。

（二）一般纳税人认定。

原增值税一般纳税人兼有应税服务,按照《试点实施办法》和本规定第一条

第(六)项的规定应当申请认定一般纳税人的,不需要重新办理一般纳税人认定手续。

(三)增值税期末留抵税额。

原增值税一般纳税人兼有应税服务的,截止到本地区试点实施之日前的增值税期末留抵税额,不得从应税服务的销项税额中抵扣。

附件3:

交通运输业和部分现代服务业营业税改征增值税试点过渡政策的规定

一、下列项目免征增值税

(一)个人转让著作权。

(二)残疾人个人提供应税服务。

(三)航空公司提供飞机播洒农药服务。

(四)试点纳税人提供技术转让、技术开发和与之相关的技术咨询、技术服务。

1. 技术转让,是指转让者将其拥有的专利和非专利技术的所有权或者使用权有偿转让他人的行为;技术开发,是指开发者接受他人委托,就新技术、新产品、新工艺或者新材料及其系统进行研究开发的行为;技术咨询,是指就特定技术项目提供可行性论证、技术预测、专题技术调查、分析评价报告等。

与技术转让、技术开发相关的技术咨询、技术服务,是指转让方(或受托方)根据技术转让或开发合同的规定,为帮助受让方(或委托方)掌握所转让(或委托开发)的技术,而提供的技术咨询、技术服务业务,且这部分技术咨询、服务的价款与技术转让(或开发)的价款应当开在同一张发票上。

2. 审批程序。试点纳税人申请免征增值税时,须持技术转让、开发的书面合同,到试点纳税人所在地省级科技主管部门进行认定,并持有关的书面合同和科技主管部门审核意见证明文件报主管国家税务局备查。

(五)符合条件的节能服务公司实施合同能源管理项目中提供的应税服务。

上述"符合条件"是指同时满足下列条件:

1. 节能服务公司实施合同能源管理项目相关技术,应当符合国家质量监督检验检疫总局和国家标准化管理委员会发布的《合同能源管理技术通则》(GB/

T24915-2010）规定的技术要求。

2. 节能服务公司与用能企业签订《节能效益分享型》合同，其合同格式和内容，符合《中华人民共和国合同法》和国家质量监督检验检疫总局和国家标准化管理委员会发布的《合同能源管理技术通则》（GB/T24915-2010）等规定。

（六）自本地区试点实施之日起至2013年12月31日，注册在中国服务外包示范城市的试点纳税人从事离岸服务外包业务中提供的应税服务。

注册在平潭的试点纳税人从事离岸服务外包业务中提供的应税服务。

从事离岸服务外包业务，是指企业根据境外单位与其签订的委托合同，由本企业或其直接转包的企业为境外提供信息技术外包服务（ITO）、技术性业务流程外包服务（BPO）或技术性知识流程外包服务（KPO）。

（七）台湾航运公司从事海峡两岸海上直航业务在大陆取得的运输收入。

台湾航运公司，是指取得交通运输部颁发的“台湾海峡两岸间水路运输许可证”且该许可证上注明的公司登记地址在台湾的航运公司。

（八）台湾航空公司从事海峡两岸空中直航业务在大陆取得的运输收入。

台湾航空公司，是指取得中国民用航空局颁发的“经营许可”或依据《海峡两岸空运协议》和《海峡两岸空运补充协议》规定，批准经营两岸旅客、货物和邮件不定期（包机）运输业务，且公司登记地址在台湾的航空公司。

（九）美国ABS船级社在非营利宗旨不变、中国船级社在美国享受同等免税待遇的前提下，在中国境内提供的船检服务。

（十）2013年12月31日之前，广播电影电视行政主管部门（包括中央、省、地市及县级）按照各自职能权限批准从事电影制片、发行、放映的电影集团公司（含成员企业）、电影制片厂及其他电影企业转让电影版权、发行电影以及在农村放映电影。

（十一）随军家属就业。

1. 为安置随军家属就业而新开办的企业，自领取税务登记证之日起，其提供的应税服务3年内免征增值税。

享受税收优惠政策的企业，随军家属必须占企业总人数的60%（含）以上，并有军（含）以上政治和后勤机关出具的证明。

2. 从事个体经营的随军家属，自领取税务登记证之日起，其提供的应税服务3年内免征增值税。

随军家属必须有师以上政治机关出具的可以表明其身份的证明，但税务部门应当进行相应的审查认定。

主管税务机关在企业或个人享受免税期间，应当对此类企业进行年度检查，凡不符合条件的，取消其免税政策。

按照上述规定，每一名随军家属可以享受一次免税政策。

（十二）军队转业干部就业。

1. 从事个体经营的军队转业干部，经主管税务机关批准，自领取税务登记证之日起，其提供的应税服务3年内免征增值税。

2. 为安置自主择业的军队转业干部就业而新开办的企业，凡安置自主择业的军队转业干部占企业总人数60%（含）以上的，经主管税务机关批准，自领取税务登记证之日起，其提供的应税服务3年内免征增值税。

享受上述优惠政策的自主择业的军队转业干部必须持有师以上部队颁发的转业证件。

（十三）城镇退役士兵就业。

1. 为安置自谋职业的城镇退役士兵就业而新办的服务型企业当年新安置自谋职业的城镇退役士兵达到职工总数30%以上，并与其签订1年以上期限劳动合同的，经县级以上民政部门认定、税务机关审核，其提供的应税服务（除广告服务外）3年内免征增值税。

2. 自谋职业的城镇退役士兵从事个体经营的，自领取税务登记证之日起，其提供的应税服务（除广告服务外）3年内免征增值税。

新办的服务型企业，是指《国务院办公厅转发民政部等部门关于扶持城镇退役士兵自谋职业优惠政策意见的通知》（国办发〔2004〕10号）下发后新组建的企业。原有的企业合并、分立、改制、改组、扩建、搬迁、转产以及吸收新成员、改变领导或隶属关系、改变企业名称的，不能视为新办企业。

自谋职业的城镇退役士兵，是指符合城镇安置条件，并与安置地民政部门签订《退役士兵自谋职业协议书》，领取《城镇退役士兵自谋职业证》的士官和义务兵。

（十四）失业人员就业。

1. 持《就业失业登记证》（注明"自主创业税收政策"或附着《高校毕业生自主创业证》）人员从事个体经营的，在3年内按照每户每年8 000元为限额依次扣减其当年实际应缴纳的增值税、城市维护建设税、教育费附加和个人所得税。

试点纳税人年度应缴纳税款小于上述扣减限额的，以其实际缴纳的税款为限；大于上述扣减限额的，应当以上述扣减限额为限。

享受优惠政策的个体经营试点纳税人，是指提供《应税服务范围注释》服务（除广告服务外）的试点纳税人。

持《就业失业登记证》（注明"自主创业税收政策"或附着《高校毕业生自主创业证》）人员是指：(1) 在人力资源和社会保障部门公共就业服务机构登记失业半年以上的人员；(2) 零就业家庭、享受城市居民最低生活保障家庭劳动年龄内的登记失业人员；(3) 毕业年度内高校毕业生。

高校毕业生，是指实施高等学历教育的普通高等学校、成人高等学校毕业的学生；毕业年度，是指毕业所在自然年，即 1 月 1 日至 12 月 31 日。

2. 服务型企业（除广告服务外）在新增加的岗位中，当年新招用持《就业失业登记证》（注明“企业吸纳税收政策”）人员，与其签订 1 年以上期限劳动合同并依法缴纳社会保险费的，在 3 年内按照实际招用人数予以定额依次扣减增值税、城市维护建设税、教育费附加和企业所得税优惠。定额标准为每人每年 4 000 元，可上下浮动 20%，由试点地区省级人民政府根据本地区实际情况在此幅度内确定具体定额标准，并报财政部和国家税务总局备案。

按照上述标准计算的税收扣减额应当在企业当年实际应缴纳的增值税、城市维护建设税、教育费附加和企业所得税税额中扣减，当年扣减不足的，不得结转下年使用。

持《就业失业登记证》（注明“企业吸纳税收政策”）人员是指：(1) 国有企业下岗失业人员；(2) 国有企业关闭破产需要安置的人员；(3) 国有企业所办集体企业（即厂办大集体企业）下岗职工；(4) 享受最低生活保障且失业 1 年以上的城镇其他登记失业人员。

服务型企业，是指从事原营业税“服务业”税目范围内业务的企业。

国有企业所办集体企业（即厂办大集体企业），是指 20 世纪 70、80 年代，由国有企业批准或资助兴办的，以安置回城知识青年和国有企业职工子女就业为目的，主要向主办国有企业提供配套产品或劳务服务，在工商行政机关登记注册为集体所有制的企业。厂办大集体企业下岗职工包括在国有企业混岗工作的集体企业下岗职工。

3. 享受上述优惠政策的人员按照下列规定申领《就业失业登记证》《高校毕业生自主创业证》等凭证：

(1) 按照《就业服务与就业管理规定》（中华人民共和国劳动和社会保障部令第 28 号）第六十三条的规定，在法定劳动年龄内，有劳动能力，有就业要求，处于无业状态的城镇常住人员，在公共就业服务机构进行失业登记，申领《就业失业登记证》。其中，农村进城务工人员和其他非本地户籍人员在常住地稳定就业满 6 个月的，失业后可以在常住地登记。

(2) 零就业家庭凭社区出具的证明，城镇低保家庭凭低保证明，在公共就业服务机构登记失业，申领《就业失业登记证》。

(3) 毕业年度内高校毕业生在校期间凭学校出具的相关证明，经学校所在地省级教育行政部门核实认定，取得《高校毕业生自主创业证》（仅在毕业年度适用），并向创业地公共就业服务机构申请取得《就业失业登记证》；高校毕业生离校后直接向创业地公共就业服务机构申领《就业失业登记证》。

(4) 服务型企业招录的人员，在公共就业服务机构申领《就业失业登记证》。

(5)《再就业优惠证》不再发放,原持证人员应当到公共就业服务机构换发《就业失业登记证》。正在享受下岗失业人员再就业税收优惠政策的原持证人员,继续享受原税收优惠政策至期满为止。

(6) 上述人员申领相关凭证后,由就业和创业地人力资源和社会保障部门对人员范围、就业失业状态、已享受政策情况审核认定,在《就业失业登记证》上注明"自主创业税收政策"或"企业吸纳税收政策"字样,同时符合自主创业和企业吸纳税收政策条件的,可同时加注;主管税务机关在《就业失业登记证》上加盖戳记,注明减免税所属时间。

4. 上述税收优惠政策的审批期限为 2011 年 1 月 1 日至 2013 年 12 月 31 日,以试点纳税人到税务机关办理减免税手续之日起作为优惠政策起始时间。税收优惠政策在 2013 年 12 月 31 日未执行到期的,可继续享受至 3 年期满为止。

二、下列项目实行增值税即征即退

(一) 注册在洋山保税港区和东疆保税港区内的试点纳税人,提供的国内货物运输服务、仓储服务和装卸搬运服务。

(二) 安置残疾人的单位,实行由税务机关按照单位实际安置残疾人的人数,限额即征即退增值税的办法。

上述政策仅适用于从事原营业税"服务业"税目(广告服务除外)范围内业务取得的收入占其增值税和营业税业务合计收入的比例达到 50% 的单位。

有关享受增值税优惠政策单位的条件、定义、管理要求等按照《财政部 国家税务总局关于促进残疾人就业税收优惠政策的通知》(财税〔2007〕92 号)中有关规定执行。

(三) 试点纳税人中的一般纳税人提供管道运输服务,对其增值税实际税负超过 3% 的部分实行增值税即征即退政策。

(四) 经人民银行、银监会、商务部批准经营融资租赁业务的试点纳税人中的一般纳税人,提供有形动产融资租赁服务,对其增值税实际税负超过 3% 的部分实行增值税即征即退政策。

三、本通知所称增值税实际税负,是指纳税人当期提供应税服务实际缴纳的增值税税额占纳税人当期提供应税服务取得的全部价款和价外费用的比例。

四、本地区试点实施之日前,如果试点纳税人已经按照有关政策规定享受了营业税税收优惠,在剩余税收优惠政策期限内,按照本规定享受有关增值税优惠。

附件4：

应税服务适用增值税零税率和免税政策的规定

一、中华人民共和国境内（以下称境内）的单位和个人提供的国际运输服务、向境外单位提供的研发服务和设计服务，适用增值税零税率。

（一）国际运输服务，是指：

1. 在境内载运旅客或者货物出境；

2. 在境外载运旅客或者货物入境；

3. 在境外载运旅客或者货物。

（二）境内的单位和个人适用增值税零税率，以水路运输方式提供国际运输服务的，应当取得《国际船舶运输经营许可证》；以陆路运输方式提供国际运输服务的，应当取得《道路运输经营许可证》和《国际汽车运输行车许可证》，且《道路运输经营许可证》的经营范围应当包括"国际运输"；以航空运输方式提供国际运输服务的，应当取得《公共航空运输企业经营许可证》且其经营范围应当包括"国际航空客货邮运输业务"。

（三）向境外单位提供的设计服务，不包括对境内不动产提供的设计服务。

二、境内的单位和个人提供的往返香港、澳门、台湾的交通运输服务以及在香港、澳门、台湾提供的交通运输服务（以下称港澳台运输服务），适用增值税零税率。

境内的单位和个人适用增值税零税率，以陆路运输方式提供至香港、澳门的交通运输服务的，应当取得《道路运输经营许可证》并具有持《道路运输证》的直通港澳运输车辆；以水路运输方式提供至台湾的交通运输服务的，应当取得《台湾海峡两岸间水路运输许可证》并具有持《台湾海峡两岸间船舶营运证》的船舶；以水路运输方式提供至香港、澳门的交通运输服务的，应当具有获得港澳线路运营许可的船舶；以航空运输方式提供上述交通运输服务的，应当取得《公共航空运输企业经营许可证》且其经营范围应当包括"国际、国内（含港澳）航空客货邮运输业务"。

三、境内的单位和个人提供期租、程租和湿租服务，如果租赁的交通运输工具用于国际运输服务和港澳台运输服务，不适用增值税零税率，由承租方按规定申请适用零税率。

四、境内的单位和个人提供适用零税率的应税服务，如果属于适用增值税一般计税方法的，实行免抵退税办法，退税率为其按照《试点实施办法》第十二条第（一）至（三）项规定适用的增值税税率；如果属于适用简易计税方法的，实行免征增值税办法。外贸企业兼营适用零税率应税服务的，统一实行免退税办法。

五、境内的单位和个人提供适用零税率应税服务的，可以放弃适用零税率，选择免税或按规定缴纳增值税。放弃适用零税率后，36个月内不得再申请适用零税率。

六、境内的单位和个人提供适用零税率的应税服务，按月向主管退税的税务机关申报办理增值税免抵退税或免税手续。具体管理办法由国家税务总局商财政部另行制定。

七、境内的单位和个人提供的下列应税服务免征增值税，但财政部和国家税务总局规定适用零税率的除外：

（一）工程、矿产资源在境外的工程勘察勘探服务。

（二）会议展览地点在境外的会议展览服务。

（三）存储地点在境外的仓储服务。

（四）标的物在境外使用的有形动产租赁服务。

（五）在境外提供的广播影视节目（作品）的发行、播映服务。

（六）符合本规定第一条第（一）项规定但不符合第一条第（二）项规定条件的国际运输服务。

（七）符合本规定第二条第一款规定但不符合第二条第二款规定条件的港澳台运输服务。

（八）向境外单位提供的下列应税服务：

1. 技术转让服务、技术咨询服务、合同能源管理服务、软件服务、电路设计及测试服务、信息系统服务、业务流程管理服务、商标著作权转让服务、知识产权服务、物流辅助服务（仓储服务除外）、认证服务、鉴证服务、咨询服务、广播影视节目（作品）制作服务、期租服务、程租服务、湿租服务。但不包括：合同标的物在境内的合同能源管理服务，对境内货物或不动产的认证服务、鉴证服务和咨询服务。

2. 广告投放地在境外的广告服务。

国家税务总局关于交通运输业和部分现代服务业营业税改征增值税试点增值税一般纳税人资格认定有关事项的公告

（2013年5月31日 国家税务总局公告2013年第28号）

根据《财政部 国家税务总局关于在全国开展交通运输业和部分现代服务

业营业税改征增值税试点税收政策的通知》（财税〔2013〕37号）《增值税一般纳税人资格认定管理办法》（国家税务总局令第22号），现就营业税改征增值税（以下简称营改增）试点纳税人增值税一般纳税人资格认定有关事项公告如下：

一、纳入营改增试点范围的交通运输业和部分现代服务业试点纳税人，应按照本公告规定办理增值税一般纳税人资格认定。

二、除本公告第三条规定的情形外，营改增试点实施前（以下简称试点实施前）应税服务年销售额满500万元的试点纳税人，应向国税主管税务机关（以下简称主管税务机关）申请办理增值税一般纳税人资格认定手续。

试点纳税人试点实施前的应税服务年销售额按以下公式换算：应税服务年销售额＝连续不超过12个月应税服务营业额合计÷（1＋3%）

按照现行营业税规定差额征收营业税的试点纳税人，其应税服务营业额按未扣除之前的营业额计算。

三、试点实施前已取得增值税一般纳税人资格并兼有应税服务的试点纳税人，不需要重新申请认定，由主管税务机关制作、送达《税务事项通知书》，告知纳税人。

四、试点实施前应税服务年销售额不满500万元的试点纳税人，可以向主管税务机关申请增值税一般纳税人资格认定。

五、试点实施前，试点纳税人增值税一般纳税人资格认定具体办法由试点地区省、自治区、直辖市和计划单列市国家税务局根据国家税务总局令第22号和本公告制定，并报国家税务总局备案。

六、试点实施后，试点纳税人应按照国家税务总局令第22号及其相关规定，办理增值税一般纳税人资格认定。按营改增有关规定，在确定销售额时可以差额扣除的试点纳税人，其应税服务年销售额按未扣除之前的销售额计算。

七、试点纳税人兼有销售货物、提供加工修理修配劳务以及应税服务的，应税货物及劳务销售额与应税服务销售额分别计算，分别适用增值税一般纳税人资格认定标准。

八、试点纳税人取得增值税一般纳税人资格后，发生增值税偷税、骗取出口退税和虚开增值税扣税凭证等行为的，主管税务机关可以对其实行不少于6个月的纳税辅导期管理。

九、本公告自2013年8月1日起施行。《国家税务总局关于北京等8省市营业税改征增值税试点增值税一般纳税人资格认定有关事项的公告》（国家税务总局公告2012年第38号）同时废止。

特此公告。

国家税务总局

2013年5月31日

国家税务总局关于增值税一般纳税人资格认定有关事项的公告

（2013年6月21日 国家税务总局公告2013年第33号）

根据《中华人民共和国增值税暂行条例实施细则》（财政部 国家税务总局第50号令）《财政部 国家税务总局关于在全国开展交通运输业和部分现代服务业营业税改征增值税试点税收政策的通知》（财税〔2013〕37号），现就增值税一般纳税人资格认定有关事项公告如下：

一、销售货物或者提供加工、修理修配劳务的纳税人，进行增值税一般纳税人资格认定时，其小规模纳税人资格适用条件，按照财政部、国家税务总局第50号令第二十九条："年应税销售额超过小规模纳税人标准的其他个人按小规模纳税人纳税；非企业性单位、不经常发生应税行为的企业可选择按小规模纳税人纳税"规定执行。

二、提供应税服务的营业税改征增值税试点纳税人，进行增值税一般纳税人资格认定时，其小规模纳税人资格适用条件，按照《交通运输业和部分现代服务业营业税改征增值税试点实施办法》（财税〔2013〕37号附件1）第三条第三款："应税服务年销售额超过规定标准的其他个人不属于一般纳税人；不经常提供应税服务的非企业性单位、企业和个体工商户可选择按照小规模纳税人纳税"规定执行。

三、兼有销售货物、提供加工修理修配劳务以及应税服务的纳税人，应税货物及劳务销售额与应税服务销售额分别计算，分别适用增值税一般纳税人资格认定标准。

兼有销售货物、提供加工修理修配劳务以及应税服务，且不经常发生应税行为的非企业性单位、企业和个体工商户可选择按照小规模纳税人纳税。

四、除国家税务总局另有规定外，增值税一般纳税人资格认定具体程序，按照《增值税一般纳税人资格认定管理办法》（国家税务总局令第22号）相关规定执行。

五、本公告自2013年8月1日起施行。

特此公告。

国家税务总局

2013年6月21日